Unforgettable

Les plus belles choses à faire

au moins une fois dans sa vie

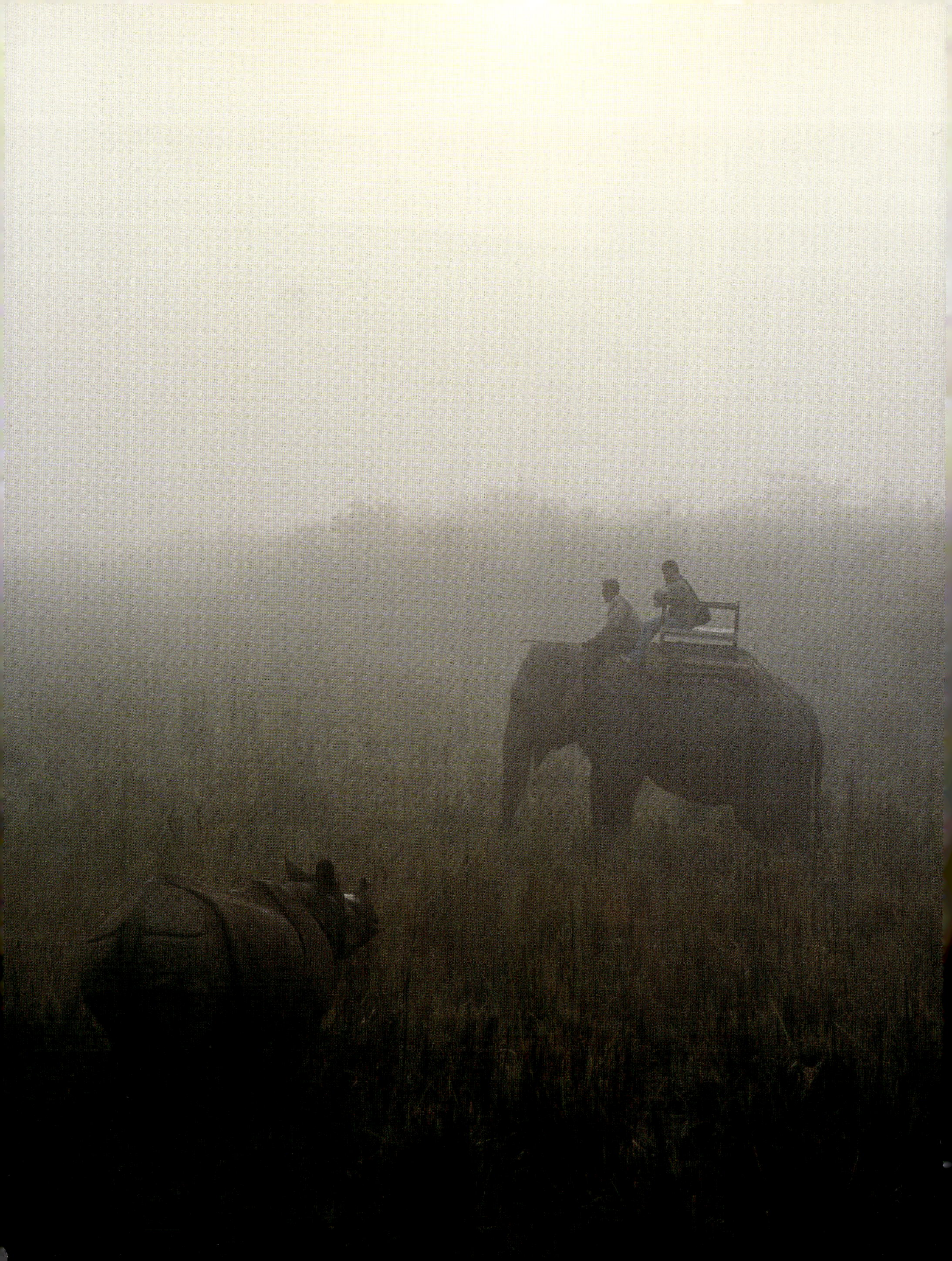

Clare Jones et Steve Watkins

BBC BOOKS

Unforgettable
Les plus belles choses à faire
au moins une fois dans sa vie

GREMESE

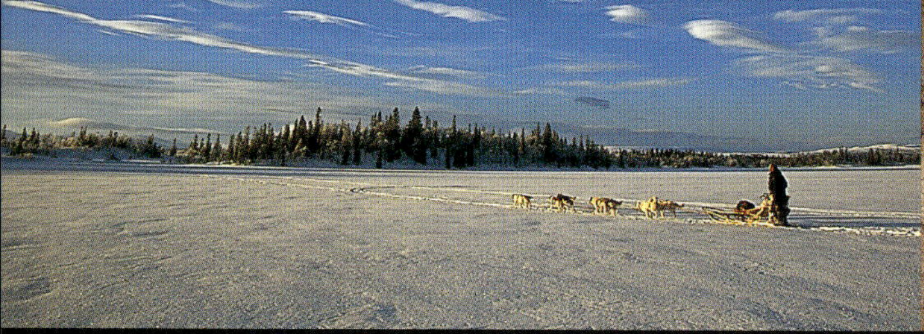
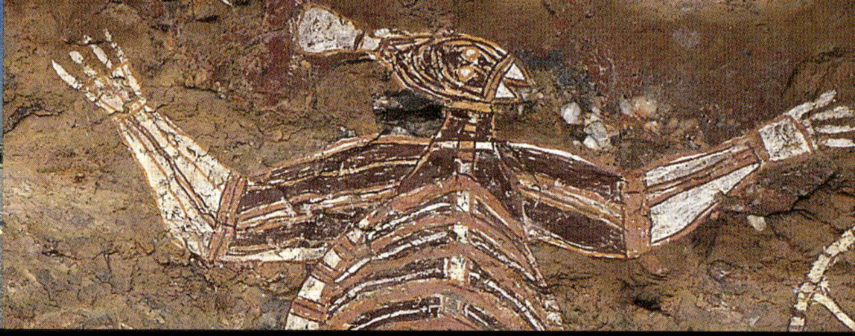

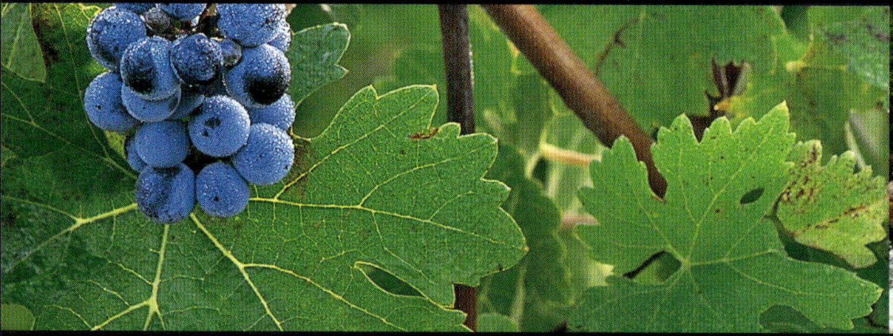
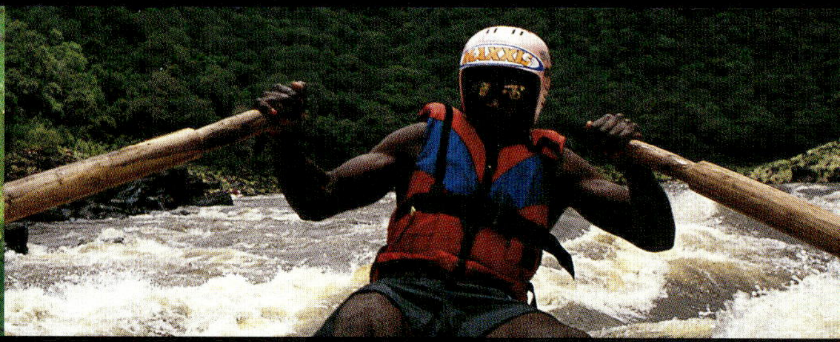

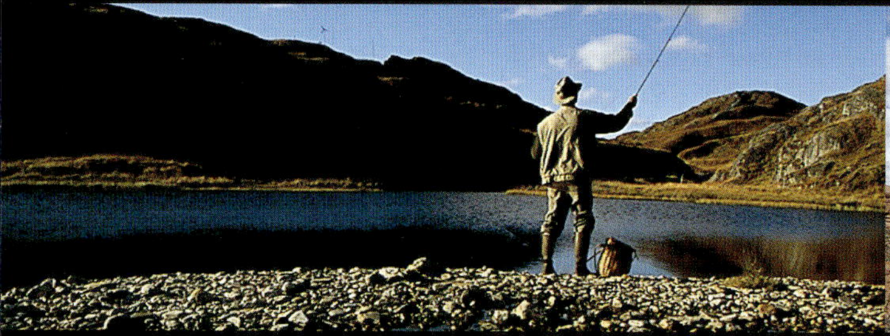
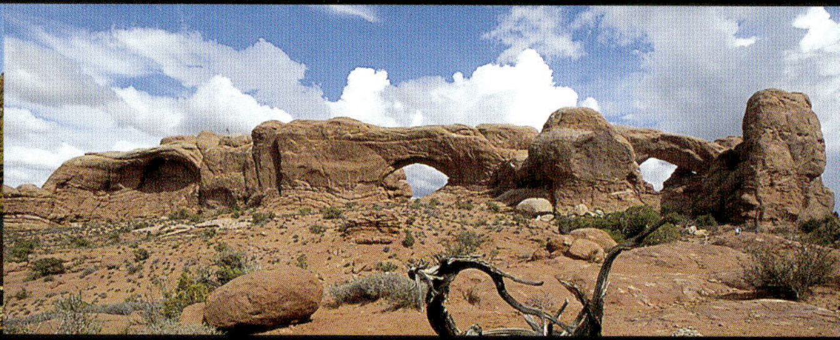

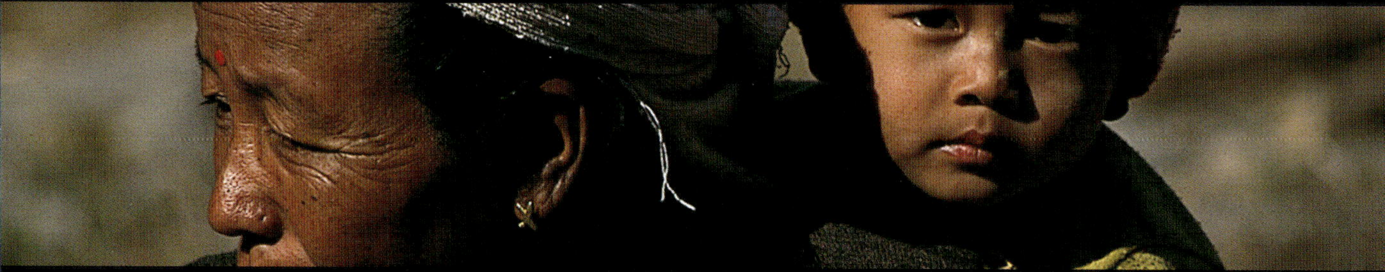

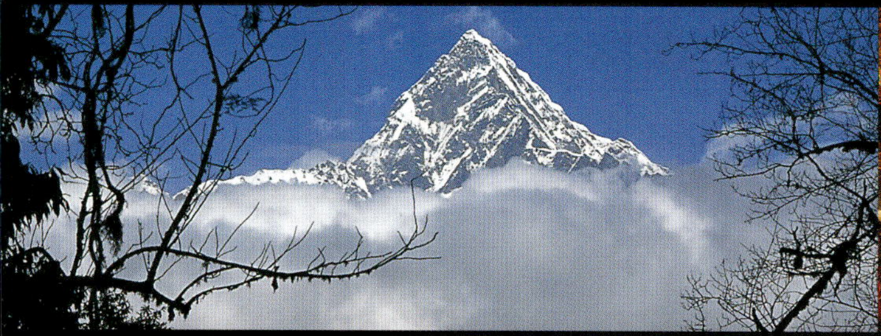
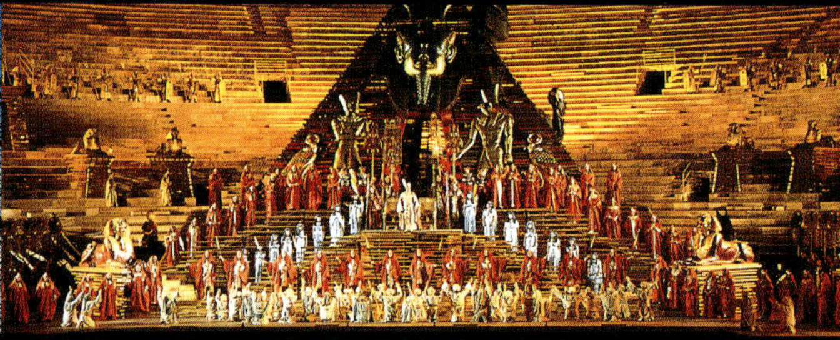

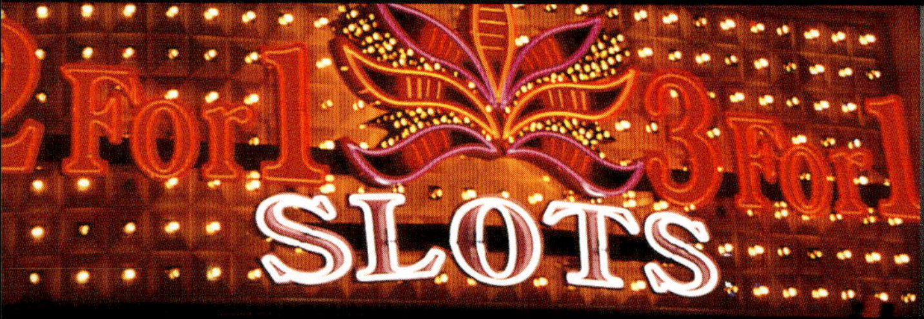
2 For 1
SLOTS
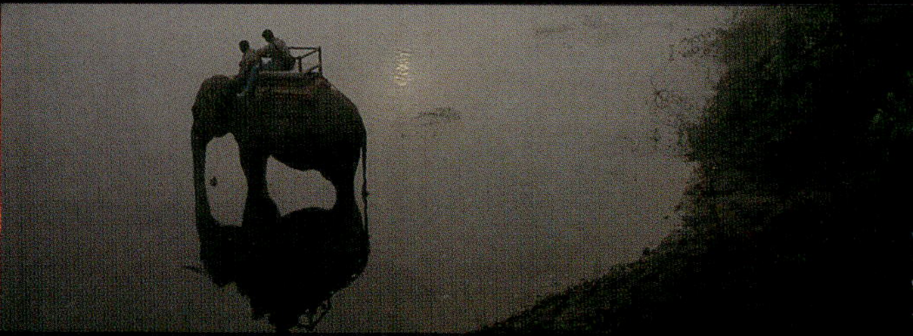

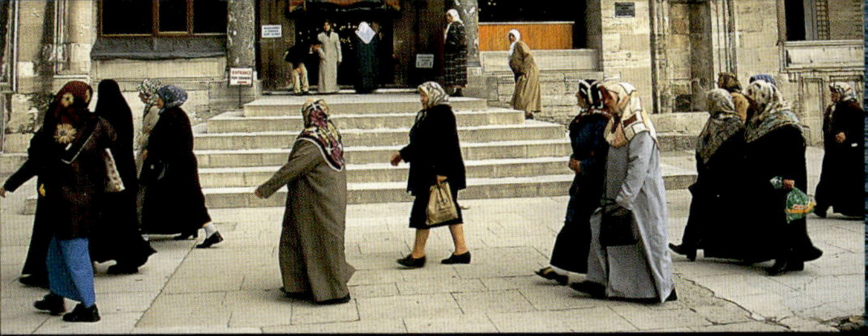

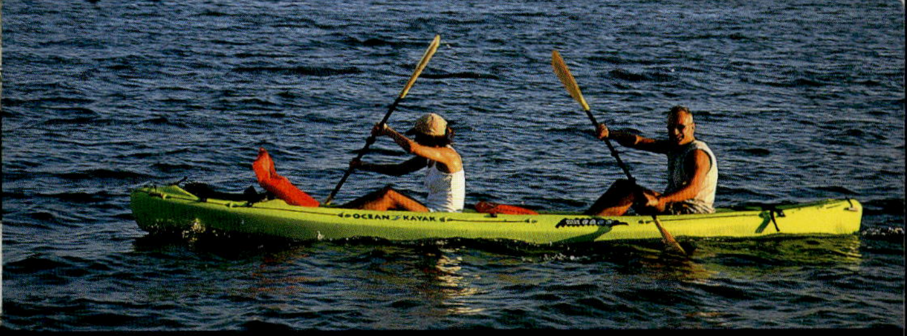

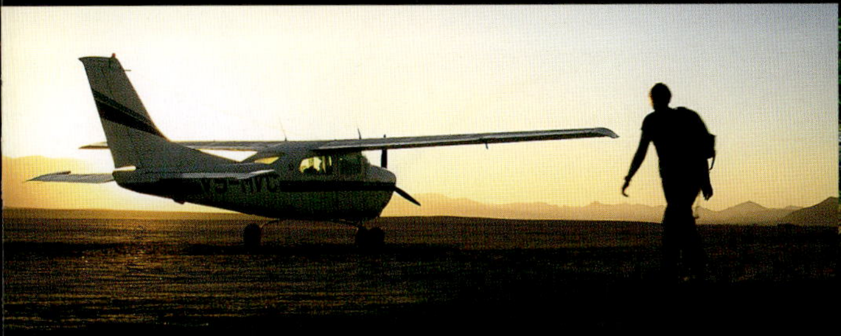

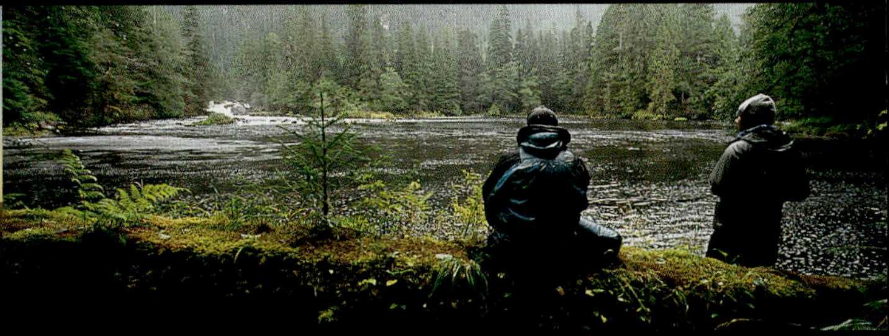

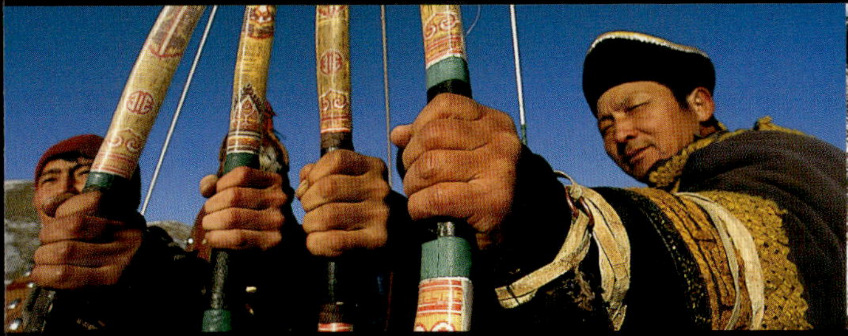

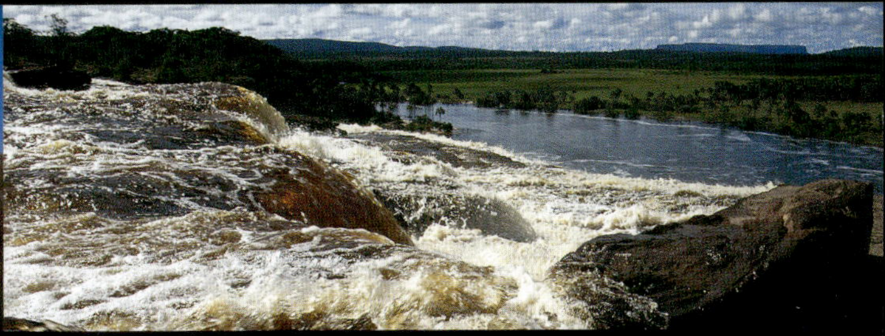

SOMMAIRE

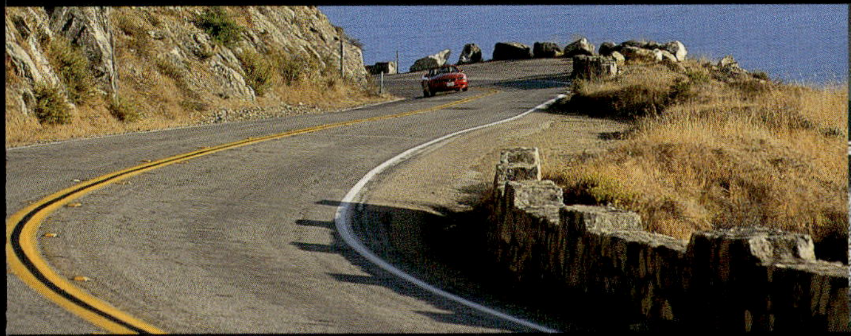

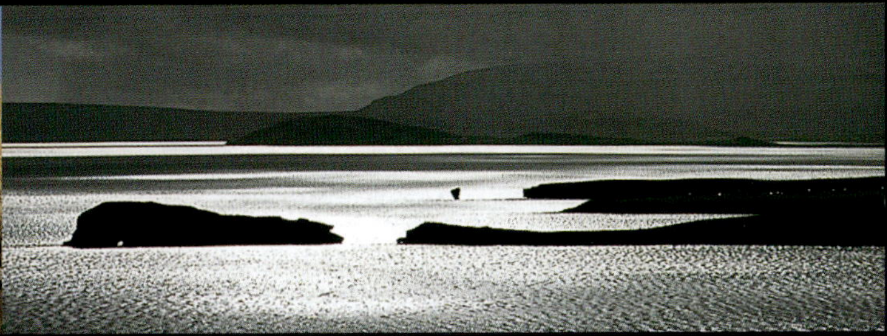

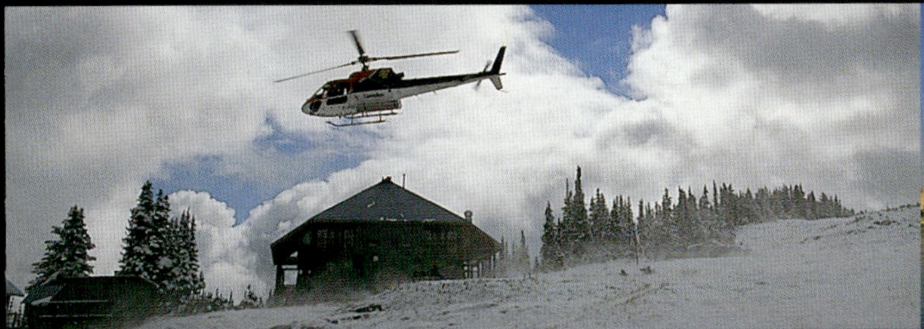

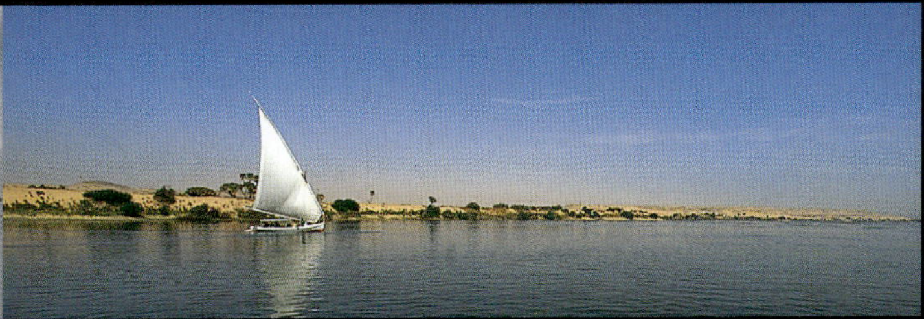

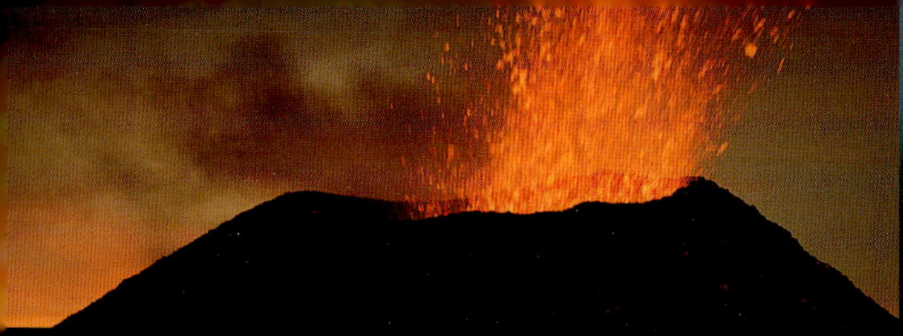

132 ESCALADER UN VOLCAN, GUATEMALA

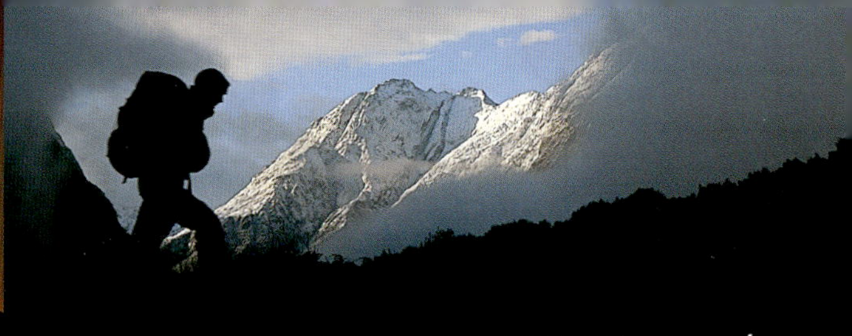

138 PARCOURIR LE MILFORD TRACK, NOUVELLE-ZÉLANDE

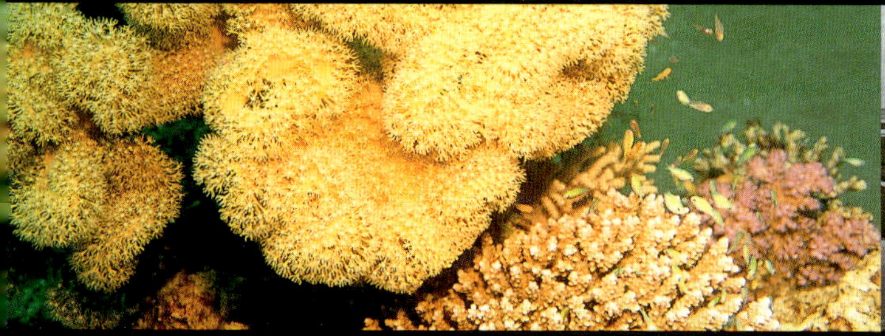

156 PLONGÉE EN MER ROUGE, ÉGYPTE

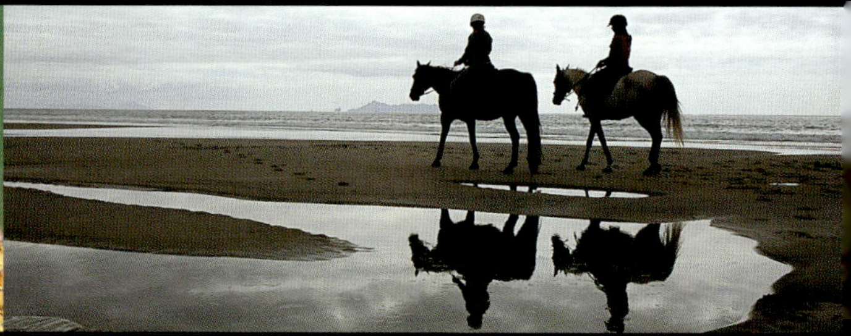

162 PLAGES ET CHEVAUX BLANCS, NOUVELLE-ZÉLANDE

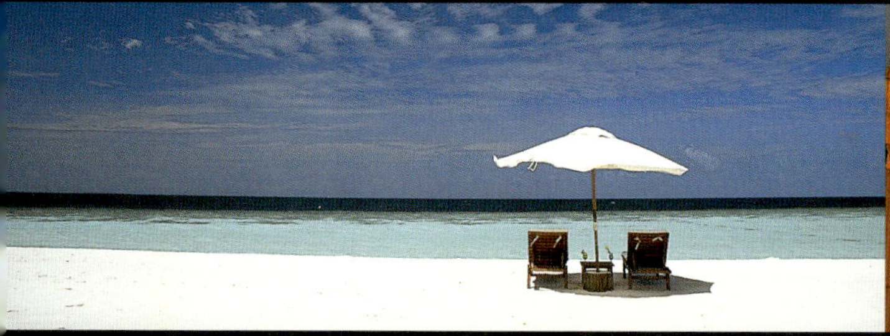

180 À LA RECHERCHE DU PARADIS, MALDIVES

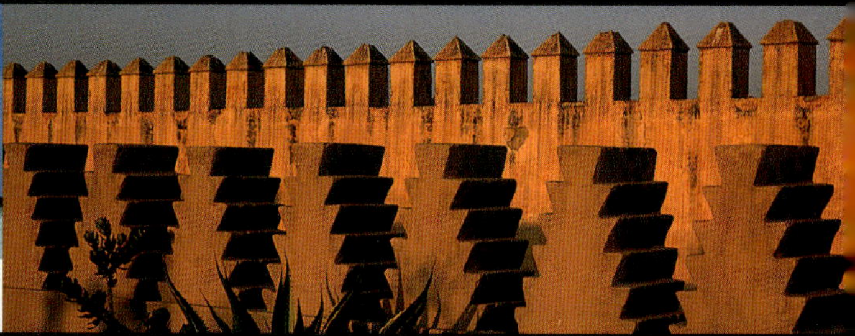

186 SHOPPING AU SOUK, MAROC

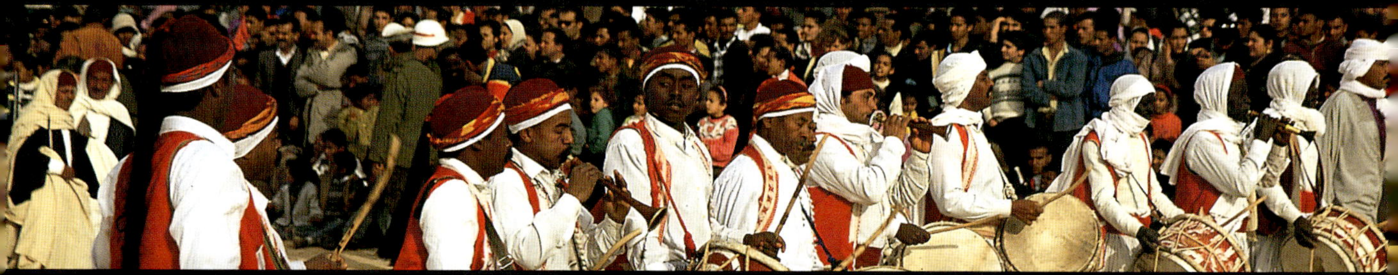

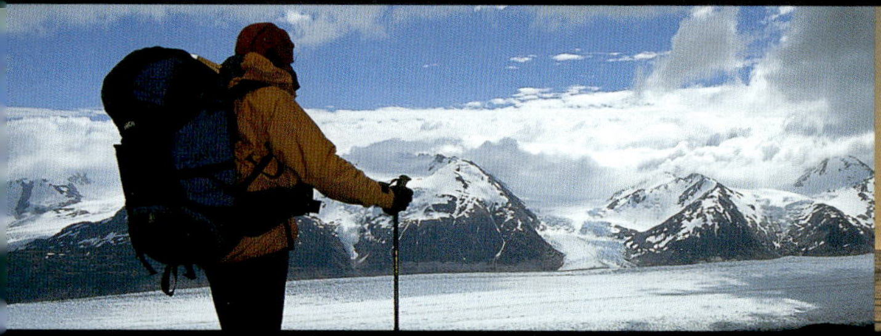

204 RANDONNÉE DANS LE TORRES DEL PAINE, CHILI

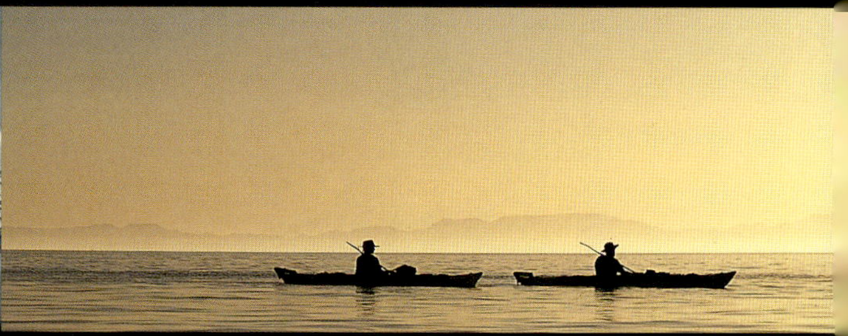

210 FAIRE DU KAYAK EN BASSE-CALIFORNIE, MEXIQUE

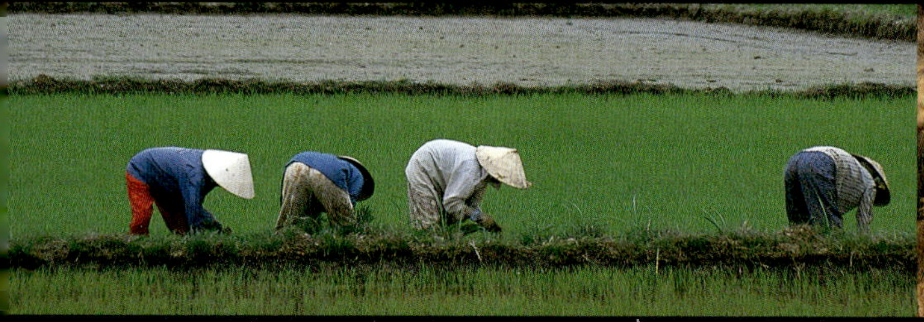

228 EN VÉLO DANS LES RIZIÈRES, VIETNAM

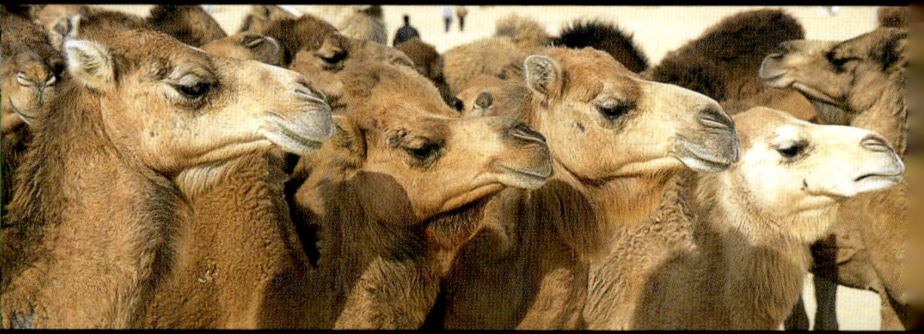

234 LE FESTIVAL DU SAHARA, TUNISIE

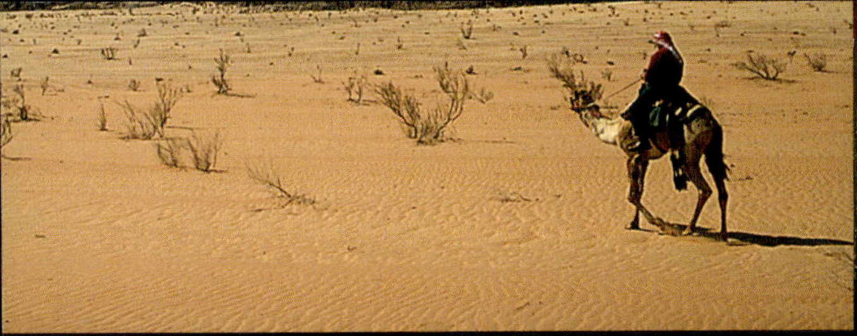

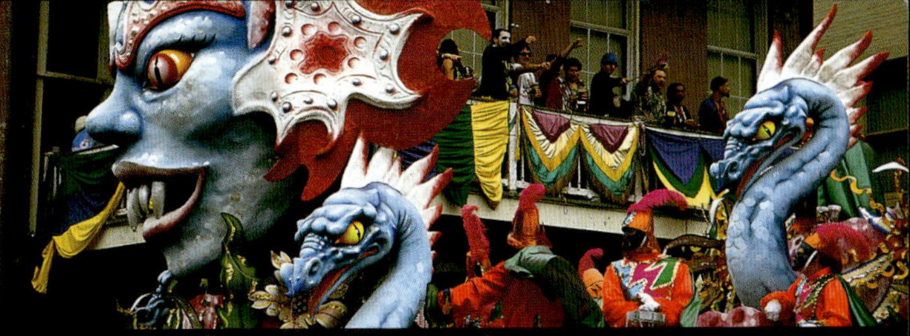

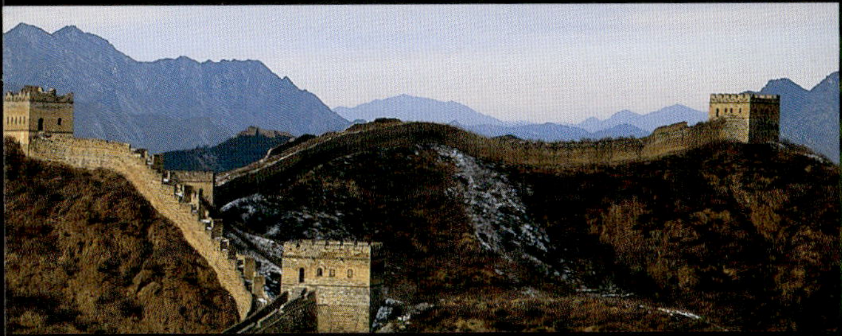

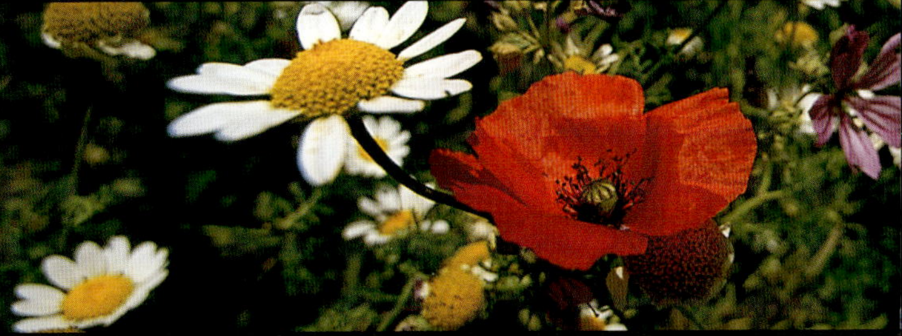

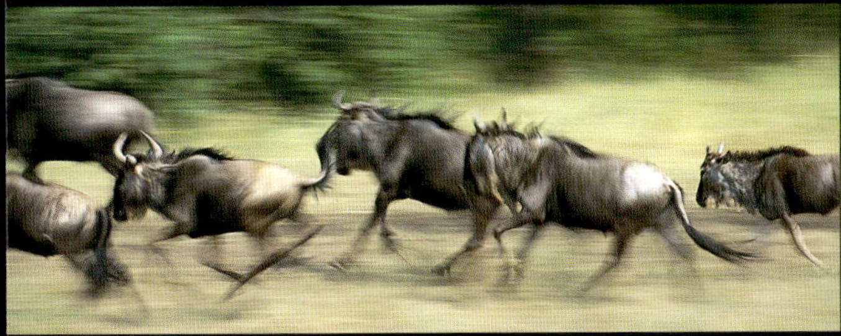

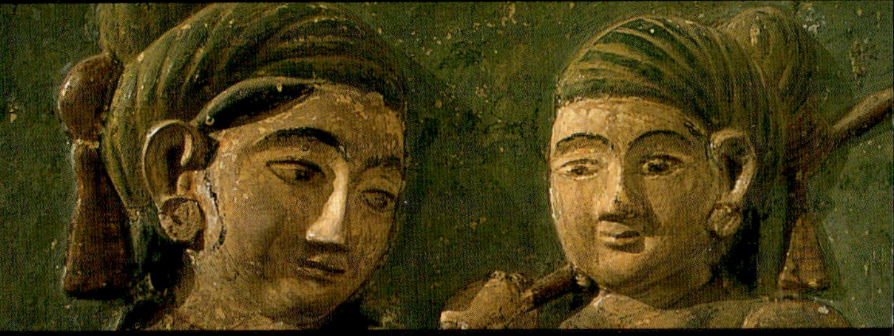

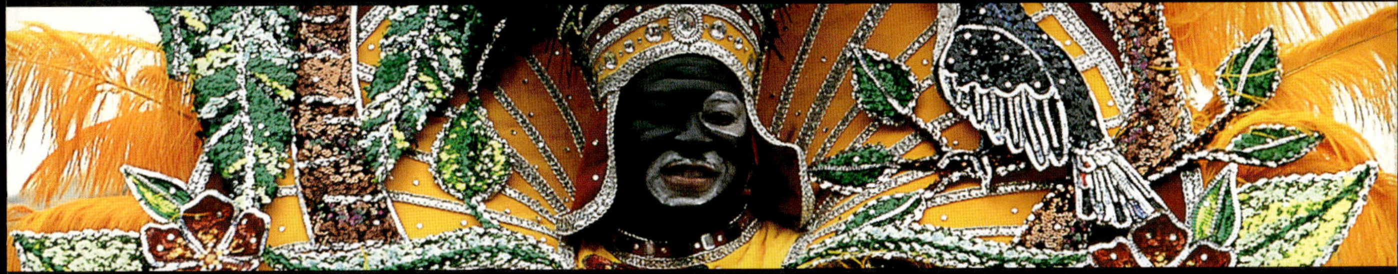

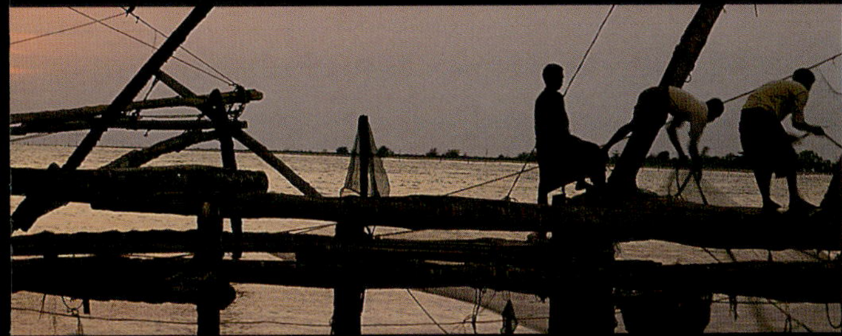

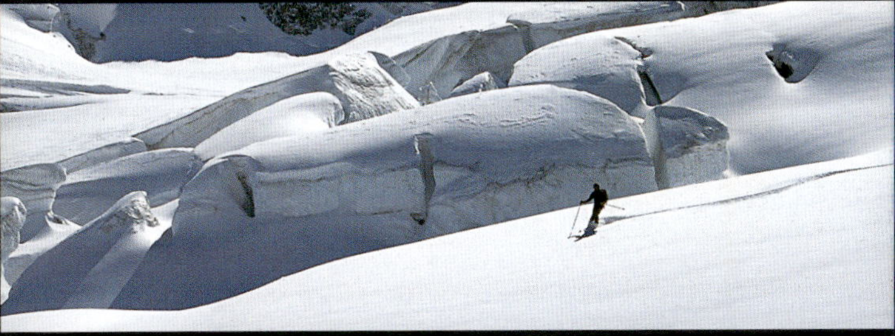

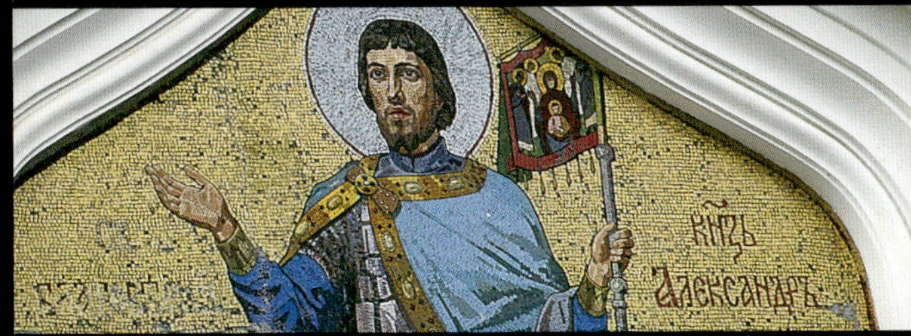

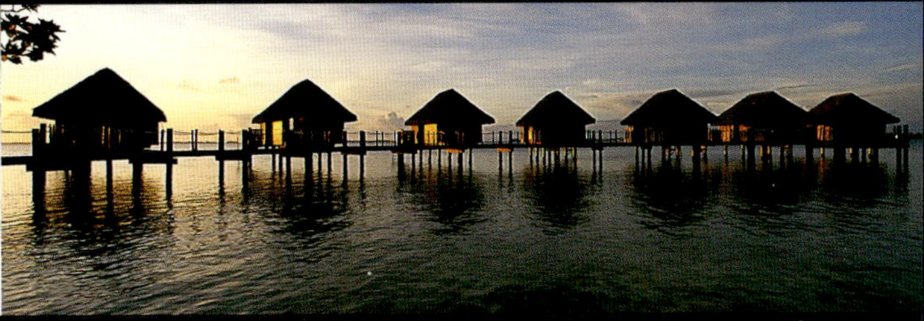

Introduction

Nombre de voyages sont formidables, mais certains ont le petit plus qui les rend réellement inoubliables. Cette satisfaction qui perdurera dans votre mémoire pour toujours peut avoir de multiples origines : une rencontre avec une nature au summum de sa beauté, la traversée d'un paysage qui dépasse l'imagination ou la découverte d'une toute nouvelle façon de voir les choses. Il suffit de savoir que ces opportunités existent et sont accessibles.

Vous pouvez regarder par la vitre de votre bureau et, 24 heures plus tard, chevaucher à travers les steppes mongoles. Vous pouvez affronter les bouchons du vendredi soir et faire du shopping le samedi après-midi dans un souk marocain. L'envie d'échapper à la vie quotidienne pour tenter des choses différentes réside en chacun de nous et, si on se fie aux tendances en matière de voyages, nous le faisons de plus en plus. Un nombre croissant de gens délaissent les traditionnelles plages pour vivre de nouvelles expériences qui stimuleront leur cerveau, leur corps ou leur esprit – et peut-être même les trois.

En dépit des médias qui relatent les tumultes de notre planète, elle demeure belle et fascinante et de nombreux endroits – plus qu'on ne peut l'imaginer – sont encore uniques et pacifiques. Qu'il s'agisse du moment magique partagé avec 15 000 autres en assistant à un opéra dans un amphithéâtre romain à Vérone ou le fait d'être seul dans l'un des endroits les plus sauvages de la Terre – un océan de dunes sur la « côte des squelettes » en Namibie – l'effet est le même : votre esprit s'élève.

Les 40 destinations que nous avons choisies sont incroyables en elles-mêmes, mais les souvenirs les plus merveilleux reposent souvent sur les plus petits détails, les plus brefs instants. Apercevoir un grizzly qui recherche des écureuils dans la pénombre dans les Rocheuses canadiennes ; ressentir l'enthousiasme des chiens de traîneau qui filent sur la neige suédoise ; regarder un jeune gnou isolé éviter sans le savoir une rencontre imminente avec une hyène dans la plaine du Serengeti. Voici les images fugaces, les instants d'émotion sublimes qui rendent l'exploration du monde si spéciale. Nous avons essayé de tous les capturer sur pellicule mais cela est impossible, et ce projet, plus que tout autre, nous aura appris qu'il faut parfois savoir mettre l'appareil photo de côté pour simplement observer.

Nous espérons que vous aimerez découvrir nos expériences inoubliables, mais il est peu probable qu'elles correspondent aux vôtres. Elles ne sont là que pour éveiller les souvenirs de moments que vous avez déjà vécus ou vous inspirer pour vos futurs voyages, et pour vous donner un aperçu de la diversité et des merveilles de notre formidable planète et des aventures qu'elle propose.

La carte pages 252-253 indique l'emplacement de tous les lieux cités dans ce livre. Nos choix répondent à un ensemble de critères. Tout d'abord, tous ces séjours peuvent être effectués en deux semaines maximum, la plupart en une et souvent plus ou moins indépendamment. Pas besoin de démissionner. Certains des lieux les plus évidents laissés de côté, tels que la Grande Barrière de corail en Australie ou le Grand Canyon aux États-Unis, seront évoqués dans le prochain ouvrage de la collection : *Unforgettable – Les plus beaux sites à voir au moins une fois dans sa vie*, de Steve Davey.

Lorsque cela était possible, nous avons cherché à ajouter des petits plus aux voyages afin de les rendre vraiment inoubliables. Un safari dans le Serengeti est toujours merveilleux, mais si vous l'agrémentez d'un véhicule privé pour deux, d'un campement spacieux avec des mets raffinés et d'un guide capable de repérer les animaux, vous obtiendrez une expérience réellement extraordinaire. En cherchant bien, il existe souvent des solutions pour faire ce genre de voyages avec un budget limité –

même si nous avons découvert que les suppléments de « luxe » valaient en général la dépense ! Nous voulions également vous présenter des lieux très différents et répartis à travers le globe.

Nos recherches ont été effectuées tout au long d'une année passionnante à voyager sur les cinq continents, couvrant plus de 28 0000 kilomètres et photographiant dans la chaleur des déserts, l'humidité des forêts tropicales ou le froid glacial. Nous avons également dû trouver le temps d'organiser nos séjours et avons été aidés par une foule de gens, de compagnies et d'organismes, que vous trouverez listés pages 254-255. Nous avons sélectionné des voyages pour tout un chacun, afin que ce que vous lirez corresponde à ce que vous vivrez, même si certaines expériences nécessitent un réveil très matinal ou de sauter le dîner !

Que vous n'essayiez qu'une seule de ces expériences, que vous ayez déjà accumulé de formidables souvenirs d'excursions ou que vous ne vous déplaciez que dans votre esprit sans quitter votre fauteuil, vous faites partie de la communauté des voyageurs : ceux qui osent laisser leur imagination les entraîner à la découverte du monde qui les entoure.

Clare Jones et Steve Watkins

Promenade en chiens de traîneau

Klocka, Suède

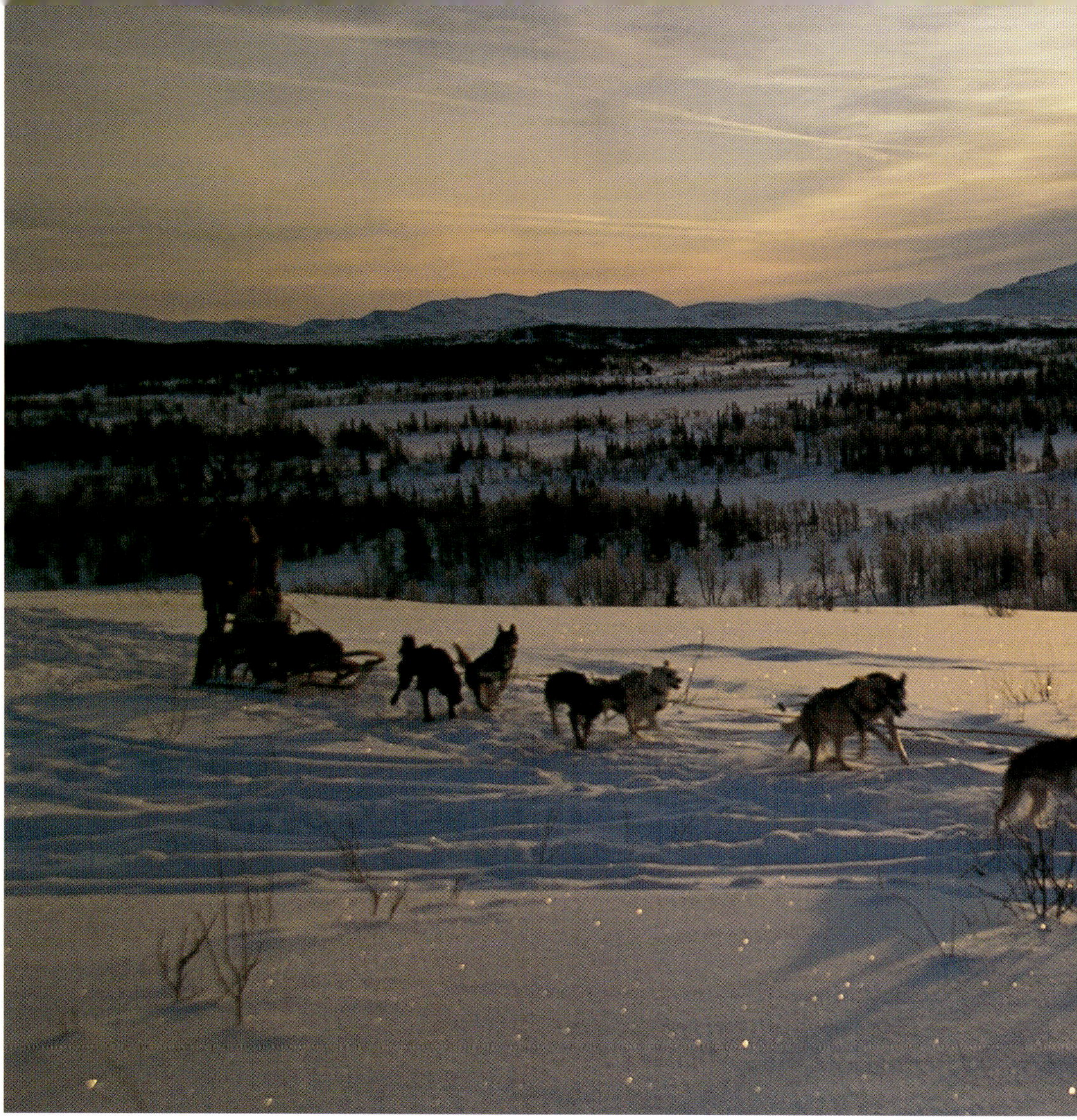

Glacés dans la magie hivernale du Jämtland, les forêts de sapins, les lacs gelés et les douces montagnes des alentours de Klocka sont un paradis méconnu pour les amateurs de chiens de traîneau. Avec la rigueur du climat et les dépenses d'énergie qui accompagnent cette activité, vous aurez ensuite bien mérité un bon sauna et un petit coup d'œil au design suédois en fin de journée. Le discret Klocka possède justement tout cela.

Près de la frontière norvégienne, dans la région des montagnes de Sylarna, le minuscule village fermier de Klocka est situé sur les rives enchanteresses du lac Ånnsjön. Les rennes hantent les berges tandis que les oiseaux de proies survolent le plan d'eau. L'aspect sauvage du

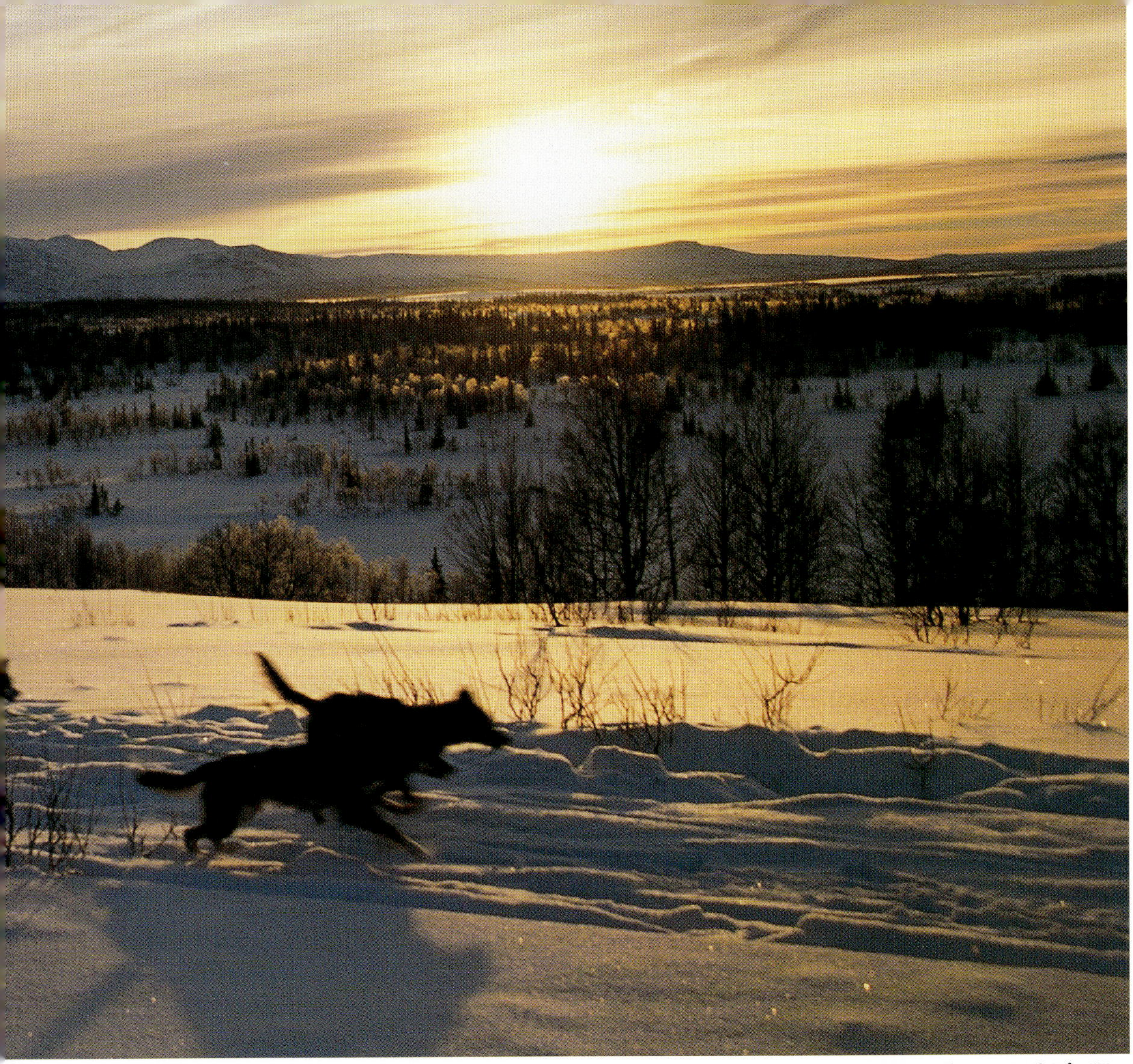

La course des chiens dans la faible lumière du soleil à Gråssjölien

Des huskies

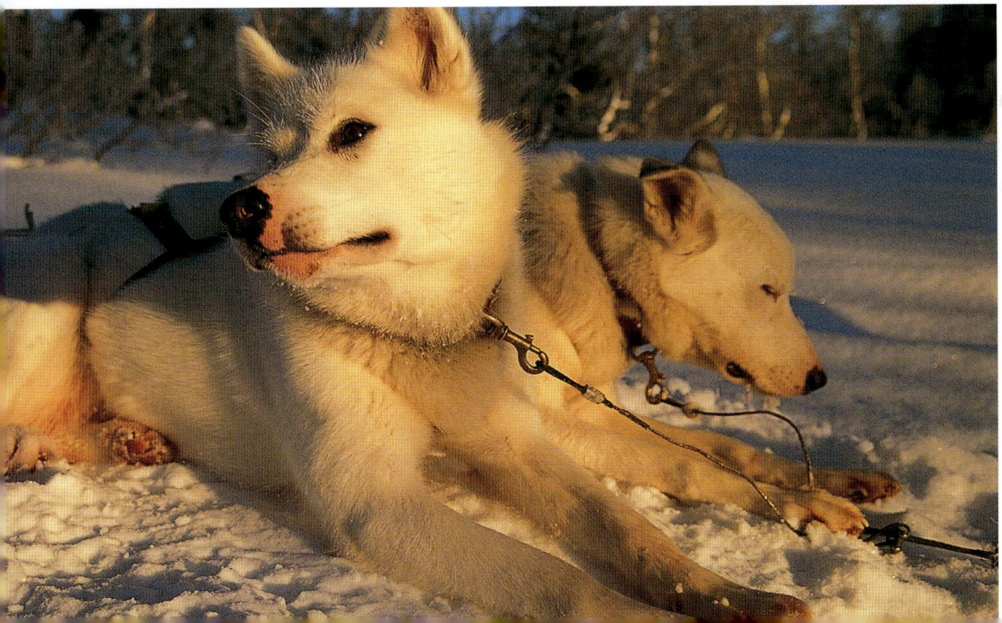

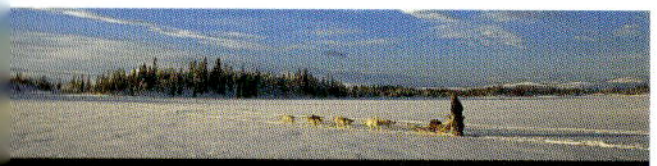

lieu n'est adouci que par le Klocka Fjällgård, une ancienne ferme convertie par le célèbre designer suédois Nirvan Richter en un agréable hôtel doté de l'incontournable sauna.

Mais avant le calme, vient la tempête des huskies. Soyez prévenus : la simple éventualité d'une sortie (votre arrivée au chenil devrait suffire) transforme ces chiens intelligents et pleins de vitalité en un ravissement de hurlements et de bondissements. Tout ce chaos et ce bruit tandis qu'on les harnache se changent en puissance dès que l'ancre est arrachée de la neige. Comme le fait remarquer Kari-Mette, musher à Klocka : « Ce n'est pas à tirer qu'il faut leur apprendre, c'est à s'arrêter ! »

Il est impossible de ne pas être gagné par la force, l'enthousiasme et la bonne volonté des huskies. Fonçant le long des étroits sentiers forestiers, il y a une belle transition tandis que les chiens passent du déferle-

En direction des collines de Vallrun

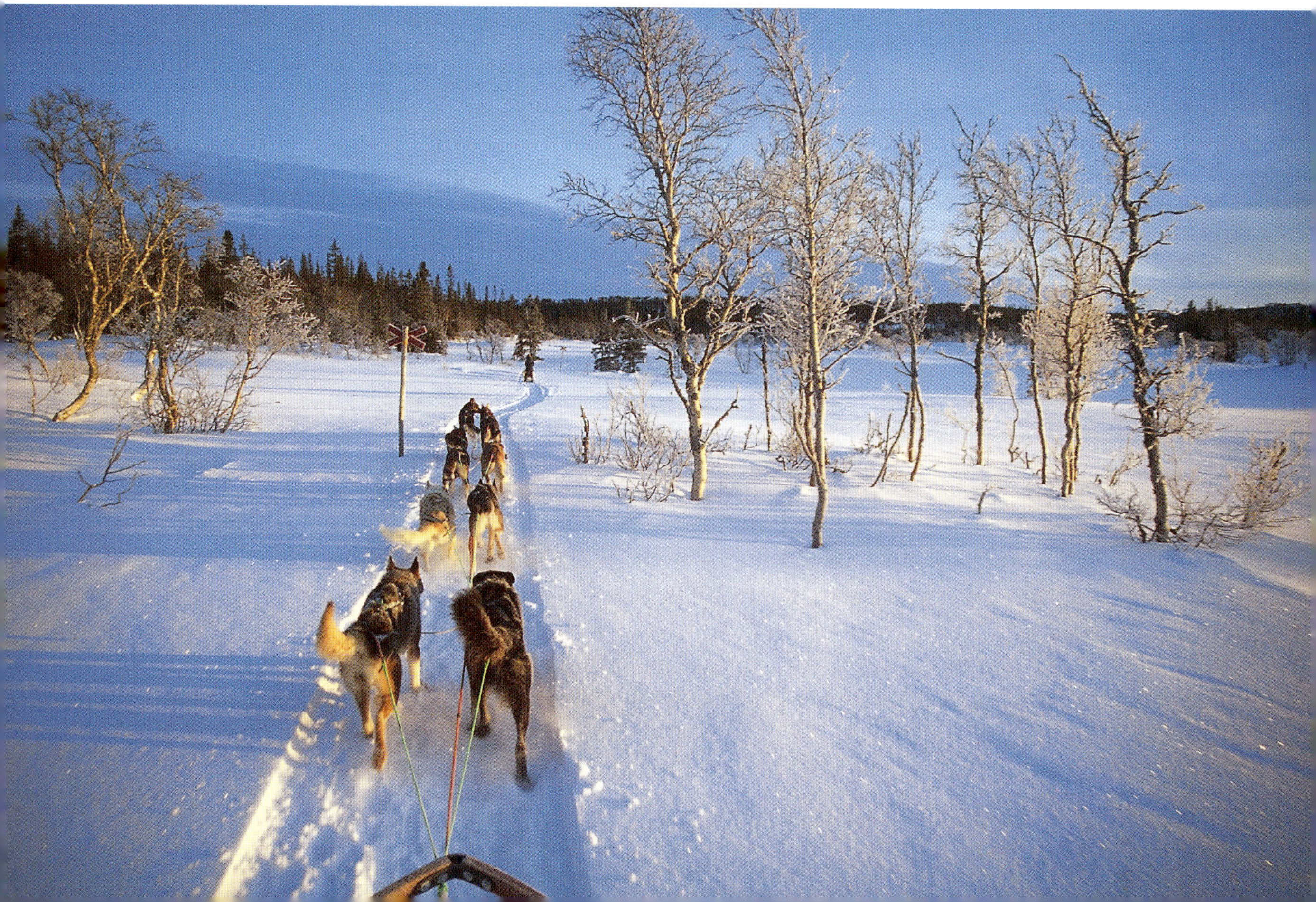

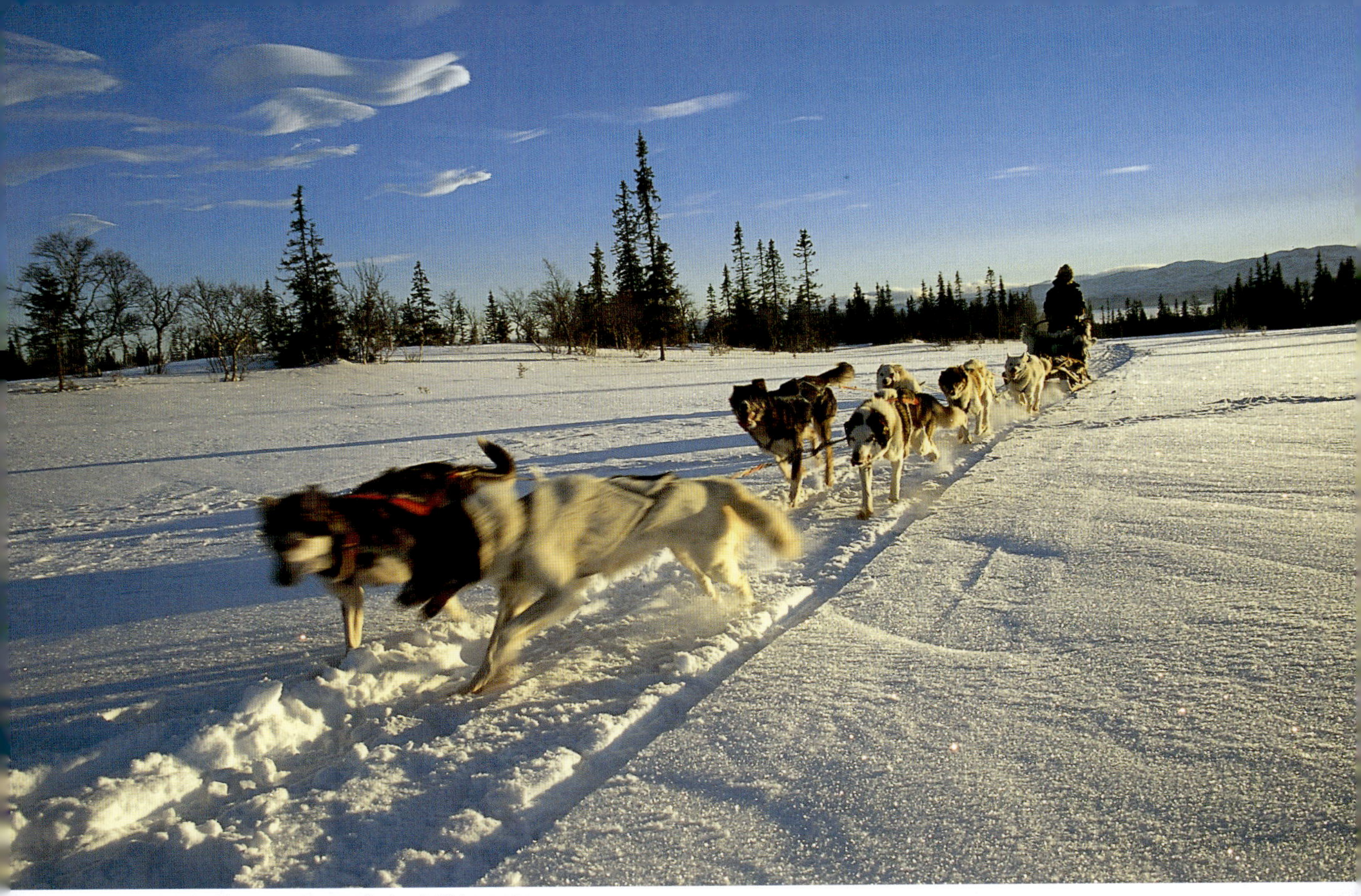

Les huskies peuvent parcourir plus de 50 km par jour

ment d'énergie débridée du départ au rythme bondissant synchronisé que leur dicte leur instinct de chasse en meute fermement enraciné ; les patins du traîneau glissent alors sans efforts sur la neige profonde.

Pour cette excursion, enfilez tous vos vêtements les plus chauds, puis rajoutez-en. Vous vous déplacerez peut-être avec la grâce d'un hippopotame blessé, mais c'est ce qu'il faut pour combattre le froid mordant.

Le lac de montagne Södra Gråsjön est la seule partie réellement plate du trajet et, tandis que vous glissez à sa surface, votre sentiment de liberté et de communion avec la nature atteint son apogée, vos nouvelles aptitudes à diriger le traîneau vous encourageant à tenter les virages en dérapage et les vitesses plus élevées. En criant à vos chiens de zigzaguer de droite à gauche vous ne pouvez que remarquer les coups d'œil vaguement inquiets qu'ils jettent par-dessus leurs épaules. Ils sont pleins de bonne volonté et obéissants, mais peuvent également repérer un musher débutant à des kilomètres.

Il n'y a pas ici la démesure des paysages de l'Alaska mais le déplacement en traîneau colle parfaitement à cette nature magnifiquement

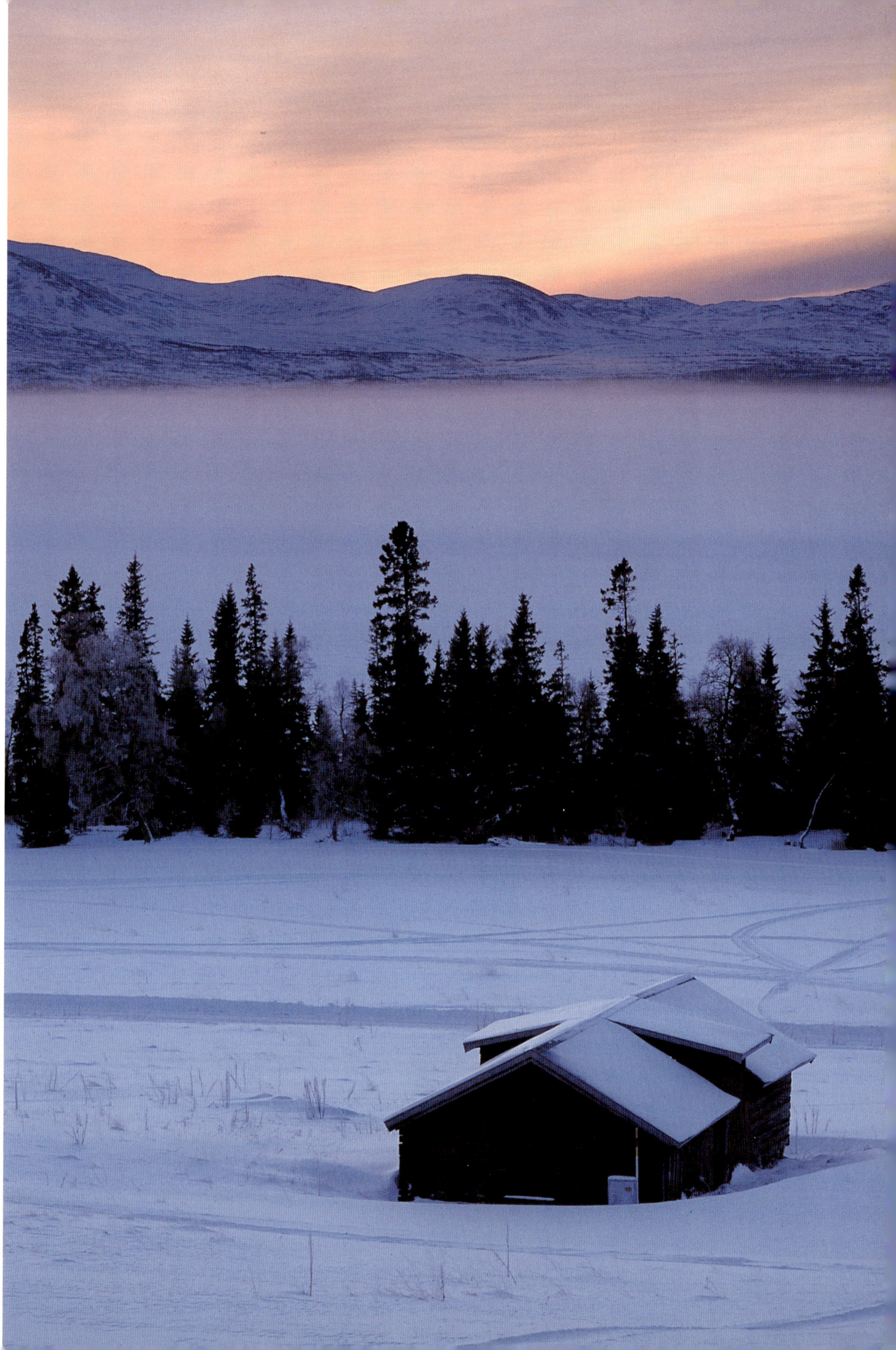

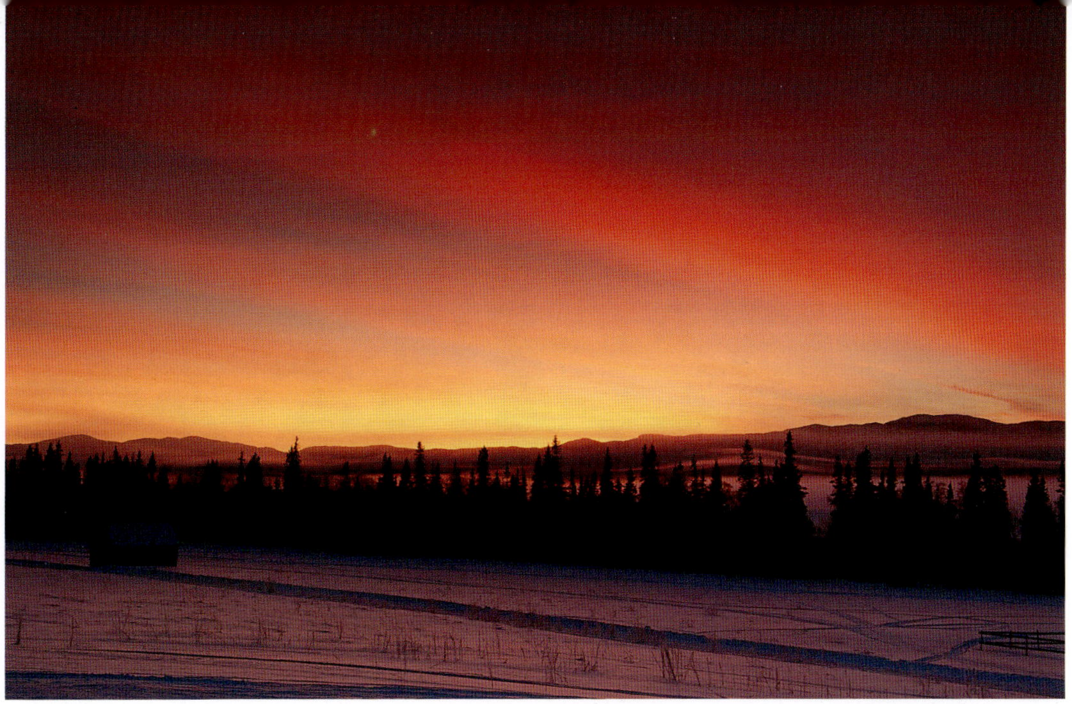

Crépuscule sur le lac Ånnsjön recouvert de brouillard, depuis l'hôtel Klocka Fjällgård

sculptée. Les montagnes, comme le Sylarna ou le Bunnerfjällen que l'on aperçoit au loin, sont assez hautes, mais leurs pentes semblent se fondre plutôt que de plonger dans la vallée avec ses forêts de sapins clairsemées. Les chiens aiment courir ici et, avant même que vous n'ayez avalé les dernières bouchées de votre sandwich grillé au feu, leur queue commence à frétiller et leurs pattes à s'agiter. Tandis qu'ils tirent sur leurs harnais, pressés de foncer vers la maison dans la lumière déclinante de l'après-midi, il semble que leurs pensées soient enfin en accord avec celles de n'importe quel musher débutant. C'est certain, l'envie de se détendre dans un bon sauna peut inciter à foncer à toute allure sur le chemin du retour.

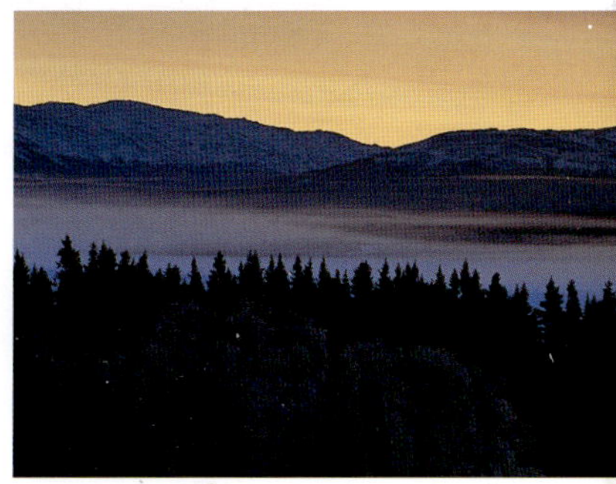

Lever de soleil rouge depuis le Klocka Fjällgård

ⓘ

La saison pour les traîneaux tirés par un attelage de chiens à Klocka s'étend à peu près de mi-décembre à fin avril selon l'enneigement, février tendant à être la meilleure période puisque les températures y sont légèrement plus clémentes. L'aéroport le plus proche de Klocka est situé à 125 kilomètres, à Östersund, et est desservi plusieurs fois par jour depuis Stockholm par Scandinavian Airlines (SAS). Le fabuleux hôtel Klocka Fjällgård organise des excursions en motoneige et d'autres activités en plus des excursions en chiens de traîneau, ainsi que les transferts depuis et vers l'aéroport.

Page ci-contre :
Crépuscule sur le lac Ånnsjön

Rêve aborigène
Kakadu, Australie

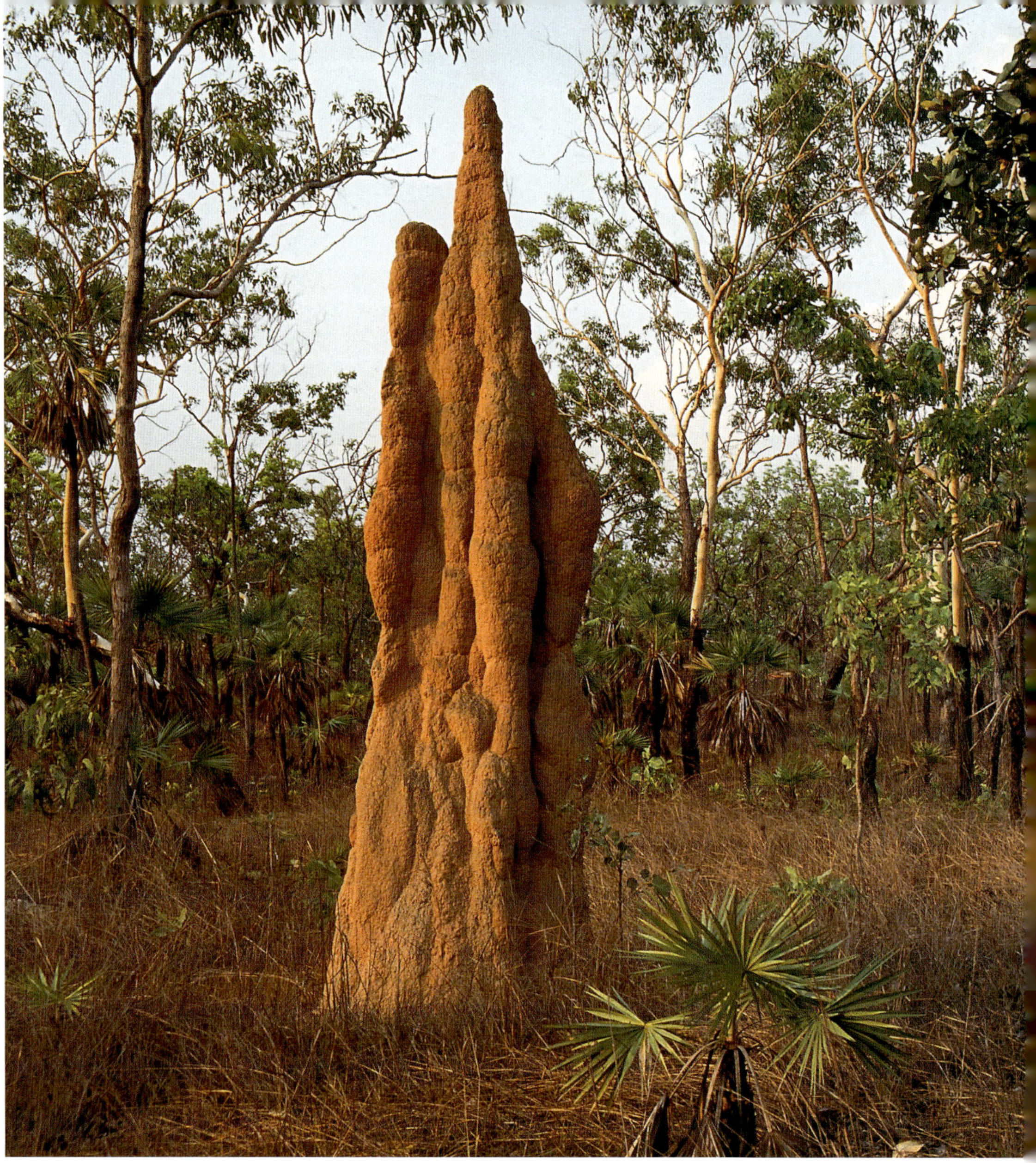

Les termitières « cathédrales » s'élèvent telles des tours dans le bush de Kakadu

Ce territoire isolé du nord est ce que l'Australie offre de plus sauvage parmi une myriade de sites naturels et abrite le plus vaste et le plus fascinant des parcs nationaux : Kakadu. Couvrant l'équivalent de la Suisse et classé au patrimoine mondial de l'Unesco, le parc offre un mélange envoûtant de zones humides préservées, de créatures sauvages et d'anciens mythes aborigènes. Si vous songez à visiter l'Australie, l'excursion en 4x4 dans le magnifique Kakadu devrait figurer en bonne place sur la liste de vos priorités.

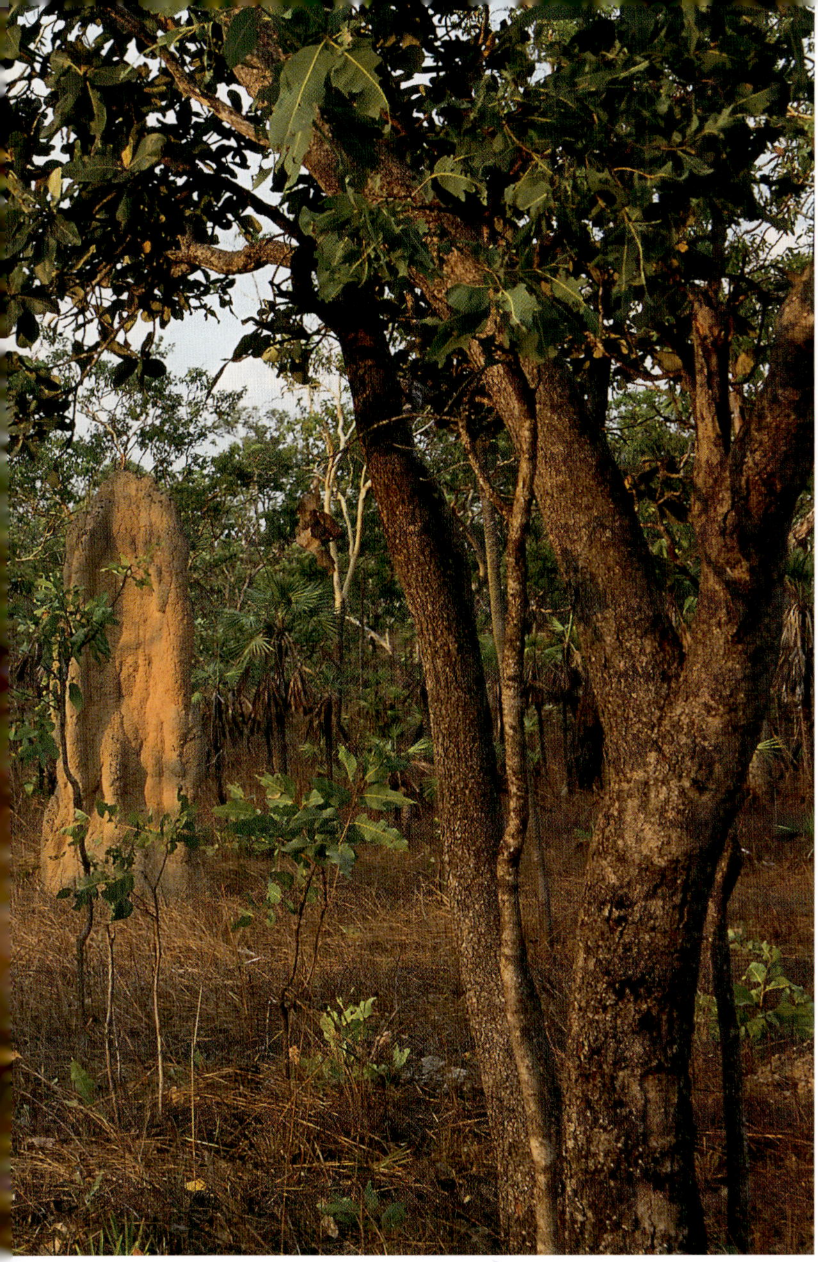

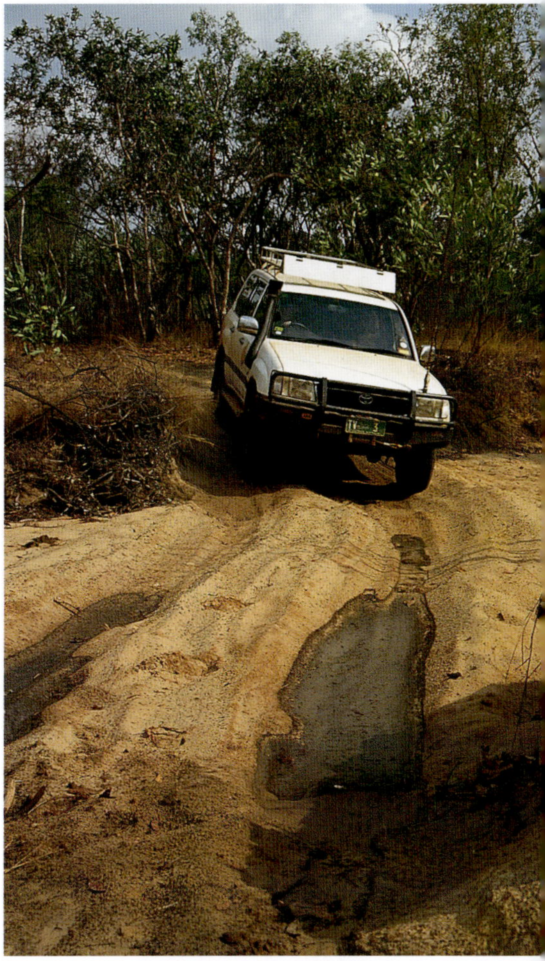

Les 4x4 sont indispensables pour explorer Kakadu

À un peu plus de 200 kilomètres au sud-est de Darwin, la capitale de l'État, et facile à atteindre par la Stuart Highway, Kakadu est situé dans la région de la South Alligator River. Lorsque l'on visite le parc, qui compte plus de 1 600 espèces de plantes, 300 espèces d'oiseaux et 5 000 sites recensés d'arts rupestres aborigènes, ainsi qu'une bonne quantité de crocodiles, on se retrouve plongé dans l'époque qui suivit l'extinction des dinosaures.

L'infrastructure de Kakadu est formidable et beaucoup de sites

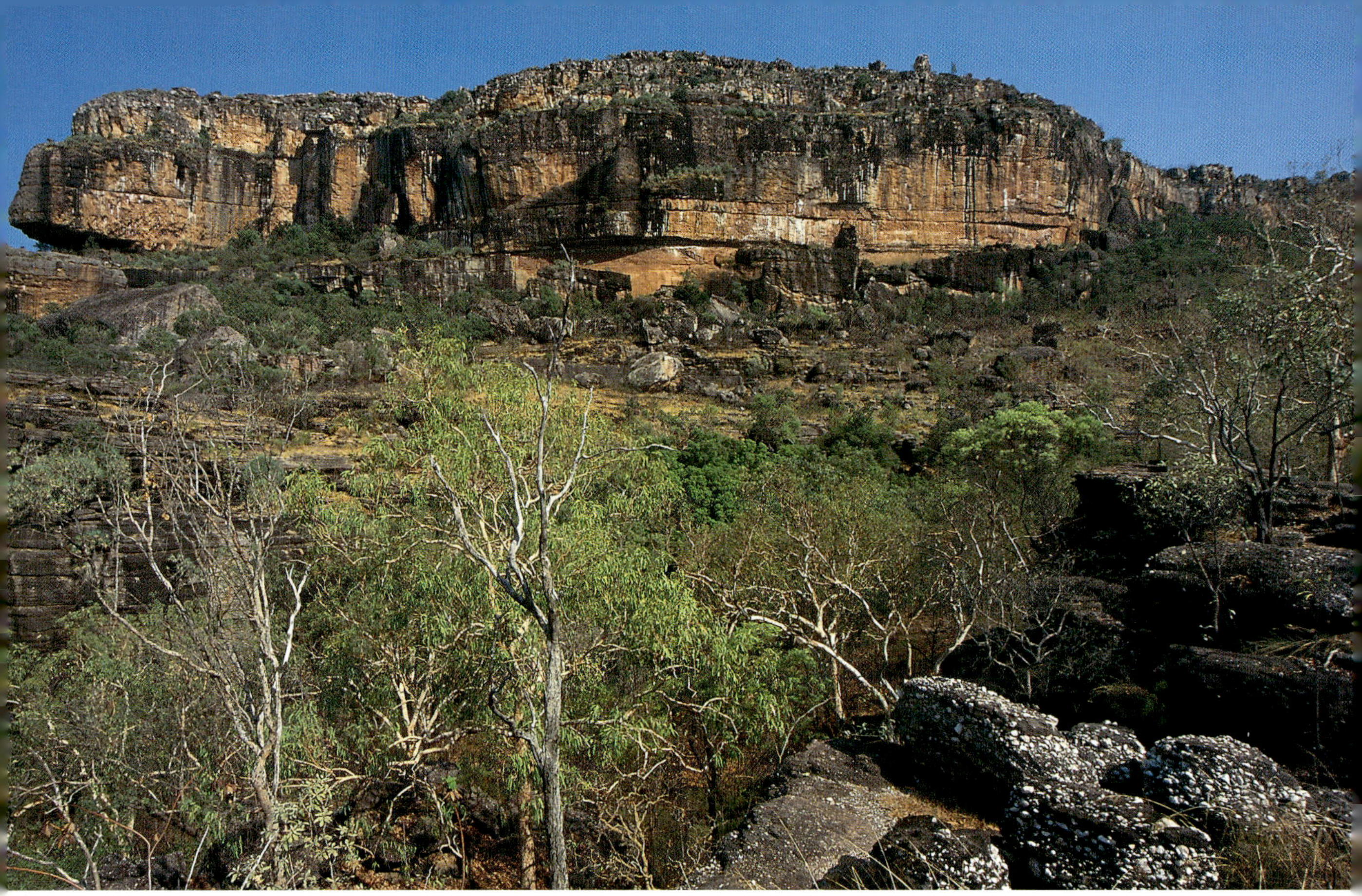

Nourlangie Rock depuis Lookout Gunwardewarde

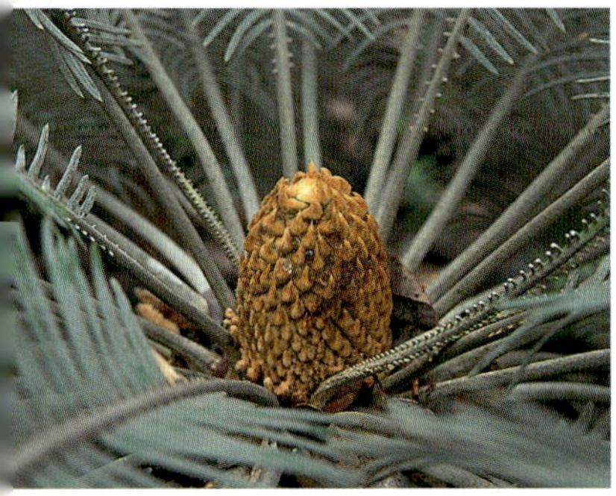

Une cycadale

sont accessibles depuis la route principale, dont l'immanquable site rupestre de Nourlangie Rock, dans les falaises d'Arnhem Land. Cette « galerie d'art » vieille de 20 000 ans est une série de grottes et d'abris sous roches qui entourent cet affleurement de grès massif à sommet plat. Pour apprécier davantage l'aspect théâtral des lieux, suivez le sentier à l'envers pour l'apercevoir d'abord depuis Gunwardewarde Lookout.

Porteur des histoires des principaux protagonistes du Temps du Rêve (ce qui représente pour les aborigènes la création), Nourlangie Rock offre une panoplie d'œuvres d'art bien conservées, datant des débuts de l'humanité jusqu'aux années 70. Une importance toute particulière est accordée à la galerie Anbangbang, qui s'enfonce sous un rocher saillant où l'ancêtre de la création, Namondjok, est représenté à côté de l'étrange silhouette squelettique de Namarrgon, « l'homme éclair ».

Même si les sites faciles d'accès sont réellement impressionnants, pour découvrir les véritables joyaux de Kakadu il vous faudra un 4x4 et un guide expérimenté. Maguk, ou Barramundi Gorge, se situe au bout d'une longue et étroite piste de sable sur laquelle vous rencontrerez entre autres des émeus, des kangourous ou des martins-chasseurs géants au chant saccadé. Vu les conditions climatiques humides et la longue marche pour atteindre Maguk, ses bassins seraient tentants même infestés de crocodiles !

L'un des autres trésors du parc, que l'on ne trouve sur aucune carte et très rarement dans les guides de voyage, est Graveside Gorge, un bassin paradisiaque à deux étages alimenté par une cascade. Entouré de roches rouges, on y accède par un beau sentier bordé de termitières « cathédrales » qui évoquent les à-pics des canyons et de cycadales. Ces plantes, qui ont survécu à deux grandes périodes d'extinction massive sur la planète possèdent de solides feuilles comme des palmes et peuvent vivre 2 500 ans.

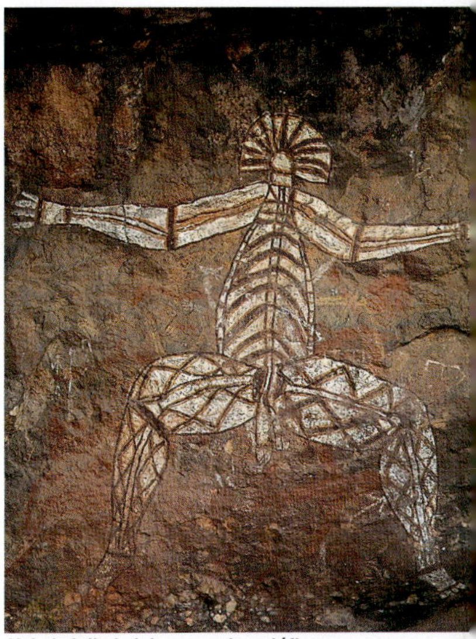

Nabulwinjbulwinj, un esprit maléfique

Le méconnu Graveside Gorge est parfait pour la natation, mais attention aux crocodiles !

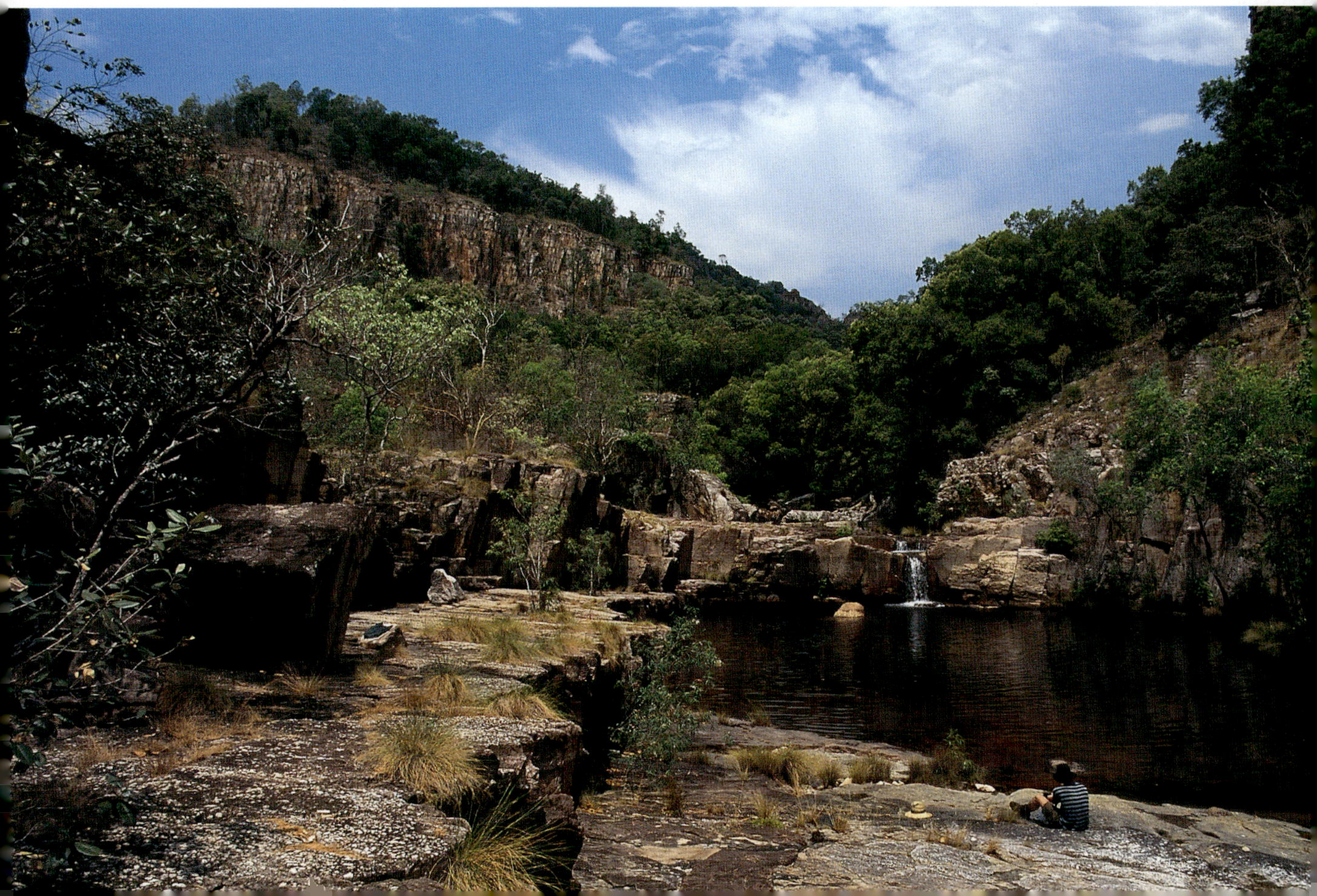

Page ci-contre :
en chemin vers Maguk Gorge

Une fois que vous avez visité Kakadu depuis la terre ferme, vous pouvez boucler la boucle par un tour en bateau sur les Yellow Waters, un marécage préservé que forme la plaine d'inondation de la South Alligator River. Dans les zones herbeuses, les aigles de mer, jabirus et canaroies semipalmés en font un paradis pour les amateurs d'ornithologie, tandis que depuis la mangrove les terrifiants crocodiles marins vous observent tapis dans l'ombre. Ces prédateurs à écailles sont des survivants de l'époque des dinosaures et, quelle que soit la taille de votre bateau, votre cœur s'emballera lorsqu'ils glisseront vers vous à travers les eaux boueuses. Quoi qu'il arrive, vous quitterez Kakadu les yeux écarquillés et plus proche de votre côté « sauvage ».

La feuille et le fruit du pandanus

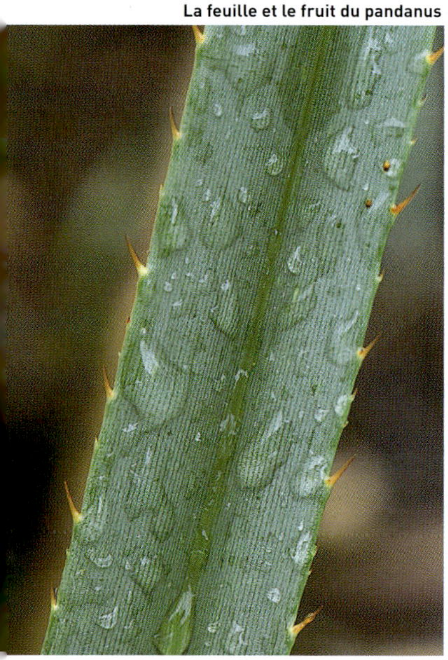

ⓘ

Darwin est desservi par plusieurs compagnies internationales, dont Qantas Airlines ou Malaysian Airlines. Qantas et Virgin Blue proposent des vols intérieurs en Australie. Pour plus d'informations, renseignez-vous auprès de l'excellent site Internet de l'Australian Tourism Commission (www.australia.com). Il existe quelques hôtels à proximité de Kakadu, comme Odyssey Safaris, basé à Darwin, qui gère des campements confortables au sein du parc. Ne sous-estimez pas la quantité d'eau et de protection solaire nécessaire, car les températures s'élèvent rapidement. Si les attaques de crocodiles sont rares, tous les avertissements, écrits ou verbaux, qui vous interdisent la baignade doivent être pris au sérieux. En cas de doute, demandez conseil à l'un des rangers.

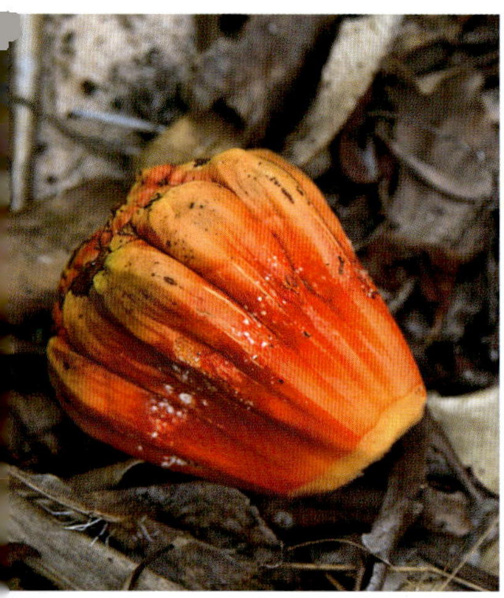

Un varan sur le qui-vive

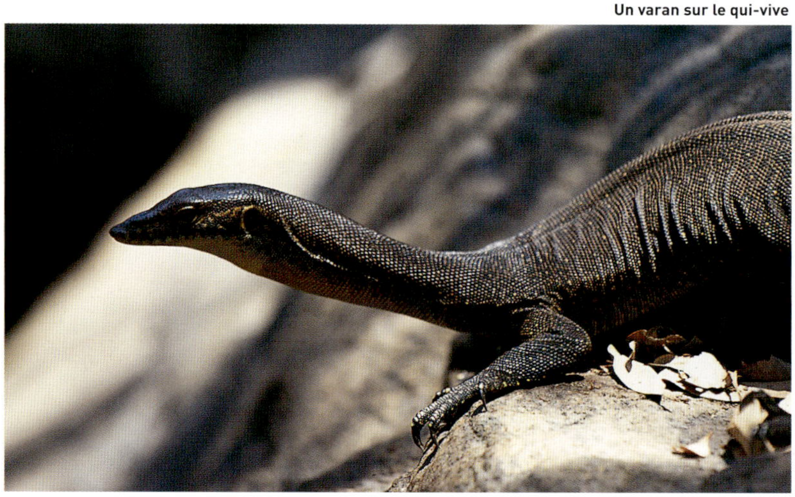

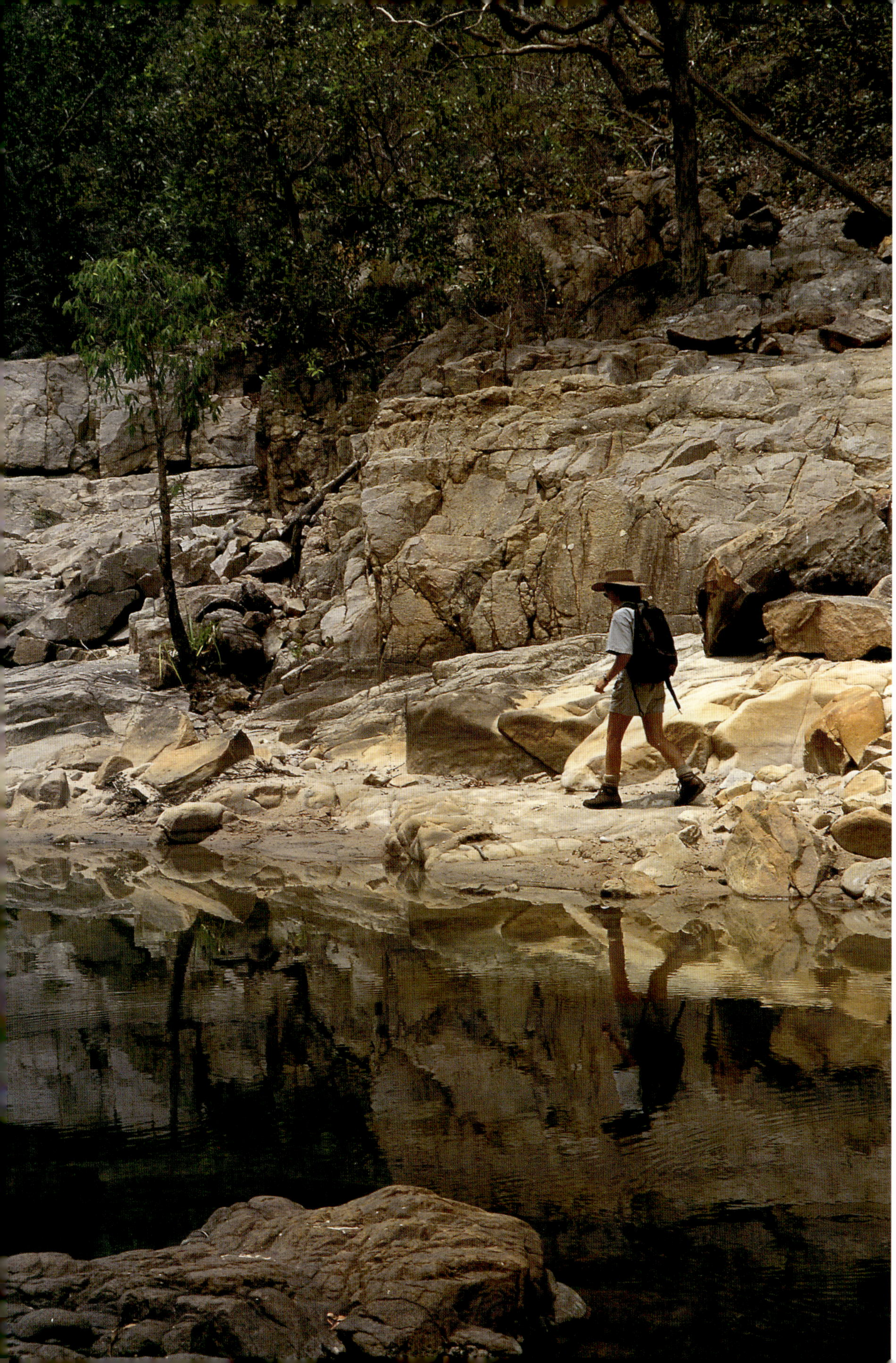

« La ligne de partage des eaux »

Istanbul, Turquie

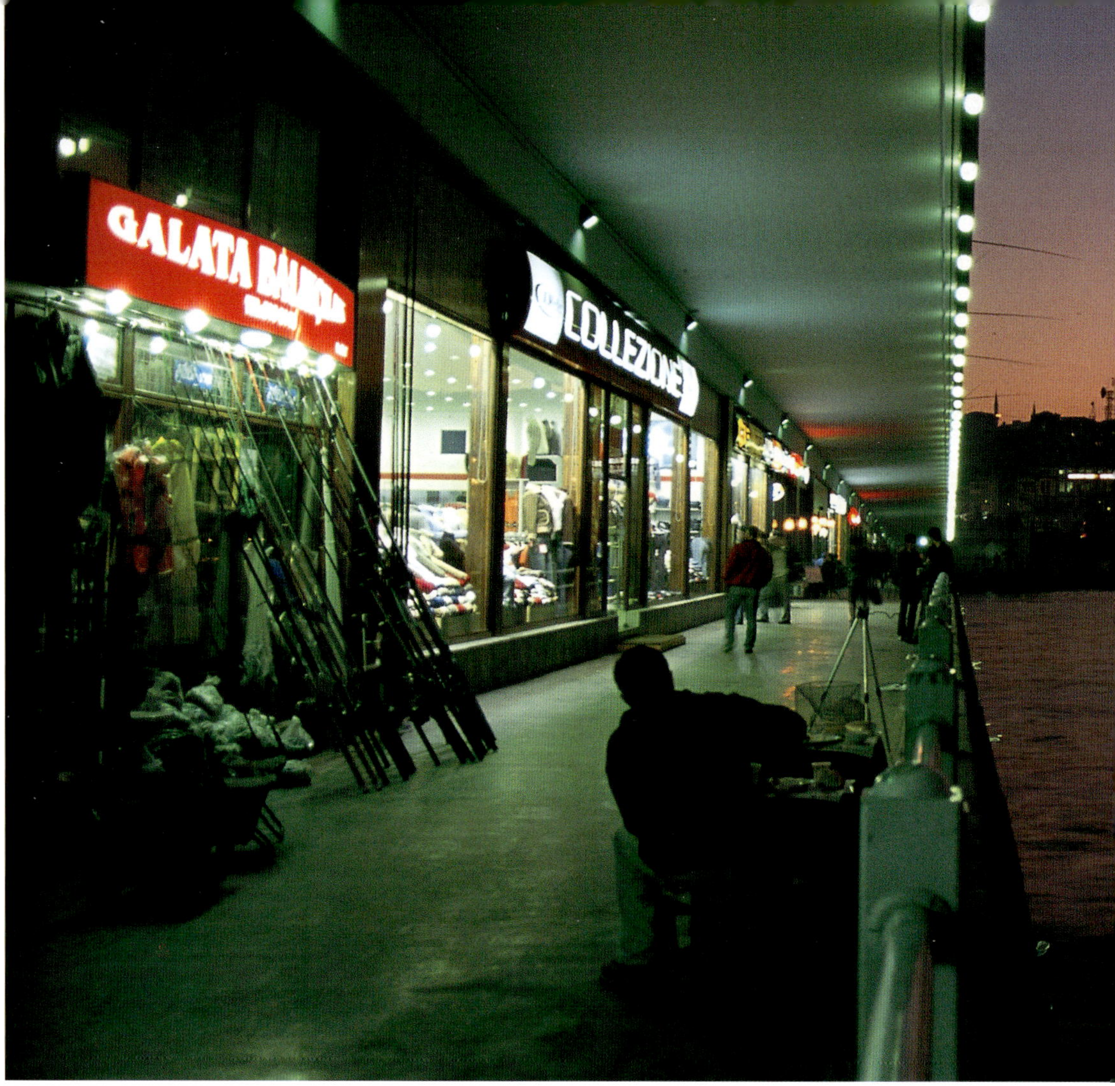

Le pont de Galata traverse la Corne d'Or et mène à la mosquée de Soliman

Le labyrinthique Grand Bazar

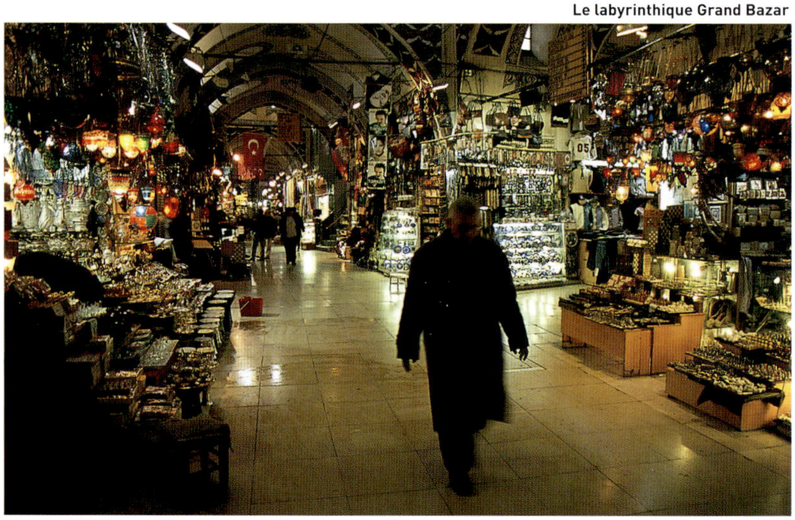

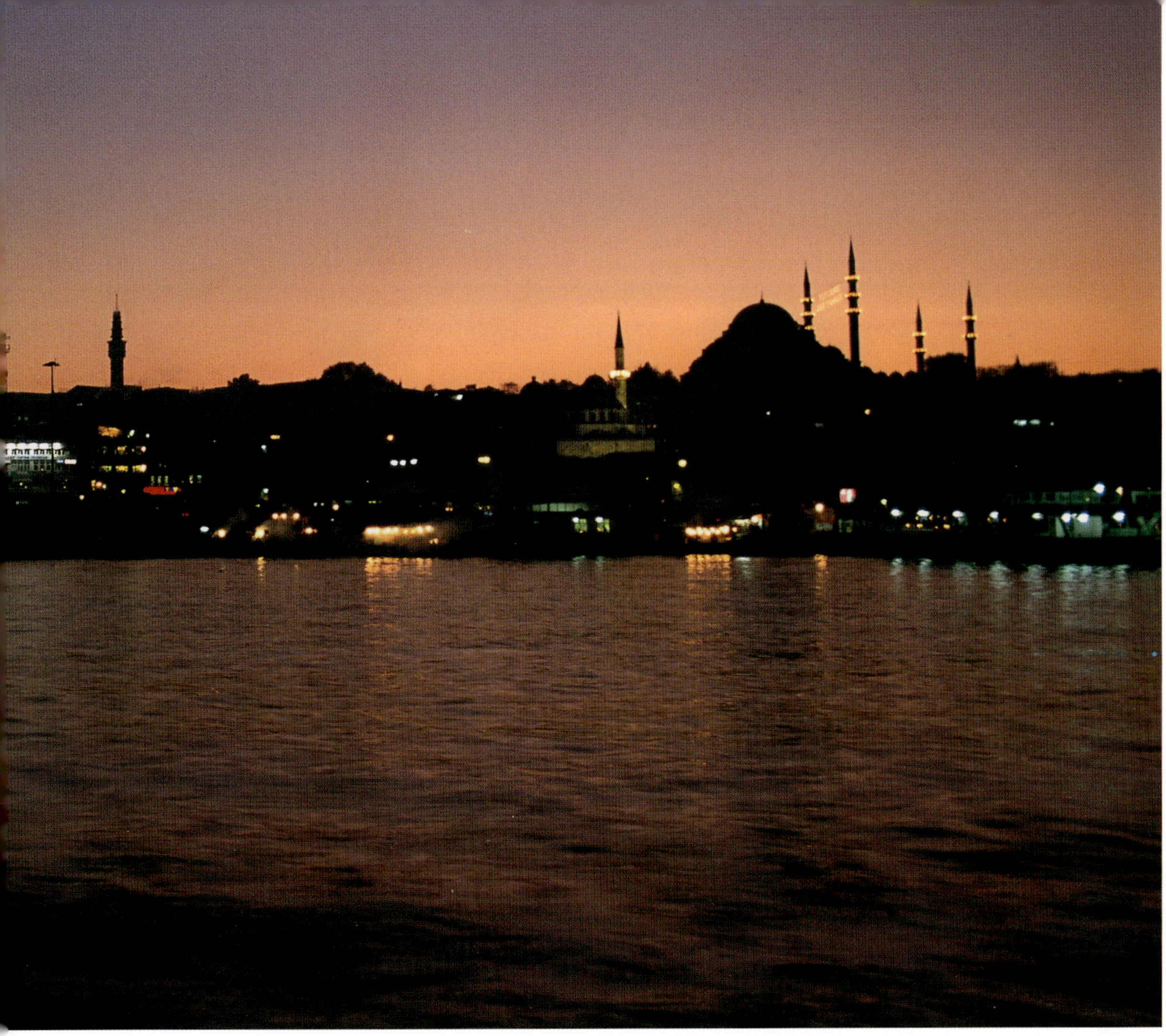

Aucun lieu ne mêle les cultures, histoires et religions orientales et occidentales comme Istanbul, la capitale turque hérissée de minarets. Avec les épices et arômes du Grand Bazar, les somptueuses mosquées du quartier de Sultanahmet et les magasins modernes raffinés de Beyoglu, cette intense fusion entre Europe et Asie vous étonnera et vous émerveillera à coup sûr.

Tout d'abord appelée Byzance puis Constantinople, la ville chevauche le détroit du Bosphore et la Corne d'Or de la mer de Marmara. Grâce à cette position géographique (Europe à l'ouest et Asie à l'est), elle a été le point de mire de grandes civilisations à travers les âges. Parmi ces dirigeants et empereurs, le sultan ottoman Soliman le Magnifique, qui régna pendant quarante-six ans à partir de 1520, est celui

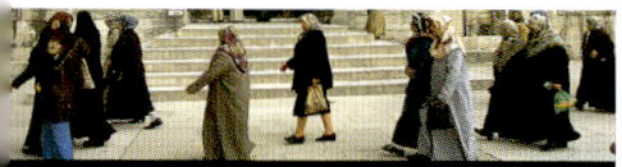

qui a laissé la plus forte empreinte. Ce fut lui qui commanda la construction des plus imposants monuments d'Istanbul, dont le tentaculaire palais de Topkapi, un point de départ enthousiasmant pour commencer votre visite de la ville. Après l'imposante Porte de l'Auguste du côté de Sainte-Sophie, le palais à flanc de colline surplombe le Bosphore et la mer de Marmara. Rendez-vous à l'extrémité de la quatrième cour qui s'étend jusqu'à Seraglio pour la meilleure

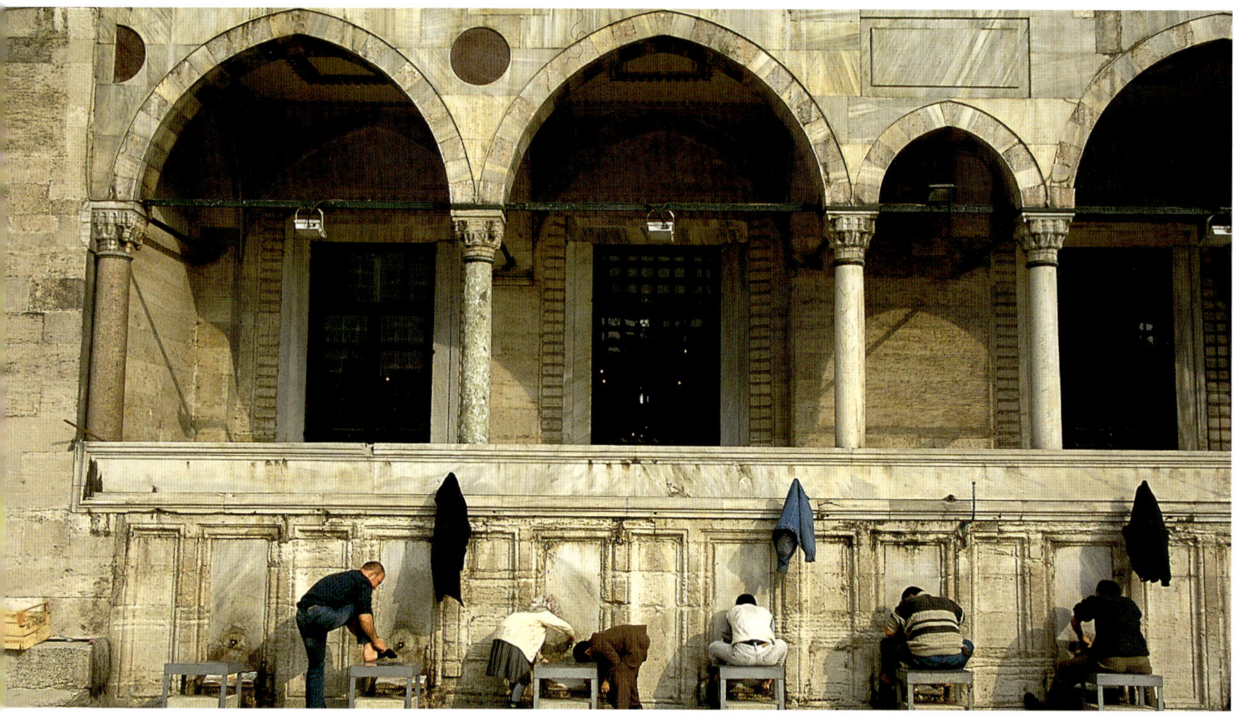

Des fidèles se préparent à la prière dans la mosquée de Soliman

vue, vous ne le regretterez pas. Le café du Kiosque Mecidiye, ou Grand Pavillon, offre également un panorama qui mérite qu'on y fasse la queue. Parmi les autres points d'intérêt figurent les salles carrelées du harem en sous-sol où vivaient les femmes et concubines du sultan, ainsi que le trésor impérial. Et ne passez surtout pas à côté des tablettes de pierre gravées disposées le long du mur interne de la première cour.

Depuis Topkapi, des jardins conduisent à l'impressionnante mosquée du Sultan Ahmet avec ses minarets qui s'élancent vers le ciel et ses dômes sensuels. Lorsque que vous ôtez vos chaussures et pénétrez au cœur du sanctuaire à l'éclairage tamisé, vous sentez le calme vous envahir. Presque tout y est recouvert de carreaux bleus, d'où son surnom de Mosquée Bleue. C'est toujours un lieu de culte, alors soyez patients et respectez les règles à l'heure de la prière.

Le musée de Sainte-Sophie

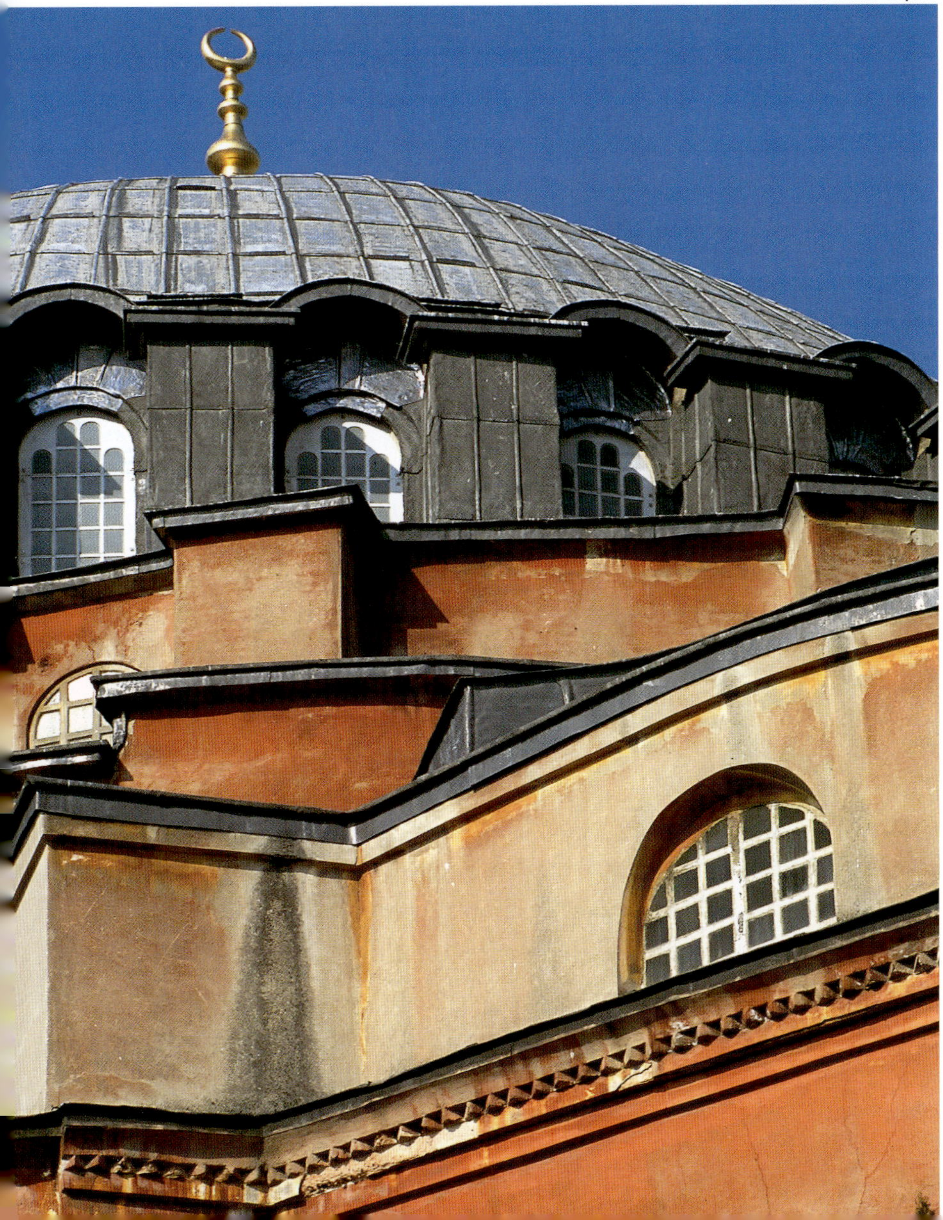

Le palais de Topkapi

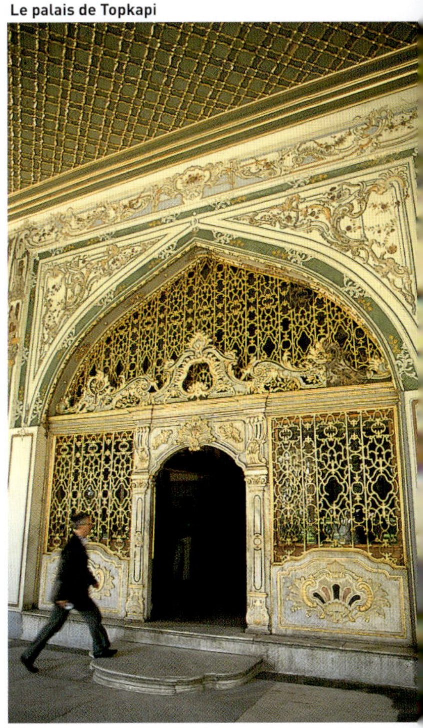

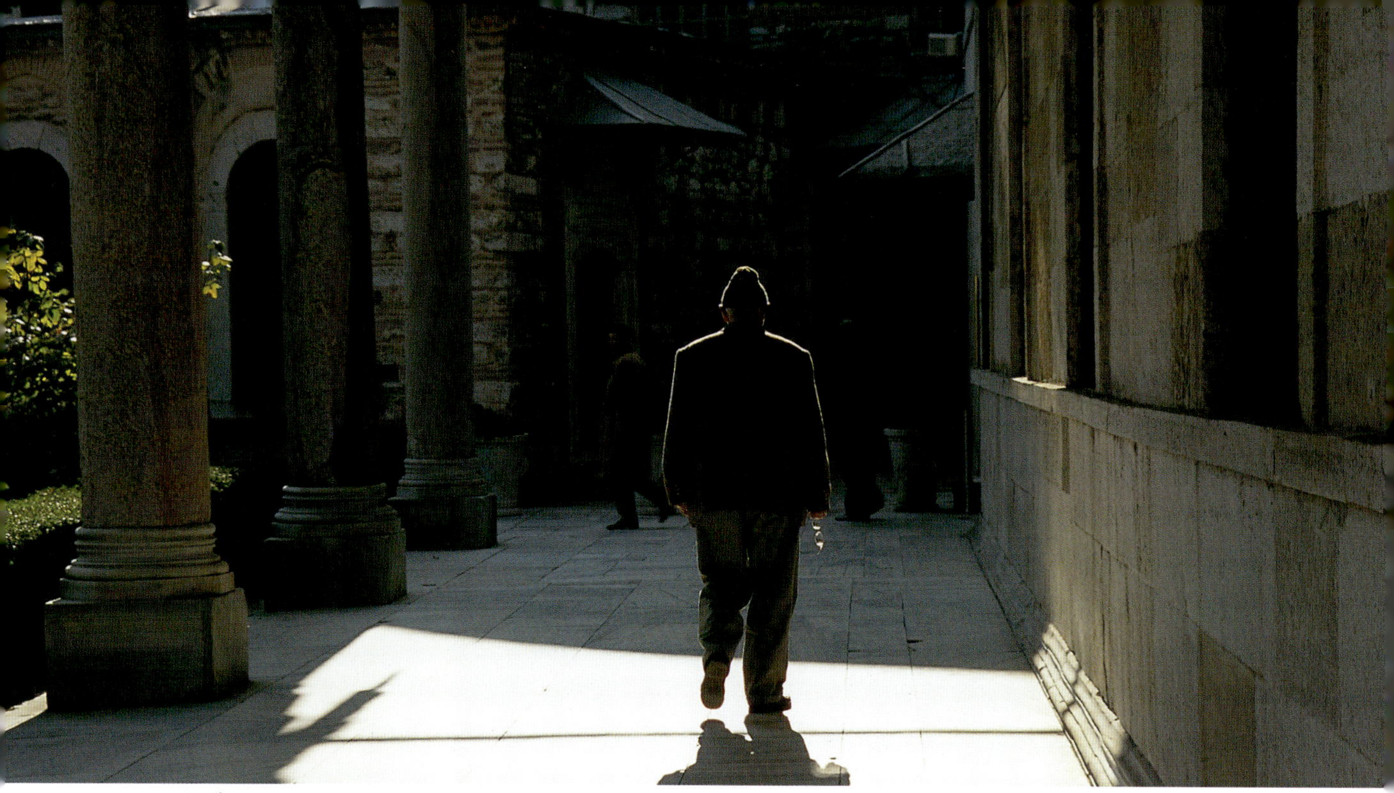

En déambulant dans le palais de Topkapi

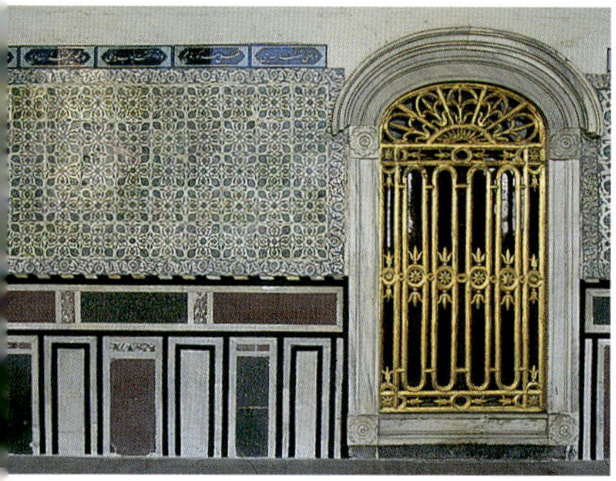

Une des mosaïques du palais de Topkapi

Gardez le meilleur du quartier pour la fin et dirigez-vous à travers la place vers le chef-d'œuvre byzantin Sainte-Sophie. Ce bâtiment, avec ses murs rouges, fut tout d'abord une église, puis une mosquée et enfin un musée. Construit en à peine cinq ans (532-537) en tant que nouvelle cathédrale de Constantinople par l'empereur byzantin Justinien, elle comporte un vaste dôme, autrefois le plus grand du monde. Essayez de vous y rendre de bonne heure afin d'éviter la foule.

Depuis Sainte-Sophie, dirigez-vous vers l'ouest afin de découvrir le chaos organisé du Grand Bazar, le précurseur exotique des centres commerciaux modernes. On pourrait parfois croire que tous les gens de la ville ont quelque chose à vendre, que ce soit des marmites et des casseroles, des briquets lumineux ou de raffinés kilims brodés. C'est pourtant ce lieu, avec son réseau labyrinthique de galeries voûtées, qui symbolise le mieux la riche histoire commerçante de la ville.

Au-delà de l'université se trouve la mosquée de Soliman, un joyau ottoman construit par le célébrissime architecte Mimar Sinan en 1557. Avec plus de 200 fenêtres, son intérieur est l'un des plus enchanteurs parmi l'impressionnante collection de mosquées d'Istanbul.

Le pont de Galata accueille un marché plein de vie et des légions de pêcheurs. Le week-end, il est quasiment impossible de trouver une place le long du niveau supérieur avec tous les hommes de la ville venus profiter des poissons de la Corne d'Or. L'étage inférieur comporte une quantité de restaurants de fruits de mer, bars et cafés. C'est un endroit étonnamment tranquille pour se relaxer en observant les omniprésents bateaux vaquer à leurs occupations.

Au-delà du pont, dominant la ligne des toits de Beyoglu, la tour de Galata, qui date du XIVe siècle, est l'endroit idéal pour achever votre séjour. Quelques marches et un ascenseur vous emmènent au sommet d'où vous pourrez admirer le soleil qui se couche sur les minarets et profiter du chaos et de la charge sensorielle de la ville. Une expérience marquante.

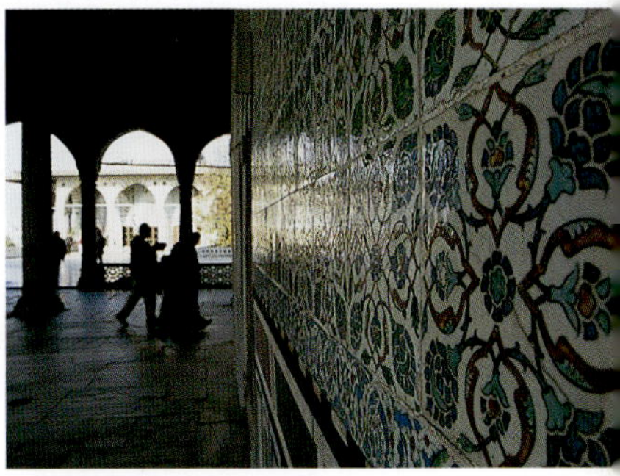

La quatrième cour du palais de Topkapi

ⓘ

Istanbul peut se visiter toute l'année, même si les mois d'été sont très chauds. La plupart des mosquées et sites touristiques sont plus tranquilles le matin. Ils sont généralement accessibles à pied, mais montées et descentes se succèdent. De nombreuses compagnies, dont Turkish Airlines, proposent plusieurs vols par jour pour Istanbul et les possibilités de logement peuvent convenir à tous les goûts et toutes les bourses.

L'horizon d'Istanbul hérissé de minarets

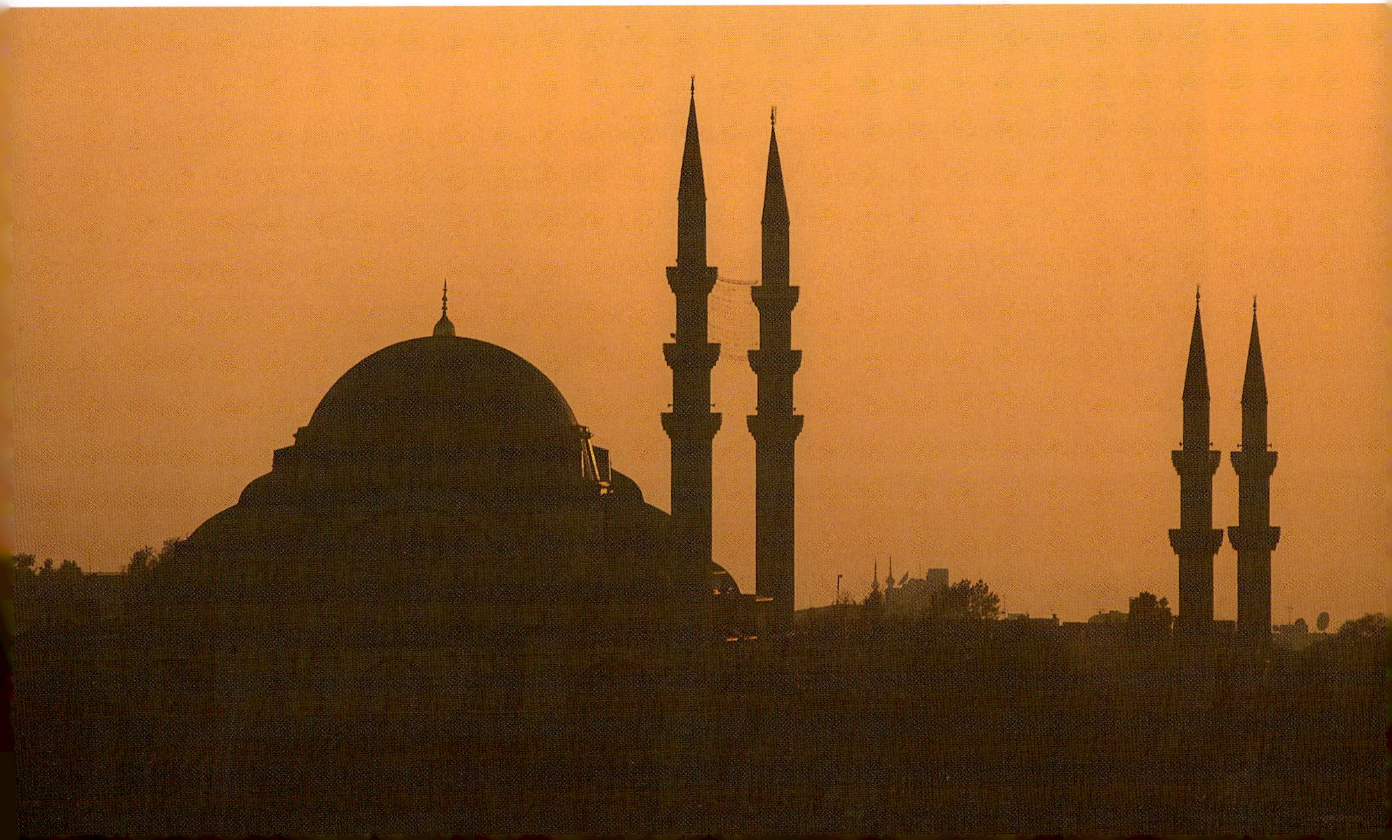

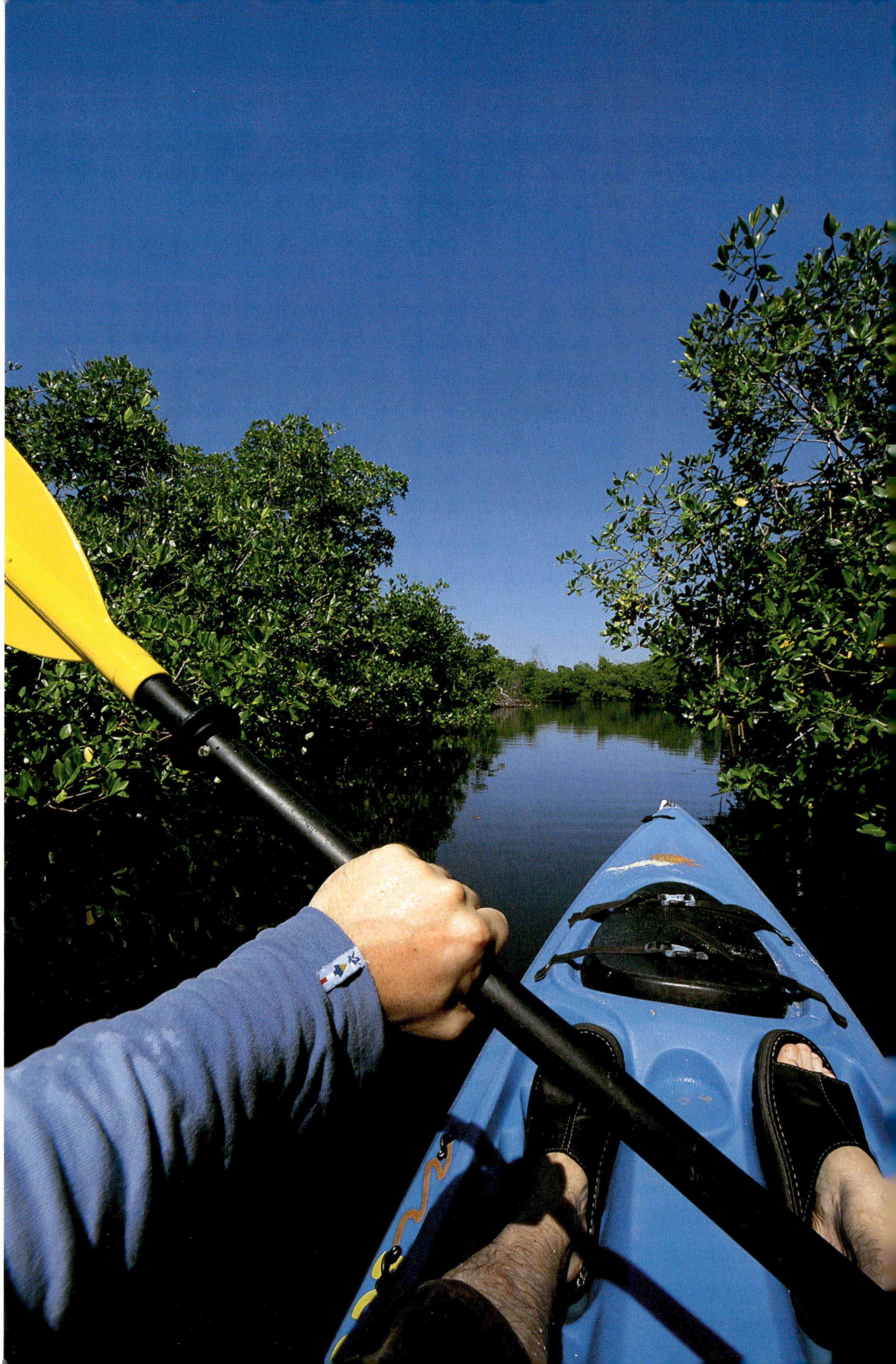

Page ci-contre :
En kayak dans la mangrove de Placencia Caye

Forêts pluviales et récifs
Chaa Creek, Belize

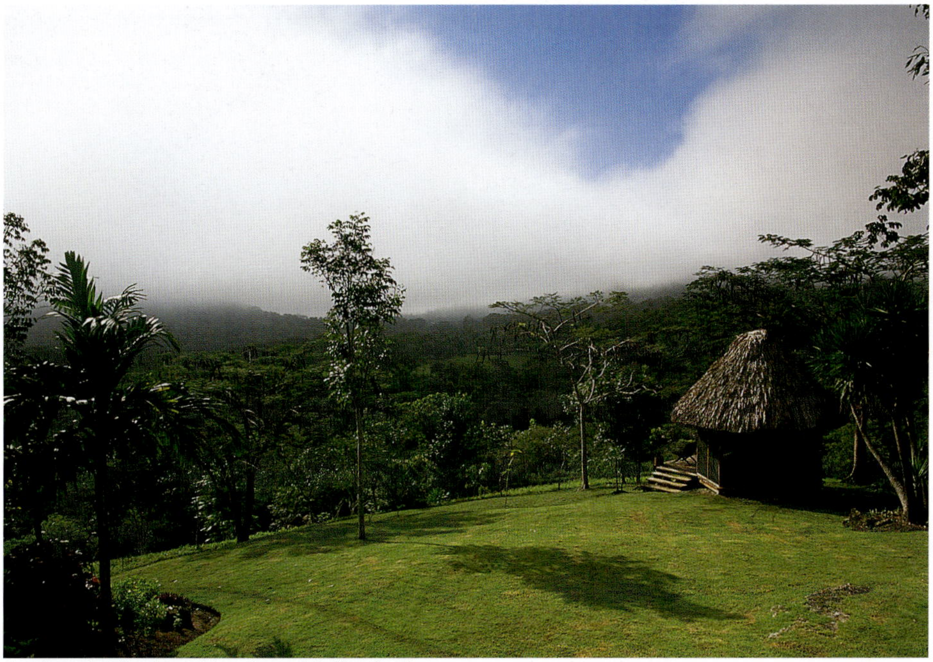
Vue d'une chambre du complexe thermal de Chaa Creek

Entre ruines mayas, profondes forêts pluviales aux alentours de Chaa Creek et beauté paisible des côtes caribéennes, le Belize, pacifique pays d'Amérique centrale, est un délicieux mélange de cultures qui s'offre à l'exploration aussi bien à pied, qu'en kayak ou avec un tuba.

Voisin du Guatemala et du Mexique, le Belize partage avec eux un riche héritage maya dont des sites remarquables tels Xunantunich, Caracol ou Lubaantun. Au cœur du pays se trouvent d'immenses parcs sauvages, comme la réserve naturelle du bassin Cockscomb, refuge pour les jaguars, qui rivalisent avec ceux du Costa Rica. Et puis il y a la côte : parsemée de nombreuses cayes (des îles basses sablonneuses), elle possède la plus longue barrière de corail de l'hémisphère nord et le style de vie y est résolument inspiré de l'atmosphère décontractée des Caraïbes. En fait, le Belize est tout simplement unique.

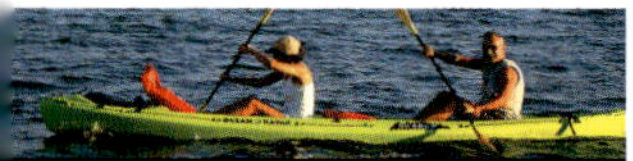

Page ci-contre :
Masques en stuc d'El Castillo, à Xunantunich

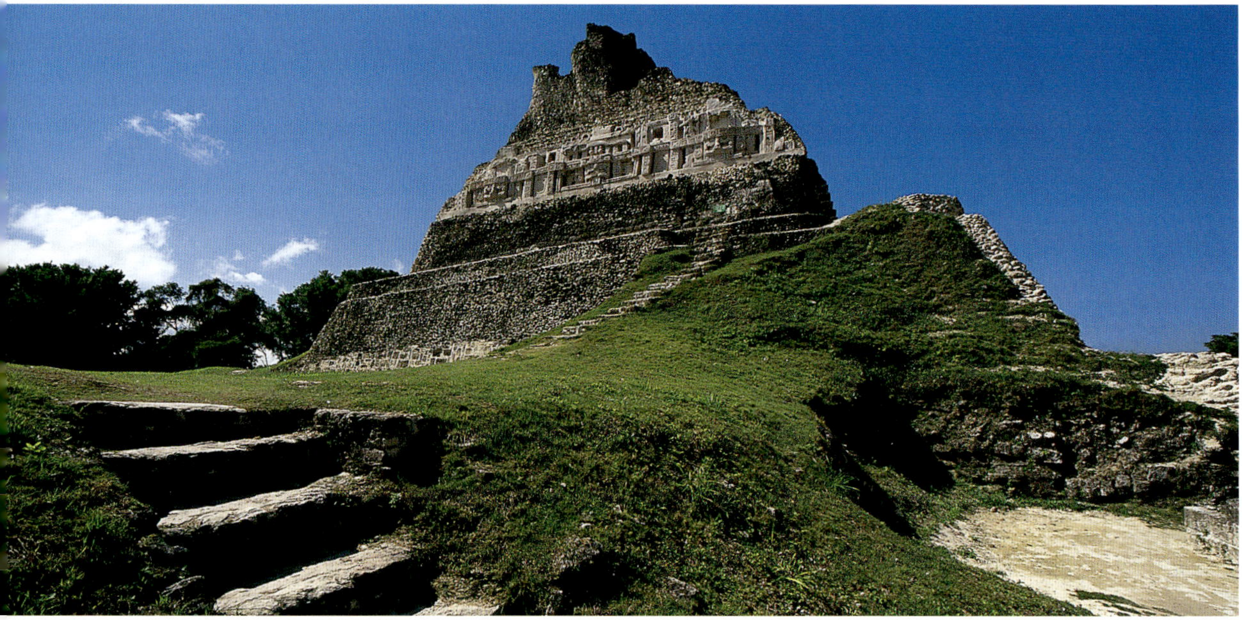

El Castillo à Xunantunich

On commence en hauteur avec Chaa Creek, un magnifique complexe thermal situé au cœur d'une dense forêt pluviale, qui surplombe la rivière Macal, à l'extrémité nord-ouest de l'immense Mountain Pine Ridge Forest Reserve. Son important réseau de sentiers vous offrira des heures de randonnée sous les palmes géantes et parmi une pléthore de plantes exotiques, dont le gingembre rouge avec ses pétales éclatants et son feuillage vert vif, ou la fleur nationale bélizienne, la délicate et enchanteresse orchidée noire. Comme dans beaucoup de forêts pluviales, la faune est difficile à repérer, mais le morpho ne vous échappera pas avec les mouvements indolents de ses ailes bleu métallique.

La frontière sud du parc est formée par la jonction des rivières Macal et Mopan. Celles-ci se rejoignent à San Ignacio et la pratique du kayak ou du canoë au confluent y est très plaisante. Le courant y est généralement suffisamment modéré, même pour des pagayeurs débutants. Le cours d'eau abrite une multitude d'espèces animales, dont des loutres de rivière, des martins-pêcheurs ou des aigrettes.

À une courte distance en voiture de Chaa Creek se trouvent les impres-

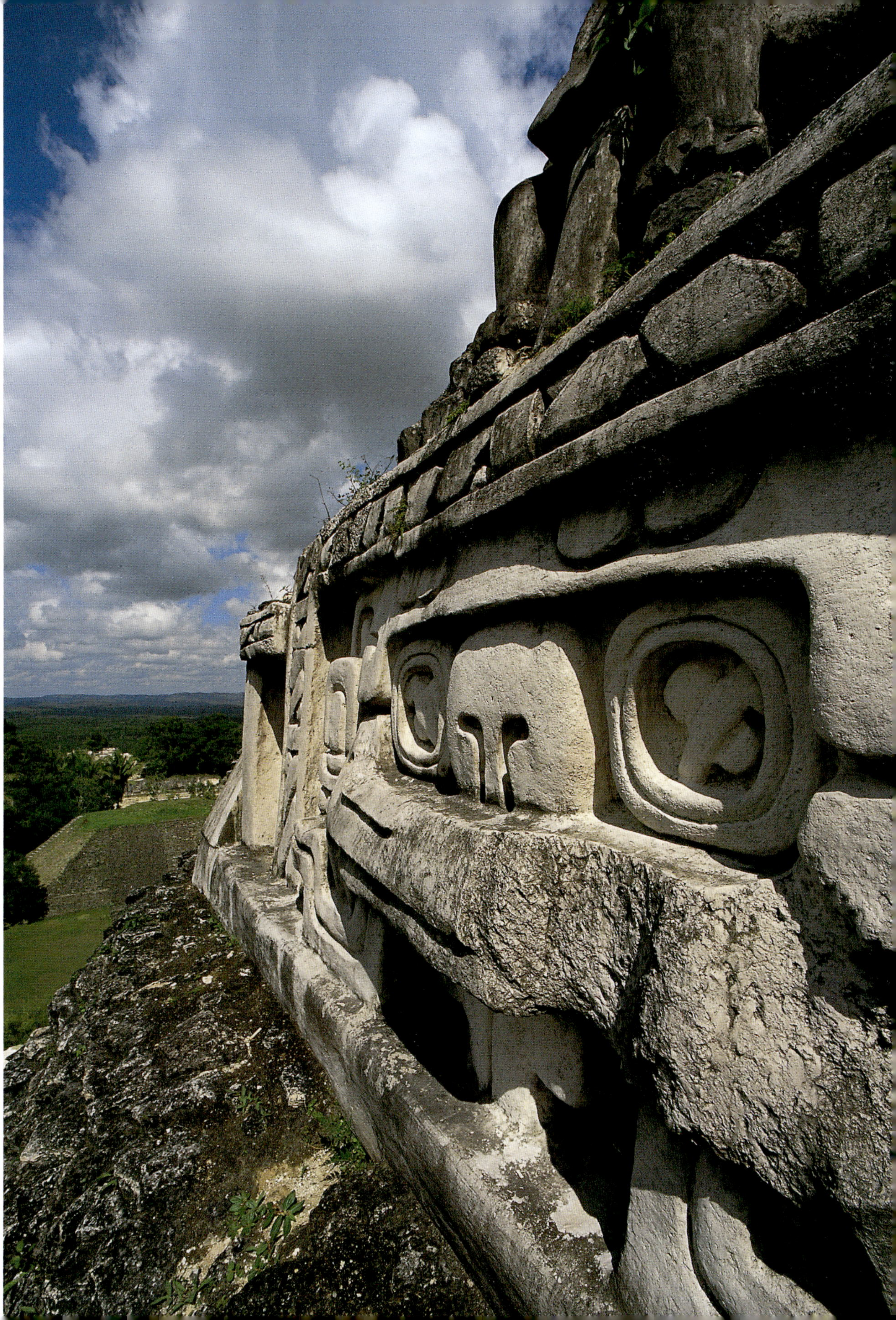

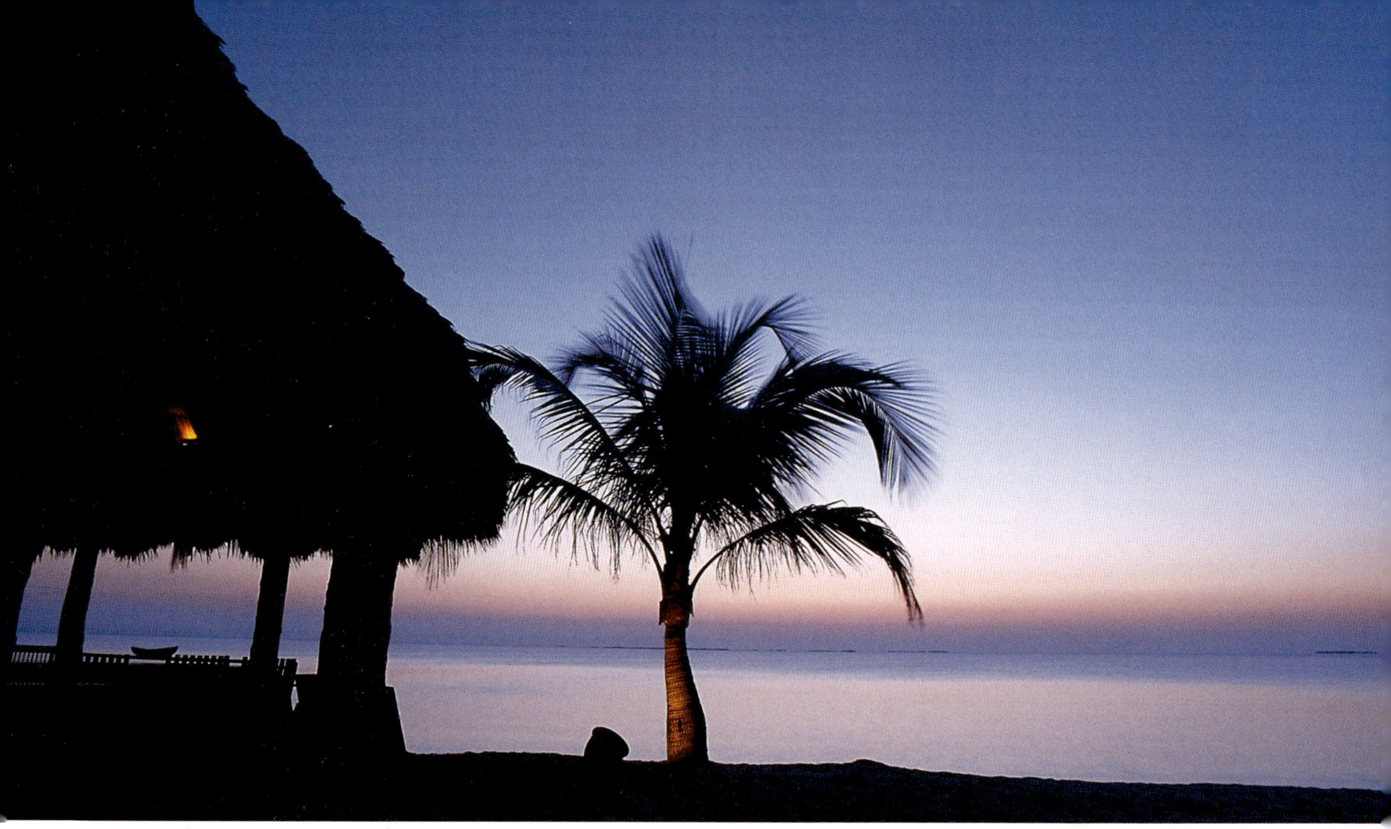

Crépuscule au bar de la plage de Turtle Inn

sionnantes ruines mayas de Xunantunich (« Vierge de pierre »), accessibles par bac depuis le village de San José Succotz. Datant de la fin de la période classique (environ 650-700 av. J.-C.), on sait très peu de choses à propos de ceux qui y régnèrent, sauf qu'il s'agissait d'un grand centre cérémoniel jusqu'à ce qu'il soit frappé par un important tremblement de terre, environ en l'an 900. Le point d'intérêt principal est sans nul doute El Castillo, situé au sud de la place principale. Cette pyramide de 40 mètres de haut se découpant sur l'horizon possède sur sa face avant un large escalier de pierre. L'ascension jusqu'au sommet n'est pas de tout repos, mais la vue sur la forêt environnante et le Guatemala vaut bien quelques efforts. Sur les flancs est et ouest se trouvent d'extraordinaires fresques en stuc.

De là, un trajet le long de la verdoyante Hummingbird Highway vous emmène au-delà du Blue Hole National Park, célèbre pour son cénote à l'eau cristalline, et du Cockscomb Basin Wildlife Sanctuary. En allant plus au sud par la Southern Highway, vous arrivez à la péninsule de Placencia, un lacet de plage où règnent la culture des Garifunas et sa parfaite décontraction. D'un côté s'étendent les eaux bleues des Caraïbes tandis que de l'autre s'étendent celles plus foncées du vaste lagon.

Au milieu, immédiatement au nord de la ville de Placencia, se trouve

Turtle Inn. Propriété de Francis Ford Coppola, à qui l'on doit, entre autres, *Apocalypse Now*, c'est un vrai paradis balinais à la sauce caribéenne. Ce n'est pas le meilleur endroit pour regarder le soleil se lever sur les cayes ou se coucher sur le lagon. Si vous pouvez opter pour le farniente, les kayaks de mer que vous propose l'hôtel vous proposent d'explorer les alentours et quelques coups de rames suffisent à rejoindre Placencia Caye, où les pélicans plongent en piqué et où la mangrove donne un peu le frisson. Pour les amateurs de plongée, un tour en bateau au-delà des plages de sable blanc et de l'eau turquoise de Laughing Bird Caye sera inoubliable. Mais avec les couchers de soleil et les cocktails qui vous attendent à la plage du Turtle Inn, vous ne vous attarderez peut-être pas trop.

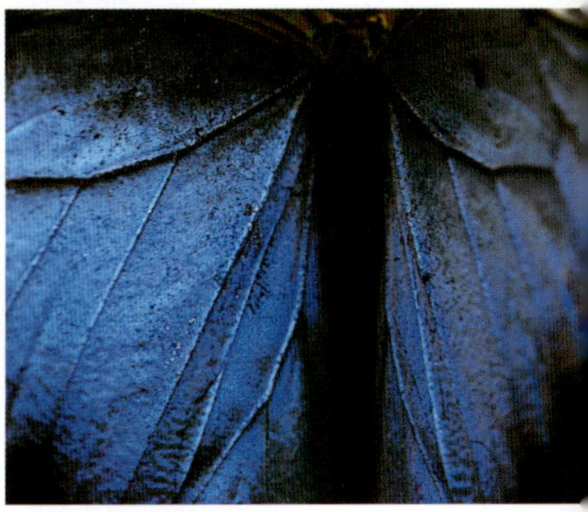

Les ailes du papillon morpho

ⓘ

Le Belize est très stable du point de vue politique et très différent de ses voisins à beaucoup d'égards : on y parle anglais plutôt qu'espagnol et l'atmosphère du pays en général est plus caribéenne que latine. Le réseau routier s'améliore, mais il n'existe encore que trois routes principales. Chaa Creek offre un hébergement dans de belles cabanes en toit de chaume et des villas. On y trouve également un centre thermal en haut de colline et le prêt de canoës est inclus.

Turtle Inn au crépuscule

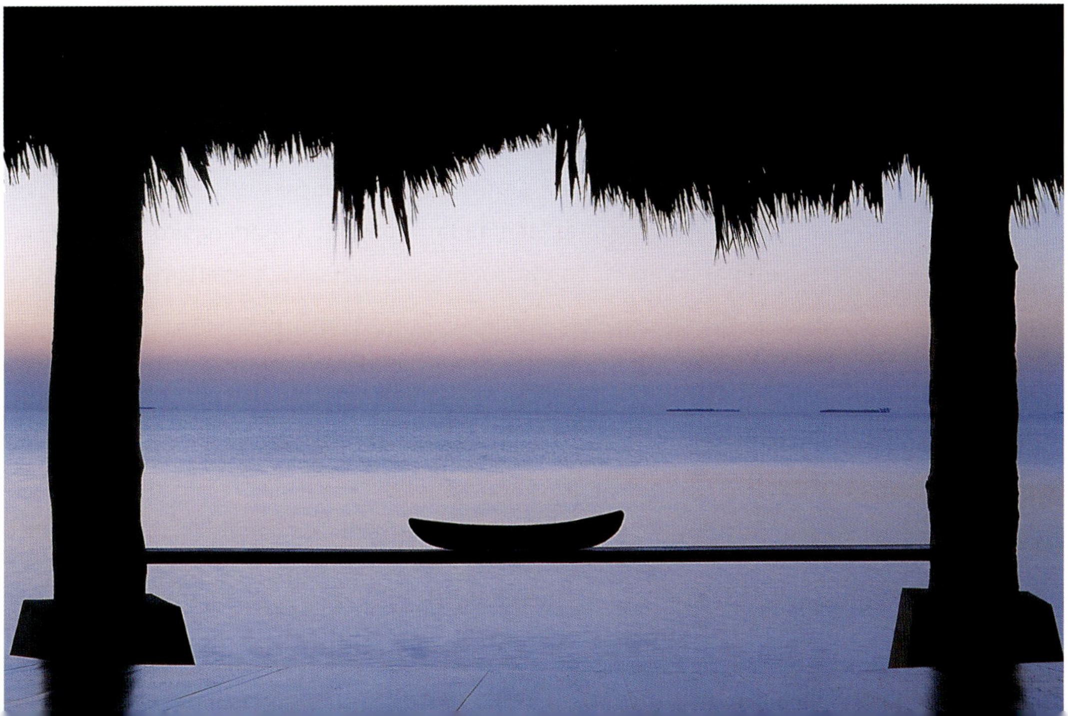

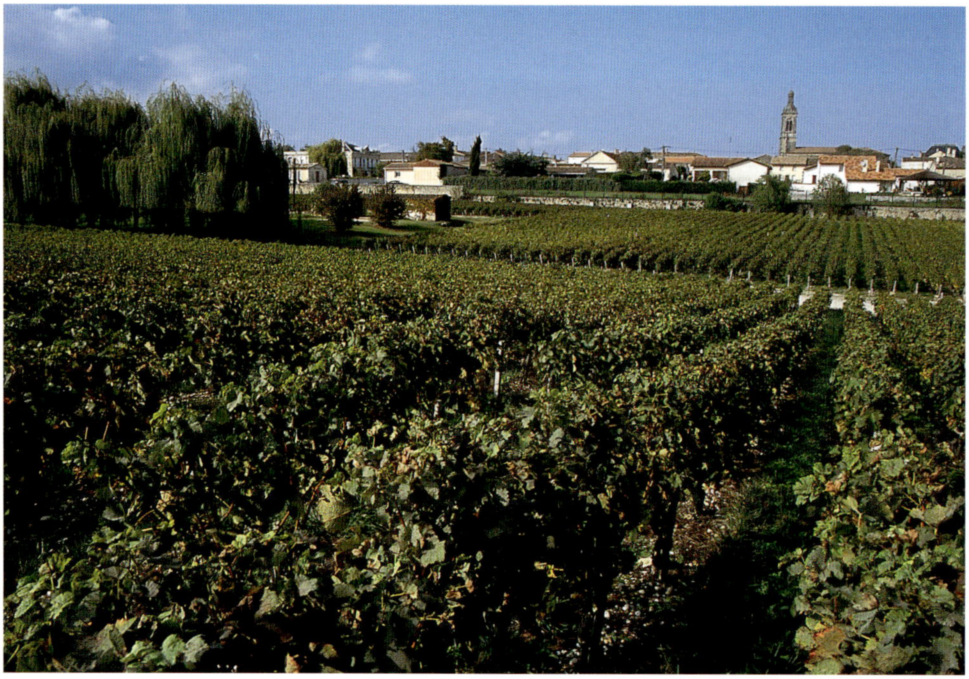

Les vignes du Château Phélan Ségur

Berceau traditionnel des vins français et producteur de certains des plus grands noms tels que Château Mouton Rothschild ou Château Margaux, Bordeaux est le meilleur endroit pour percevoir la complexité de la viticulture. Bien qu'il y ait de nombreuses méthodes pour parcourir la région et ses établissements vinicoles, la plus marquante est de plonger dans la décadence pour participer à des dégustations sous les conseils avisés d'un expert dans un élégant château.

Idéalement placée le long de la Garonne et de la Dordogne qui nourrissent l'estuaire de la Gironde, Bordeaux, avec ses rangées de vignobles à perte de vue, doit sa réputation aux terres de la région aux nuances subtiles. Ces notions qui définissent le terroir, sont largement commentées et débattues. Avec une histoire vieille de 2 000 ans, les viticulteurs du sud-ouest savent en quoi une parcelle de graviers, sable et argile est différente d'une autre. Ces variations, ajoutées au savoir-faire alchimique des chefs de culture des châteaux, donnent naissance à la palette d'excellents rouges, blancs et vins de dessert produits dans la région.

Page de droite :
Une rangée d'arbres mène aux grilles du Château Margaux

Des 57 appellations ou districts, les plus connus sont peut-être

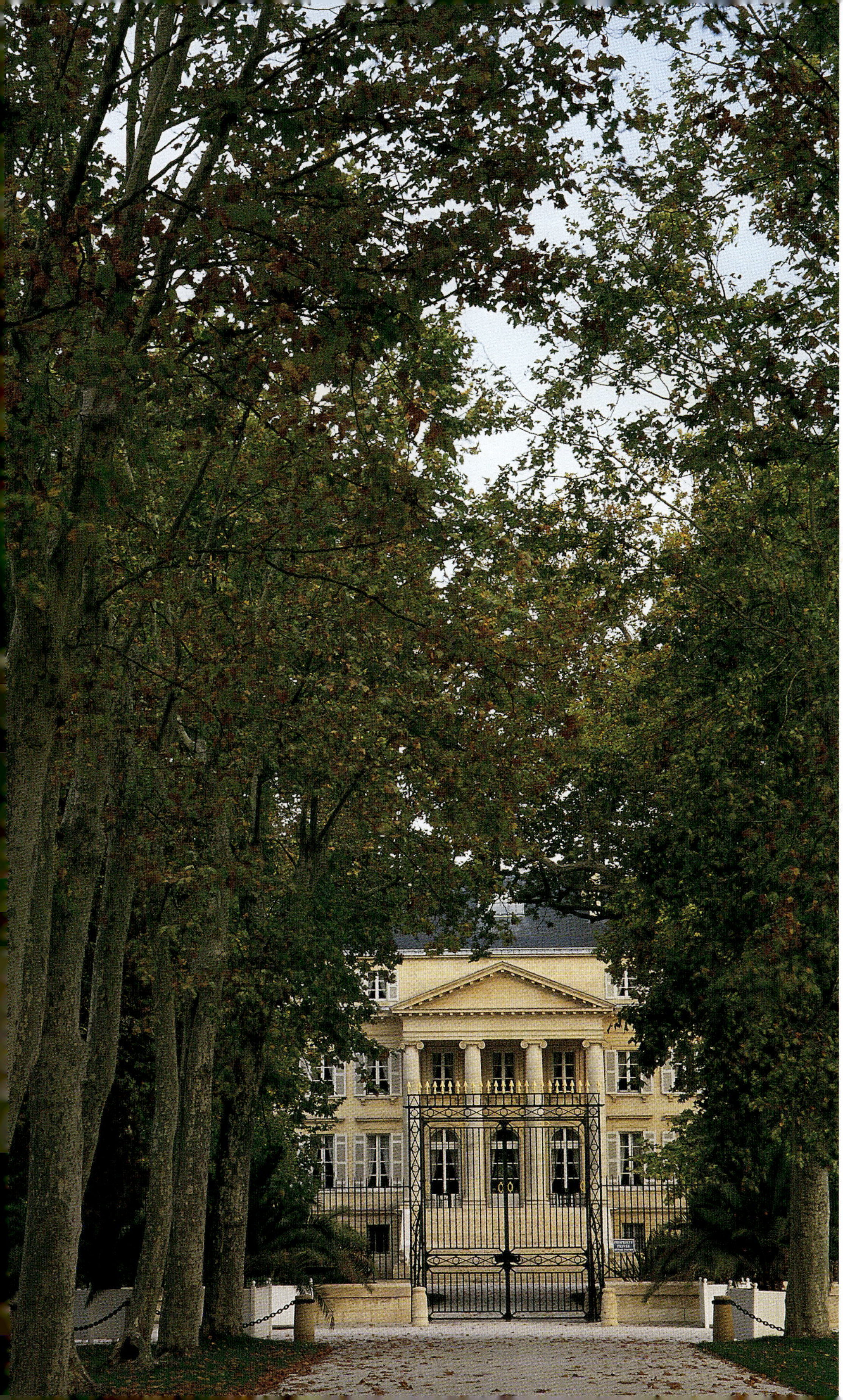

Châteaux et dégustations

Bordeaux, France

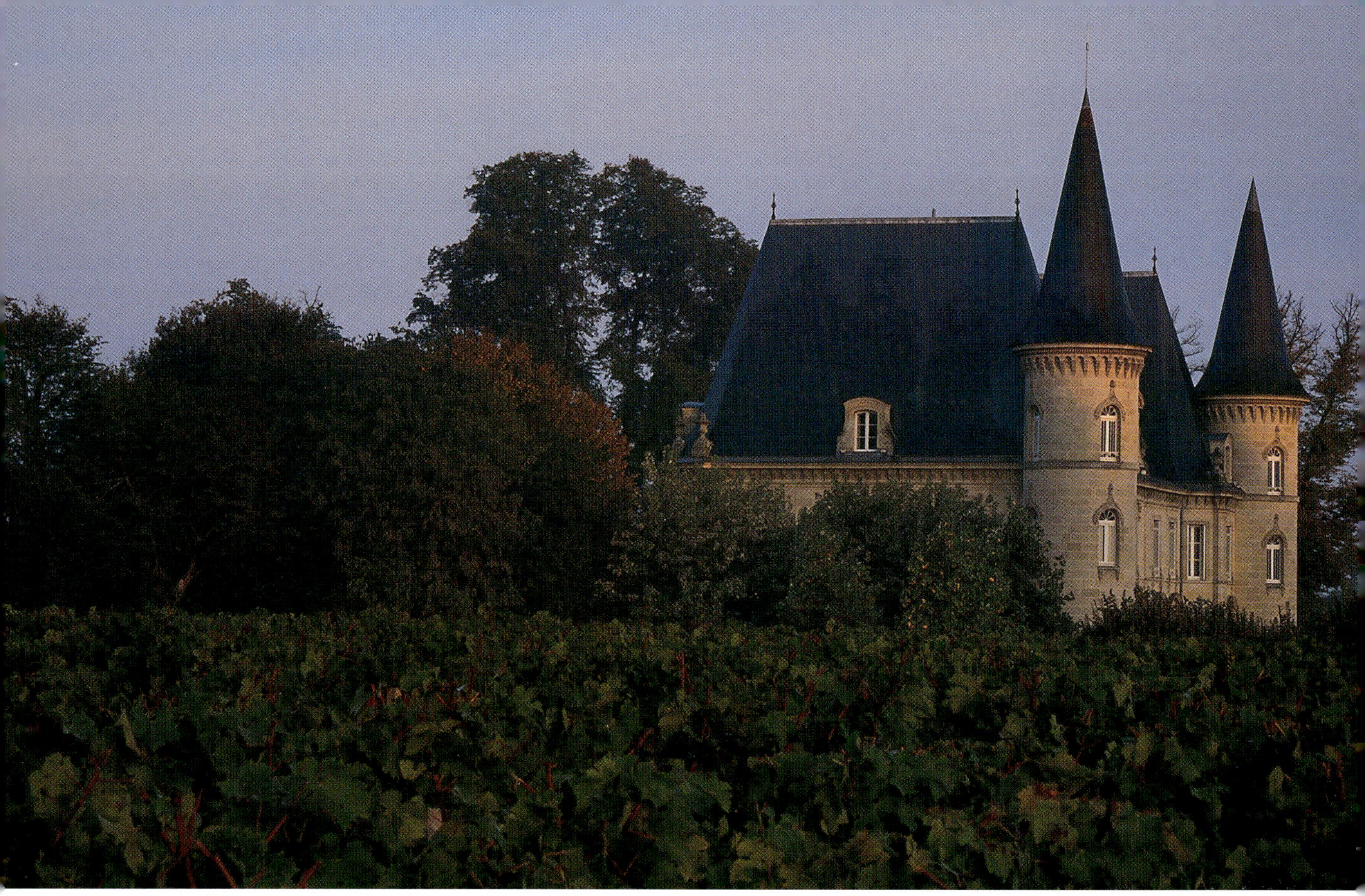

Le Château Pichon-Longueville à Pauillac

Saint-Émilion, ou Médoc et, bien sûr, Margaux, où le château à l'élégance classique mérite en lui-même le déplacement, avec sa façade à colonnades et ses vins rouges de renommée mondiale. Cependant, ne négligez pas les moins célèbres des quelques 7 000 châteaux viticoles de la région. Sur la rive ouest de l'estuaire de la Gironde, Saint-Julien-Beychevelle abrite le très joli Château Léoville Barton tandis que dans la région de Pomerol, du côté est, Château Gazin vaut le détour. Pour franchir l'estuaire, optez pour une douce traversée en bac depuis Blaye. Aux bords de l'eau, s'alignent des dizaines de cabanes de pêcheurs traditionnelles avec leur filet circulaire unique suspendu à de longues perches.

Même si la région de Bordeaux produit d'excellents vins blancs, ce sont surtout les rouges qui sont réputés. Les Cabernet Sauvignon et Merlot sont les cépages les plus cultivés, le premier parce qu'il est vigoureux et tannique et le second pour sa douceur. Depuis 1855, les vins produits dans le Médoc ont reçu l'appellation Grand Cru, qui atteste de leur qualité et devance Cru Bourgeois et Cru Artisan. Les très bons millésimes, comme 1961, peuvent se vendre plusieurs milliers d'euros la bouteille, tandis que les années moins favorables partent pour quelques dizaines. Dans des villes telles que Saint-Émilion, au cœur d'un charmant enchevêtrement de ruelles pavées, une pléthore de commerçants propose bouteilles et coffrets à des prix compétitifs.

Les circuits de dégustation peuvent être un peu déroutants pour les non-initiés et les conseils d'un expert sont donc recommandés. Cependant, apprécier un vin relève plus de l'art que de la science. Même si cela peut aider de saisir l'importance de la robe, du nez ou de la bouche, l'impression personnelle prévaut – et tout est affaire de style. Soulevez le verre pour regarder à travers le vin, faites-le tourner pour en dégager les arômes et enfin goûtez-le.

Les vignes au crépuscule près du Château Pichon-Longueville

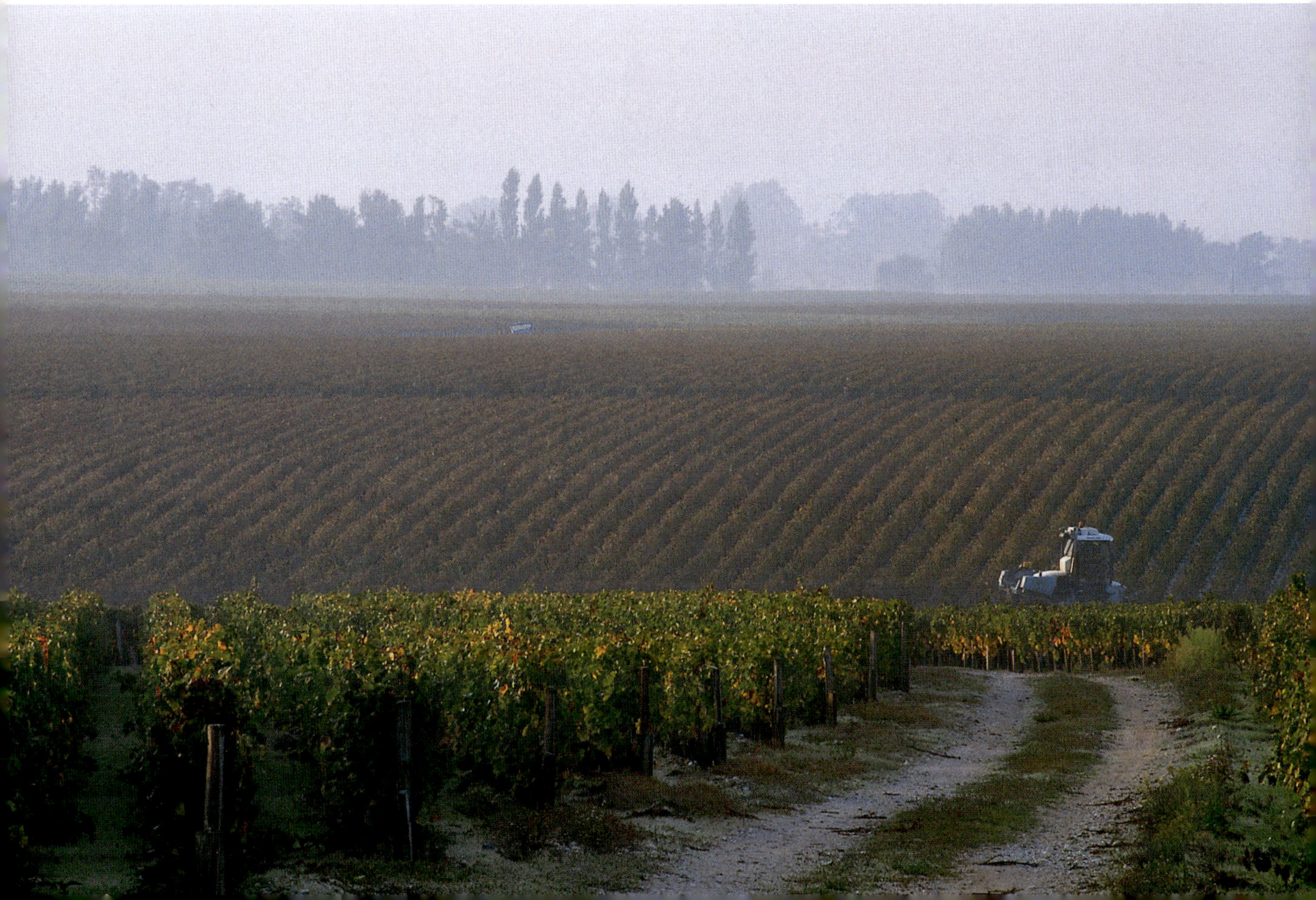

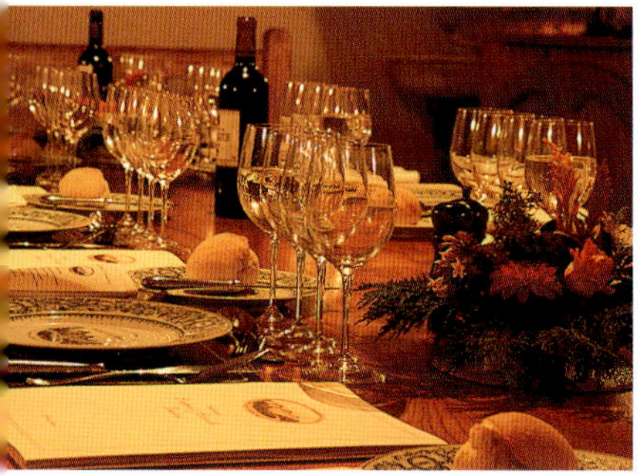
Dîner au Château Léoville Barton

Après vos dégustations du jour, rien de mieux pour occuper votre soirée que de dîner et dormir dans un château, comme le magnifique Château Pichon-Longueville qui surplombe l'estuaire de la Gironde. Sa façade raffinée, avec ses deux tourelles, qui se reflète dans le bassin est une vue enchanteresse aussi bien de jour que de nuit sous la lumière des projecteurs. Plusieurs propriétés privées de la région ouvrent leurs portes à certains tour-opérateurs, tandis que d'autres sont devenues des hôtels, tout comme le Château Cordeillan-Bages, tout proche.

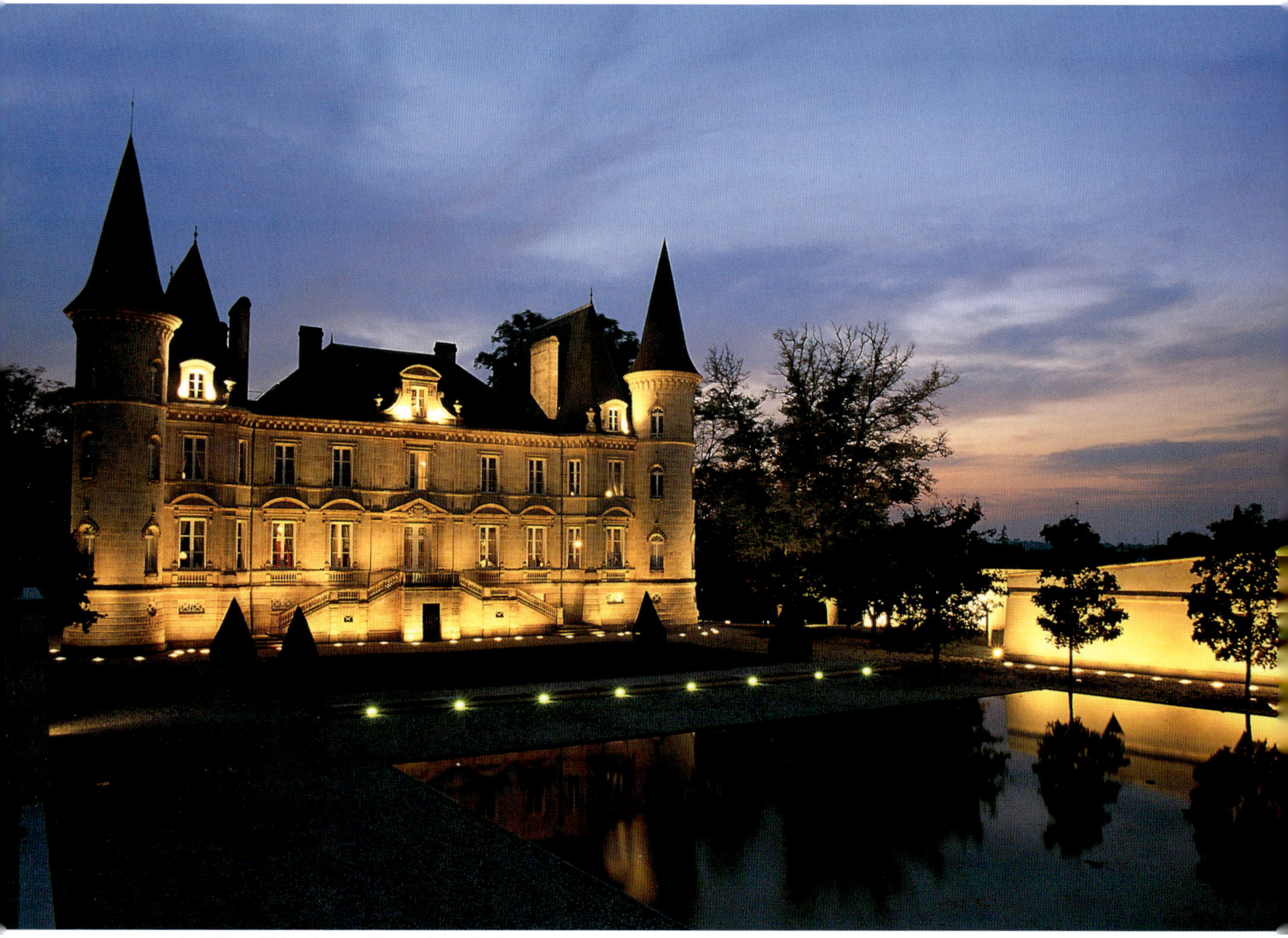
Le Château Pichon-Longueville sous les projecteurs

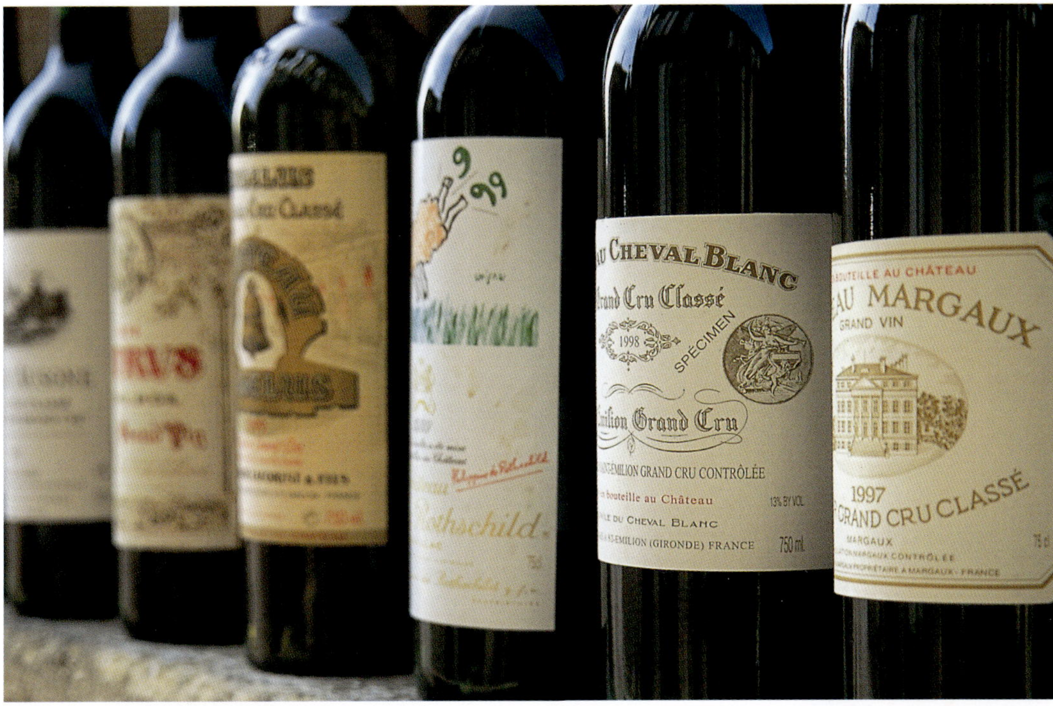

Des grands crus en vente à Saint-Émilion

Les visites des caves sont incontournables

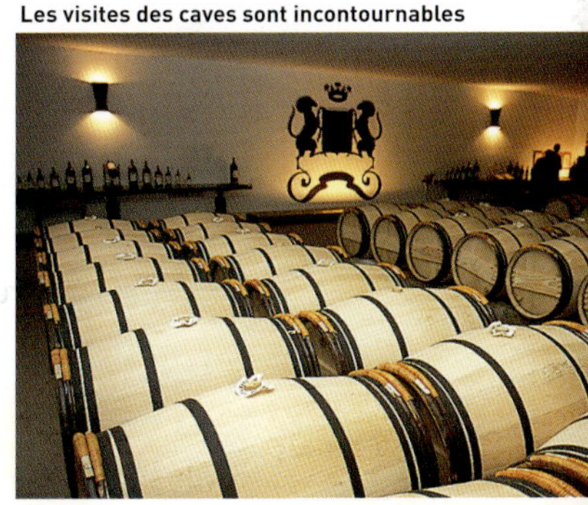

Un dîner gastronomique vous fournira l'occasion rêvée pour mettre à profit vos nouvelles connaissances et goûter un vin de dessert comme le Sauternes, incroyablement doux et sucré. Quel que soit le cru ou le millésime que vous choisirez, vous pouvez être sûr que chaque goutte reflètera les caractéristiques uniques de la région de Bordeaux et de ses habitants amoureux du vin.

ⓘ

Tous les châteaux n'offrent pas l'hébergement ou la visite de leurs caves. Assurez-vous donc de vérifier ce point (ainsi que les heures d'ouverture) à l'avance. Les meilleurs tour-opérateurs proposent des séjours conduits par des experts en œnologie qui incluent un hébergement dans des châteaux privés tels Pichon-Longueville. L'aéroport international de Bordeaux se trouve à proximité des zones viticoles.

Descente en rafting
Fleuve Zambèze, Zambie

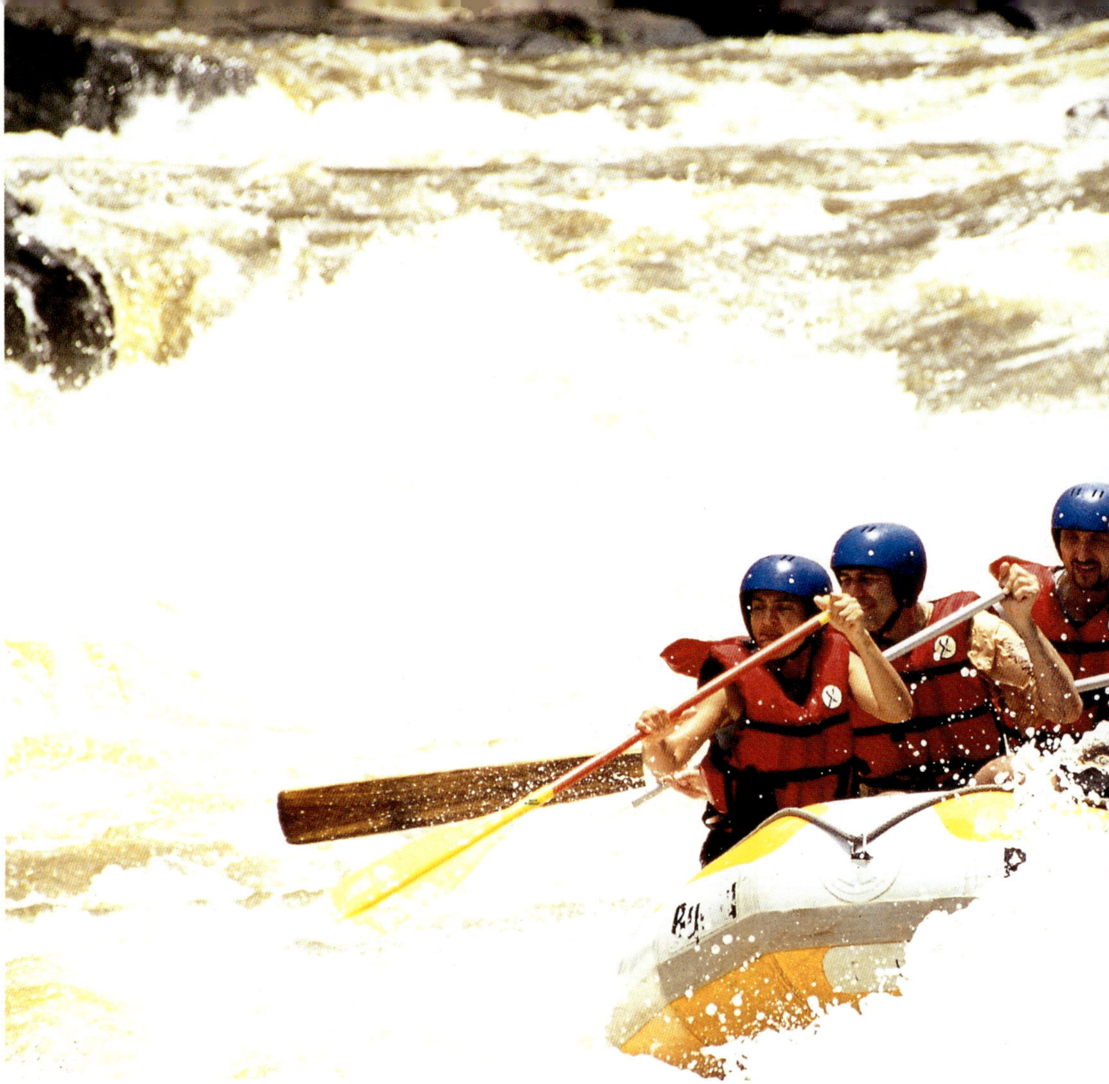

Le moment fort de chaque descente : affronter les puissants rapides de niveaux 4 et 5

Qu'il s'agisse d'être assaillis par l'une des sept merveilles de la nature ou de descendre en rafting les plus incroyables rapides de la planète, une journée sur le majestueux fleuve Zambèze, vous réserve le frisson garanti.

Depuis sa petite source au nord-ouest du Zambie, le Zambèze, quatrième plus grand fleuve d'Afrique, parcourt pas moins de 2 700 kilomètres à travers six pays avant de rejoindre l'océan Indien. Il trace en chemin une empreinte unique et a sculpté les impressionnantes chutes Victoria : à la frontière entre la Zambie et le Zimbabwe, le cours d'eau de deux kilomètres de large plonge à pic plus de 100 mètres plus bas dans la gorge de Batoka, paradis du rafting.

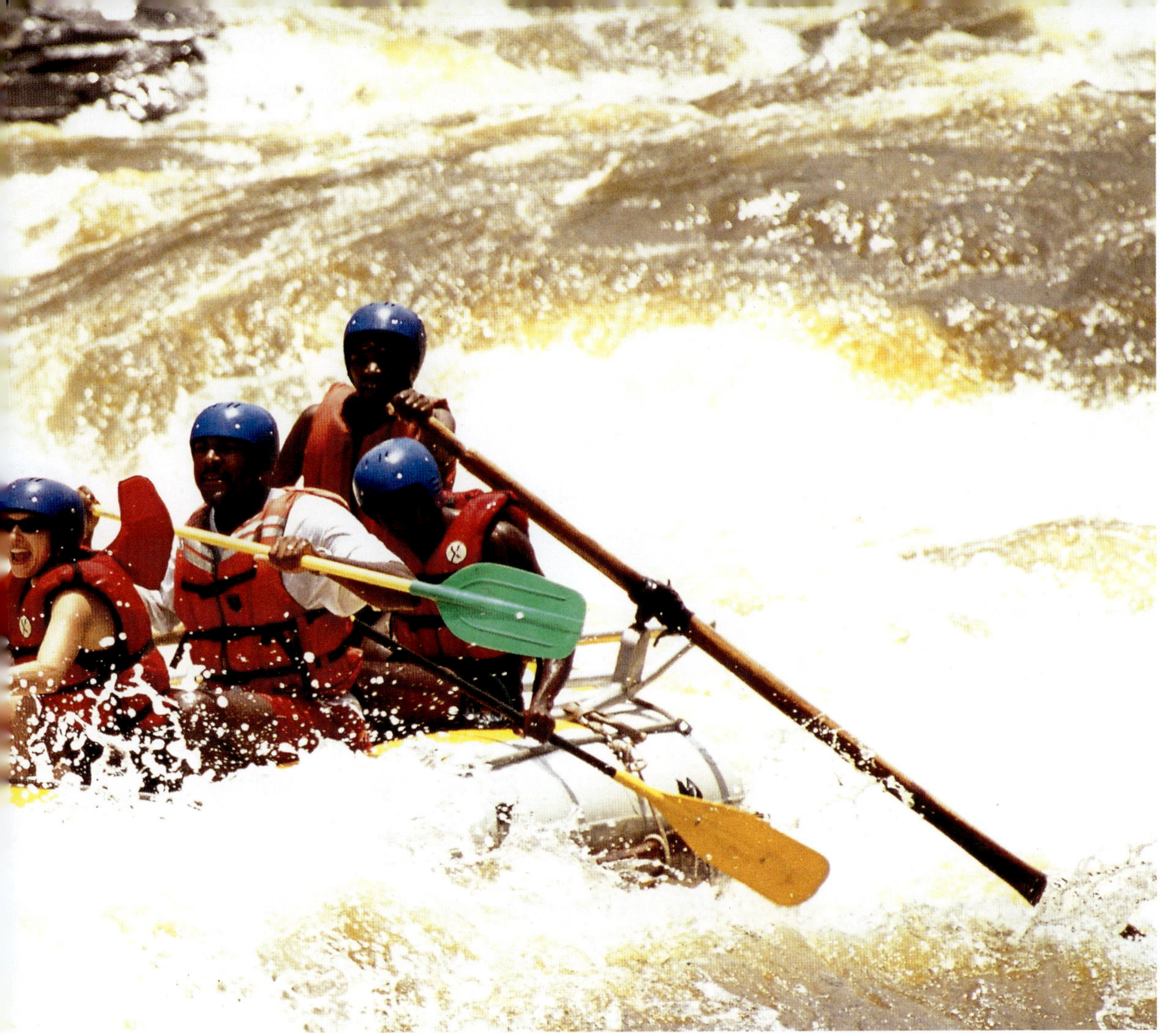

Une gerbe d'eau à l'avant du raft

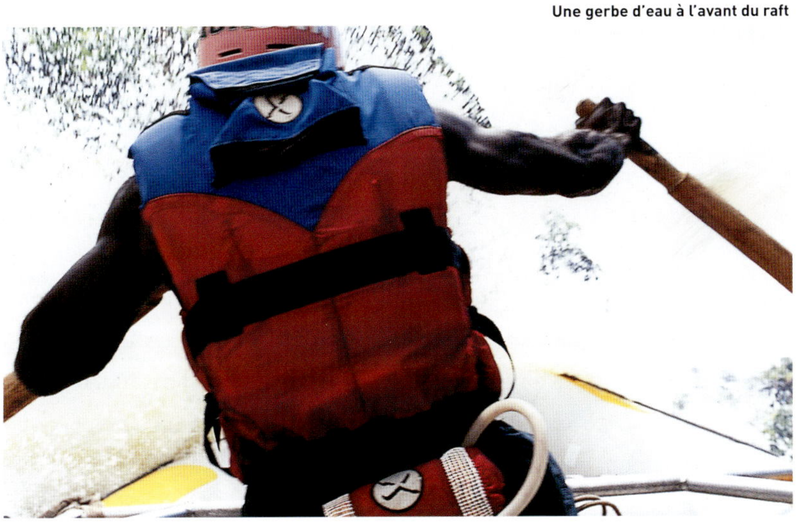

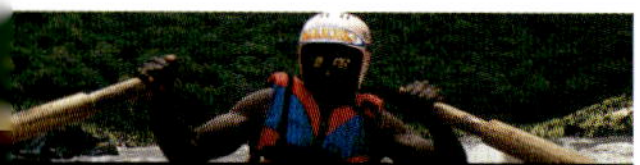

Page ci-contre :
Le survol des chutes Victoria en ULM offre une vue remarquable

Le fleuve tranquille en amont, qui attire girafes, éléphants, hippopotames, crocodiles et un nombre incroyable d'espèces d'oiseaux, se transforme de manière spectaculaire à l'approche des chutes. Le débit peut atteindre 550 000 m³ par minute, créant en contrebas d'impressionnants rapides.

Pour la meilleure vue du côté de la Zambie, suivez le réseau de sentiers qui conduit à la passerelle au doux nom de Knife Edge Bridge (« le pont de la lame de couteau »). Une traversée à vous faire dresser les cheveux sur la tête, vous conduira en aval vers une île au milieu de la rivière avec vue plongeante sur l'abîme béant en contrebas. Les ricochets de l'eau qui plonge sur les rochers peuvent remonter jusqu'à 500 mètres de hauteur. Les chutes peuvent ainsi être aperçues à près de 70 kilomètres de distance, d'où leur nom local : Mosi-oa-Tunya (« la fumée qui gronde »).

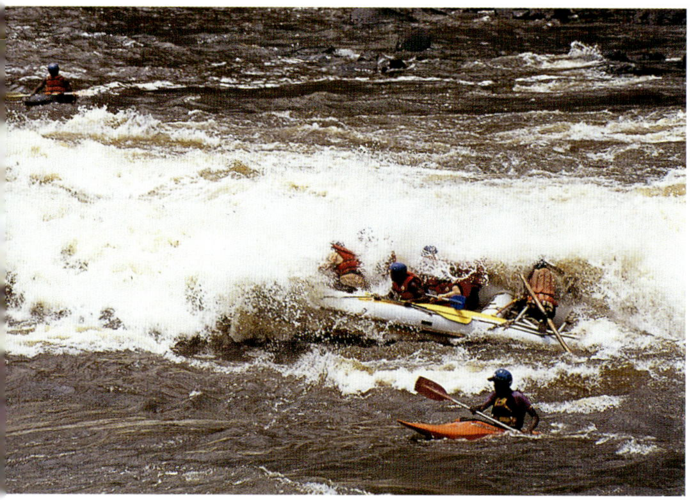

Un sauveteur en kayak suit chaque embarcation

La cascade en elle-même est époustouflante, mais la véritable aventure se trouve en bas. S'il vous prend l'envie de vous mesurer à des vagues dignes de montagnes russes, à des gros creux et à de farouches tourbillons, vous découvrirez que le rafting sur le Zambèze n'a pas d'égal. Selon la saison, vous pourrez même vous retrouver à rebondir sur votre canoë pneumatique au pied de la cascade avec votre pagaie pour seul soutien, avant d'entamer la descente.

Les 25 rapides ouverts au rafting se succèdent et forment la plus intimidante série au monde ouverte au tourisme. Avec certains rapides de niveau 5, la description officielle indique « extrêmement difficile, avec des rapides longs et violents, des pentes abruptes, de gros creux et des zones de pression », de quoi clairement montrer que ce fleuve est à prendre au sérieux. Le raft peut se retourner en une fraction de seconde et ses occupants être éjectés de part et d'autre dans les gorges.

Aucune expérience en matière de rafting n'est exigée pour les par-

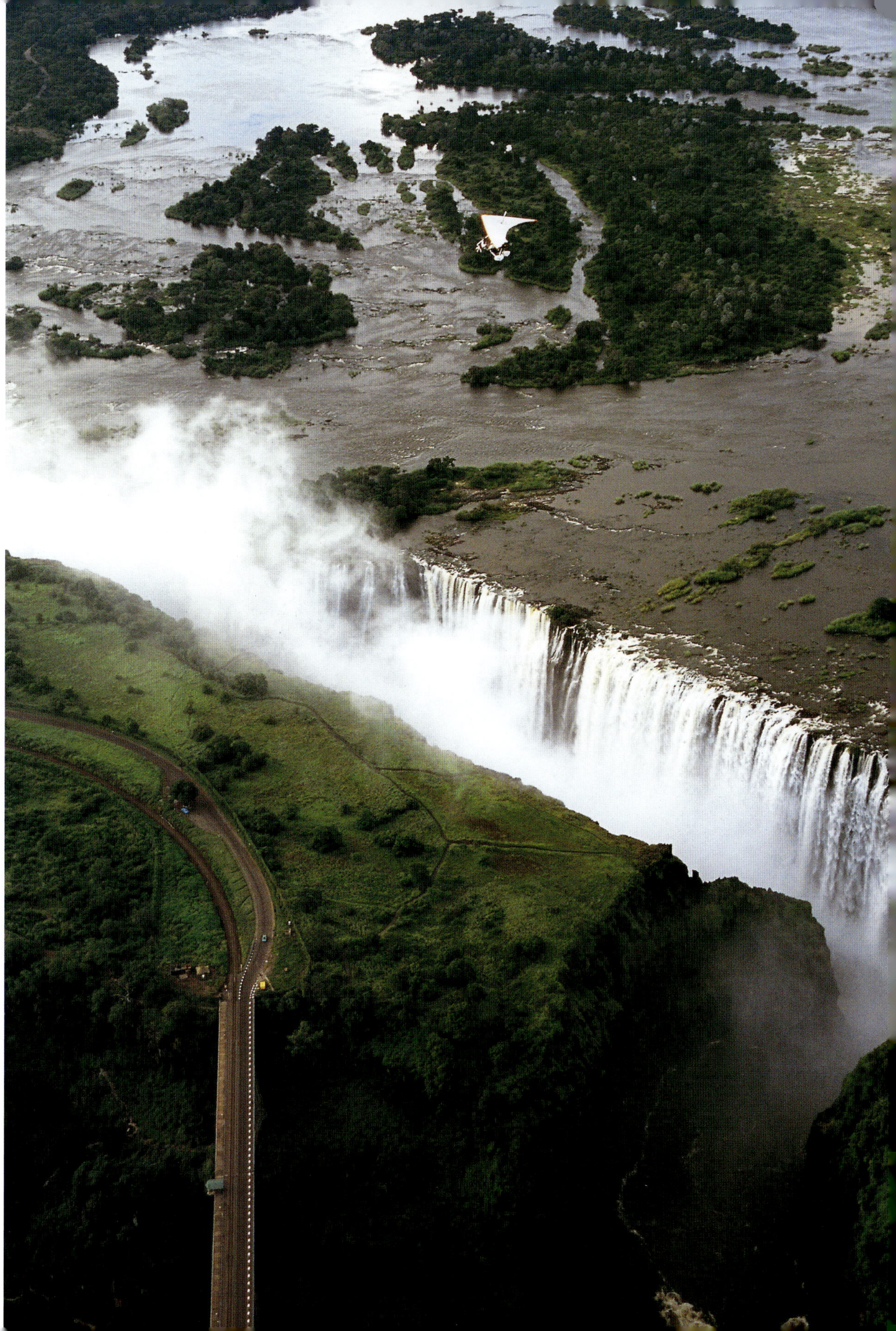

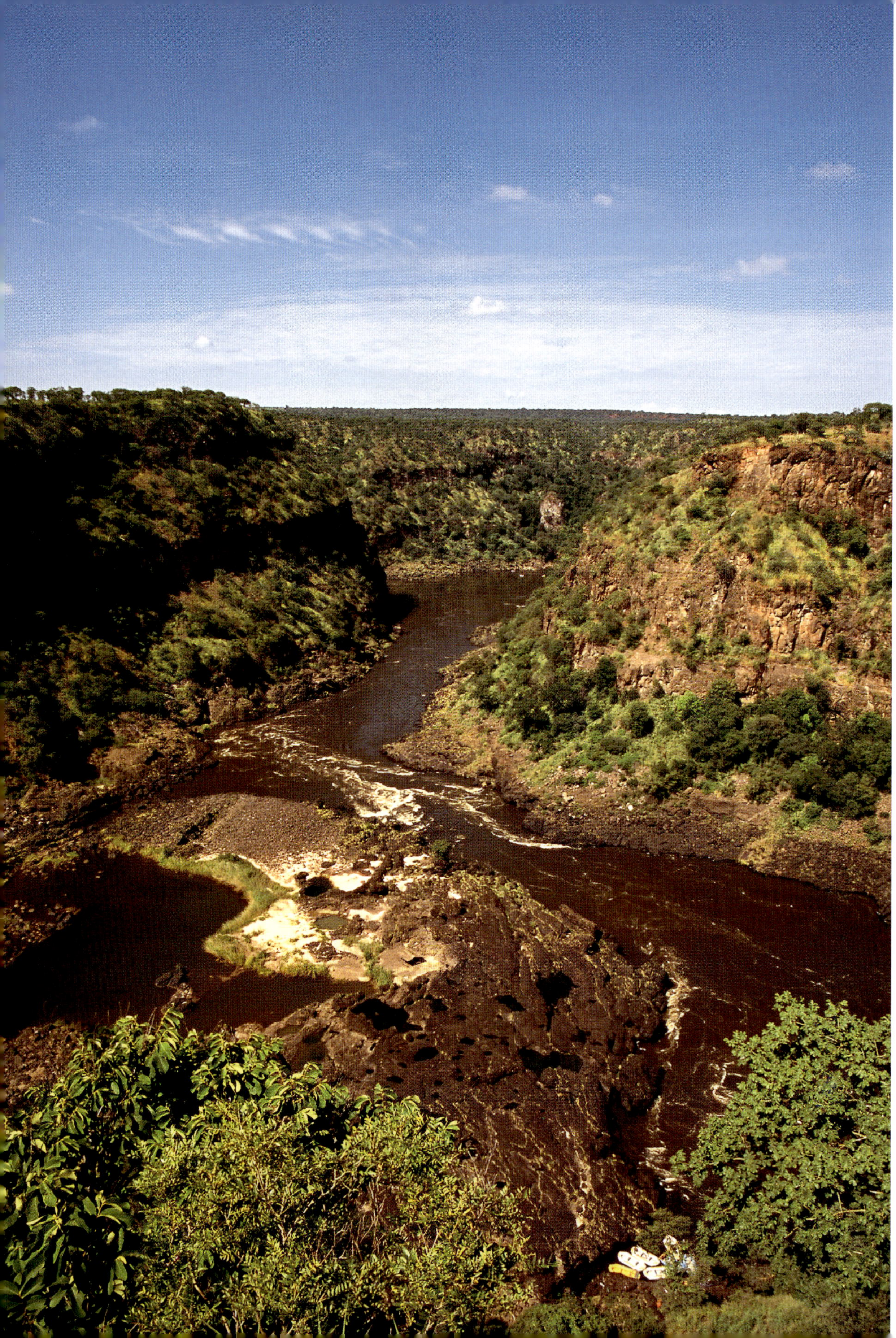

Page ci-contre :
La descente du Zambèze en rafting a lieu dans la gorge de Batoka

cours qui peuvent durer une journée ou plusieurs jours si vous souhaitez explorer la partie plus paisible du fleuve, près du lac Kariba. Ne vous inquiétez pas cependant, vous ne serez pas lâchés dans la nature à l'aveugle. Des guides qualifiés vous fourniront tout l'entraînement et les instructions nécessaires avant votre départ.

Si vous avez besoin de détendre vos nerfs soumis à rude épreuve et que vous avez assez d'énergie en réserve après cette aventure, n'hésitez pas à grimper à bord d'un bateau pour un safari au soleil couchant. Lorsque vous voguerez sur les eaux calmes en amont du Zambèze, vous aurez du mal à imaginer à quel point celui-ci peut devenir tumultueux après les chutes. Mais gardez les yeux grands ouverts : vous avez des chances de tomber nez à nez avec un hippopotame ou un crocodile. Apparemment, même dans ces eaux paisibles, la perspective d'une baignade n'est pas très réjouissante.

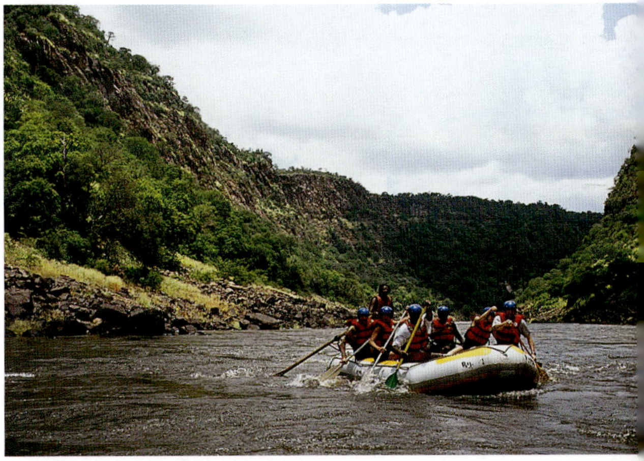

On trouve quelques portions calmes où il faut pagayer

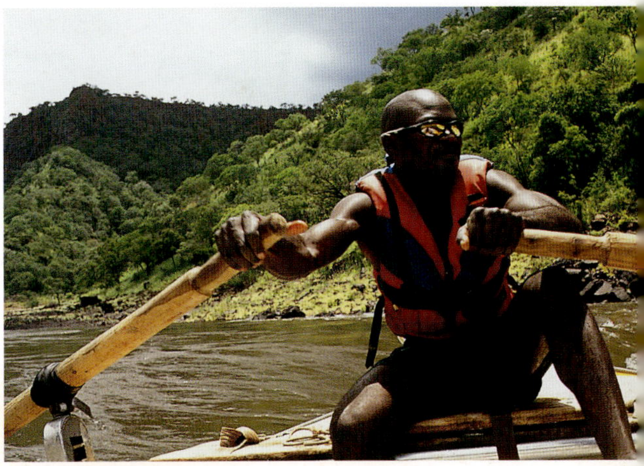

Des guides expérimentés dirigent le raft

ⓘ

Le débit des chutes Victoria varie au cours de l'année : plus faible en janvier et maximal en juin. De juin à décembre, il redescend progressivement. Le niveau de la rivière influe aussi sur les rapides que vous pourrez franchir. Lorsque les eaux sont basses, vous parcourrez les rapides 1 à 18, soit environ 24 kilomètres. Le reste du temps, seuls les rapides 11 à 23 peuvent être franchis, sur 18 kilomètres. La plupart des visiteurs prennent un hébergement à Livingstone, sur la frontière entra la Zambie et le Zimbabwe. Si vous voulez vraiment profiter de la quintessence du style colonial, choisissez le Royal Livingstone Hotel, géré par Sun International, sur les rives du Zambèze avec vue sur les chutes grondantes. Toutes les activités peuvent être réservées et organisées sur place.

Safari aérien

Côte des squelettes, Namibie

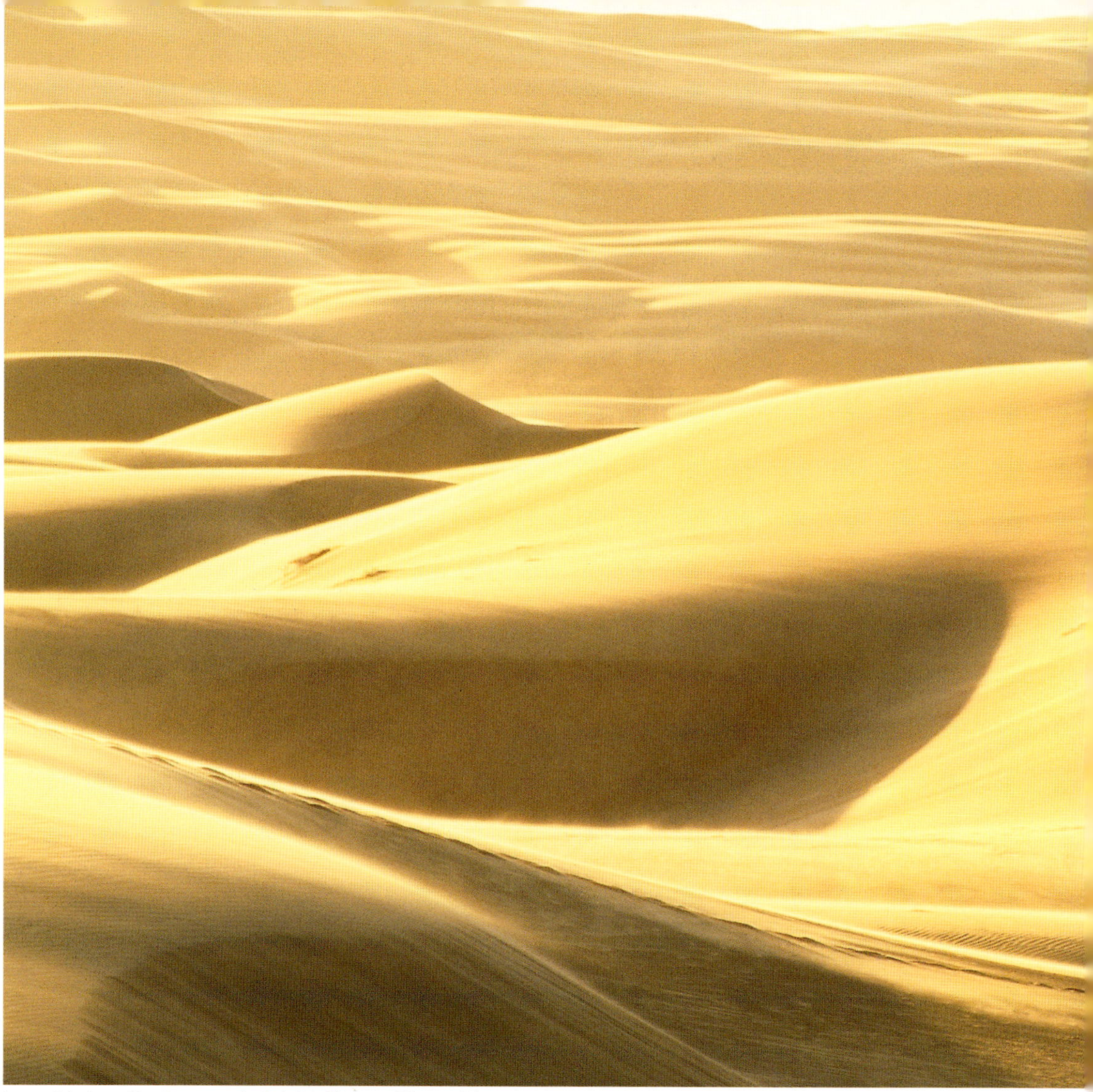

La « vallée des milles dunes », près de la frontière namibio-angolaise

Isolée et sauvage, fouettée par de redoutables déferlantes et criblée d'épaves, la côte des squelettes, en Namibie, est un univers à part. La seule façon d'explorer complètement l'immensité du désert et ses montagnes intérieures détachées du monde est de grimper à bord d'un petit avion pour un safari aérien unique.

Officiellement enregistrée comme parc national depuis 1971, cette étroite bande côtière de 30 à 40 kilomètres de large pour 500 kilomètres de long, s'étend vers le nord en direction de l'Angola et de la rivière Kunene et vers le sud jusqu'à la rivière Ugab. Entre les deux, les dunes « rugissantes » du désert de Namibie, le peuple des Himbas recouverts

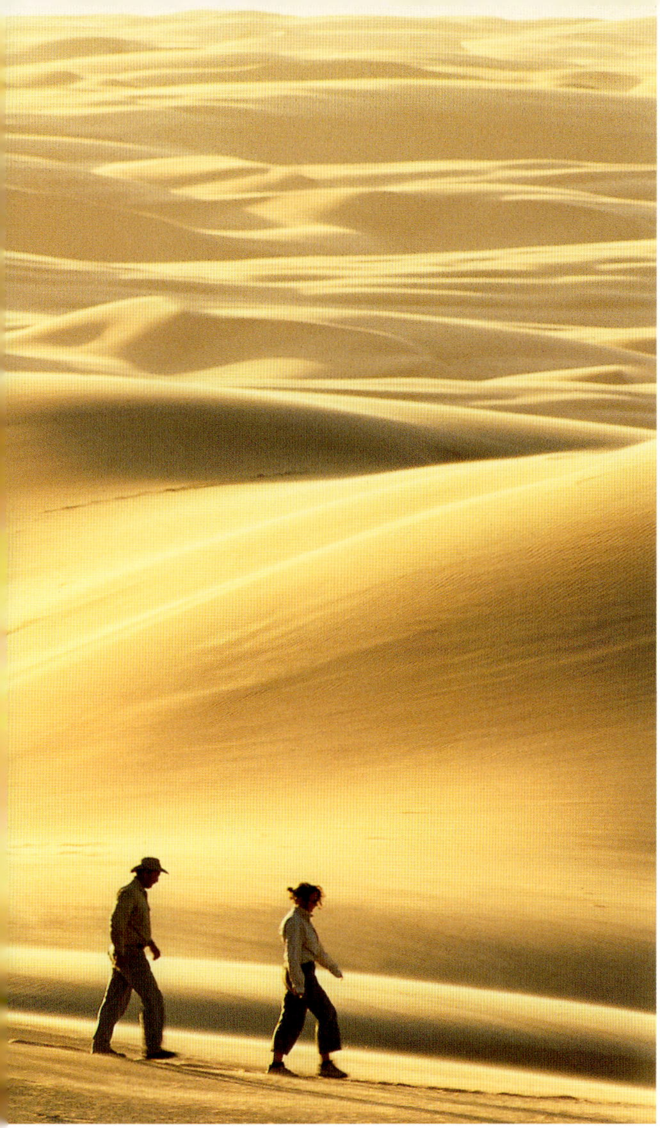

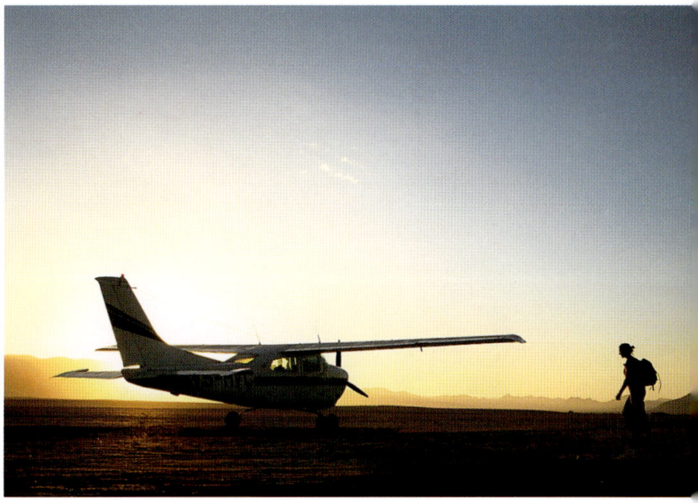

Départ de Purros au crépuscule pour la vallée de l'Hoarusib

de leur pommade ocre caractéristique, des flamands roses, des autruches, des éléphants du désert et d'immenses colonies d'otaries à fourrure se partagent un vaste territoire dépouillé.

Il s'agit sans nul doute de la zone côtière africaine la plus inhabitée et sa renommée est mondiale. Le brouillard impénétrable, les bancs de sable et les courants mortels ont causé la perte de nombreux vaisseaux ou d'êtres malchanceux, accidentés sur ces côtes impitoyables. Elles sont jonchées sur des kilomètres de carcasses rouillées de remorqueurs et de paquebots, ainsi que de sinistres restes d'os blanchis, aussi bien de baleines que d'humains.

En partant de la capitale namibienne, Windhoek, un vol au-dessus

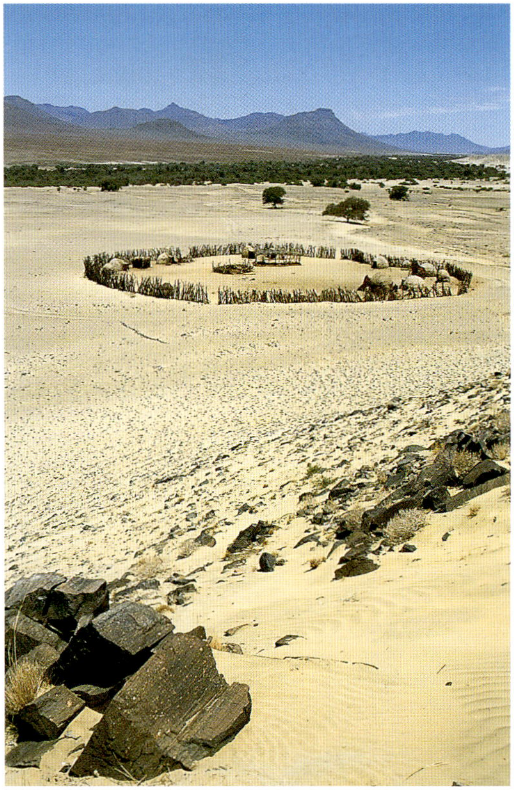

Un village Himba dans la vallée de l'Hoarusib

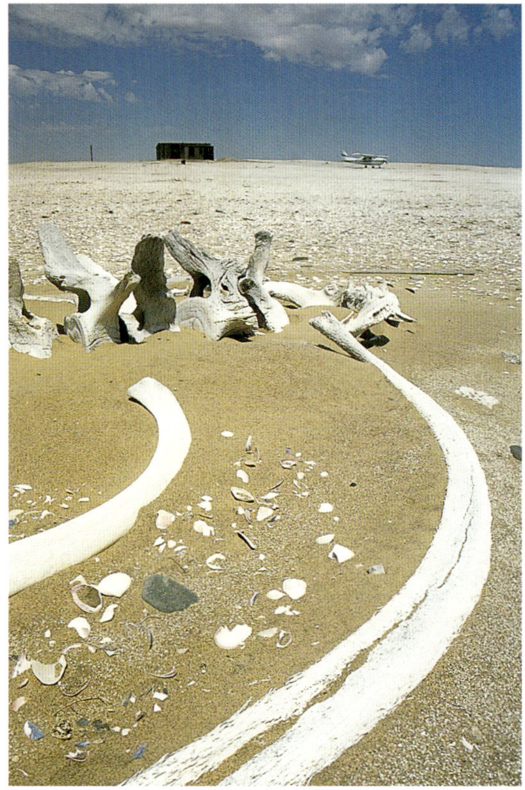

Ossements de baleine sur la plage près de Cape Cross

des Khomas Highlands vous emmène jusqu'à la côte et votre première épave : celle du *Eduard Bohlen*, un navire à vapeur qui sombra à Conception Bay. On aperçoit ses débris rouillés partiellement ensevelis dans le sable à plusieurs mètres à l'intérieur de l'actuel littoral. Le voyage à basse altitude se poursuit au-dessus de Cape Cross, où une gigantesque colonie de plus d'un million d'otaries à fourrure dévore près de 500 tonnes de poisson par jour.

Le premier semblant de piste d'atterrissage apparaît alors que votre estomac commence à vous tirailler. Un déjeuner « style safari aérien » est une question de choix d'emplacement. Outre les épaves, on trouve les traces d'anciennes activités d'extraction de diamants, qui peuvent transformer le repas en partie de chasse au trésor.

De retour à bord, alors que vous vous dirigez vers l'intérieur des terres et son paysage quasi lunaire de crêtes noires à la jonction des plaques du Congo et du Kalahari, le contraste avec le désert blanc est saisissant. Plus loin, le premier campement, à Kuidas, se loge dans la vallée de l'Huab. Vous y trouverez une douche chaude, un lit confortable, un bon repas et une magnifique vue sur la plaine.

Dans les collines et les grottes environnantes vous découvrirez d'anciennes peintures rupestres des Bochimans de la tribu San. Cette immense vallée, aux incroyables formations de lave rouge et de grès jaune, peut être explorée en 4x4.

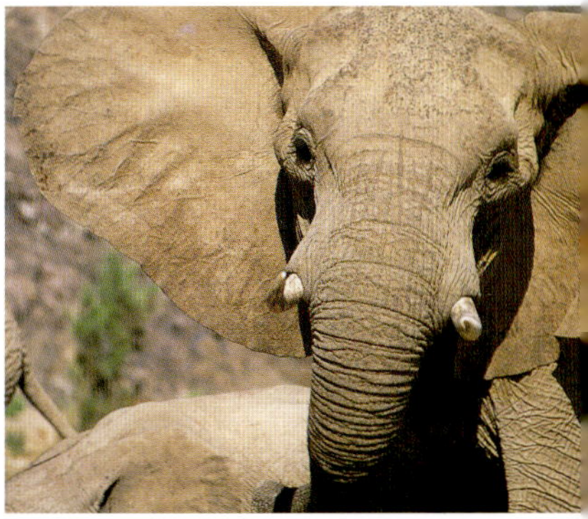

Un éléphant du désert dans la vallée de l'Hoarusib

Le safari aérien continue ensuite en direction du nord pour se poser près des uniques dunes « rugissantes ». Elles ne se rencontrent que sur une étroite bande éloignée de la côte, où les grains de sable ont exactement la taille adéquate. Le moindre contact entre eux et une

Un arbre de la vallée de l'Hoarusib

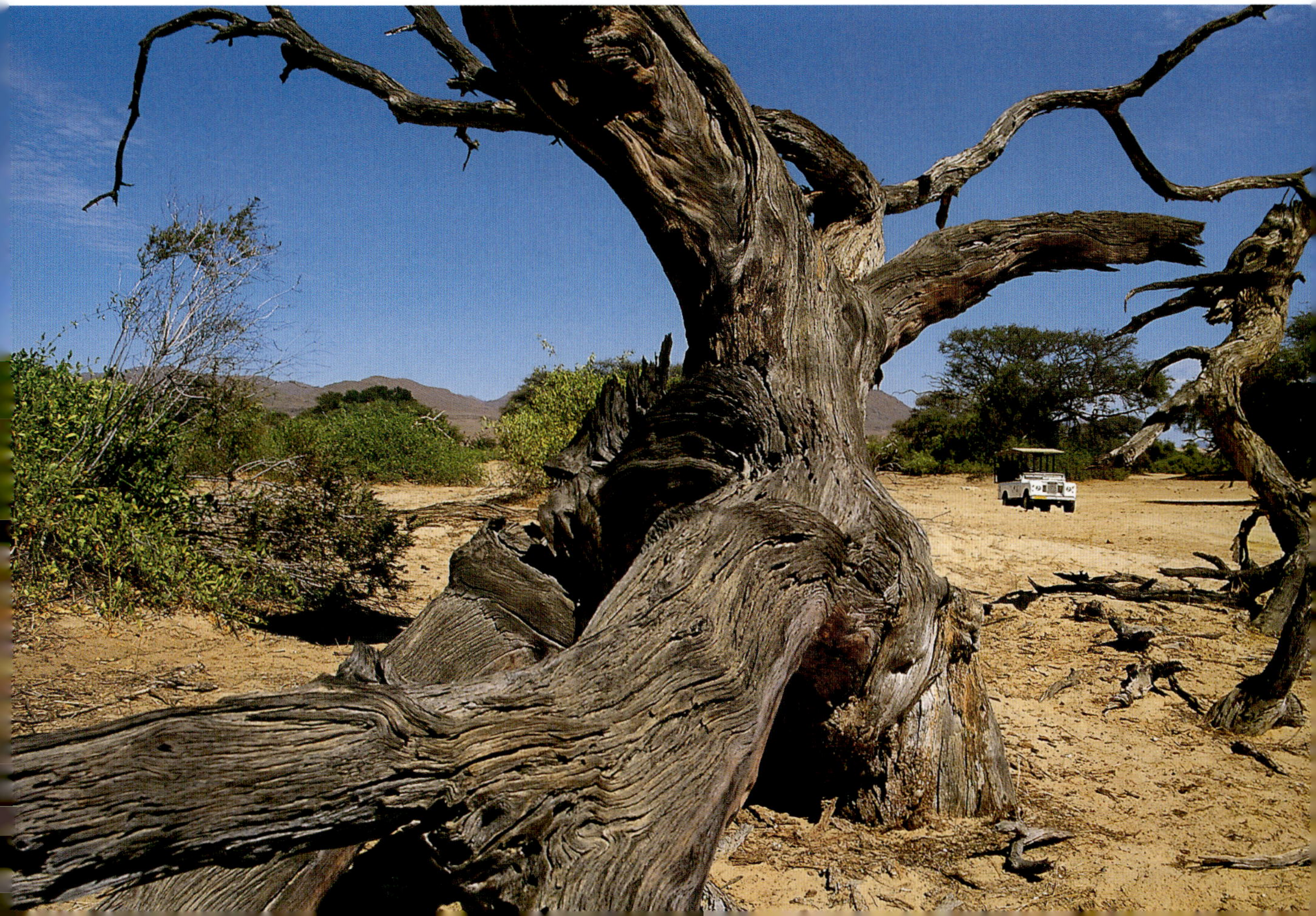

personne dévalant les pentes engendre un rugissement profond, aussi tonitruant qu'un bombardier de la Seconde Guerre mondiale.

Encore plus au nord, le second campement, à Purros, est niché sous les palmiers au cœur d'une oasis luxuriante dans la vallée de l'Hoarusib. C'est là que vous avez le plus de chances de croiser un éléphant du désert. Vous aurez également le rare privilège de visiter un camp Himba où vous ferez la connaissance de la seule tribu de Namibie à avoir conservé un mode de vie traditionnel, en petits groupes de huttes en banco.

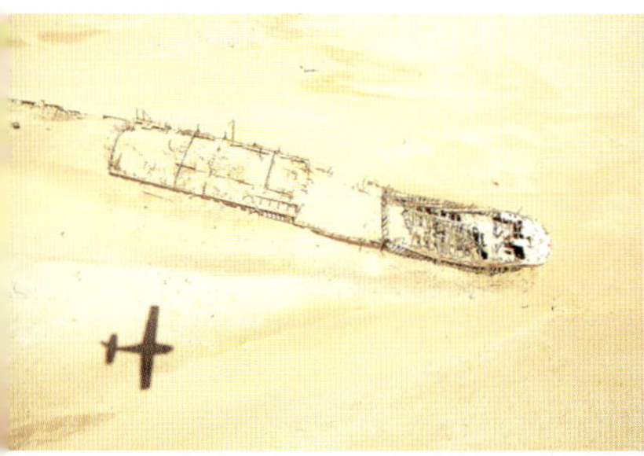

La côte est criblée d'épaves

Les femmes Himba se colorent le visage d'ocre

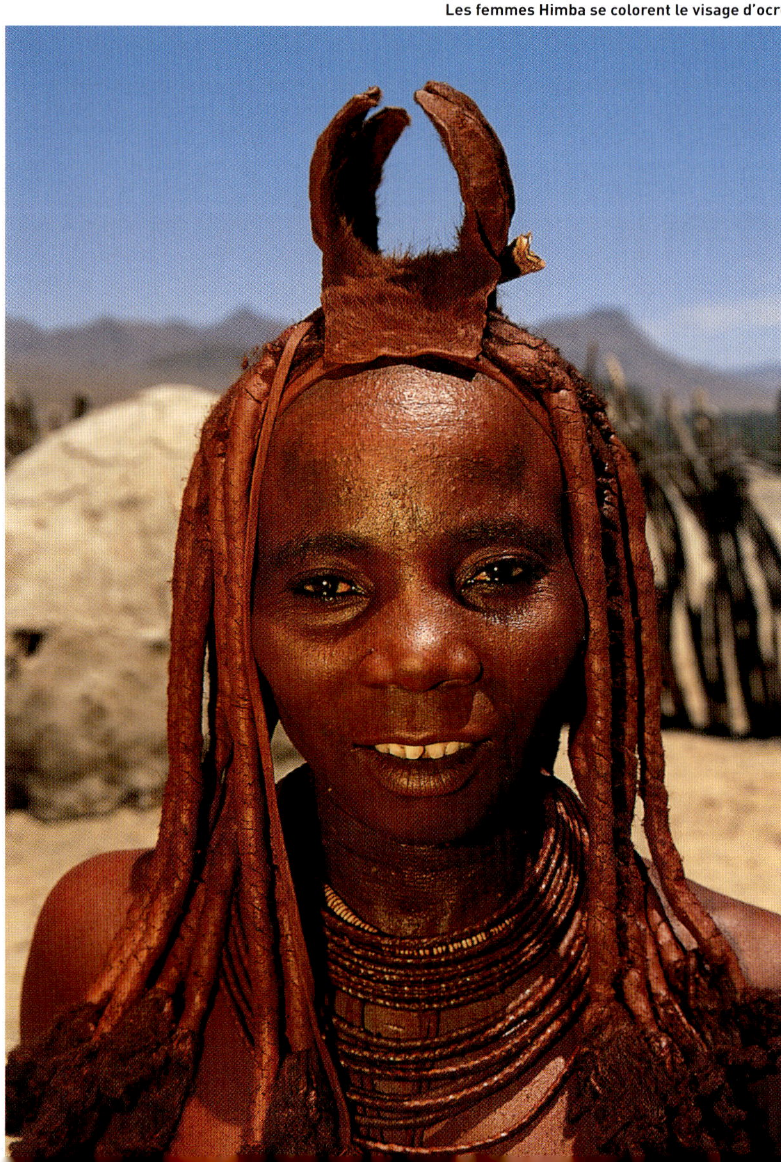

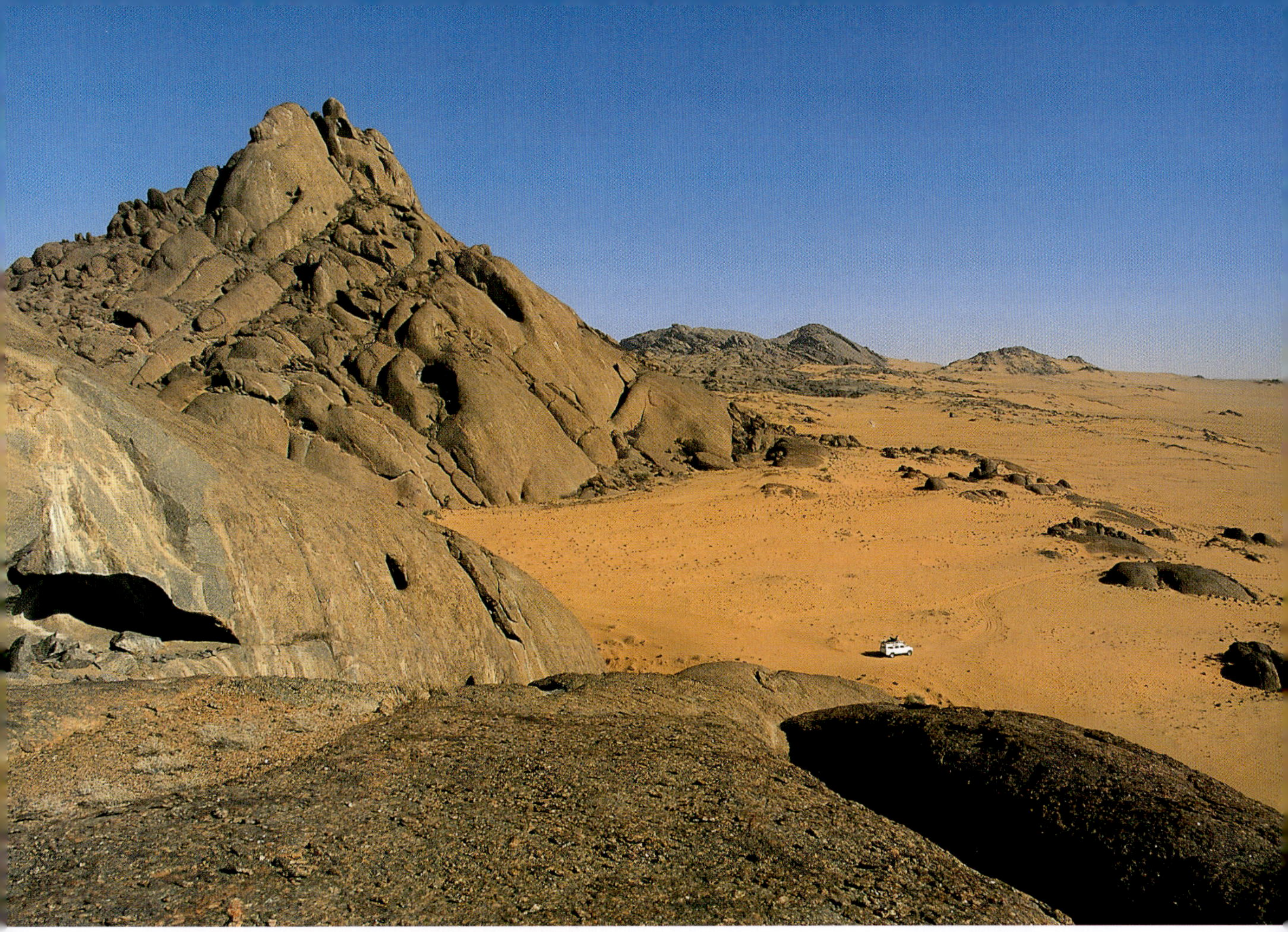

Incroyable paysage sur le chemin de la « vallée des milles dunes »

Depuis Purros, vous survolerez la « vallée des milles dunes » en direction de la frontière angolaise. Votre dernier campement au bord de la rivière Kunene surplombe ses vastes eaux. Après tant de jours dans le désert vous serez plus heureux que jamais de revoir de l'eau – même infestée de crocodiles.

Épave d'un ancien bateau

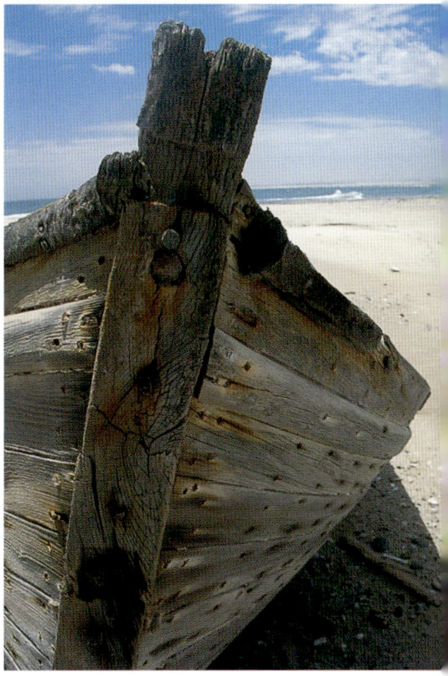

ⓘ

Les mesures pour préserver cette zone naturelle unique sont très strictes et les permis délivrés aux visiteurs occasionnels leur offrent seulement accès à la partie sud du parc de la côte des squelettes, de Ugabmund à Terrace Bay. La partie nord, qui comporte près de 70 % du parc et s'étend entre les rivières Hoanib et Kunene, est formellement interdite aux voyageurs indépendants. Les safaris aériens sur la côte des squelettes, une entreprise familiale fondée en 1977 par Louw Schoeman, le créateur du parc, apportent une mine d'informations. Si vous avez le temps de prolonger votre exploration, ne manquez pas les dunes rouges de Sossusvlei. Il existe à proximité de nombreux hébergements confortables. La Namibie est desservie par diverses compagnies aériennes, dont Air Namibia qui propose des vols à partir de Francfort, en Allemagne.

Sur les traces de l'Ours Esprit
Princess Royal Island, Canada

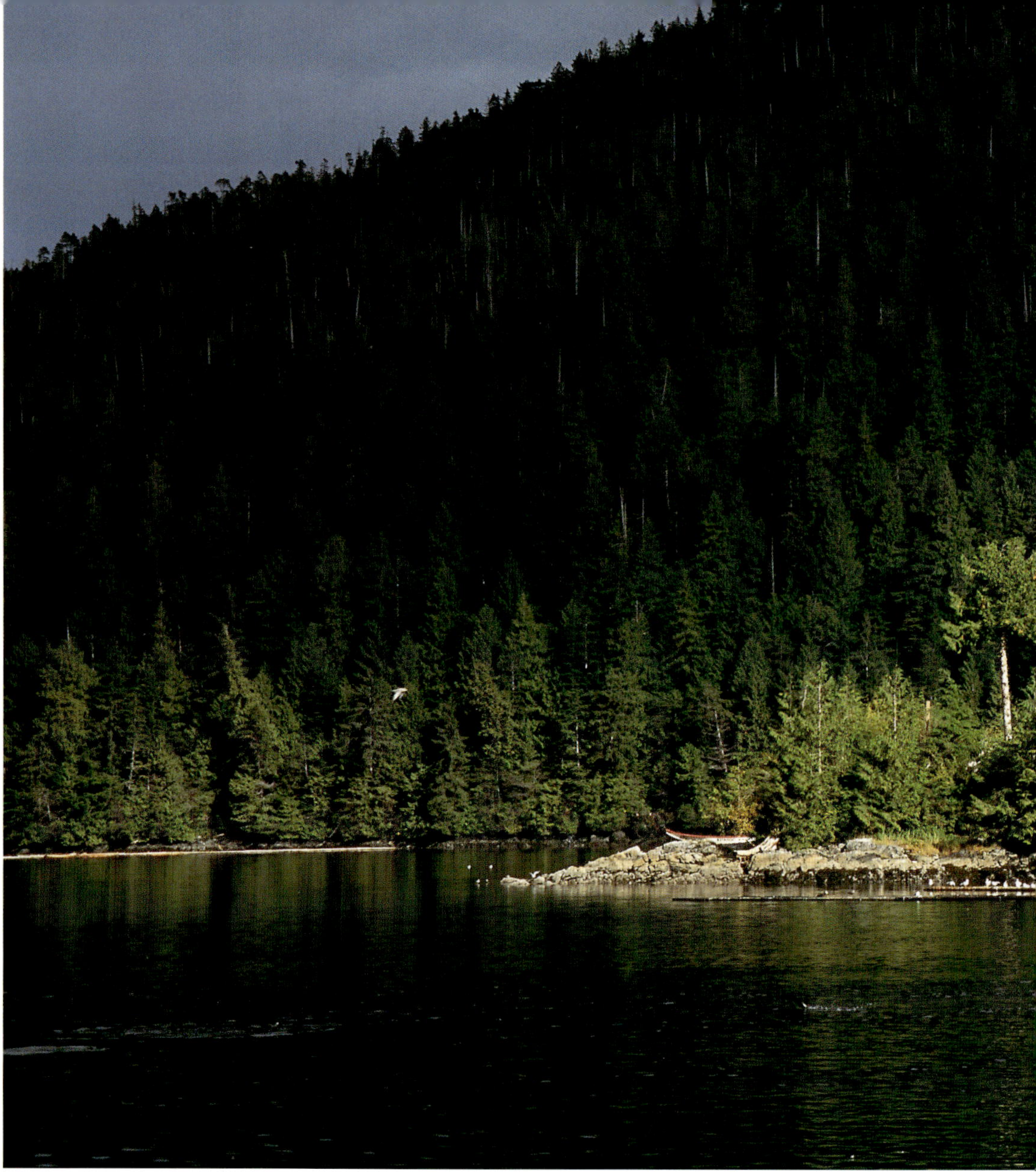

Princess Royal Island, une forêt pluviale paradisiaque avec ses arbres couverts de mousse et ses rivières cascadantes au large de la côte ouest du Canada, est l'un des rares endroits au monde où vous pourrez avoir le privilège de rencontrer les Ours Esprits. Rien à voir avec des ours ordinaires. Ils ont non seulement une fourrure blanche, ou plus exactement crème, qui les rend unique (et qu'ils doivent à un gène récessif), mais jouent également un rôle spirituel important pour les peuples autochtones, les Kitasoo-Xaxais.

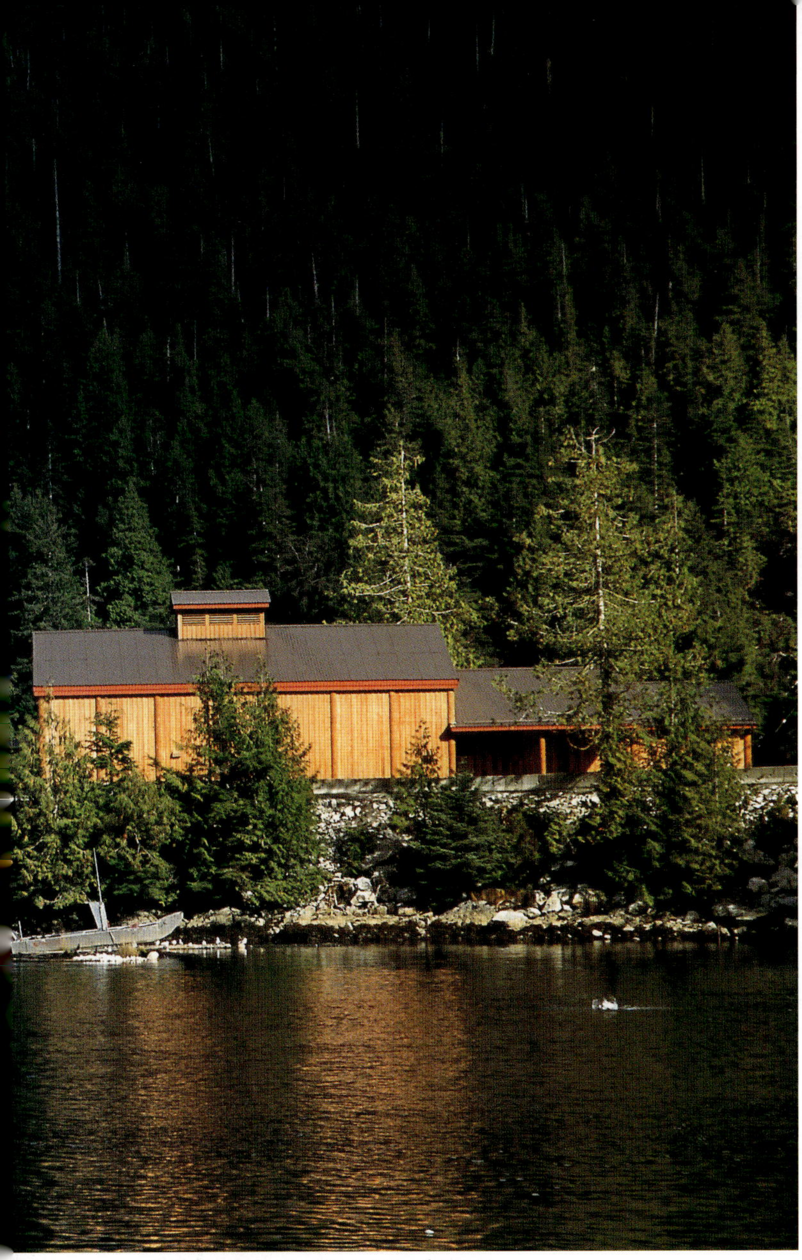

Habitation typique des Kitaso-Xaixais à Klemtu

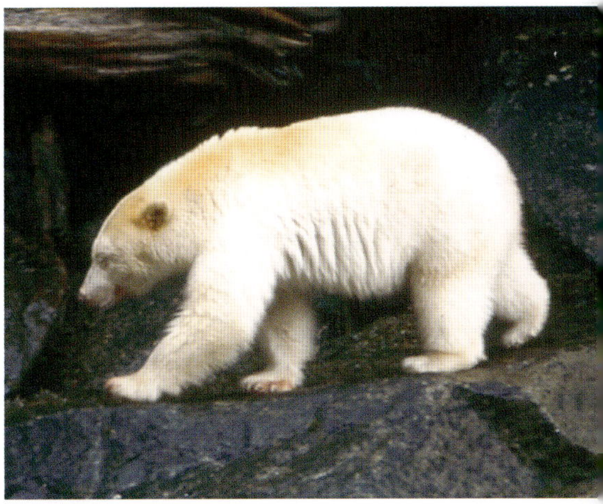

Un Ours Esprit à Princess Royal Island

Princess Royal Island est une île magique, inhabitée, qui fait partie de la Great Barrier Rainforest, la plus vaste zone de forêt pluviale ancienne tempérée du monde. Pensez aux elfes, aux lutins et aux décors du *Seigneur des anneaux* et vous aurez une idée de cet enchevêtrement de vieux arbres accessible uniquement à pied.

La forêt est si dense et a été arpentée par si peu de gens que la meilleure façon de s'y déplacer est parfois de suivre les pisteurs de l'île : les ours. Non, ce n'est ni une erreur, ni de la folie, tant qu'un expert vous

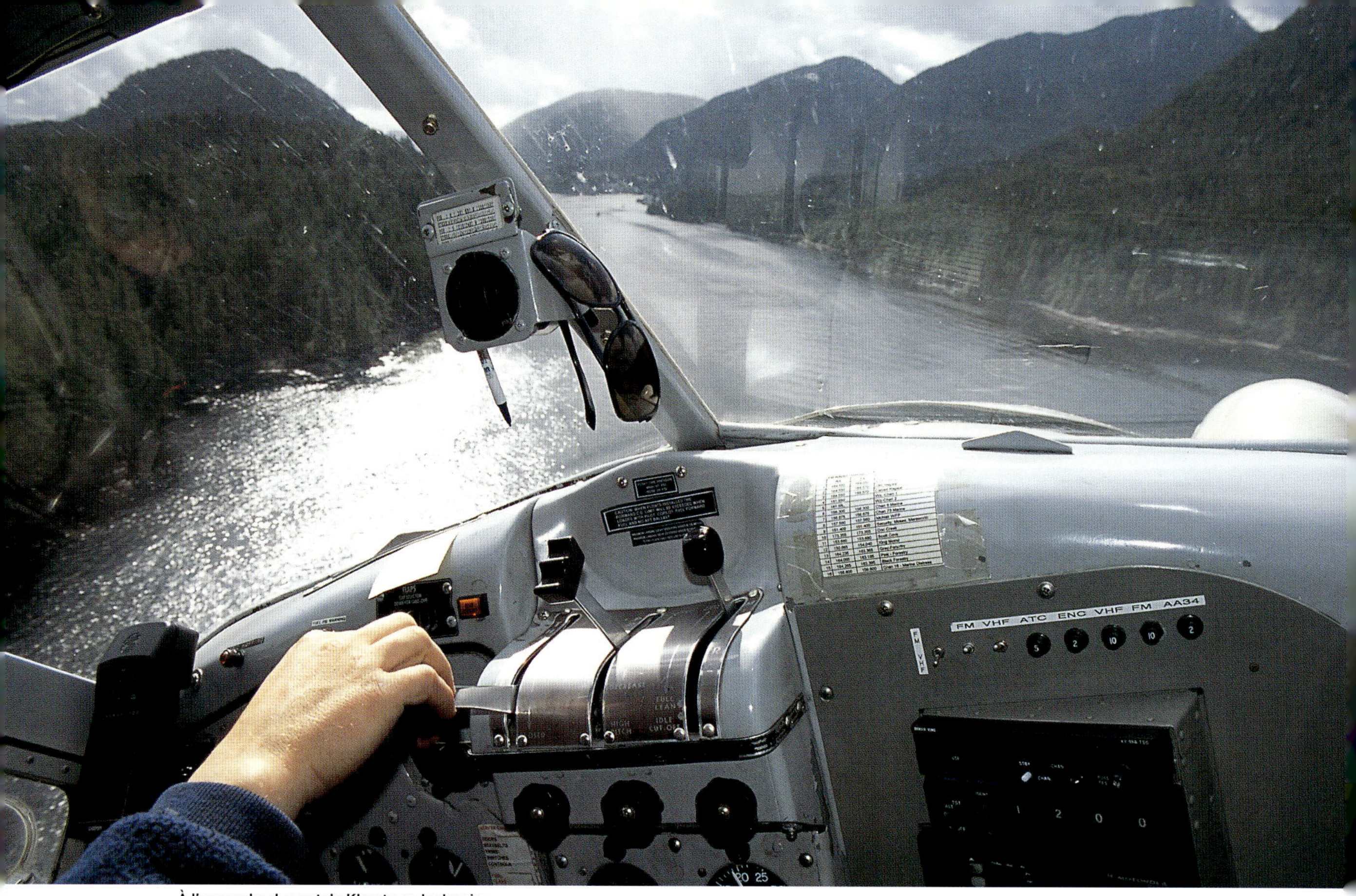

À l'approche du port de Klemtu en hydravion

guide pour éviter les rencontres impromptues. Et qui mieux que les Kitasoo-Xaixais pourrait le faire ? Ils connaissent ce territoire comme leur poche et sont en relation spirituelle avec l'ours que vous recherchez : l'Ours Esprit, ou ours Kermode, comme il s'appelle en réalité. Ils pensent que les dieux l'ont peint en blanc pour leur rappeler la dévastatrice période glaciaire.

Klemtu, situé sur l'île voisine de Swindle Island, est le point de départ pour Princess Royal Island et, si le trajet en hydravion ou en bac pour y parvenir ne suffit pas à aiguiser votre appétit pour le mode de vie aquatique, les hébergements confortables de Klemtu Tourism, des maisons sur pilotis dans le style norvégien, devraient y parvenir. Cette compagnie, gérée par la communauté locale et existant depuis 1996, est la seule autorisée à partir sur la trace de l'Ours Esprit. Le village en lui-même est minuscule, avec une charmante habitation typique. Construite récemment, elle fait la fierté des Kitasoo-Xaxais et est décorée de totems et d'autres objets artistiques de tradition locale.

L'Ours Esprit est une espèce menacée et il n'en existe peut-être que

400, dans la Great Barrier Rainforest, en compagnie d'ours noirs et de grizzlys. Toutes ces variétés sont en danger croissant et les braconniers étant très actifs, mieux vaut ne pas révéler l'emplacement exact des animaux. Cependant, imaginez l'expérience incroyable que celle d'être assis, le cœur battant, à 20 mètres d'un ours noir qui pêche du saumon de l'autre côté de la cascade !

La quête de l'Ours Esprit, qui vous emmène dans différents endroits de l'île, est encore mieux. Trouver un saumon frais à moitié dévoré sur un sentier de forêt suffit à vous faire sentir que vous n'êtes peut-être qu'à quelques pas d'une de ces créatures à la fourrure champagne. Vous devrez néanmoins être patients et admettre que la chance ne vous sourira pas forcément.

Nous vîmes, alors que nous remontions en bateau le Princess Royal

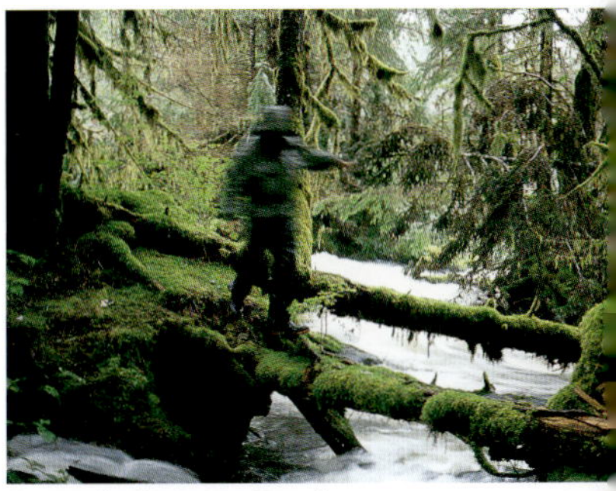

Traversée d'un cours d'eau à Princess Royal Island

Un canoë Kitasoo-Xaxais dans la baie de Klemtu

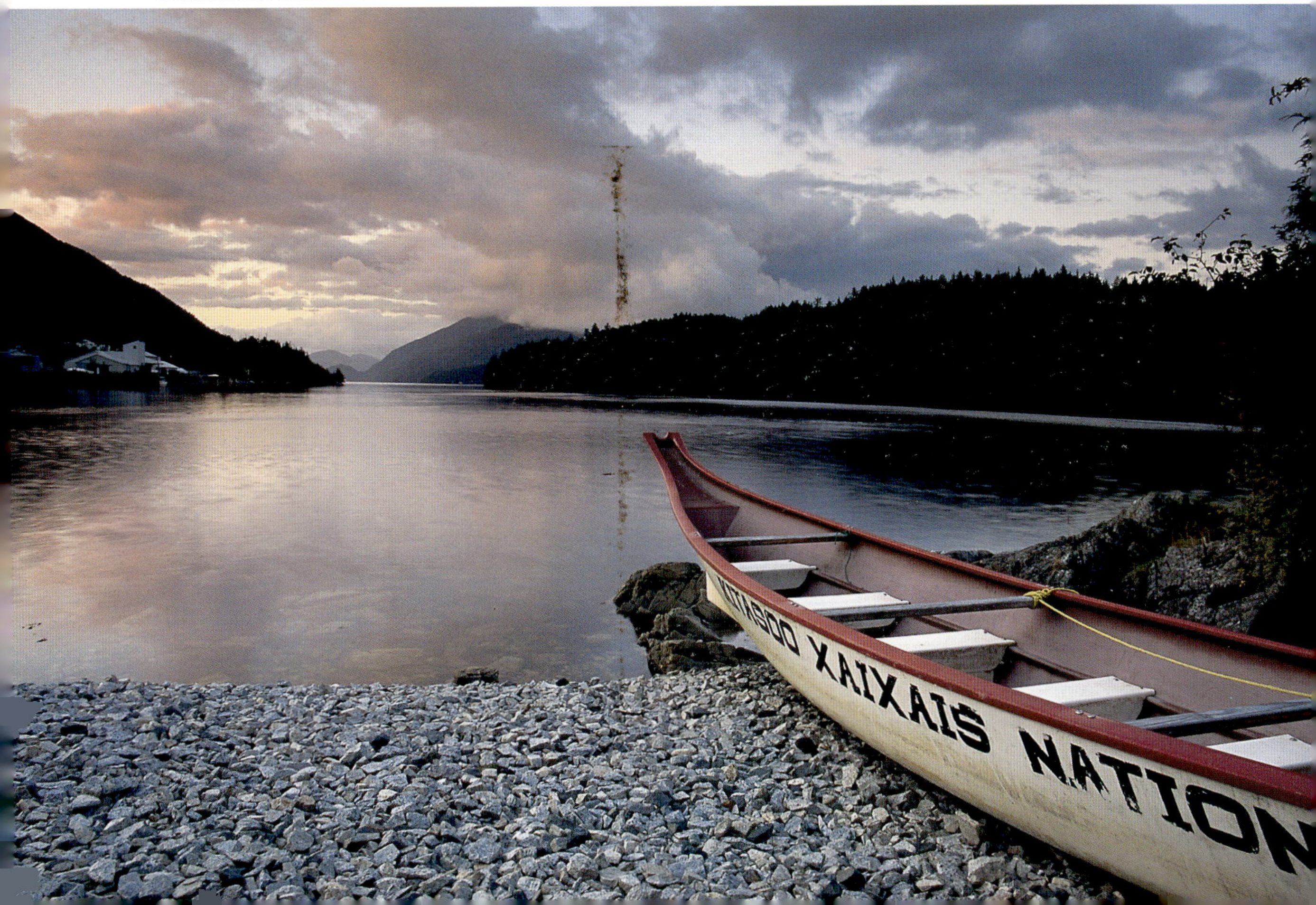

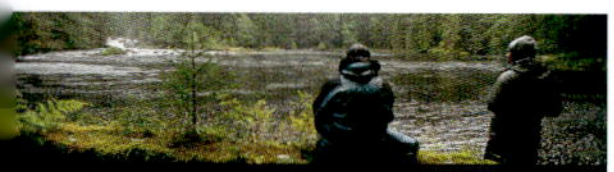

Page ci-contre :
Coucher de soleil sur la baie de Klemtu

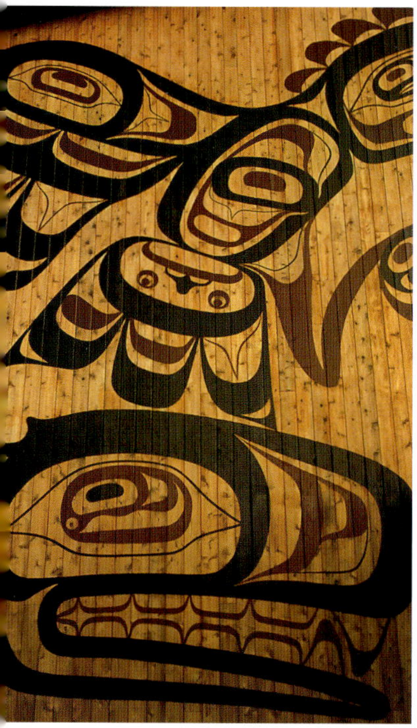

Art autochtone dans la maison typique de Klemtu

Channel, royaume des baleines et des phoques, un Ours Esprit émerger sur une plage voisine. Majestueux et indéniablement spécial. Alors qu'il errait le long d'une rivière grouillante de saumons, notre guide, Evan, nous fit signe de débarquer. Nous n'eûmes pas à aller bien loin. À quelques mètres, près d'un arbre déraciné, l'Ours Esprit dévorait sa prise. Conscient de notre présence mais sans en être troublé, il finit par s'enfoncer d'un pas nonchalant dans la forêt verte et moussue.

Princess Royal Island se situe à environ 500 kilomètres plus au nord de Vancouver et, faisant partie du territoire Kitasoo-Xaixais, ne peut être visitée sans permis. Klemtu Tourism, dirigé par ces peuples, offre des circuits entièrement guidés. Le seul moyen de se rendre sur Swindle Island est d'emprunter un bac de la compagnie BC Ferries qui dessert la liaison à quelques jours d'intervalle depuis Vancouver Island ou alors l'hydravion : Pacific Coastal Airlines propose un vol quotidien depuis Bella Bella, sur Campbell Island. C'est en septembre que la population de saumons est la plus importante et les ours affluent sur les rives pour se gaver.

Un Ours Esprit sur Princess Royal Island

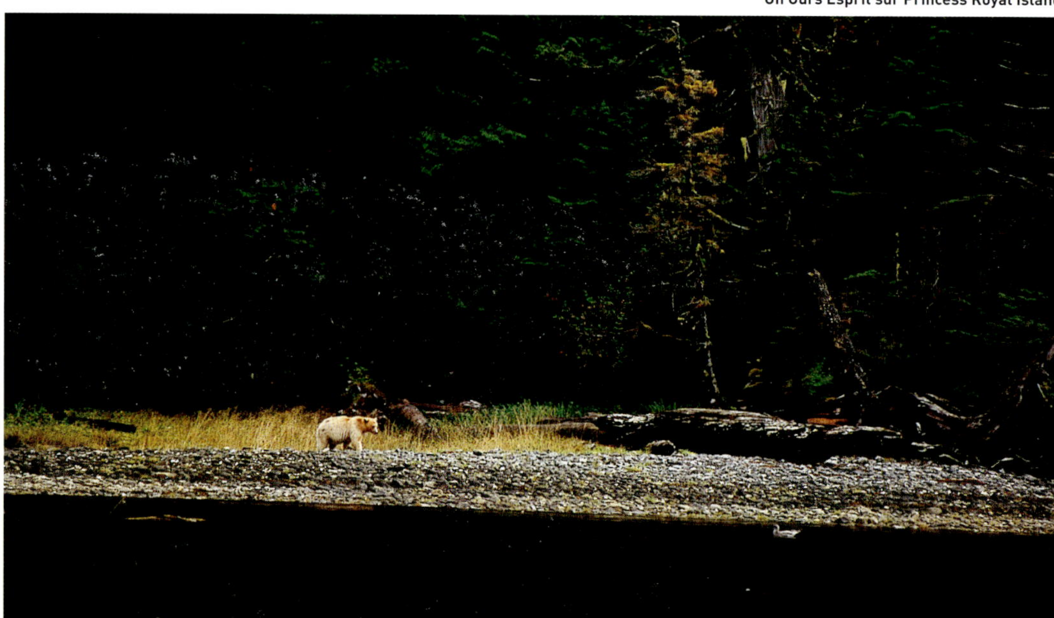

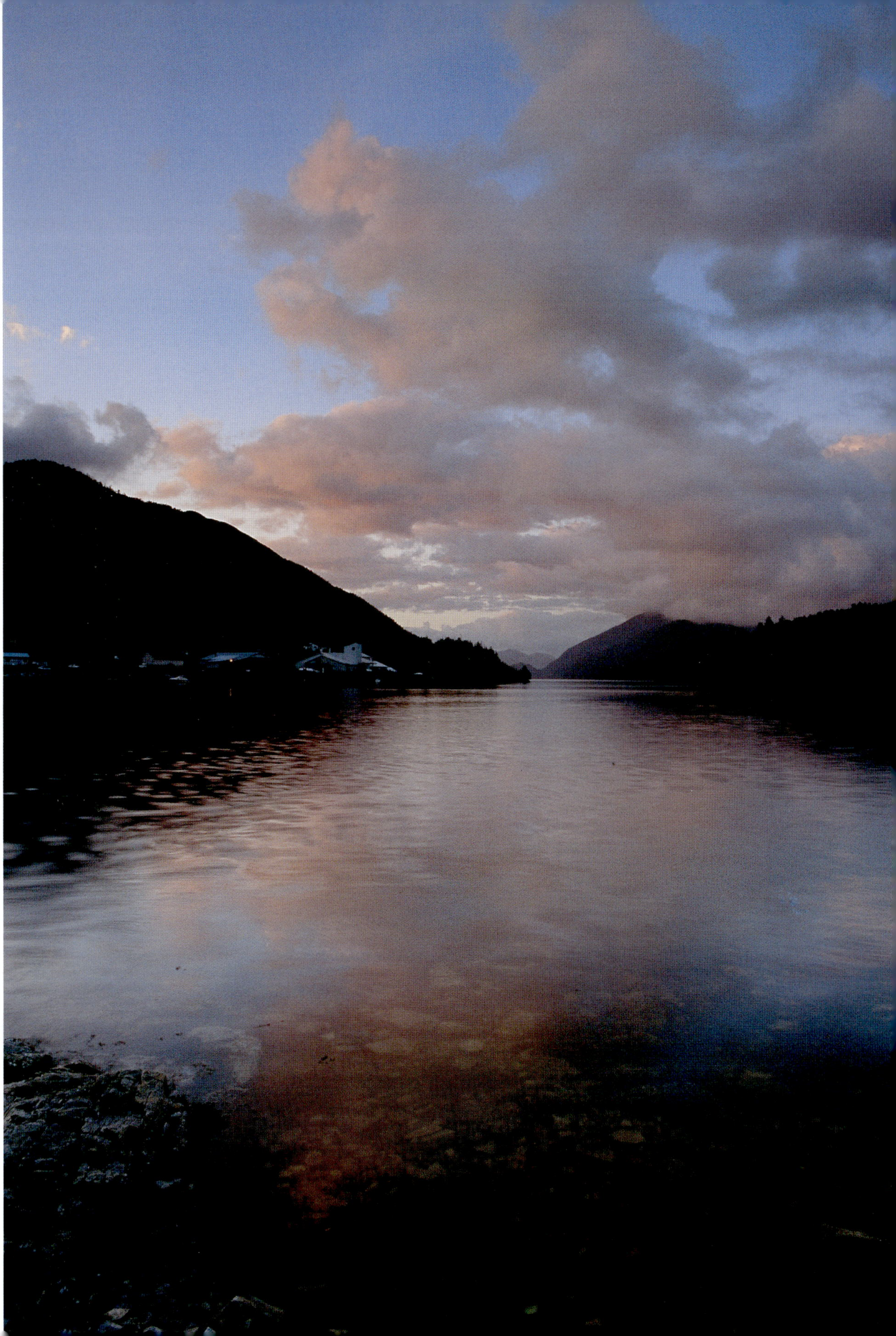

Pêche à la mouche et whisky

Inverlochy Castle, Écosse

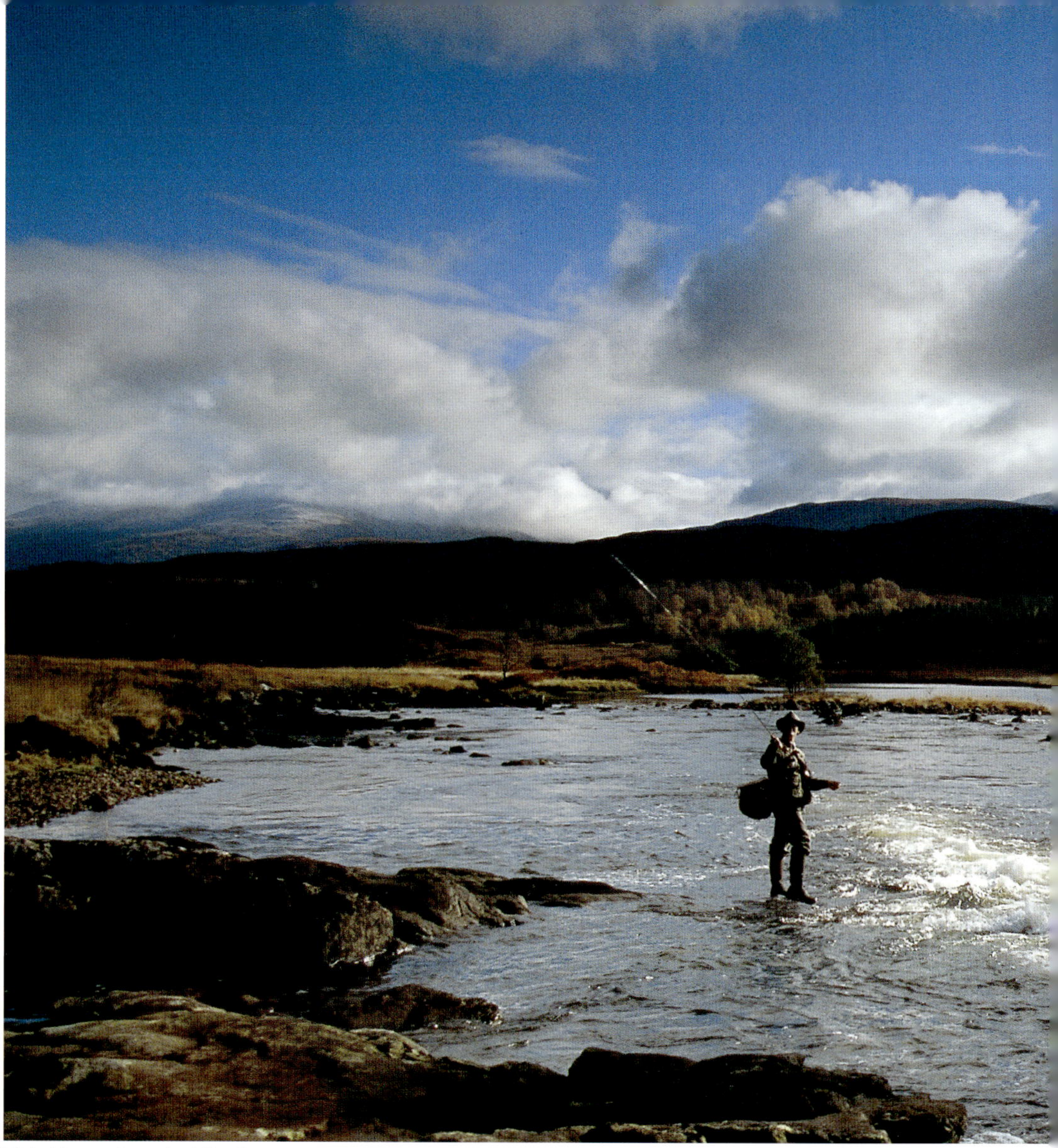

Pêche à la mouche sur la rivière Garry

Pour vous immerger dans les traditions écossaises, rien de mieux que de vous placer au bout d'une canne pour perfectionner votre technique de pêche à la mouche en dégustant quelques gorgées de whisky dans la retraite idéale des Highlands, Inverlochy Castle, au nord de Fort William. Lorsque la reine Victoria visita le château en 1873, elle écrivit dans son journal : « Jamais je n'ai vu endroit plus charmant ni romantique. » Et elle n'était même pas allée pêcher.

Difficile de définir l'Écosse. Dans ses moments paisibles, cette terre fière et souvent intransigeante faite de lochs changeants, de landes

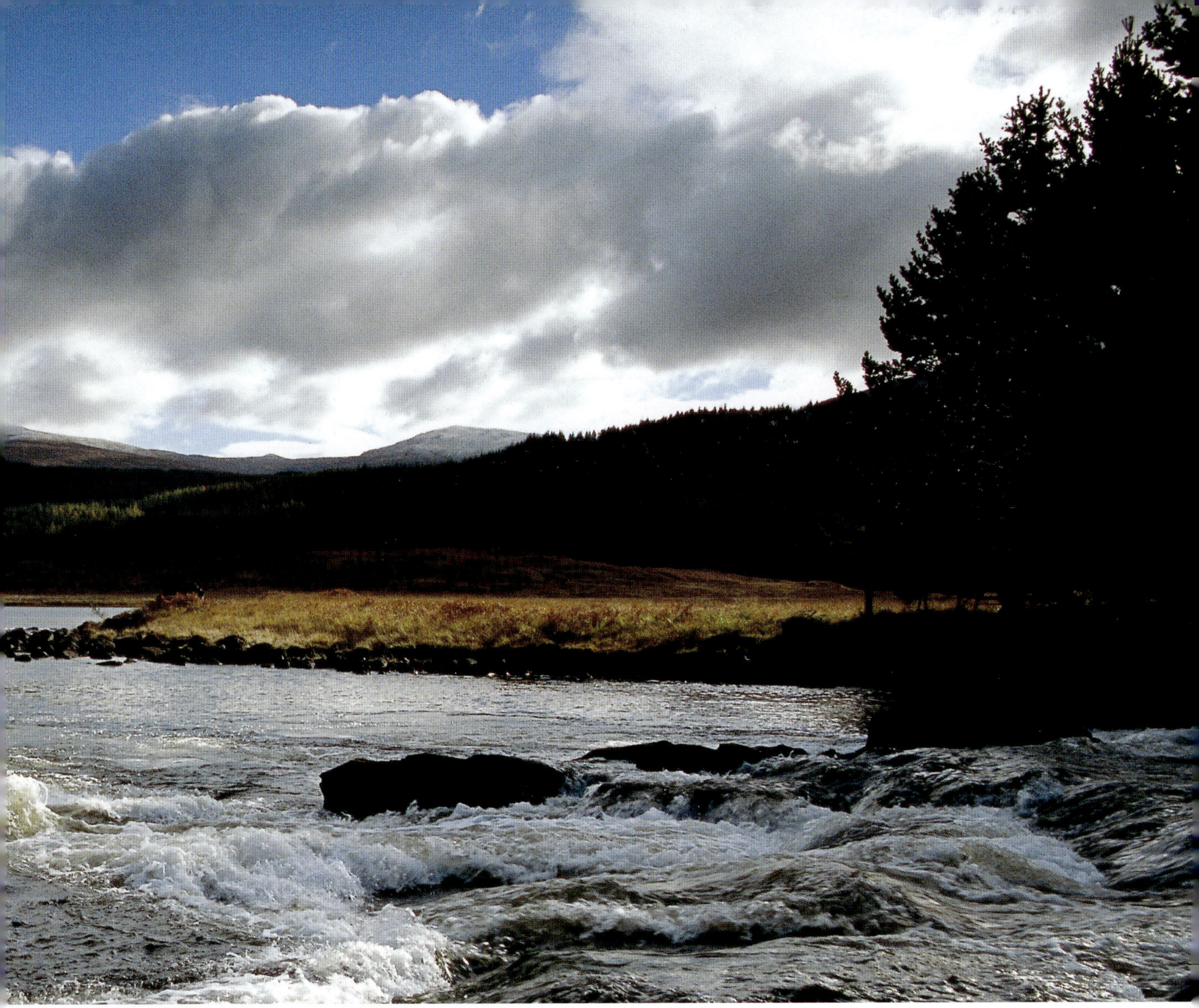

nues et de montagnes escarpées, se transforme sous vos yeux. Tandis que le soir balaie doucement la colline de sa lueur orangée vous pourrez entrevoir sa douceur. C'est alors que les rivières, gorgées de saumons, laissent un sillage doré qui semble métamorphoser l'eau en whisky.

Quand vous vous installerez avec une canne et un panier en osier sur les rives couvertes de bruyère d'un cours d'eau murmurant comme la rivière Garry, tous vos soucis disparaîtront dans les tourbillons des étangs qui offrent les meilleures parties de pêche. Il n'y a que vous et le bruit rassurant de la ligne, à la recherche du meilleur rythme. Si vous êtes débutant, quelques heures d'initiation à la pêche à

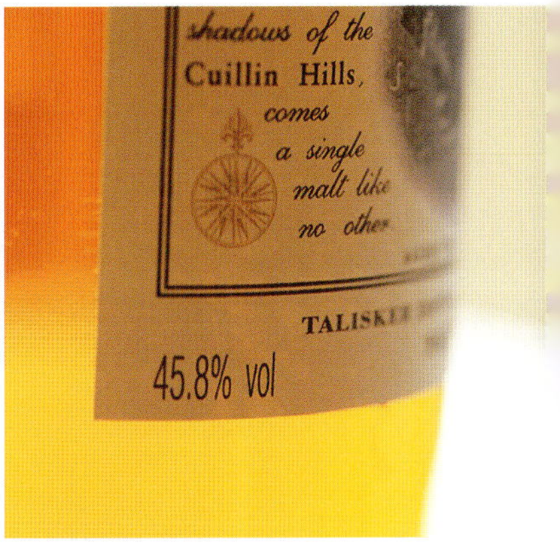

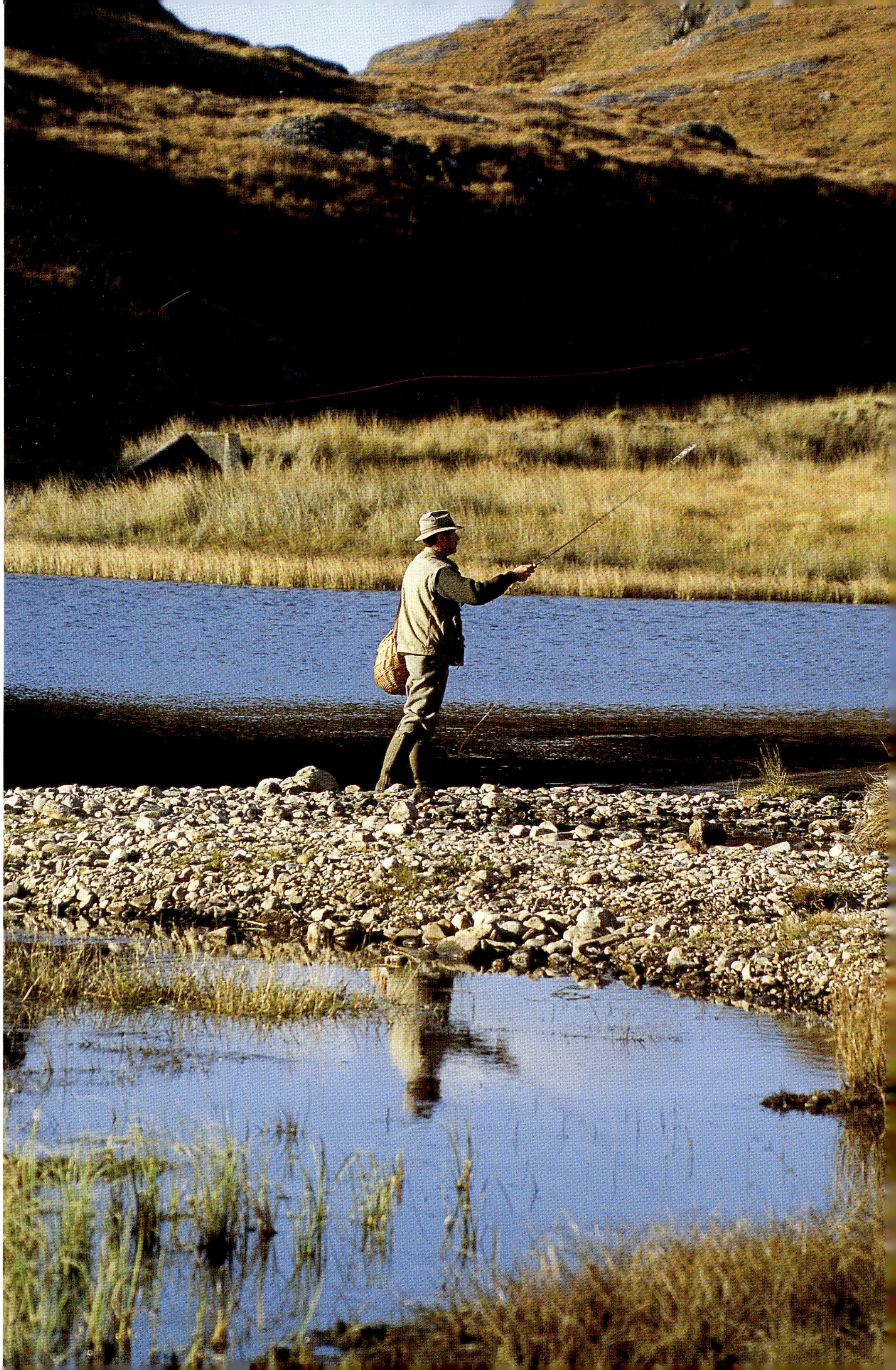

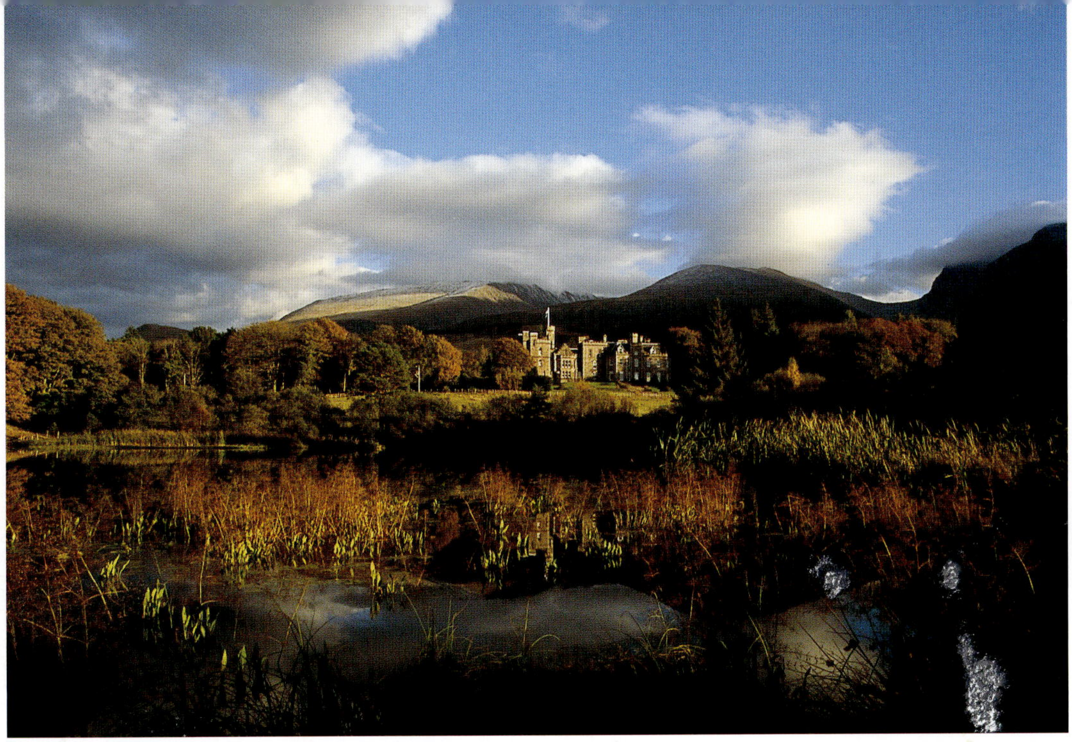

Le magnifique Inverlochy Castle est niché au pied du Ben Nevis

la mouche avec un guide spécialisé, risquent de vous transmettre le virus pour toujours. Il vous apprendra également à améliorer votre lancer afin que votre appât soit parfaitement placé. Peu à peu, cela devient bien plus que du sport. Pour beaucoup, c'est un art.

Il existe de nombreux endroits idylliques où pêcher dans les Highlands comme le Glen Garry et le Loch Garry. La rivière Garry s'écoule d'est en ouest, de la pointe du Loch Quoich au Loch Garry, qui comprend à son extrémité ouest le village d'Invergarry. Elle sort des sentiers battus : jonchée de pins sylvestres et entourée par les Munros – les montagnes écossaises de plus de 914 mètres de haut, tels Gleouraich et Spidean Mialach.

L'Écosse regorge de lieux atypiques où se reposer après une longue journée de pêche, des auberges traditionnelles aux châteaux rien que pour vous. Sur fond de montagnes escarpées et caché par la forêt, le magnifique Inverlochy Castle a abrité des membres de la royauté et des rock stars. À proximité du château du XIIIe siècle, aujourd'hui en ruine, il fut construit en 1863 par Lord Abinger et demeura une résidence privée jusqu'en 1969. Parmi ses hôtes célèbres on a récemment compté Sean Connery ou Elton John. Au bout de l'allée majestueuse, une entrée ornée de tourelles vous conduit au restaurant avec ses lustres, ses trophées de chasse et ses

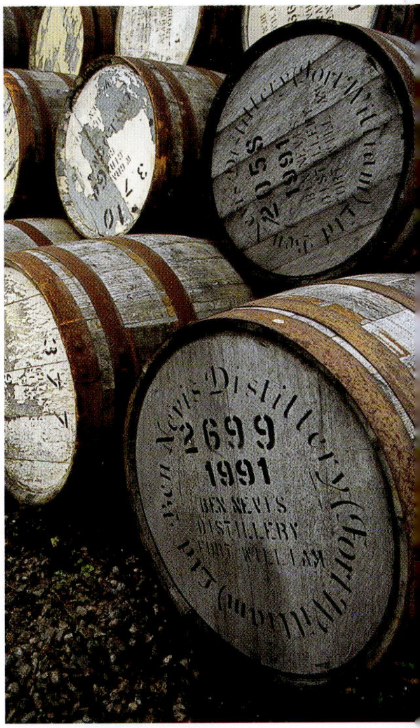

Tonneaux de whisky à la Ben Nevis Distillery

Page ci-contre :
Un lancer sur un étang de la partie supérieure de la Garry

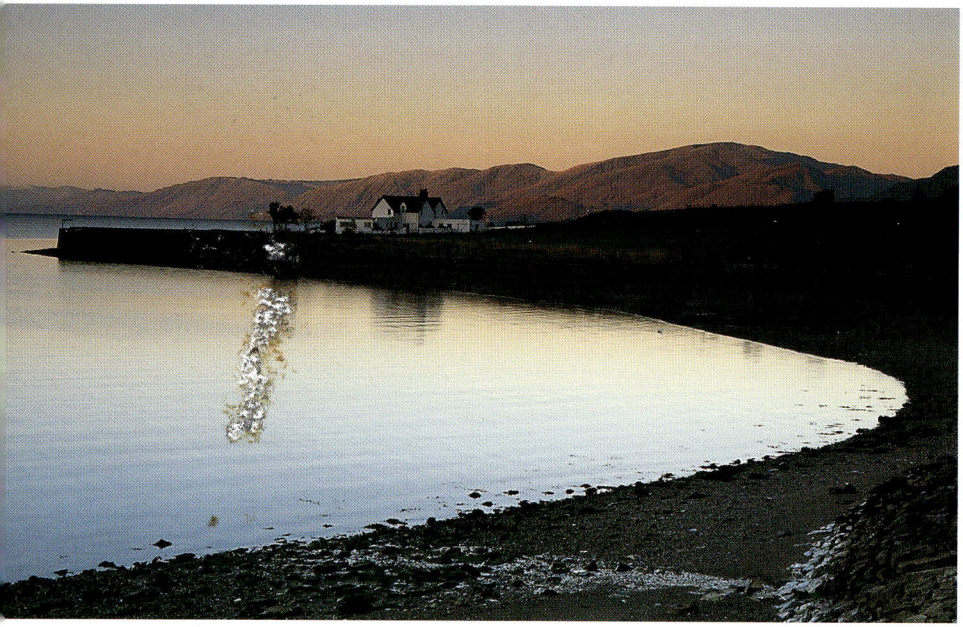

Crépuscule sur le Loch Linnhe, près de Fort William

La rivière Garry au coucher de soleil

délices gastronomiques. Pendant quelques instants, vous vous imaginez roi ou chef de clan.

Le parc de l'hôtel est une position stratégique pour admirer les plus hautes montagnes du pays. Le Ben Nevis est la montagne britannique la plus élevée. L'ascension jusqu'au prétentieux sommet (1 343 mètres) représente un défi très prisé. Mais outre la grimpette, ce qui en descend est également très spécial.

Sur la face nord de la montagne, à plus de 900 mètres d'altitude, est nichée une source d'eau de la plus haute importance. Récupérée bien plus bas par la Ben Nevis Distillery, elle devient l'élément-clé de leur version de la boisson nationale écossaise : le whisky. Sa fabrication repose sur une source d'eau pure – son nom provient du gaélique « usquebaugh » ou l'« eau de la vie » – et le merveilleux liquide qui s'écoule du Ben Nevis est issue de la plus haute source du pays.

Avec plus de cent distilleries en Écosse, vous ne risquez pas de vous retrouver à court : encore une bonne raison de devenir accro des Highlands.

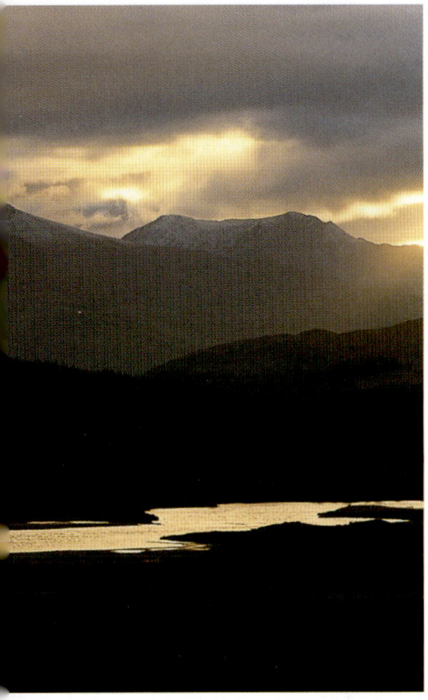

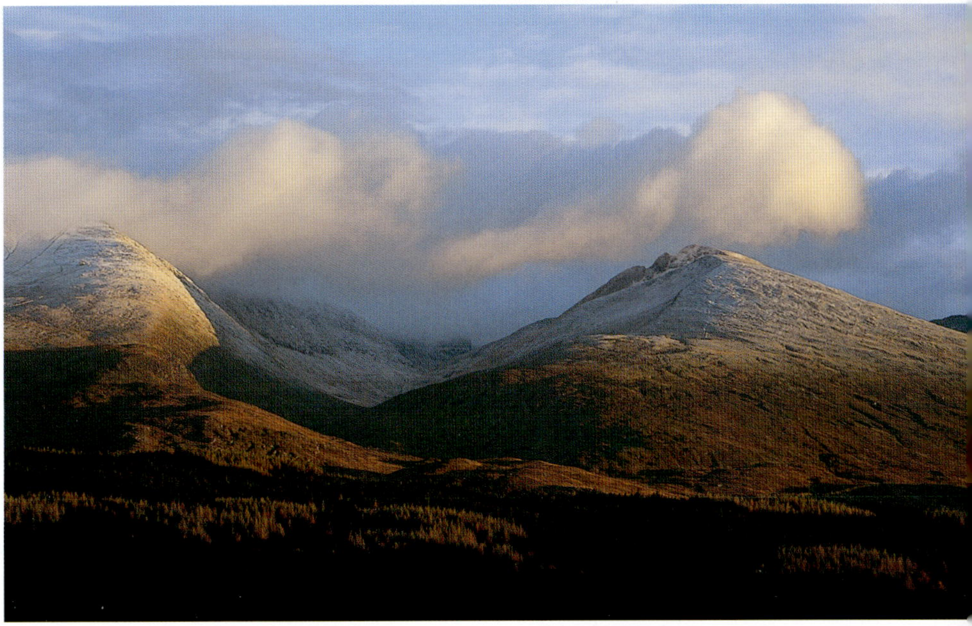

Les collines recouvertes de neige près de Fort William

Inverlochy Castle peut mettre à votre disposition un guide. Si vous pêchez sur la rivière Garry, méfiez-vous des brusques montées des eaux : elle est endiguée en amont et les eaux sont libérées environ une fois par semaine. Réservez à l'avance, car durant la haute saison et les vacances scolaires, les hébergements dans les Highlands sont souvent complets.

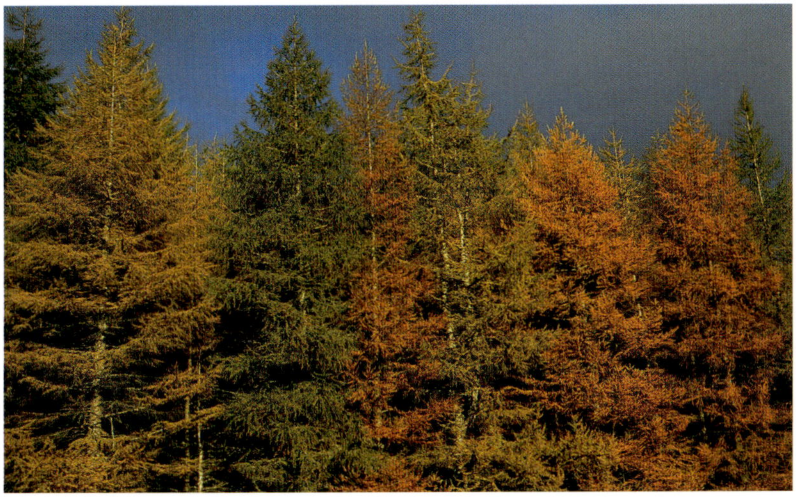

L'automne redonne vie aux pins sylvestres

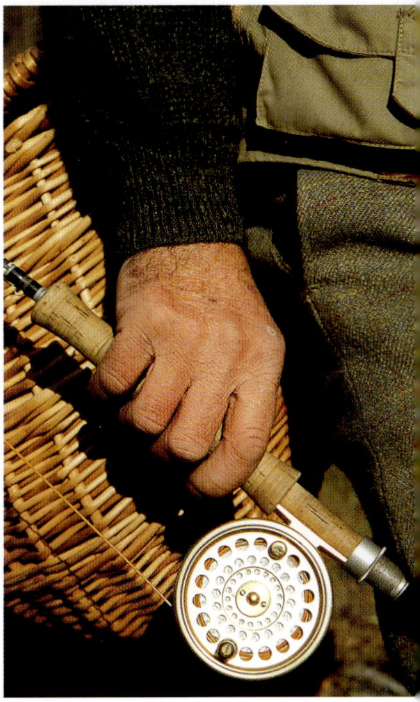

Le matériel traditionnel
pour la pêche à la mouche

Une randonnée parmi les arches
Moab, États-Unis

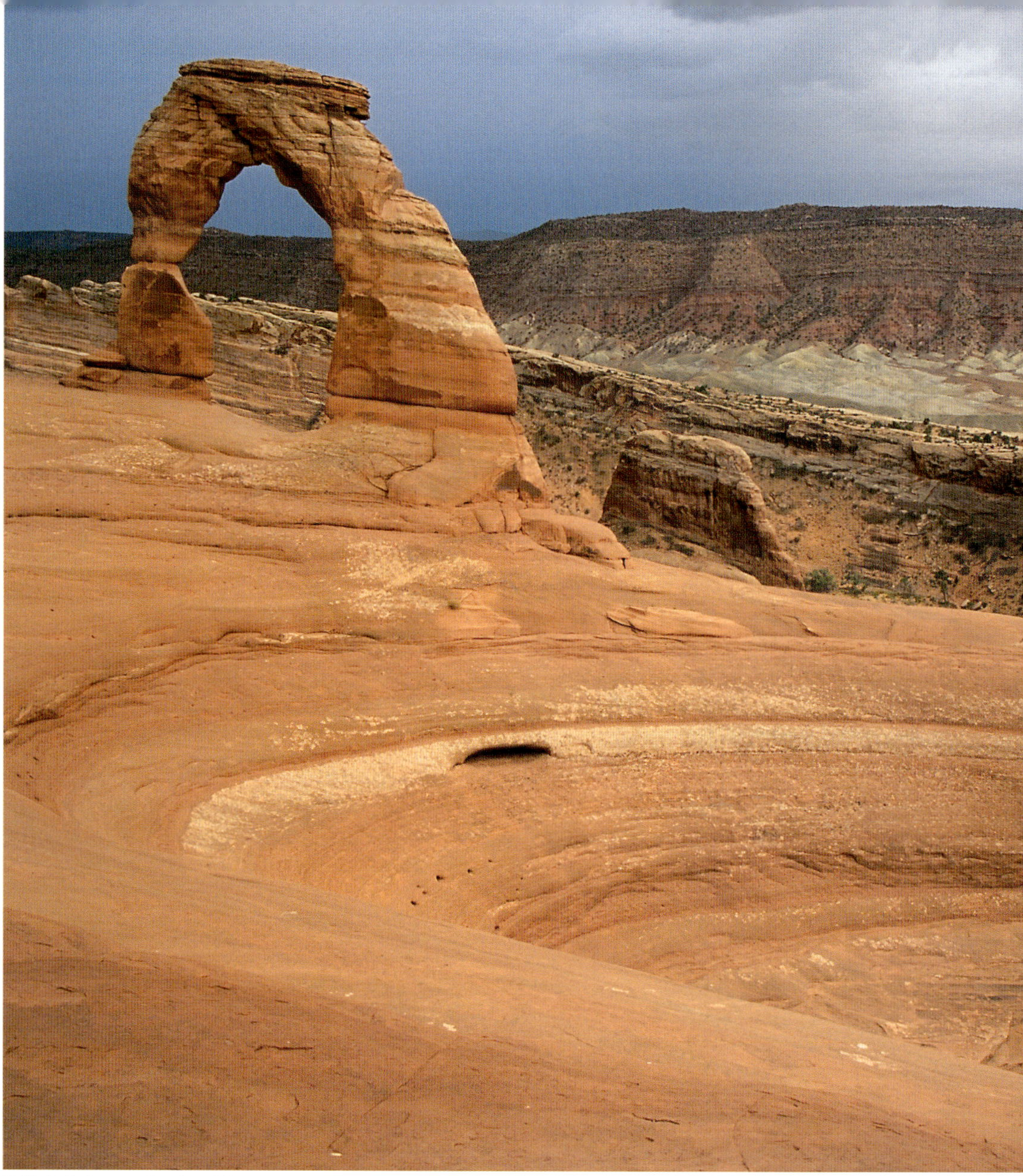

Delicate Arch au coucher du soleil

Profondément encaissé dans le plateau du Colorado en Utah, Moab est au cœur du meilleur terrain de jeu pour les sports d'extérieur. Placée dans une arène désertique de profonds canyons, d'arches en pierre naturelles, de rivières impétueuses et d'imposantes tours de grès, elle offre l'accès à un ensemble unique de formes d'un autre monde. Les choix d'activité sont légion, mais une randonnée sur les sentiers de l'Arches National Park, accessibles et très bien gérés, offre le panorama idéal de ces paysages grandioses.

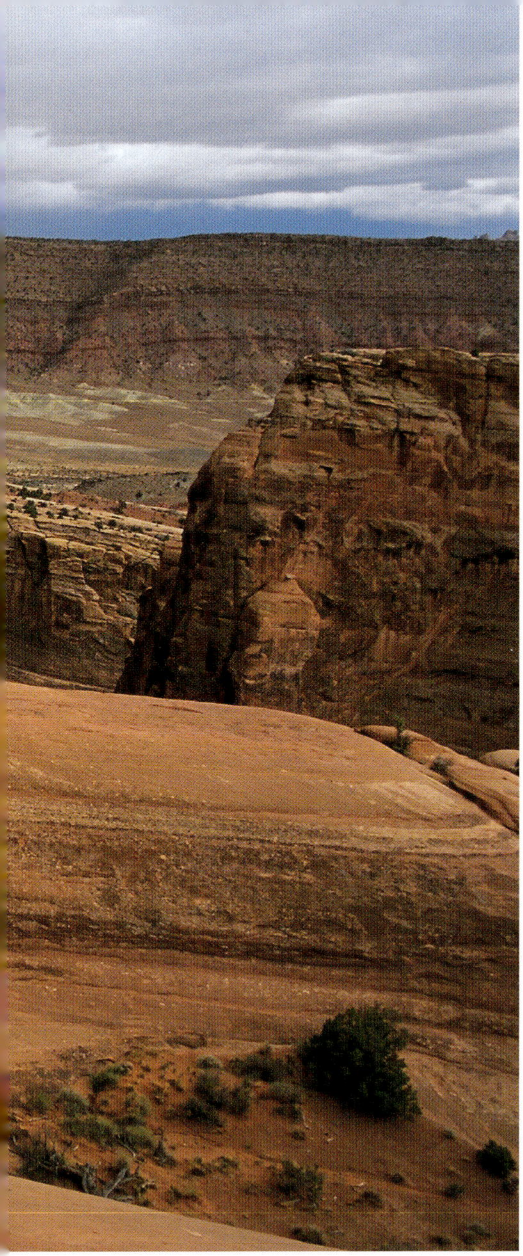

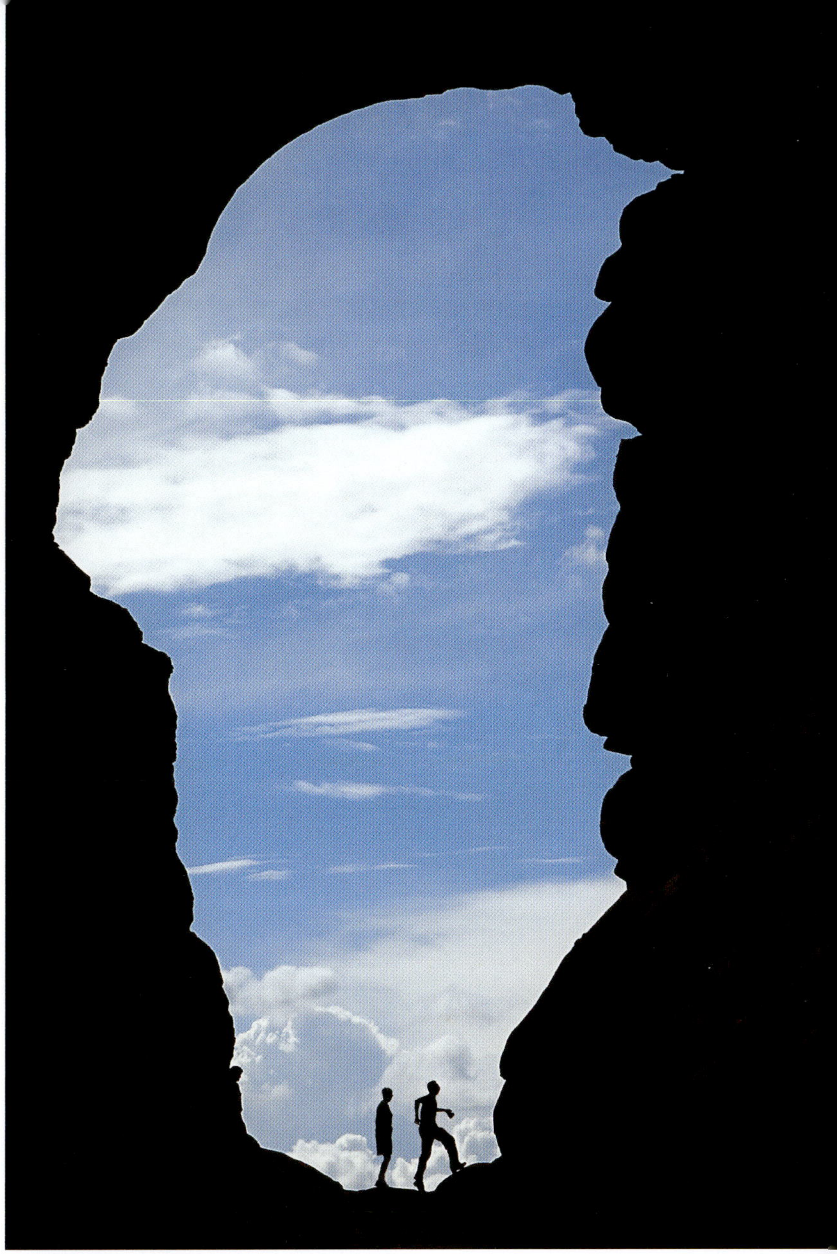

Des randonneurs sous Turret Arch, face aux Windows

Moab, petite ville tranquille près de la frontière est de l'Utah, est un lieu de pèlerinage pour les amateurs de VTT, randonnée, rafting et varappe. Mais point besoin d'être un mordu d'adrénaline pour s'amuser. Avec l'Arches et le vaste Canyonlands National Park – pour des randonnées plus astreignantes –, Moab pourra satisfaire toutes les envies de plein air.

Avec plus de 2 000 arches aux formes sculptées au fil de 100 millions d'années par l'eau, la glace, les mouvements de sels souter-

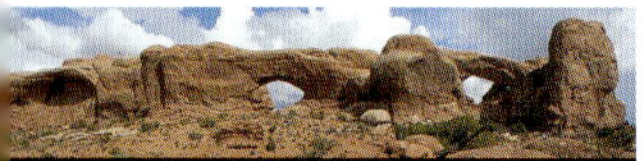

Page ci-contre :
Panorama à travers l'arche de North Window

rains et les températures extrêmes, Arches comporte la plus grande densité d'arches naturelles au monde. Avant de vous aventurer dans le parc, arrêtez-vous au centre d'information où l'équipe pourra vous conseiller. Aucune des randonnées ne prend plus d'un jour et plusieurs ne demandent qu'une heure ou deux, mais les chemins sont nombreux et vous ne verrez donc pas tout en une visite.

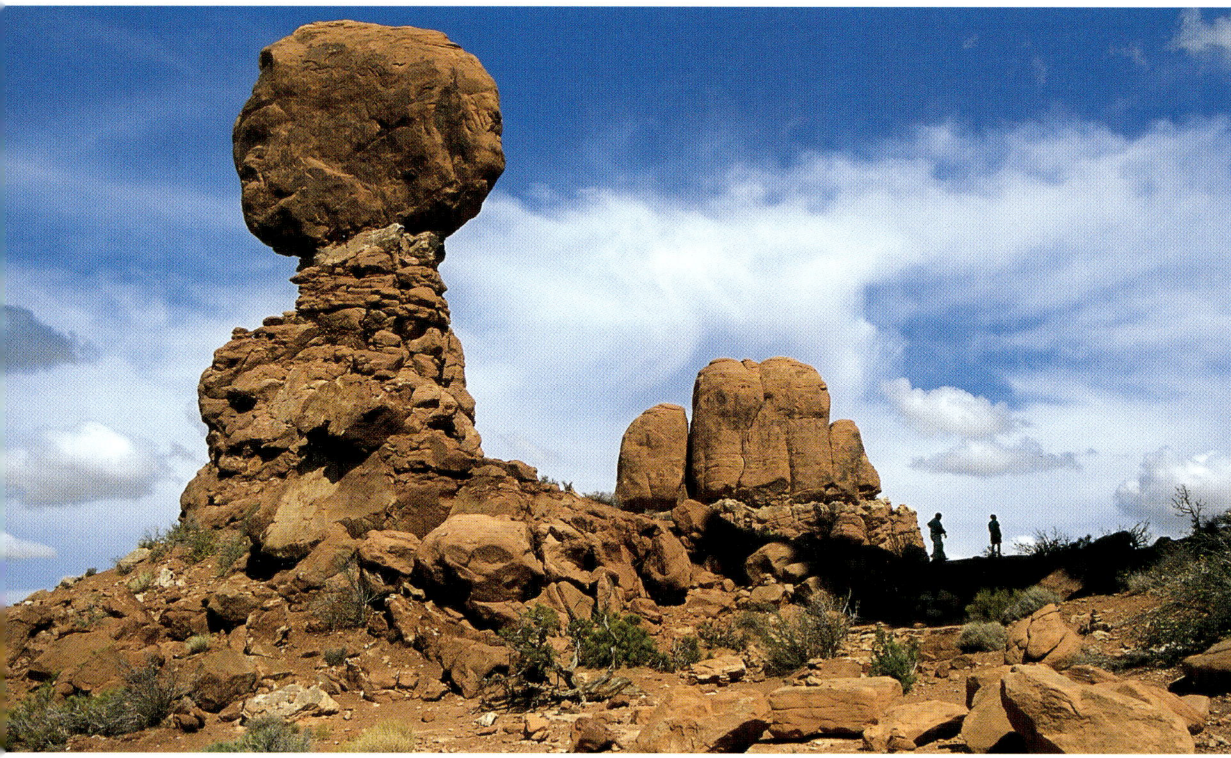

En se promenant autour de Balanced Rock, qui semble défier la gravité

Le spectacle débute aux Courthouse Towers, au bout de 1,5 kilomètres environ sur les 74 kilomètres que compte la route autour du parc. La plupart des formations visibles de nos jours sont constituées de couches de grès Entrada datant de la période jurassique (entre 144 et 208 millions d'années). Rien de mieux pour commencer à se sentir ridiculement petit que cette étendue sauvage de monolithes gigantesques et de blocs de grès monumentaux.

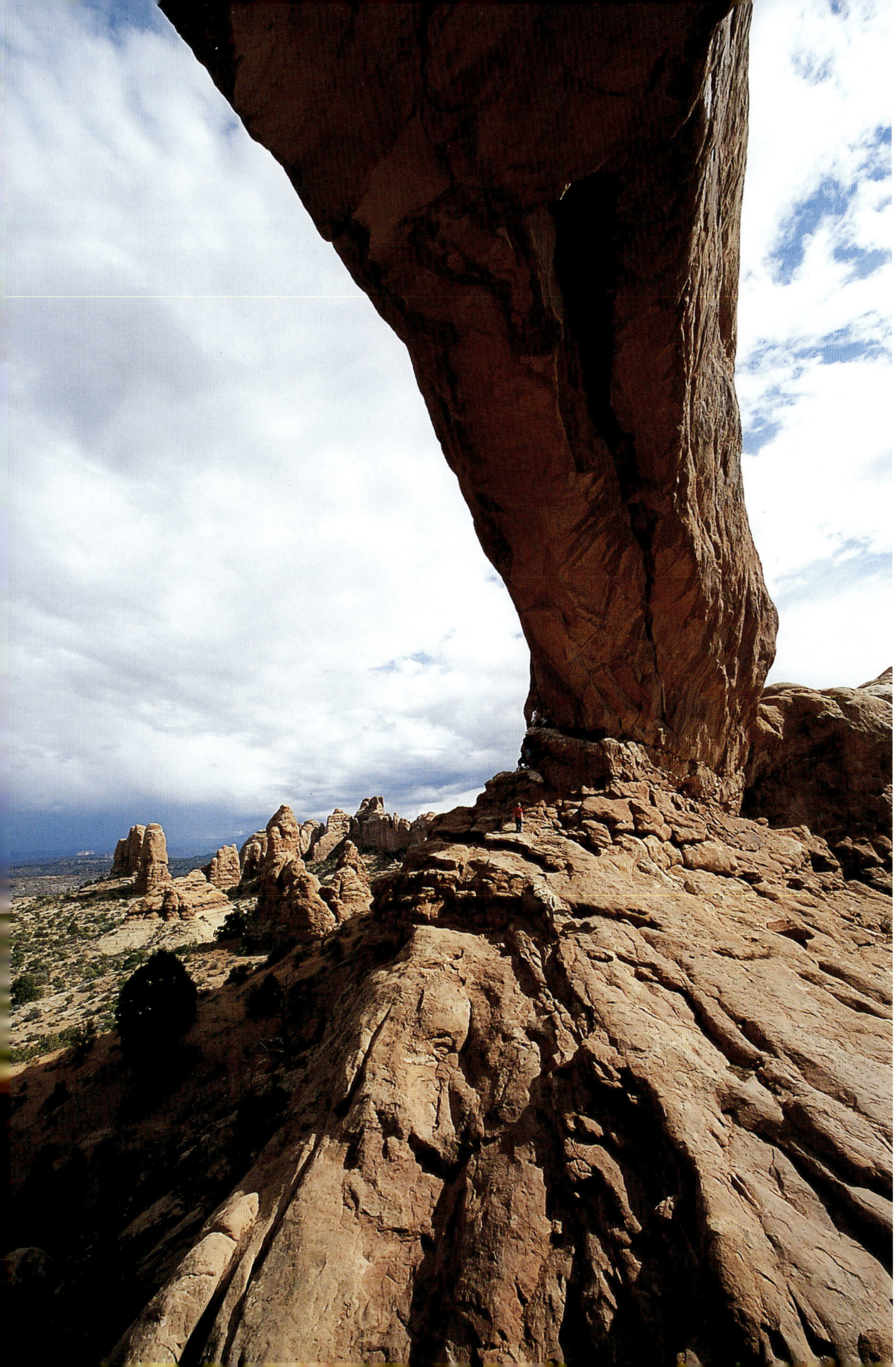

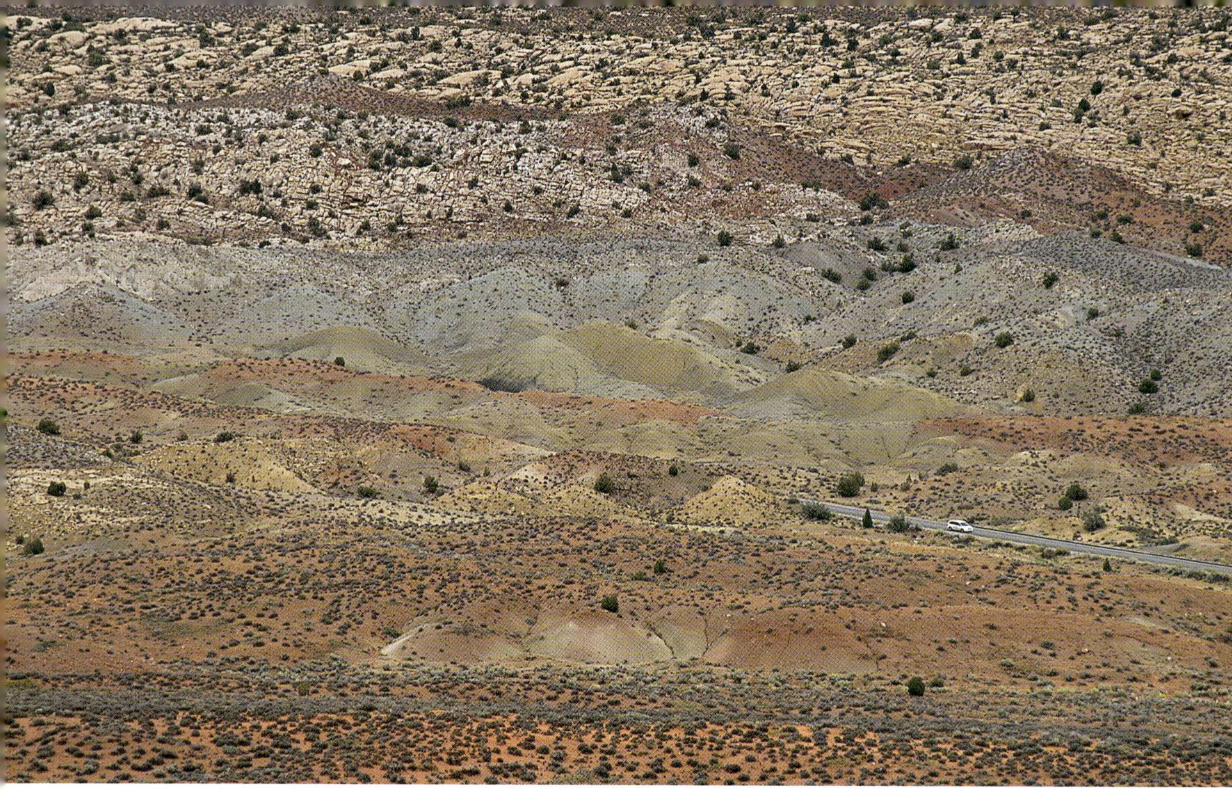

Sur la route à travers l'Arches National Park

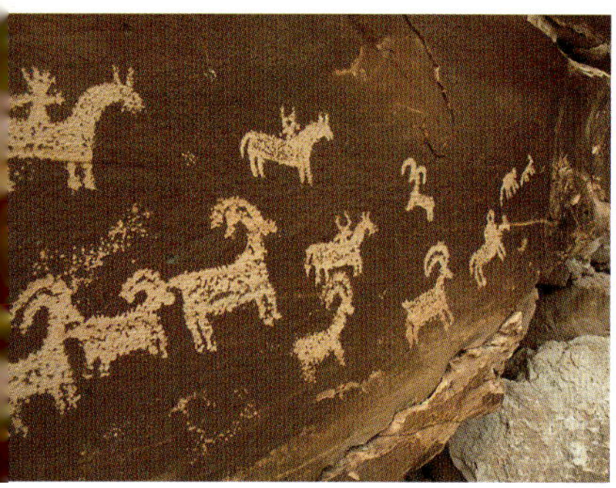

Des pétroglyphes indiens, près de Wolfe Ranch

Au-delà d'une mer de dunes pétrifiées qui ondule jusqu'aux La Sal Mountains, la route mène au Balanced Rock, une formation qui défie les lois de la gravité. En équilibre précaire à 39 mètres de hauteur sur une fine tige, cet énorme rocher semble à deux doigts de basculer. Un sentier de 550 mètres de long en fait le tour !

La Windows Section est l'une des formations les plus populaires. Évoquant un loup pour géant, les ouvertures de North Window et South Window mesurent de 15 à 18 mètres de haut pour environ 30 de large. En face d'elles se situe l'impressionnante Turret Arch. Creusée dans un affleurement de roche à la forme étrange – et dotée d'une tourelle – elle vous invite à la traverser.

Plus au nord se trouvent les sentiers les plus physiques : les 5 kilomètres menant à Delicate Arch et le labyrinthe de chemins connu sous le nom de Devil's Garden.

Si vous ne faites qu'une randonnée, optez pour celle vers Delicate Arch. Son point de départ se situe à Wolfe ranch : laissé à l'abandon, c'est tout ce qui reste de la tentative de John Wesley Wolfe, vétéran de la Guerre de Sécession, de s'installer dans la région à la fin du XIXe siècle. Ne manquez pas les sculptures sur roc des indiens Utes sur un petit sentier derrière le ranch. Au-delà de celui-ci, le chemin s'enroule à travers les canyons avant de grimper une douce pente de pierre jusqu'à une étroite saillie.

Tout à coup vous émergez au bord d'une profonde et tourbillonnante cuvette de grès, joliment couronnée par Delicate Arch. Même Henry Moore aurait eu du mal à sculpter de telles proportions et une telle élégance tortueuse. Asseyez-vous, détendez-vous et regardez le soleil se coucher à travers les somptueuses courbes, les canyons et les ouvertures de cet extraordinaire paysage.

ⓘ

Emportez de l'eau, même pour les petites randonnées, car il peut faire extrêmement chaud. On peut camper dans Arches National Park, mais Moab est si proche qu'il est facile d'y passer la nuit. Pour découvrir Canyonlands National Park depuis les airs, embarquez pour un vol saisissant. Ils vous sont proposés depuis Canyonland Airport, sur l'autoroute 191 à environ 27 kilomètres au nord de Moab, par SlickRock Air Guides.

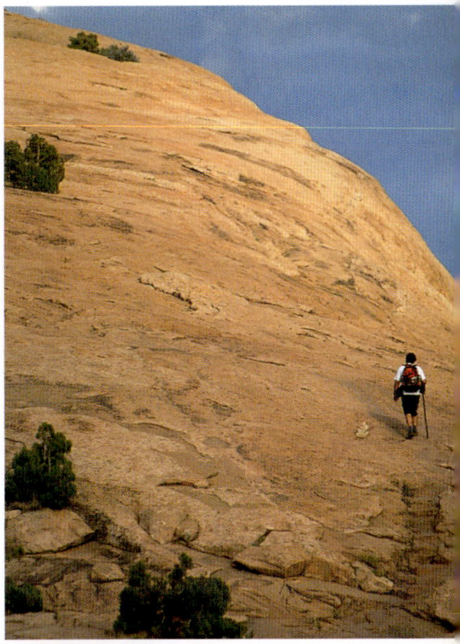

En grimpant les collines de grès vers Delicate Arch

Courthouse Towers, à l'entrée du parc d'Arches

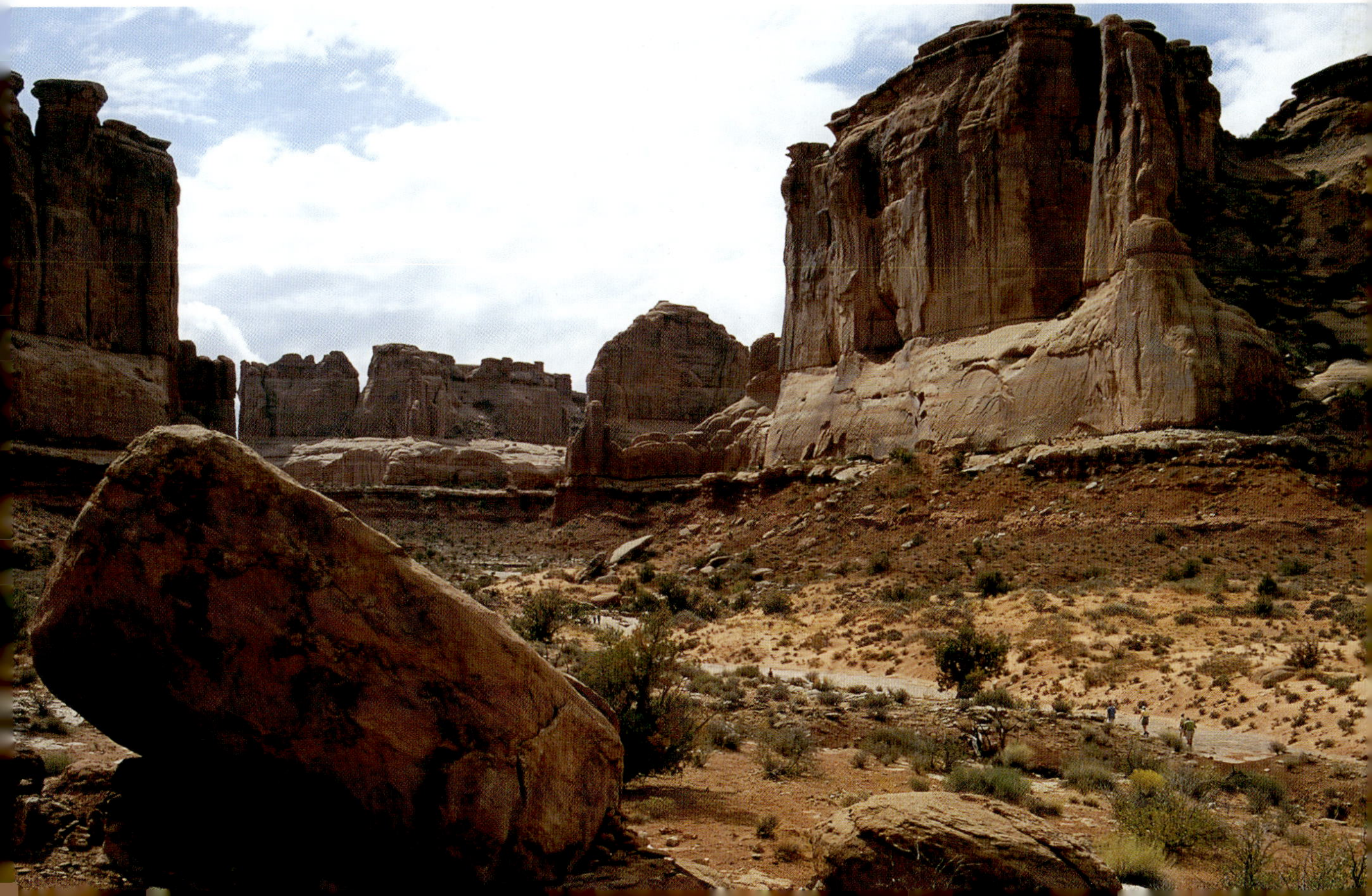

Vivre comme un guerrier
Khentii, Mongolie

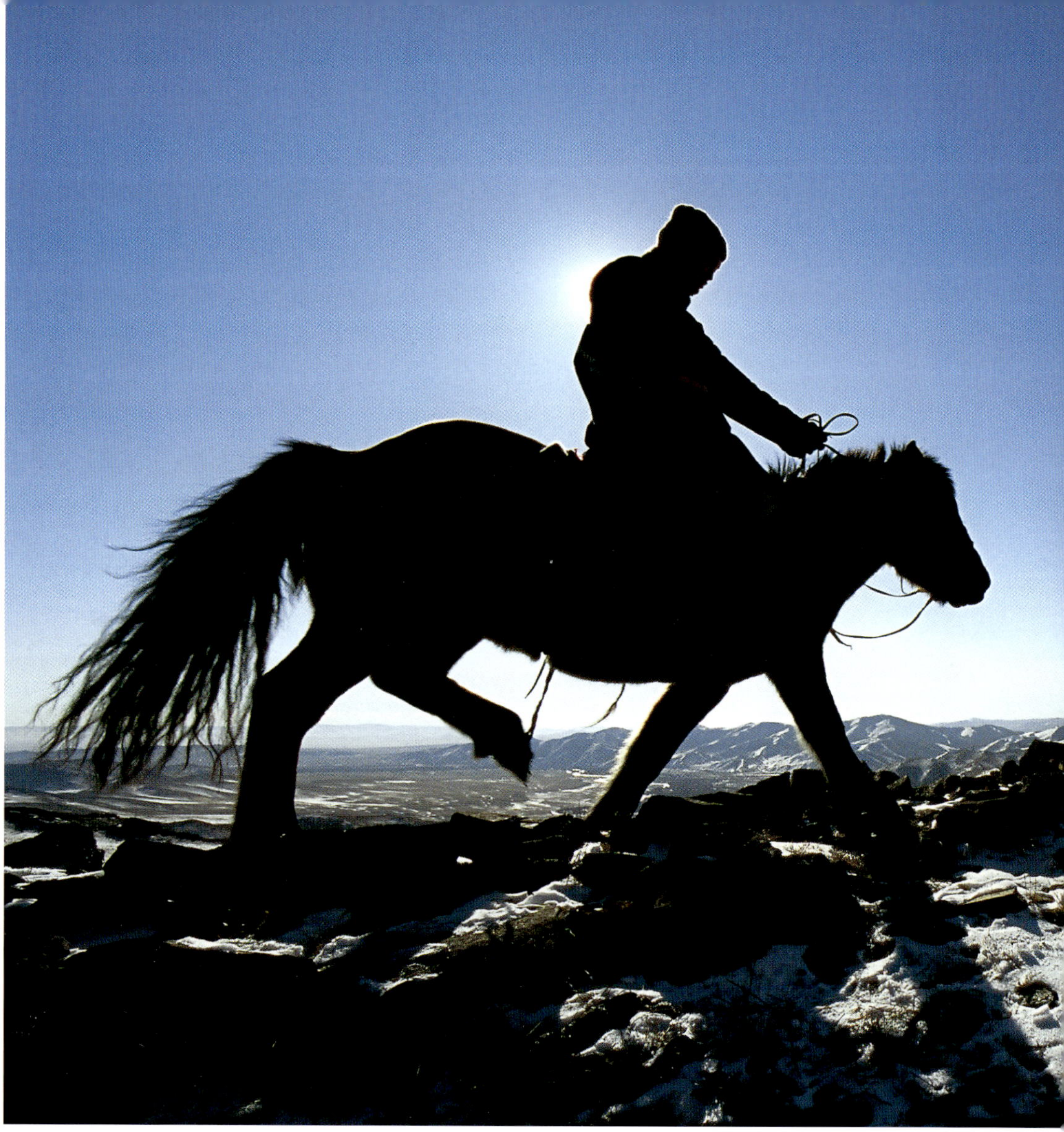

Le mot Mongolie suffit à faire rêver de lieux, de peuples et de chevaux sauvages. Ce beau pays de vastes plaines désertes où déambulent chameaux, yaks et tribus nomades, ne ressemble à aucun autre. Aujourd'hui située entre la Russie et la Chine, la Mongolie était au XIIIe siècle le plus grand empire de tous les temps.

Pour comprendre comment les intrépides mongols sont devenus le peuple le plus puissant au monde sous Gengis Khan, il faut goûter à la vie de guerrier dans les montagnes du Khentii, au nord-ouest d'Oulan-Bator.

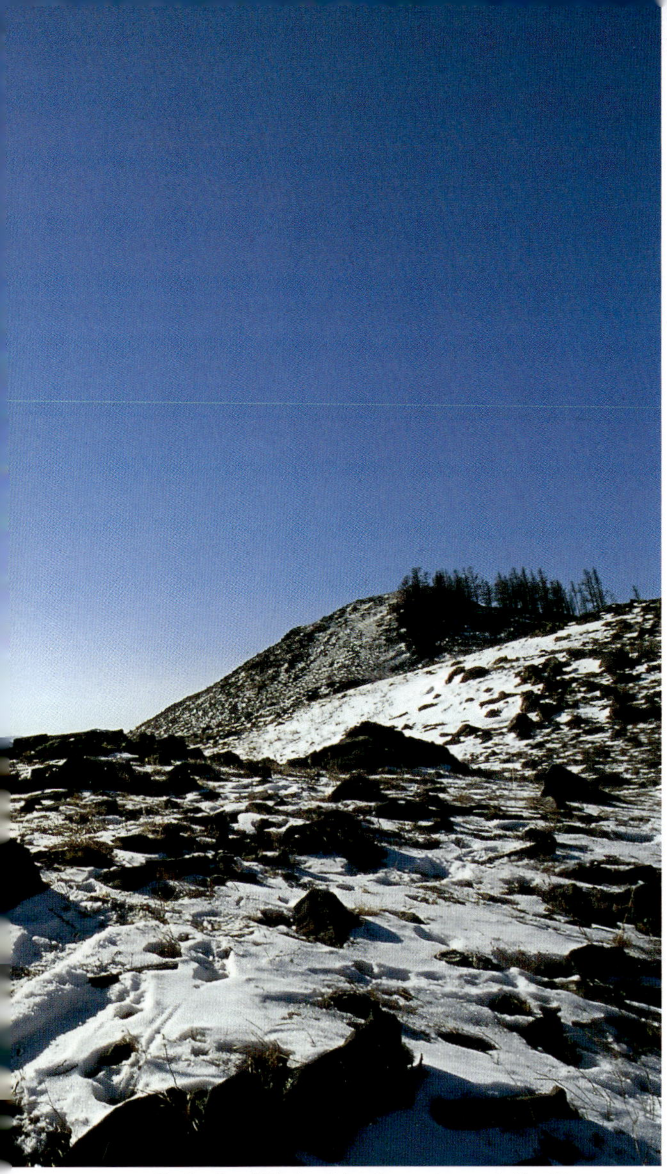

Fin d'après-midi à cheval dans les montagnes du Khentii

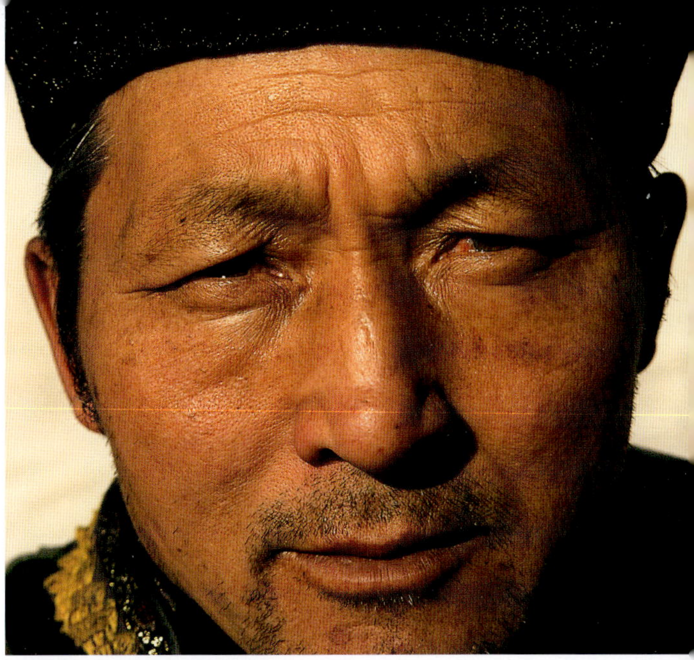

Le célèbre fabricant et archer, Batmunkh

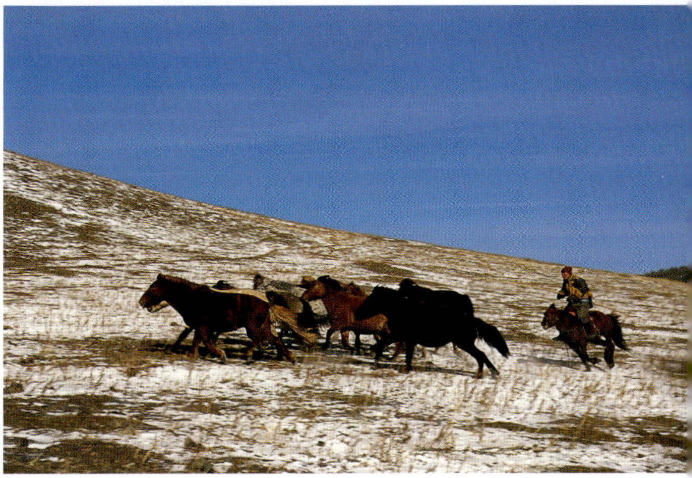

Le rassemblement au lasso des troupeaux de chevaux mongols

Officiellement appelée « Chinngis Khaan Warrior Training », cette aventure n'est pas un camp d'entraînement pour nouvelles recrues. Vous y apprendrez les arts du passé tels que la fabrication des arcs, auprès de légendes comme Batmunkh, l'un des sept fabricants du pays. Vous découvrirez la distillation traditionnelle de la vodka, le tir à l'arc, comment rassembler et attraper des chevaux au lasso, ainsi que les tactiques et coutumes des célèbres guerriers mongols.

Quel privilège de vivre tel un nomade dans une yourte (tente traditionnelle en feutre) et de chevaucher à travers les vastes plaines et les incroyables montagnes du Khentii ! Ici, point de restaurant, ni de

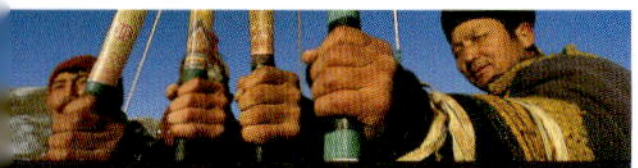

Page ci-contre :
Le carquois de flèches de Batmunkh et son arc fabriqué à la main

chasse d'eau, ni de télévision. La vie devient très simple et, rapidement, très agréable. Le bouquet final : un dernier tour à cheval à travers un paysage, espérons-le, béni par l'esprit du « Ciel bleu », l'une des divinités préférées des guerriers.

Depuis toujours, les chevaux sont au centre de la culture mongole.

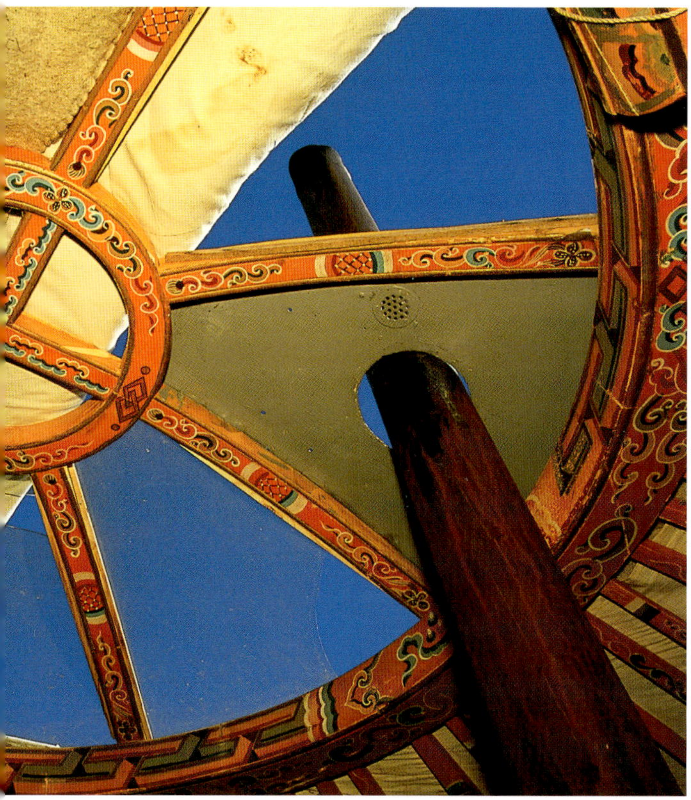

La cheminée et le toit d'une yourte traditionnelle

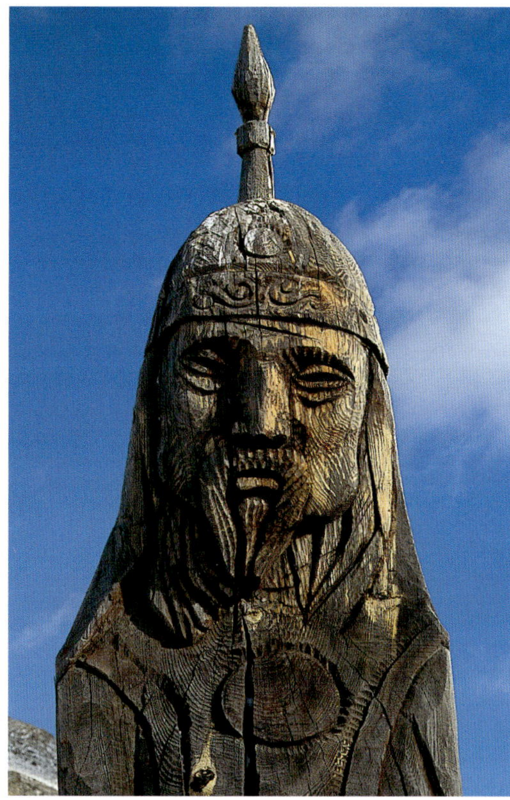

Effigie en bois de Gengis Khan dans un camp de yourtes

Le mongol comporte plus de mots au sujet de ces animaux que pour quoi que ce soit d'autre, et les habitants boivent même du lait de jument, acide et salé. Les chevaux étaient la colonne vertébrale de l'armée de Gengis Khan, lui offrant surprise et rapidité sur les champs de bataille. Son système de communication reposait également sur eux. Les messagers parcouraient de longues distances grâce à des relais où les attendaient d'autres montures.

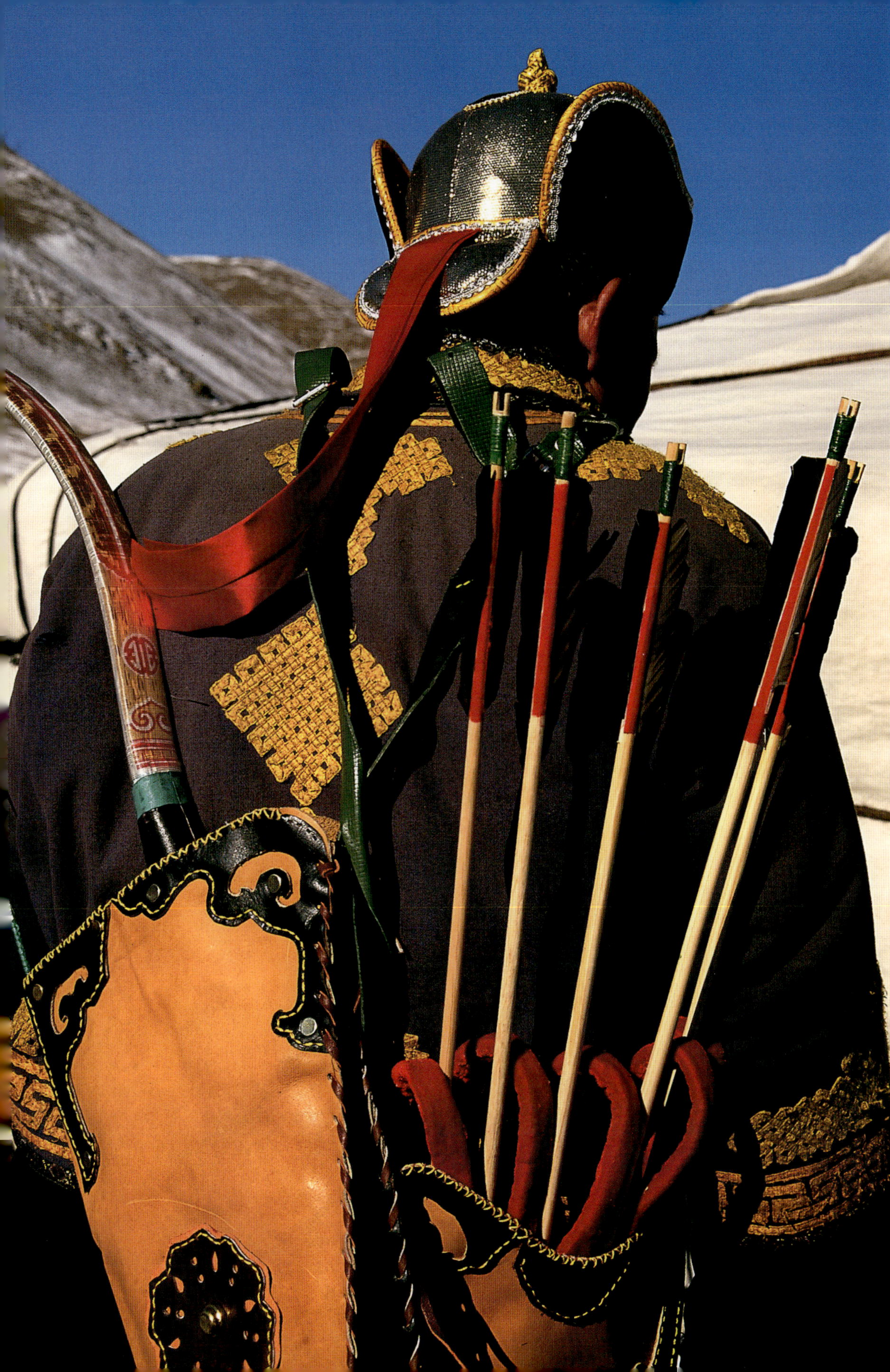

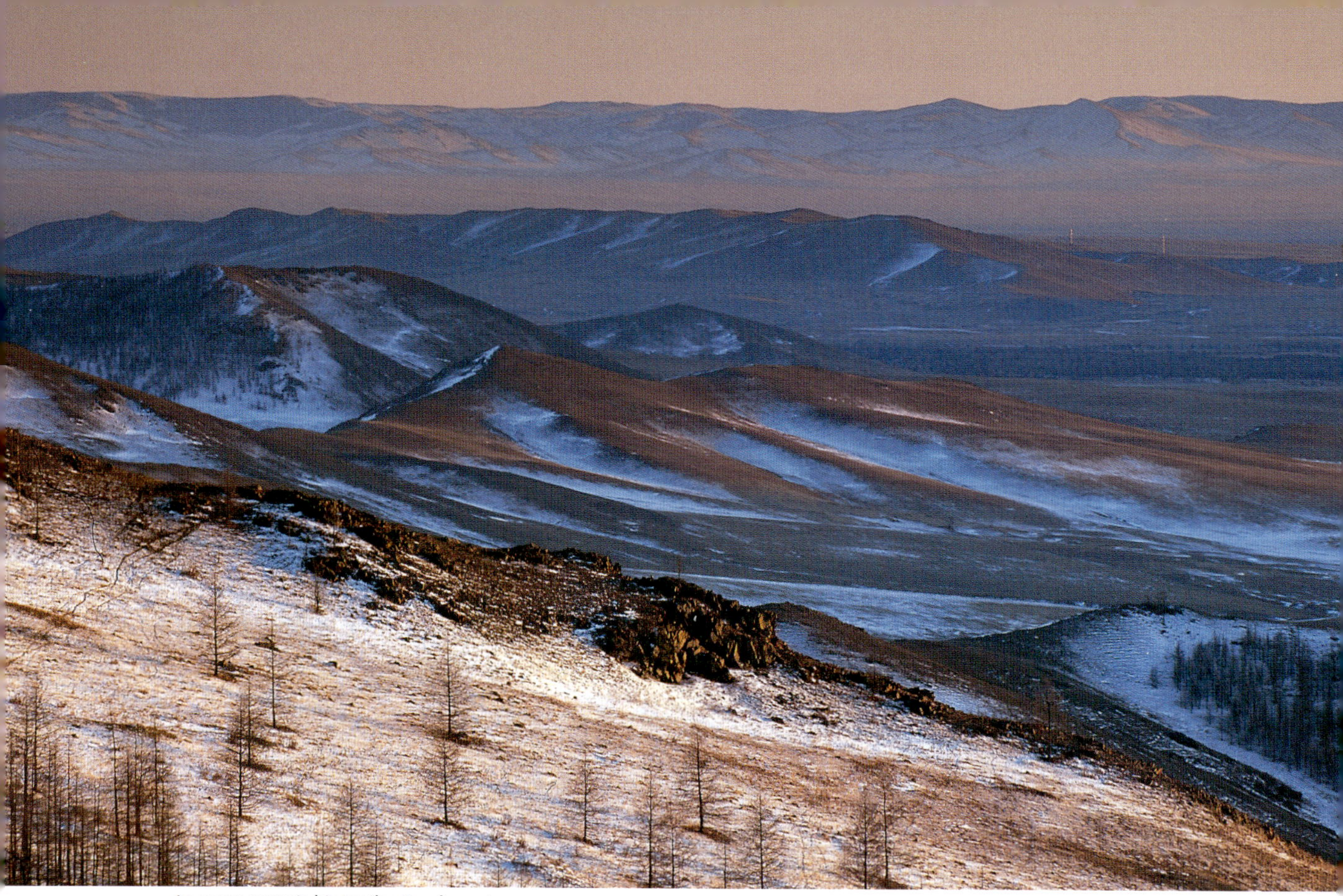

La steppe mongole à la lumière du crépuscule

Les qualités équestres de ses soldats, comme leur capacité à tirer des flèches vers l'arrière en plein galop pendant des retraites simulées, devinrent légendaires et le tir à l'arc est aujourd'hui l'un des « trois sports virils » (avec la course de chevaux et la lutte) célébrés lors des fêtes annuelles, comme le Naadam.

Pour comprendre et contrôler un cheval mongol, rien de mieux qu'un de ces cavaliers. Ce peuple est peut-être le plus naturellement doué pour l'équitation. On y trouve une audace, un enthousiasme et une intrépidité aussi farouches que les animaux eux-mêmes. En Mongolie, être un grand cavalier, c'est être un grand homme.

L'entraînement guerrier nécessite une implication totale, jusqu'aux vêtements que vous portez. Les mongols pensent que nos tenues modernes détonent avec leurs montures parfaitement accordées. Pour monter un cheval mongol, vous devrez vous vêtir comme un mongol.

Le costume traditionnel, toujours largement porté, est un *del* (long manteau rembourré), croisement entre un peignoir et une robe de chambre, en feutre pour les hommes, ou en soie pour les femmes. À la taille, une large ceinture de soie et aux pieds des bottes en cuir. Pour les bouddhistes, le bout retroussé des chaussures empêche de tuer involontairement des insectes. Après la première crise de rires embarrassés, vous serez surpris de la chaleur et du confort de la tenue. Vous commencez à vous transformer en nomade.

L'entraînement guerrier est une véritable aventure dans tous les sens du terme, même si vous n'affronterez personne, à moins de vous initier à la lutte mongole. Mais vous ressentirez l'influence de Gengis Khan au cours de cette expérience captivante et réellement unique.

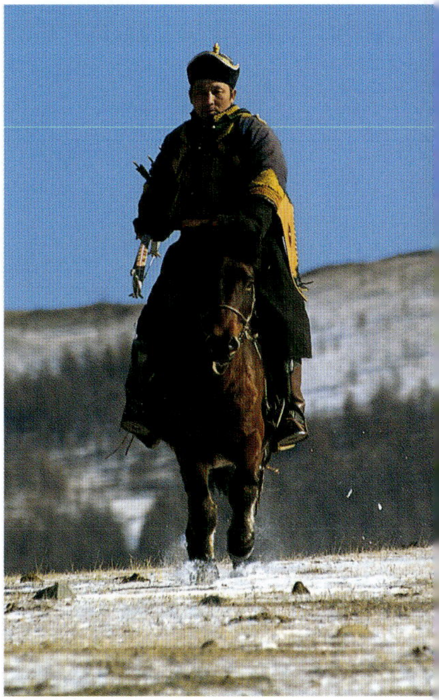

ⓘ

Les vols internationaux pour Oulan-Bator sont assez restreints puisque seules Air China, MIAT et Aeroflot la desservent. Même si vous pouvez choisir indépendamment des éléments de l'expérience guerrière de Gengis Khan, mieux vaut s'adresser à un tour-opérateur basé dans la capitale.

Chevauchée dans les montagnes du Khentii au coucher du soleil

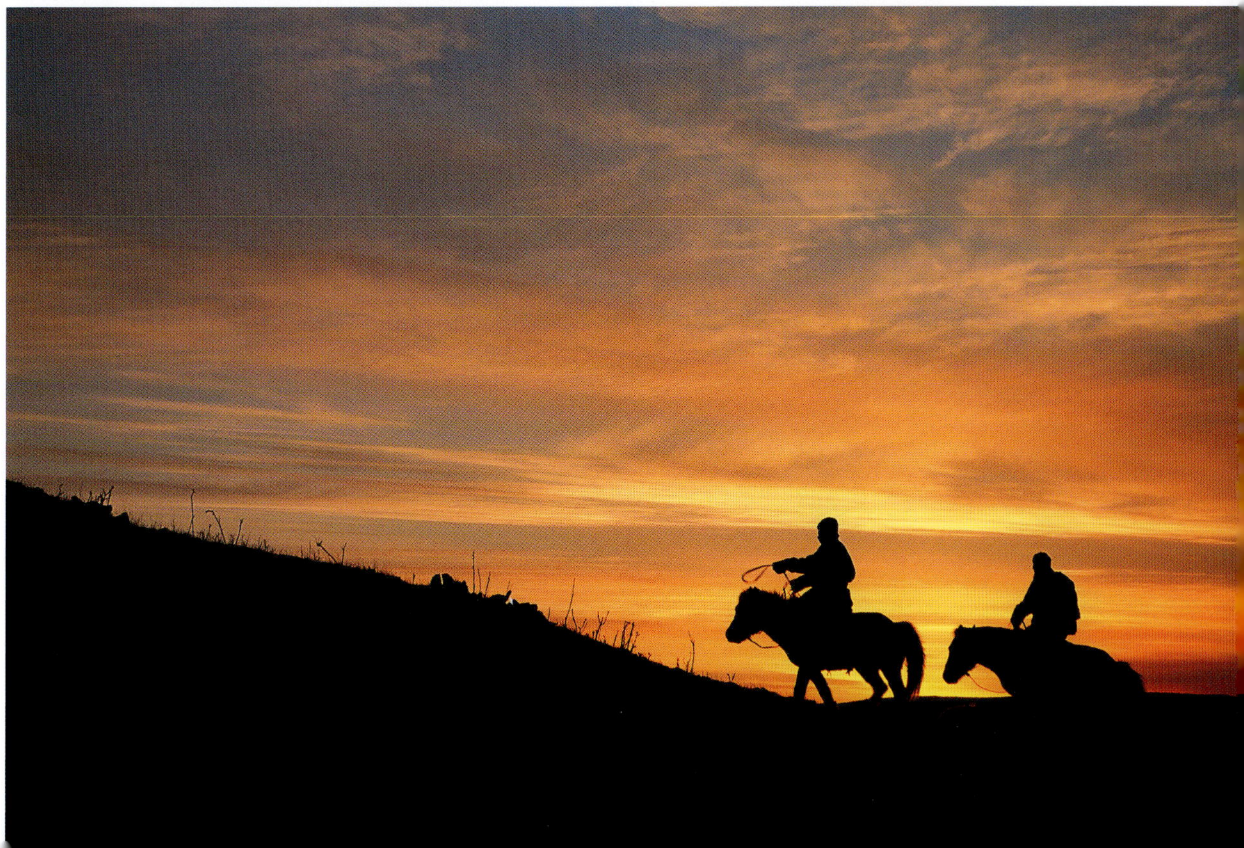

Voyage dans le « Monde perdu »

Salto Angel, Venezuela

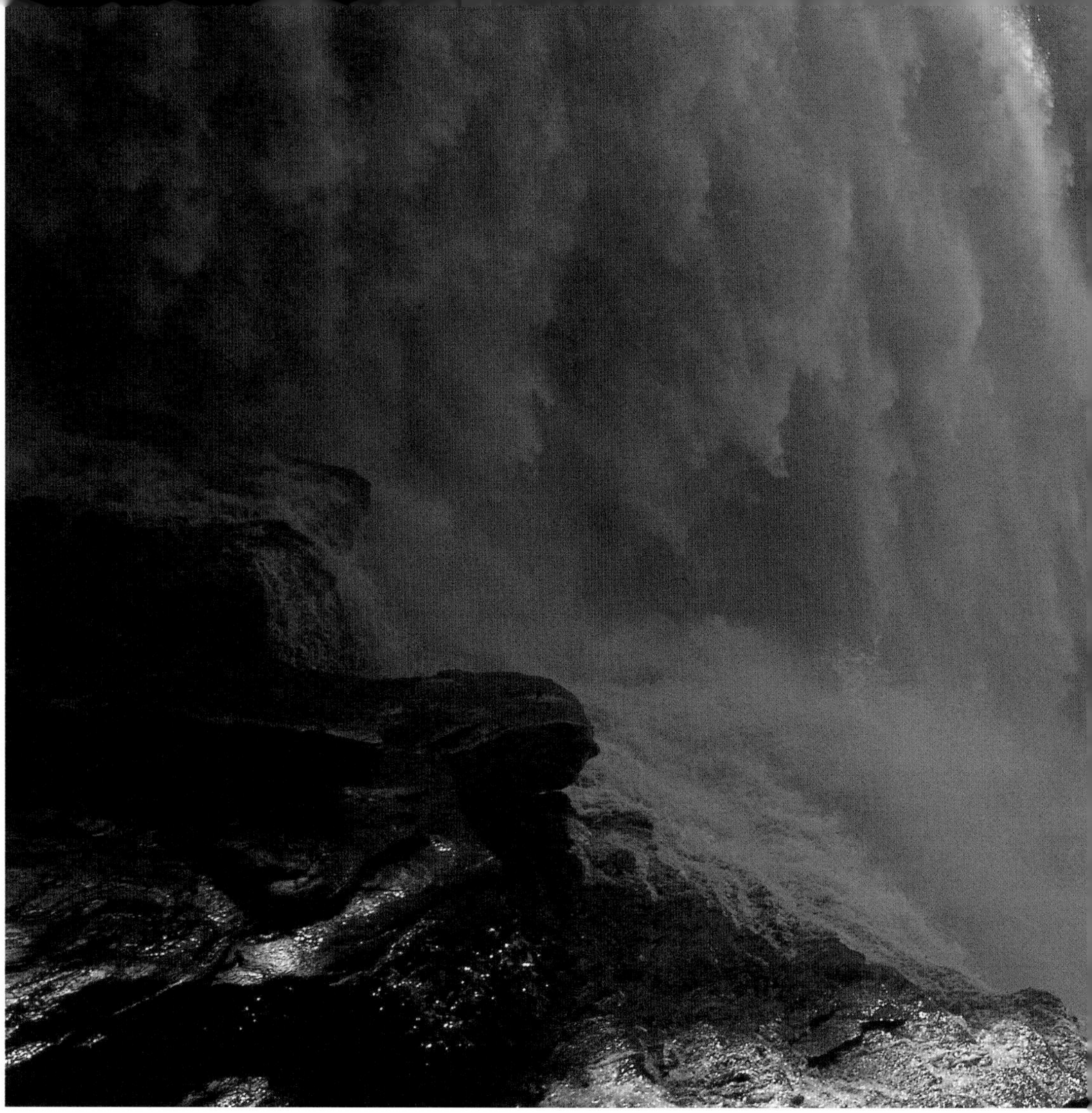

Lorsque Christophe Colomb découvrit les côtes vénézuéliennes en 1498, il les qualifia de « paradis terrestre ». Imaginez quels termes il aurait employés s'il s'était aventuré plus loin dans les terres et avait découvert le plus grand trésor naturel du pays : le Salto Angel, les plus hautes chutes d'eau du monde. Les mots lui auraient peut-être même manqué bien avant : le trajet par le fleuve Carrao, serpentant parmi un archipel de montagnes tabulaires qui émergent sur un océan de jungle digne du « Monde perdu » est l'un des plus beaux d'Amérique latine.

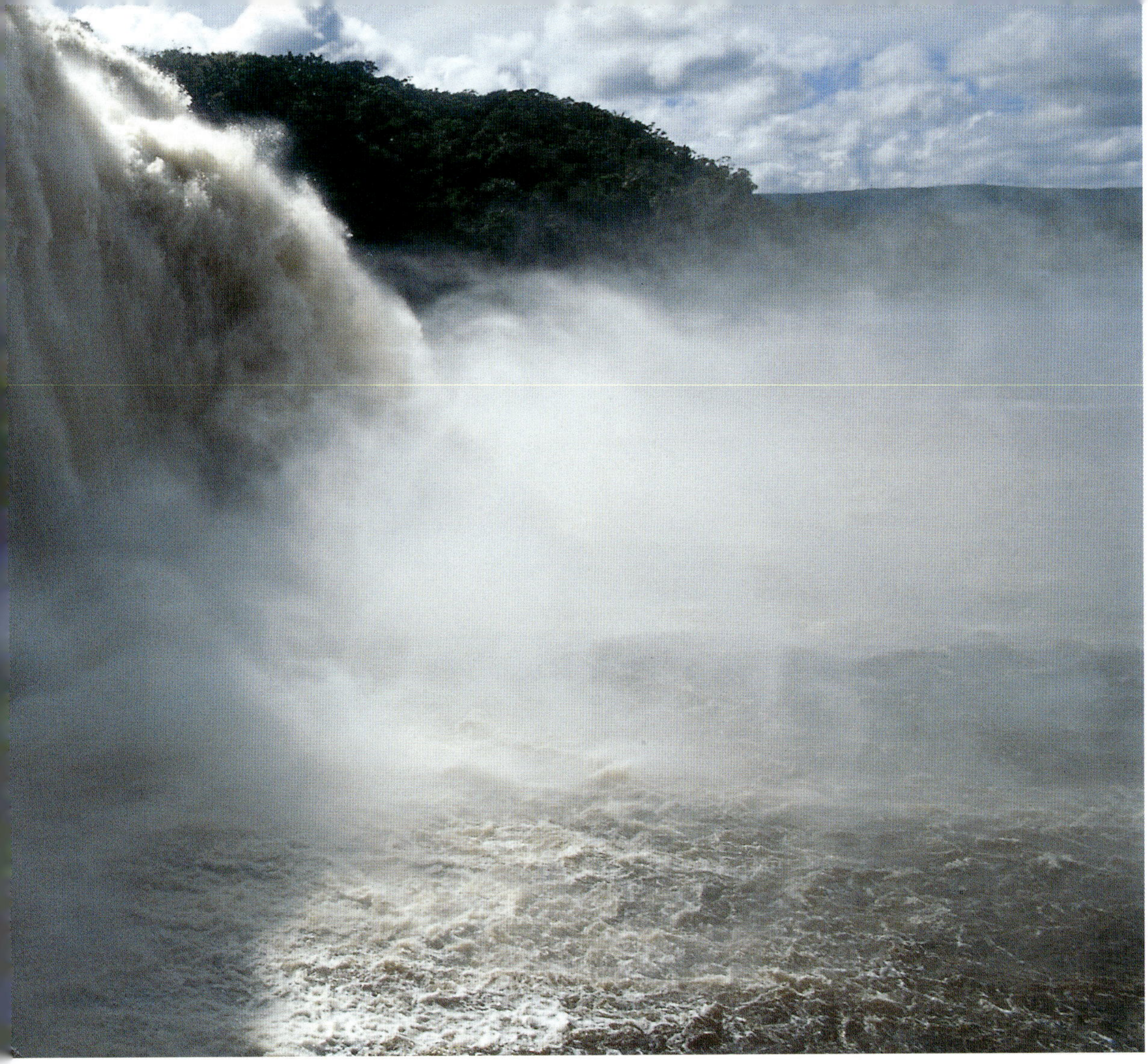

Un sentier creusé dans la roche se cache derrière le puissant Salto Sapo

Situées dans le parc national Canaima (Parque Nacional Canaima), dans la région de la Gran Sabana profondément enfouie dans le sud-est du Venezuela, ces étranges plateaux appelés tepuis, inspirèrent Sir Arthur Conan Doyle pour son roman de 1912, *Le Monde perdu*. Convaincu que leur inaccessibilité permettrait d'y retrouver des dinosaures ou ptérodactyles ayant survécus, il écrivit sa fameuse histoire qui inspirerait plus tard *Jurassic Park* à Steven Spielberg.

Pour rejoindre la Gran Sabana depuis Caracas, la capitale vénézuelienne, il faut d'abord vous rendre à Ciudad Bolivar. L'aventure démarre ensuite par un vol grisant vers le sud à bord d'un petit avion quadriplace ou d'un vieux biréacteur DC-9 argenté, sorti tout droit de l'âge d'or de

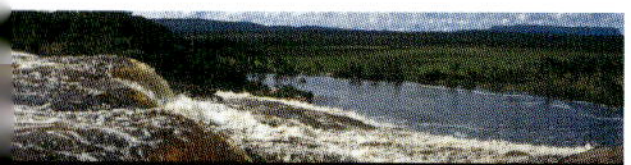

l'aviation. Alors que vous approchez Canaima, village peuplé d'indiens Pemon et point de départ des trajets fluviaux vers Salto Angel, les tepuis commencent à affleurer parmi les rares nuages.

Avant de remonter le fleuve, prenez le temps d'effectuer le petit parcours en bateau et la randonnée qui vous conduiront au Salto Sapo, l'une des neuf chutes sur la Laguna Canaima, que vous aurez aperçue de l'avion. Avec plus de 100 mètres de large et 20 de haut, la cascade brune tanin est déjà impressionnante, mais elle dissimule

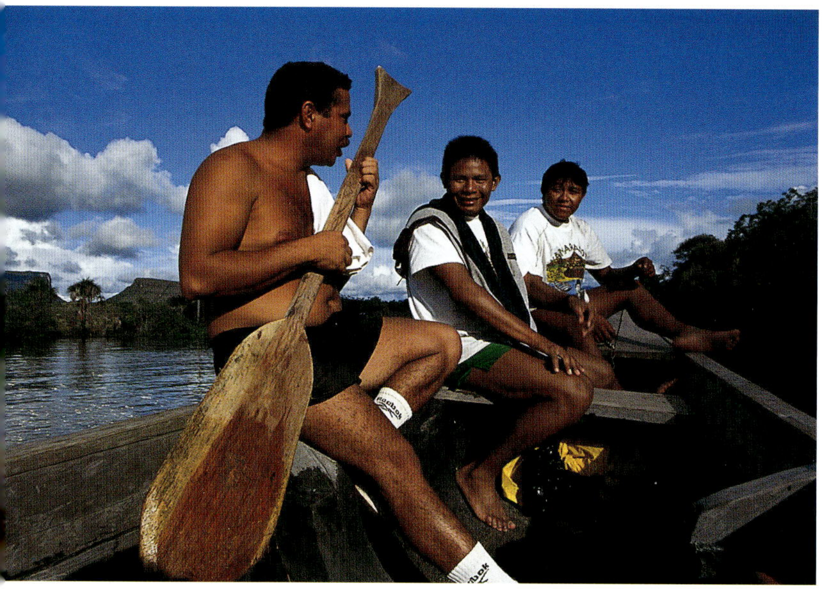

Les guides Pemon sur le fleuve Carrao

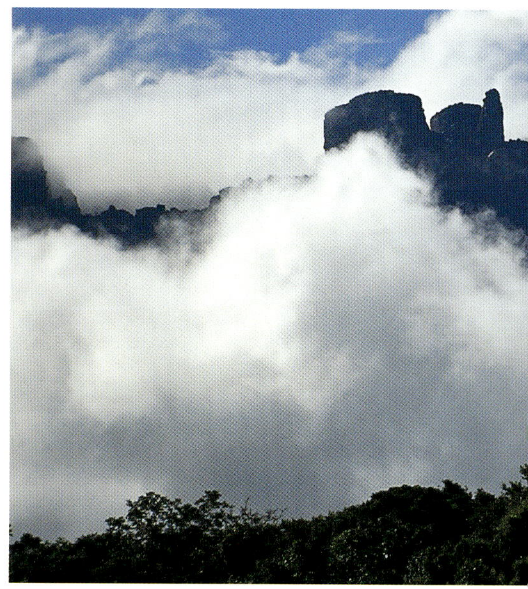

son plus grand trésor : un sentier à vous couper le souffle creusé dans la roche derrière la chute, créé par un ermite, Tomás Bernal. Il vous faudra un maillot de bain et une bonne dose de courage, lorsque vous ressentirez le déplacement d'air provoqué par l'énorme masse d'eau.

Même s'il est possible de faire l'aller-retour jusqu'au Salto Angel en une journée, le rythme serait alors effréné et il vaut mieux, si possible, choisir un parcours en deux ou trois jours et passer une nuit en hamac dans l'un des camps rustiques près d'Auyan Tepuy.

Les bateaux vers la chute sont conduits par des guides Pemon expérimentés et, tandis que l'étroit hors-bord lutte contre les forts courant du Carrao, le fleuve ondulant encerclé de forêt joue des tours à votre sens de l'orientation. De « nouveaux » tepuis apparaissent et disparaissent sans cesse jusqu'à ce que vous réalisiez qu'il s'agit presque toujours du même : Auyan Tepuy. S'élevant au-dessus des arbres tel une gigantesque forteresse médiévale surmontée de hautes colonnes de pierre, il semble menaçant. Son nom signifie

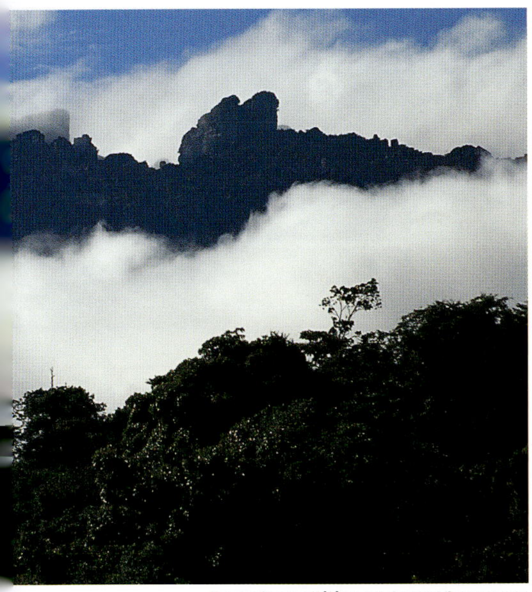

Auyan Tepuy s'élève au-dessus des nuages

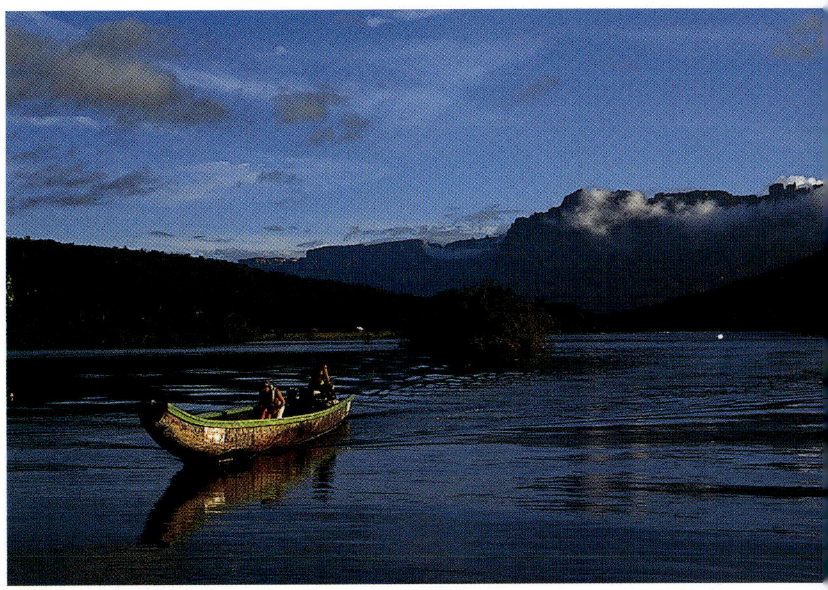

Un bateau sur le fleuve Carrao

« montagne de l'enfer » et il est vénéré et craint par les Pemon qui pensent que des *marawitón* (mauvais esprits) y vivent avec le dieu Tramán-chitá.

Si Sir Conan Doyle était parti à la recherche de dinosaures il aurait eu bien du mal à les trouver ici : avec ses 700 km², le tepui fait deux fois la superficie de Washington. Le Salto Angel s'élance de façon spectaculaire des 807 mètres de haut du plateau en un délicat filet brumeux dansant.

C'est l'aventurier, pilote et chercheur d'or Jimmy Angel, qui décri-

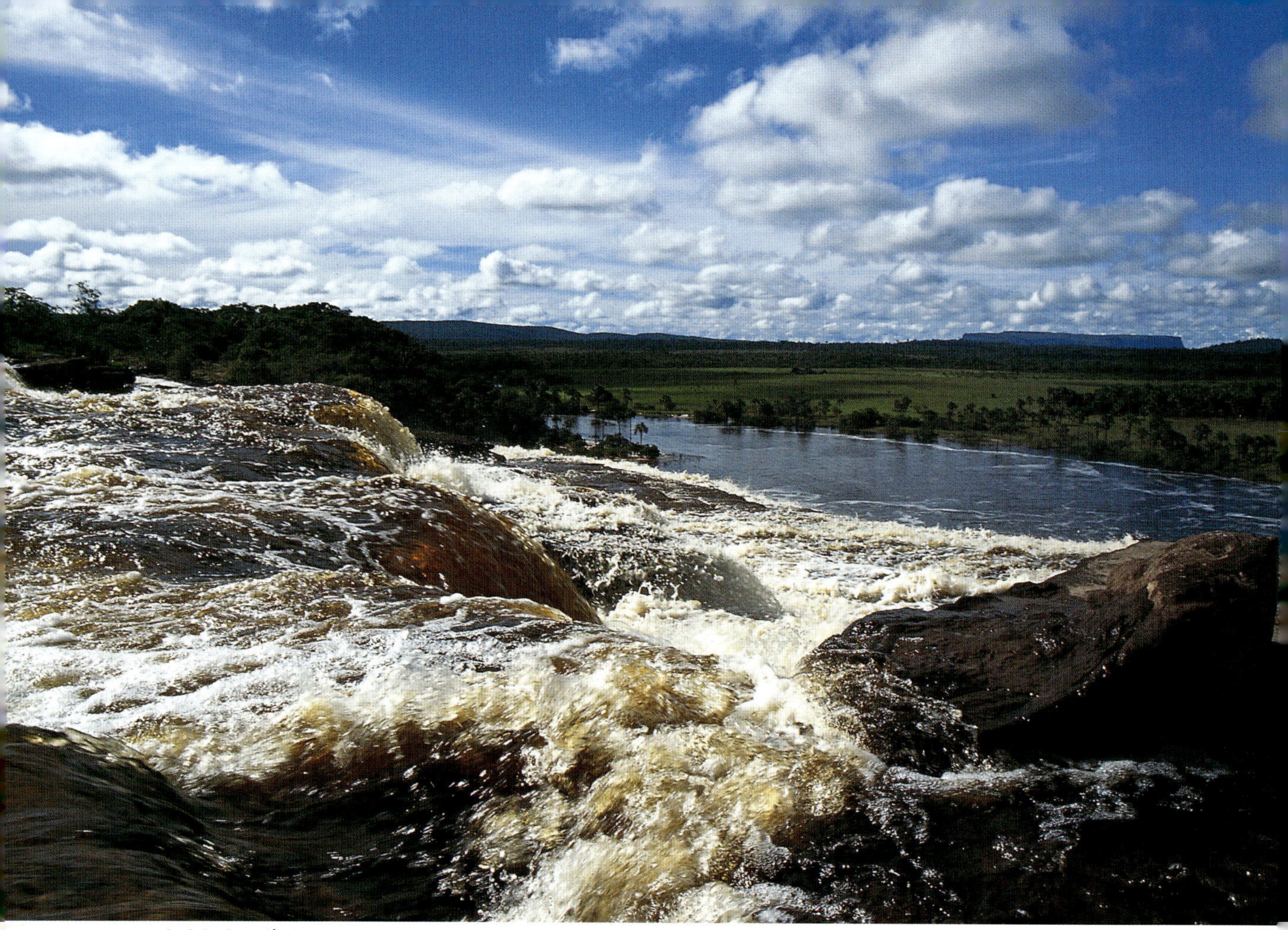
Le Salto Sapo dégringole dans la Laguna Canaima

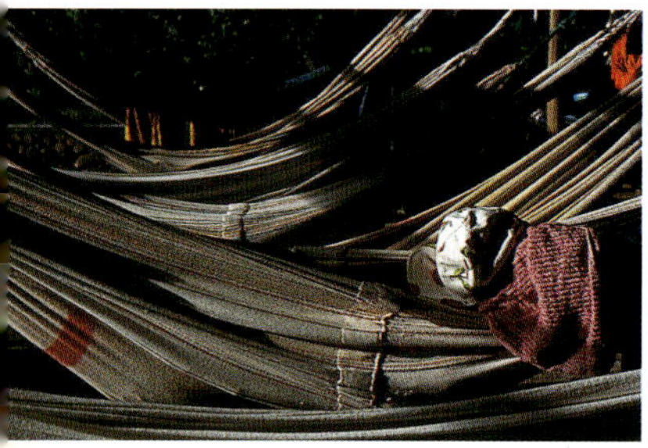
Des hamacs dans un campement

vit le premier cette merveille naturelle en 1935. Deux ans plus tard, il écrasa délibérément son avion, le *Rio Caroni*, sur le sommet d'Auyan Tepuy et mit onze jours à trouver un moyen d'en redescendre à travers les falaises – un exploit qui donna son nom à la chute.

Même si Salto Angel peut s'observer depuis la rivière, une courte marche vous conduit à un bien meilleur point de vue. Levez la tête, scrutez le ciel et admirez la plus haute chute du monde dévaler la paroi de roche rouge.

ⓘ

Les parcours en bateau jusqu'à Salto Angel sont généralement ouverts de mai à novembre, pendant la saison humide, où les eaux sont plus hautes, mais de fortes précipitations peuvent prolonger cette période. À Canaima et Ciudad Bolivar, plusieurs compagnies, dont Rutaca et LTA, proposent des survols de la cascade. Servivensa offre des packs jusqu'à Canaima depuis Caracas, logement inclus au confortable Campamento Canaima.

Page ci-contre :
Salto Angel

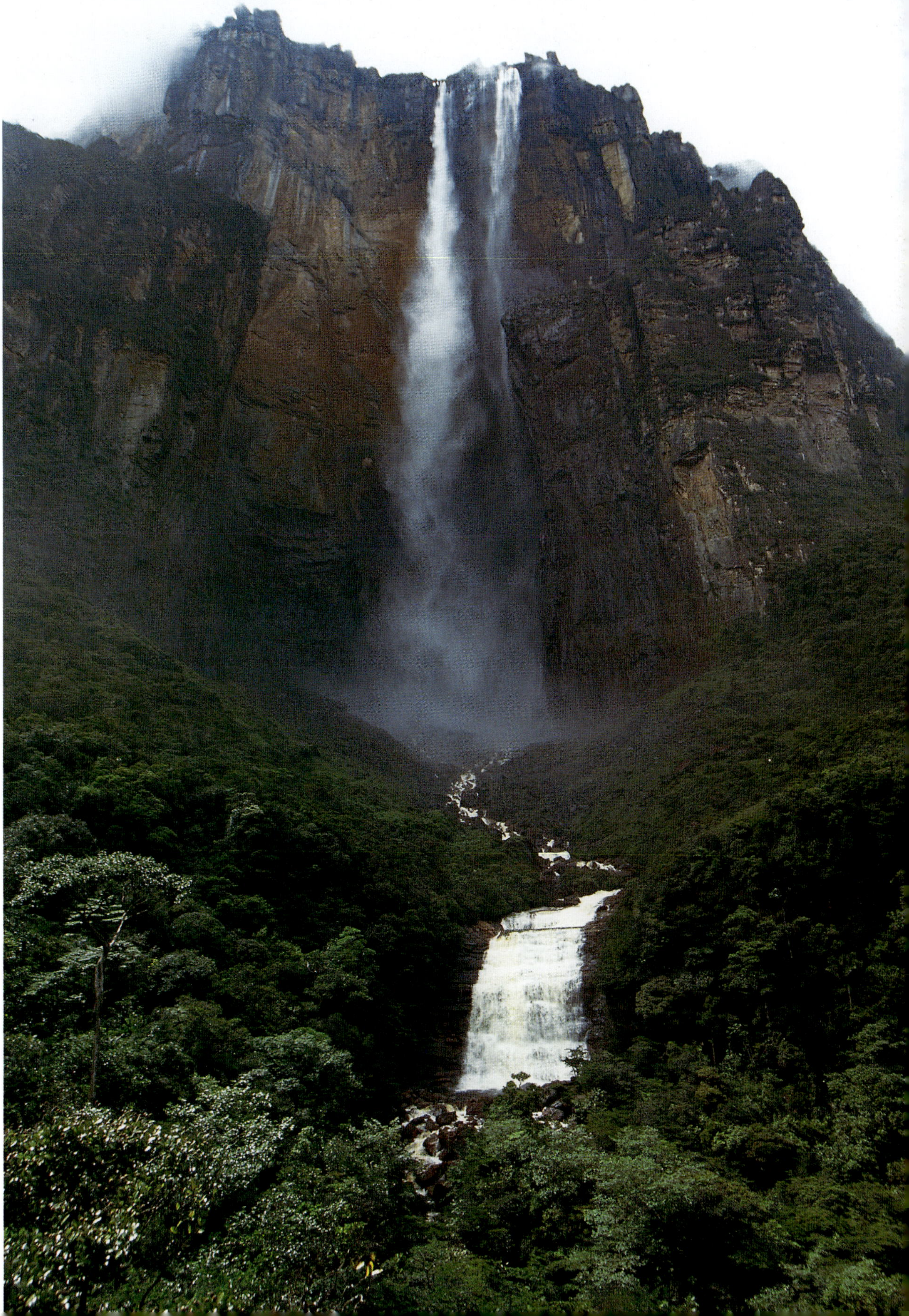

Aventure himalayenne

Annapurna, Népal

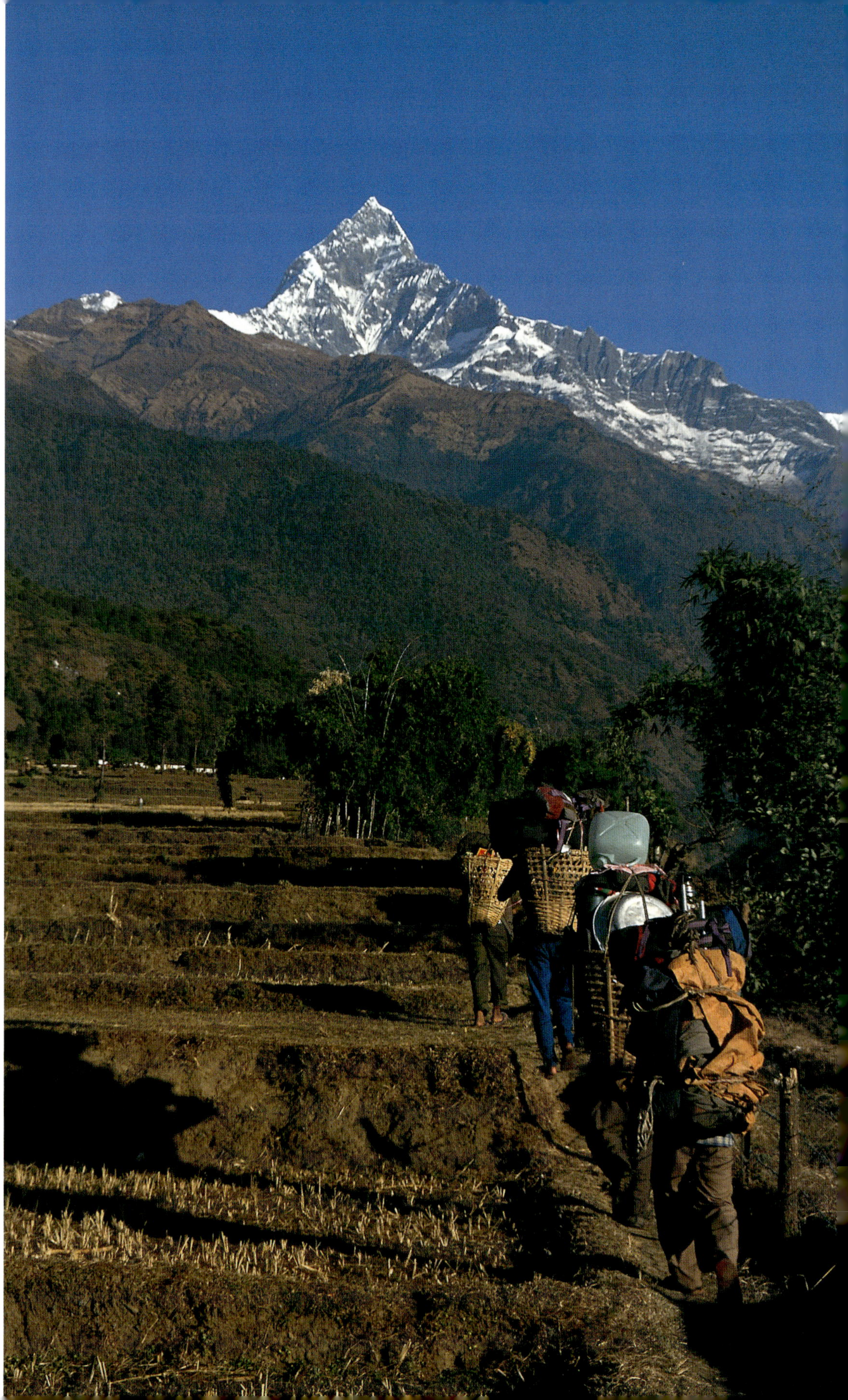

Page ci-contre :
Des porteurs sur le sentier vers le Machhapuchhare

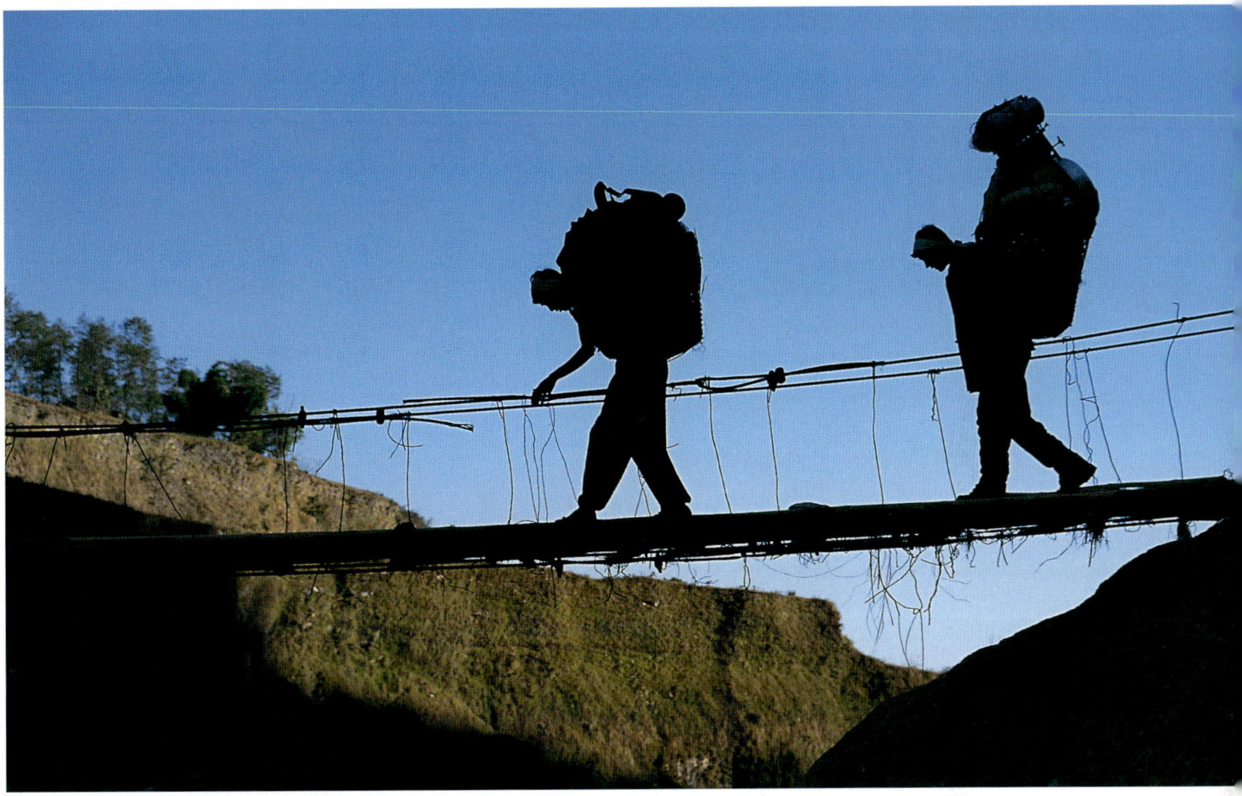

Les ponts de cordes branlants traversent les rapides cours d'eau

Si l'on devait attribuer le prix des meilleures randonnées en montagne au monde, cet honneur reviendrait sûrement au Népal. La superbe chaîne de l'Himalaya et ses contreforts recouvrant près des quatre cinquièmes du pays, les possibilités d'excursions sont illimitées et leur qualité inégalée. Le choix est une question de goûts personnels, mais si vous voulez des terrains variés, une durée raisonnable et une richesse culturelle préservée, rien de mieux que six à sept jours sur le sentier de Siklis, une région peu visitée du Sanctuaire de l'Annapurna.

Une femme népalaise en route pour le marché

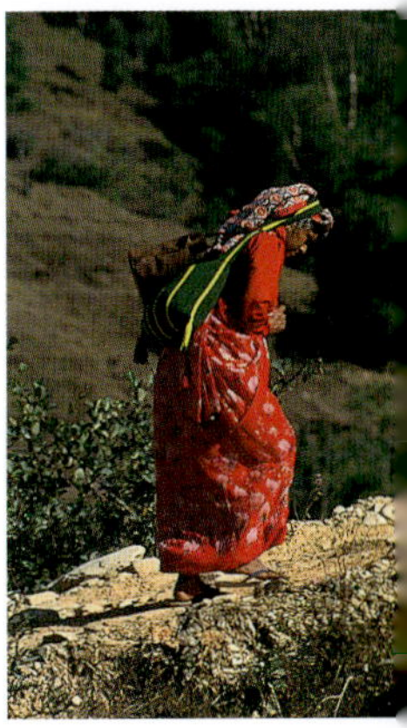

Située à l'ouest du Népal, la région de l'Annapurna abrite l'Annapurna Circuit, un célèbre sentier de randonnée de onze jours qu'il ne faut pas confondre avec celui de Siklis. Ce dernier est localisé dans une partie du Sanctuaire, protégé par l'ACAP (Annapurna

Page ci-contre :
Le massif du Lamjung depuis le campement de Siklis

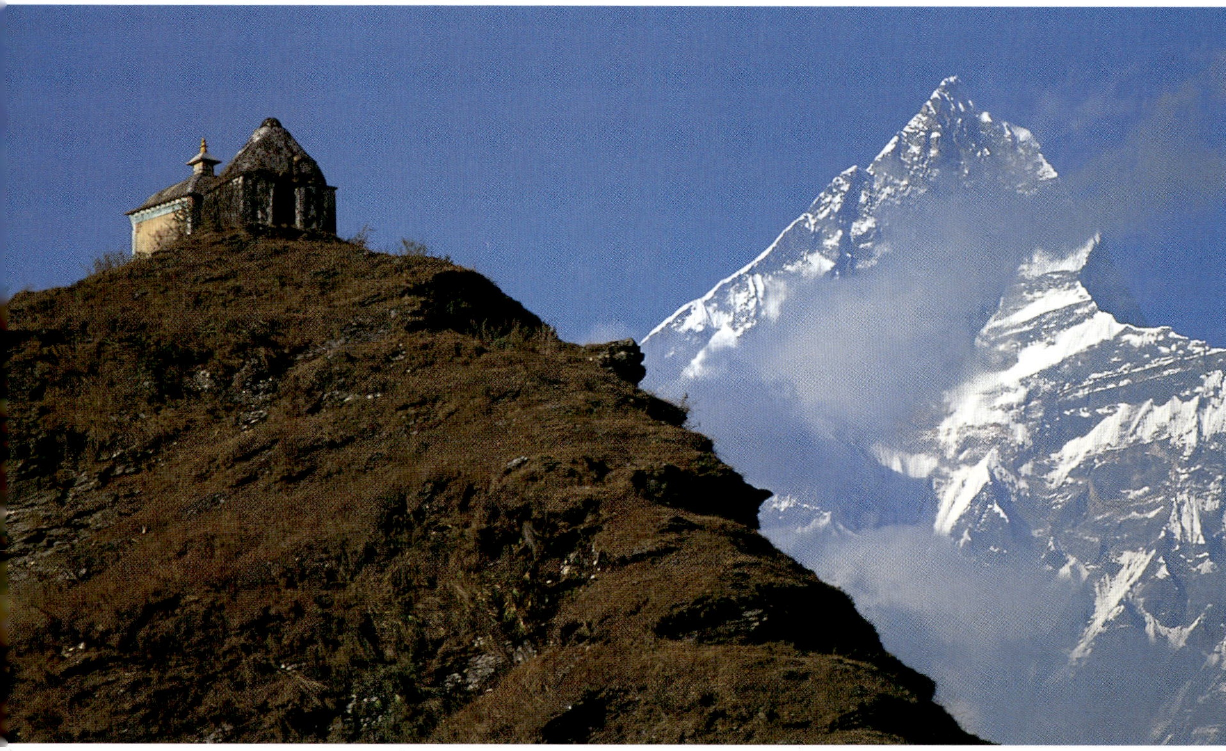

Un autel sur la montagne face à l'impressionnant Machhapuchhare

Conservation Area Project) et n'a été ouvert au public qu'à la fin des années quatre-vingt-dix. Les étapes sont plutôt campements que salons de thé, ce qui offre accès à des zones plus reculées.

La star incontestée de ce périple est le mont Machhapuchhare (ou « queue de poisson ». Avec ses 6 997 mètres, il ne rivalise pas avec les gros bonnets du Népal, qui dépassent les 8 000 mètres, mais il est si sacré que l'ascension en est prohibée. Sous certains angles, on peut voir comment ses deux pics lui ont valu son surnom.

Le chemin longe, au départ, la rive est de la rapide rivière Seti, croisant une série de passerelles de bambou délabrées. Il monte ensuite en lacets jusqu'au minuscule village de Ghachok, l'endroit idéal pour établir un campement sous les flancs du Machhapuchhare rougis par le crépuscule. Sans le soleil, la température dans la vallée chute rapidement et un dîner roboratif sera l'idéal pour vous réchauffer.

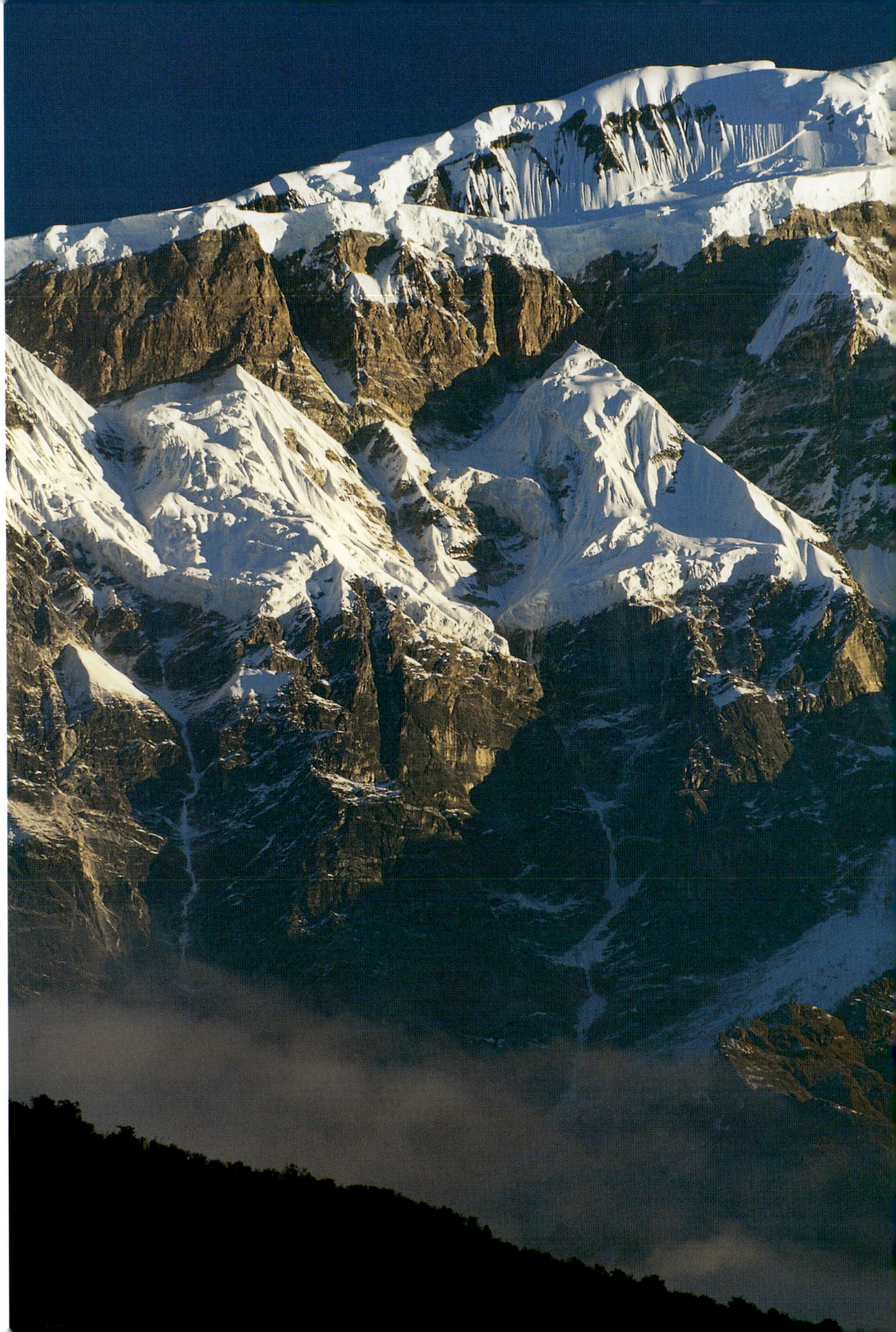

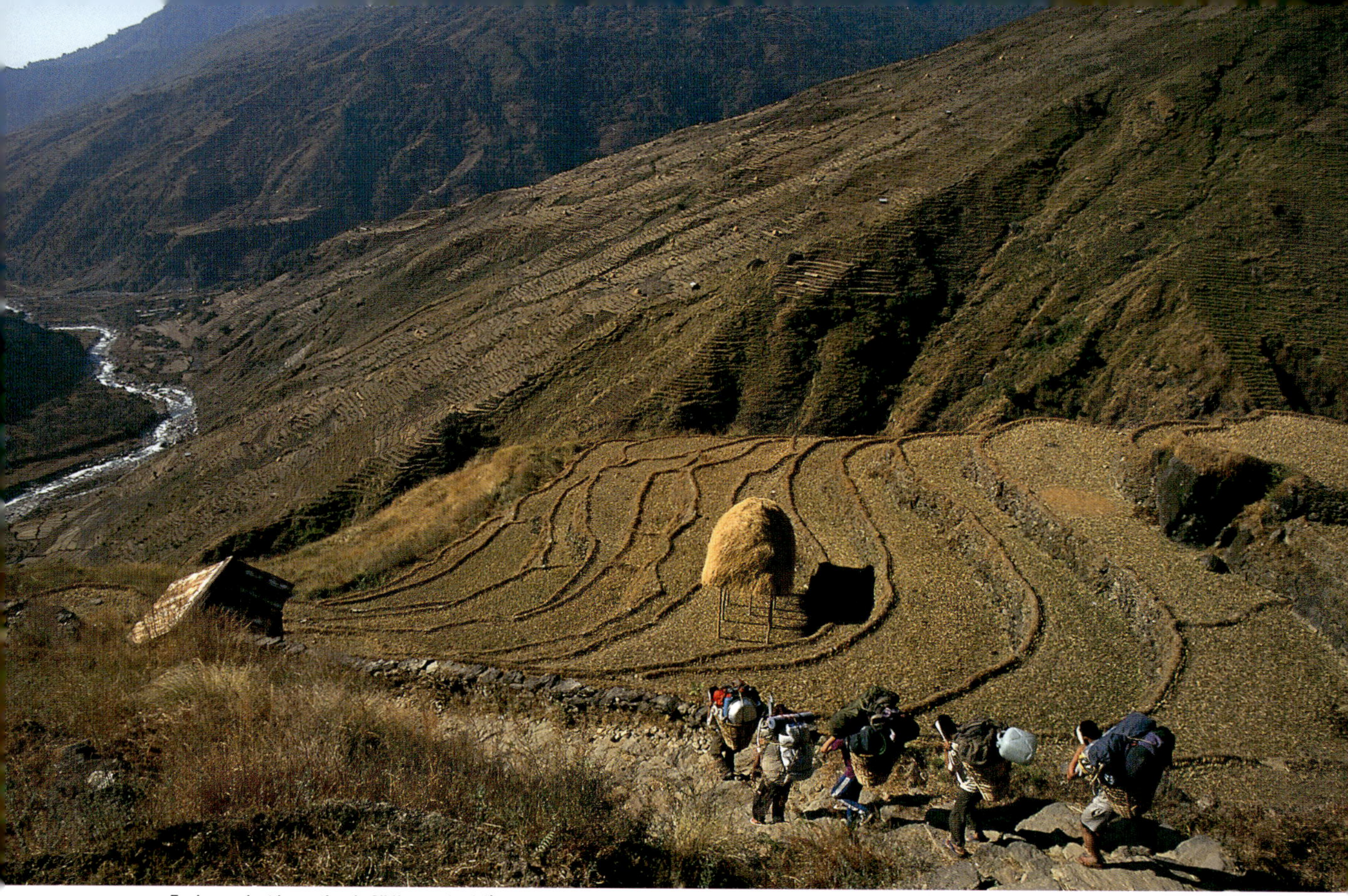
En descendant le sentier de Siklis vers la rivière Madi

Après une nuit d'un sommeil perturbé par l'altitude, une tasse de thé bien chaud apportée par le chef adoucira quelque peu le pénible réveil plus que matinal. Les aventures himalayennes sont faites pour les lève-tôt. Les fantastiques aurores dont le Népal semble avoir le secret seront une autre bonne raison de sortir la tête de votre sac de couchage.

En continuant de grimper, la route croise des bergers nomades, des jeunes filles portant des charges de bois de chauffage incroyablement lourdes et quelques groupes de singes joueurs. En serpentant parmi les rues pavées de Chaur ou Ghalegaon, vous rencontrerez le peuple Gurung, modeste et travailleur. Ils survivent d'une agriculture rudimentaire, leur existence conséquemment améliorée par leurs compatriotes engagés dans le célèbre régiment Gurkha de l'armée britannique.

Une fois l'altitude gagnée, après quelques rudes journées de montée, le sentier traverse d'enchanteresses forêts de rhododendrons où les branches servent de cadre à l'omniprésent Machhapuchhare. Puis, il débouche finalement sur des versants dégagés pour rejoindre Siklis. Le village, à 1 980 mètres, n'est pas particulièrement haut mais possède en toile de fond une impressionnante ligne de crêtes qui comprend le Lamjung Himal (6 986 m) et l'Annapurna II, qui n'est qu'à 63 mètres en dessous de la barre symbolique des 8 000 mètres. Si le sentier n'est pas tout à fait une ascension de l'Everest, l'euphorie de se trouver dans l'Himalaya est bien là.

Le trajet retour est spectaculaire. Il suit la rivière d'eau vive Madi et ses flots bleu glacier au travers de villages qui offriront aux randonneurs éreintés des mandarines et du yaourt au lait de buffle rafraîchissants. Le dernier campement, à Bhagowatitar, vous offrira un gâteau de chef et une dernière nuit de fête, chants et danses. Les hauts sommets enneigés font le Népal, mais le charmant Sanctuaire de l'Annapurna vous permettra de goûter à l'atmosphère de l'Himalaya, même sans être un montagnard.

Il existe un nombre incalculable de tour-opérateurs proposant des randonnées au Népal, mais tous ne fonctionnent pas de la même manière. Certains, comme Specialist Trekking, dirigé par le célèbre alpiniste Doug Scott, reversent leurs bénéfices aux népalais. La rébellion maoïste est toujours un fléau pour l'industrie du tourisme local, mais les rebelles s'en sont rarement pris aux visiteurs. Vérifiez la situation auprès du Ministère des Affaires Étrangères avant de réserver.

Des écolières de retour à Ghachok

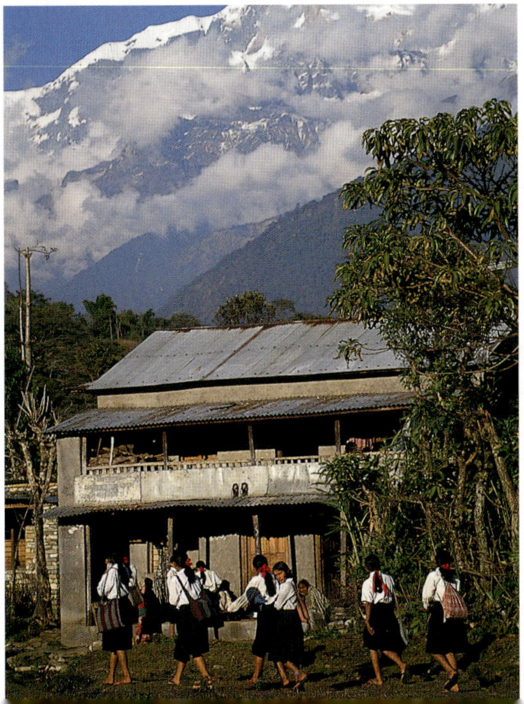

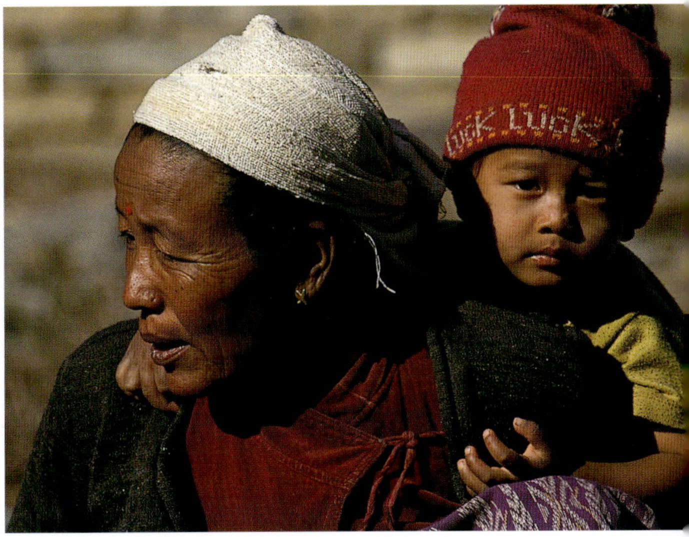

Une femme avec son fils

Voir l'*Aïda*

Vérone, Italie

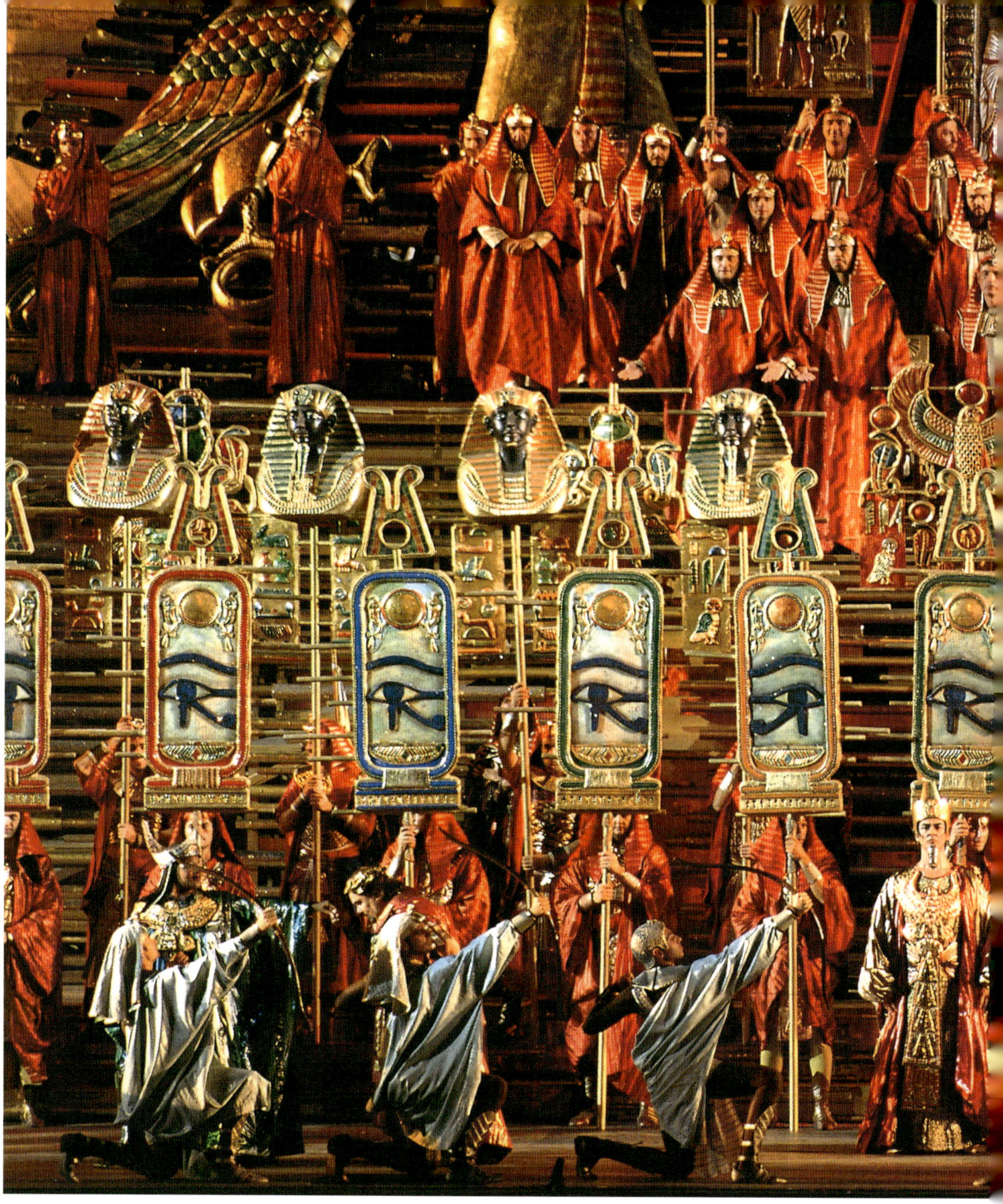

Que vous soyez ou non des mélomanes d'opéra, il vous faut découvrir l'*Aïda* et son atmosphère intensément dramatique, tout particulièrement lorsqu'elle est donnée dans l'un des plus anciens sites romains au monde. L'amphithéâtre à ciel ouvert, au cœur de la ville de Vérone, est le lieu où se déroule cette débauche de couleurs, lumières et sons. Si vous deviez voir un opéra ne serait-ce qu'une fois dans votre vie, c'est celui-ci.

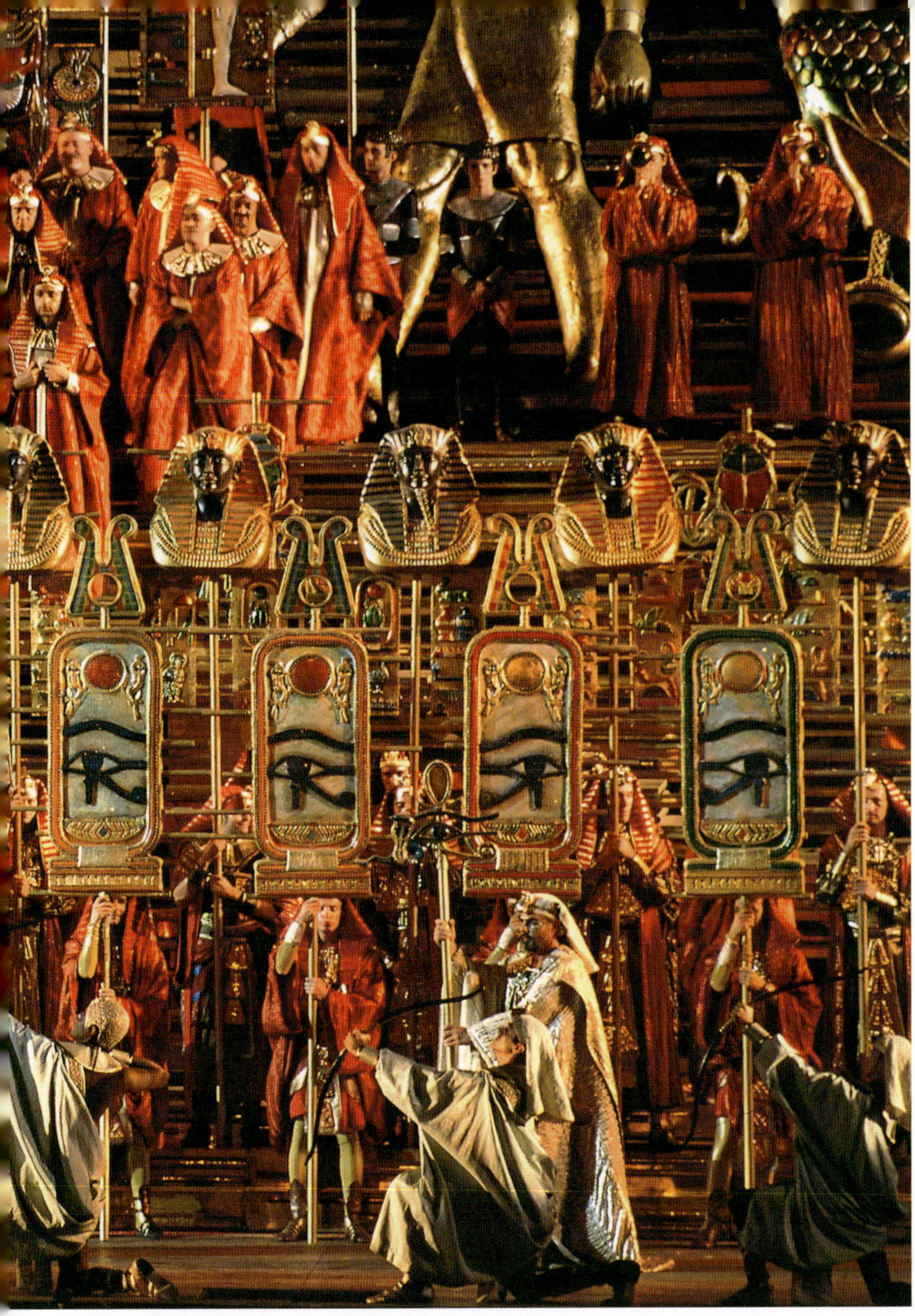

L'*Aïda* prend toute son ampleur au cœur des arènes

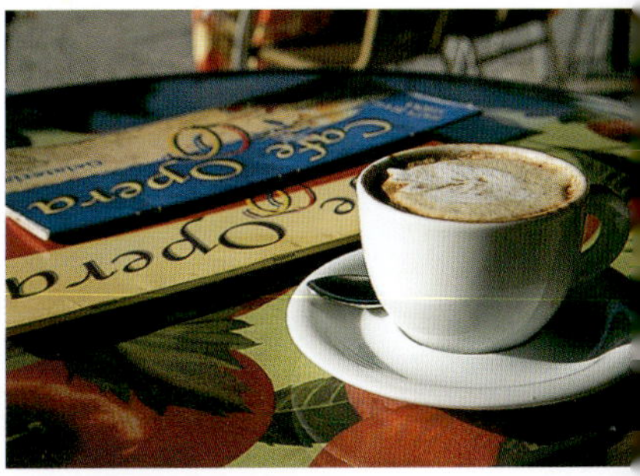

Un cappuccino à piazza Bra

Il s'agit de l'histoire par excellence, aux détails recherchés. L'intrigue principale est celle, classique, d'une rencontre entre un jeune homme et une jeune fille, mais sans la fin heureuse. Ajoutez-y un cadre égyptien et vous aurez l'impression d'avoir fait deux voyages pour le prix d'un. Parmi les accessoires, une gigantesque pyramide dorée scintillante et d'immenses sphinx, tandis que les participants,

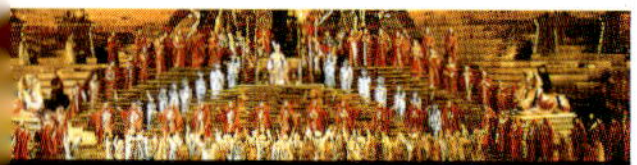

qui semblent être des centaines, recréent les heures de gloire du règne des pharaons.

Que vous soyez assis sur les gradins de pierre polie, séparés de plusieurs siècles d'histoire romaine par un simple coussin de velours, ajoute à l'expérience une dose de magie. Les fastes donnent un aperçu d'un monde où l'amphithéâtre était un centre de divertissement d'un genre unique. Les têtes d'affiche de l'époque auraient été des combats entre des gladiateurs et des lions face à une foule hurlante assoiffée de sang.

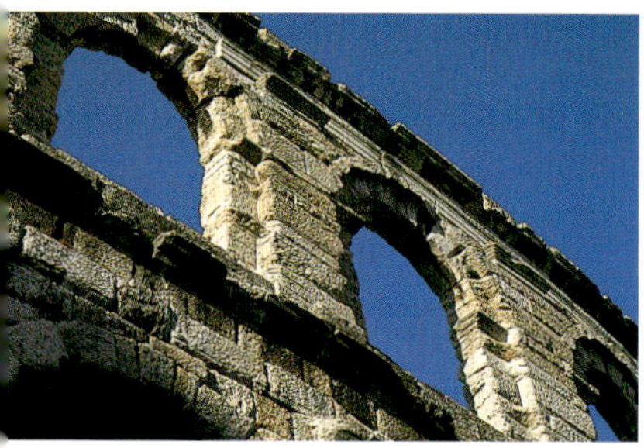

Un voyage à Vérone ne doit pas forcément se cantonner à l'opéra. En effet, grâce à sa richesse architecturale, on considère que la cité était la deuxième après Rome au temps de l'Empire et vous y trouverez tout le raffinement et l'élégance des grandes villes italiennes. Passée à la postérité grâce aux plus célèbres amants de Shakespeare, Roméo et Juliette, qui y naquirent et y moururent, Vérone s'autoproclame maintenant « ville de l'amour ». La destination tou-

Des masques de théâtre au marché de Vérone

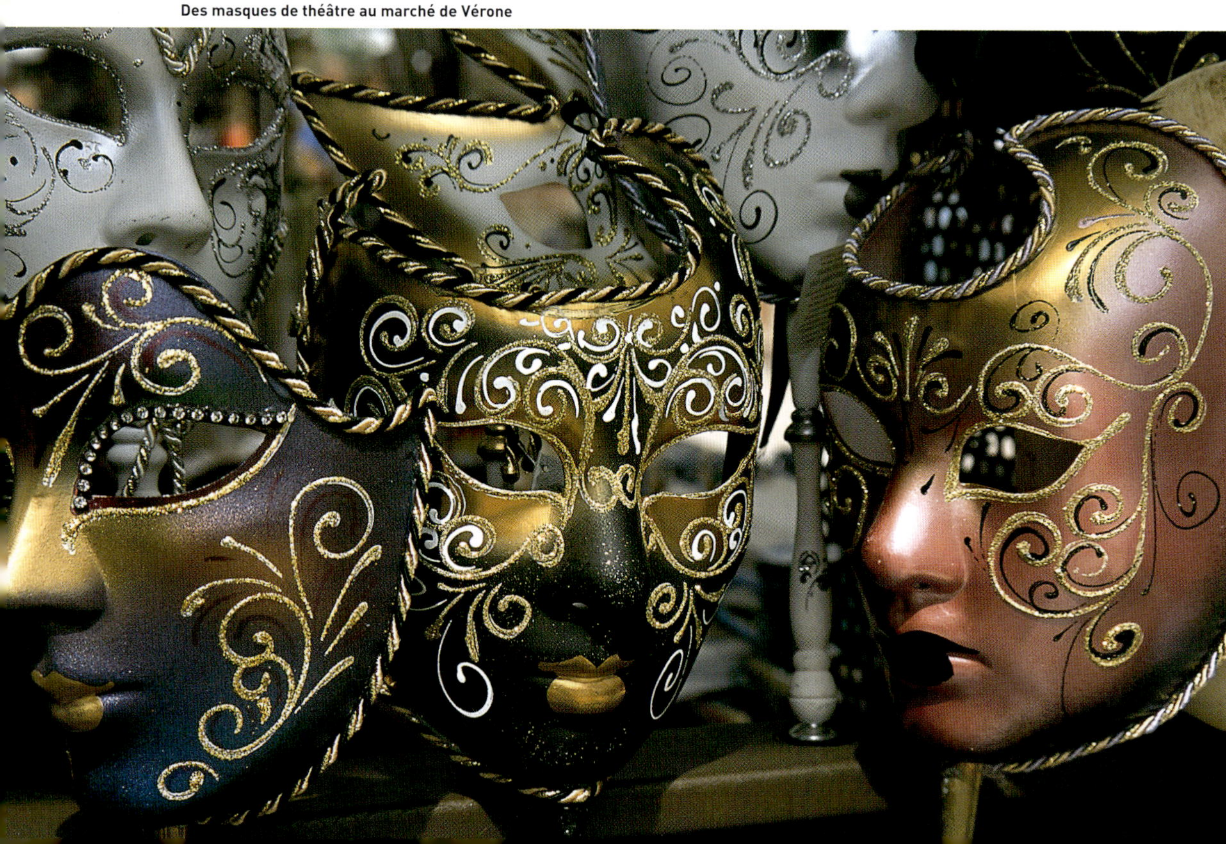

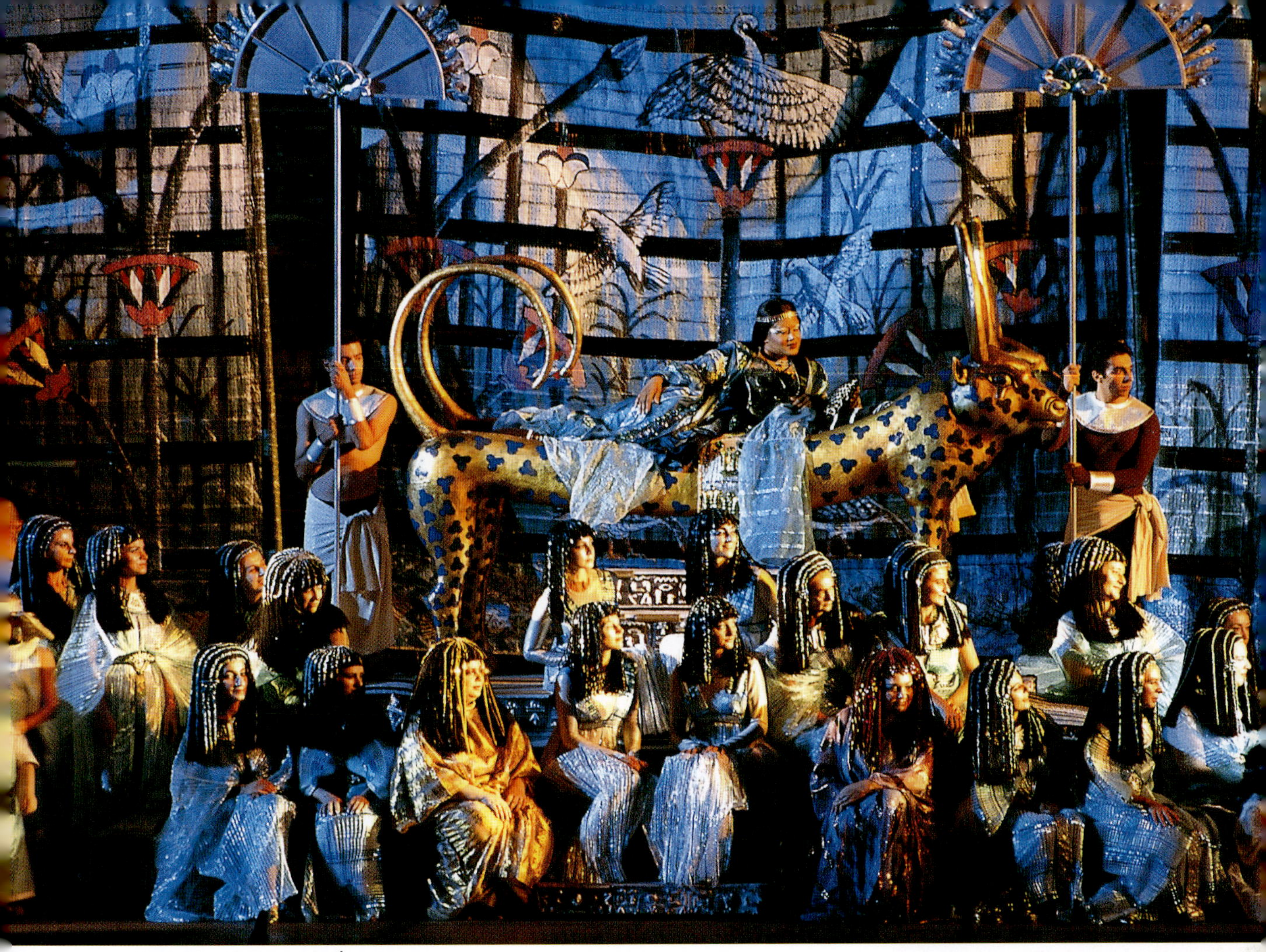

L'*Aïda* et tout le clinquant de l'Égypte antique

ristique la plus prisée est la maison de Juliette, avec son balcon, parfait pour rejouer la célèbre scène. Plus loin, les rues pavées de marbre, les places gracieuses et les étroites allées ombragées peuvent facilement s'explorer à pied.

Il est préférable de vous rendre aux arènes le matin lorsqu'elles ouvrent au public. On sera en train de construire la scène pour la représentation du soir et, sans la foule, vous apprécierez peut-être mieux la taille imposante de cet incroyable édifice d'une superficie de 139 sur 109 mètres. Seul le Colisée de Rome est plus grand.

Vous pourrez admirez de près les restes du mur extérieur avec ses deux étages d'arches roses. Les arènes offraient à l'origine 30 000 places assises. Elles en comptent aujourd'hui 15 000 durant la saison des opéras, la moitié de l'amphithéâtre étant occupée par l'incroyable scène. Une œuvre différente est jouée chaque soir et les

La vente des programmes dans les arènes

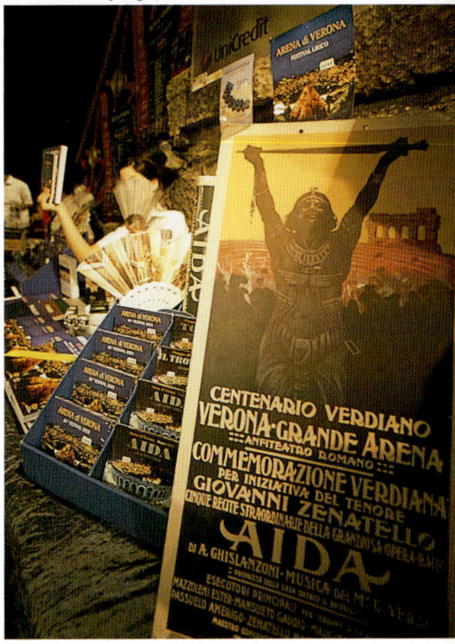

décors doivent donc être changés quotidiennement. La vue d'un sphinx ou d'un pharaon suspendu au bout d'une grue suffira à vous interrompre en chemin.

Alors que l'heure du spectacle approche, la foule commence à se rassembler sur la piazza Bra, le carré pavé devant les arènes, pour une balade incontournable. Les cafés et restaurants alentour se remplissent jusqu'au trop-plein et l'ambiance précédant l'opéra monte sur la place qui grouille alors d'impatience.

L'ancienne Vérone dévoile le chic du style italien

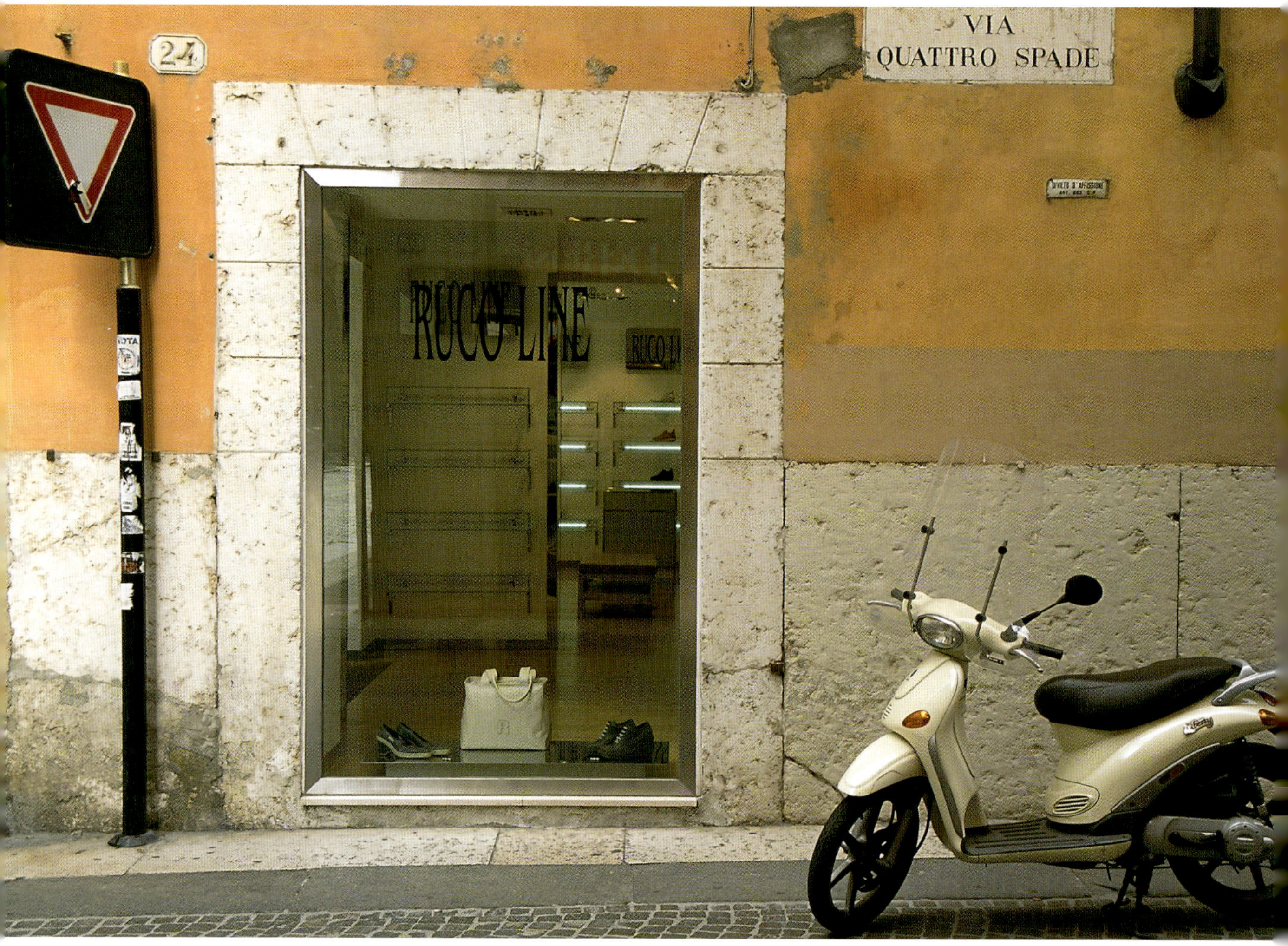

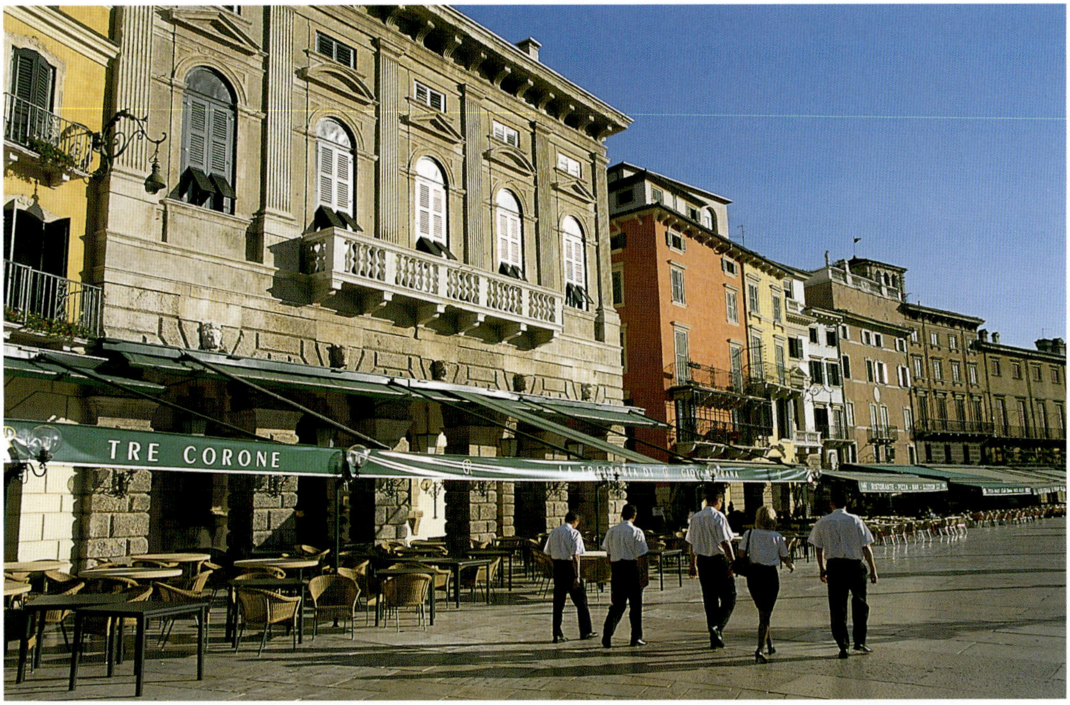

Des employés partent au travail sur la piazza Bra

Tandis que vous franchissez les grilles pour trouver votre place parmi la nuée de gens, le soleil qui décroît lentement amène l'intimité du ciel nocturne. Alors que les lumières de l'arène s'atténuent vous pouvez vous joindre à la mer scintillante de flammes de briquets et attendre le premier coup retentissant de gong égyptien. Passionnés d'opéra ou non, difficile d'imaginer plus intense spectacle que cette histoire, ces décors et ce lieu. Viva *Aïda* !

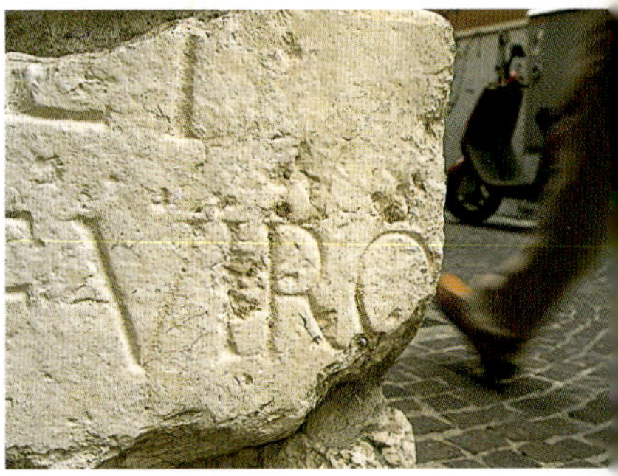
Vérone est construite sur d'anciennes ruines romaines

ⓘ

Réservez une table pour dîner avant ou après le spectacle car les restaurants se remplissent rapidement. Le prix des places dans l'amphithéâtre varie crescendo du haut des gradins aux sièges VIP au cœur des arènes. Toutes ont leur charme. L'ambiance chaleureuse des rangs supérieurs ne se retrouve pas dans le carré VIP. Pour plus de renseignements sur l'*Aïda* de Verdi ou les autres spectacles, consultez www.arena.it.

Road trip californien
Big Sur, États-Unis

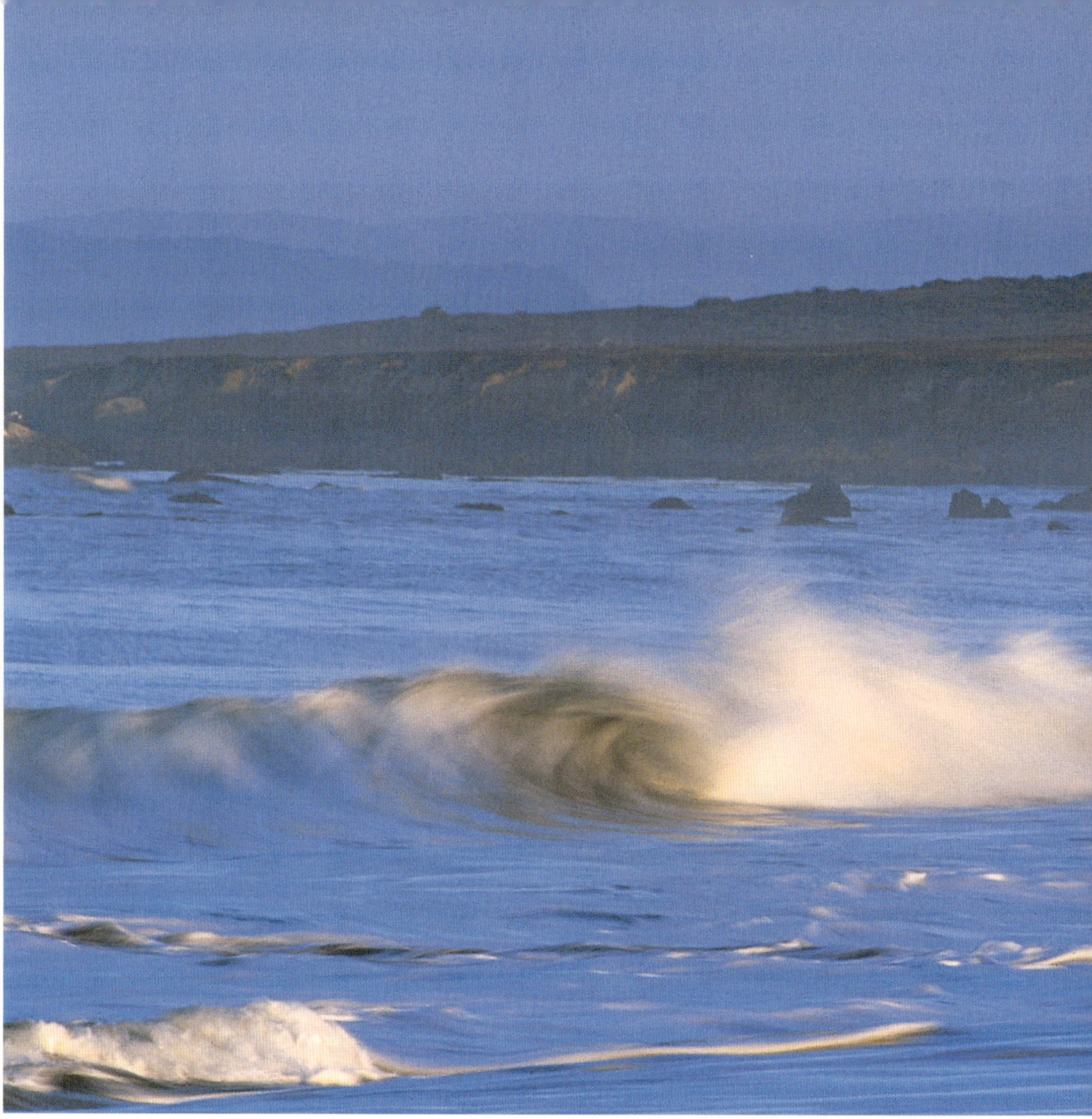

Les vagues déferlant sur la plage près de San Simeon

Dites États-Unis et vous vous imaginerez immédiatement roulant à travers des paysages somptueux. Ses décors spectaculaires et ses routes immenses offrent des itinéraires d'exception, tels la route 66 ou Big Sur. La première est parfaite pour des vacances prolongées, mais pour une expérience plus courte, baissez les vitres, mettez un CD de rock et optez pour le grand classique californien. Big Sur suit l'US Highway 1 le long de la côte dentelée du Pacifique et propose le parcours de quelques jours le plus grisant qui soit.

L'autoroute longe toute la côte ouest, de l'Oregon à la Californie, mais ce sont les 145 kilomètres sublimes de Carmel-by-the-Sea à San Simeon

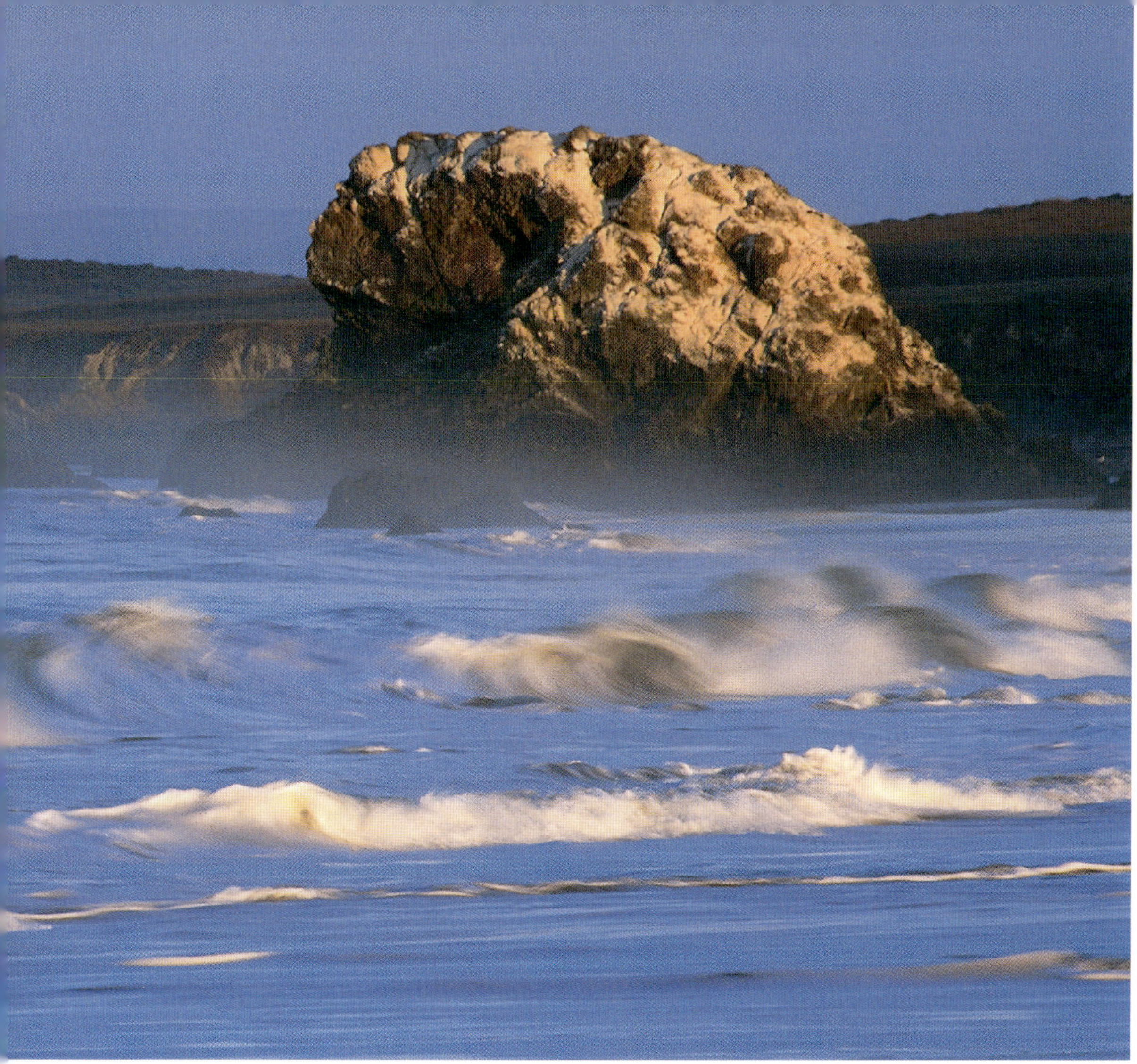

Les Santa Lucia Mountains dans le rétroviseur

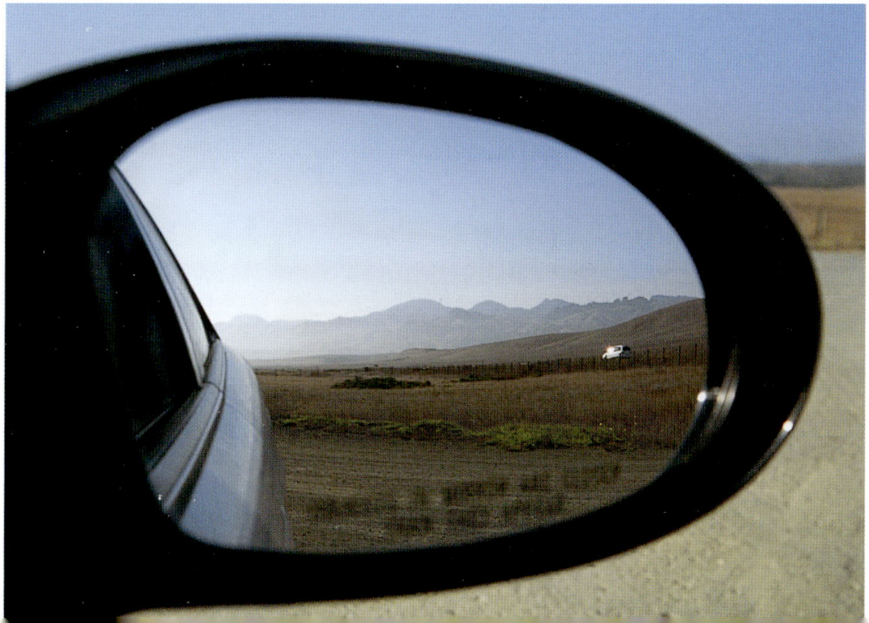

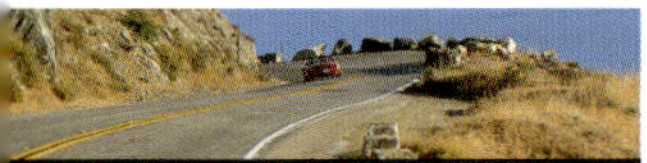

qui font Big Sur. Ne manquez en aucun cas les fameux couchers de soleil, lorsque les voitures parcourent les virages au moment où le ciel vire au rouge orangé et l'eau au bleu mercure.

Depuis Monterey, où se trouve un fantastique aquarium, empruntez la route touristique qui fait le tour de la péninsule pour rejoindre le pittoresque Carmel-by-the-Sea. C'est cependant après que vous découvrirez la vraie Big Sur : en quittant la ville, Point Lobos, premier des nombreux parcs de l'État, vous accueillera avec ses promontoires escarpés servant de remparts contre les vagues de l'océan. Point Lobos est déjà beau mais il y a encore mieux.

Bientôt la Highway 1, avec son mélange éclectique de voitures de sport, Harley et camping-cars, commence à grimper au-dessus de la côte, offrant des vues époustouflantes par-delà l'horizon. Malgré toutes ces

La côte près du Julia Pfeiffer Burns State Park

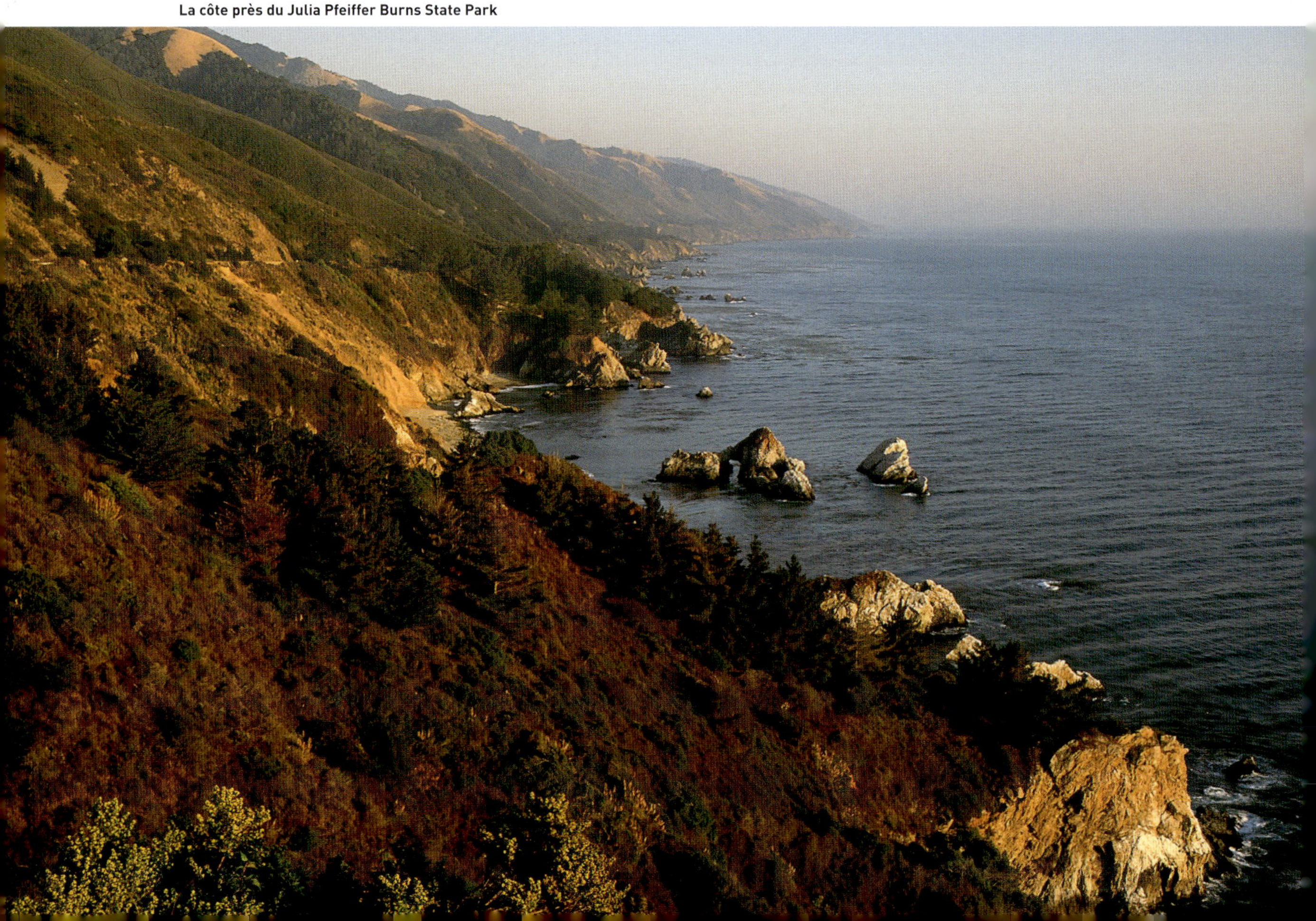

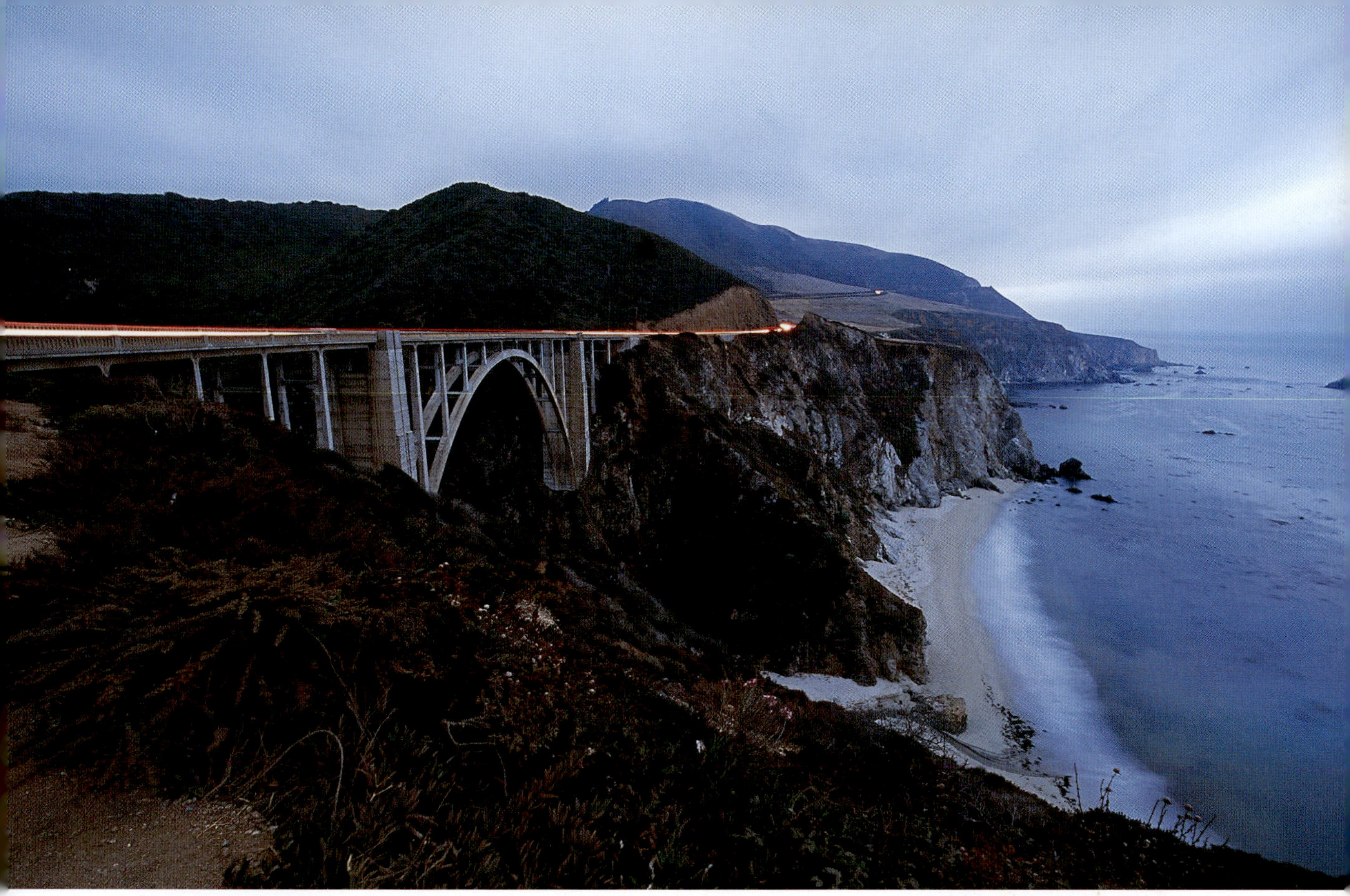

Traversée de Bixby Bridge au crépuscule

merveilles naturelles, l'image la plus connue de Big Sur est encore l'impressionnant Bixby Bridge, qui surplombe un canyon à pic et fait face aux Santa Lucia Mountains. Les falaises y sont si imposantes que les brouillards matinaux, fréquents dans la région, s'y attardent parfois jusqu'à midi et s'élèvent en nappes au-dessus d'elles.

Après le phare de Point Sur, vous revenez vers l'intérieur des terres à travers les douces collines de l'Andrew Molera State Park : lieu idéal des randonnées à pied ou à cheval. Le Pfeiffer Big Sur State Park, du nom des premiers colons européens de la région, vous garantit quelques jours d'exploration. Parmi de gigantesques séquoias préhistoriques, se trouve un excellent réseau de chemins de randonnée, du facile Nature Trail aux plus exigeantes escapades en montagne vers Buzzard's Roost ou Pfeiffer Falls. Si vous avez de la chance, vous apercevrez peut-être des cerfs à queue noire ou des lynx. Et si vous êtes très chanceux : un couguar !

Mais Big Sur comprend aussi une grande concentration d'artistes. Son plus célèbre résident fut Henry Miller, auteur du roman érotique controversé, *Tropique du Cancer*. Connu pour son franc-parler, il y vécut

Coucher de soleil sur l'océan Pacifique

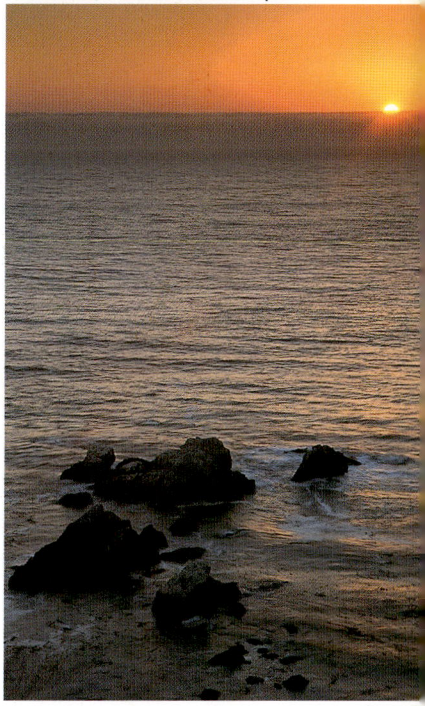

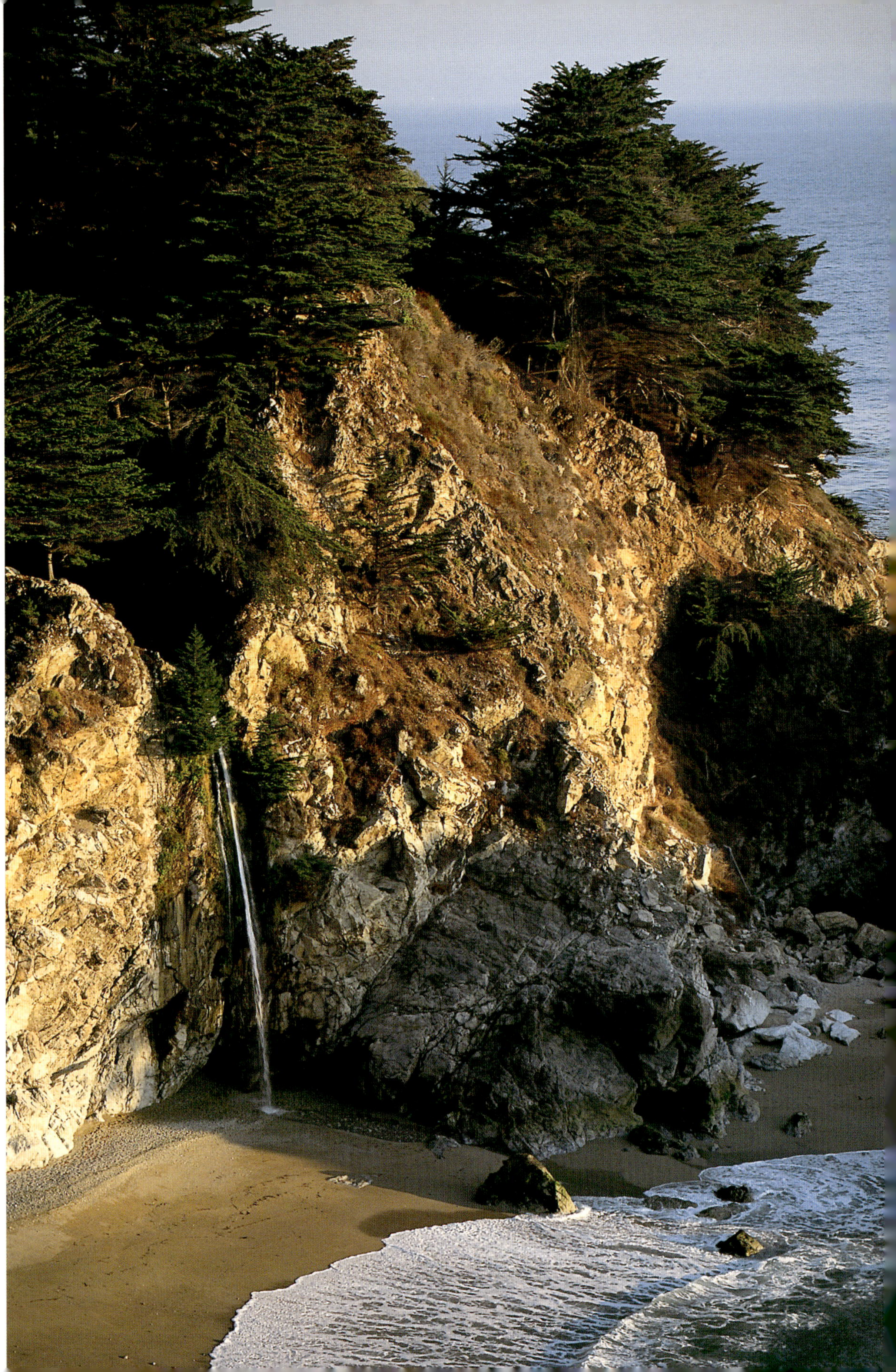

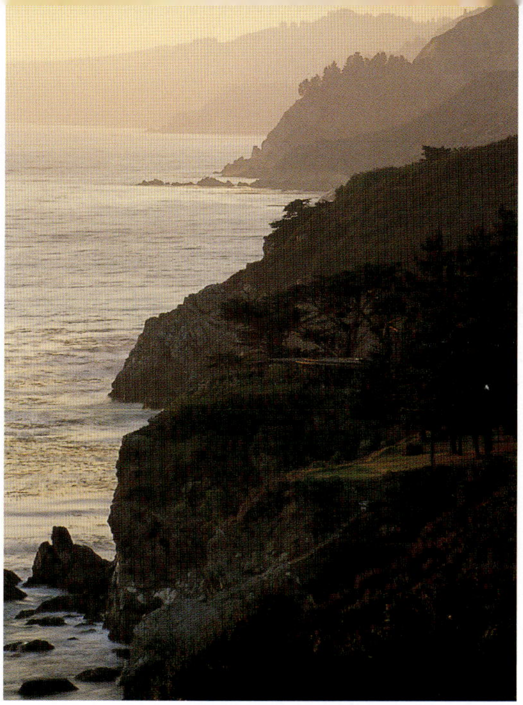

En regardant vers le nord de la côte de Big Sur

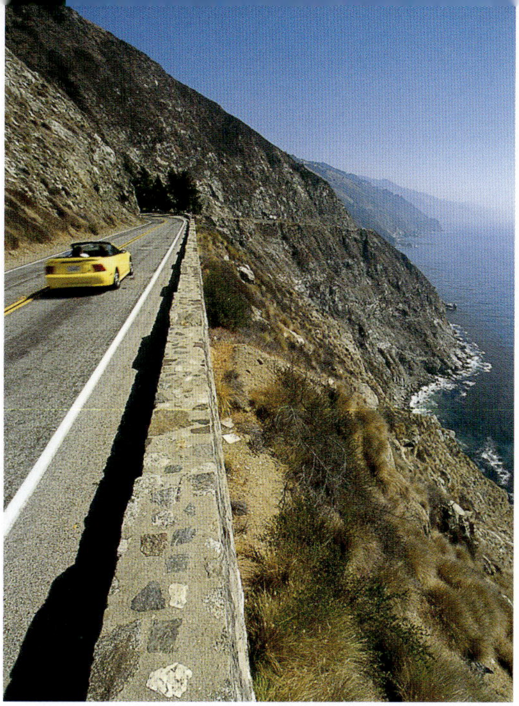

L'US Highway 1 grimpe jusqu'à la côte de Big Sur

ses dernières années. Il était également peintre et vous pourrez admirer ses œuvres curieuses dans le cadre branché de la Coast Gallery, ou celui excentrique de la Henry Miller Memorial Library.

La plus jolie côte de Big Sur s'étend peut-être au sud, autour du Julia Pfeiffer Bruns State Park. Elle est parsemée d'arches de pierre naturelles et d'îlots et les caps s'étirent à l'infini. Dans le parc lui-même, un court sentier conduit à une crique charmante ornée de la chute McWay, haute de 24 mètres.

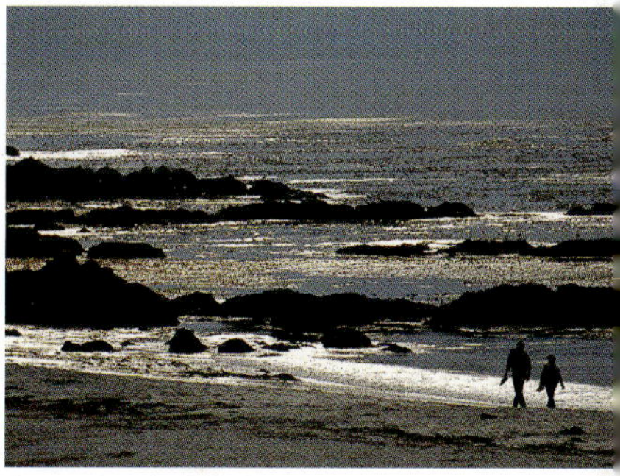

En arpentant la plage de Carmel-by-the-Sea

La dernière portion de route jusqu'aux couguars et aux plages de sables sans fin des alentours de San Simeon est une transition en douceur après les falaises spectaculaires du nord. Si vous êtes prêt à quitter la nature, Hearst Castle, palais de la démesure et de l'excentricité, vous attend. Mélange clinquant de tous les styles architecturaux des derniers siècles, il était la demeure du magnat de la presse William Randolph Hearst. Comme l'aurait dit Miller : « Chacun son truc. »

ⓘ

Si possible, évitez les week-ends de haute saison où la densité du trafic ôte tout plaisir de conduite. Il y a assez peu de possibilités d'hébergement le long de Big Sur mais celles proposées sont de qualité, telles le Ventana Inn & Spa ou le Big Sur Lodge. Les stations d'essence sont rares. Il en existe une au village de Big Sur mais ses prix sont exorbitants, faites donc plutôt le plein à Carmel-by-the-Sea ou San Simeon.

Page ci-contre :
La chute McWay dans le Julia Pfeiffer Burns State Park

Nager dans les eaux thermales
Cercle d'or, Islande

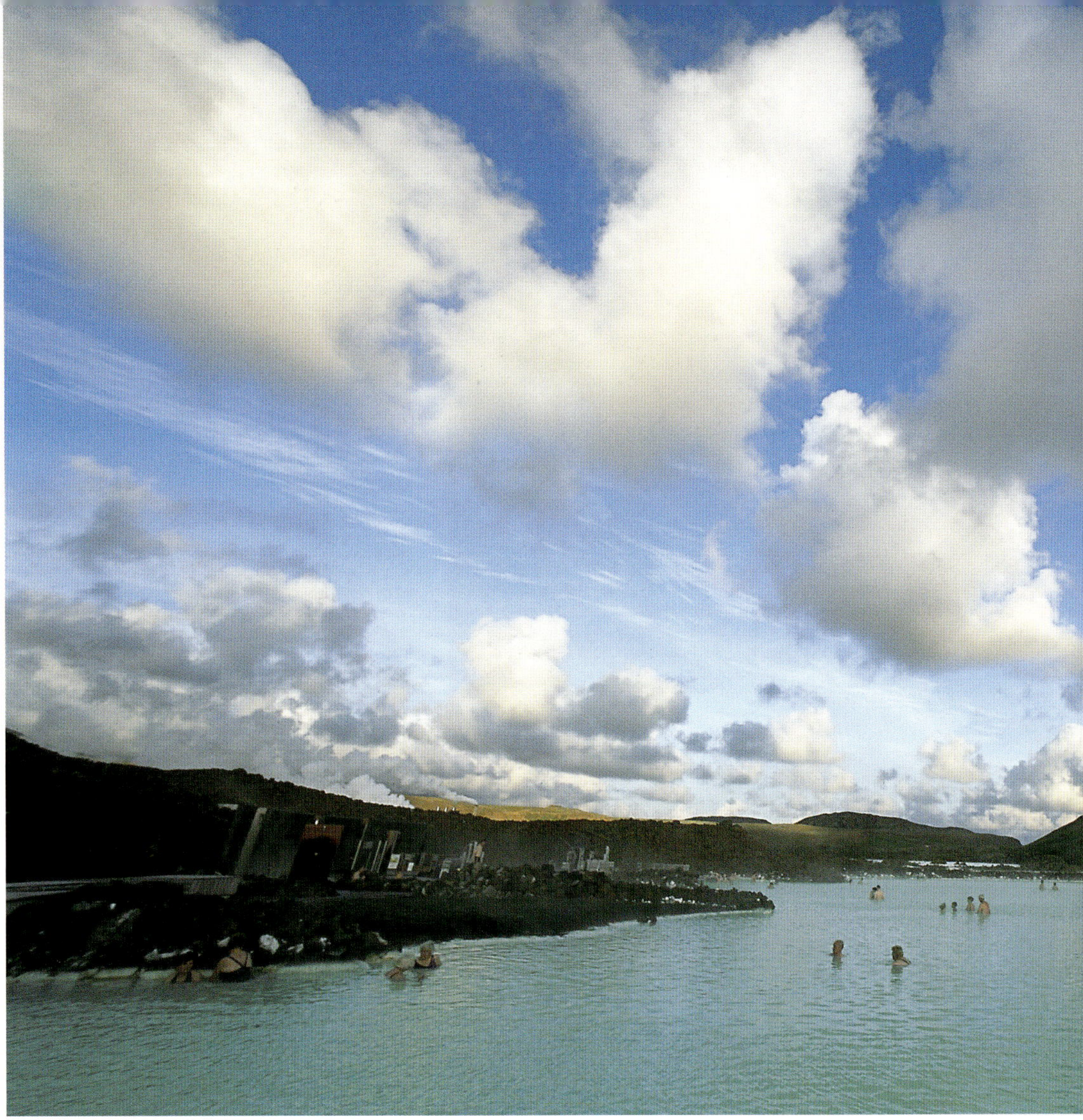

Le Lagon Bleu est constamment à 34-36°C

L'Islande est un chef-d'œuvre géologique, une terre volcanique sans égal aux cieux spectaculaires, au sol bouillonnant, aux cascades grondantes et aux lagons d'eau thermale. Pour comprendre comment la terre fut sculptée par les forces de Mère Nature, allez dans le Cercle d'or, une région petite mais variée, dans le sud-est de l'Islande.

Lorsque vous arrivez à Reykjavik, la vue sur les immenses champs de lave qui bordent ses banlieues aux couleurs vives renforce le sentiment que personne ne vit réellement en Islande hors des limites de la capitale. Ce n'est pas totalement faux, mais ce qui s'étend au-delà de la ville est stupéfiant de force brute et de beauté naturelle. Premier parmi

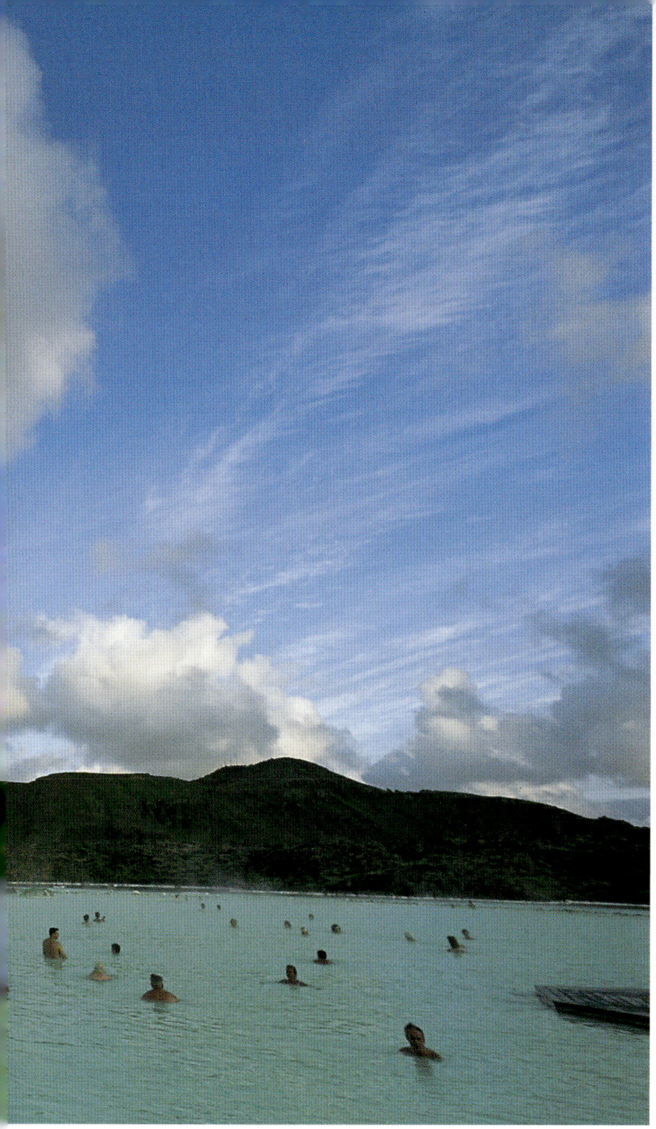

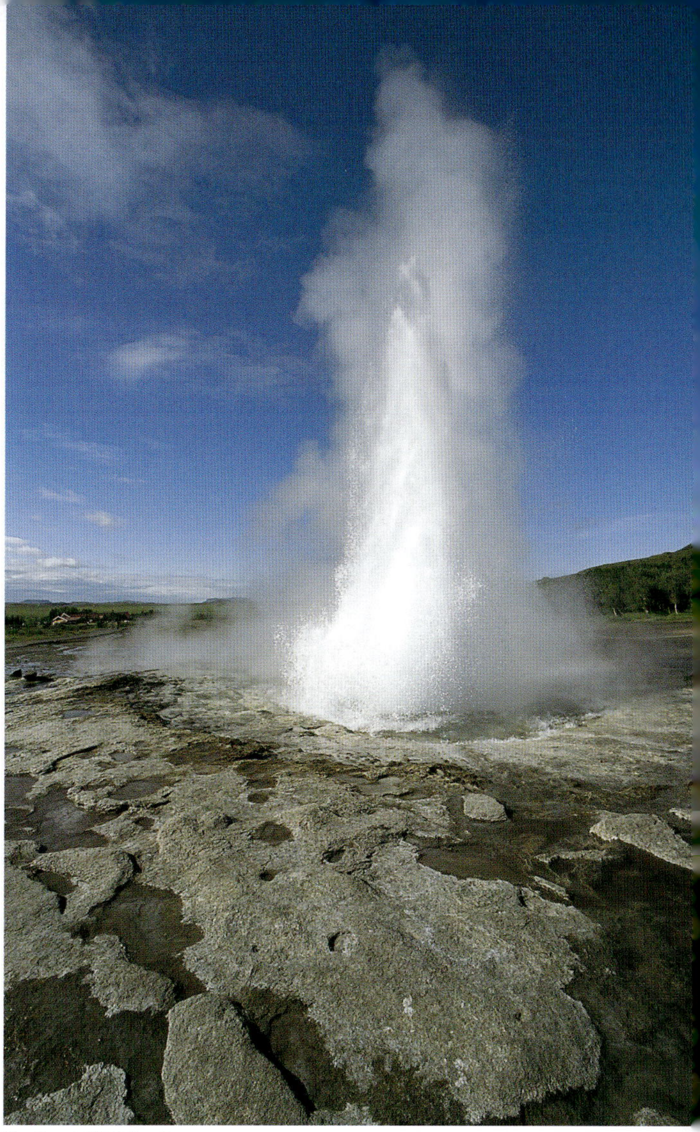

Strokkur jaillit à Geysir

d'autres, Blaa Lonia (« Lagon Bleu ») est un immense lac thermal qui offre non seulement une vraie chaleur mais aussi une guérison gratuite.

Contrastant nettement avec les vestiges tortueux d'éruptions volcaniques noirs et verts qui l'entourent, le lagon est à 45 minutes en voiture au sud de Reykjavik. Avec en arrière-plan les cheminées fumantes d'une centrale électrique géothermique, il est à la fois stupéfiant, déroutant et attirant, comme si vous aviez atterri sur une planète de *Star Trek*. Les eaux azures laiteuses, surmontées d'une couche de brume, se mélangent à l'eau de mer qui refroidit, à la boue de silice et aux algues bleu-vert. Elles sont saines à souhait. Entièrement renouvelées toutes les 24 heures, elles sont à une température constante de 34-36°C. Douces et réconfortantes, elles semblent épouser votre corps lorsque vous y pénétrez. Une fois que l'eau a évacué toute votre tension, une gamme de soins thermaux vous est proposée, des massages aux masques faciaux. Si seulement toutes les piscines publiques étaient comme celle-là !

Avec deux heures d'une conduite style montagnes russes au sud du Lagon Bleu sur une piste de gravier volcanique, on contourne tout d'abord Kleifarvatn, le « lac qui disparaît ». Depuis un tremblement de terre en 2000 qui fissura le sol en dessous, il a perdu environ 1/6e de son volume d'eau et continue de rétrécir aujourd'hui encore. Plus au sud, les odeurs de souffre annoncent l'arrivée à la zone d'activité géothermique de Krisuvik Seltún. Il s'agit de l'une des quatre lignes de faille qui traversent la péninsule de Reykjanes, où la température souterraine atteint 200°C. L'odeur est prenante, mais cela vaut la peine de vous boucher le

Sentier à travers la zone géothermique de Krisuvik Seltún

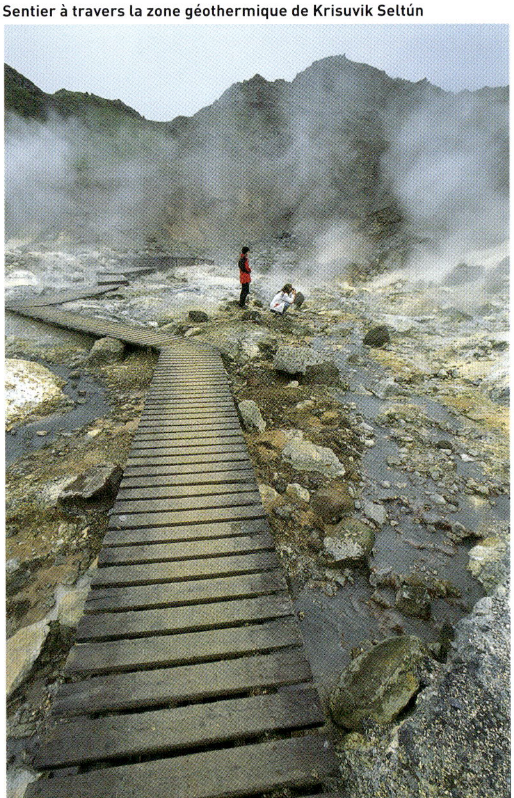

Étang aux eaux bleu caraïbe à Geysir

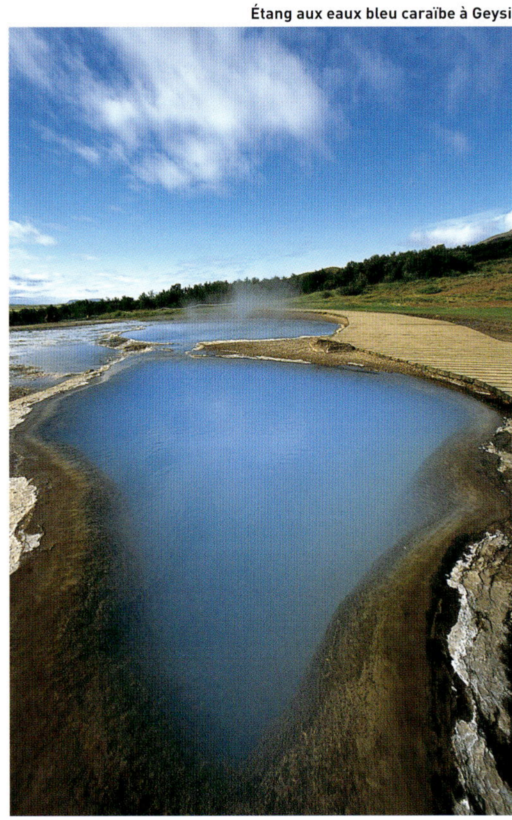

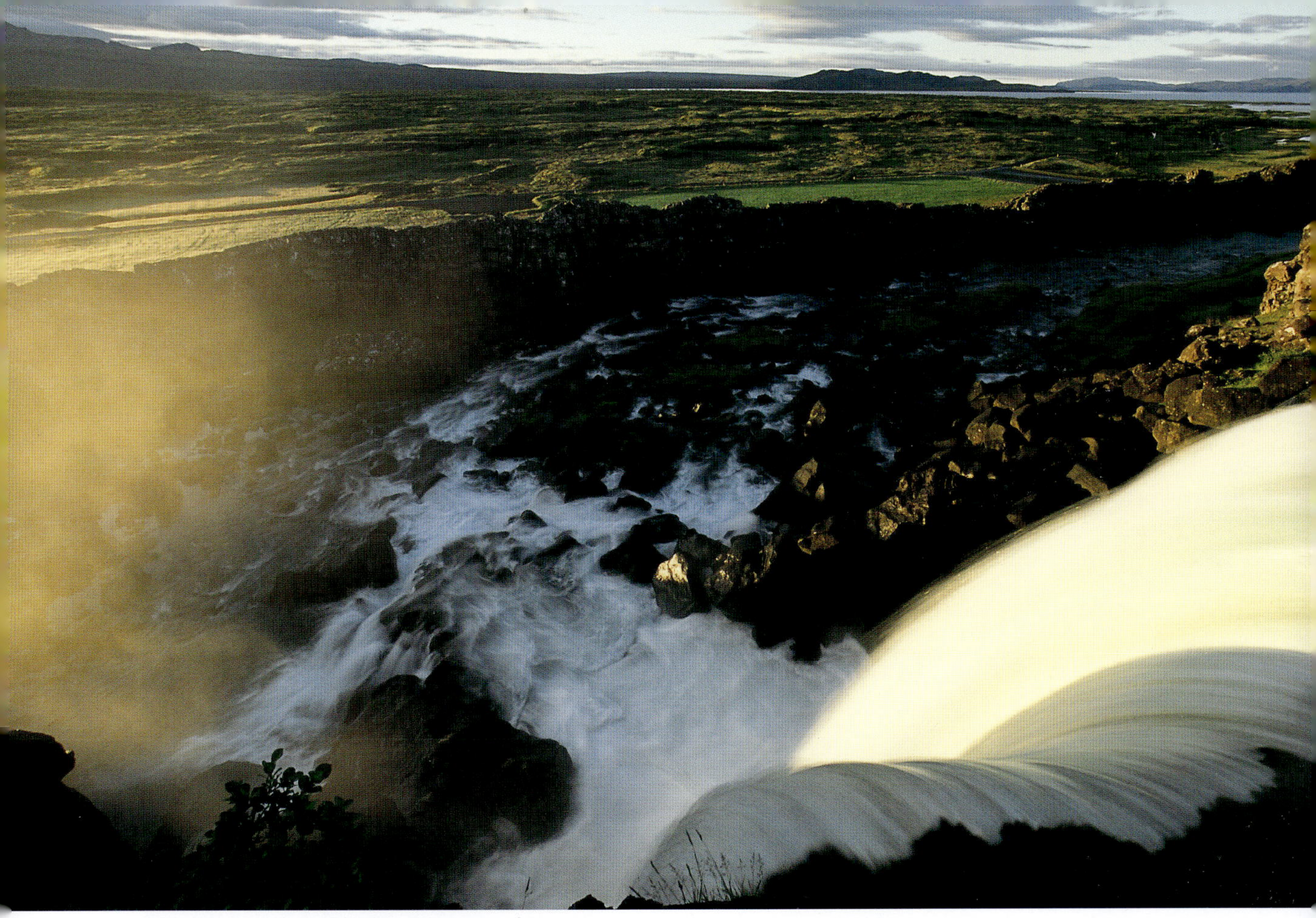

Chute d'eau sur la ligne de séparation des continents à Thingvellir

nez pour une petite balade parmi les marécages gris bouillonnants, les crevasses jaunes moussantes et les fissures vertes grésillantes.

Depuis Krisuvik, une piste longue mais fascinante vous emmène via Selfoss et Reykholt à Geysir, d'où provient le nom qui désigne les sources d'eau chaude jaillissantes du monde entier. Strokkur, le geyser le plus actif, ne se situe pas dans un cadre exceptionnel, parmi de petits bassins bouillants et un autre d'eau minérale bleu caraïbe, mais jaillit au moins toutes les 20 minutes et élève sa colonne pétillante à près de 25 mètres.

Plus au nord, la chute de Gullfoss, terriblement puissante, est la plus spectaculaire, sans doute parce qu'on ne la devine qu'au dernier moment. Creusée dans le plateau par la rivière Hvita, elle dégringole de 32 mètres dans un profond canyon étroit. Elle projette des embruns dans les airs et, les jours de beau temps, elle pourra être surmontée d'un arc-en-ciel. N'oubliez pas votre imperméable !

Une traversée époustouflante des montagnes habitées des petits

Page ci-contre :
Les montagnes couvertes de mousse en chemin vers Kleifarvatn

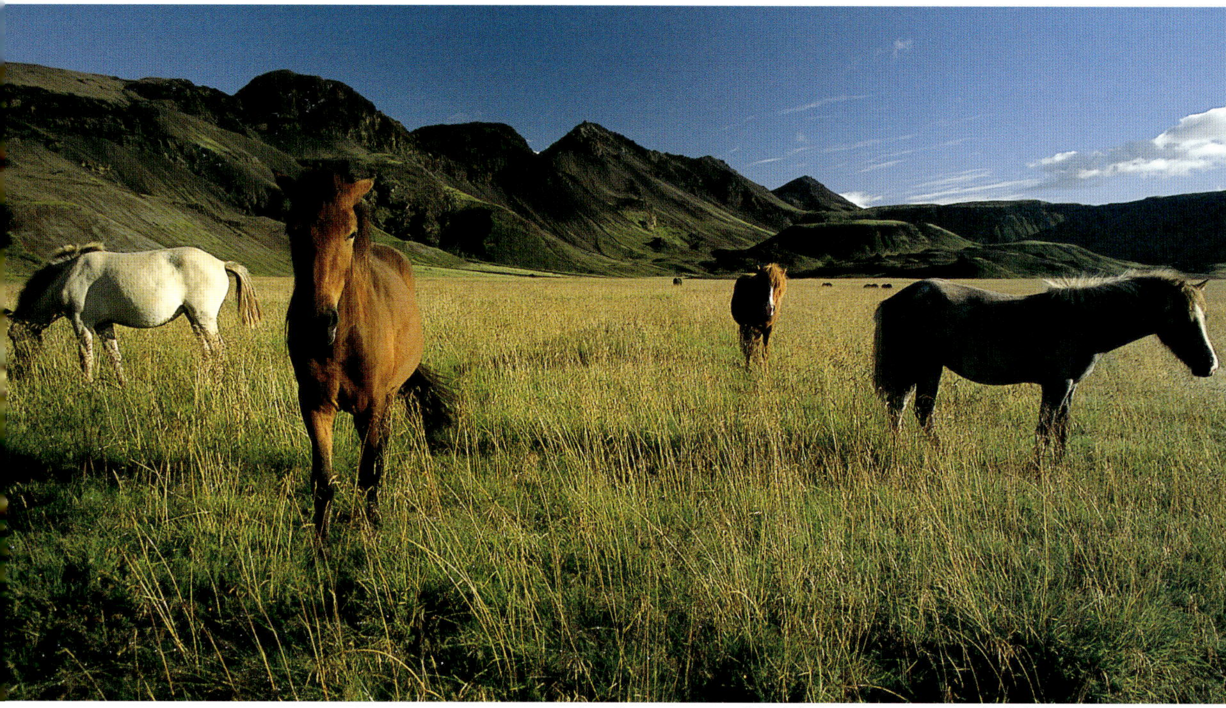

Les chevaux sauvages islandais dans les montagnes près de Thingvellir

Ligne de faille à Thingvellir

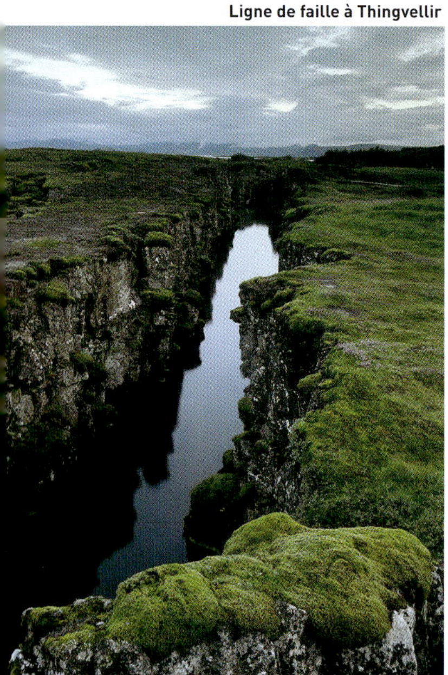

mais courageux chevaux islandais vous conduit à Thingvellir, l'un des endroit les plus enchanteurs du pays, sur les rives du plus grand lac islandais, Thingvallavatn. C'est ici que se tint la première assemblée parlementaire au monde en 930. Thingvellir se trouve à l'exacte limite entre les plaques continentales eurasienne et nord-américaine qui s'éloignent à la vitesse vertigineuse de deux centimètres par an. Un gouffre de 40 mètres, décoré de cascades, sert de point de rencontre littéral aux continents.

ⓘ

Les vols vers l'Islande deviennent plus abordables. Icelandair propose des vols directs vers Reykjavik depuis plusieurs villes d'Europe et des États-Unis. Si vous louez une voiture, vérifiez quelles pistes peuvent être empruntées. De manière générale, vous ne pouvez pas circuler sur celles classées F, à moins de disposer d'un 4x4. Au Lagon Bleu, la baignade est ouverte de 10 à 20 heures en hiver (du 1er septembre au 14 mai) et de 9 heures à 21 heures le reste de l'année.

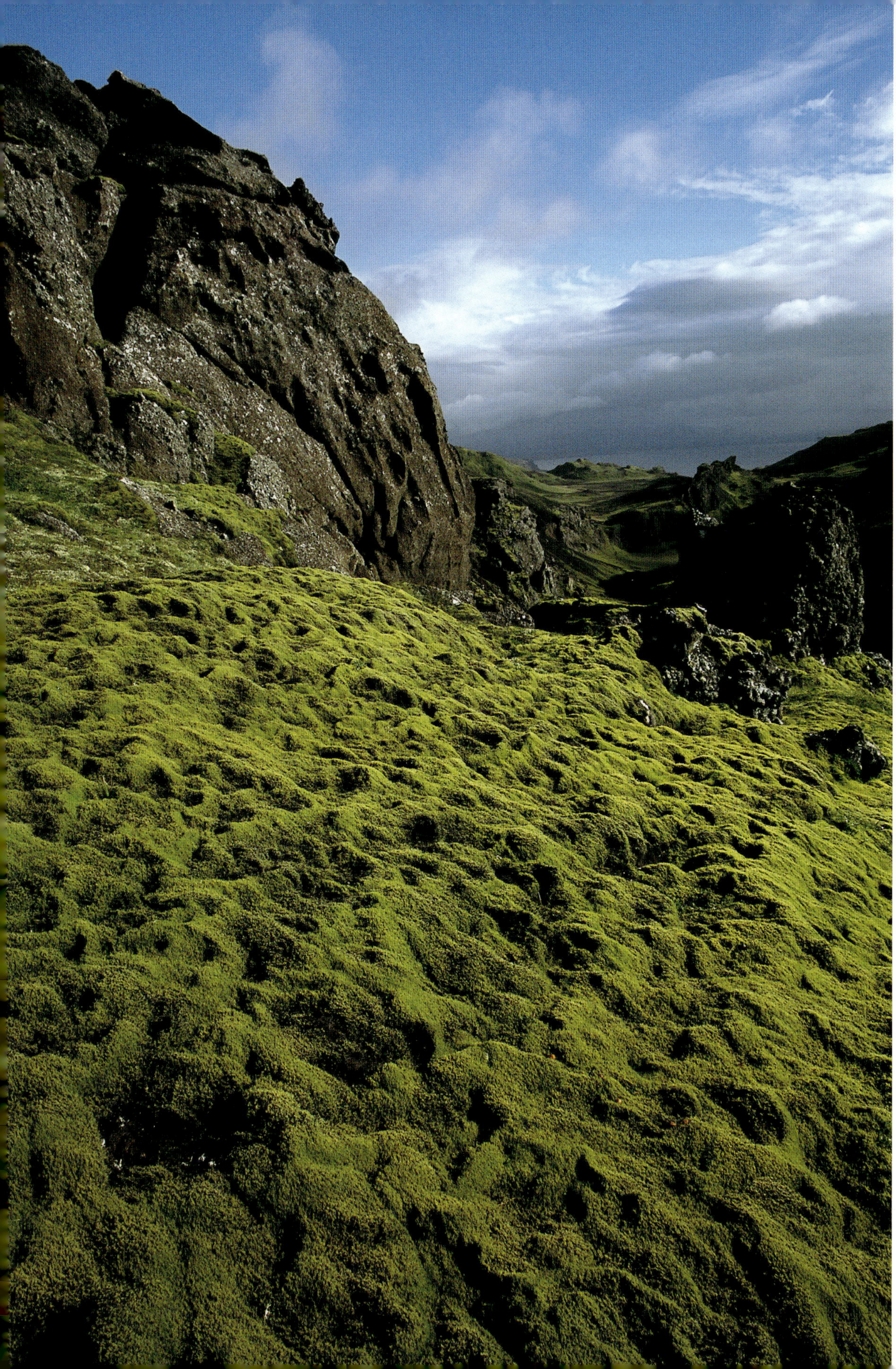

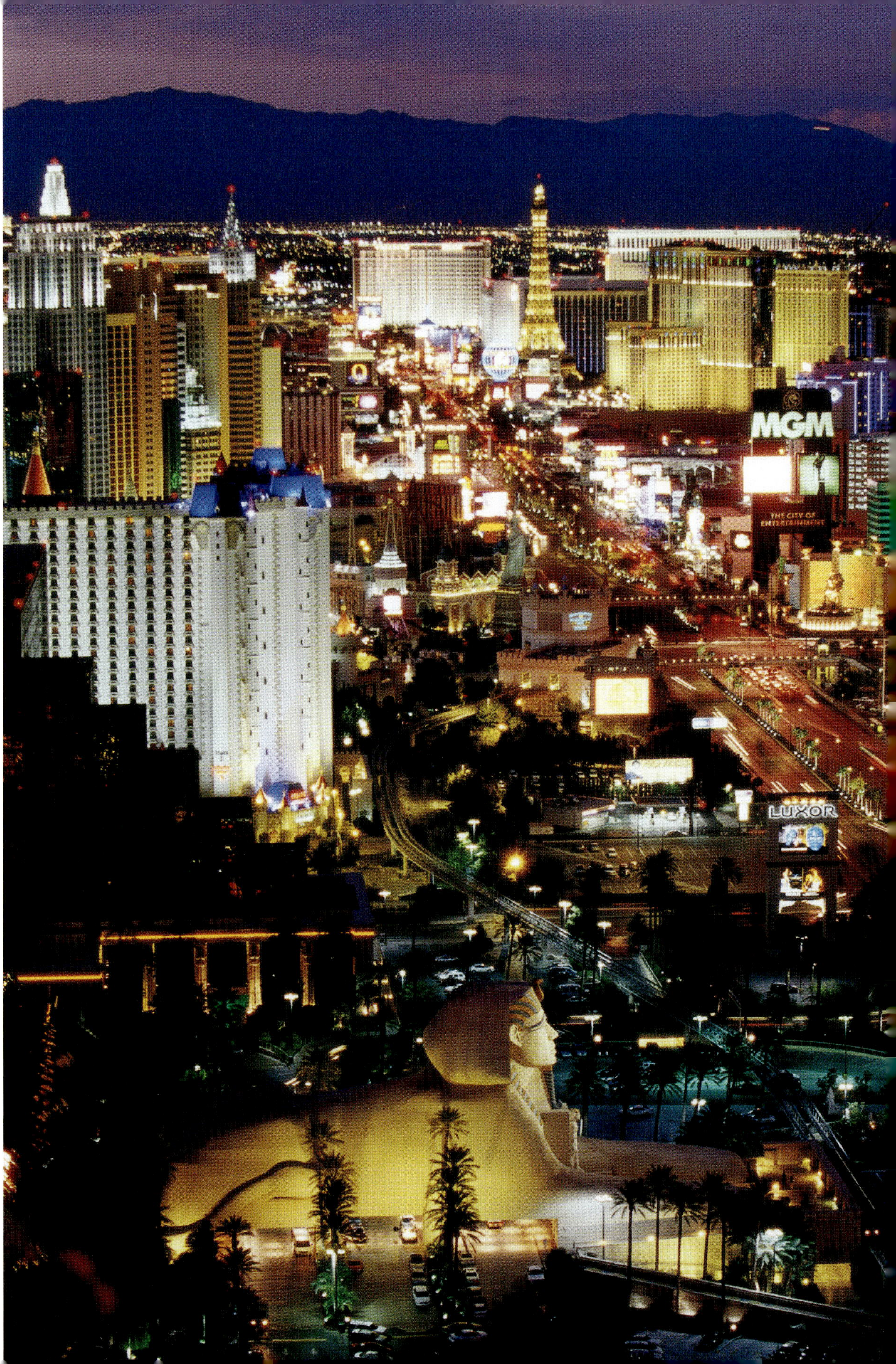
MGM
THE CITY OF ENTERTAINMENT
LUXOR

Fastes et jeux d'argent

Las Vegas, États-Unis

Page ci-contre :
Les vols en hélicoptère offrent une magnifique vue nocturne du Strip

Grande, tumultueuse, lumineuse et bruyante, Las Vegas est la capitale mondiale incontestée des jeux d'argent. Que vous aimiez ou non les paris et les grandes villes, vous devriez voir au moins une fois dans votre vie ce monument à l'inventivité humaine, à l'imagination débridée et aux budgets sans limite, le tout en plein désert et éclairé aux néons. Simplement pour une nuit et même sans jouer un centime.

Bien que l'on arrive fréquemment à Las Vegas en avion, rouler sur l'Interstate 15 jusqu'à la ville est une expérience unique. On ne peut apprécier qu'à distance sa localisation dans l'immense désert de Mojave. Great Basin s'ouvre devant vous, la silhouette caractéristique de Las Vegas s'élevant au milieu du désert. L'effet est garanti.

Une fois que la ville a pris le pouvoir sur vos sens, elle fait tout pour le conserver. Une promenade sur le Strip, la partie principale du Las Vegas Boulevard où se trouvent la plupart des gigantesques casinos-hôtels, vous fera tourner la tête. Des stars du rock, de la pop ou du spectacle apparaissent sur d'immenses écrans pour annoncer leurs représentations tandis que sphinx, pyramides et lions dorés géants côtoient la Tour

Le drive-in de Little White Chapel

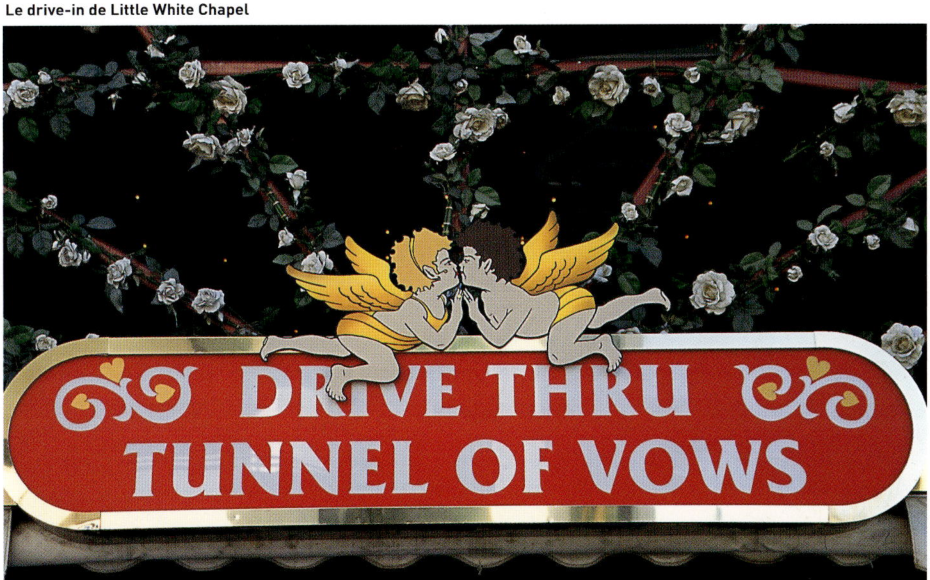

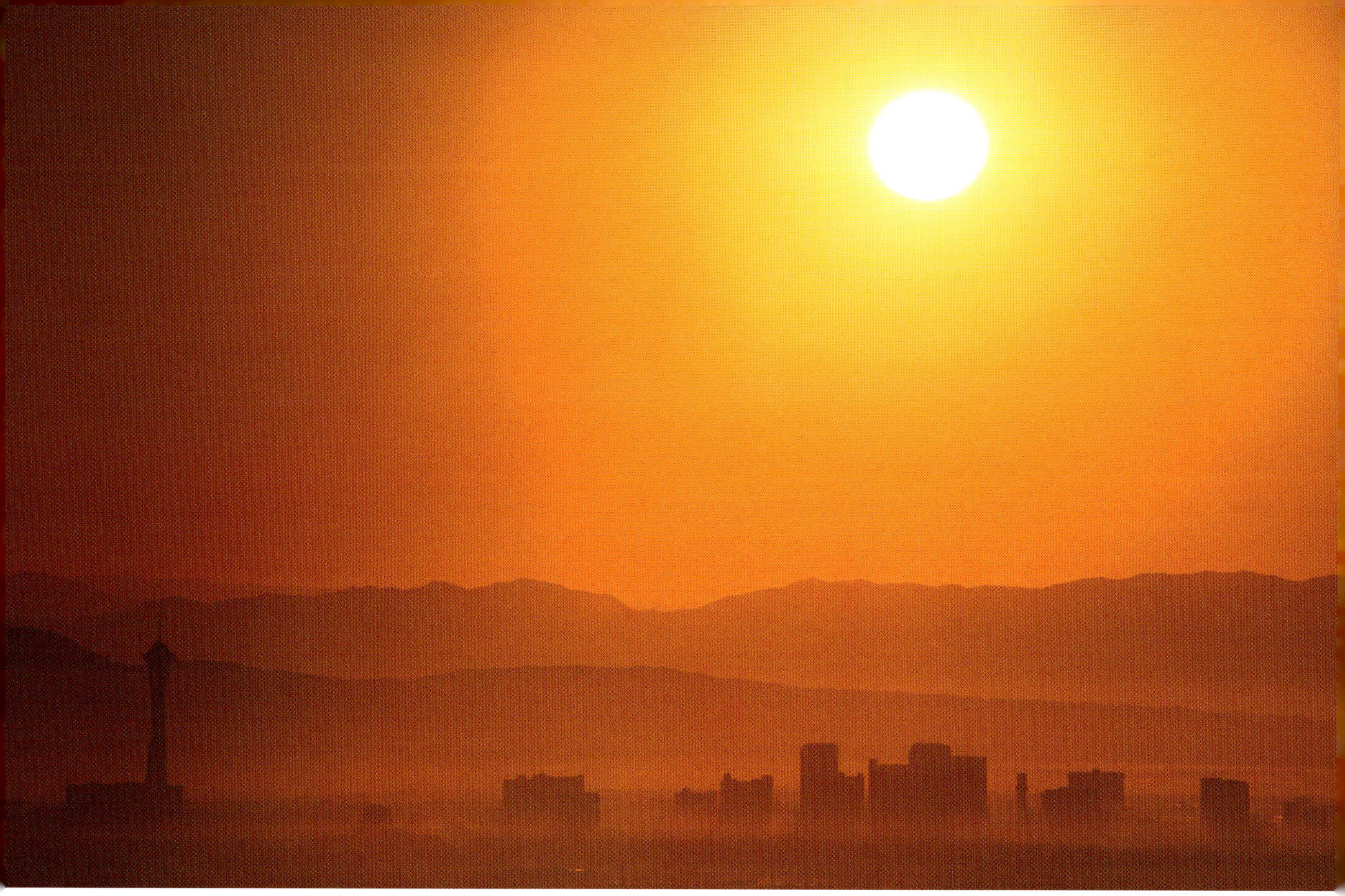
Lever de soleil sur Las Vegas et le désert de Mojave

Eiffel. La sensation de faire le tour du monde en 80 minutes est immédiatement euphorisante. Et heureusement, même dans les meilleurs hôtels – parmi les plus grands du monde – les prix restent abordables.

La ville offre tant à voir qu'il vous faut plusieurs jours simplement pour en avoir un avant-goût. Mais si vous n'avez qu'un jour ou deux, ne manquez pas le casino-hôtel New York-New York avec sa reproduction de l'Empire State Building, de la Statue de la Liberté et son grand huit sur les toits. Le Luxor, à l'extrémité nord du Strip, a pour thème l'Égypte et est une immense pyramide de verre noir gardée par un gigantesque sphinx blanc, tandis que le Venetian propose une réplique entièrement praticable des ponts et canaux de Venise. Embarquez à bord d'une gondole et écoutez le gondolier chanter, quoique avec un accent américain.

Le Caesar's Palace est lui aussi époustouflant. Il a accueilli de nombreux championnats du monde de boxe poids lourds. De nos jours, vous pouvez éviter les effusions de sang et y admirer des stars internationales comme Céline Dion. Il abrite également le plus grand centre commercial de la ville, fabuleux portrait de Rome, avec sa fontaine de Trevi, ses colonnades et ses plafonds richement décorés.

Le manteau de la nuit permet à la ville de se révéler. D'innombrables machines à sous, roulettes et tables de cartes et de craps grouillent d'activité et d'incroyables quantités d'argent changent de main. En moyenne, chaque visiteur de Las Vegas repart plus léger de 350 dollars. Il se peut que vous gagniez gros, mais les casinos dominent le jeu – un point c'est tout.

Si les paris ne vous tentent pas, il existe un tas d'occupations gratuites. La meilleure, l'immanquable, c'est l'extraordinaire Freemont Street Experience, dans le quartier rénové au nord du Strip. Cette rue piétonne est recouverte d'une voûte de 422 mètres de long décorée de plus de 2 millions d'ampoules colorées. Tous les soirs, de 20 heures à minuit, un fantastique son et lumière parcourt la voûte, sur des grands tubes tels *Stop in the Name of Love* de Diana Ross. Autres

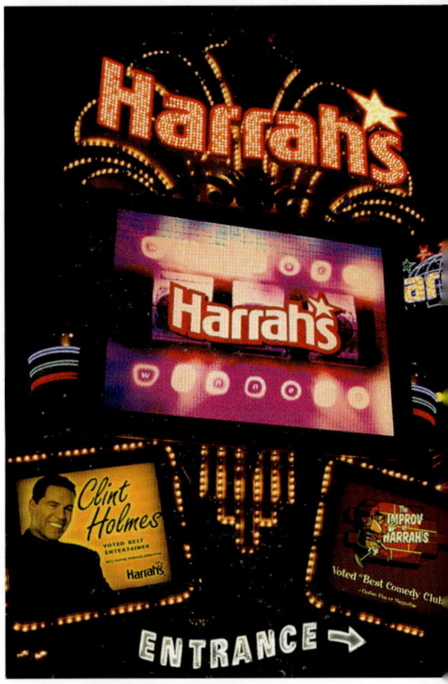

Le casino Harrahs sur le Strip

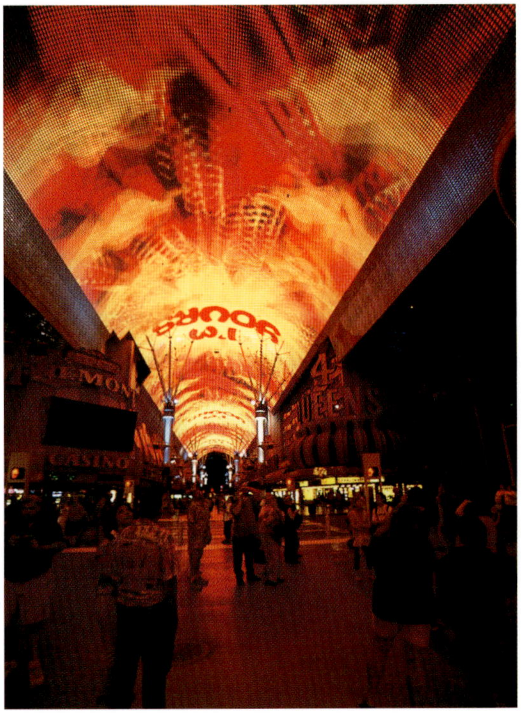

Freemont Street Experience

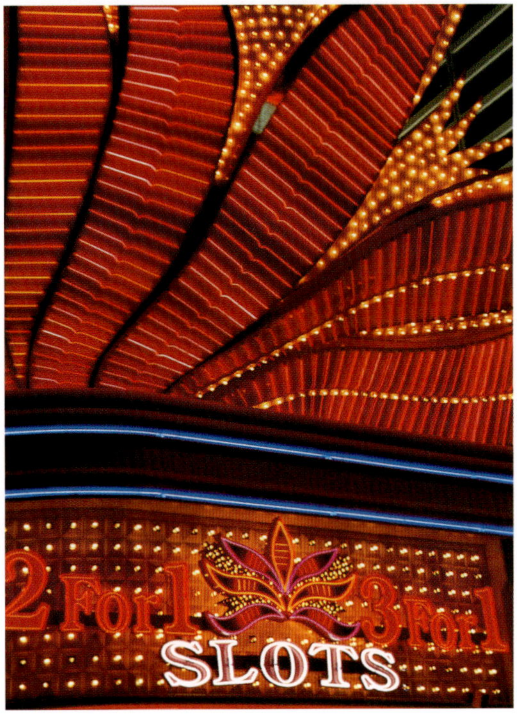

À Las Vegas, les machines à sous sont partout

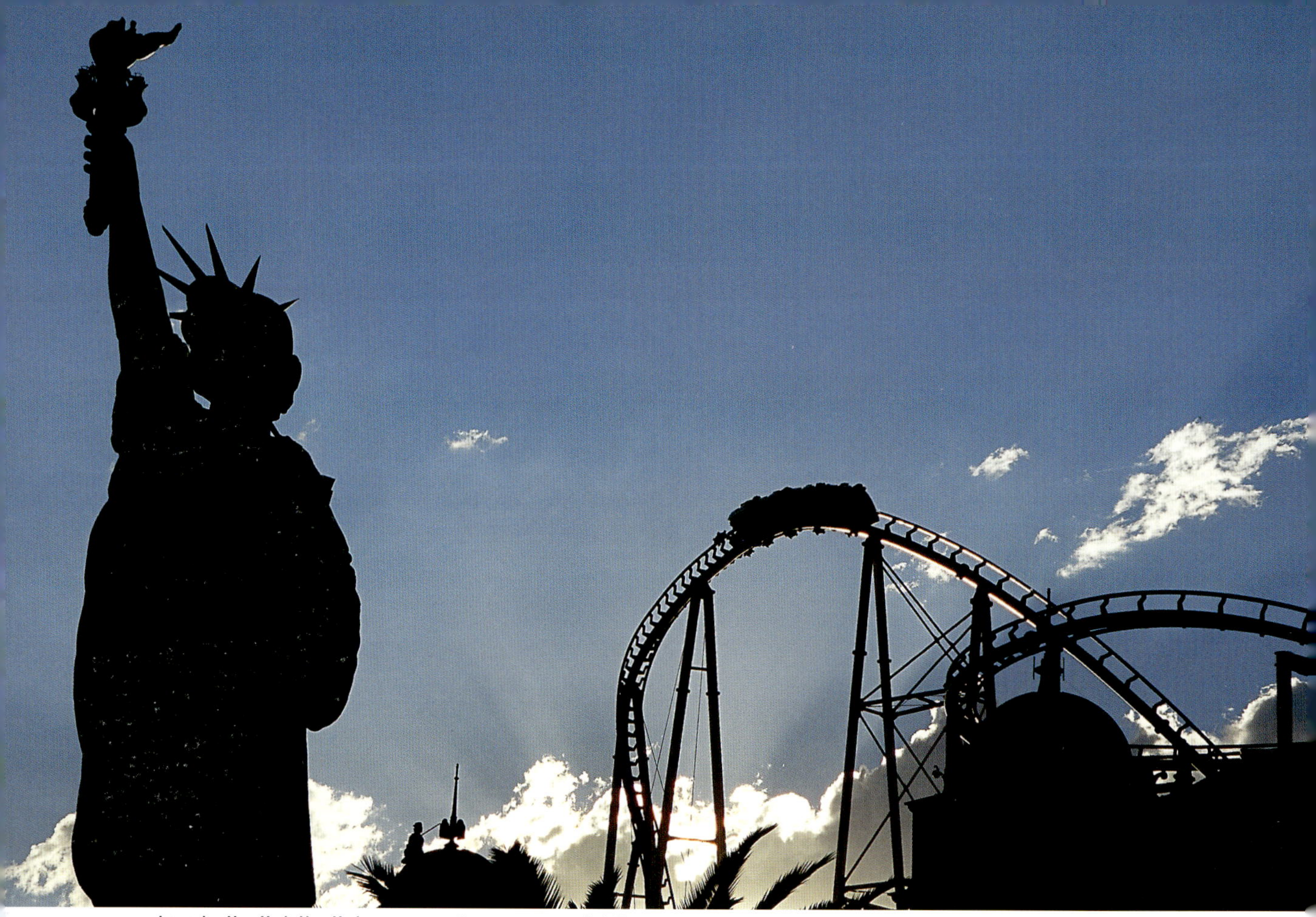

Le casino New York-New York avec ses montagnes russes sur le toit

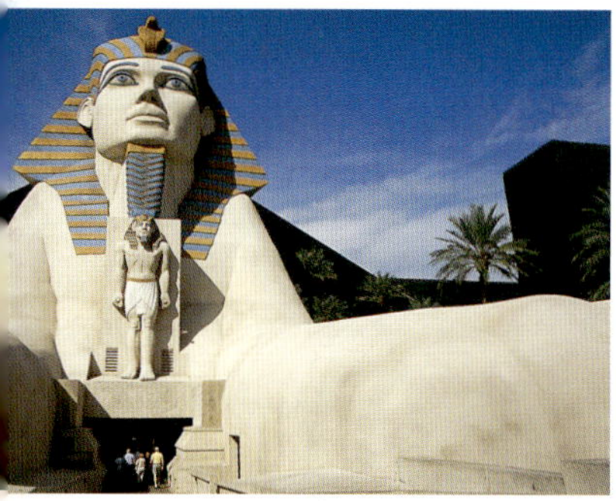

L'entrée du Luxor avec son gigantesque sphinx

spectacles gratuits de casinos-hôtels qui valent le coup d'œil : l'éruption d'un volcan au Mirage et la danse de la fontaine du Bellagio.

Pour une bonne vue de la ville rendez-vous à l'unique Stratosphere Tower. En haut de ses 108 étages, un restaurant tournant et la fête foraine la plus haute du monde vous feront frissonner.

Vous aimerez ou détesterez Las Vegas, mais n'y resterez pas indifférents. Et si, par hasard, vous y tombez amoureux vous pourrez toujours terminer le séjour par un mariage au drive-in sur le thème d'Elvis pour moins de 100 dollars. Peut-être le meilleur des paris.

ⓘ

Il y a tant de chambres d'hôtel à Las Vegas que vous pourrez toujours trouver une bonne affaire. Ne vous laissez donc pas tenter par les hôtels les plus modestes avant d'avoir vérifié les tarifs de ceux de qualité supérieure. Pour plus d'informations, consultez le site www.visitnevada.com. Pour des raisons de sécurité, il est interdit de prendre des photos dans les casinos. Le volcan du Mirage et la fontaine du Bellagio se déclenchent toutes les 15-30 minutes environ, en fin d'après-midi et début de soirée.

Page ci-contre :
Une Tour Eiffel réduite au quart orne le casino-hôtel Paris

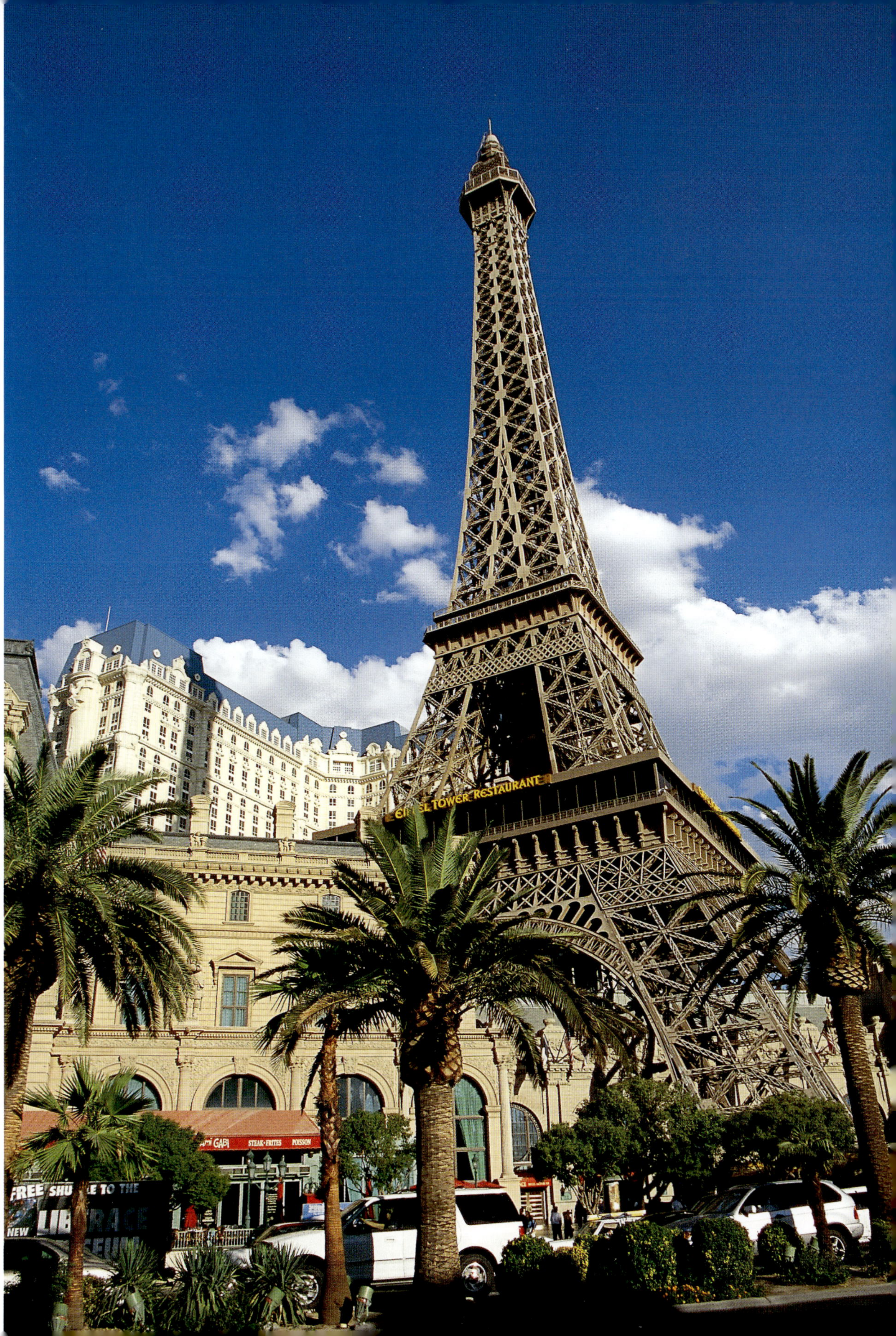
TOWER RESTAURANT
GABI
STEAK-FRITES
POISSON

Page ci-contre :
À dos d'éléphant dans la brume du crépuscule

Népal : un mot synonyme des impressionnants sommets de l'Himalaya, où la terre se tord sans vergogne vers les cieux le long de l'extrémité nord du pays. Cependant, le Népal possède un autre visage, méconnu : le sud, le long de la frontière indienne, où les montagnes recouvertes de neige fondent dans des paysages subtropicaux de rizières, plaines fluviales et forêts, connu sous le nom de Teraï. Ce sont des décors bien plus doux à traverser, plus indiens que népalais et pourtant peut-être ni l'un ni l'autre. Habités par l'unique population Tharu, ils abritent également le trésor naturel le plus enchanteur et inattendu : le Parc National Royal Chitwan, véritable paradis sauvage.

Le lever du soleil sur les bateaux d'un affluent de la Rapti

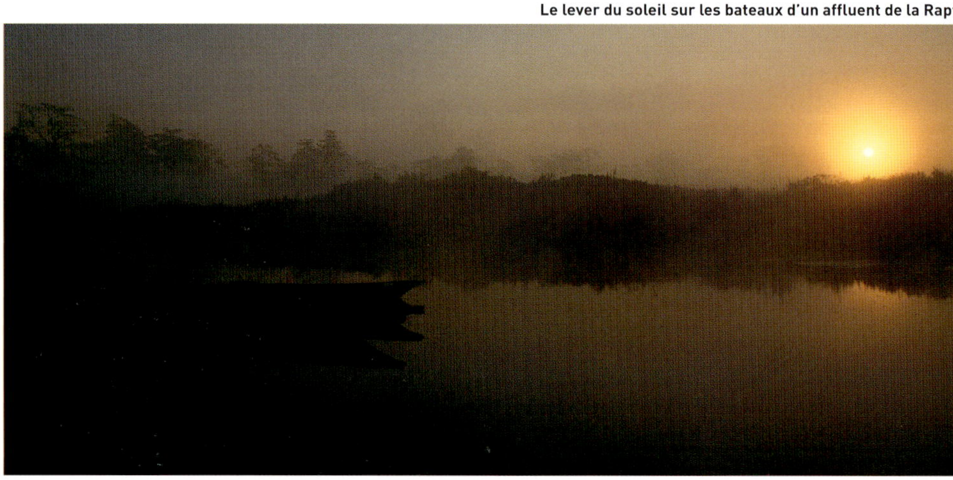

À l'intérieur du parc, les éléphants sont le moyen de transport de rigueur, les crocodiles s'alignent le long des berges de la rivière Rapti et de ses affluents et rhinocéros, léopards et tigres se tapissent dans les hautes herbes. Ce sont ces félins qui occuperont votre esprit bien plus que les sommets lointains de l'Himalaya, durant votre visite de Chitwan, même si on les aperçoit rarement. Que vous rêviez de voir le fauve ou craigniez d'en approcher un, il est grisant de suivre les sentiers à travers la dense forêt ou les hautes herbes, sachant qu'il s'en trouve peut-être un à proximité. D'où un attrait rapide pour le voyage à dos d'éléphants et sa relative

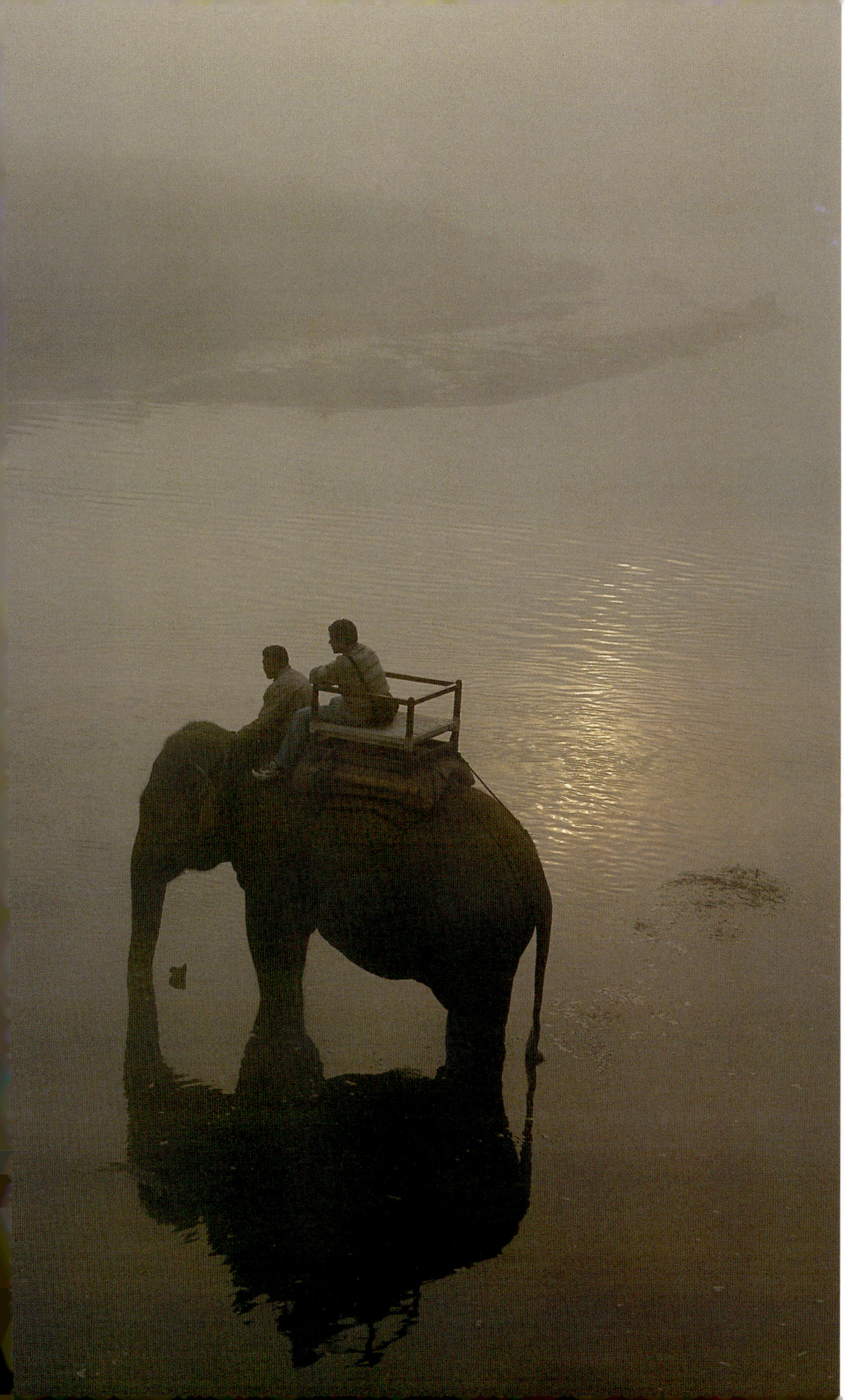

À dos d'éléphant

Chitwan, Népal

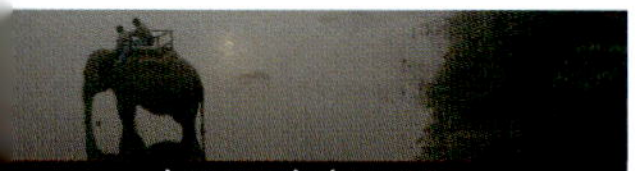

sécurité. Les tigres savent bien que rien ne sert de se mesurer à ces géants pouvant peser jusqu'à 5 tonnes. En revanche, ne vous fiez jamais d'un rhinocéros, mieux vaut rester sur votre éléphant, qui vous servira au moins d'airbag substantiel en cas de charge.

Établi en 1973 par le roi de l'époque, Birendra Bir Bikram Shah Dev, le parc de 1 400 km² a vu le jour juste à temps pour mettre un terme à un tragique passé de chasses royales et de braconnage, qui a amené tigres et rhinocéros au bord de l'extinction. En 1938, Lord Linlithgow, vice-roi des Indes, vit prendre en une seule fois 120 tigres, 38 rhinocéros, 27 léopards et 15 ours. En 1938, il restait seulement une centaine de rhinocéros, et à peine 20 tigres dans les années soixante-dix. Les populations se sont légèrement reconstituées et les estimations actuelles sont d'environ 400 rhinocéros et 80 tigres.

Village du Teraï
Clair de lune sur le Teraï

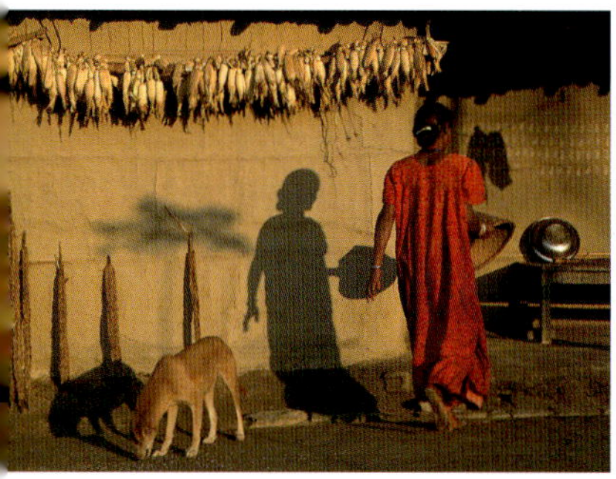

En 1984, l'Unesco a décidé d'inscrire au Patrimoine Mondial cet « îlot » qui témoignait de la richesse naturelle de cette région du Népal. Cela a permis de mettre un frein, au moins temporairement, à l'empiètement et au développement humain autour du parc.

Les touristes viennent aujourd'hui de plus en plus nombreux mais Chitwan conserve son caractère sauvage. Le parc, en forme de trompe d'éléphant, s'étend d'est en ouest, le long de la rive sud de la rivière Rapti et on y accède généralement depuis le village de Sauraha. On y trouve des hôtels bon marché, des résidences et des tour-opérateurs gérés par l'État, proposant des sorties à dos d'éléphant. Si vous pouvez vous le permettre, évitez cela et résidez plutôt dans l'un des six ecolodges du parc. Ils ont habituellement leurs propres éléphants, choyés comme des membres de la famille, et présentés aux visiteurs par leurs noms. Ces chalets charmants mais rustiques, souvent éclairés uniquement à la bougie, ajoutent une petite touche de luxe à l'expérience.

Les éléphants étant disponibles presque à toute heure du jour ainsi que les cornacs expérimentés, vous pourrez explorer au gré de vos envies plutôt que liés par des horaires. C'est une bonne chose, car il n'y a pas de meilleur moyen de savourer Chitwan que perché sur un éléphant en se balançant au rythme de son pas à la fois gracieux et lourd

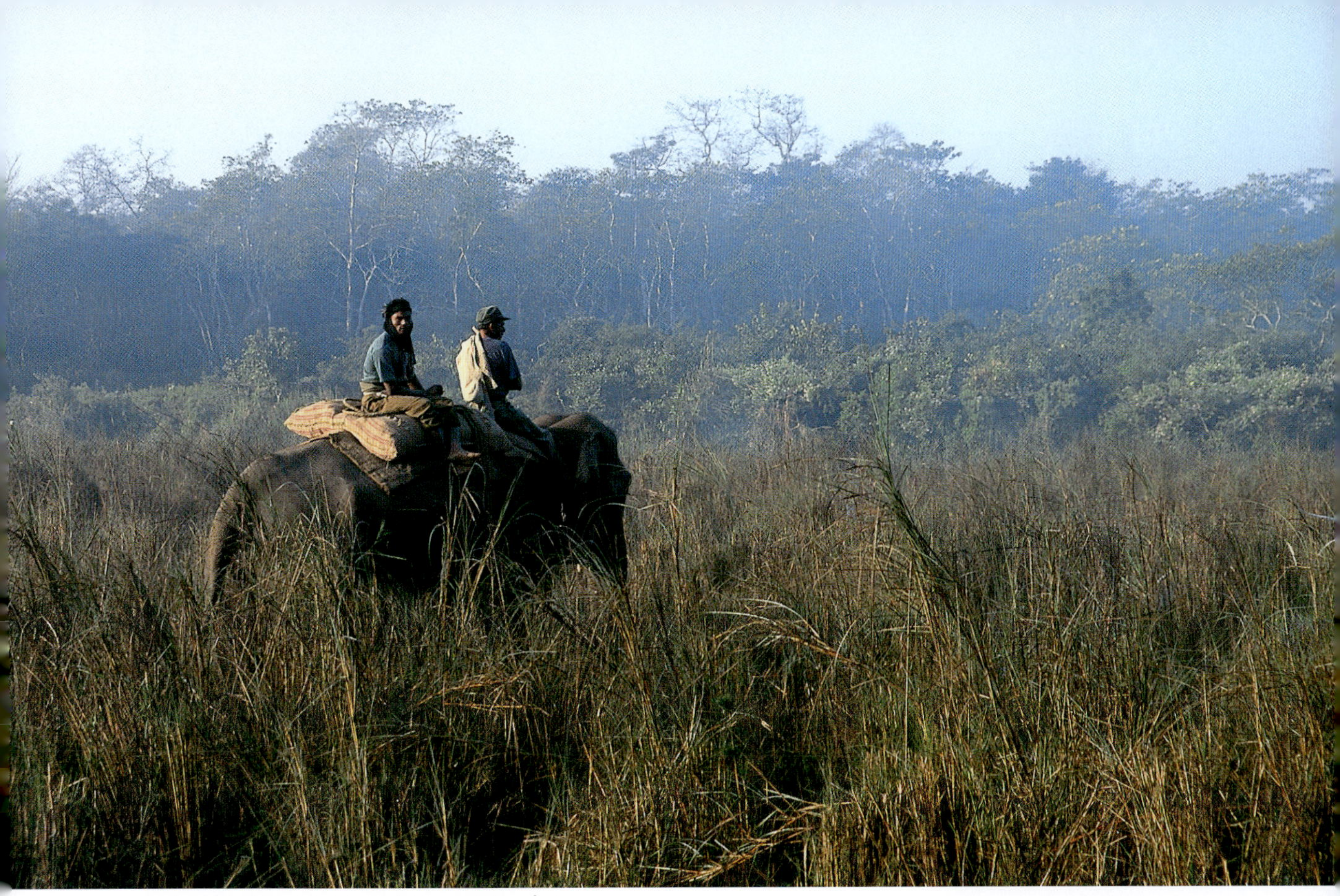

Les hautes herbes peuvent dissimuler tigres et rhinocéros

dans la lumière éthérée de l'aube ou du couchant. Certaines fois, surtout le matin, une fine brume enveloppe les rivières, prairies et forêts, étouffant les sons et ajoutant à l'ambiance primitive. Repérer un rhinocéros et s'en approcher silencieusement simplement sur les ordres tranquilles du cornac à l'oreille de l'éléphant est peut-être l'expérience la plus proche de ce qu'était la chasse à la Préhistoire, sans que la proie ni vous ne soyez en danger et que vous ne tuiez pour vous nourrir. Le riz, le curry et les légumes fraîchement cuits, entre autres choses, servis aux dîners à l'ecolodge, vous empêcheront d'avoir faim.

La relation entre le cornac et l'éléphant est affaire de temps et de confiance, depuis les toutes premières années de la vie de l'animal. Cependant, les soins du cornac ne suffisent pas à ces bêtes exigeantes et un autre mahout lui apporte son aide pour le laver et le nourrir. C'est une tâche énorme : en une journée, à cause de son mauvais système digestif et de sa taille, un éléphant en bonne santé consomme 300 kilos de fourrage et 20 kilos de *kuchi* (riz et mélasse), et engloutit environ 200 litres d'eau. Avec un tel appétit, il est surprenant qu'il puisse flotter

Femme du Teraï récoltant les cultures

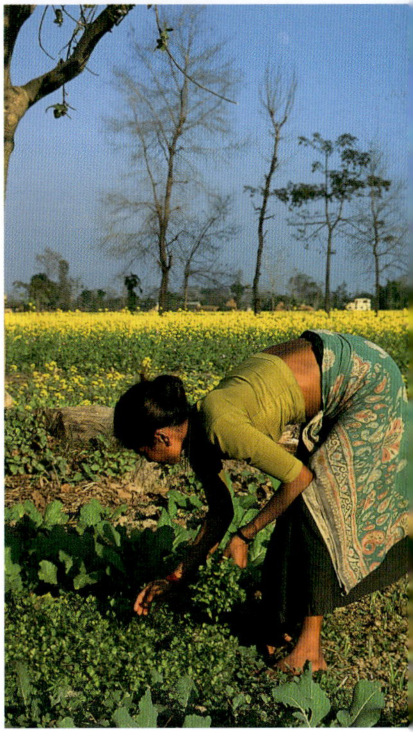

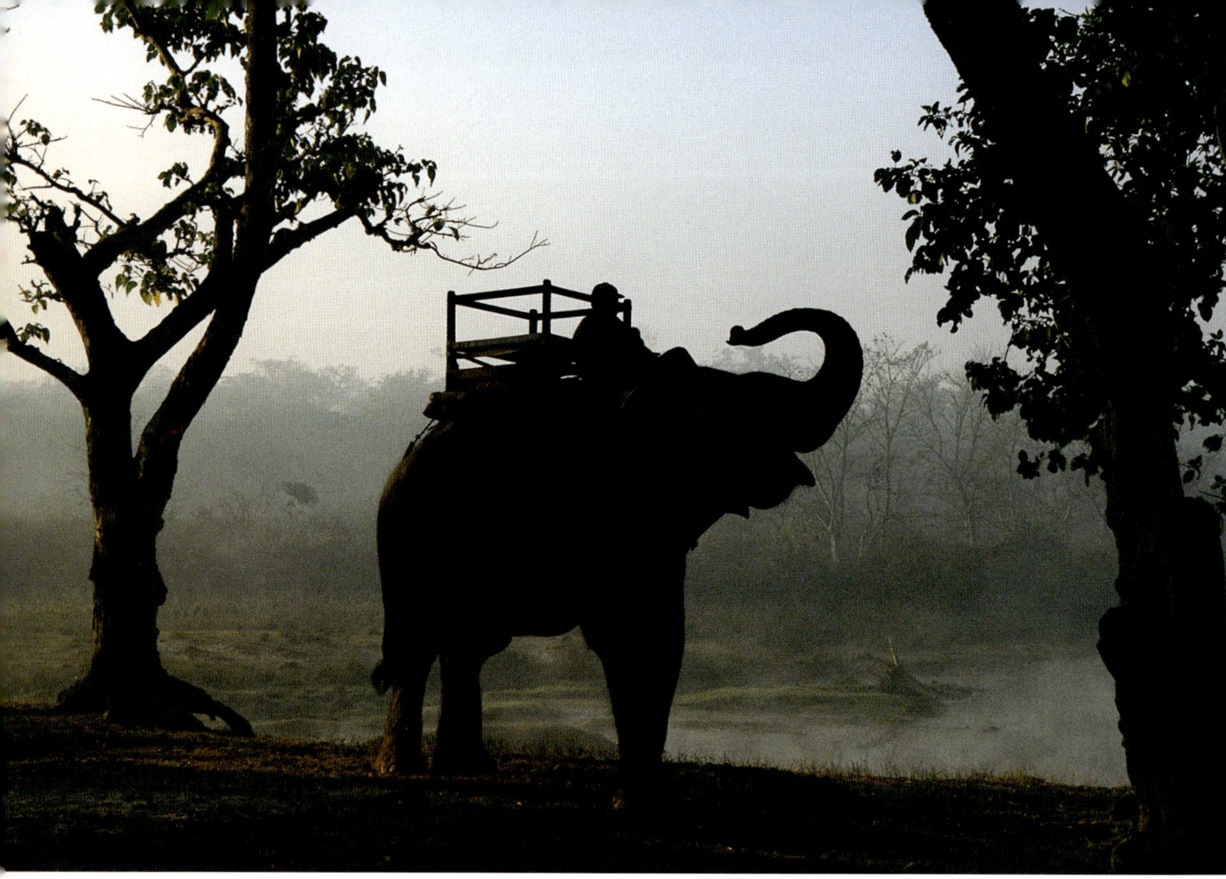

Un cornac conduit son éléphant pour une promenade au crépuscule

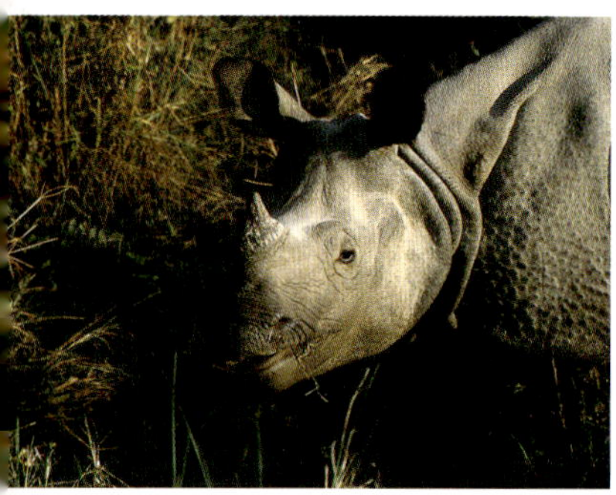

Un rhinocéros

et surtout nager, pourtant les éléphants sont incroyablement élégants dans l'eau.

Les multiples espèces animales de Chitwan sont plus actives à la tombée et au lever du jour. Le parc abrite le grand sambar, des singes langurs et rhésus, des écureuils volants géants et des sangliers mais aussi un sanctuaire ornithologique connu dans le monde entier. Ibis, aigles, balbuzards et les fidèles érismatures rousses, en couple pour la vie, se rencontrent fréquemment.

Au Népal, il est difficile de détourner les yeux des sommets enneigés de l'Himalaya dans les lointaines brumes du nord, et pourtant quelques jours à Chitwan les relégueront vite au second plan.

Prenez un vol depuis la capitale, Katmandu, jusqu'à Bharatpur, ou bien optez pour le long mais spectaculaire trajet en car qui longe la sauvage rivière Narayani et traverse les terrifiantes gorges de la Kali Gandaki. La meilleure période pour voir des tigres se situe après la récolte des foins en janvier, époque à laquelle les villageois peuvent pénétrer dans le parc pour faucher en compensation de leur expulsion lorsque celui-ci fut créé.

Page ci-contre :
Un rhinocéros en train de se désaltérer, vu depuis un éléphant

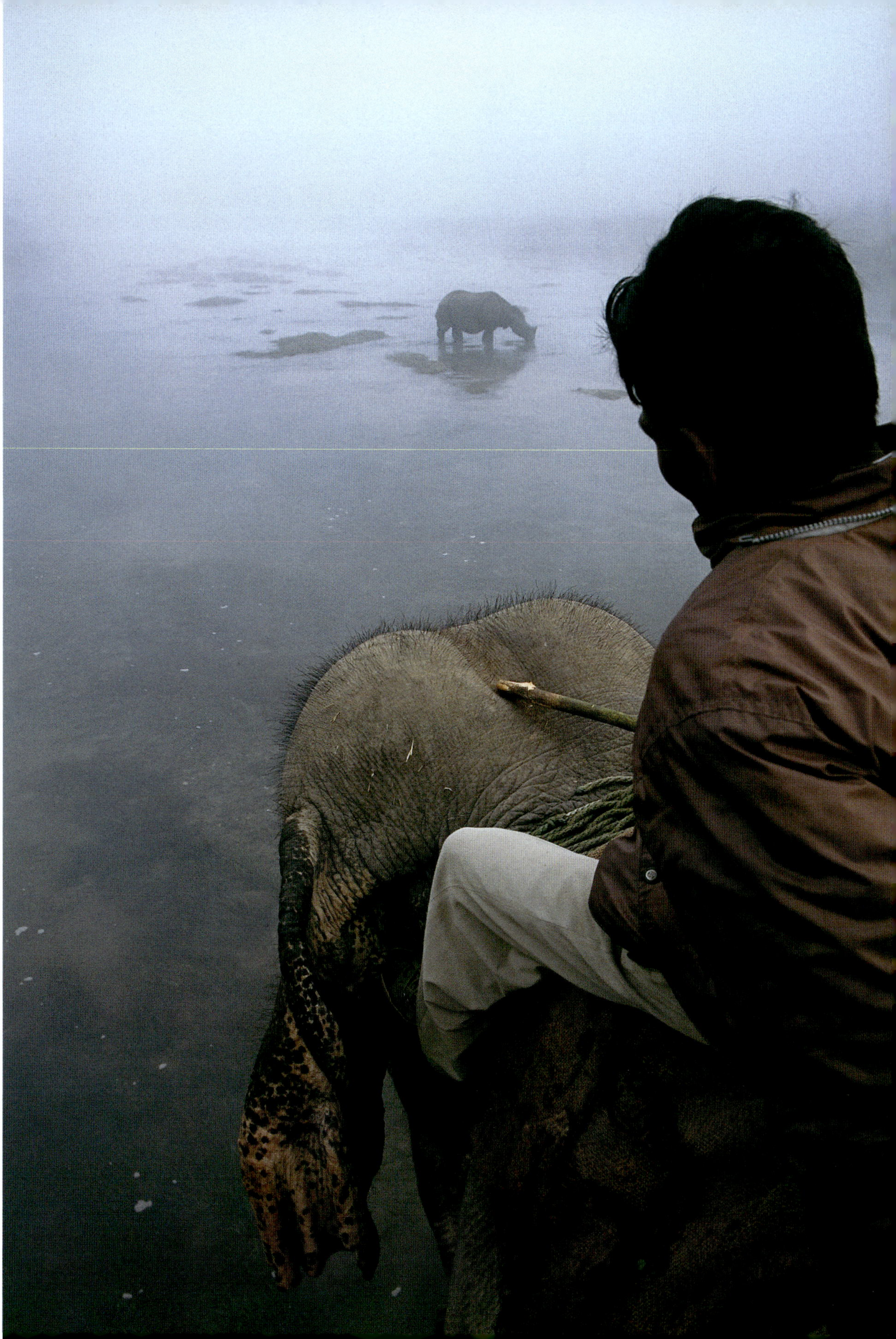

En hélicoptère dans les Rocheuses
Golden, Canada

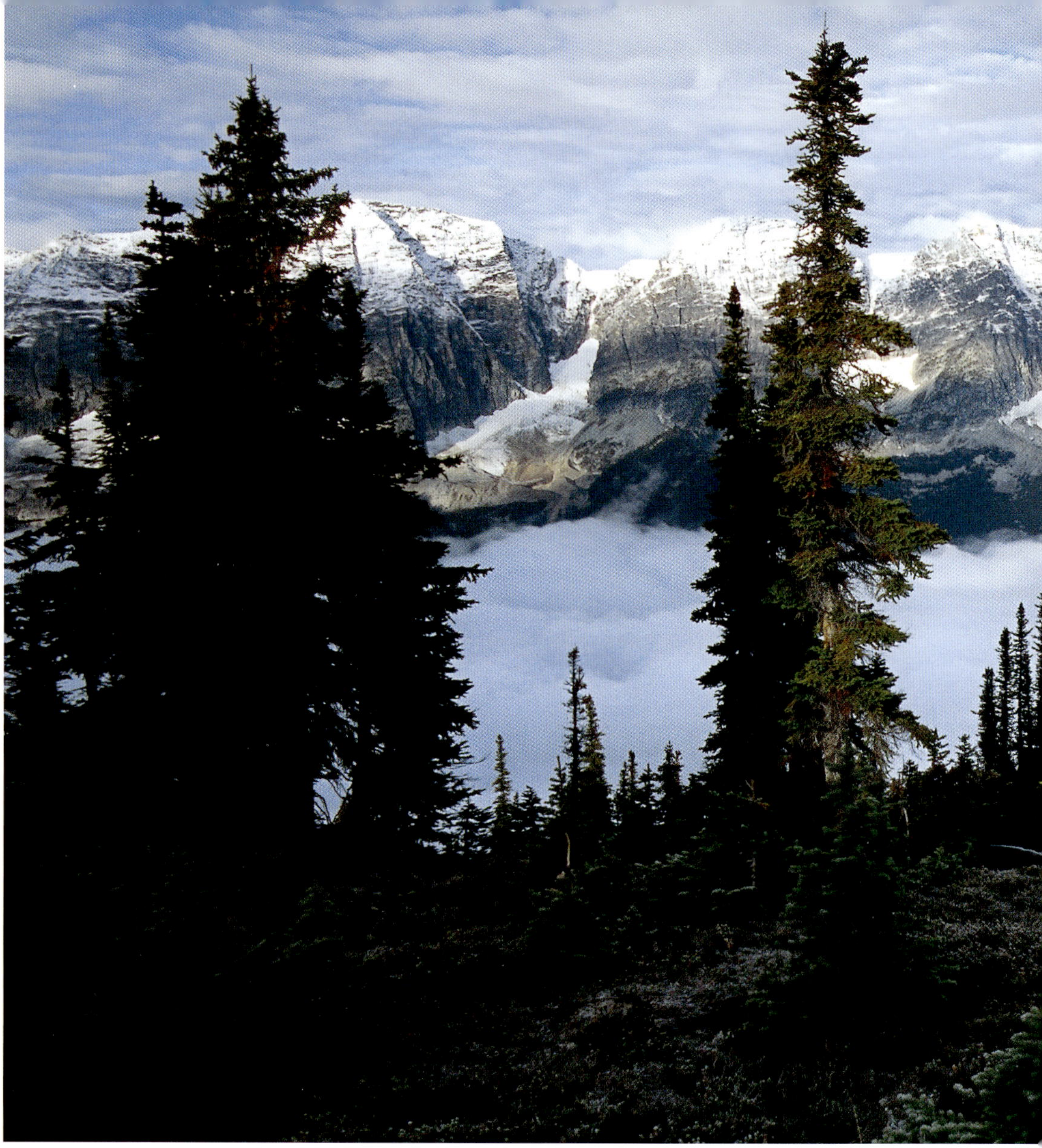

Vue sur la vallée de la Beaver et les Selkirk Mountains depuis Purcell

S'étendant presque sur tout l'ouest du Canada et des États-Unis, la chaîne des Rocheuses est une région sauvage enchanteresse faite de pierres, glace, forêts et prairies : un paradis des survols en hélicoptère. Ce moyen euphorisant d'atteindre les hauts sommets a ouvert des régions, telles Golden, en Colombie Britannique, auparavant réservées à des montagnards avec leur équipement et des congés sans fin. À présent, on peut emmener un sac pour un jour, se loger dans l'un des chalets de luxe éloignés de tout et dire adieu aux corps épuisés, aux tentes humides et à la mauvaise nourriture de camp.

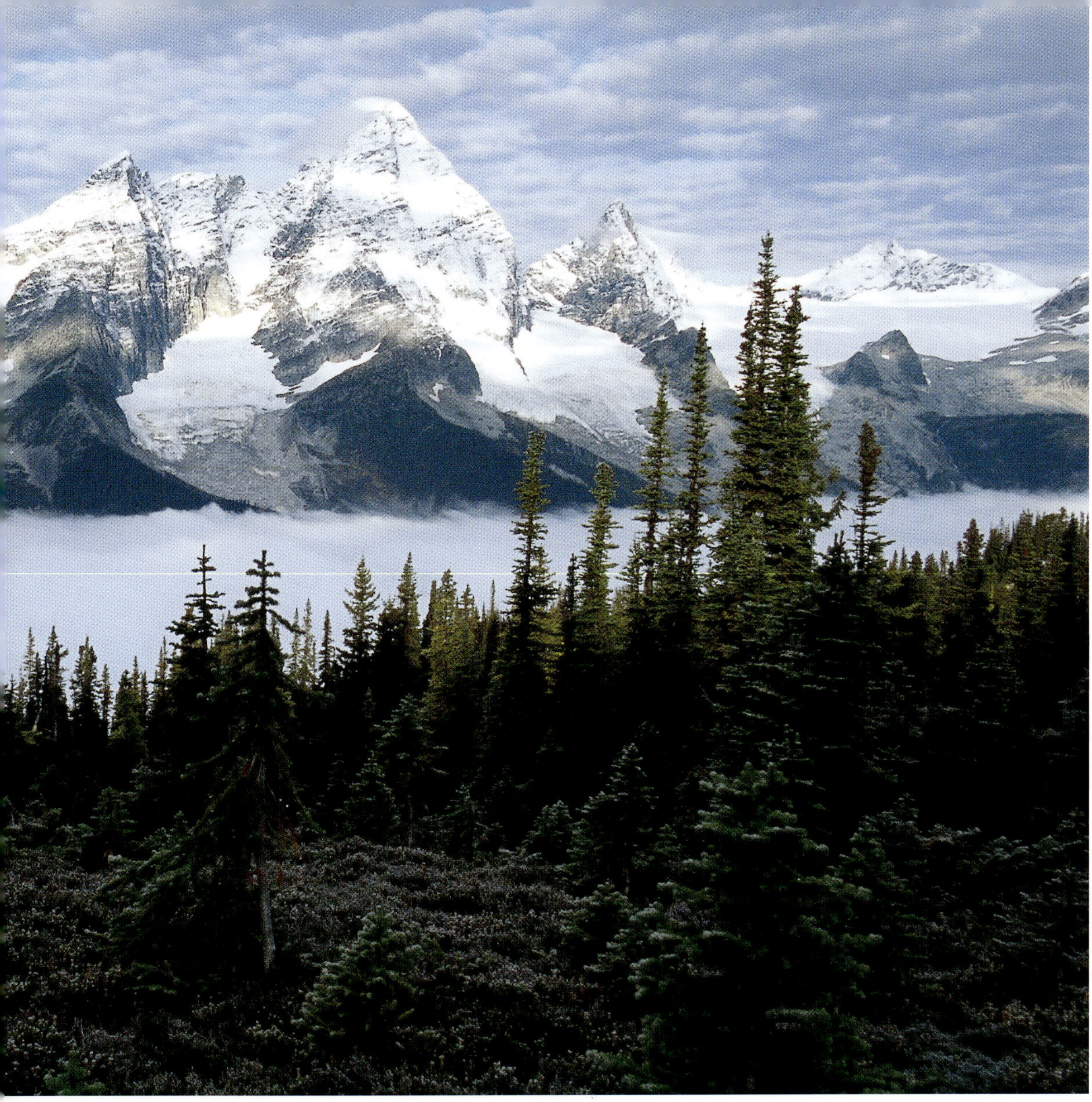

Dans les Rocheuses, il n'y a que les villes qui soient petites. Golden, située à 143 kilomètres du parc de Banff, est un joyeux salmigondis de scieries et de loisirs de plein air. Ces derniers doivent leur existence au Kicking Horse qui domine la ville (le dernier coin à la mode pour le ski en poudreuse) et aux six parcs nationaux des alentours. C'est aussi là qu'est basé Canadian Helicopters qui propose des vols jusqu'à Purcell Lodge deux fois par semaine. Purcell Lodge, situé au-dessus de la rivière Beaver à la limite du Glacier National Park, a été récompensé par un prix pour son faible impact environnemental. Les hélicoptères sont

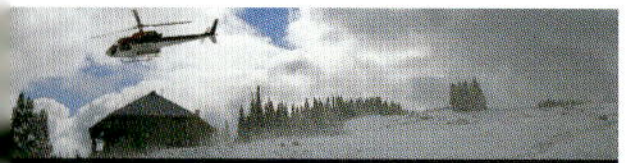

sûrs, mais certainement pas ennuyeux. Fondant sur des arrêtes tranchantes recouvertes de glace et s'élevant le long de sommets de granit déchirés, ils sont le seul moyen d'atteindre cette zone de montagne à 1 200 mètres en une demi-heure et avec le sourire.

Certains trajets sont effectués plusieurs fois par jour, transportant les visiteurs d'un sommet à l'autre, mais il en existe, comme celui de Purcell, qui ont une fréquence limitée afin de préserver la tranquillité. Étant forcé de passer au moins quatre jours sur place, vous serez obligés de ralentir, vous détendre et profiter de cet environnement pur et sauvage. Et quel environnement ! Situé dans la zone alpine, au-dessus des forêts de sapins des rocheuses et d'épinettes d'Engelmann, il abrite à la fois des grizzlis et des ours noirs que l'on peut à l'occasion voir déambuler dans les prairies à la recherche de baies (ils en mangent jusqu'à 200 000 par jour) et creuser pour trouver des écureuils terrestres.

Purcell Lodge et les Selkirk Mountains

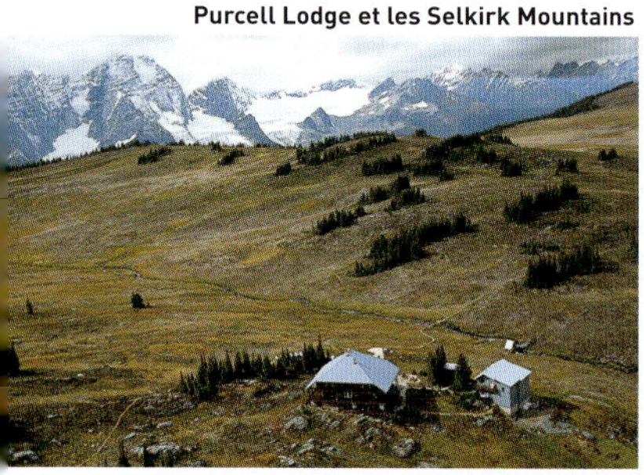

Les chutes de neige de la fin de l'automne offrent de superbes randonnées

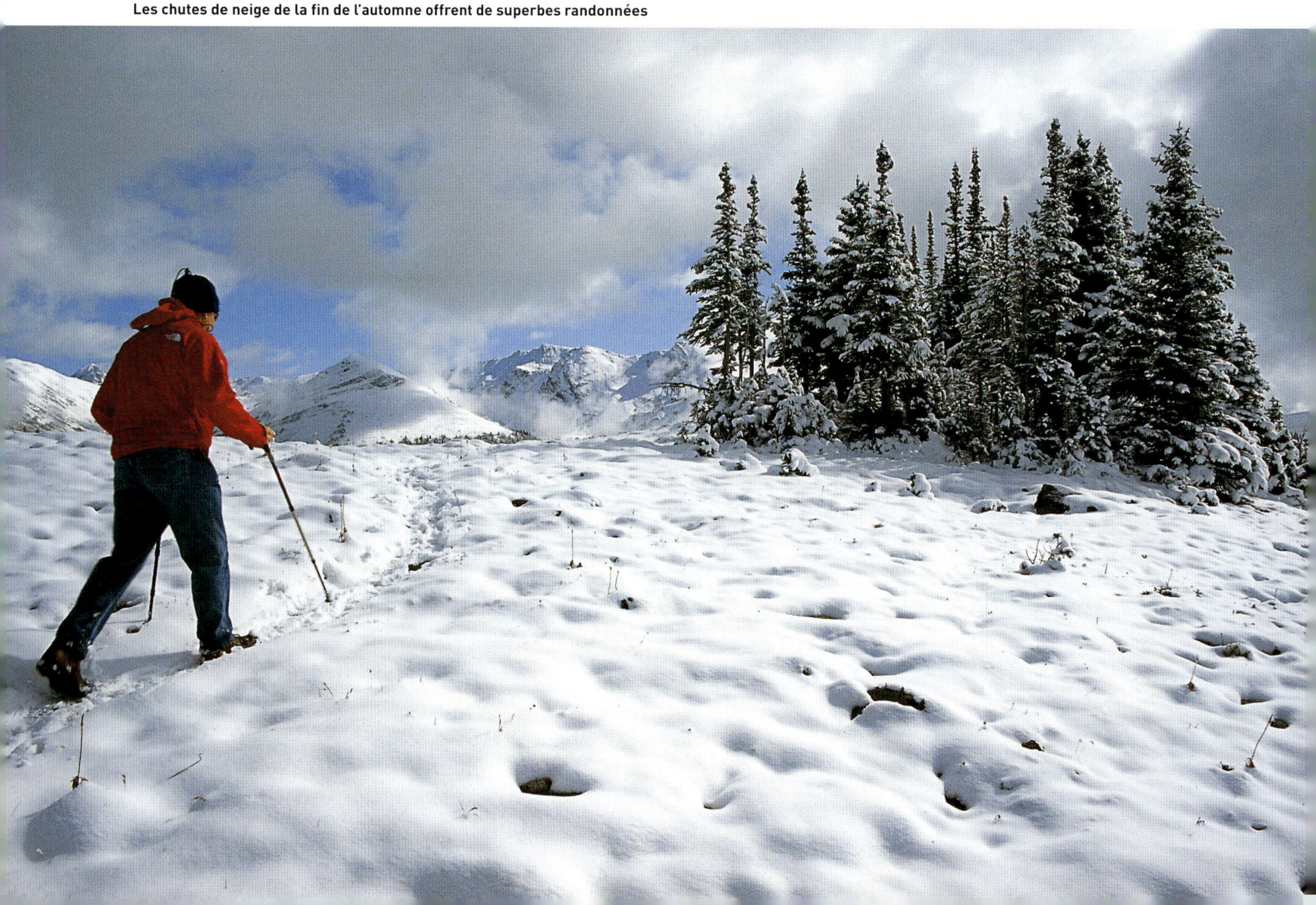

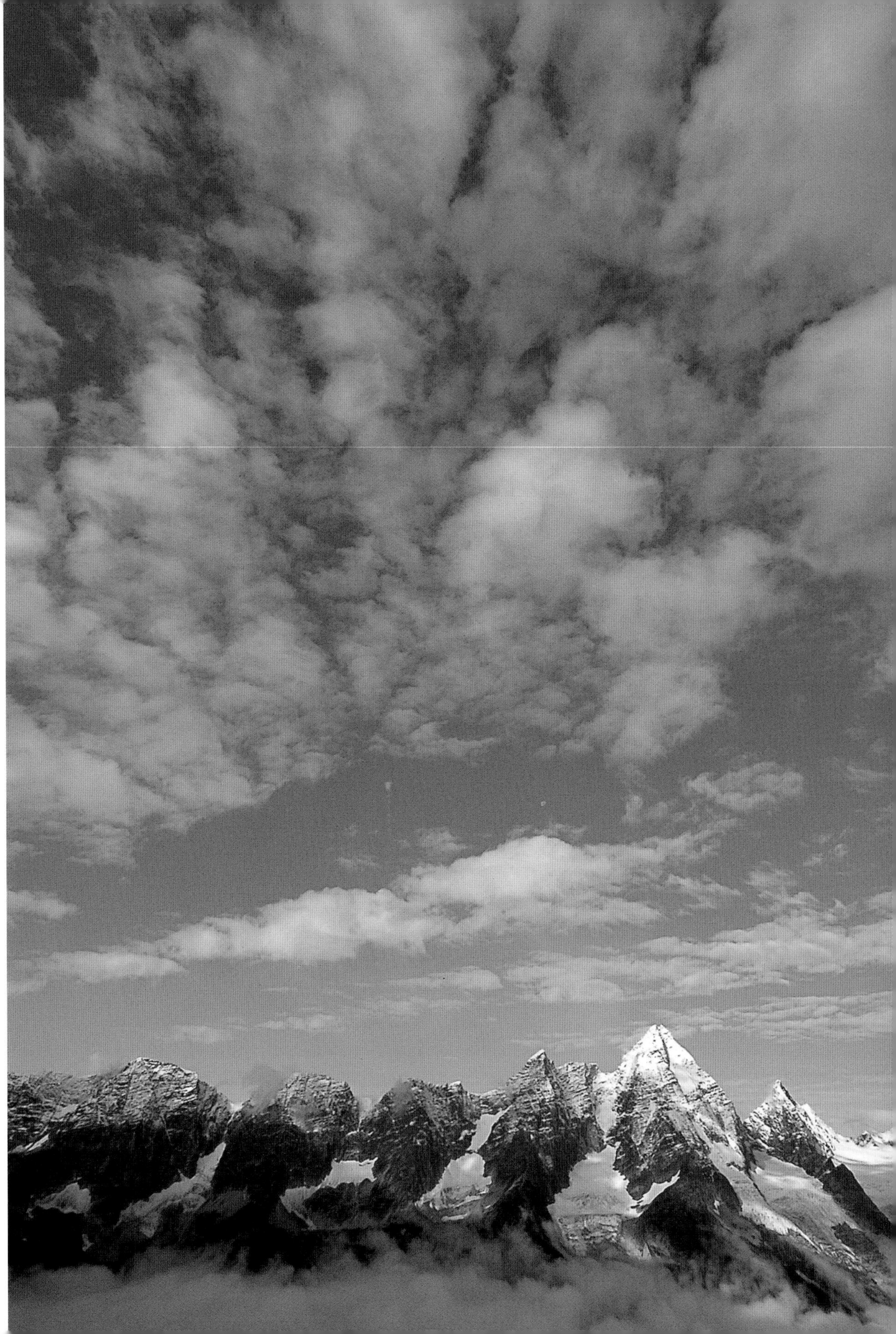

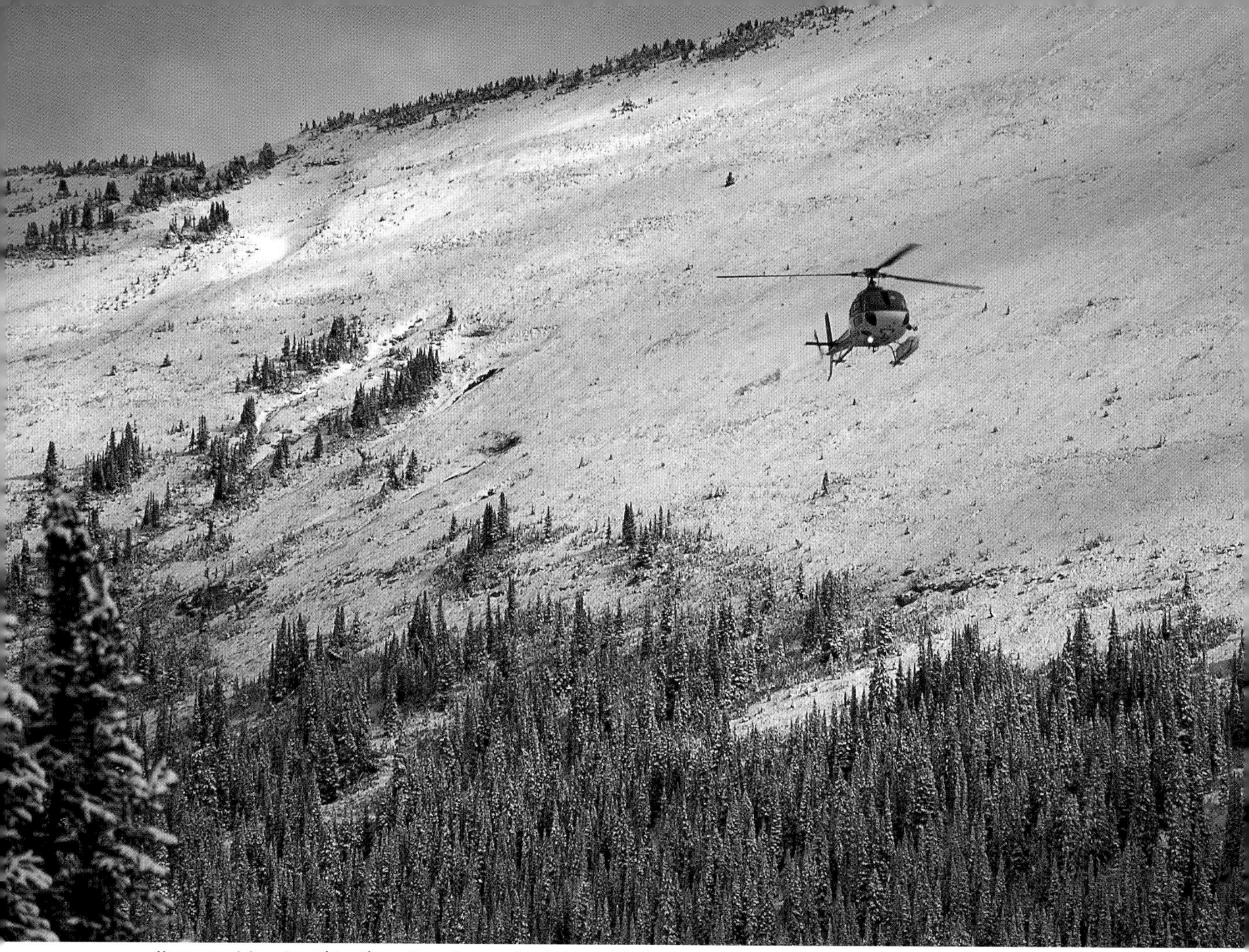
Un spectaculaire vol en hélicoptère est le seul moyen d'accès à Purcell Lodge

À l'ouest, de l'autre côté de la profonde vallée de la rivière Beaver, se trouvent les Selkirk Mountains dominées par le mont Sir Donald, un pic de granit noir de 3 277 mètres de haut. Même si d'autres sommets alentours dépassent les 3 000 mètres, c'est lui qui représente le mieux la théâtralité des couchers et levers de soleil en haute montagne. Le froid est peut-être mordant à l'aube, mais sortez tout de même sur le balcon pour voir la lumière rougeoyante glisser le long de l'impressionnant versant est du Sir Donald jusqu'au glacier Illecillewaet. C'est encore ce versant qui sert de point de repère pendant les randonnées.

L'intérêt des trajets en hélicoptère dans cette région c'est qu'ils conduisent à un réseau de sentiers de toutes sortes. Portant des noms peu engageants tels que Kneegrinder, Roller Coaster ou Long Overdue Ridge, ils offrent des sorties aux randonneurs de tous niveaux, de l'expédition d'une journée jusqu'au mont Copperstain (2 606 m) ou au

Moonraker Peek (2 850 m) aux douces balades. Vous pourrez ainsi admirez le paysage, peut-être apercevoir un ours et retourner à Purcell à temps pour le goûter afin de savourer des gâteaux devant un bon feu. Mais attention à garder de la place pour le dîner gastronomique !

Même si les voyages en hélicoptère sont plus prisés au printemps – lorsque les fleurs sauvages recouvrent les prairies – et en été, Purcell se prête également à de merveilleuses explorations en hiver ou à la fin de l'automne – si les conditions météorologiques le permettent. Le début de l'hiver s'accompagne d'un changement de pratiques : les chaussures de marche sont rangées et l'on dépoussière les skis. Avec des chutes de neige incroyablement importantes et un temps sec, les sentiers de randonnée se transforment en fabuleuses pistes de poudreuse profonde. Le chalet reste ouvert, les navettes en hélicoptère continuent et l'appel du sauna se fait plus pressant. Quelle que soit la saison, les séjours en hélicoptère sont parmi les meilleures expériences en montagne.

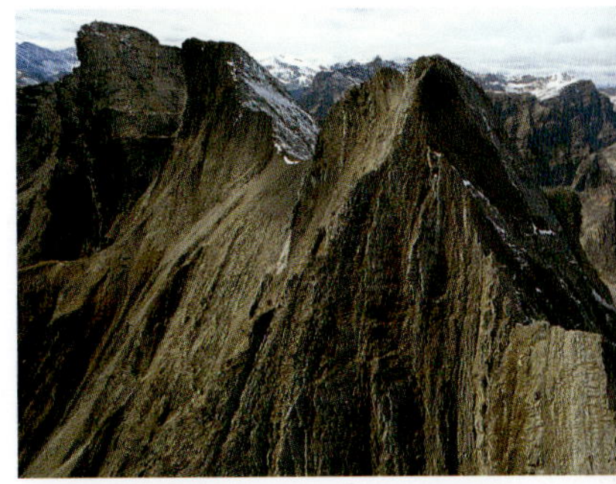

Des crêtes aiguisées en chemin vers Purcell

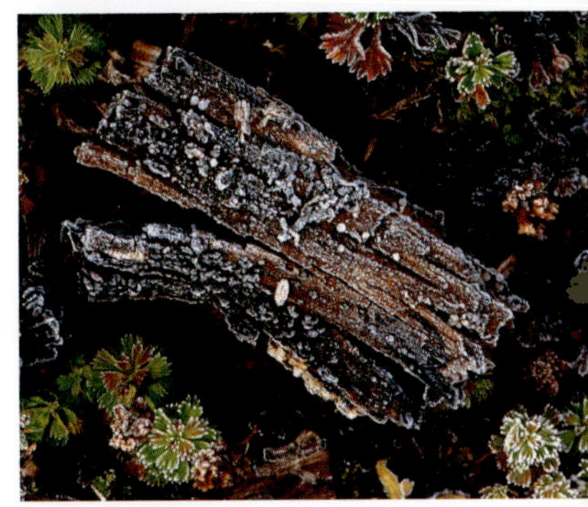

Écorce de sapin gelée

ⓘ

Golden se situe sur la Trans Canada Highway 1 entre Banff et Vancouver. L'aéroport international le plus proche est Calgary, dans l'Alberta, à environ trois heures de route. Il est desservi par plusieurs compagnies, dont les charters de Canadian Affair. Pour les vols en hélicoptère, veillez à réduire au minimum le poids de vos bagages, les règles en la matière étant très strictes. Purcell Lodge propose une gamme de forfaits hélicoptère en été et ski en hiver.

Nuages d'orage au coucher du soleil sur le mont Sir Donald

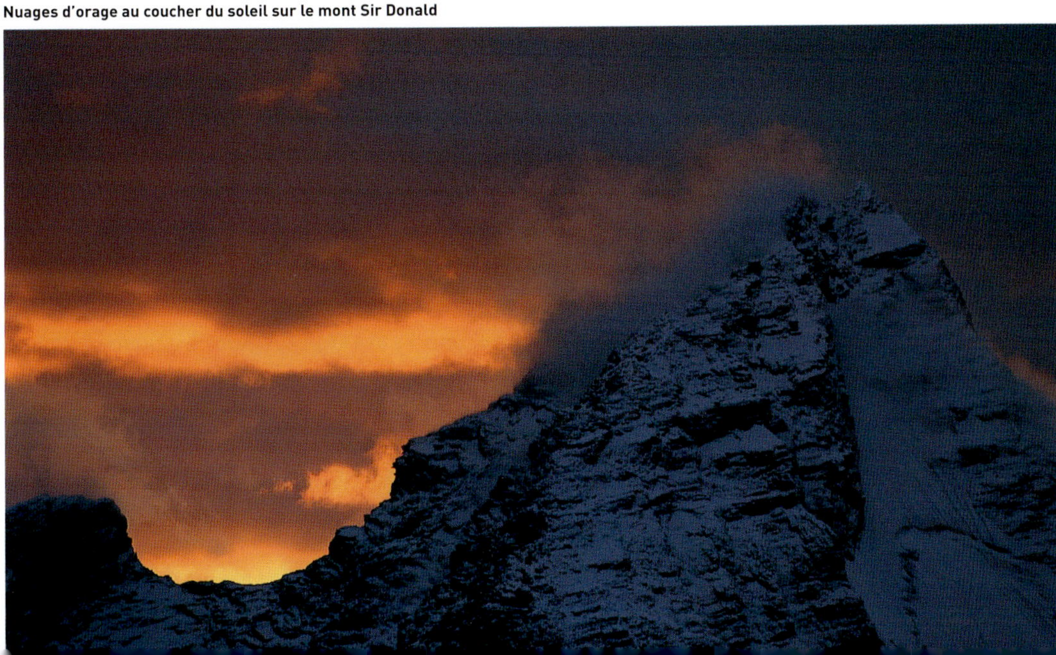

En felouque sur le Nil
Assouan, Égypte

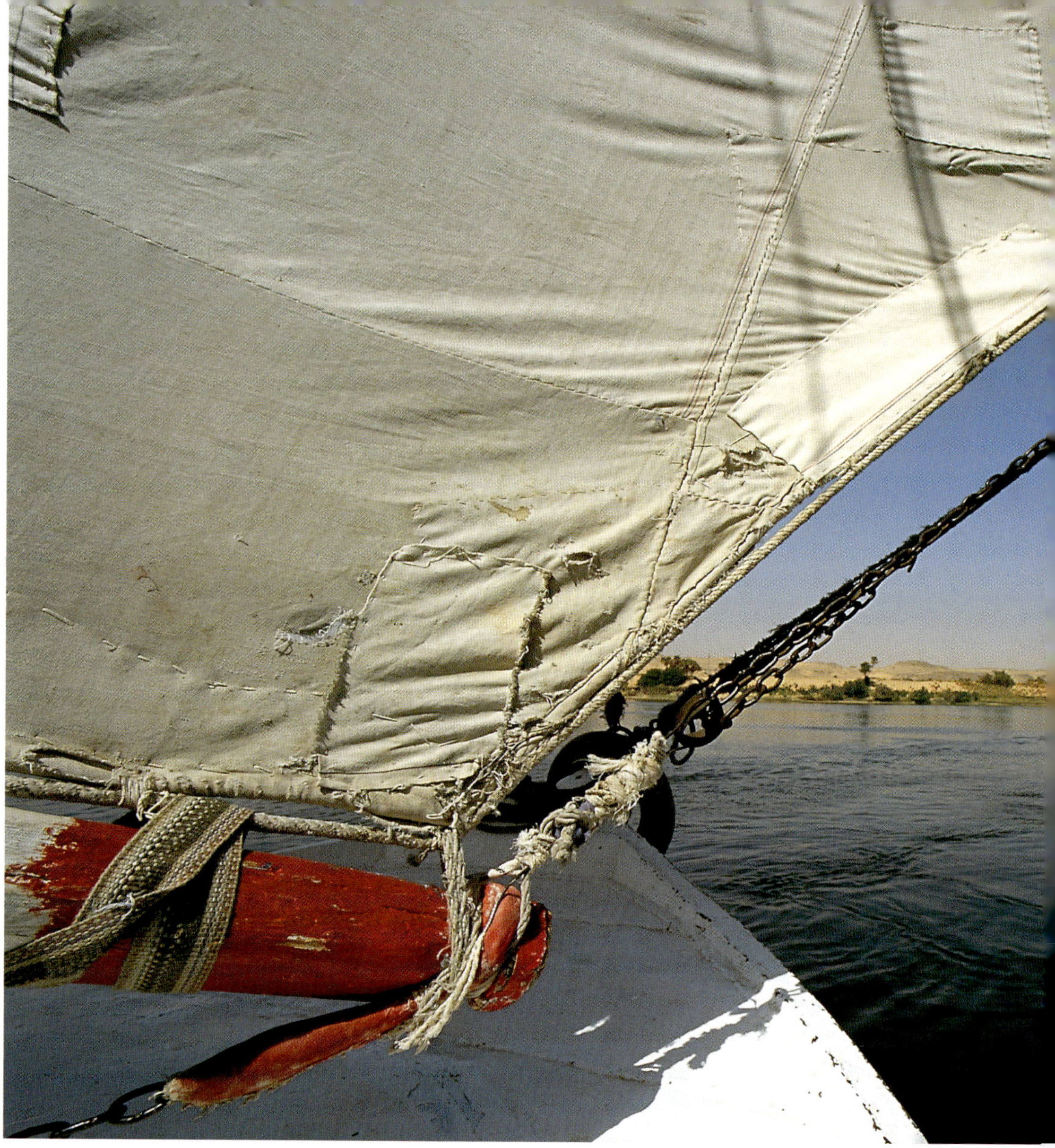

Le Nil n'a pas d'égal lorsqu'il s'agit d'évoquer des images exotiques d'antiquité, de mythologie et de grandes civilisations et il n'existe pas de meilleur moyen de le découvrir qu'à bord d'une felouque, le bateau traditionnel égyptien.

De nombreuses excursions d'une heure ou plus sont proposées depuis Louxor mais le voyage le plus enchanteur est celui de trois jours, d'Assouan, au sud du pays, vers le nord et Kom Ombo. C'est un trajet paisible, bien moins commercial que Louxor, qui vous donnera

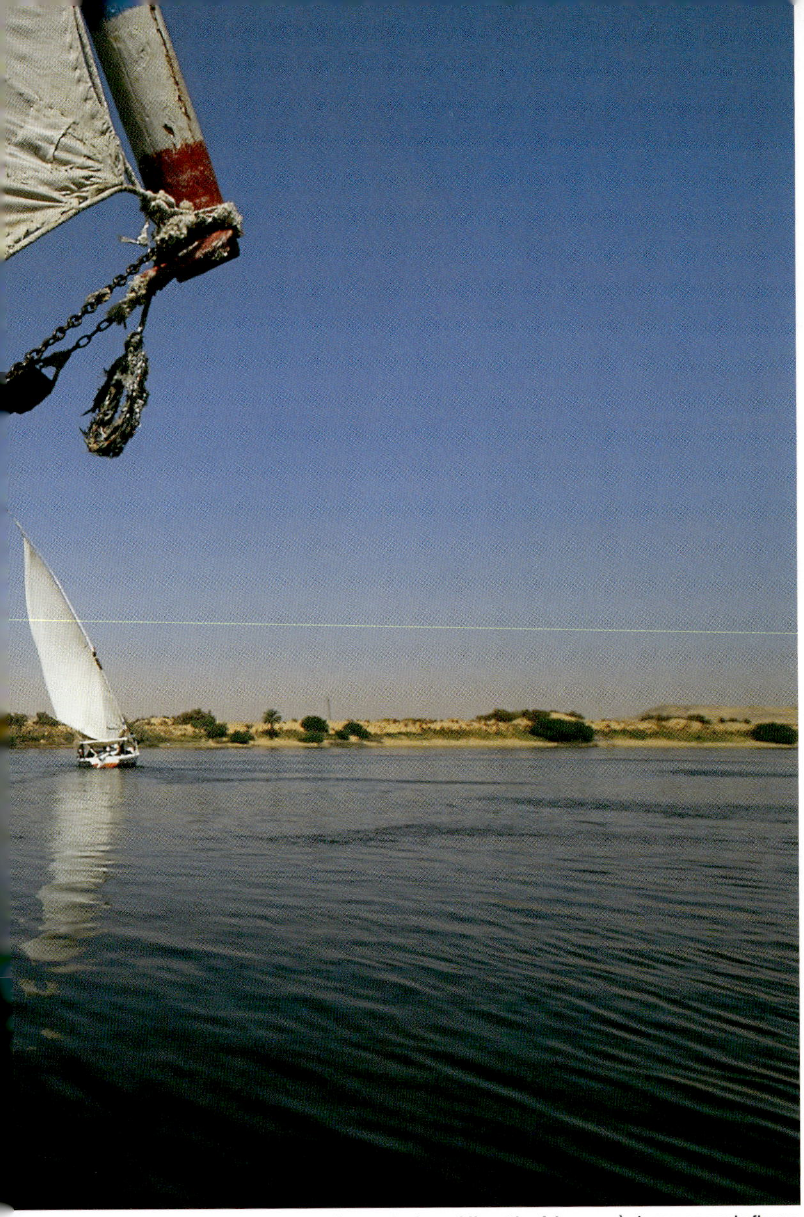
Les vents doux obligent les felouques à zigzaguer sur le fleuve

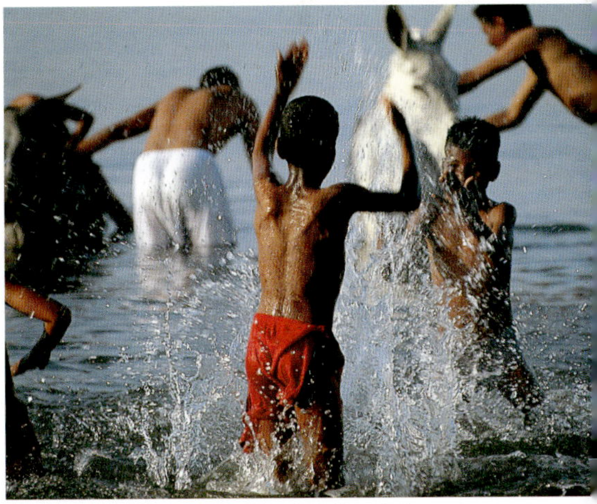
Des enfants s'amusent dans le Nil près de Kom Ombo

l'opportunité de découvrir le mode de vie rural des berges du Nil, qui a peu changé au fil des siècles.

La vie sur la felouque n'est pas luxueuse, n'offrant que les aménagements de base pour cuisiner et des arrêts à la demande pour accéder aux commodités à terre. Cependant, cette simplicité vous permet de créer une véritable connexion avec le fleuve et son histoire et de vivre au gré du soleil. Un réveil sur le pont tandis que le ciel égyptien, précédemment criblé d'étoiles, laisse place à une féerie d'orange et de bleu profond est inoubliable.

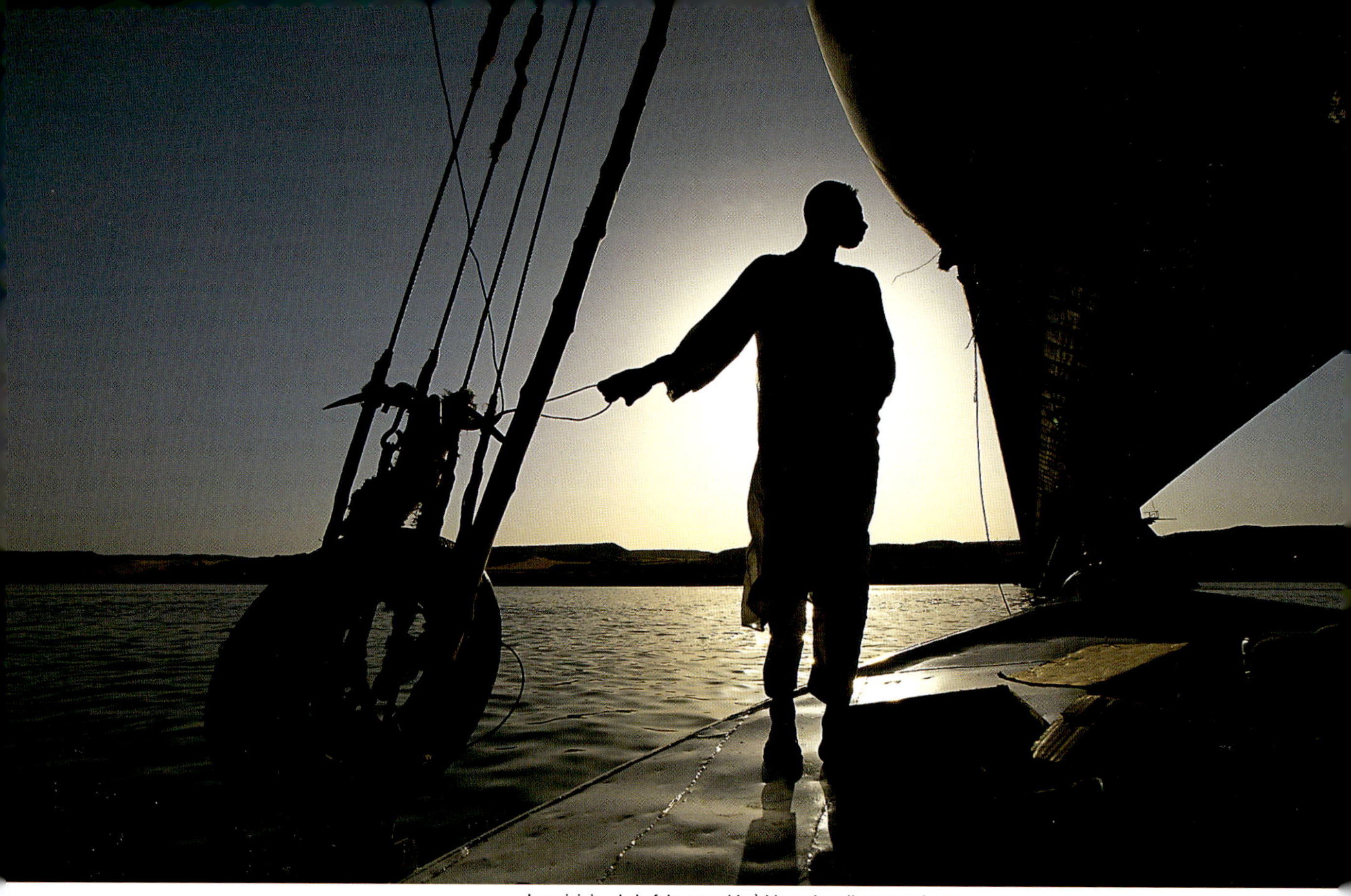

Le cuisinier de la felouque aide à hisser la voile au couchant

La vie à bord est simple et relaxante

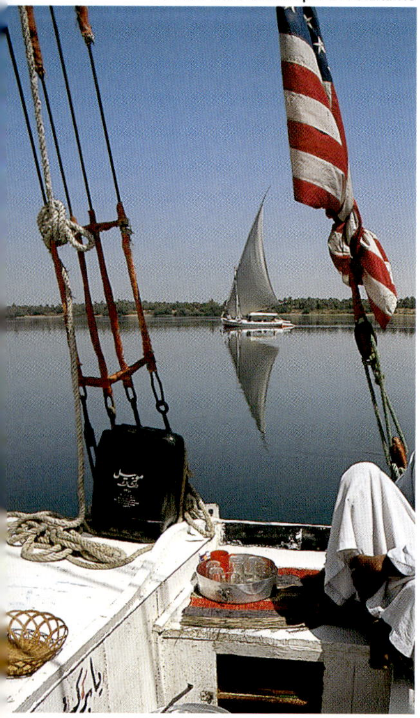

Le Nil, plus long fleuve du monde, s'étire sur 6 825 kilomètres, du lac Victoria en Tanzanie à son delta sur la côte méditerranéenne et est historiquement lié à l'existence même de l'Égypte et à son développement. Comme le disait l'historien grec Hérodote, « l'Égypte est un don du Nil ». Chaque année, ses crues déposent le limon qui permet aux cultures de pousser sur une bande étroite en bordure de l'eau dans un désert par ailleurs inhospitalier. Le fleuve était tellement vénéré que presque tous les temples antiques furent construits le long de ses berges, de celui d'Abou Simbel, au sud d'Assouan, aux grands édifices près de Louxor et aux pyramides du Caire.

Les felouques, avec leurs hautes voiles de toile blanche, transportaient à l'origine les marchandises mais sont de nos jours presque exclusivement réservées au tourisme. Chacune d'elle possède un capitaine et un cuisinier. On amène les ânes au fleuve pour les laver, des bacs chargés le traversent pour relier des villes séparées par les eaux et, alors que le soleil descend, les fidèles musulmans prient sur les rives. Peu de voyages sont aussi relaxants.

Chaque soir, la felouque est amarrée dans une zone déserte du rivage et le cuisinier se met au travail derrière son minuscule fourneau. Après le dîner, vient le moment de vous dégourdir les jambes sur la rive et de vous asseoir autour d'un feu de camp pour écouter les chants et récits du capitaine. Avec une pollution lumineuse quasi nulle, le ciel d'un noir d'encre se pare lentement d'une féerie scintillante d'étoiles. On comprend mieux pourquoi les anciens égyptiens étaient si fascinées par l'astronomie et les mouvements des planètes. L'eau clapote sur les flancs de la felouque et il est enfin l'heure de se glisser sous les couvertures ou dans un sac de couchage (la température est fraîche la nuit) pour un sommeil plein de rêves.

Si les vents du sud soufflent suffisamment, vous pourrez peut-être rejoindre Edfou, où se trouve l'impressionnant temple d'Horus ; datant

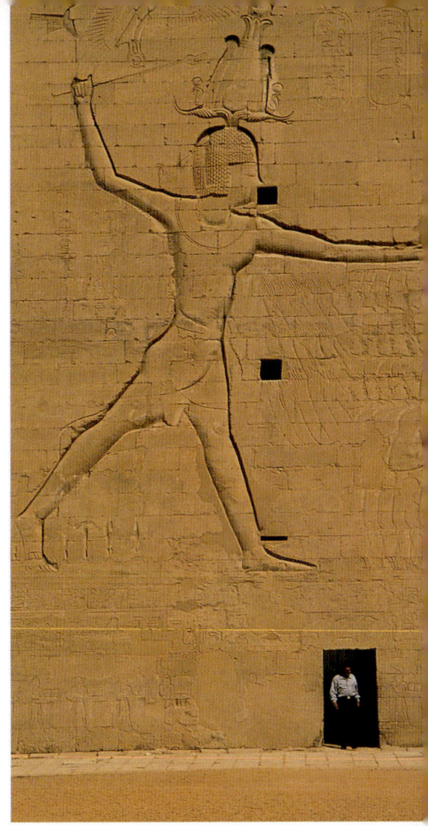
Entrée du temple d'Horus à Edfou

À Kom Ombo se situe le temple d'Horus et Sebek

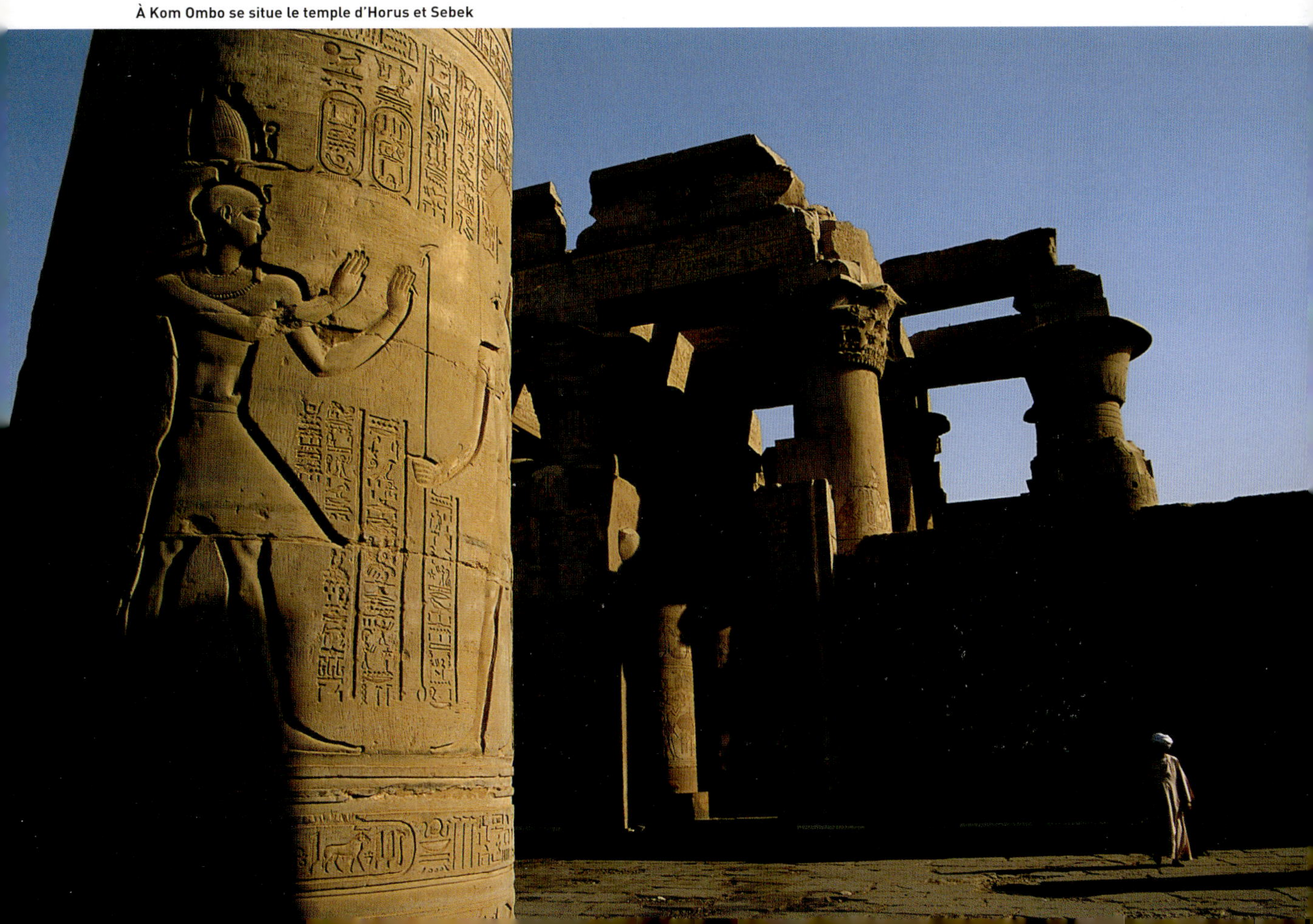

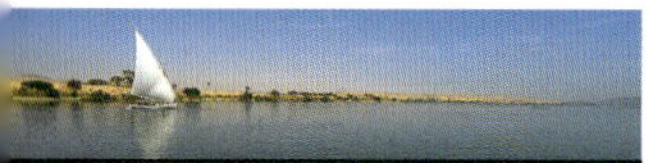

Page ci-contre :
Les felouques étaient traditionnellement utilisées pour le transport de marchandises

du IIIe siècle av. J.-C., c'est l'un des plus beaux et des mieux conservés d'Égypte. Cependant, en trois jours, on s'arrête généralement à Kom Ombo, siège d'un autre temple à Horus et à Sebek, le dieu crocodile. Où que s'achève votre voyage, l'impressionnante civilisation que le Nil engendra s'imposera à vous : une conclusion idéale à votre rencontre avec l'intimité de ce fleuve de légende.

ⓘ

Il existe de nombreux vols quotidiens vers Le Caire. Egypt Air dessert Le Caire, Louxor et Assouan. Experience Egypt propose d'excellentes formules sur-mesure et l'organisation de votre trajet en felouque. Ils peuvent également vous réserver des extensions pour résider à Louxor et au Caire afin de visiter les pyramides. Les opérateurs gérant des voyages en felouque depuis Louxor ou Assouan sont légion, mais leurs prestations sont très variables. Pour des trajets de plus de quelques heures, vérifiez au moins que votre embarcation possède un parasol sur le pont arrière.

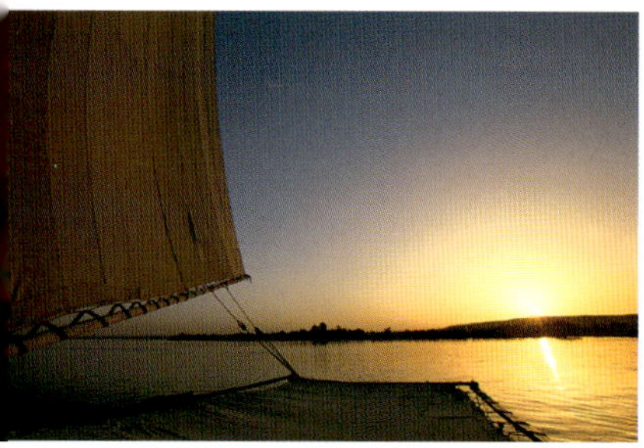

Lever de soleil sur le Nil

Le réveil à l'aube à bord de la felouque

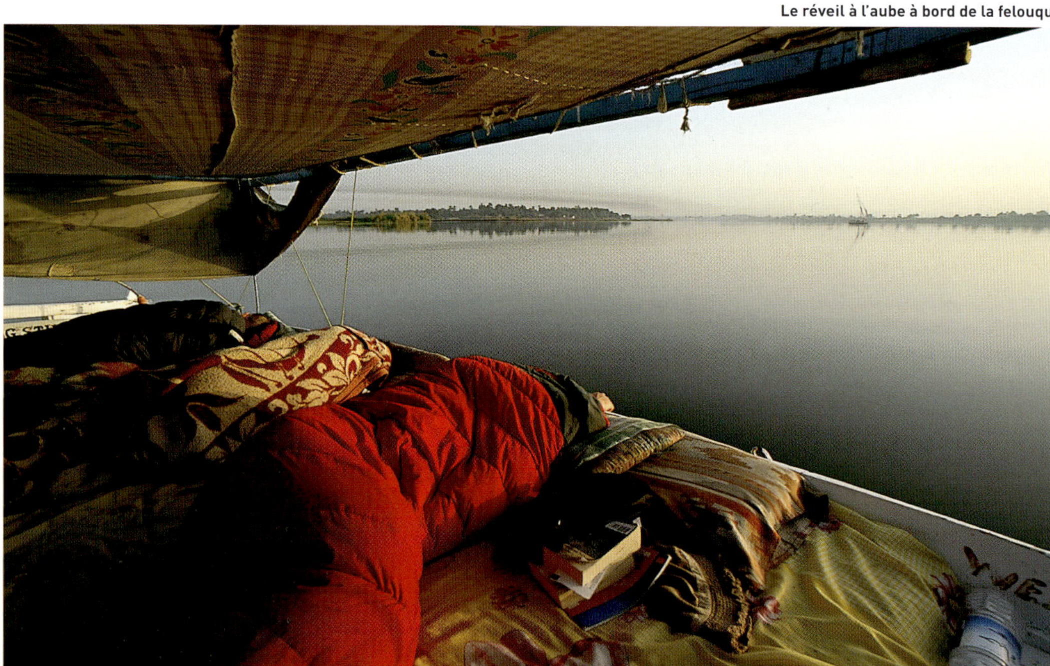

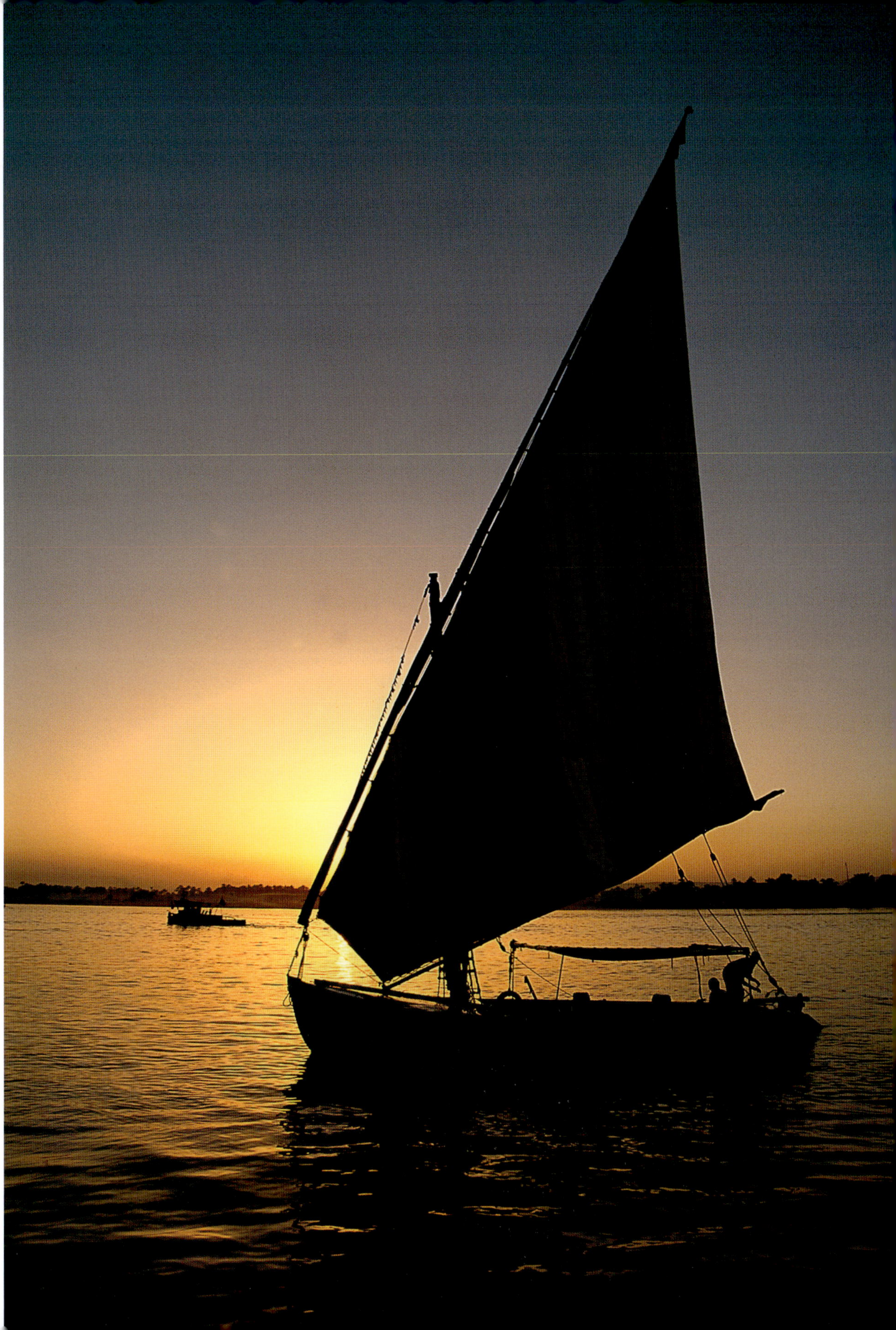

Escalader un volcan

Pacaya, Guatemala

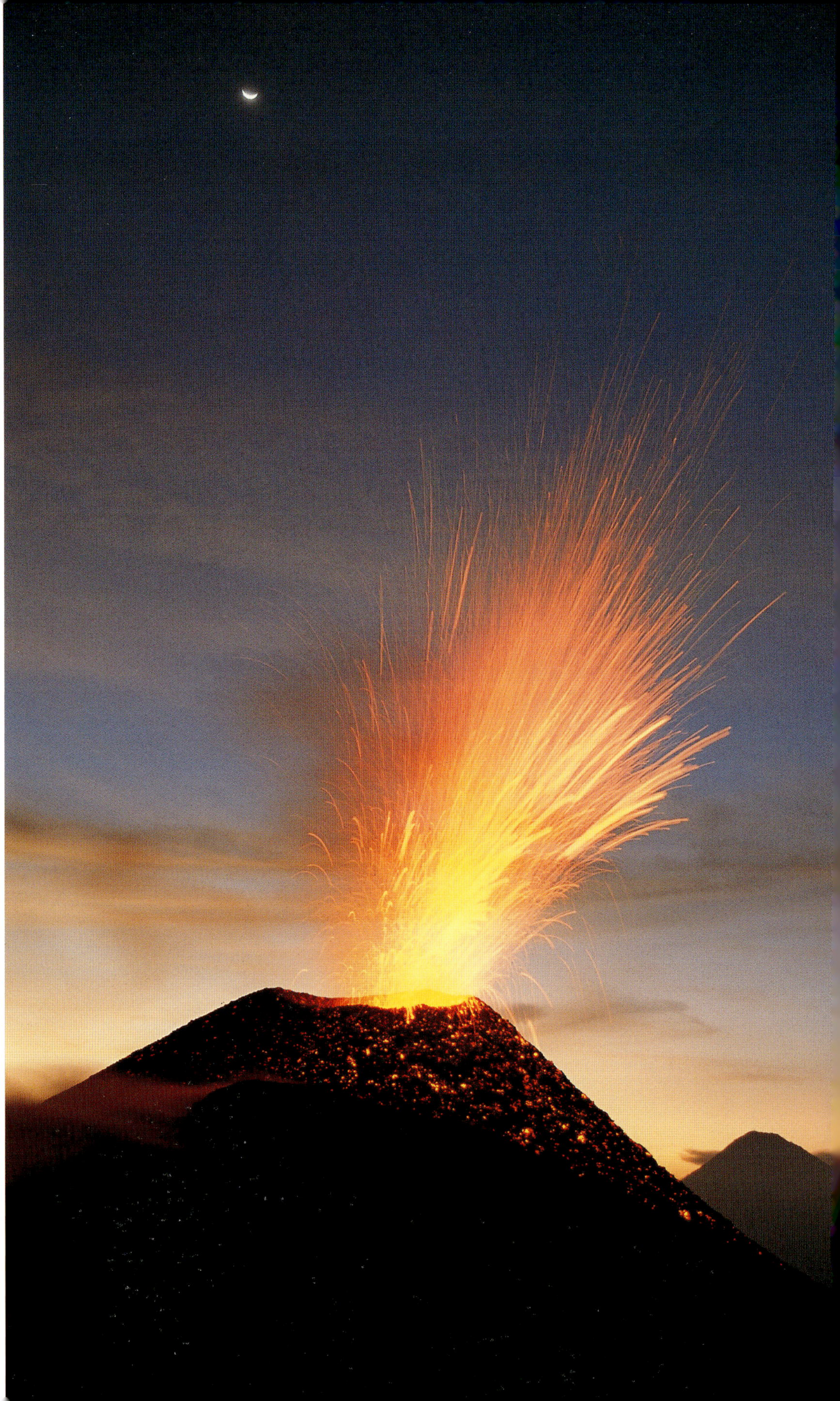

Page ci-contre :
Une spectaculaire éruption du Pacaya sous la lumière de la lune

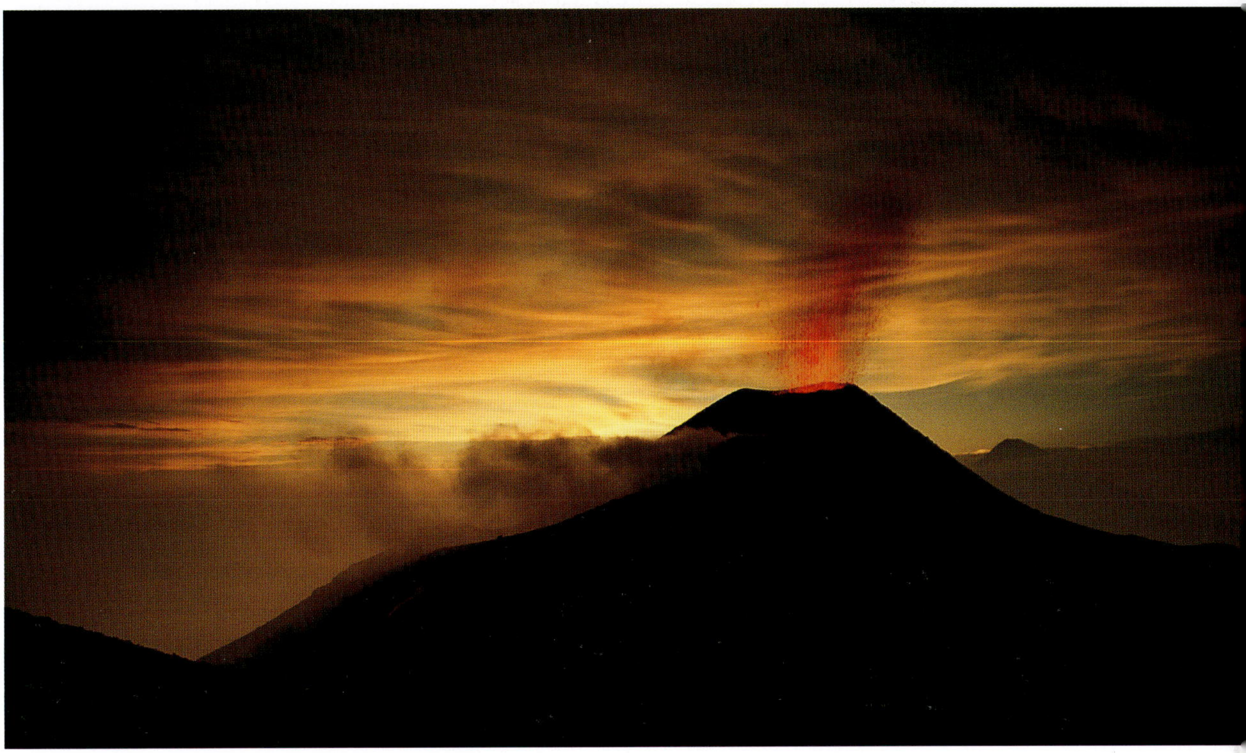

Mieux vaut gravir le volcan l'après-midi pour le voir en éruption

Assister à une éruption volcanique est une expérience incroyable et, au sud du Guatemala, vous pourrez vivre cette émotion au plus près en escaladant le Pacaya (Volcán de Pacaya). Et, non, ce n'est pas de la folie. On propose chaque jour des visites guidées de ce volcan extrêmement actif, permettant aux voyageurs intrépides de découvrir toute la puissance de Mère Nature.

Pacaya se situe à 30 kilomètres au sud de Guatemala City et on y accède facilement par la route depuis Antigua, une belle ville coloniale désormais classée au Patrimoine Mondial. Autrefois capitale du Royaume du Guatemala, qui englobait le sud du Mexique et une grande partie de l'actuelle Amérique Centrale, elle est magnifiquement entourée de trois volcans en sommeil : Agua, Fuego et Acatenango, tous trois de bons

Page ci-contre :
Les volcans qui entourent Antigua lui valurent son statut de capitale

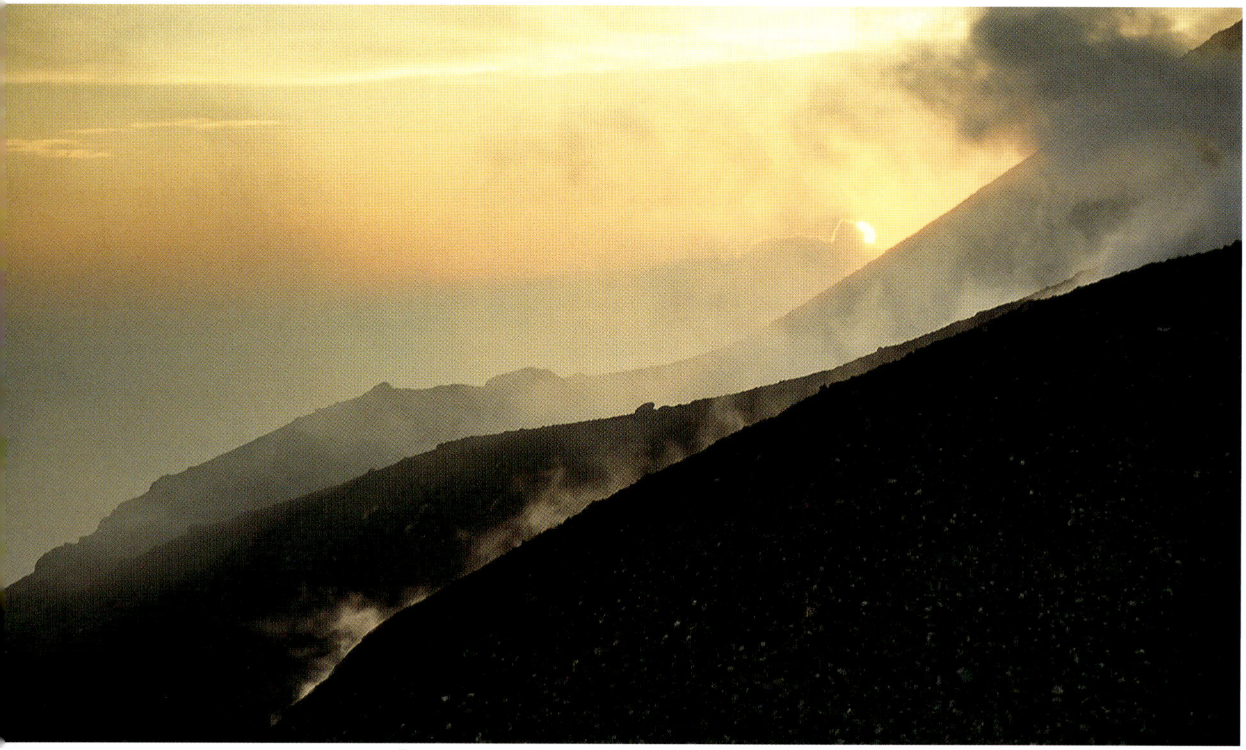
La lave en fusion fume sur les flancs du Pacaya

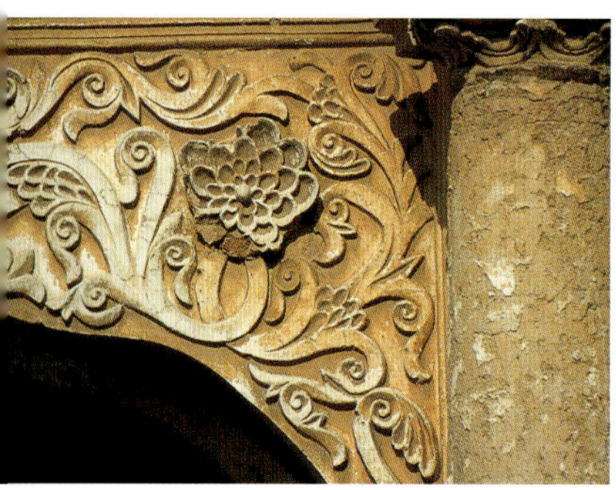
Antigua est une belle ville coloniale

choix de randonnée. Avec une telle activité naturelle – plusieurs tremblement de terre secouèrent Antigua au fil des siècles – on décida de transférer le siège du gouvernement à Guatemala City en 1776.

Contrairement à la nouvelle capitale, Antigua a su conserver son charme et sa grâce, avec ses dizaines d'églises et de monastères qui se mêlent aux maisons coloniales colorées le long des ruelles pavées. Elle possède également l'une des traditions de la Semaine Sainte les plus raffinées, les rues entières se changeant en œuvres d'art avec leurs sols couverts de tapis de fleurs et de sciure multicolore. Les longues processions et les chars volumineux portés par les habitants sont inoubliables.

En toute saison, impossible de manquer les compagnies organisant les visites de Pacaya et leurs employés qui distribuent des prospectus sur la Plaza Mayor. Mais l'ascension n'est pas pour les petites natures : le volcan mesure 2 560 mètres et, pour atteindre le sommet, il faut deux

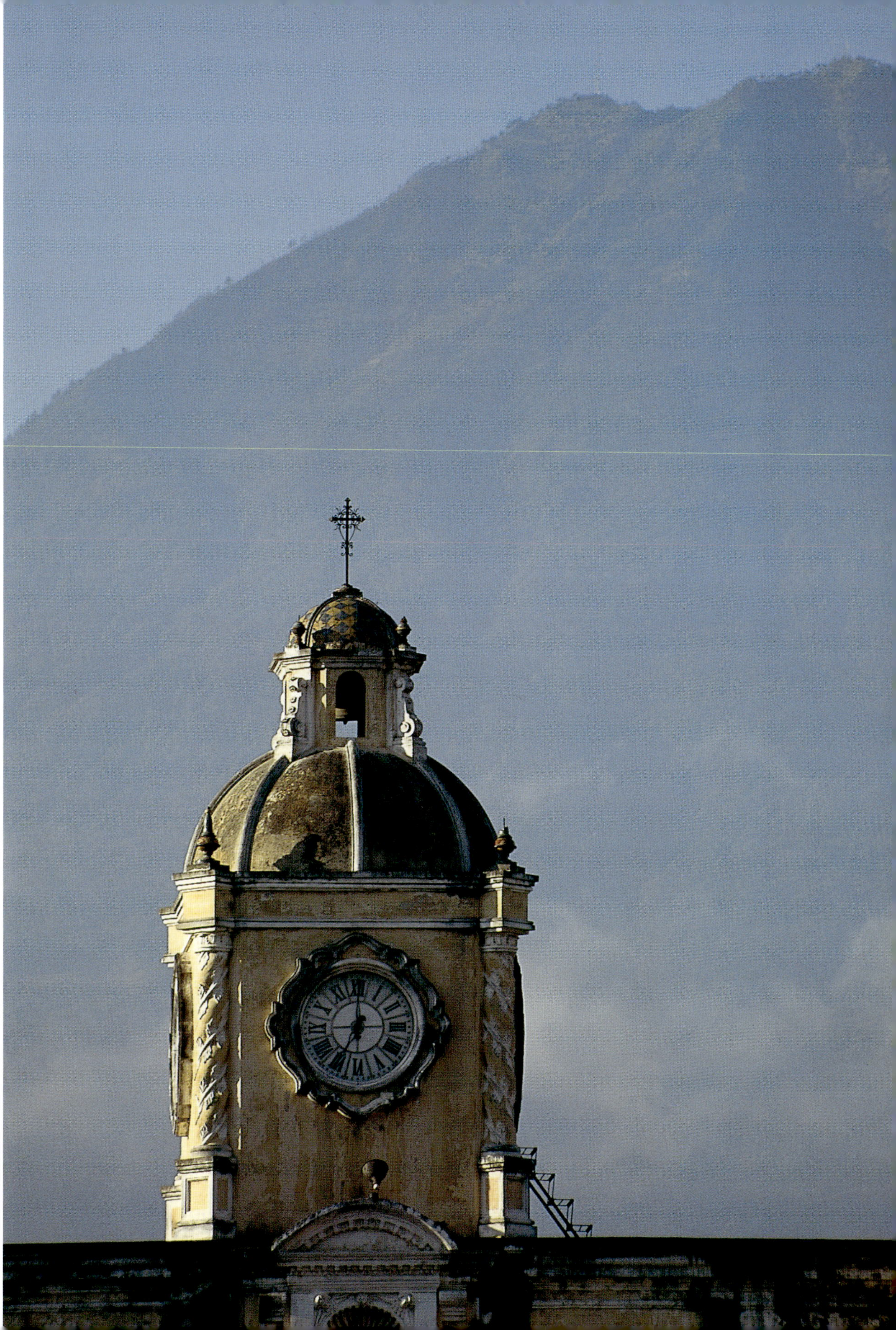

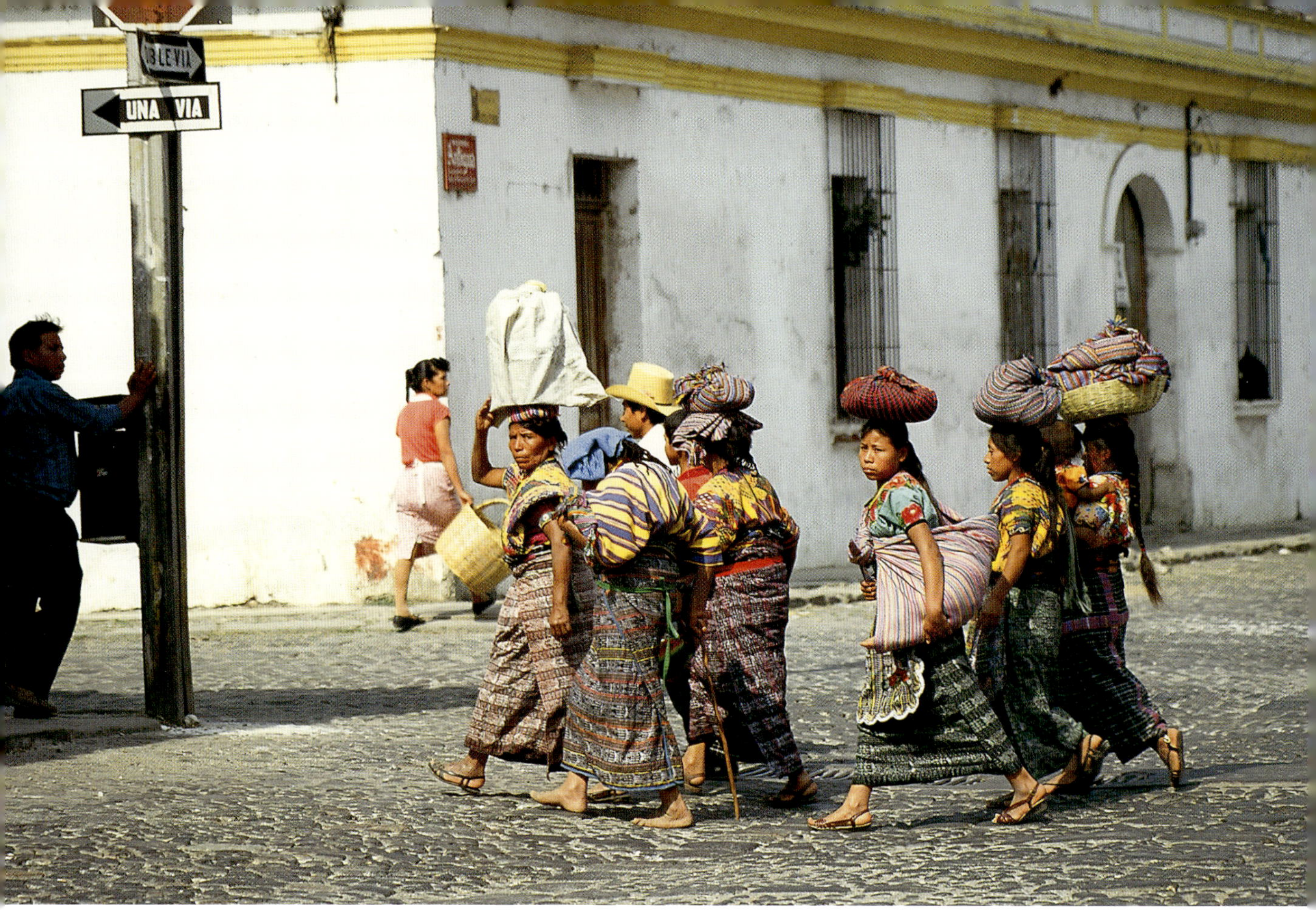

Des Mayas des hautes terres viennent au marché d'Antigua

à trois heures où l'on a l'impression d'avancer d'un pas pour reculer de deux, à travers de vastes étendues démoralisantes d'éboulis et de lave noire. Il existe deux chemins vers le Pacaya et les groupes organisés se cantonnent au plus aisé qui part de San Francisco de Sales. La plupart des excursions sont calculées pour que vous soyez au cône au coucher du soleil pour profiter pleinement du contraste saisissant entre la lave rouge qui – espérons-le – jaillit et le ciel qui s'assombrit.

Au départ de la balade, vous entendez les grondements légèrement inquiétants des éruptions tout là-haut. Et, au cas où vous auriez besoin d'autres preuves que cette visite n'est pas à prendre à la légère, des restes des précédentes coulées, encore chauds et fumants, jonchent votre parcours alors que vous approchez du sommet : le cône McKenney. Ça commence à chauffer également sous vos pieds et les chaussures à grosses semelles prouvent leur utilité. Alors que vous croyez franchir le bord du cône, le sentier tourne à gauche pour vous conduire à la relative sécurité de l'ancien sommet en sommeil.

Les beaux jours, la vue est magnifique. La cheminée active bouillonne et fait des bulles, crachant de la lave rouge de ses bords et, de temps à autre, des éruptions de type strombolien projettent de la matière à plus de 100 mètres de haut. La puanteur de souffre envahît tout, même lorsque vous êtes à contrevent. Au-delà du spectacle pyrotechnique du Pacaya, les silhouettes des trois autres volcans coniques d'Antigua forment une toile de fond exceptionnelle. Lorsque le crépuscule laisse place à la nuit, il est temps de redescendre.

Renseignez-vous sur l'activité du Pacaya auprès de l'office de tourisme Inguat, près de la cathédrale d'Antigua. L'équipe vous conseillera également des visites organisées d'opérateurs autorisés, tels Eco-tour Chejo's. Il est déconseillé d'escalader le volcan sans guide. Certains osent aller jusqu'au bord du cône mais attention : il s'agit d'une loterie absolue puisqu'une série de petites explosions ne garantit pas que la prochaine ne sera pas énorme. Il ne s'agit pas d'une expérience édulcorée pour touristes et il est important d'être conscient de la situation alors que l'on gravit le volcan. Dans le centre d'Antigua, l'hôtel Posada de Don Rodrigo, de style colonial, est un lieu unique.

Une femme maya et sa fille préparent des fleurs pour les vendre

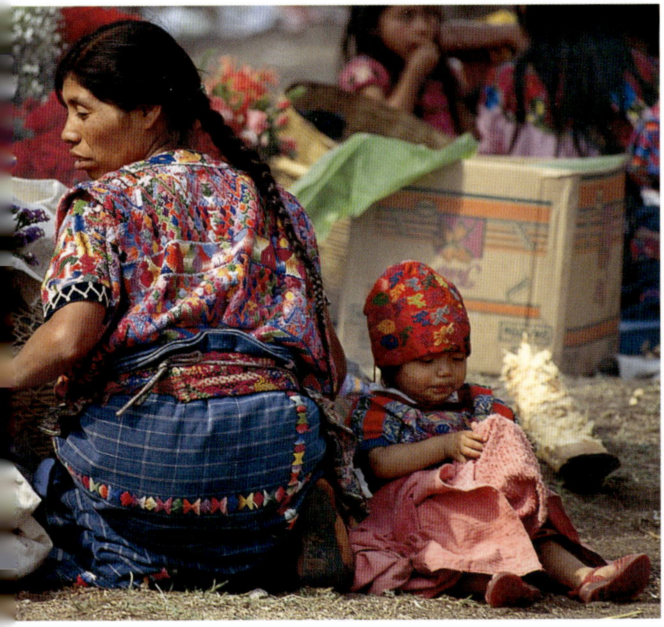

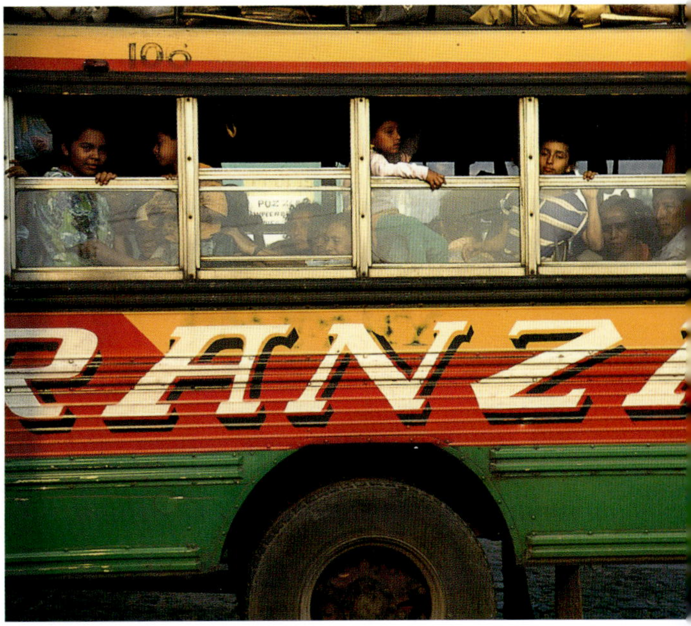

Parcourir le Milford Track

Fiordland, Nouvelle-Zélande

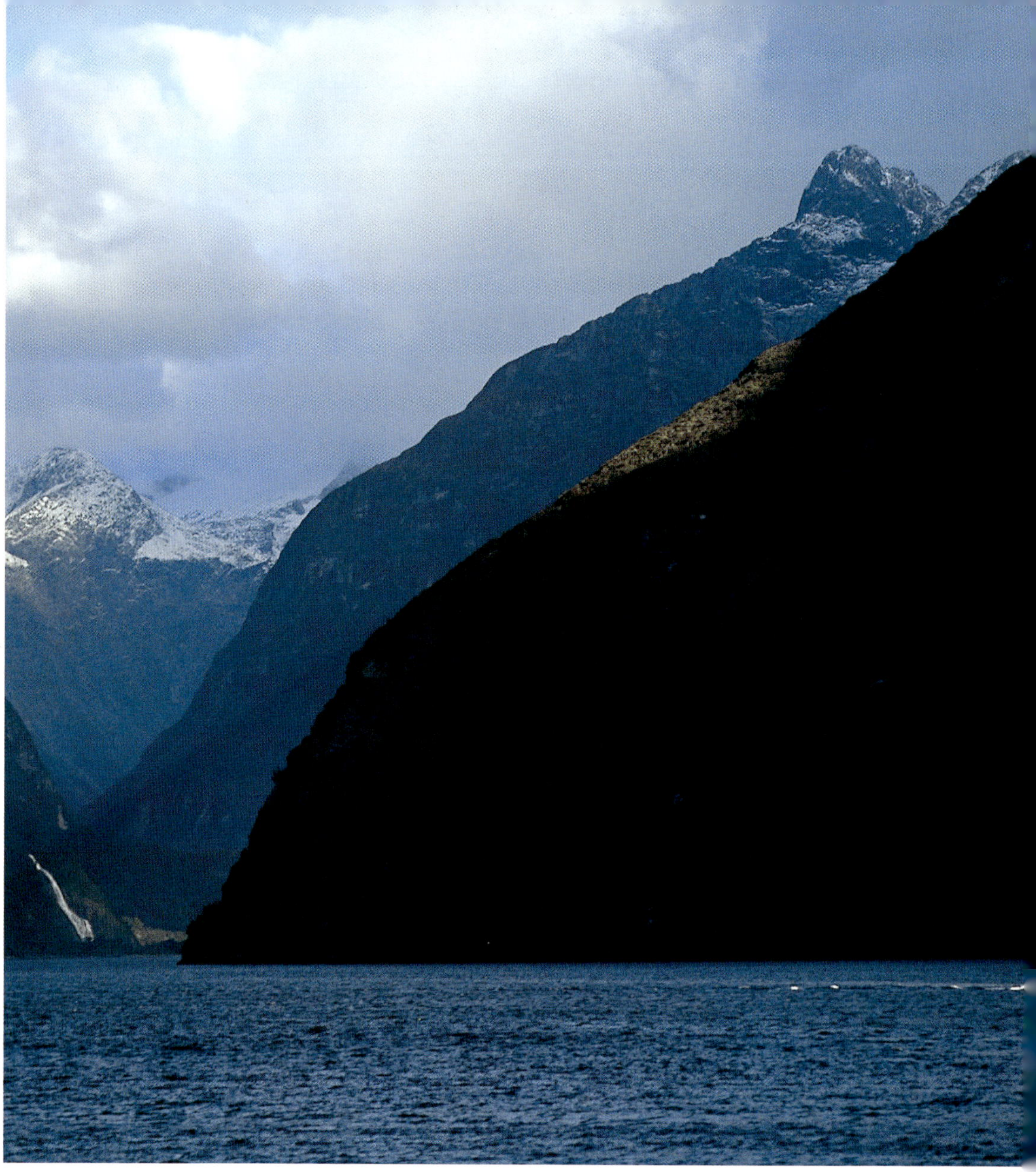

Si vous devez enfiler des chaussures de randonnée et sangler votre sac à dos une fois dans votre vie, c'est le Milford Track, connu comme la « plus belle randonnée au monde », que vous devez choisir. Traversant le cœur de South Island et ses fjords spectaculaires, il serpente parmi le bush et les forêts pluviales, vallées couvertes de glace et hautes montagnes du col Mackinnon. Il redescend ensuite majestueusement parmi les rivières et cascades, dont les magnifiques chutes Sutherland, jusqu'à Milford Sound couronné dans sa beauté par le Mitre Peak et son sommet dentelé.

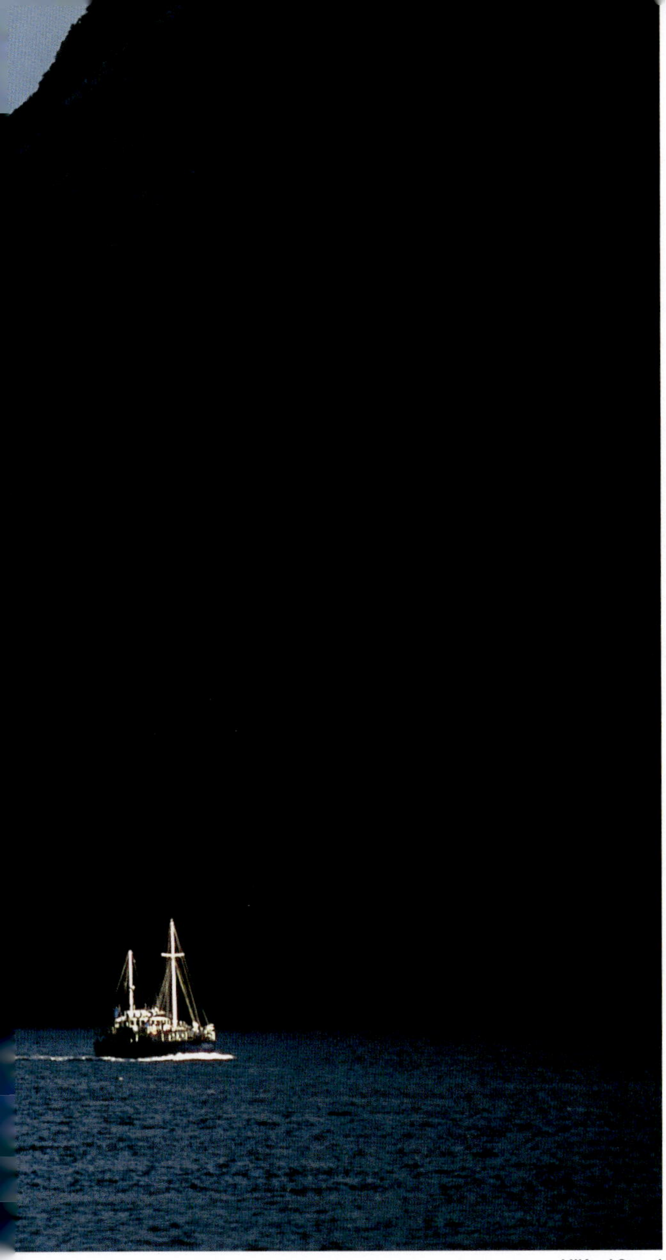

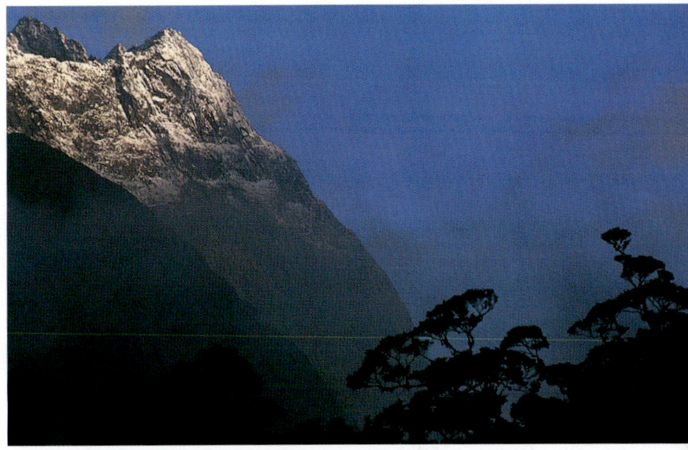

Des montagnes spectaculaires bordent le sentier jusqu'à Glade House

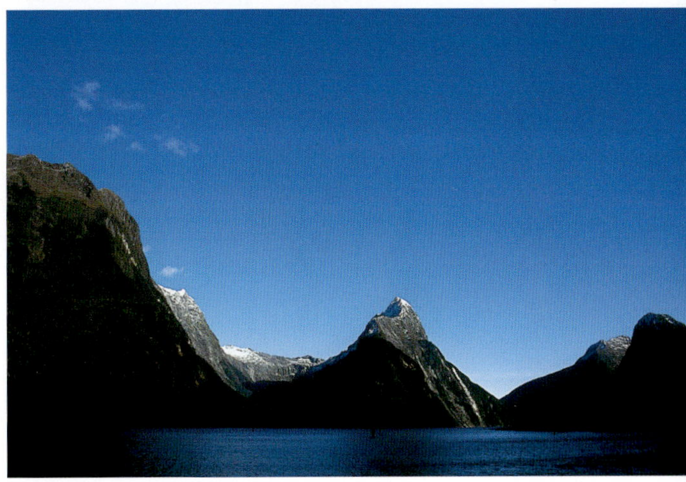

Milford Sound

Mitre Peak domine Milford Sound

Depuis que Quintin Mackinnon et Ernest Mitchell inaugurèrent la route en 1888, les randonneurs débutants ou confirmés relèvent ce challenge de quatre jours et 53 kilomètres. Et il existe deux options pour les parcourir : l'une facile et l'autre plus exigeante. Les trek guidés offrent nuits confortables, repas complets, eau chaude et un verre de vin le soir. Les marcheurs indépendants s'abritent dans des refuges le long du parcours mais doivent transporter et cuisiner eux-mêmes leur nourriture.

Si vous optez pour la randonnée guidée, tout commence par une

Page ci-contre :
Une cascade dégringolant au creux d'un étroit canyon

réunion d'information à Queenstown, suite à laquelle vous rejoignez Te Anau par la route. Vous prenez alors un bateau vers la pointe du lac. La traversée est une approche inoubliable du sentier avec les fières montagnes dans le lointain, enroulées dans leurs manteaux de forêts profondes. Une fois à bon port, une promenade de 20 minutes sur le sentier bordé de fougères vous suffit à rejoindre votre première étape, Glade House.

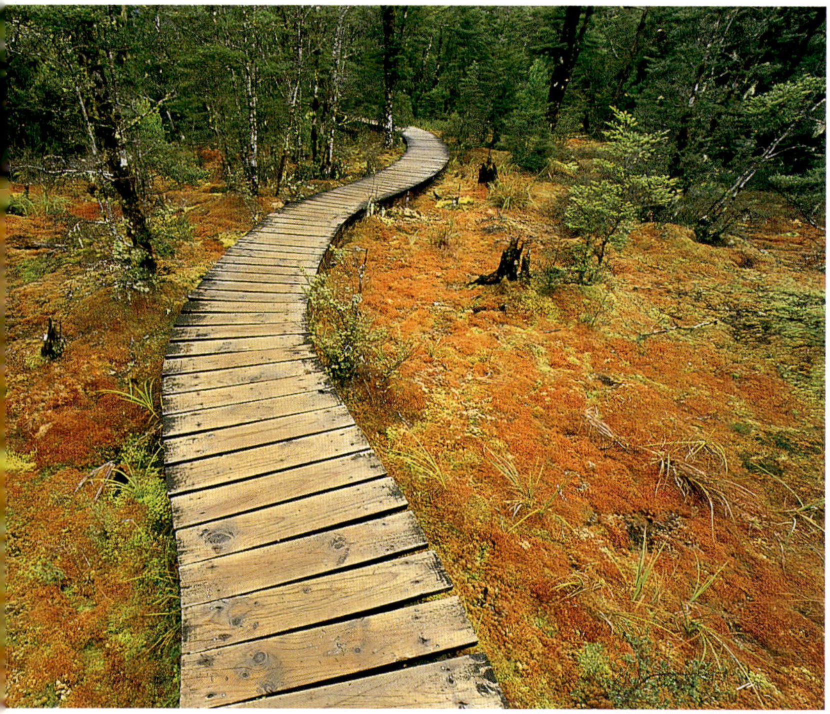

Le Wetland Walk est un court détour

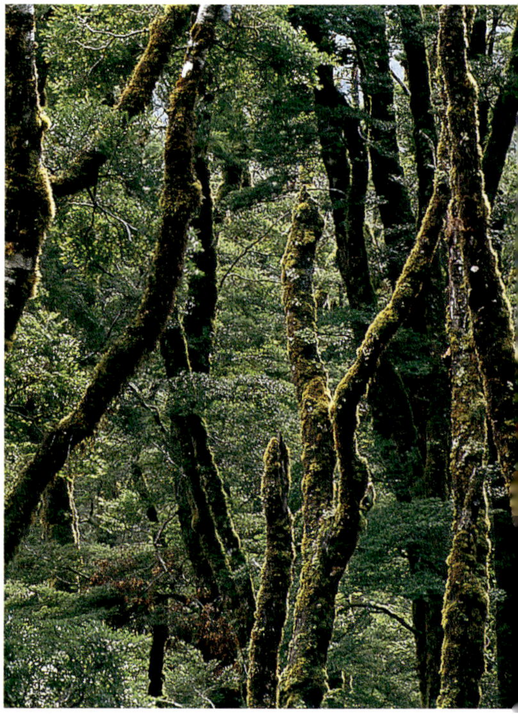

La forêt pluviale masque le sentier près de Glade House

Le deuxième jour, un pont suspendu au-dessus de la rivière Clinton vous fait vivre vos premières émotions. Le sentier se faufile alors parmi d'épaisses forêts de hêtres au-delà du refuge Mackinnon jusqu'à un sentier secondaire appelé Wetland Walk, qui vous emmène dans une zone protégée unique, réserve pour les mousses et fougères. Vous profiterez ensuite d'un certain confort en suivant le sentier, plus large, autrefois utilisé par les chevaux de bât, avant de grimper dans la partie ouest

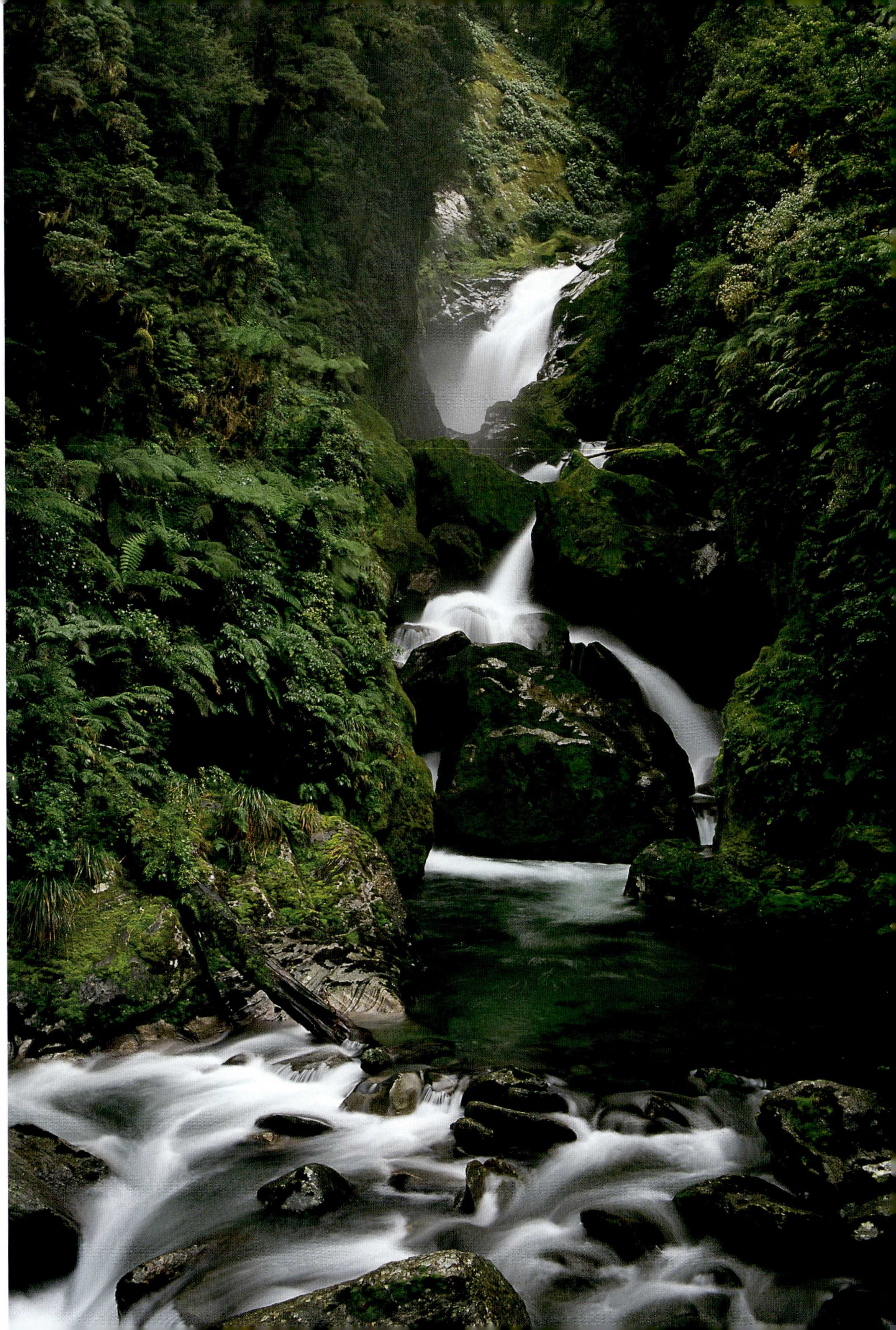

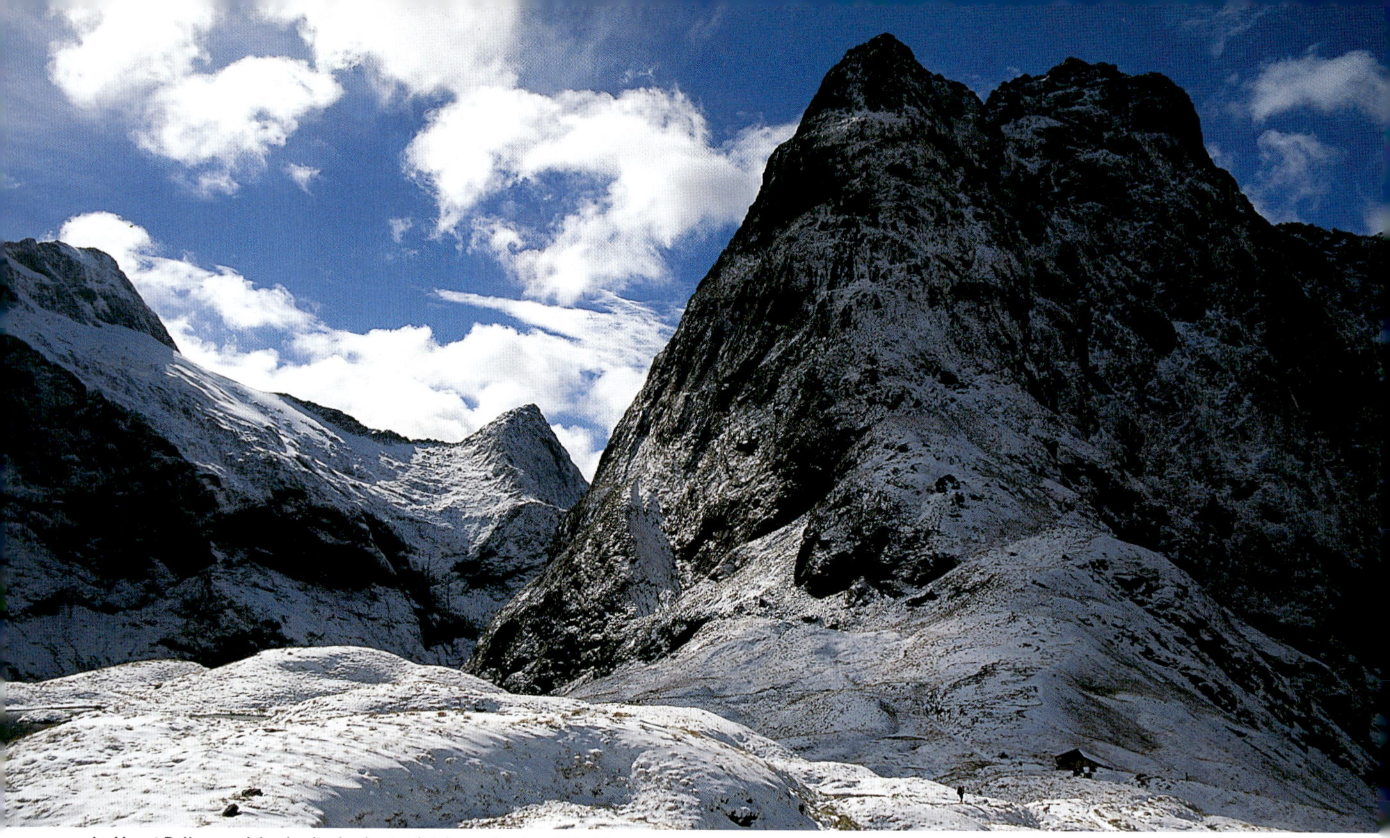

Le Mount Balloon, qui domine le plus haut point du sentier, le col Mackington

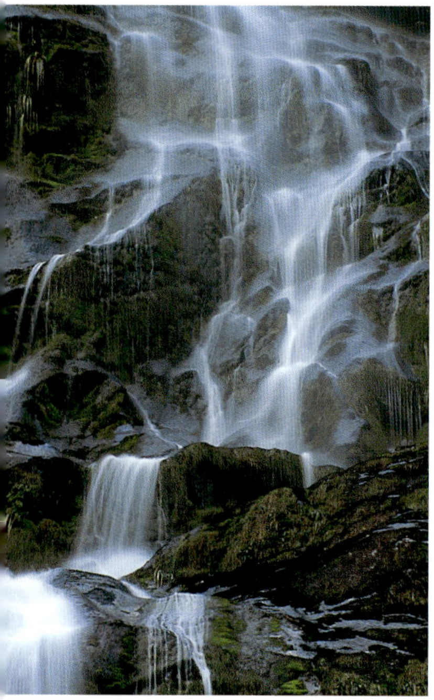

Une fine cascade près de Pompolona Lodge

de la vallée de la Clinton : ses parois de 1 220 mètres de haut vous feront vous sentir incroyablement petit.

Après une nuit à Pompolona Lodge, vous devrez vous lever aux aurores afin d'avoir du temps devant vous pour l'ascension intimidante du col Mackinnon (1 073 m). Prenant graduellement de l'altitude, vous finissez par déboucher sur un formidable panorama sur le Nicholas Cirque, un amphithéâtre naturel à la pointe de la vallée. Encore un effort, et vous atteindrez le col et le cairn commémoratif construit en 1912 en hommage à Mackinnon et Mitchell. Une mer de sommets découpés et de vallées profondes s'étend à perte de vue.

Le sentier suit le col, bordant les contours de l'imposant Mount Balloon, avant de descendre pendant encore presque 6 kilomètres jusqu'à Quinton Lodge. La marche sur le sol caillouteux et inégal peut être difficile, alors concentrez-vous plutôt sur les hautes falaises, les ruisseaux gelés et la charmante promenade de planches à travers le canyon où dégringolent des cascades. Si vos jambes sont encore d'attaque, ajoutez la boucle d'une heure trente depuis le chalet jusqu'aux chutes Sutherland, les cinquième plus hautes du monde (540 m).

La dernière étape vous semblera certainement du gâteau. Le sentier descend régulièrement et, en atteignant la borne du 43e kilomètre, vous serez revenu dans la forêt pluviale et sur un sol relativement plat. La vue rafraîchissante du lac Ada signifie que vous approchez de Sandfly Point, où vous pourrez enfin ranger vos chaussures. D'ici, un bateau vous mènera au majestueux Milford Sound, sculpté de glace. Il n'est pas de meilleur moyen de fêter la fin du parcours que d'embarquer sur le voilier *Milford Mariner* pour une tranquille traversée nocturne qui vous conduira à un lever de soleil sur la mer de Tasman. Un petit tour sur le pont sera le seul exercice requis.

Quelques compagnies, dont Air New Zealand, proposent plusieurs vols quotidiens vers Queenstown, directs ou via Auckland. La Dairy Guest House, une ancienne laiterie reconvertie, est un hébergement parfait après et avant le trek. Pour les randonnées guidées, vous pouvez réserver auprès de Ultimate Hikes et la balade sur le Milford Mariner auprès de Real Journeys. Pour un retour vers Queenstown absolument grisant, choisissez un vol panoramique pour des paysages de montagne à couper le souffle.

Le lever de soleil caresse un pic en chemin vers Glade House

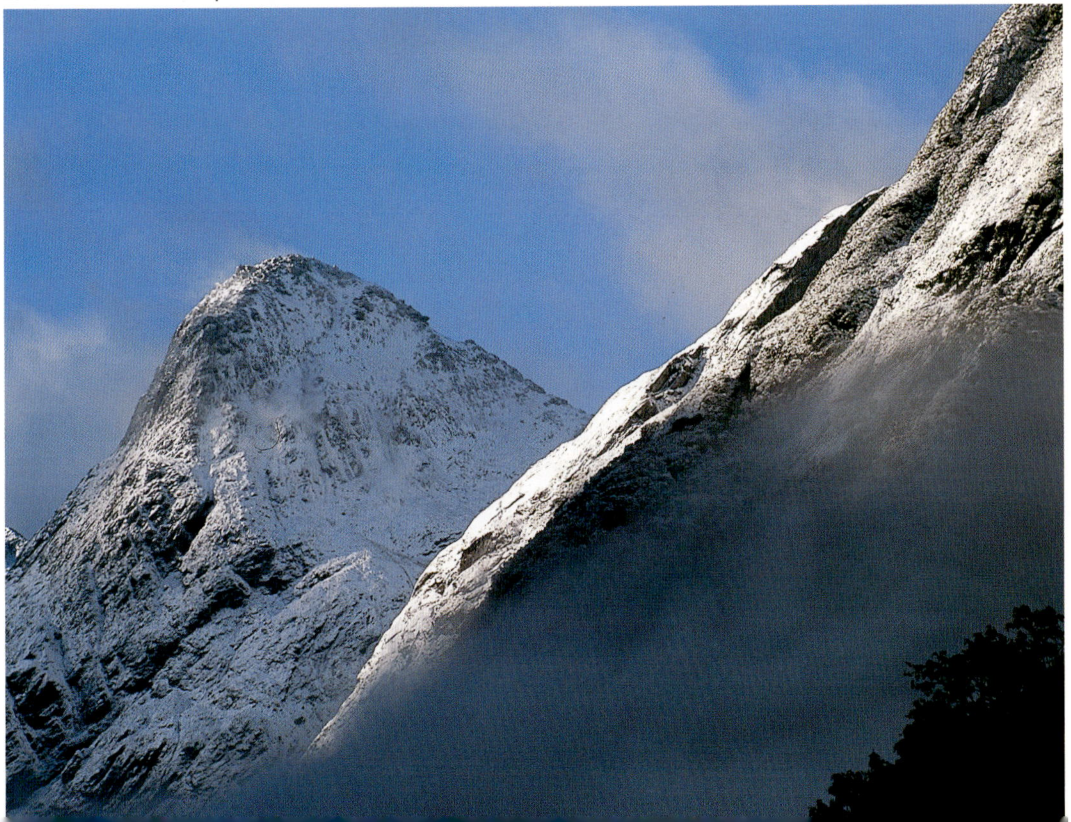

Page ci-contre :
En sortant du spectaculaire canyon de Barrah

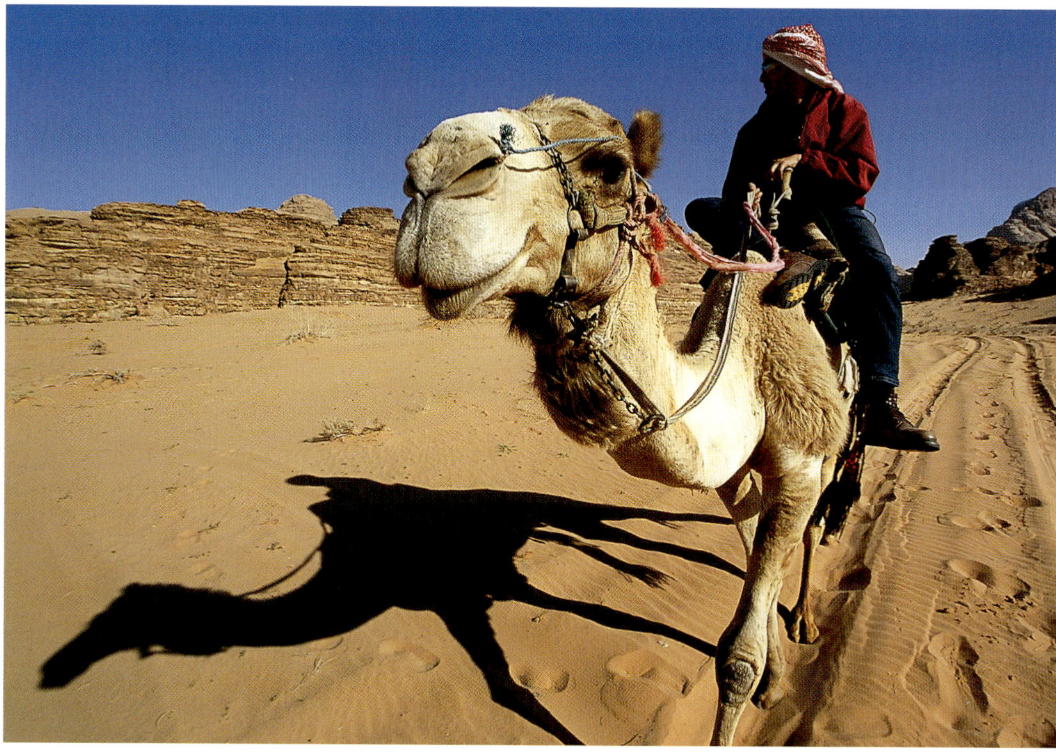

En randonnée près de Jebel Um Ishrin

Se percher sur un « vaisseau du désert » pour une randonnée en chameau parmi les îlots de grès qui inspirèrent tant Lawrence d'Arabie est le meilleur moyen de découvrir cette nature unique et enchanteresse là où elle existe encore.

Depuis le IVe siècle av. J.-C., le peuple semi-nomade des Nabatéens a pris le contrôle de toutes les plus grandes routes commerciales du sud de la Jordanie, dont celle qui passait par Wadi Rum, où ils bâtirent des temples. Encens et myrrhe d'Arabie (l'actuel Yémen), tissus de Phénicie et épices d'Inde en firent l'une des plus riches populations au monde. De nos jours, les bédouins, descendants des Nabatéens, sont la colonne vertébrale de Wadi Rum et constituent les guides idéaux pour toute aventure dans le désert.

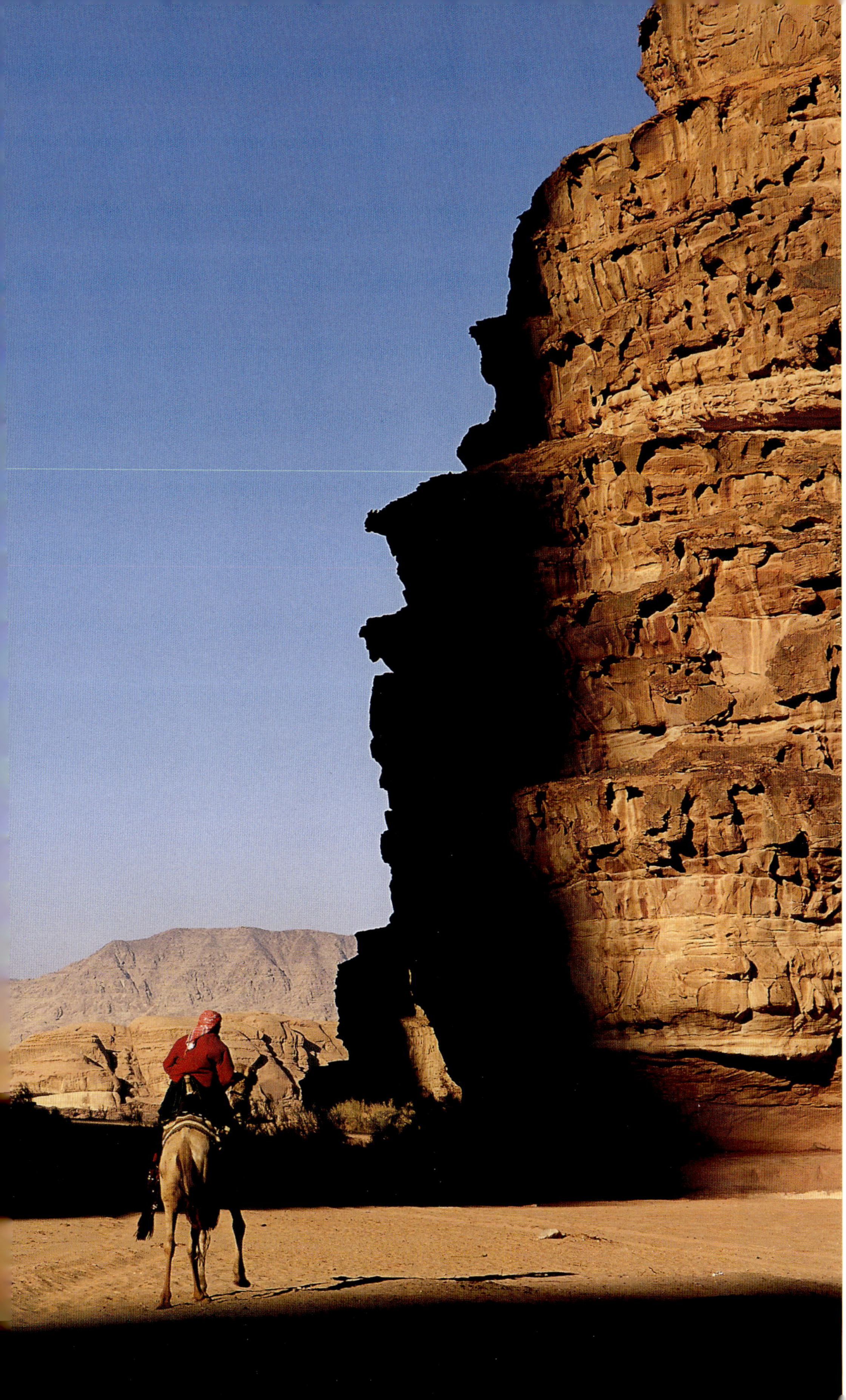

Randonnée à dos de chameau

Wadi Rum, Jordanie

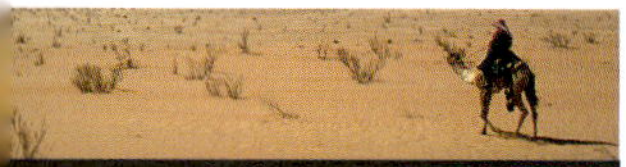

La tribu des Howeitat gère le marché dans le village populaire de Rum et les Zweideh sont aux commandes à Disi, une zone à proximité plus sauvage et plus tranquille pour les balades en chameau. De là, il est possible d'accéder aux vallées et montagnes rocheuses, ou djebels, à l'est de Jebel Um Ishrin, où de vastes portions de désert préservé buttent sur de hautes falaises grêlées et de gigantesques rochers.

En matière de mauvaise réputation, les chameaux sont champions : demandez à n'importe qui, même à un bédouin. Ils sont grincheux, lunatiques et inconstants et ne rechignent pas à cracher sur

Étendues de boue craquelée à l'est de Disi

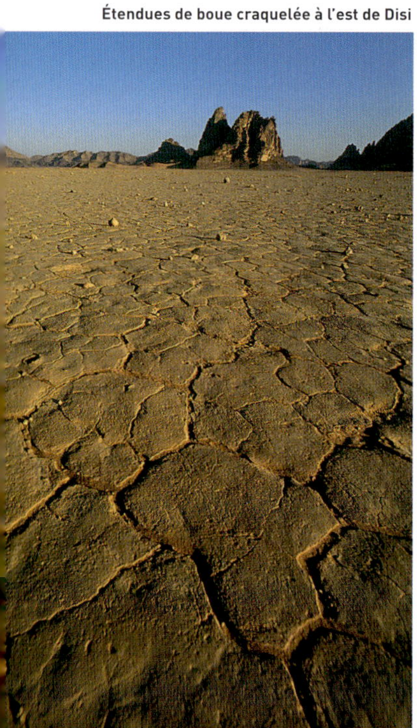

Les chameaux ont pour habitude de cracher, alors restez à distance !

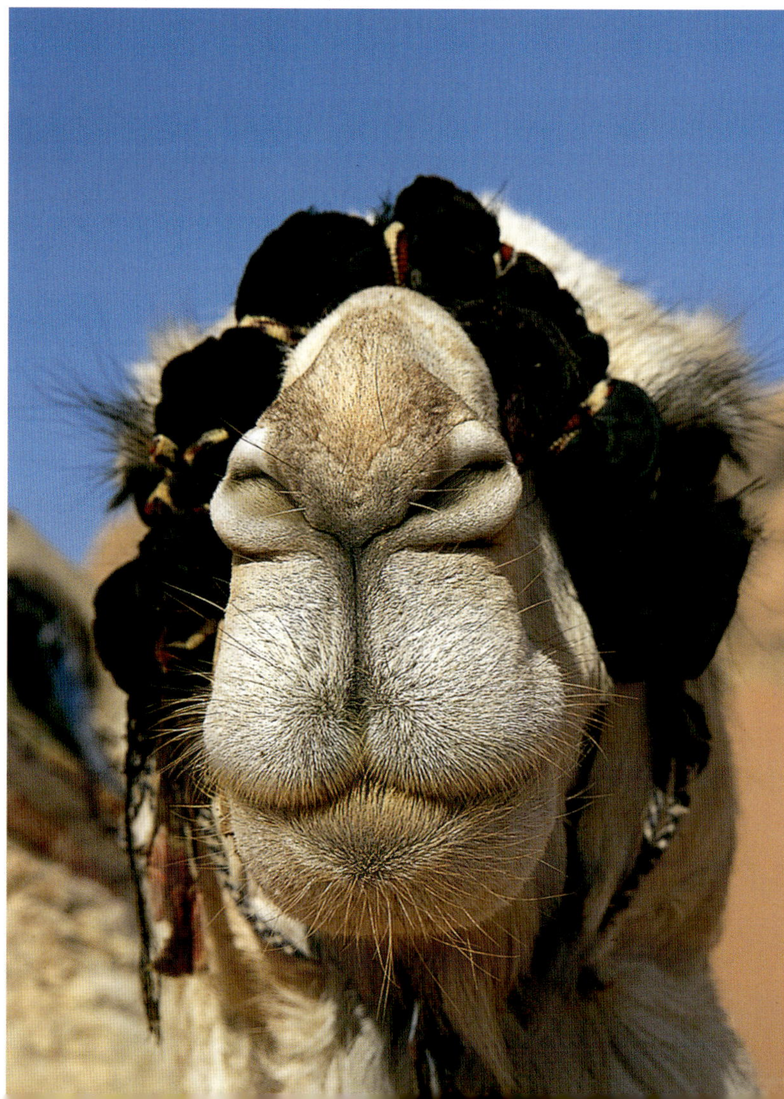

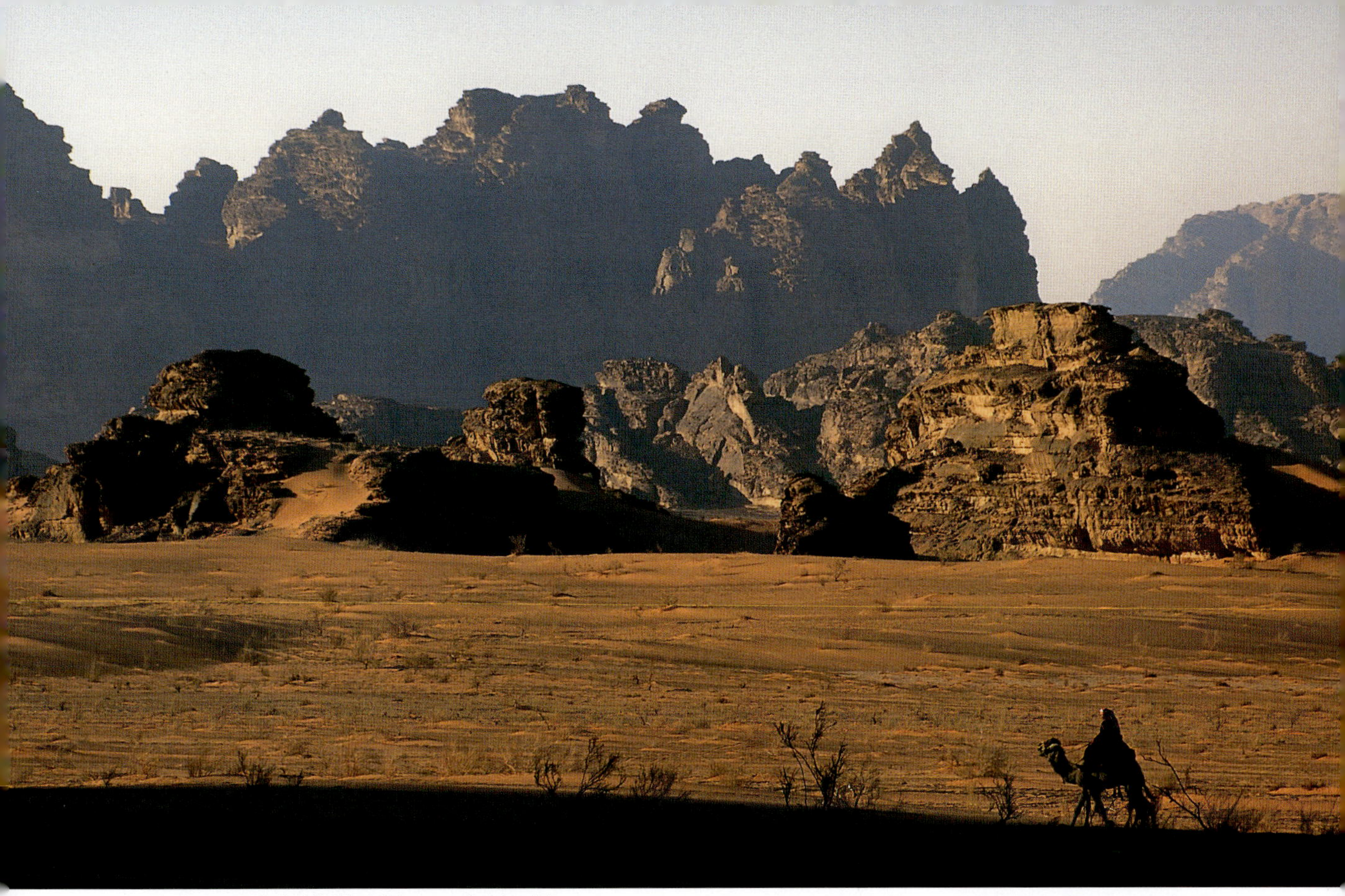

En chameau près de Jebel Um Ishrin au coucher du soleil

quiconque les ennuie. La bonne nouvelle, c'est que leur réputation est exagérée. Bien sûr, ce ne sont pas les animaux les plus joviaux (à part lorsqu'ils mangent), mais ils ne cherchent pas non plus à vous désarçonner dès que vous vous juchez sur leur dos.

Durant la première partie du trek, à travers les étendues planes de Disi jusqu'à l'imposant Jebel Barrah, vous essaierez certainement de trouver une position confortable sur la selle de bois vaguement rembourrée. Une fois que vous y serez parvenu, ainsi qu'à vous installer dans le pas chaloupé du chameau, vous pourrez lever les yeux et admirer les multitudes de formes rocheuses qui entourent Jebel Um Anfus et Jebel Abu Arashrasha. Vues de près, les pierres semblent fondre sous le soleil de plomb comme du chocolat.

Mieux vaut partir tôt si vous souhaitez prendre une pause à l'ombre à l'abri de la chaleur cuisante de la mi-journée. Cela laisse également beaucoup de temps pour explorer les lieux. À demi caché, Barrah Canyon est l'un des endroits les plus spectaculaires de la région, ses falaises se refermant sur vous tandis que vous vous faufilez entre

Les dunes de sable fouettées par le vent près de Disi

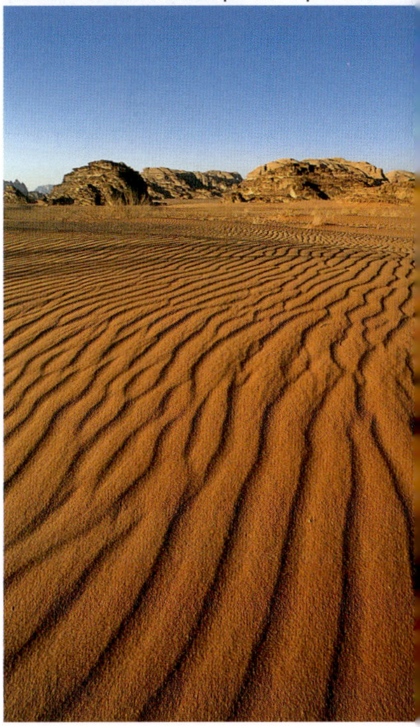

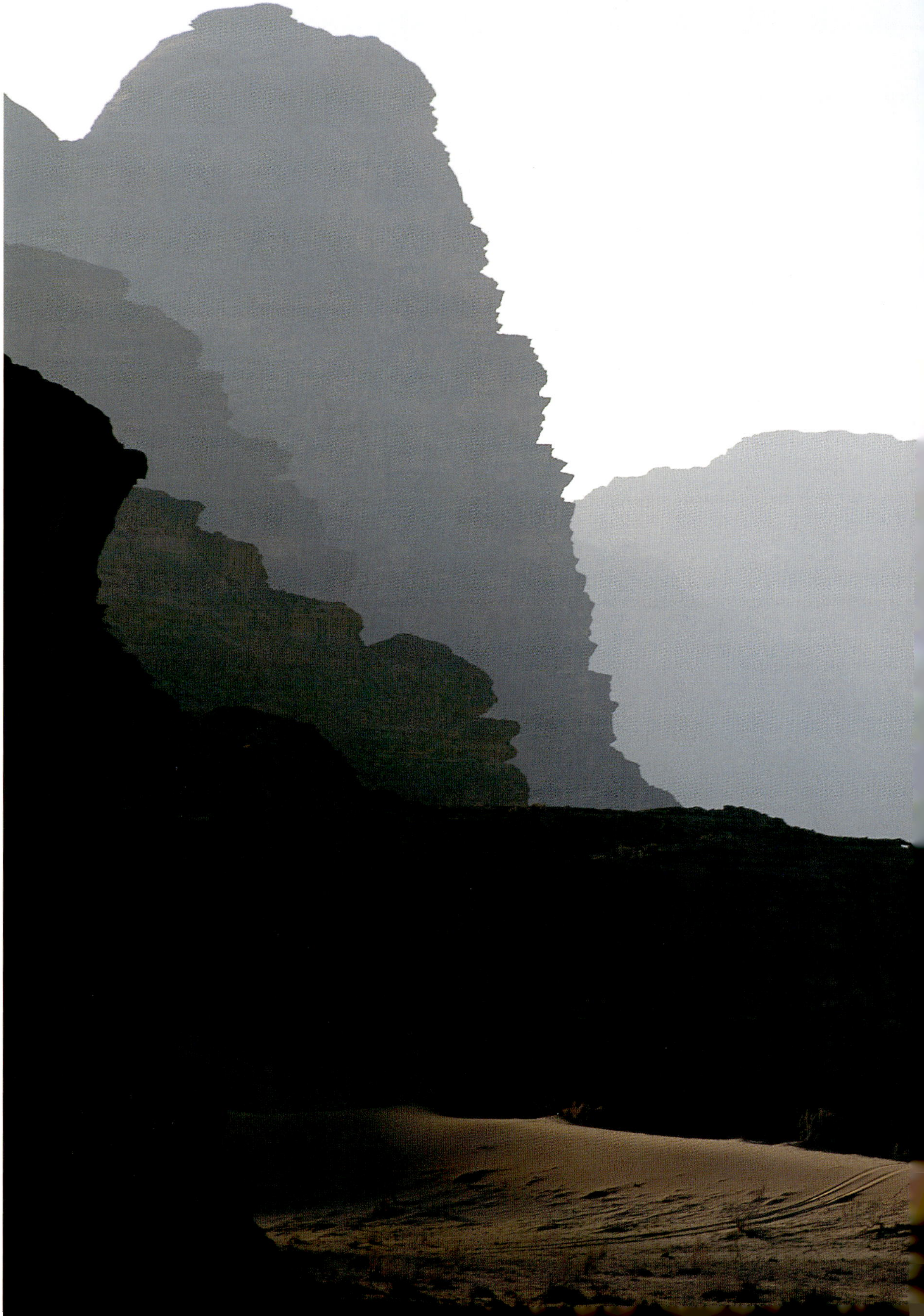

Page ci-contre :
Lever de soleil sur les djebels depuis les environs de Disi

Jebel Barrah et Jebel Abu Judaidah. Le pas doux mais régulier du chameau vous emmène entre vallées et canyons et par-delà les dunes de manière étonnement efficace : il peut parcourir plus de 40 kilomètres par jour.

Même si les animaux se montrent plutôt la nuit, le désert n'est pas inhabité. Des buissons chétifs de tamaris constituent la majeure partie de la végétation éparse des vallées et, en hauteur, les racines tortueuses de genévrier recherchent la moindre trace d'humidité. Si vous êtes très chanceux, vous apercevrez peut-être un bouquetin. En dehors de vos compagnons, les seuls êtres humains que vous croiserez éventuellement seront des bergers bédouins déplaçant leurs troupeaux de chèvres d'une petite parcelle de plantes du désert à une autre. Si un 4x4 surgit à l'occasion, ce ne sera pas de façon assez récurrente pour devenir gênant.

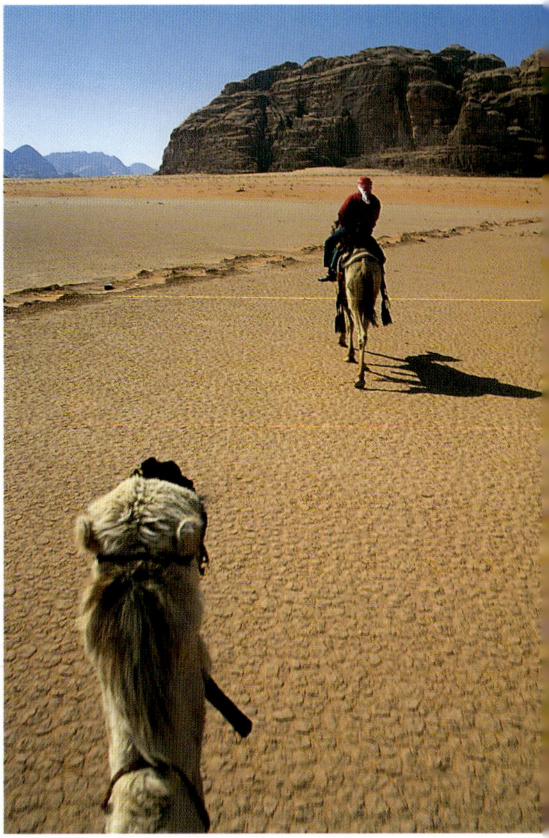
En chameau à travers les laisses de vase près de Disi

Vous pouvez passer la nuit dans une tente en peau de chèvre et apprécier la célèbre hospitalité des bédouins. Si les levers et couchers de soleil valent la peine, c'est une heure avant l'aube et après le crépuscule que la lumière semble se fondre parfaitement avec les djebels et dunes de Wadi Rum. C'est également le moment où les souvenirs durables se forgent dans le silence du désert : le silence assourdissant d'un lieu vraiment sauvage.

ⓘ

Royal Jordanian Airlines dessert Amman. De là, quatre heures de route vers le sud sur la Desert Highway vous conduisent à Wadi Rum. Les possibilités d'hébergement sont assez limitées, mais des campements dans le désert nouvellement crées, tels Desert Explorer Bait Ali, près de Disi, offrent les meilleures conditions possibles dans un cadre traditionnel bédouin. Le camp organise également des balades en chameau depuis Disi et des chevauchées dans le désert. Les randonnées en chameau peuvent durer de quelques heures à plusieurs jours. Pour plus d'informations, contacter l'office de tourisme jordanien.

Fêter Mardi gras

La Nouvelle-Orléans, États-Unis

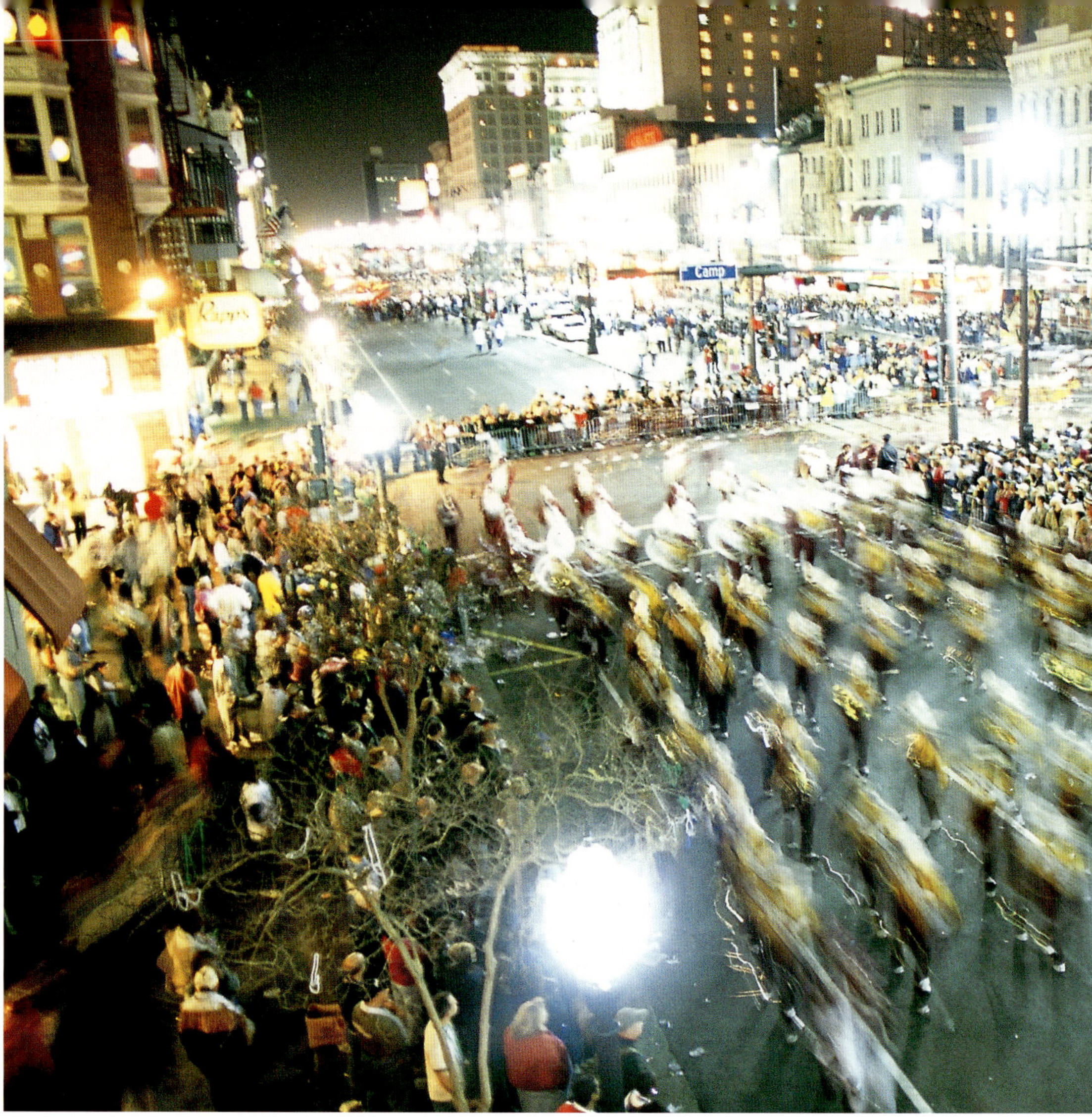

Peu de festivités prennent plus d'ampleur que la fête annuelle de Mardi Gras à La Nouvelle-Orléans. Durant les quelques semaines qui précèdent le Carême cette capitale décontractée du jazz et du blues danse, se pavane et défile sur les rythmes contagieux des fanfares. Et vous n'êtes pas obligés de rester sur la touche. Que vous réclamiez des colliers, descendiez Bourbon Street en cadence ou découvriez les sensations grisantes de monter sur un char, cette fête exubérante vous emportera.

Située le long des rives du Mississippi, La Nouvelle-Orléans, presque entièrement reconstruite après la dramatique inondation de 2005, est un mélange enivrant de maisons coloniales en bois et de poétiques bars de

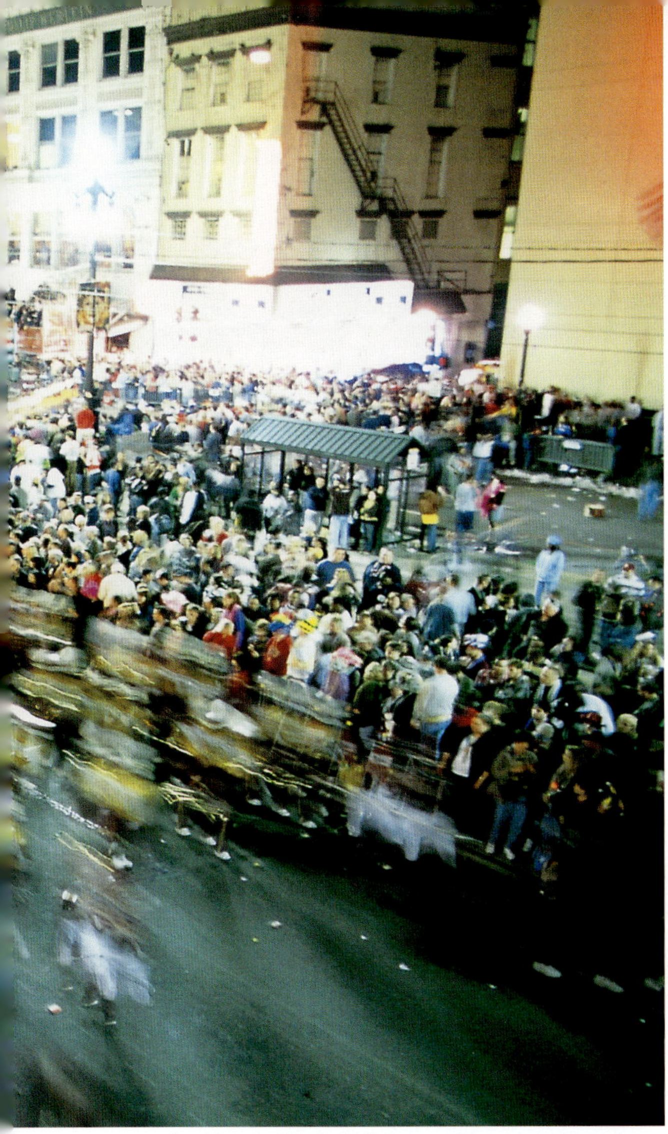

Canal Street est l'endroit idéal pour assister aux parades nocturnes

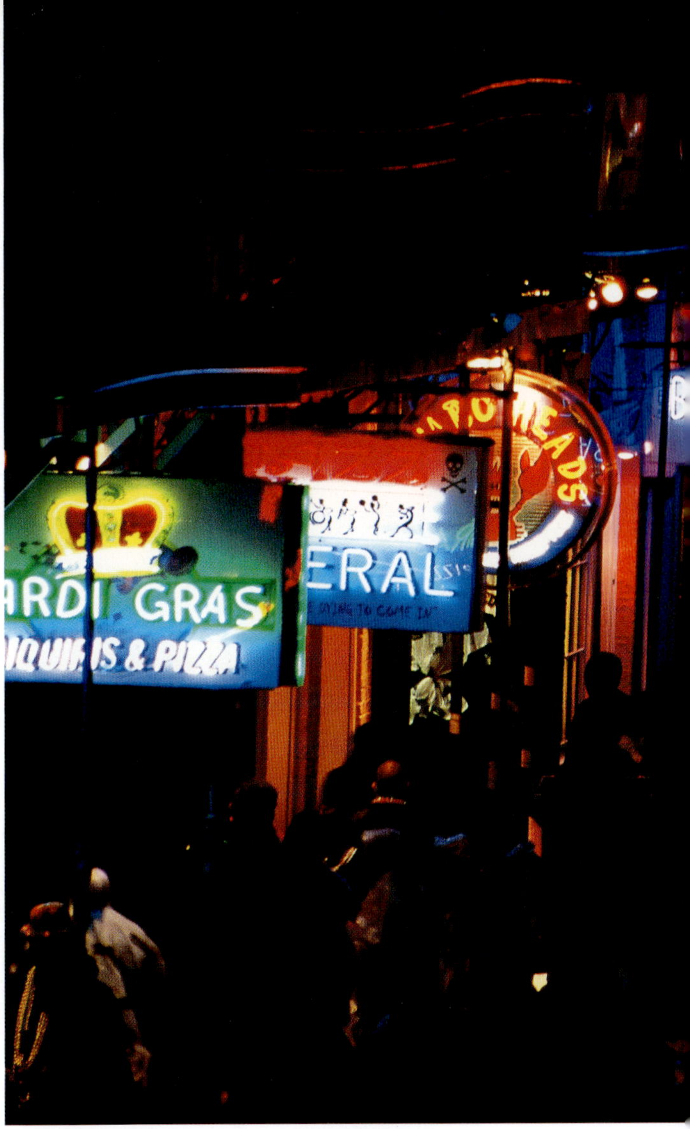

Bourbon Street est le cœur et l'âme de La Nouvelle-Orléans

Zulu Rex, roi de la super Zulu Krewe

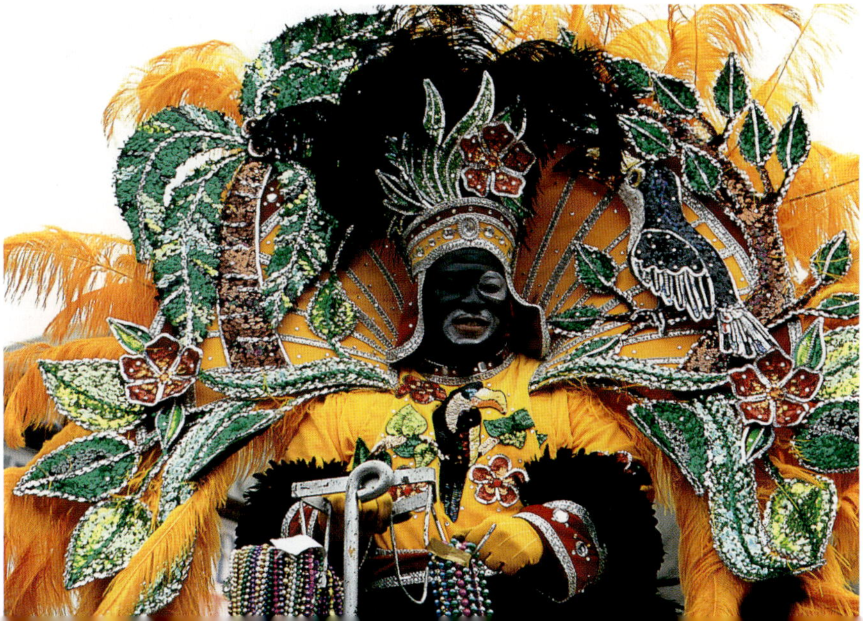

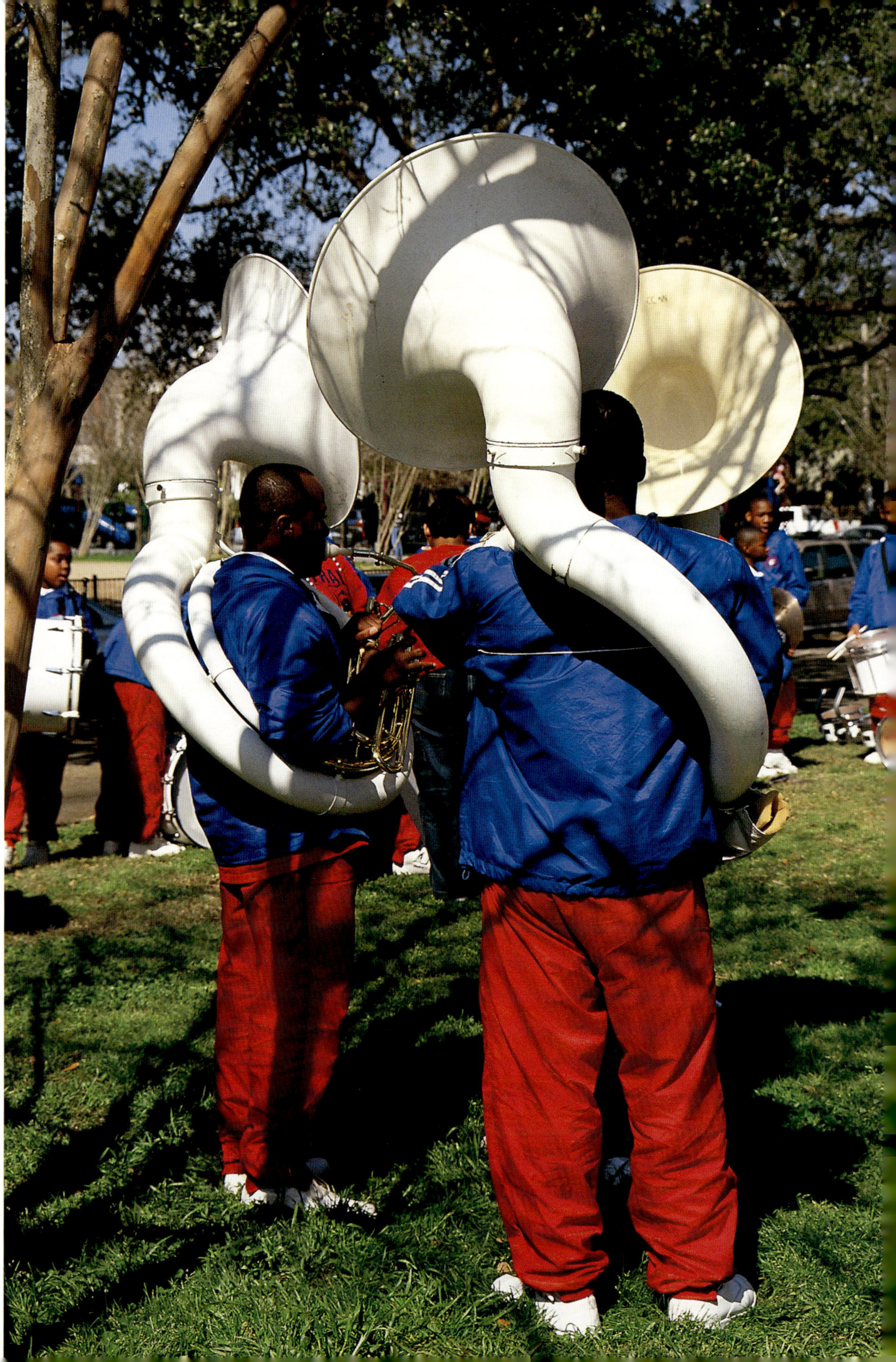

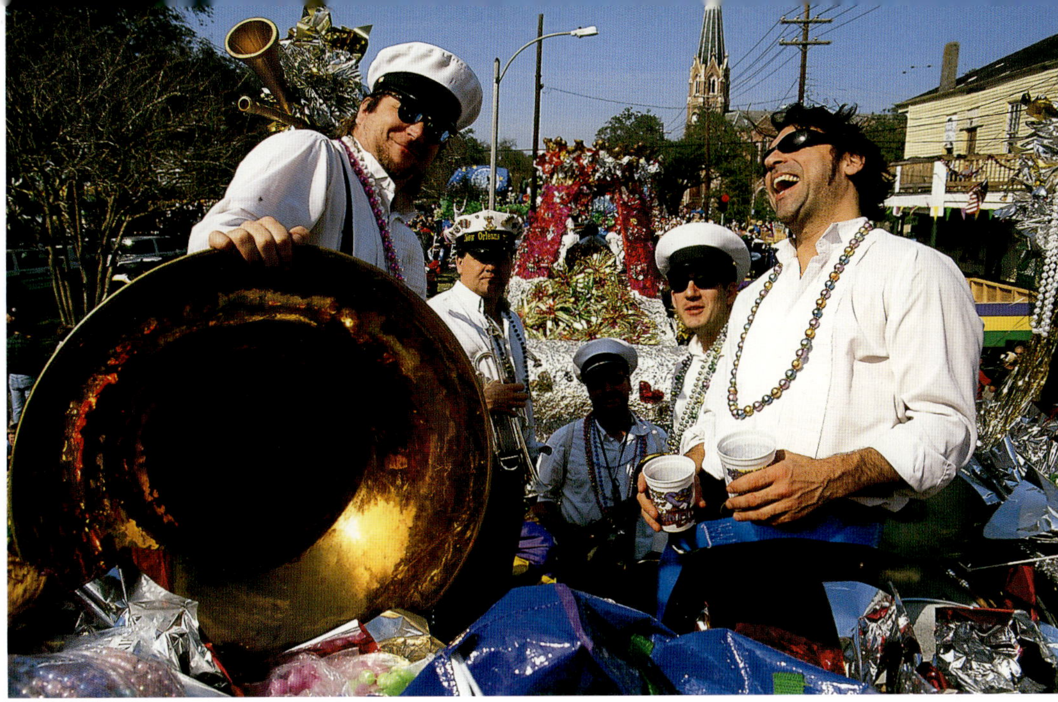

Mid-City Krewe possède sa propre fanfare

jazz et de blues. Les bateaux à aube parcourent toujours le fleuve, des musiciens mélancoliques jouent dans les rues et le parfum puissant de la nourriture Cajun flotte dans les airs. Même en dehors de Mardi Gras, la visite de la ville est inoubliable.

Même si Mardi Gras n'a pas lieu à la même date chaque année, il reste le point d'orgue de la fête. À minuit, celle-ci cesse brusquement pour laisser place et à la relative austérité du Carême qui débute avec le Mercredi des Cendres. Vous ne pouvez donc pas arriver le mardi et espérer profiter à plein de l'expérience. Il vous faudra au minimum être là le week-end précédent, lorsque la plupart des super *krewes* défilent. Les *krewes* sont les amicales de la ville, certaines comptant des centaines de membres, et le cœur de la fête. Elles élaborent et fabriquent les chars, donnent des bals de gala et gèrent l'important calendrier des défilés.

Des *krewes* comme Orpheus, Bacchus, Endymion ou Rex attirent bien entendu l'attention avec leurs imposantes constructions, mais ce sont peut-être les plus petites qui représentent le mieux l'esprit de Mardi Gras. Mid-City Krewe en est un exemple ; c'est également l'une des seules qui tolèrent des étrangers sur son char pour un défilé inoubliable. Sa parade, sur le thème des « Choses que l'on fait par amour », est toute en chars multicolores et scintillants entrecoupés de fanfares et de cavaliers. Ceux qui sont sur le char n'ont qu'un seul et unique rôle :

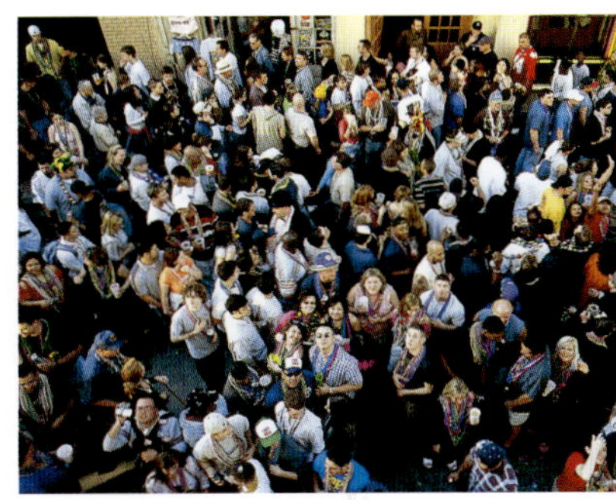

La foule attendant le lancer de colliers dans Bourbon Street

Page ci-contre :
Les fanfares des universités accompagnent la plupart des défilés

lancer des colliers, jouets et pièces – des « doublons » – au plus grand nombre possible de spectateurs. Avec plus d'un million de gens bordant le parcours, ce n'est pas une mince affaire.

Au départ de la parade, les colliers sont rassemblés, on revêt masques et costumes et les chars roulent lentement le long de St Charles Avenue, bordée d'arbres, avec ses demeures parées des couleurs traditionnelles du carnaval : le violet, le vert et le orange, représentant la justice, la foi et le pouvoir. Un mur ininterrompu de cris s'élève au-dessus d'un flot de mains tendues et d'une horde d'échelles, fréquemment utilisées pour dominer la foule des spectateurs et ainsi obtenir plus de colliers. Pour la plupart des fêtards, c'est de cela qu'est fait Mardi gras : des bijoux en toc aux couleurs criardes. La foule grossit avant le tumulte final de Canal Street, artère principale de la ville et la plus large au monde. Une parade

Les super *krewes* créent des chars élaborés et distribuent des milliers de cadeaux

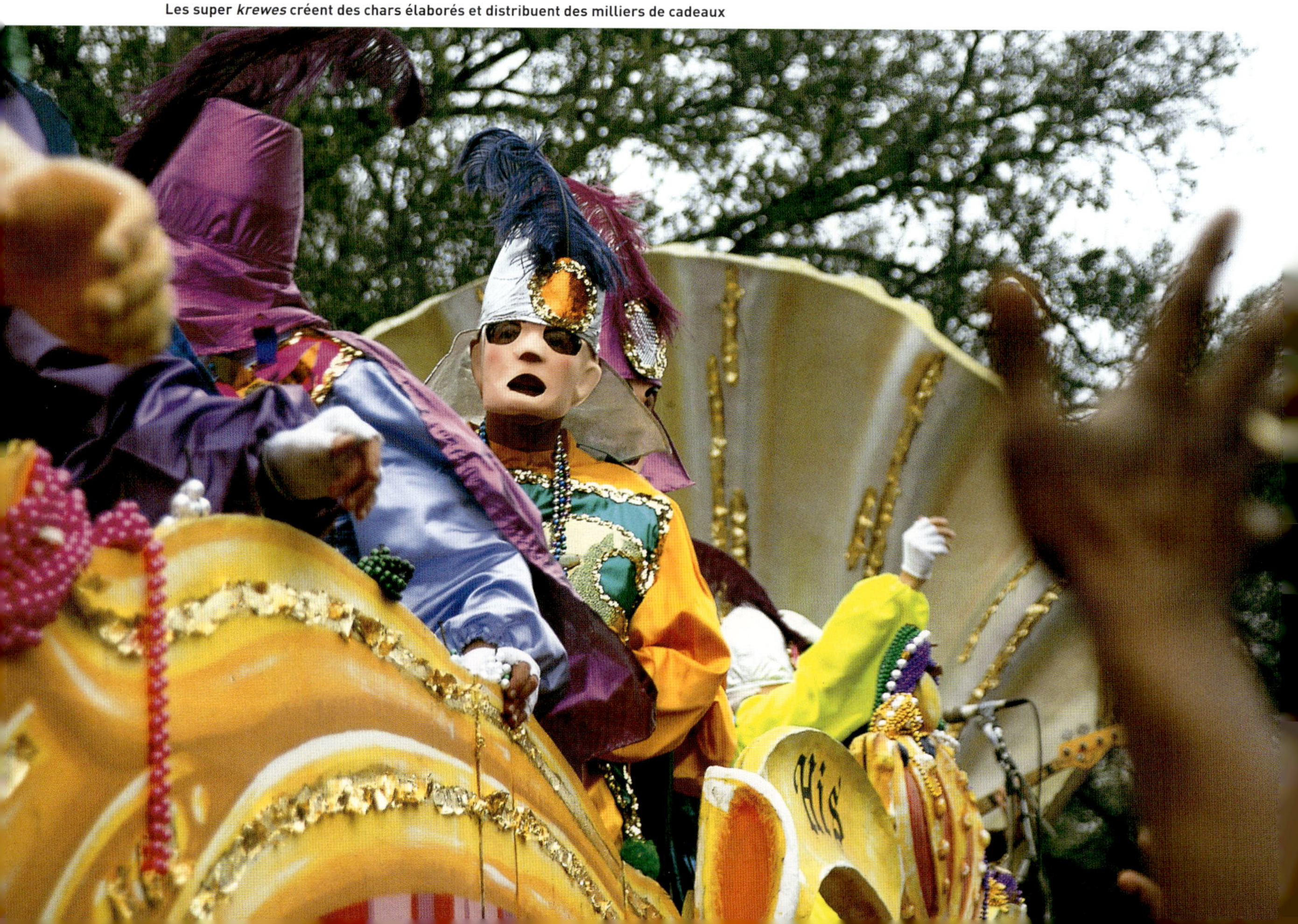

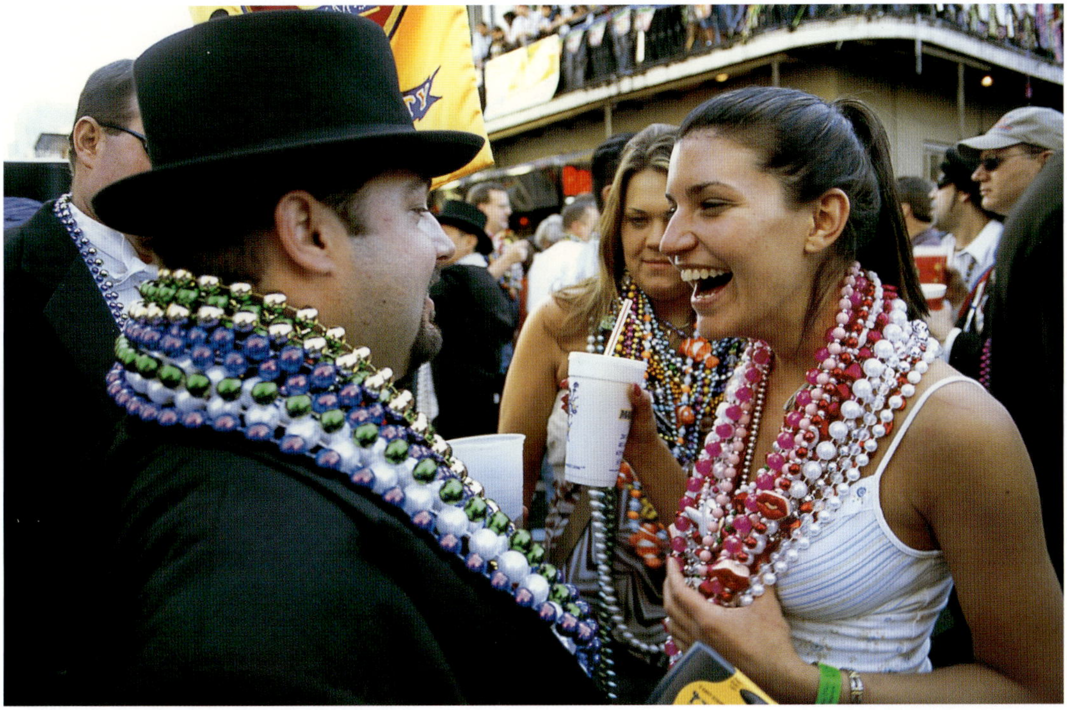

Bourbon Street est idéale pour l'échange de colliers

Le bateau à aube Natchez sur le Mississippi

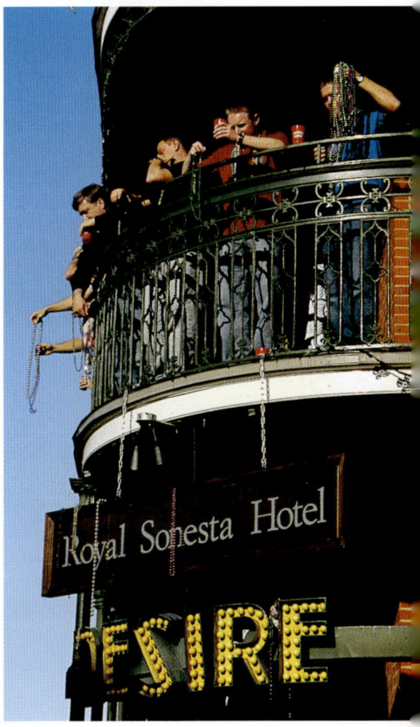

de quatre ou cinq heures sur un char vous projettera dans la peau d'une rock star en tournée ou d'un sportif après la victoire.

Entre les défilés, la légendaire Bourbon Street, dans le magnifique Vieux Carré de la ville, reprend vie : ce fut la France qui amena, en 1699, la fête du carnaval à La Nouvelle-Orléans. Au-dessus des bars de jazz et de blues aux éclairages tamisés, des gens avec des colliers remplissent les balcons et la foule en bas fait tout ce qu'elle peut pour attirer les dons. Nuit et jour, il pleut des bijoux et, à voir les passions qu'ils déchaînent, ils pourraient aussi bien être en diamants. En obtenir le plus possible est la clé d'un Mardi gras réussi. Ridicule ? Allez vérifier. Même les plus conservateurs finissent par se laisser emporter par la fièvre de la récolte de perles lors de cette inoubliable fête de rue.

ⓘ

Les hébergements de La Nouvelle-Orléans sont complets très tôt pour la dernière semaine du carnaval, pensez donc à réserver à l'avance. Les rues des défilés sont fermées avant et après la parade et mieux vaut trouver un endroit où s'installer le long de l'une d'elles, par exemple au remarquable hôtel Pontchartrain sur St Charles Avenue. Pour plus d'informations sur la ville, adressez-vous au syndicat d'initiatives.

Plongée en mer Rouge
Dahab, Égypte

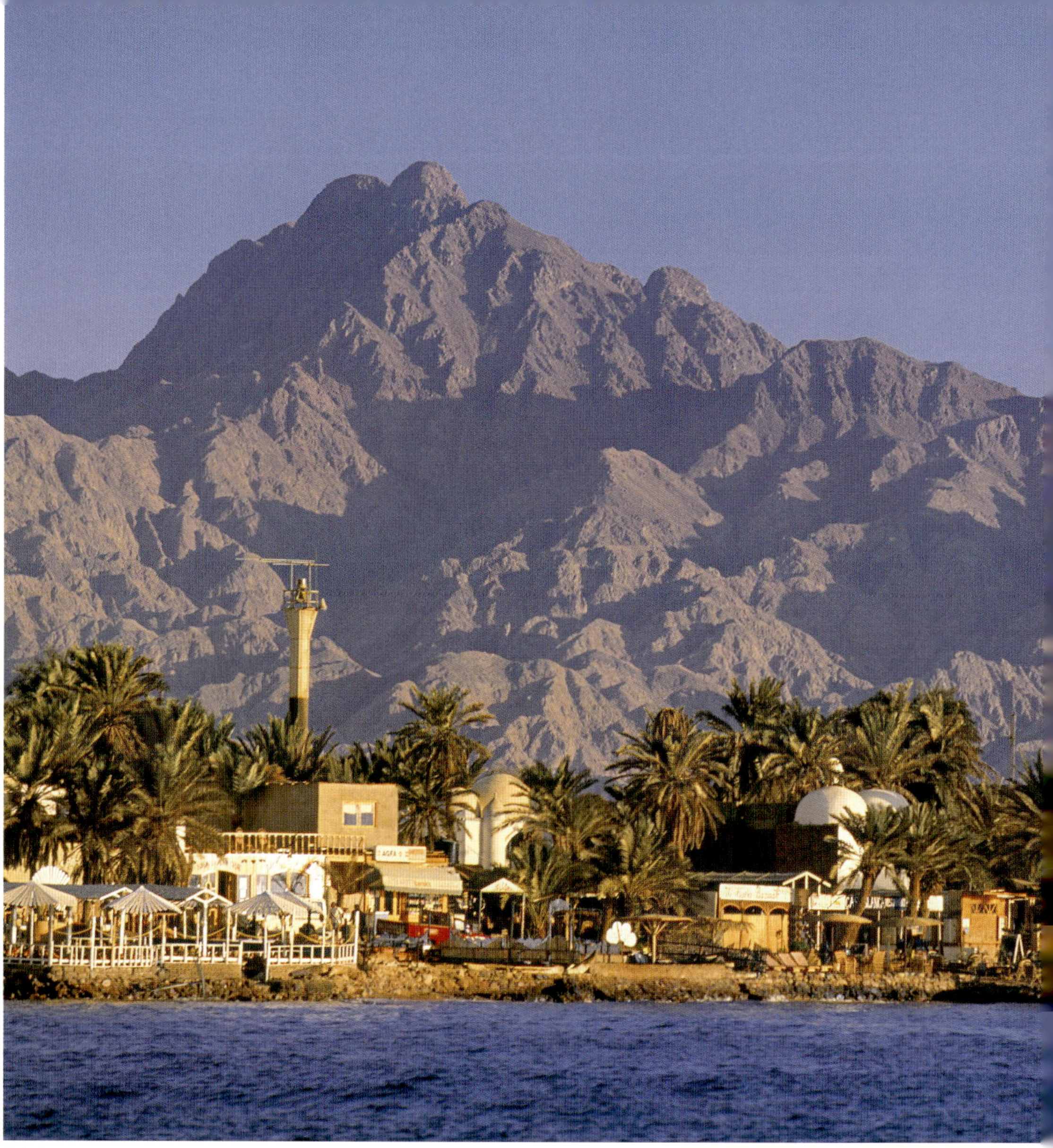

Dahab

La ville tranquille de Dahab, dans la péninsule du Sinaï, est le paradis de la plongée sous-marine dans la fameuse mer Rouge. Elle propose plusieurs sites de renommée mondiale, dont le Canyon et le célèbre Blue Hole, et une variété de profondeurs qui vous permettront soit de vous initier à ce sport en douceur, soit de vous précipiter sur une bouteille Nitrox.

Située à 85 kilomètres au nord des sites de plongée de Charm el-Cheikh, bien plus connus et fréquentés, Dahab a pour toile de fond les spectaculaires montagnes du désert du Sinaï. Le contraste entre la terre

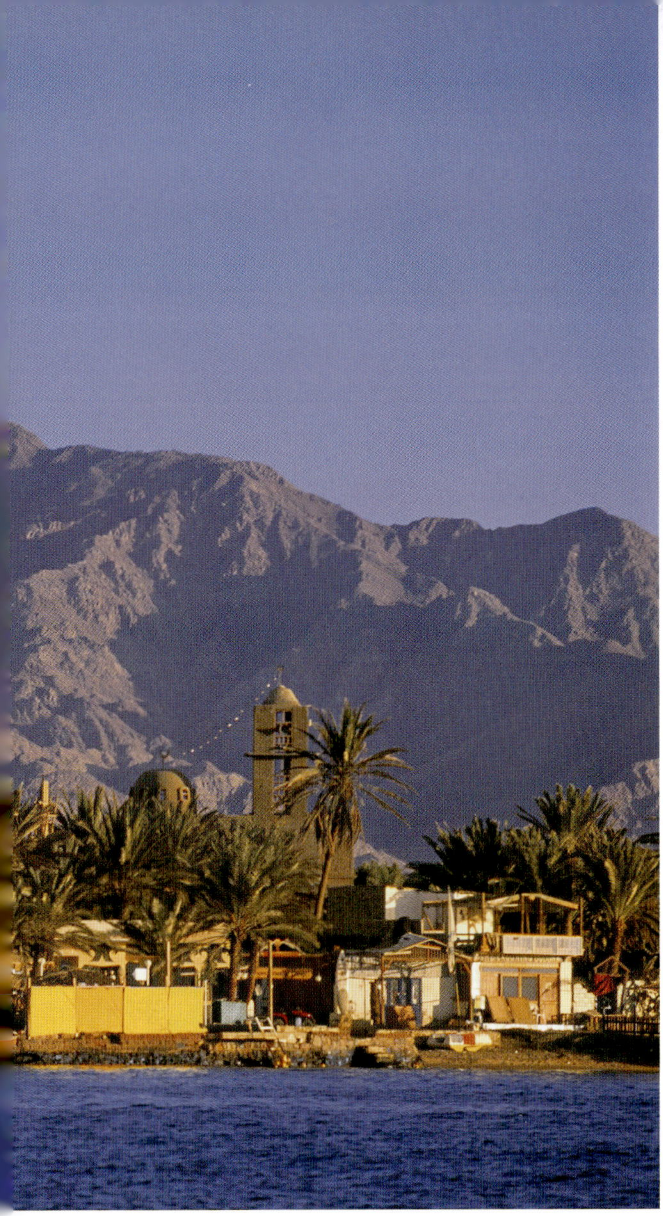

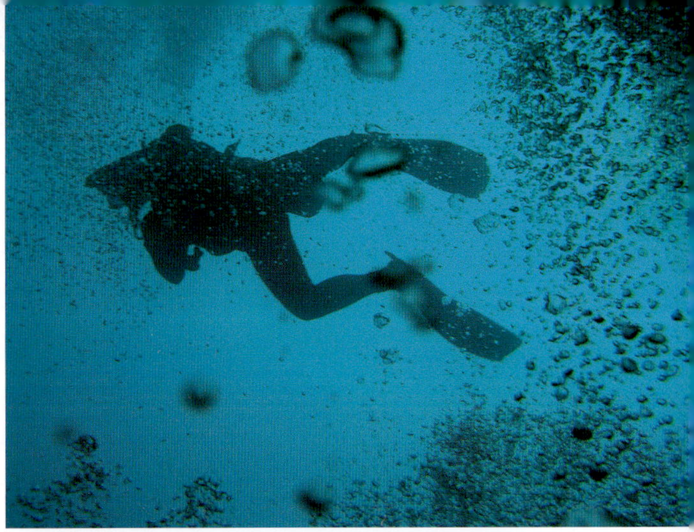

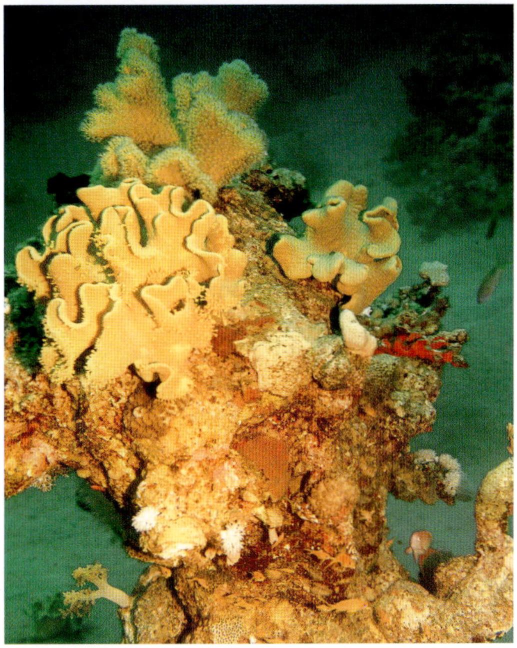

Corail près du Blue Hole

ferme et la mer ne pourrait être plus intense. Toutes les meilleures zones de plongées sont accessibles directement depuis la plage et passer tout droit du désert à la mer Rouge ajoute à l'envie irrésistible de chausser vos palmes en ce lieu.

L'un des points les plus enchanteurs, le Eel Garden, se trouve juste à l'extrémité nord de la plage principale, connue sous le nom de Lighthouse. Cette descente de 10 à 15 mètres vous emmène jusqu'à un doux monticule de sable apparemment sans intérêt. Mais il vous suffit de rester suffisamment longtemps immobile pour voir apparaître une

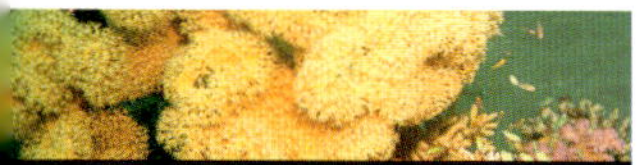

Page ci-contre :
Les montagnes du désert du Sinaï servent de toile de fond à Dahab

forêt ondulante de pieuvres jaillissant du sol comme une armée de cobras envoûtés par un charmeur de serpents. On resterait volontiers ici plutôt que de continuer pour admirer les éventails de corail et l'épineuse et vénéneuse rascasse.

Au sud, d'autres excellentes plongées vous attendent, à Golden Blocks, dans une baie tranquille en forme de croissant, ou au nord, au célèbre Canyon. Cette dernière, plus complexe, requerra tout votre souffle, et vous commencerez donc par nager avec un tuba par-dessus les jardins de corail, jusqu'à la grande paroi, avant de donner le signal de la descente. Sous une imposante roche s'ouvre un gouffre étroit et vous l'empruntez jusqu'à une crevasse plus large en compagnie de bancs de poissons. Après avoir négocié le sombre canyon qui s'enfonce plus profond, vous retournez vers l'entrée avec, espérons-le, suffisamment d'oxygène pour vous attarder autour des rochers avant de remonter.

Dernière vérification du matériel au Canyon

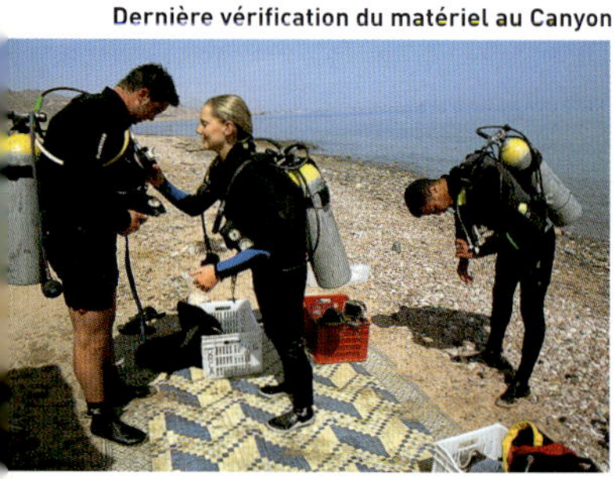

Des plongeurs qui s'apprêtent à descendre à Golden Blocks

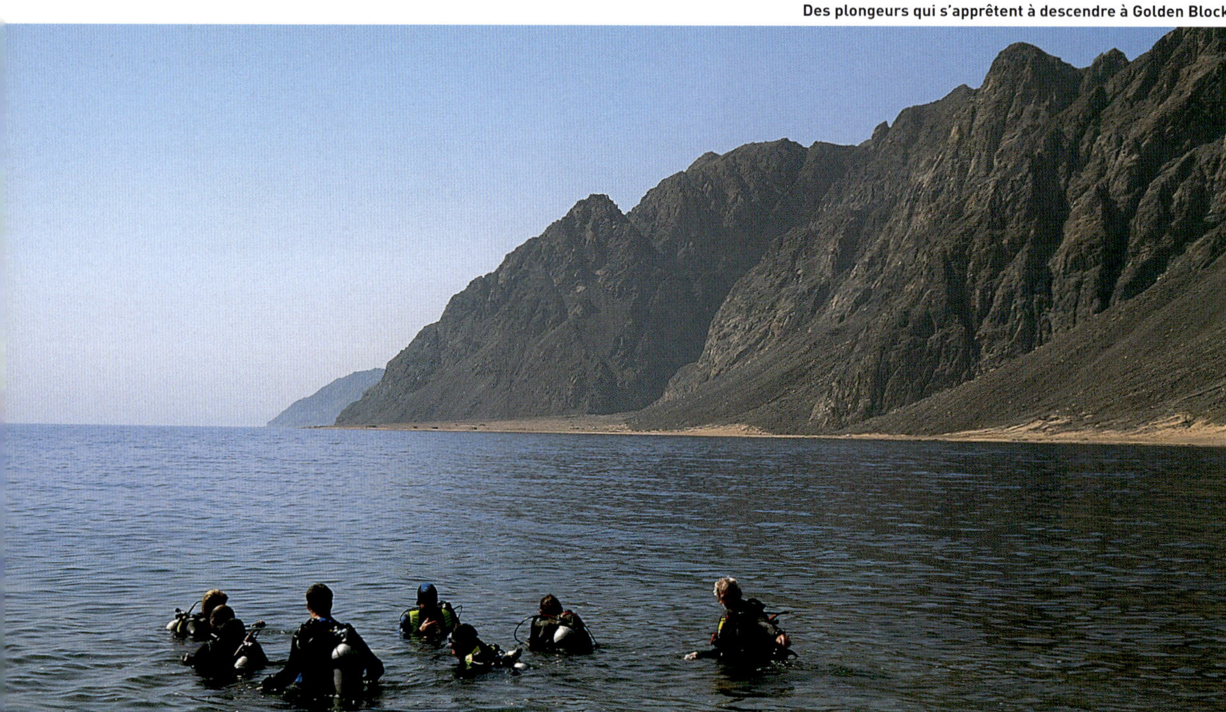

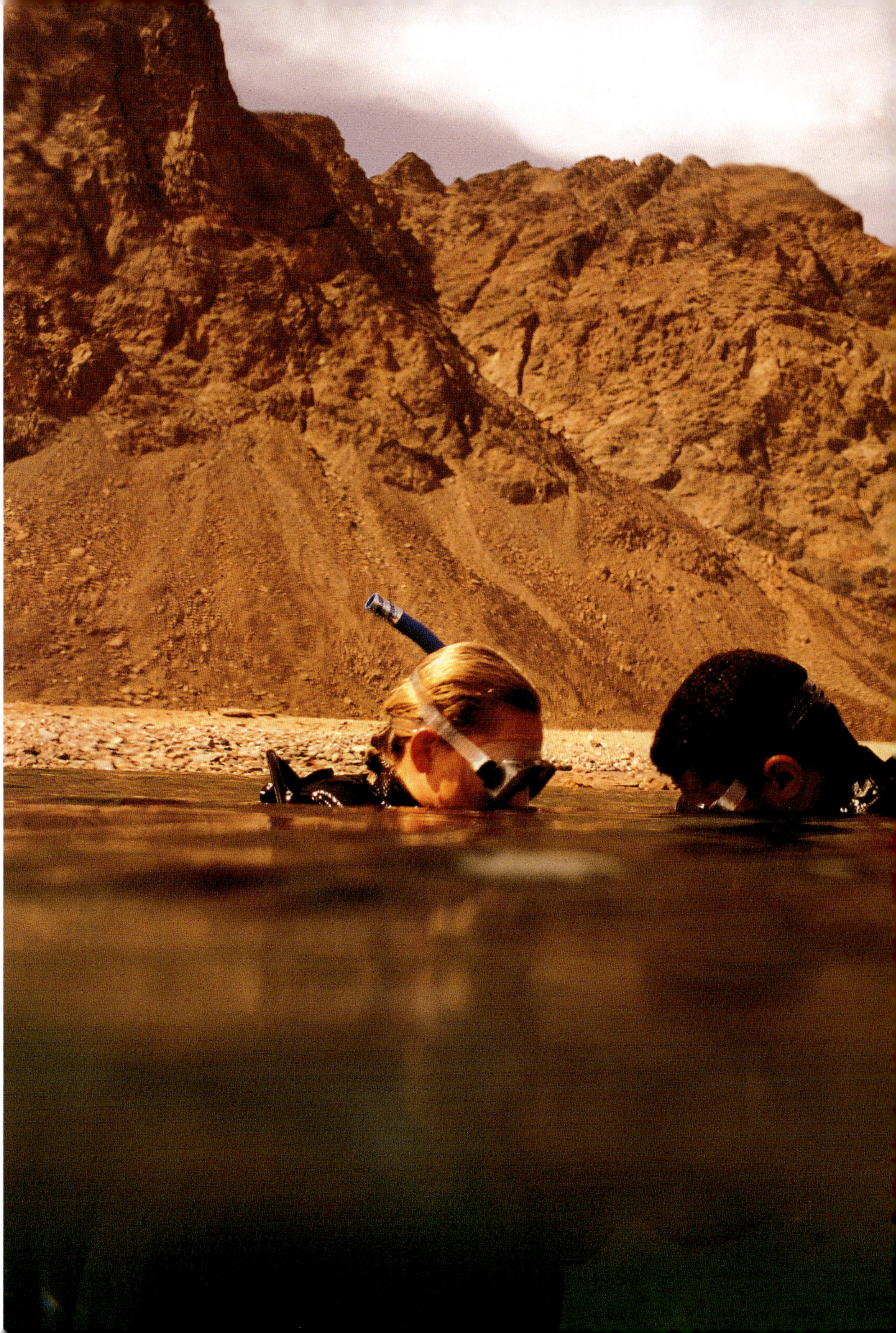

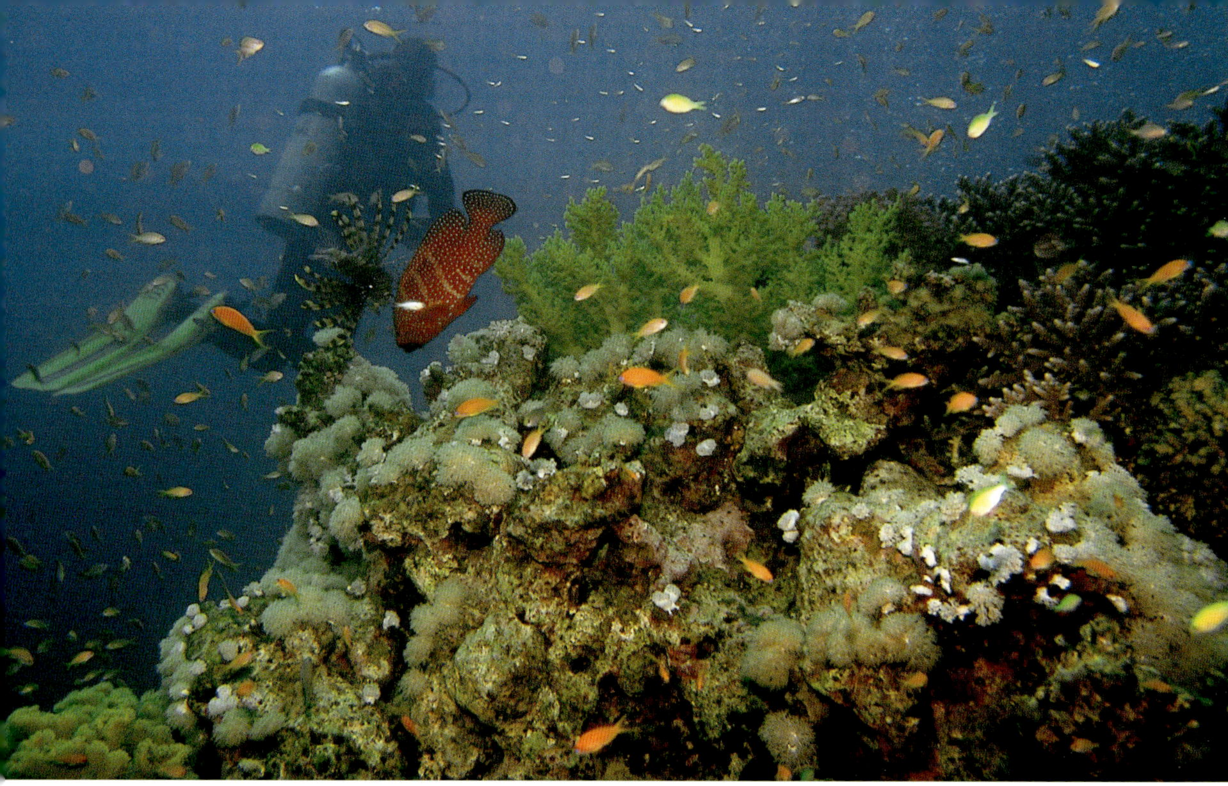

Les nombreux poissons et coraux du Blue Hole

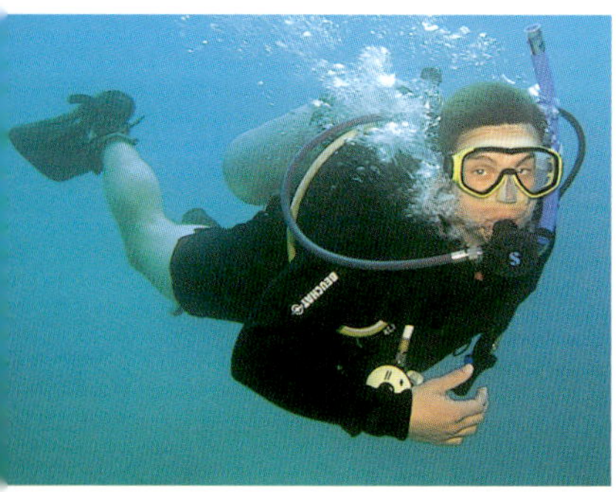

La plupart des gens qui viennent à Dahab veulent explorer le Blue Hole, un gouffre qui semble sans fond, creusé dans la paroi rocheuse tout près du rivage. Y plonger directement est fortement déconseillé à moins que vous ne possédiez une solide expérience, puisque le trou bascule soudain sur une pente à plus de 300 mètres de profondeur – puis jusqu'à l'infini. Les plaques commémoratives aux plongeurs qui succombèrent d'ivresse des profondeurs disposées sur le rivage rocheux, refroidiraient même les plus téméraires habitués.

La façon la plus sûre et la plus palpitante de découvrir le Blue Hole est de commencer par une petite randonnée, chargés de bouteilles d'oxygène et de ceintures de lestage, sur un promontoire jusqu'aux Bells. Un plongeon dans cet étroit bassin est un bon entraînement pour la suite. Lorsque que vous avez atteint le bord de la paroi, un étroit conduit vertical plonge à travers la roche sur environ 30 mètres. Le seul moyen de le franchir est de descendre tête la première à travers l'obscurité. Pendant un court instant, vous n'avez plus aucun repère visuel, jusqu'à ce qu'une faible lueur apparaisse au bout du conduit et que vous débouchiez dans la Grande Bleue. La vue légèrement déconcertante de la mer à ces profondeurs vous ôte tout point de référence : autour de vous, il n'y a qu'un bleu profond envoûtant.

Depuis la sortie du conduit, vous filez le long d'un mur de *Galaxea* en croisant les étranges serpents de mer ou les congres jusqu'à une profusion de coraux colorés et aux bancs de *Pseudanthias* du Blue Hole. Même lorsque vous y accédez de cette manière plus maîtrisée, il est impératif de surveiller votre jauge de profondeur afin de ne pas vous laisser entraîner vers l'oubli.

Parmi les nombreux tour-opérateurs et clubs de plongée de la mer Rouge, Experience Egypt organise des séjours à Dahab, via l'excellent Orca Dive Club. Les prix y sont doux et les normes de qualité élevées et c'est donc l'endroit idéal pour vous jeter à l'eau avec un cours en mer. Cette formation de base dure environ 5 jours et vous permet de descendre jusqu'à 20 mètres. Autre aspect, Dahab est devenu le point de ralliement d'une foule croissante de Tec Divers qui réalisent des plongées plus techniques, utilisant notamment des bouteilles Nitrox qui leur permettent de dépasser les 80 mètres.

Des *Heniochus diphreutes* colorés dans le jardin de corail de Canyon

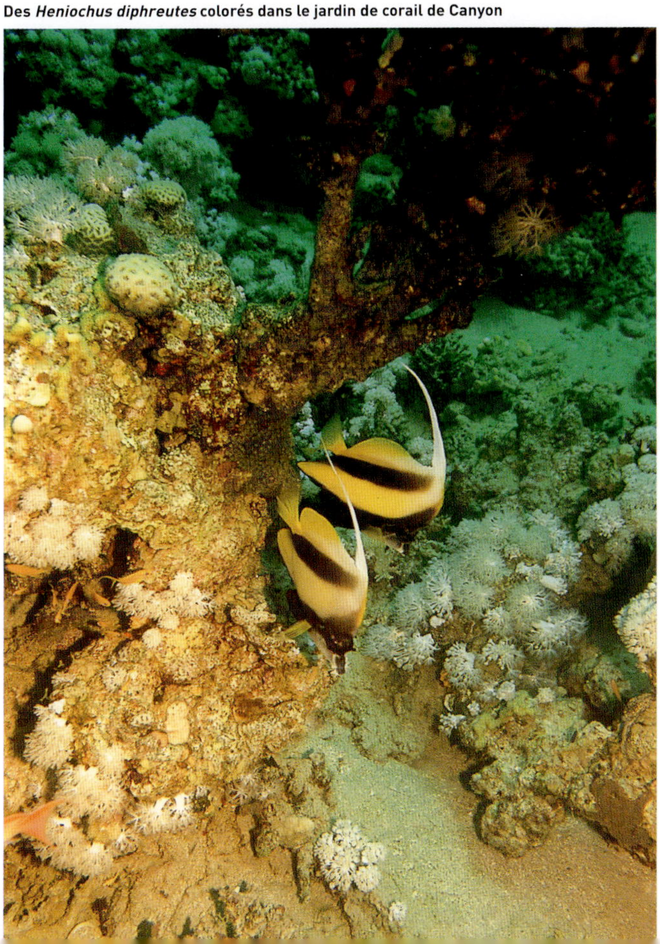

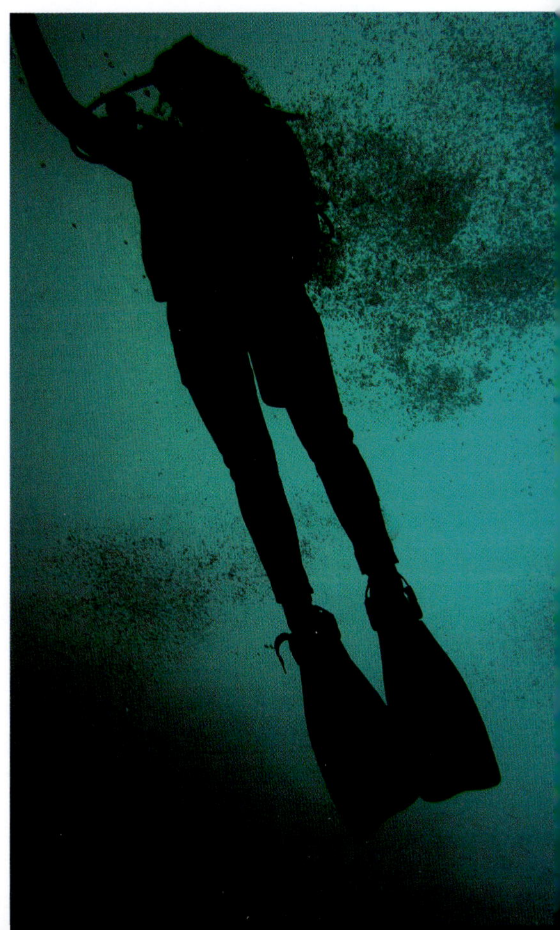

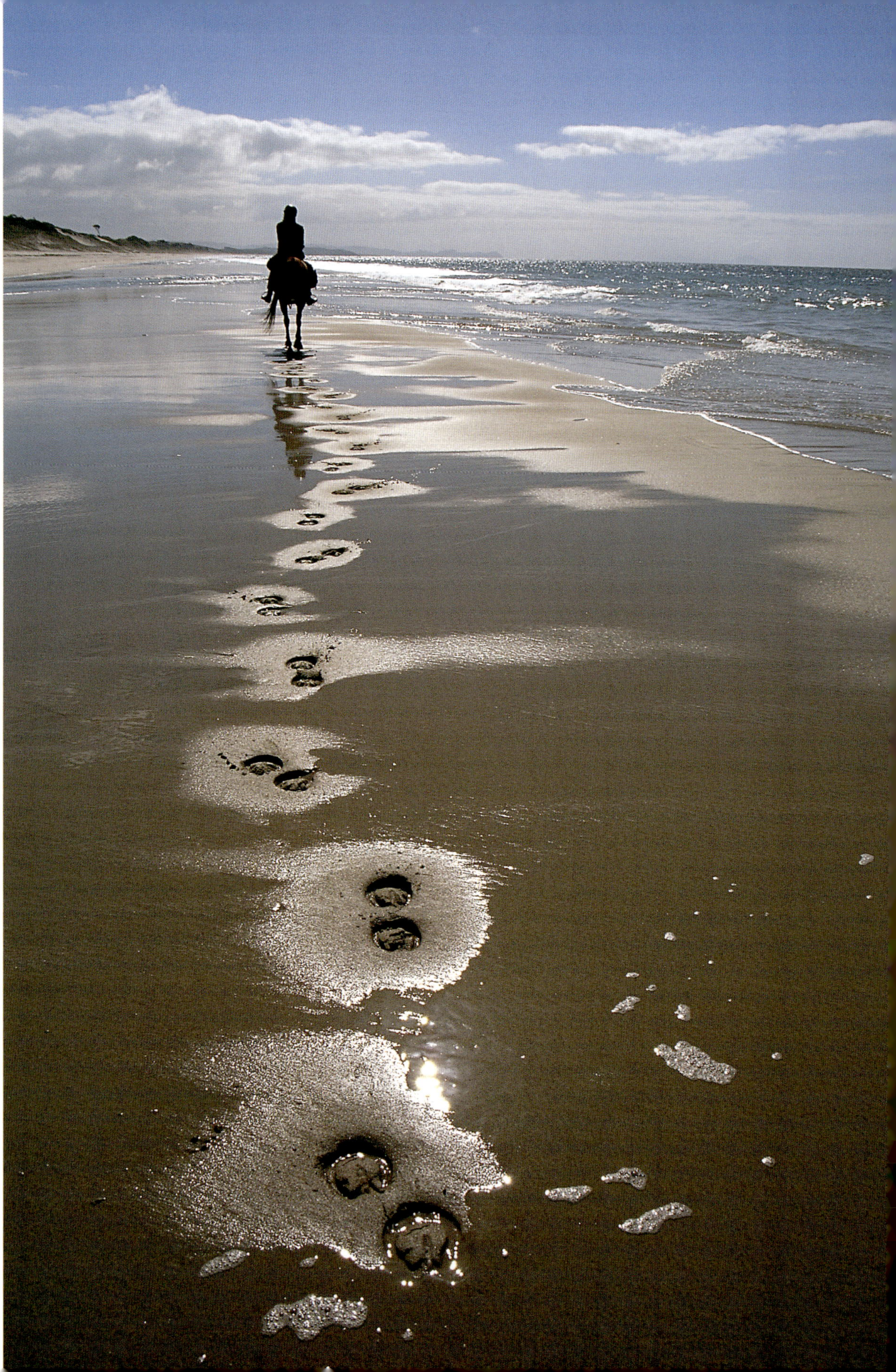

Page ci-contre :
À cheval sur la plage déserte de Pakiri

Plages et chevaux blancs

Pakiri Beach, Nouvelle-Zélande

Pakiri Beach, sur North Island, en Nouvelle-Zélande, qui apparaît notamment dans des films tels *La Leçon de piano* est un endroit enchanteur, parfait pour vous mettre en selle pour la chevauchée de votre vie. Avec le vent dans les cheveux et le martèlement des sabots dans vos oreilles vous pourrez galoper sur une plage de sable blanc qui semble sans fin.

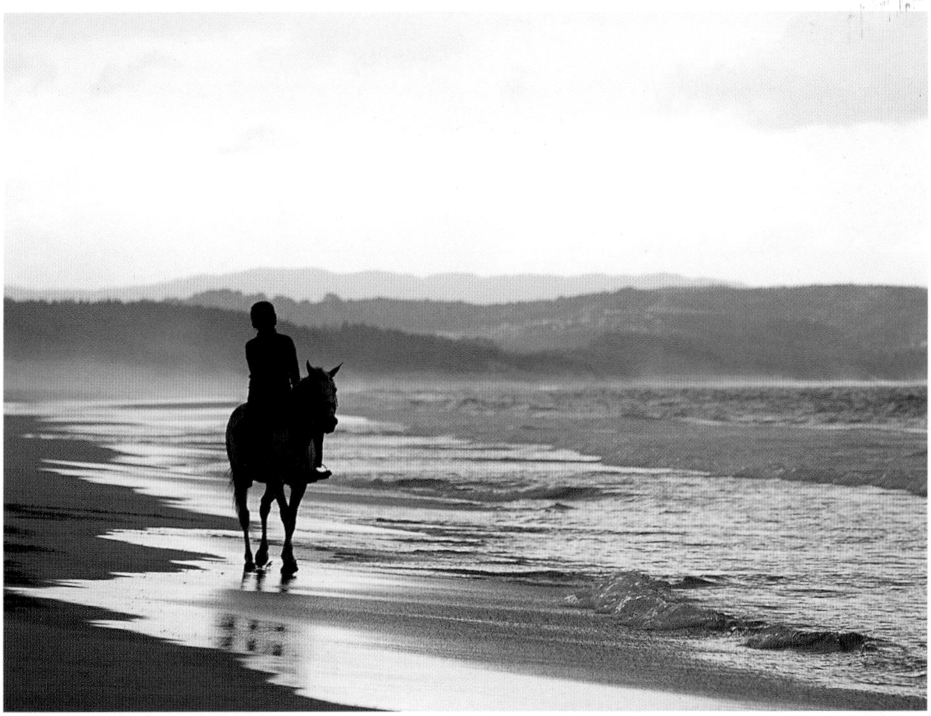

Pakiri Beach, dans le golfe d'Hauraki

La plage n'est qu'à deux heures de route d'Auckland, sur la côte nord-ouest, et s'étend agréablement sur 21 kilomètres. Dissimulée par des dunes et un océan d'herbes ondulantes c'est l'un de ces endroits dissimulés, sur la route de nulle part. Bordée simplement par quelques petites fermes en bois, vous y aurez assez d'espace pour trotter et galoper tout votre soûl.

Les chevauchées ne sont pas limitées à la plage. Des sentiers de randonnée, perdus dans le bush, grimpent en serpentant les collines environnantes. Vous pourrez côtoyer des fougères argentées géantes,

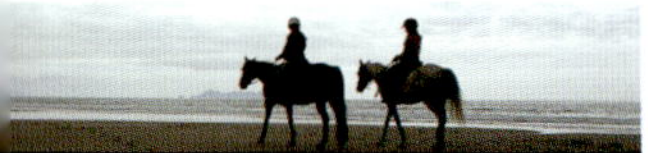

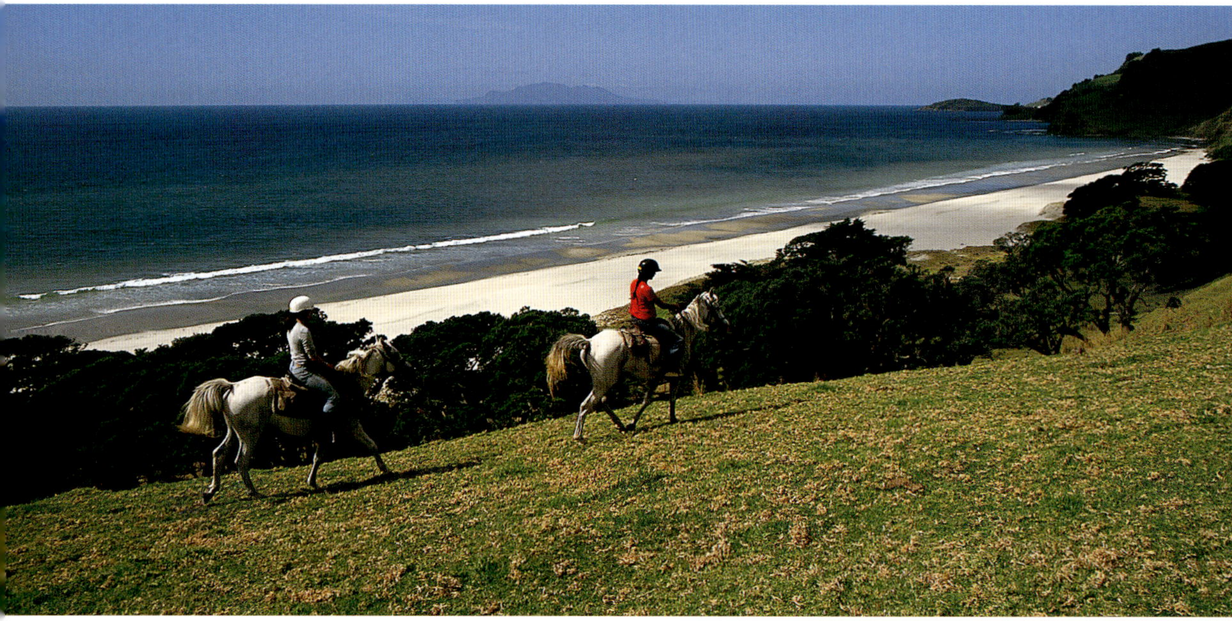

Sur le Te Kiri Warrior Trail vers Omaha

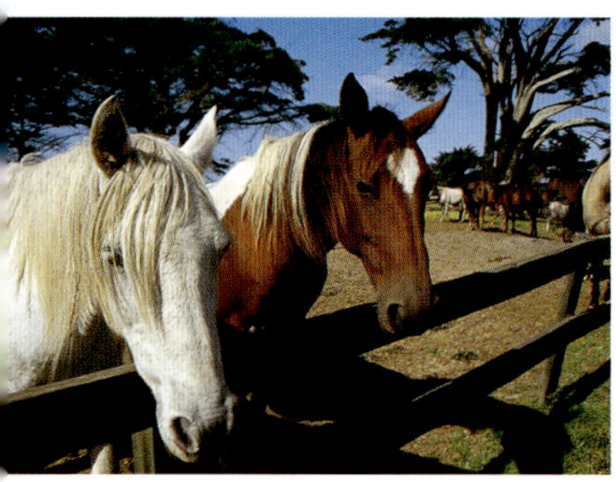

Chevaux dans l'enclos de Pakiri Beach

symbole national de la Nouvelle-Zélande et parcourir les pistes des bûcherons sur les traces historiques des guerriers maoris. Mieux vaut ne pas trop vous approcher des plantes du bush : vous ou votre cheval pourriez vous y piquer. En été, les *pōhutkawas* (les arbres de Noël locaux) qui bordent la plage se parent de rouge.

L'histoire de ce paysage remonte aux premiers habitants maoris qui pêchaient au large de la plage à l'aide de filets tressés à la main et cultivaient les terres alentours. Vos provisions rangées dans votre sacoche, quel meilleur moyen pour l'apprécier que de prendre les rênes et chevaucher le long de l'un des sentiers les plus gratifiants de la région : le Te Kiri Warrior Trail. L'un des temps forts de la journée est l'ascension au-dessus des sables blancs de Pakiri jusqu'à Pa, où se trouvait autrefois la forteresse de guet de Te Kiri, un ancien chef maori. D'ici, on a une vue panoramique par-delà le golfe d'Hauraki jusqu'à l'océan Pacifique et les îles de la Petite Barrière et de la Grande Barrière, appelées également Hauturu et Aotea, ainsi que vers Hen, Chicken et même Auckland.

Vous suivrez également les pas de Taukokopu, ancien guerrier maori et célèbre coureur qui parcourut les promontoires de la côte pour avertir son peuple de l'arrivée d'éventuels ennemis. Une partie du sentier vous conduit au *marae* de la communauté maori de la région, à Omaha. Vous pourrez y desseller votre cheval et le mettre au paddock voisin pour découvrir l'accueil traditionnel, ou *karanga* (cérémonie de l'appel).

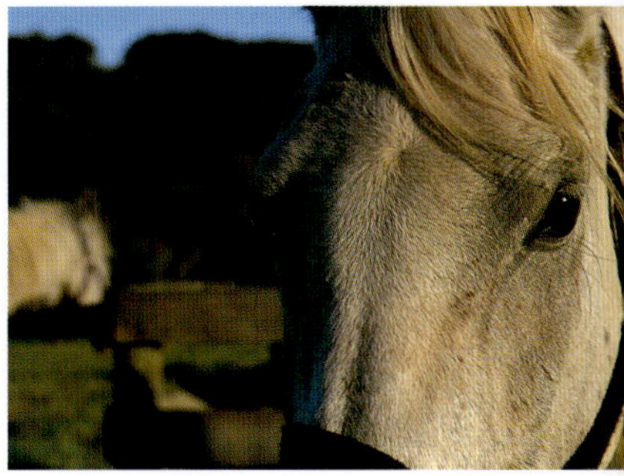

La première voix que l'on entend est celle d'une femme qui appelle les visiteurs pour qu'ils entrent dans le *marae*. C'est ensuite à l'homme de parler, il conte des histoires et accueille les invités. Après ces discours, les visiteurs sont priés de rentrer et leurs hôtes les saluent en faisant se toucher leur nez, une cérémonie que l'on appelle le *hongi*. L'hôte et son invité s'unissent en partageant le même souffle.

À cheval vers Pakiri Beach

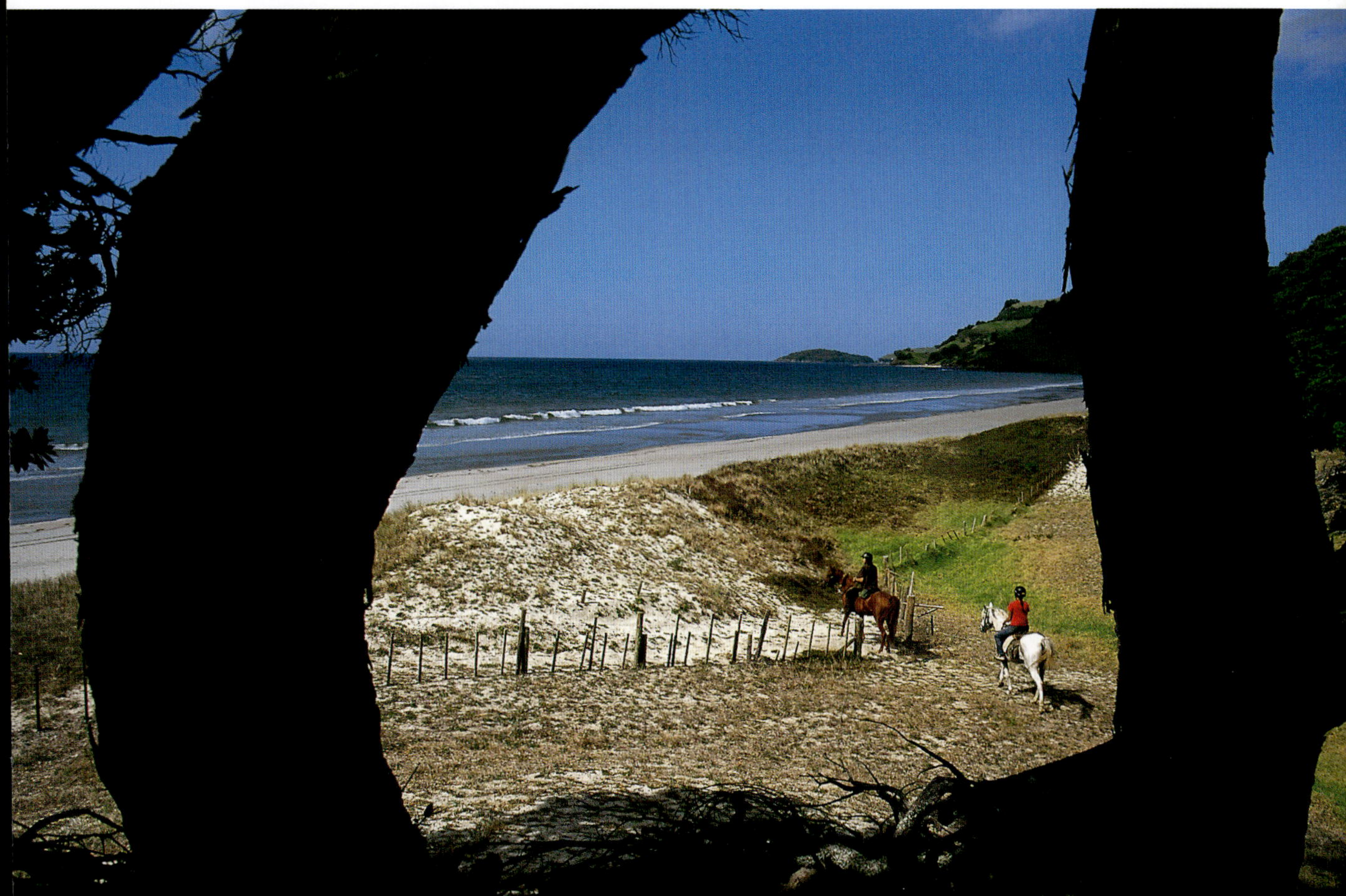

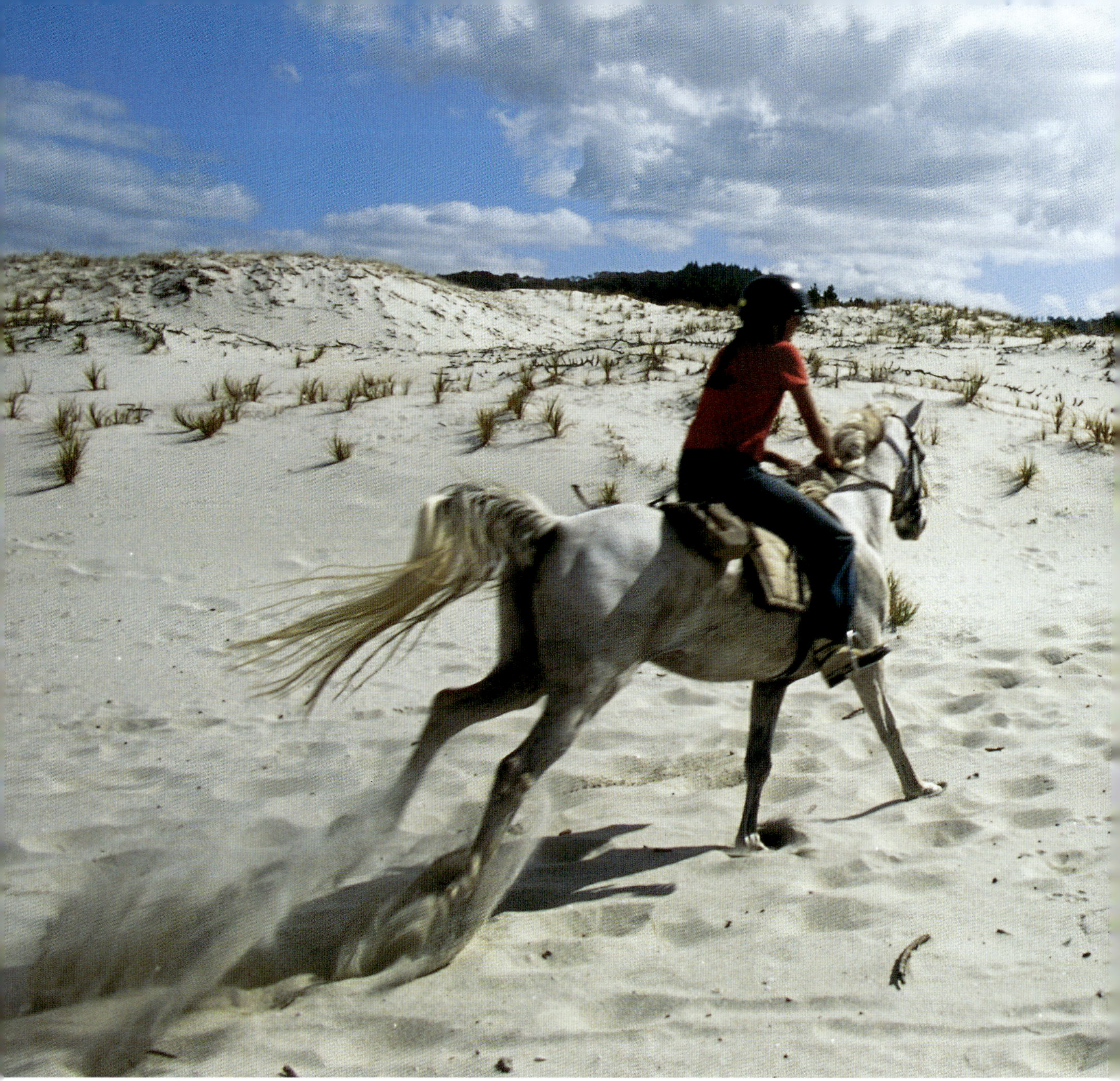

Au galop parmi les dunes derrière Pakiri Beach

Le *marae*, à quatre heures de cheval de Pakiri, est un bâtiment simple et moderne. Une nuit sur place, enveloppé dans des couvertures et sacs de couchage, ne sera pas la plus luxueuse de votre vie, mais elle sera spéciale. Selon une légende maori, si vous dormez bien dans le *marae* c'est que vous avez été béni par les esprits. Après quelques jours à cheval à l'air pur de la mer et aux sons des légendes de guerriers coureurs, la bénédiction est garantie.

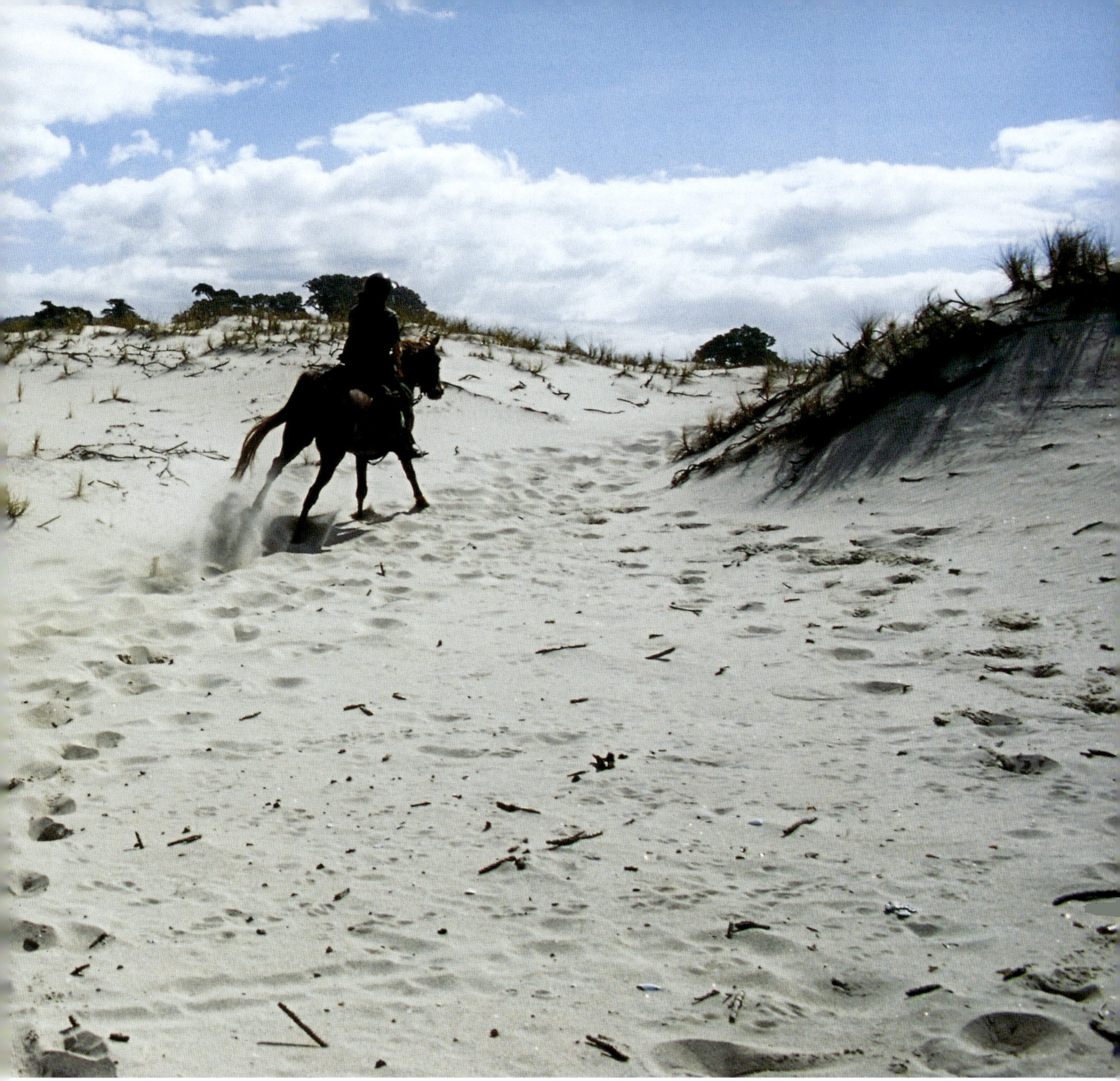

ⓘ

Plusieurs opérateurs proposent des randonnées à cheval sur North Island. Pakiri Beach Horse Ride dispose de séjours entièrement guidés par Laly et Sharley Haddon, des descendants directs de Te Kiri, le chef maori. De nombreuses formules existent, d'une journée, un week-end, à la véritable expédition, dont le Te Kiri Warrior Trail qui dure cinq jours et le Great Northern Coast to Coast ride, sept jours. Les logements se font dans divers maisons, *maraes* et fermes des environs. Air New Zealand propose des vols quotidiens vers Auckland.

Parcourir la Muraille

De Jinshanling à Simatai, Chine

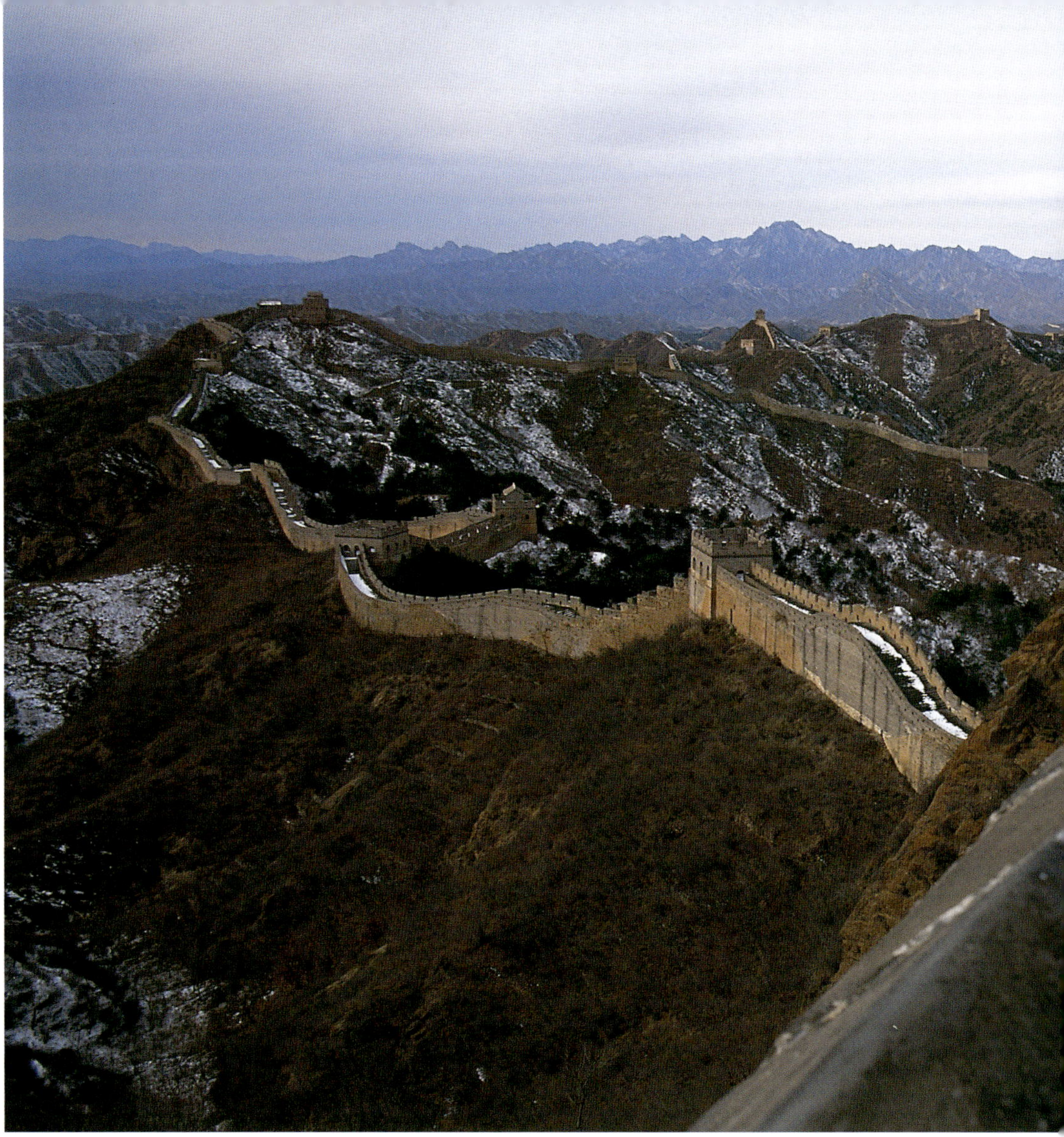

De dimensions extravagantes et visible depuis l'espace, la Grande Muraille de Chine n'a plus besoin d'être présentée. Lorsqu'on la parcourt, s'éveillent des visions de hordes mongoles donnant la charge face à des soldats chinois résolus, d'attaques futiles et de défense impérieuse. Elle figure sur la liste de quasiment toute personne visitant la Chine, mais vous pouvez éviter la foule des touristes en vous rendant à la section qui commence à Jinshanling.

La Grande Muraille s'étend sur plus de 6 700 kilomètres à travers montagnes escarpées, déserts et herbages du nord de la Chine, depuis

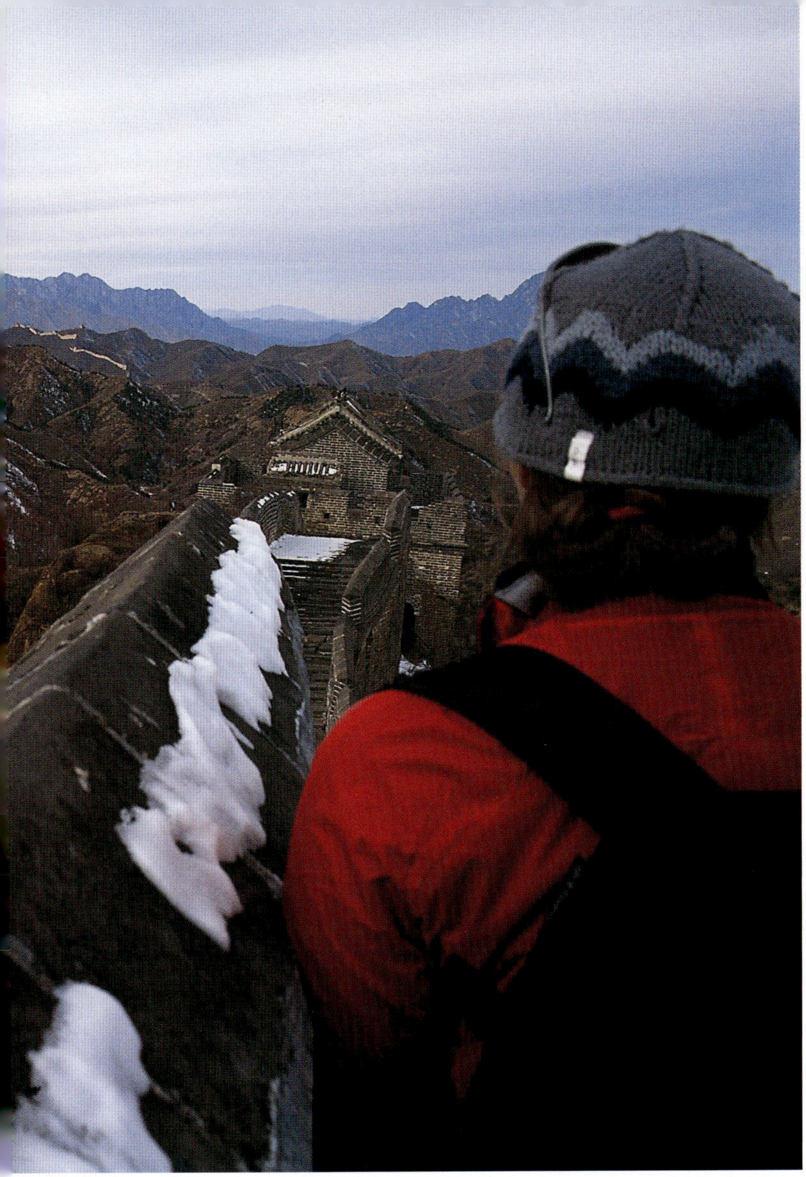
La Grande Muraille traverse les montagnes rocailleuses près de Jinshanling

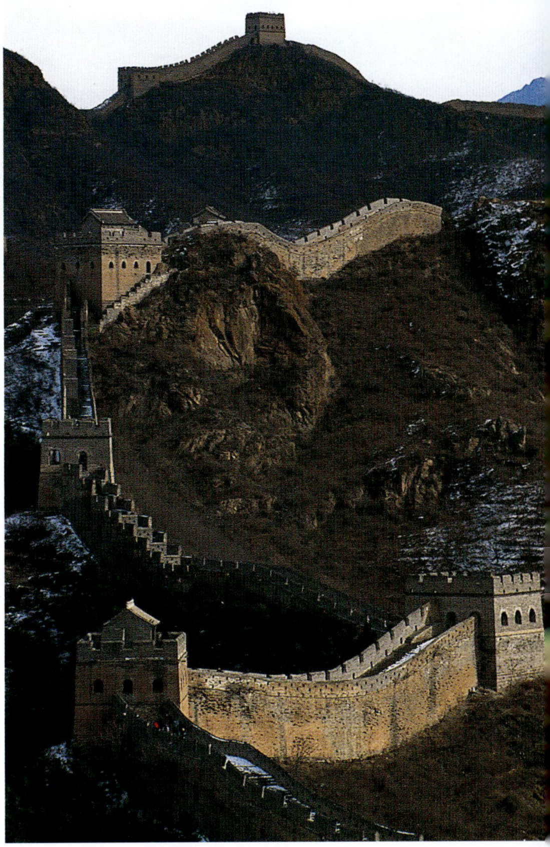
Les tours de guet parsèment la Muraille

Shanhaiguan à l'est, jusqu'à Jiayuguan à l'ouest. Sa construction dura plus de 200 ans. La section de Badaling est la plus visitée mais elle a été largement restaurée et cela, ajouté au nombre de touristes, signifie qu'il est difficile d'y percevoir sa vraie nature. Pour ceux qui ont une assez bonne santé, la meilleure option est la marche de 12 kilomètres reliant Jinshanling à Simatai, où le mur et ses environs conservent le charme de la rudesse, de la rugosité et de l'usure naturelle.

Jinshanling se trouve à environ 120 kilomètres au nord de Pékin, dans la région du Hebei et est desservie par plusieurs tour-opérateurs de la capitale, qui vous y déposeront et viendront vous rechercher à

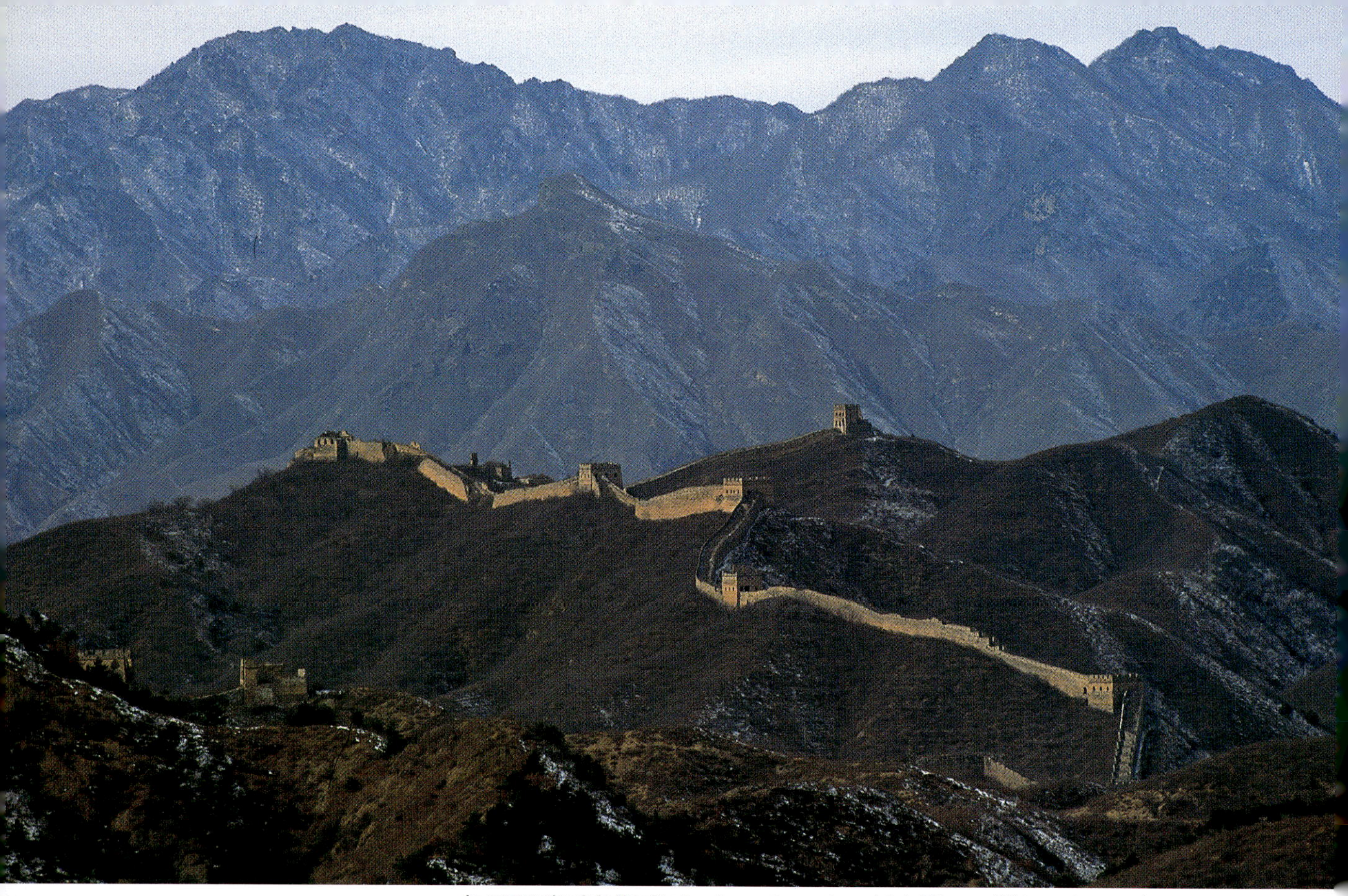

La construction de la Muraille dans les montagnes du nord de la Chine a coûté de nombreuses vies

Vue de la Muraille près de Simatai

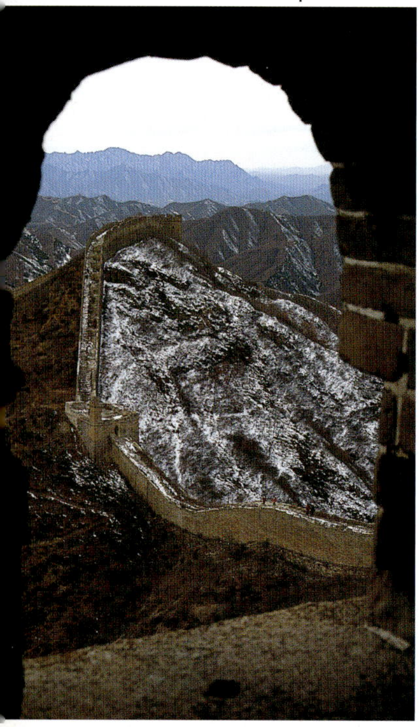

Simatai plus tard dans la journée. Même si on peut voir la Muraille depuis Jinshanling, ce n'est que lorsque vous aurez grimpé la première volée de marches pour admirer le long serpent crénelé que vous serez saisi d'admiration. Longeant les crêtes à perte de vue, chaque sommet couronné d'une énorme tour de guet, cette structure gargantuesque défie la gravité tandis qu'elle s'élève puis plonge le long de pentes assez raides pour pratiquer le ski extrême.

À l'origine existait une série de murs séparés, érigés par les différentes dynasties guerrières durant la fin de la Période des Printemps et des Automnes (de 770 à 476 av. J.-C.). La Grande Muraille en elle-même est datée d'après 214 av. J.-C., sous la dynastie des Qin, où l'on relia la majorité des murs et on les prolongea, pendant le règne de l'empereur Qin Shi Huang. Beaucoup d'ennemis durent être découragés par la futilité d'attaquer ce rempart de 7 à 8 mètres de haut, ajouté à l'épuisement d'avoir traversé les montagnes qui l'entourent. Même les célèbres guerriers de Gengis Khan eurent les plus grandes difficultés à la franchir avant de prendre Pékin, en 1215. Lorsque, en 1368, tomba la dynastie

Yuan, fondée par Kubilai, petit-fils de Gengis Khan qui avait achevé la conquête chinoise entreprise par son aïeul, les empereurs Ming lancèrent de grands travaux de consolidation, tout particulièrement pour repousser les Mandchous, au cours des XVIe et XVIIe siècles.

À votre départ de Jinshanling, le mur est en bon état, ce qui vous échauffe en douceur pour les impitoyables séries de marches qui vous emmènent d'une tour de guet à l'autre. Au summum de la puissance chinoise, plus d'un million de soldats gardaient la Muraille. Lorsque depuis la tour votre regard se pose sur les vagues lugubres de montagnes accidentées, il est facile d'imaginer la souffrance des ennemis, tout particulièrement en hiver, lorsqu'ils marchaient ou chevauchaient vers le nord pendant des mois pour attaquer. Avec une vue circulaire depuis chaque tour et des cavaliers prêts à avertir les sol-

La marche vers Simatai permet d'éviter la foule des autres sections

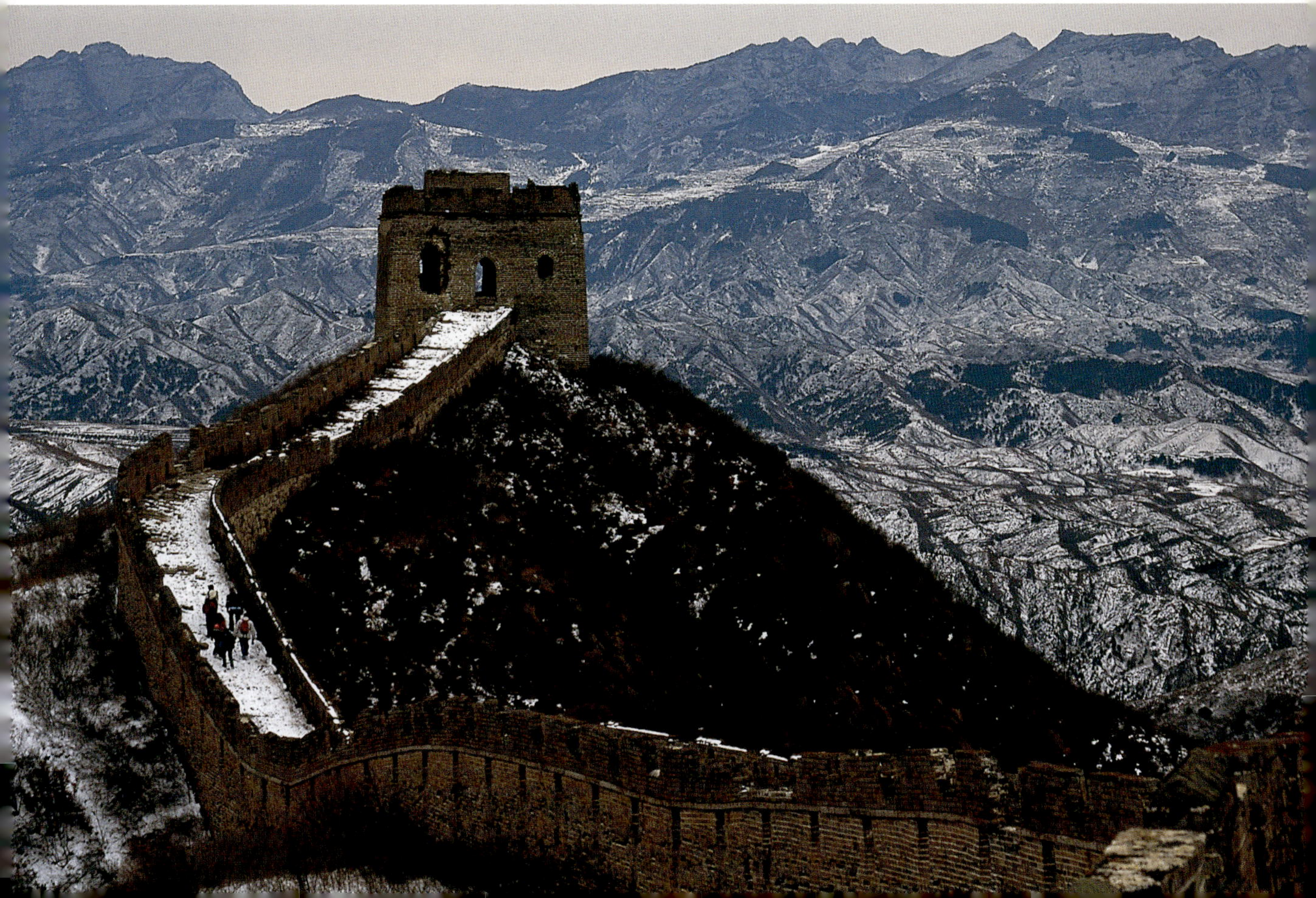

Page ci-contre :
La marche de Jinshanling à Simatai est étonnement éprouvante

dats sur les autres sections du mur, les Chinois disposaient d'un solide avantage.

Tandis que vous approchez de Simatai et commencez à ressentir (ne serait-ce que parce que vous avez mal aux jambes) la grandeur de ce gigantesque dragon de briques, l'état de la Muraille se détériore. Sur les portions trop endommagées, des sentiers longent le flanc de la montagne, vous donnant une idée de l'imposant et intimidant ouvrage du point de vue des ennemis.

Au-dessus de Simatai, une passerelle moderne traverse maintenant la rivière et les plus aventureux peuvent emprunter une tyrolienne pour descendre jusqu'au village.

Beaucoup d'opérateurs de Pékin proposent des visites des sections les plus populaires de la Grande Muraille, dont Jinshaling. Assurez-vous qu'ils vous accordent suffisamment de temps, environ quatre ou cinq heures, pour vous rendre tranquillement jusqu'à Simatai. Les perpétuelles montées et descentes ralentissent le rythme. Des « guides » locaux insistants vous aborderont dès votre arrivée sur le mur pour vous vendre livres et cartes postales.

La Muraille délabrée, près de Simatai

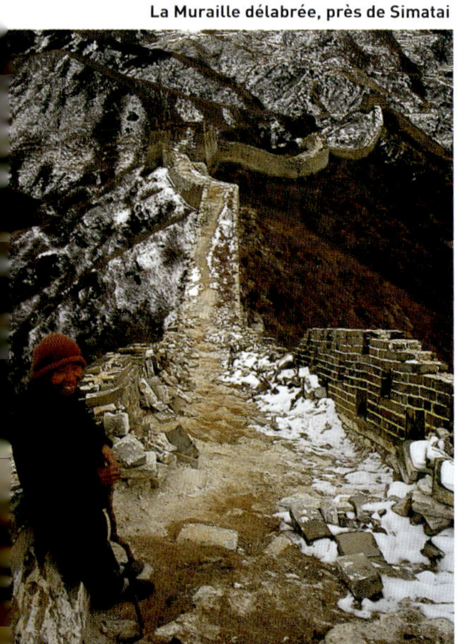

Traversée d'une passerelle à Simatai

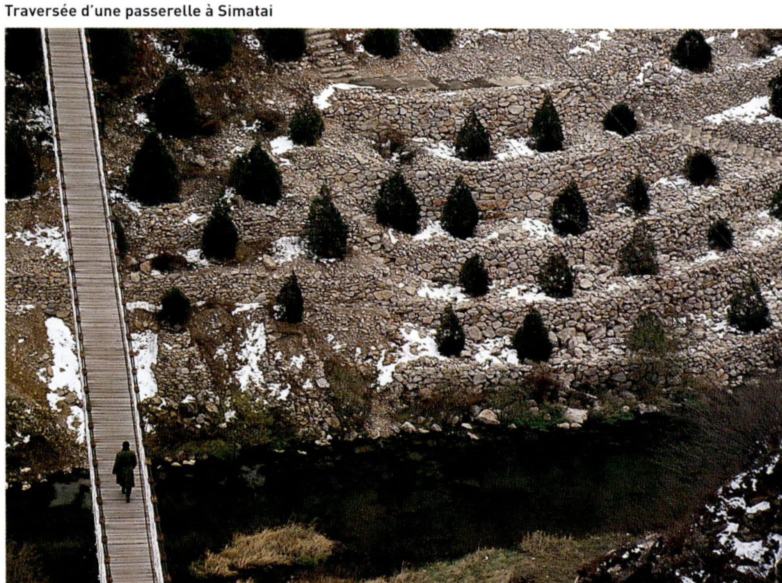

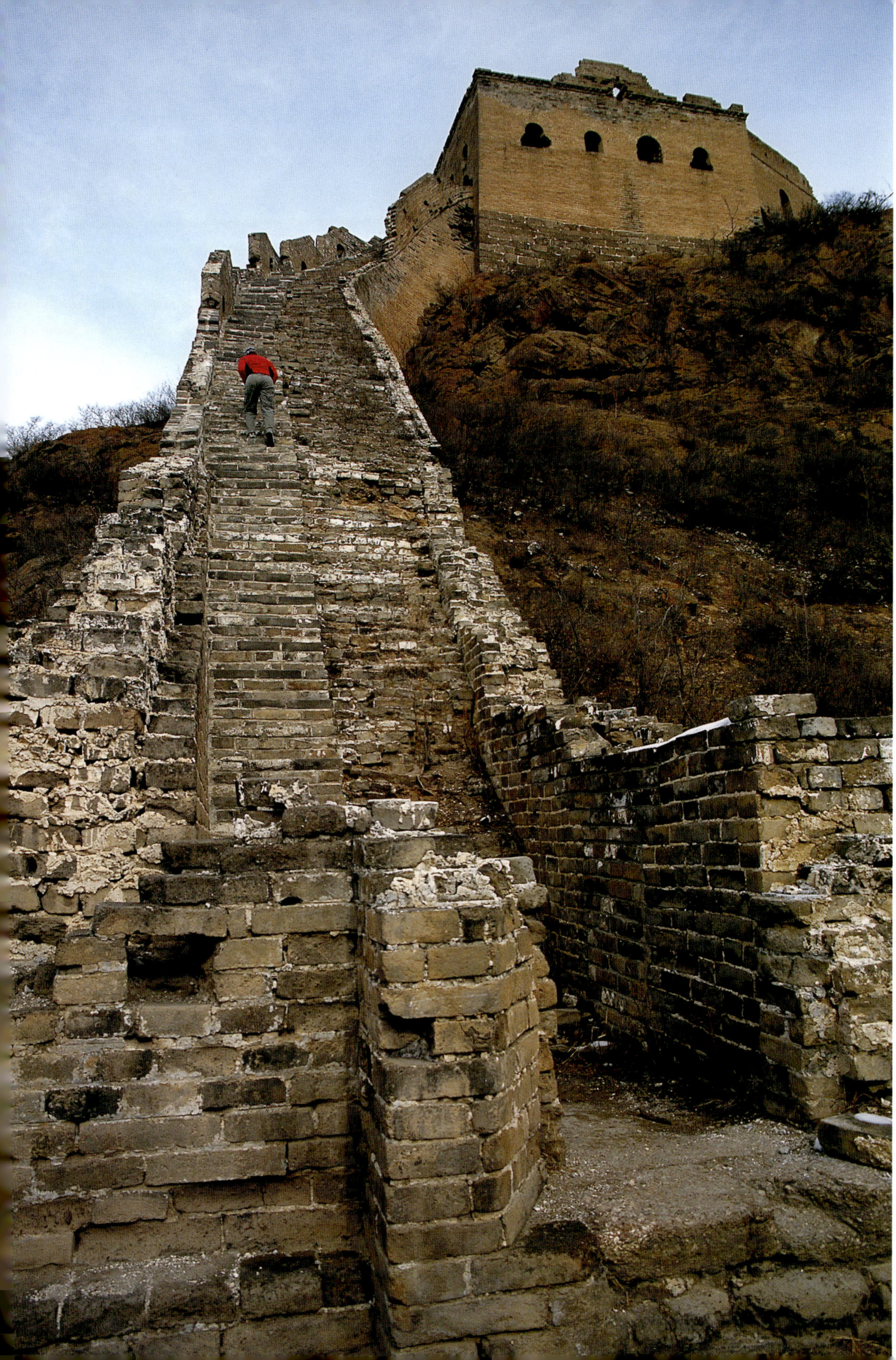

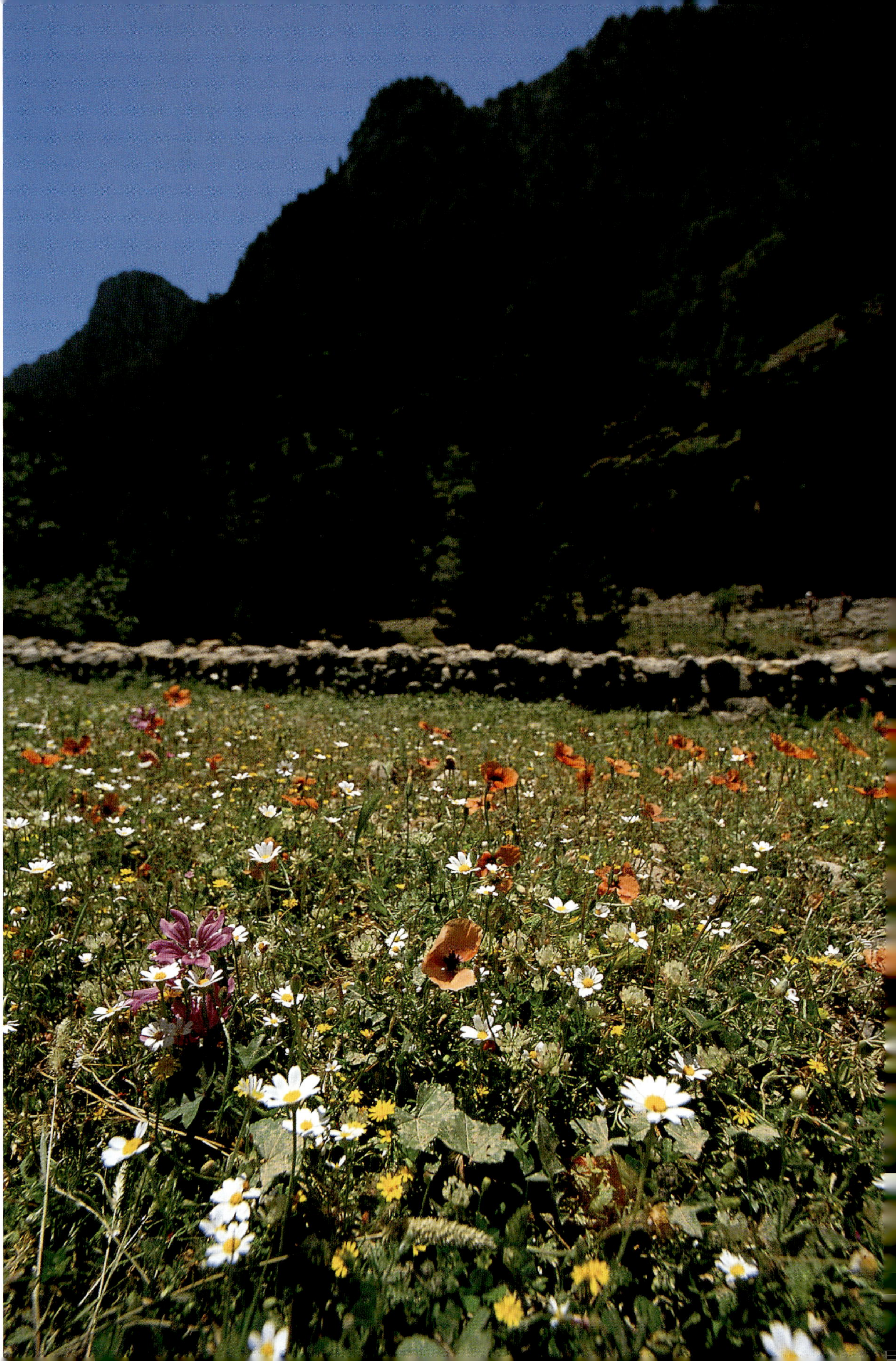

À la découverte des fleurs sauvages
Paleochora, Crète

Page ci-contre :
Les fleurs sauvages ornent les gorges de Samaria

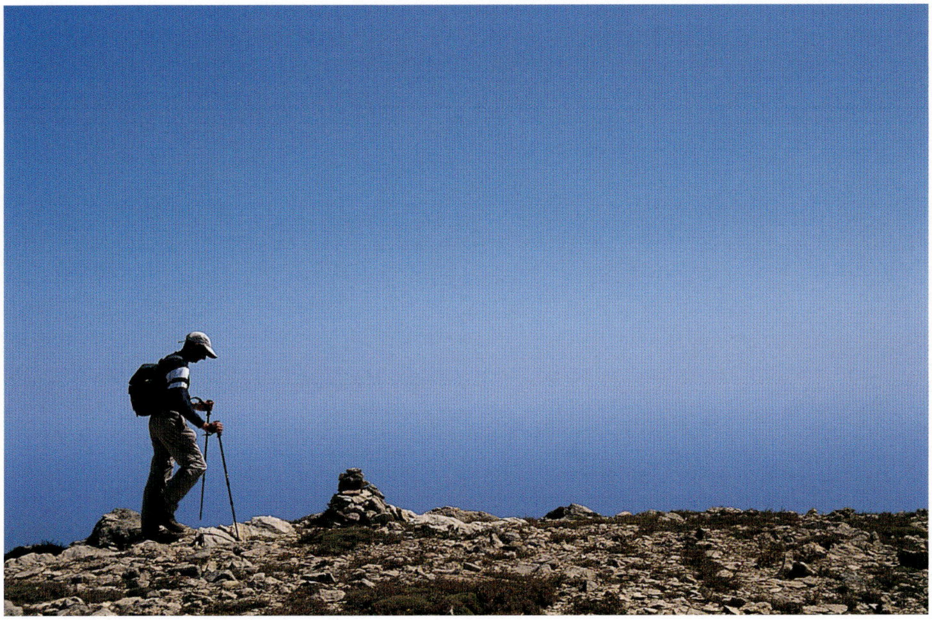

En randonnée sur le sommet du Gingilos

Considérée comme la « Galapagos » du monde botanique, la Crète est célèbre pour l'abondance, au printemps, de ses fleurs sauvages uniques. Cachée dans une petite baie de la côte sud-ouest, Paleochora est la base idéale pour l'exploration du réseau de sentiers de l'île. De là, vous pourrez déambuler à travers des nappes de couleurs et vous pencher pour découvrir des orchidées rares ou des lys délicats, tandis que vos pas vous conduisent vers les ruines d'une civilisation antique, le long de plages désertes, sur de spectaculaires montagnes ou à travers les plus longues gorges d'Europe. Que vous soyez passionnés de botanique ou pas, c'est une expérience inoubliable.

D'abord détachée des continents voisins il y a environ 10 millions d'années, puis isolée par la montée des eaux méditerranéennes, la Crète est aujourd'hui la plus méridionale des grandes îles de l'archipel grec. La présence particulièrement importante de fleurs sauvages endémiques s'explique par ce long isolement. Il existe environ 170 espèces que l'on

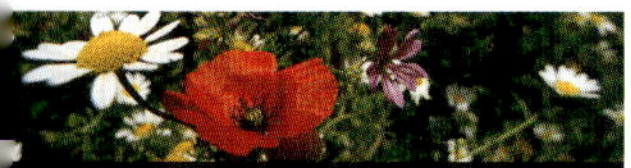

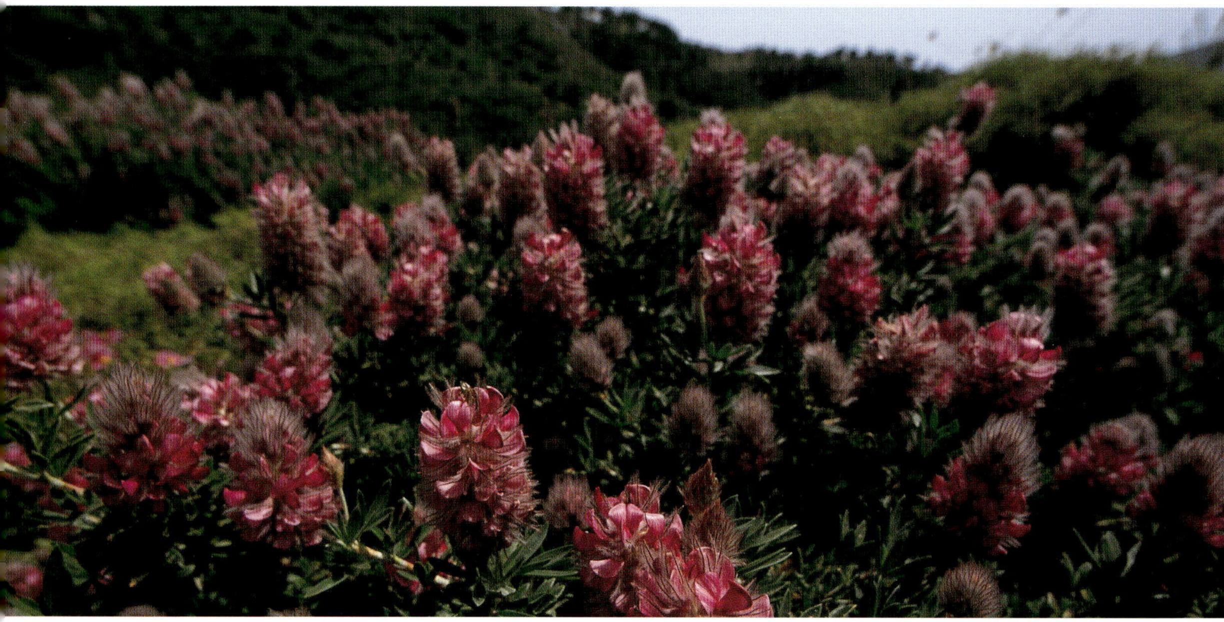
Ébène de Crète *(Ebenus cretica)*

ne rencontre nulle part ailleurs et ce nombre croît chaque année au gré des découvertes.

Si vous pouvez parcourir seul la plupart des sentiers crétois, la présence d'un botaniste, tel Jeff Collman, spécialiste de la flore de l'île, est un plus inestimable. De nombreuses plantes, comme la délicate toque tertianaire *(Scutellaria sieberi)*, passent facilement inaperçues sans un œil expert pour les repérer.

Vous pouvez débuter par le chemin qui vous conduit de Paleochora à 5 kilomètres au nord-est, vers le village d'Anidri, perché sur la colline, qui semble figé dans le temps. L'église byzantine blanchie à la chaux d'Agios Georgios vaut le coup d'œil, avec ses fresques du XIIIe siècle et ses murs couverts des fleurs violettes crétoises *(Petromarula pinnata)*. Au-dessus d'Anidri, parmi les bosquets d'oliviers, se trouve une minuscule église en surplomb qui offre une vue spectaculaire sur la Méditerranée, avant que le sentier ne descende au creux d'une gorge étroite, parsemée du captivant laurier rose *(Nerium oleander)*, pour aboutir à une baignade rafraîchissante à la plage de Gialiskari.

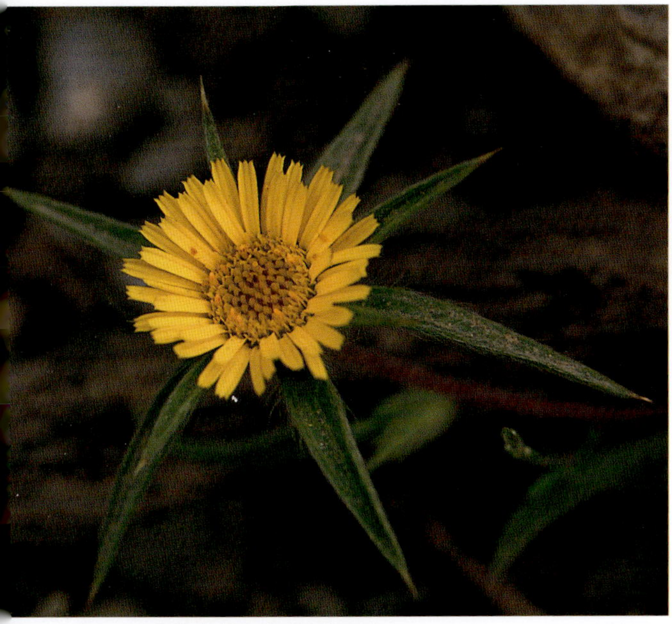

Pallenis *(Asteriscus spinosus)*

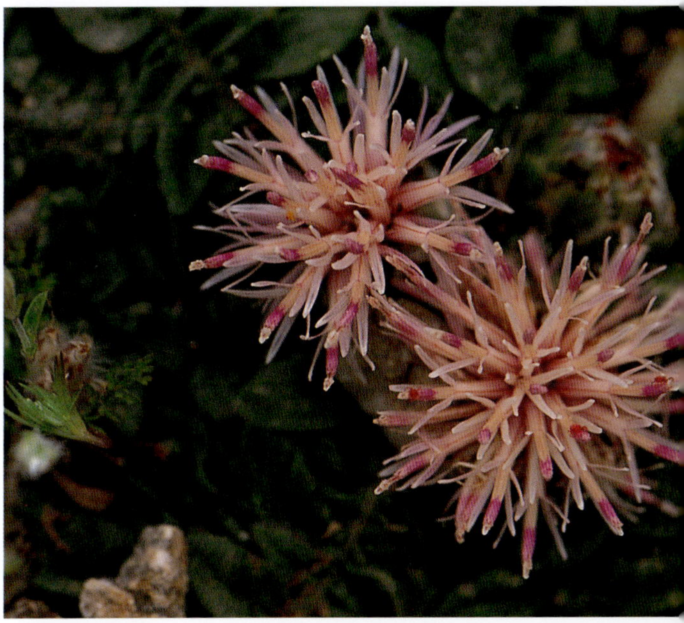

Centaurea raphanina

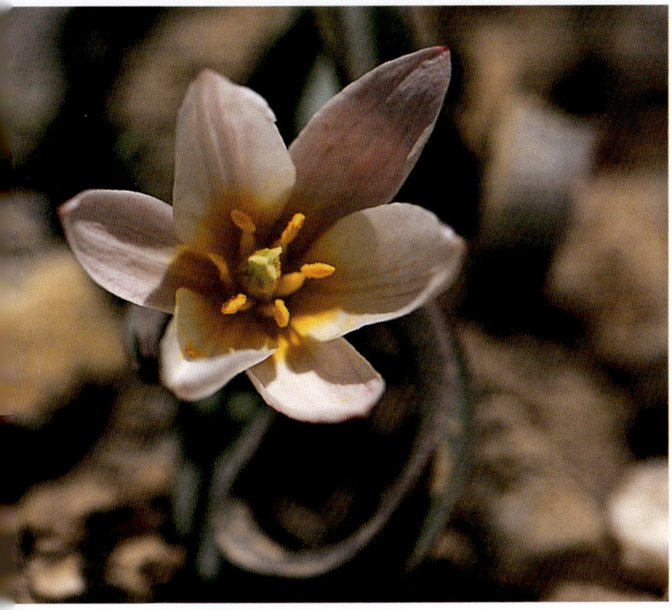

Crocus Tricolor *(Crocus sieberi)*

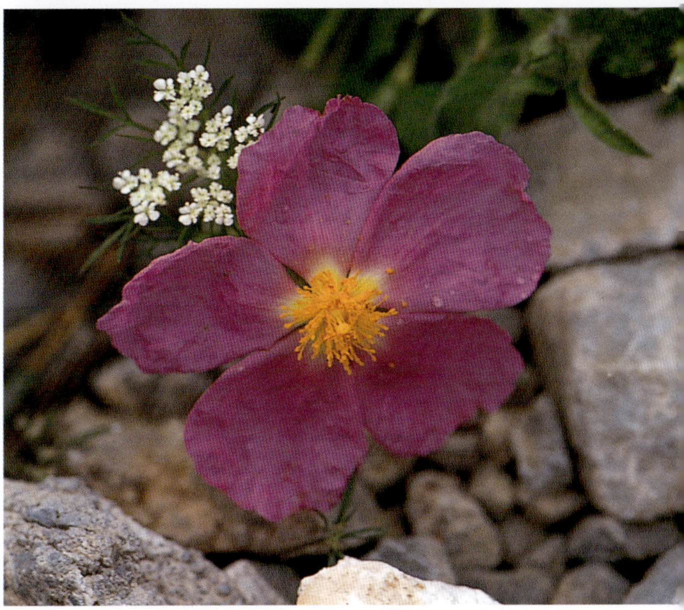

Ciste de Crète *(Cistus creticus)*

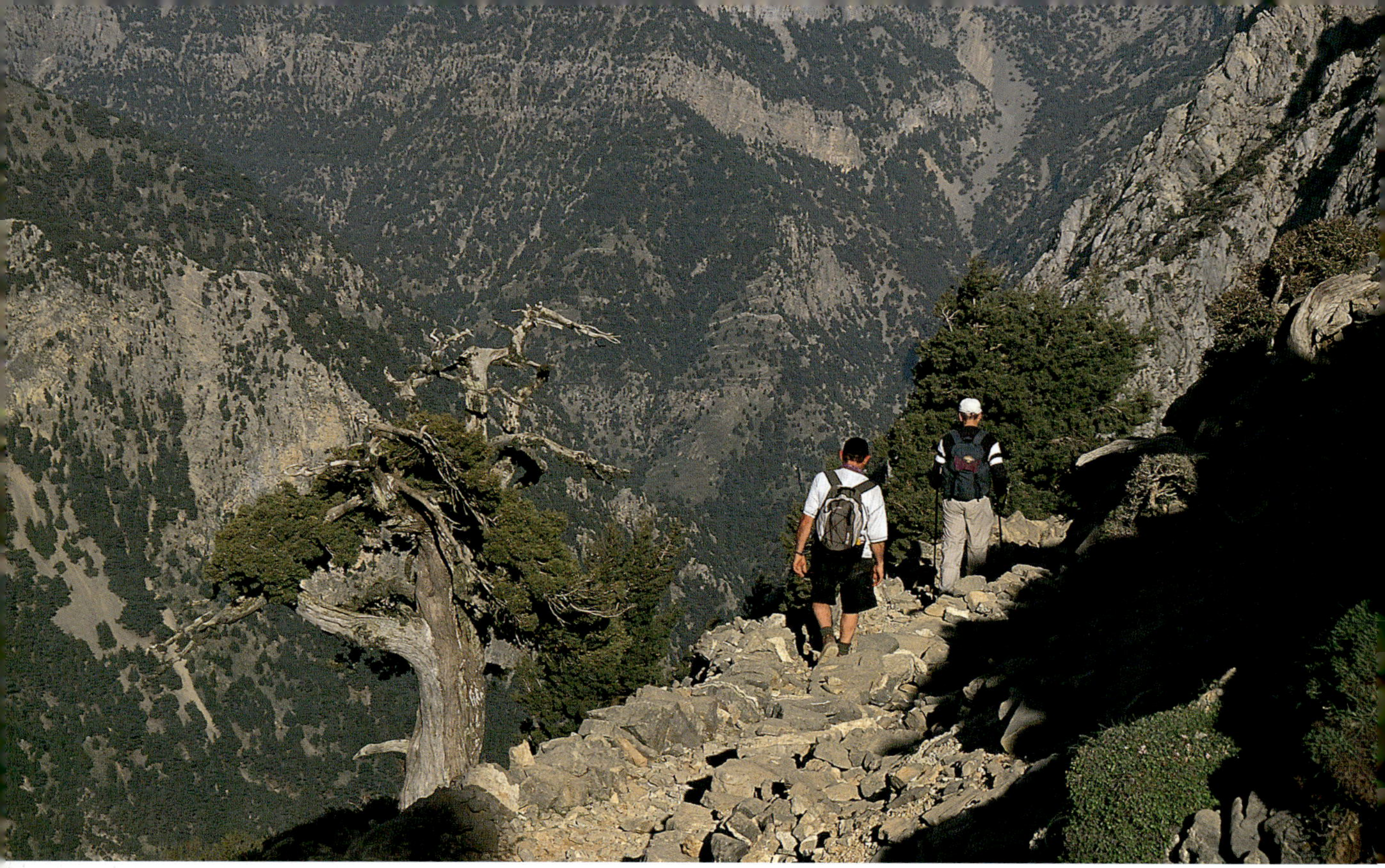

La descente dans les gorges de Samaria depuis le Gingilos

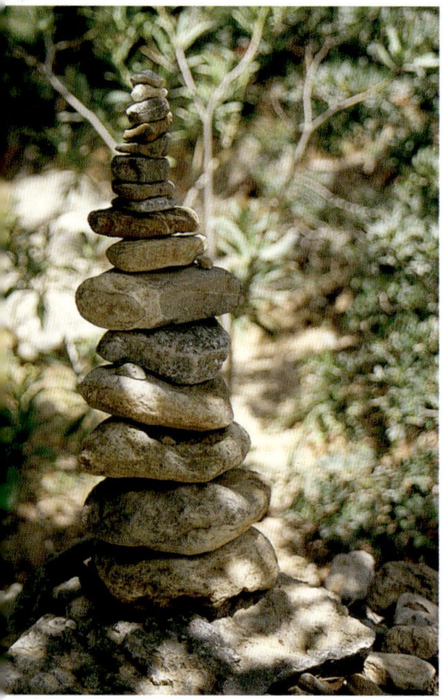

Des pierres empilées, ou cairns, jonchent le sentier

Un autre grand classique, quoiqu'un peu plus long, consiste à emprunter vers Paleochora la route côtière depuis Sougia, 17 kilomètres à l'est. Un court trajet en bateau vous emmène jusqu'à ce charmant village de pêcheurs isolé. Le sentier débute en plongeant dans une tranquille gorge remplie de pins de Calabre *(Pinus brutia)*, où l'on peut découvrir des espèces charmantes comme la chicorée épineuse *(Cichorium Spinosum)* avec ses pétales bleus finement dentelés ou les fragiles câpriers communs *(Capparis spinosa)* perchés sur les falaises surplombantes.

Environ à sa moitié, le chemin descend d'un plateau sans arbres vers une cuvette côtière qui est l'ancien site grec et romain de Lissos. Il n'est pas gardé et peu visité et, en explorant le petit amphithéâtre, le temple d'Asclépios avec ses mosaïques, les églises de Panagia et Agios Kyriakos et les inquiétantes tombes de la nécropole romaine, vous pourrez ressentir à quel point la vie devait y être idyllique.

Deux des plus célèbres sentiers de Crète – l'un sur la montagne, le second au creux d'une gorge – démarrent au-dessus du village d'Omalos, facile à rejoindre depuis Paleochora, dans les Montagnes Blanches (Lefka Ori). Le Gingilos (2 080 m) est un sommet pyramidal qui domine la paroi des gorges de Samaria, les plus longues d'Europe avec leur 17 kilomètres. C'est la randonnée la plus populaire de l'île.

L'ascension du Gingilos est plus exigeante puisque le sentier traverse des zones rocheuses spectaculaires, couronnées par une arche naturelle. Une marche longue et pénible vous emmène en serpentant jusqu'au col de Linoseli et, de là, le sommet se trouve à une heure d'une progression ardue. Cette randonnée vous permettra de découvrir les plus résistantes des espèces endémiques, dont la buglosse *(Anchusa caespitosa)* ou la *Tulipa cretica*, qui ne poussent qu'en altitude. Si cela ne vous suffit pas, sachez que les jours de beau temps, la vue est stupéfiante. Les gorges et le parc national de Samaria sont, à juste titre, classés Réserve de Biosphère par l'Unesco et, au printemps, la randonnée dans les gorges devient unique au monde. Démarrant à 1 300 mètres d'altitude, elle descend de 1 000 mètres à travers une forêt de pins enchanteresse. Tandis que vous continuez votre chemin en passant devant des villages en ruines et des églises minuscules, des pans entiers de pivoines *Paeonia Clusii* et d'asphodèles à petits fruits *(Asphodelus aestivus)* remplissent les champs.

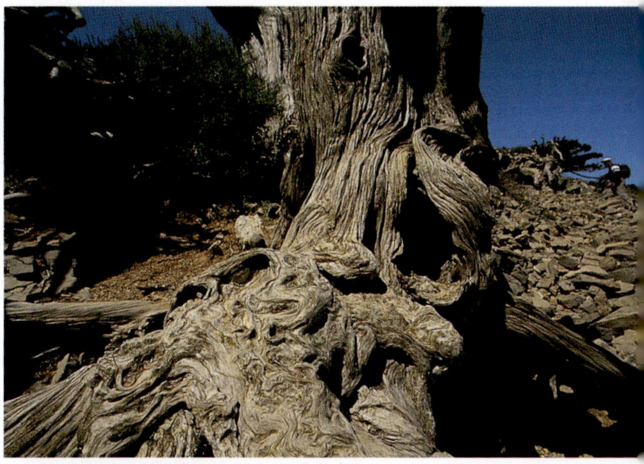

Vieux cyprès sur le Gingilos

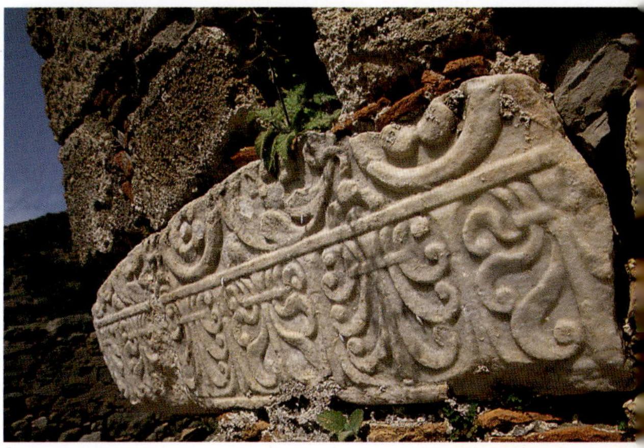

Église en marbre à Lissos

Après une longue (et souvent chaude) journée de marche, la plage d'Agia Roumeli est recouverte de chaussures de randonnée et de sacs à dos dont les propriétaires sont partis plonger dans les eaux rafraîchissantes.

ⓘ

Même au début du printemps, les températures peuvent grimper et on trouve peu de zones ombragées ou d'eau dans les hautes montagnes crétoises. Les touristes affluent vers les gorges de Samaria, notamment durant la saison estivale. Pour profiter de la nature, mieux vaut partir tôt le matin.

À la recherche du paradis

Dhoni Mighili, Maldives

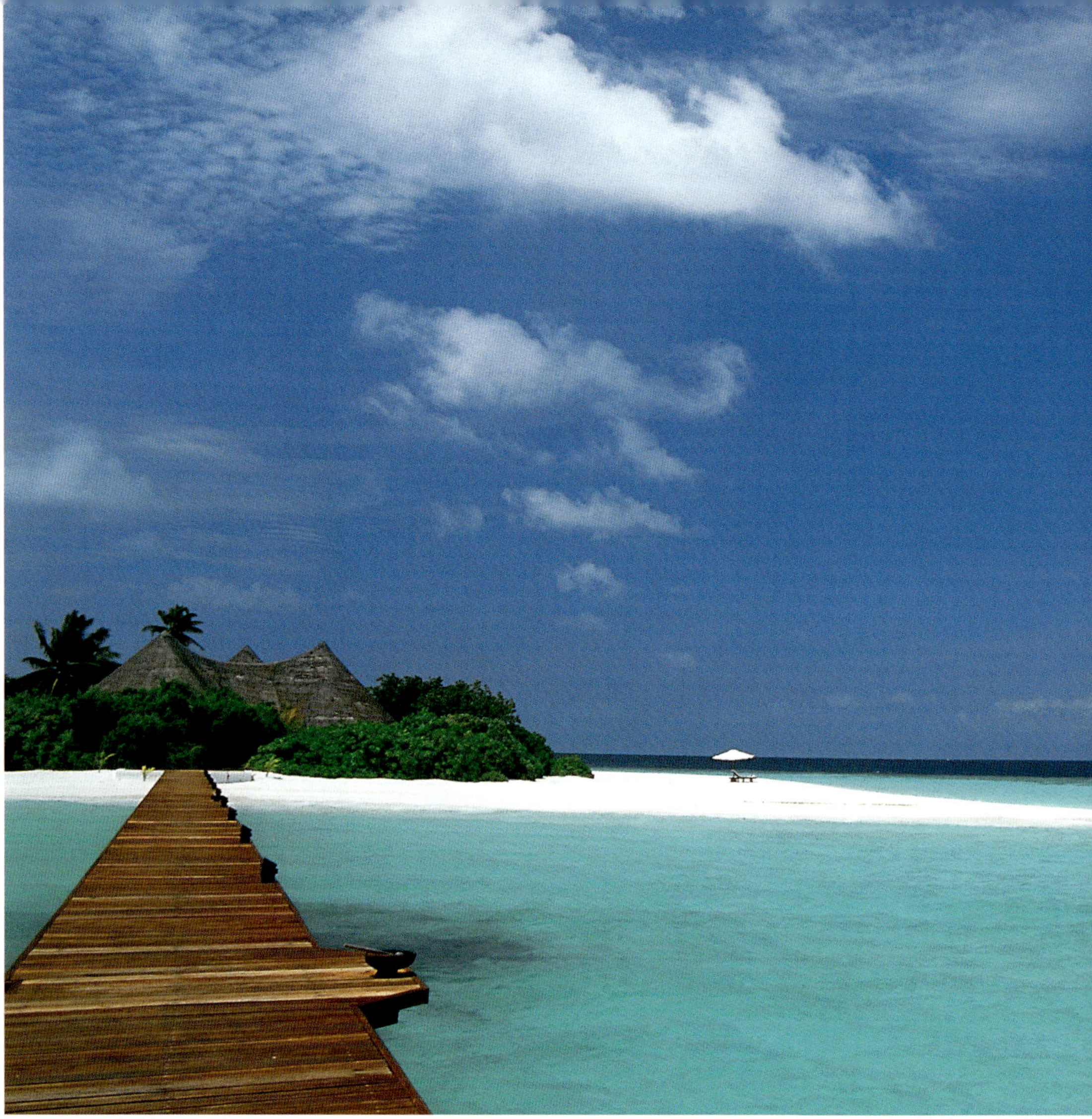

Petit coin perdu de l'océan Indien, Dhoni Mighili est un véritable paradis

Si vous voulez un petit coin de paradis entouré uniquement de l'océan où profiter de soins thermaux, la tranquille Dhoni Mighili, au milieu des eaux cristallines des Maldives, est l'île dont vous rêviez.

Minuscule point dans l'océan Indien (sa circonférence peut se parcourir en 800 pas), Dhoni Mighili ou « l'île au bateau », est un endroit de rêvé aux luxueuses douceurs. Ses six bungalows seulement n'accueillent jamais plus de douze visiteurs à la fois et vous pouvez donc profiter à plein des eaux turquoise miroitantes et des sables blancs. Pour vous y rendre depuis l'aéroport de Malé, vous emprunterez soit un hydravion pour un vol de 30 minutes au-dessus d'une

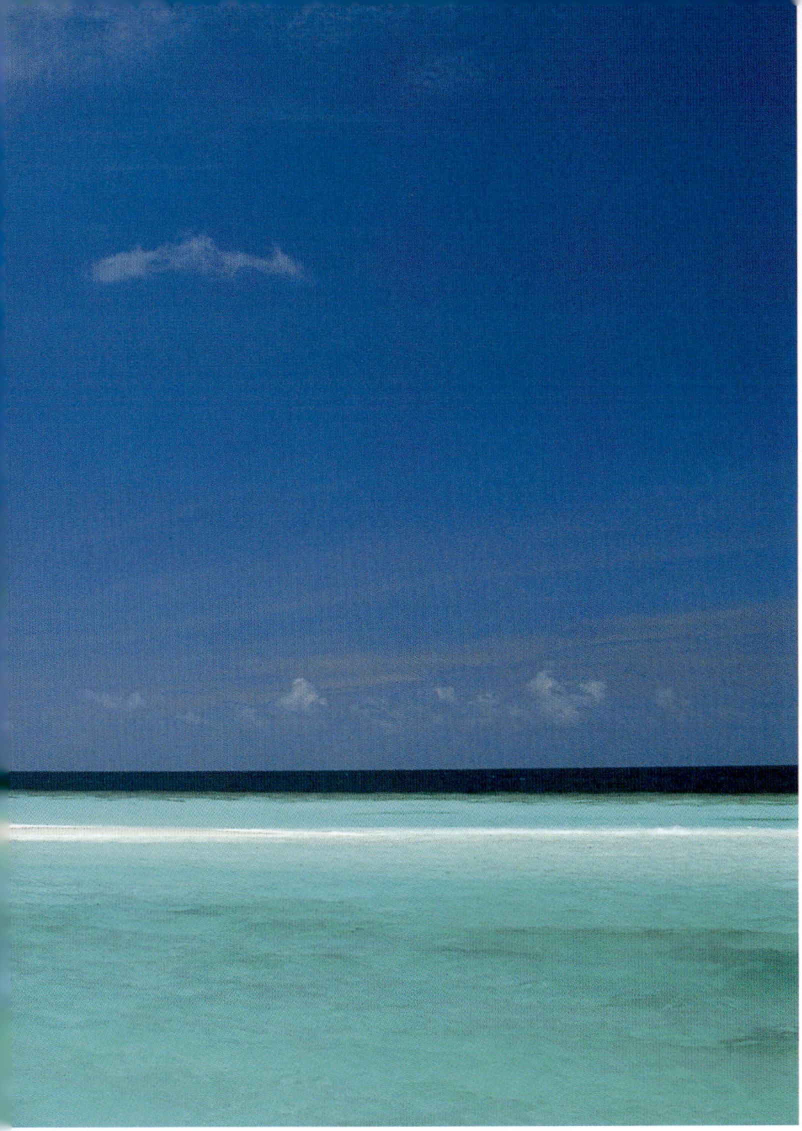

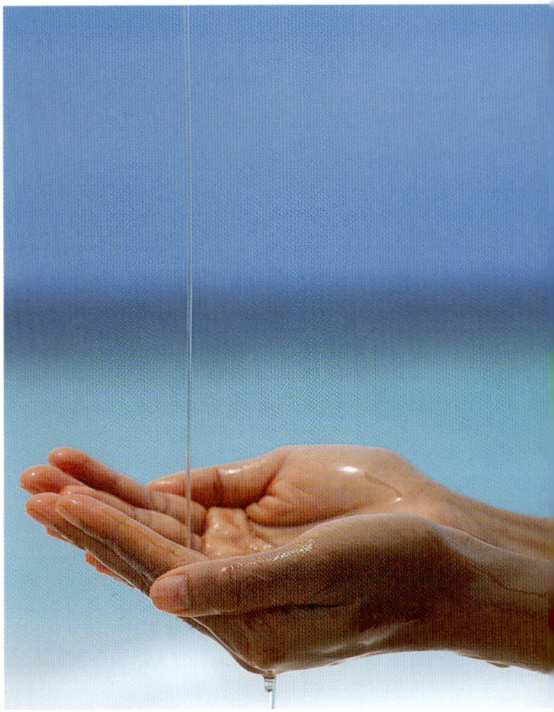

succession d'atolls ou un bateau pour une traversée de quatre heures sur votre *dhoni* privé, le voilier traditionnel maldivien.

Finement fabriqués, ces bateaux en bois de 20 mètres de long sont spécialement conçus pour que leurs passagers puissent vivre à bord s'ils le veulent et les utiliser pour voyager, explorer et prendre du bon temps. Avec des noms tels que *Sublime*, *Serenity*, *Dream*, *Passion*, *Seduction* ou *Bliss*, ils vous emmèneront à la découverte des îles voisines ou plonger avec un tuba ; ou simplement profiter de la navigation, d'un verre de vin et du farniente, allongé sur l'une des confortables chaises longues du pont.

Et la détente continue une fois à terre. Vous pouvez plonger dans

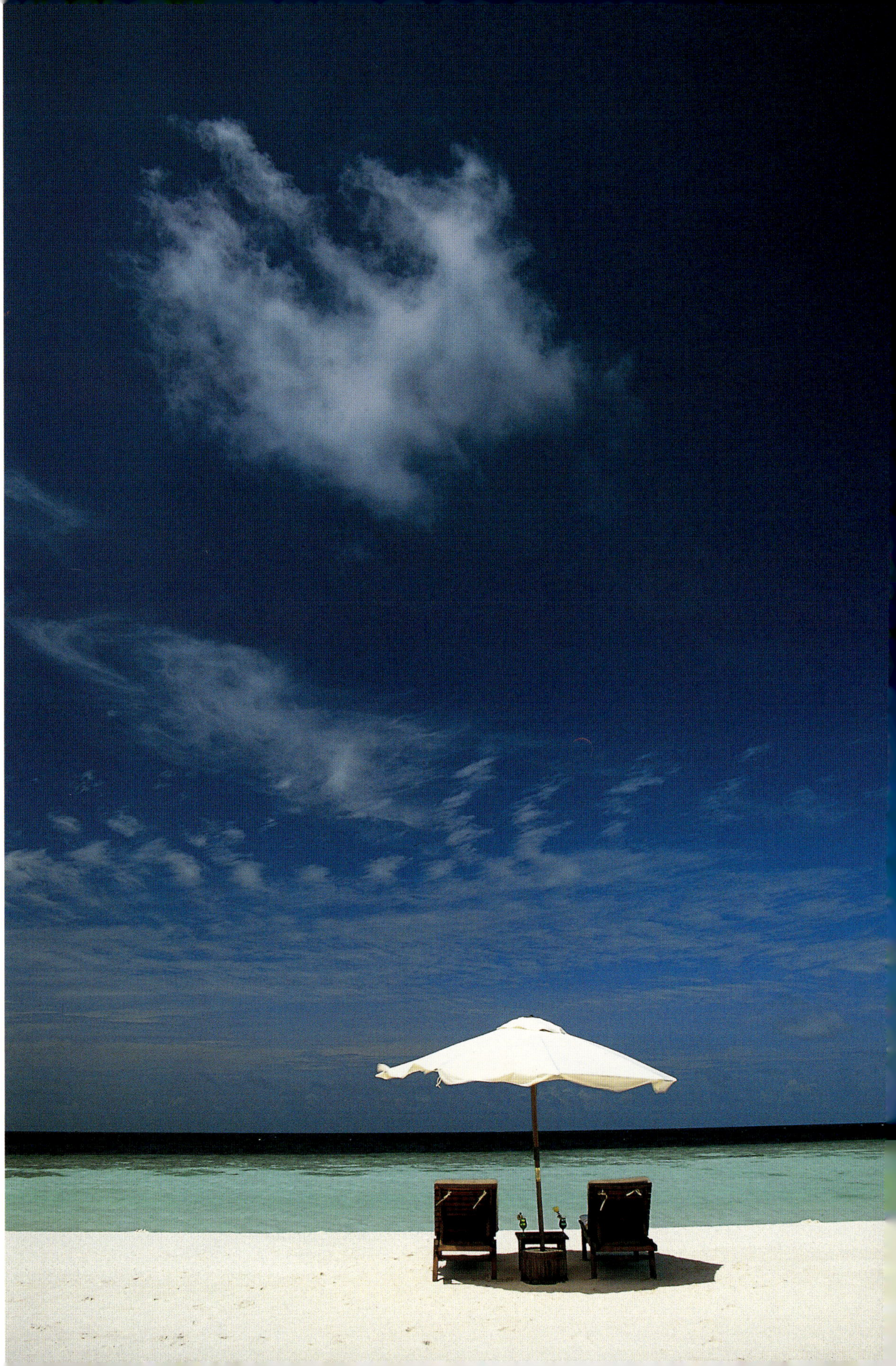

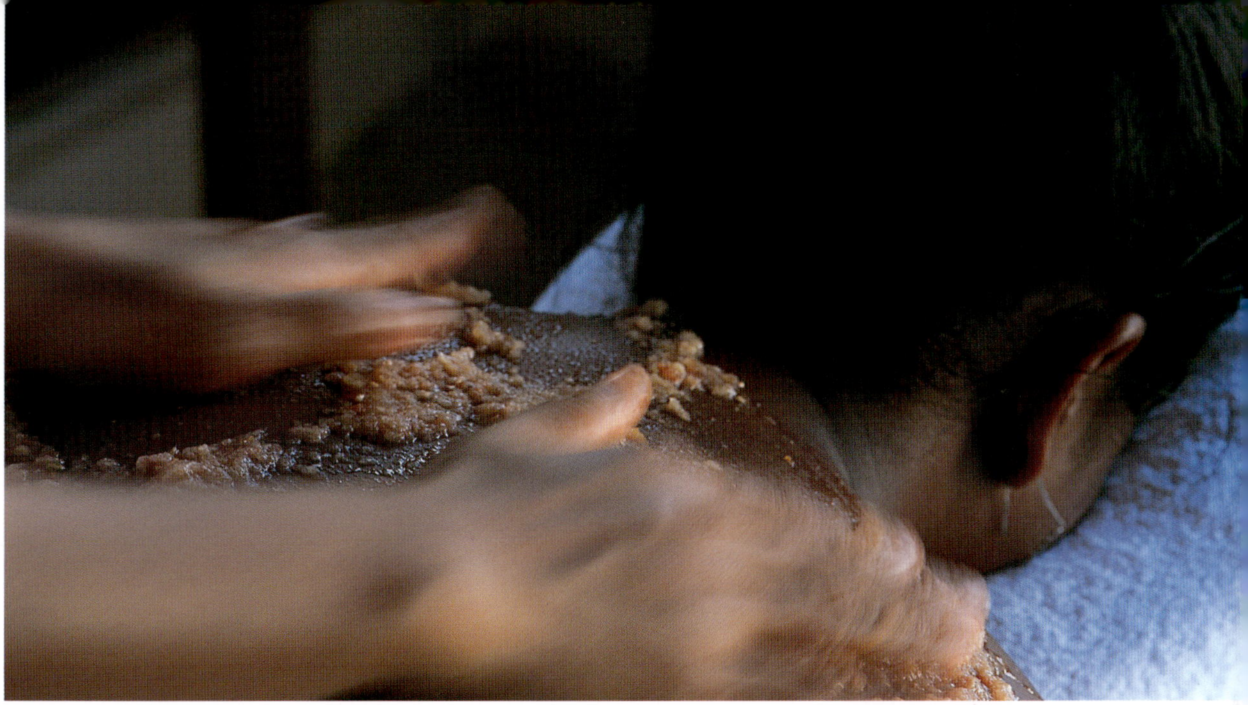

Parmi les soins thermaux, le « holistic heavenly bliss »

votre bassin privé, vous allonger à l'ombre du jardin de votre bungalow ou simplement vous pelotonner dans un *undholi*, les lits balançoires traditionnels, sculptés dans le bois, utilisés par les familles maldiviennes.

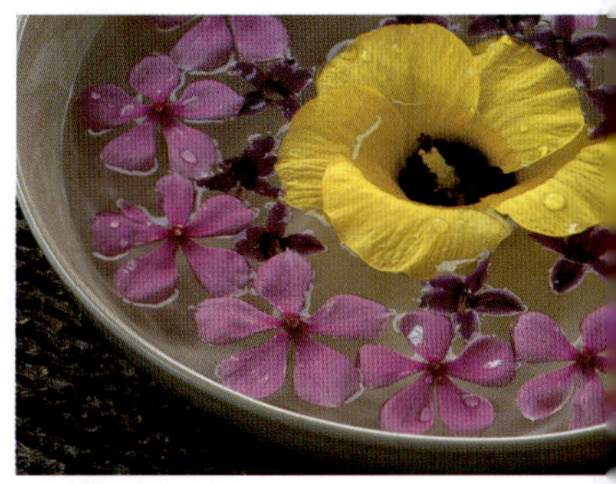

Bain de pieds

Vous serez accompagnés pendant tout votre séjour par votre *thakuru* (majordome) personnel, disponible 24/24 heures, ainsi que par un capitaine et deux membres d'équipage dans leur costume traditionnel impeccable, le coloré *mundu* (sarong). Ils sont à votre entière disposition : si vous voulez naviguer au couchant ou profiter d'un dîner au chandelles à terre à minuit, c'est possible.

Les plus aventureux pourront s'adonner à la planche à voile, au catamaran ou au kayak, ainsi qu'à des cours de plongée, pour admirer l'intense vie sous-marine locale. Mais si vous préférez vous détendre et vous faire plaisir, faites-vous pomponner au Sen Spa. Avec des soins en extérieurs ou en intérieur, toujours avec vue sur la mer, on tombe vite dans le sommeil, bercé par le doux murmure des vagues.

Au menu du spa vous trouverez un soin corporel complet qui récurera, nettoiera et polira votre peau jusqu'à ce qu'elle soit comme neuve. Et, après un long vol jusqu'aux Maldives, vous voudrez peut-être profiter du « jet lag reviver » ou du traitement à base de pierres chaudes, réalisé à l'aide de basalte noir, pour vous redonner des

Page ci-contre :
Un cocktail siroté devant l'étendue océanique

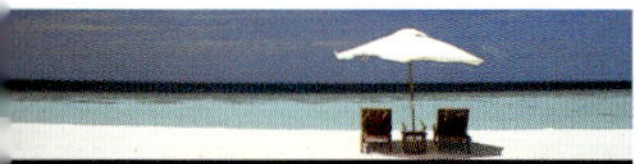

forces. Le cataplasme de fruit tropicaux, à base de fruits frais comprenant noix de coco, papaye et ananas, donnerait presque envie d'en manger.

Les plaisirs gastronomiques font intégralement partie d'un séjour à Dhoni Mighili et, vu la présence de l'océan, les fruits de mer sont bien sûr souvent à l'honneur. Les fruits tropicaux abondent également et confèrent de l'exotisme à chaque repas. Avant votre arrivée, on se sera enquis de vos goûts culinaires et de vos requêtes particulières. Le chef pourra ainsi préparer vos plats favoris immédiatement. Pour le lieu, vous pourrez manger au restaurant, sur votre *dhoni* ou sur un coin isolé de la plage – certains demandent même à ce que leur table soit placée dans l'eau.

Vous détendre est ce qu'il y a de plus facile à Dhoni Mighili. Le plus dur sera de quitter le paradis que vous y aurez trouvé.

Coucher de soleil sur les *dhoni* traditionnels

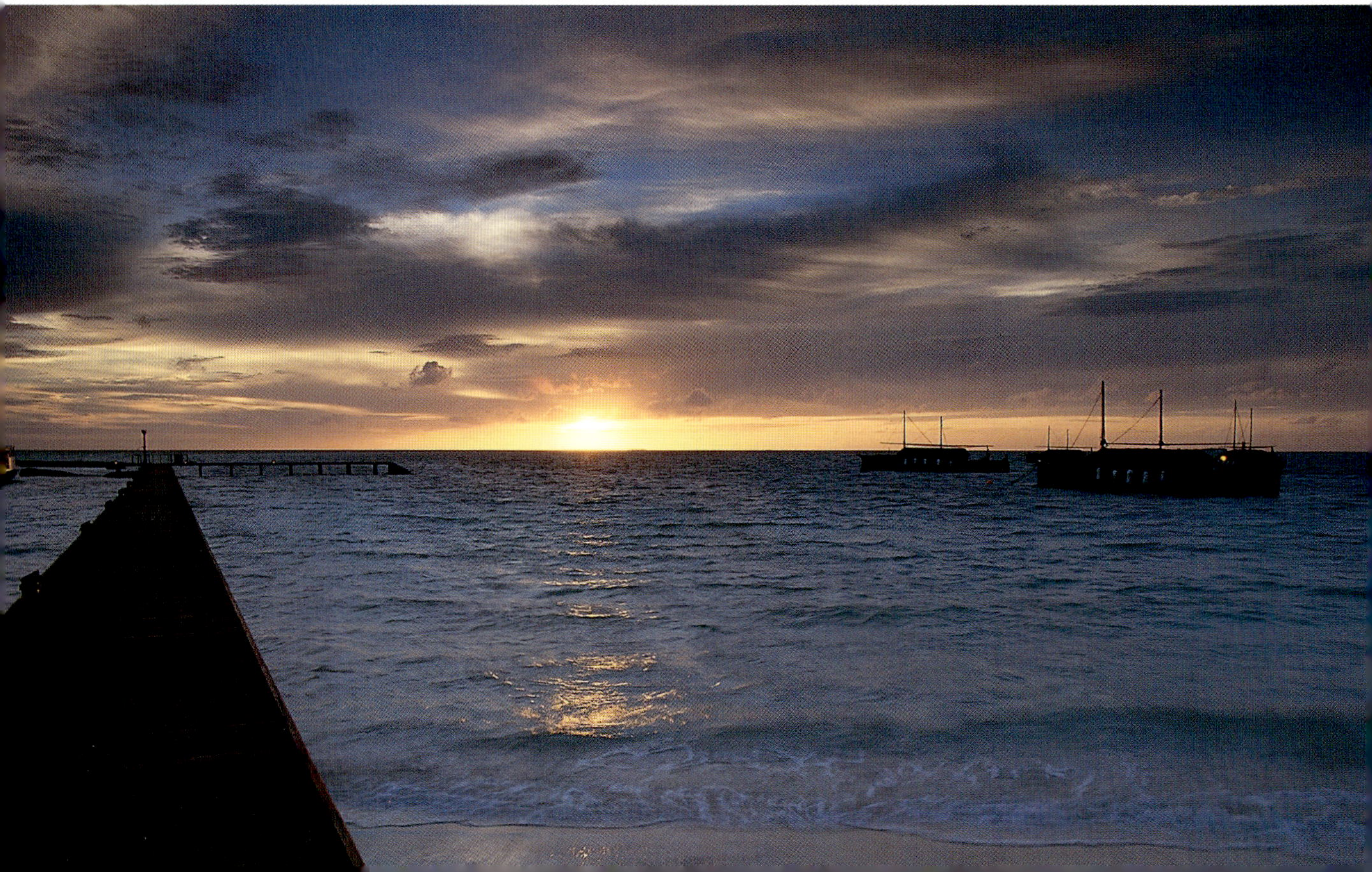

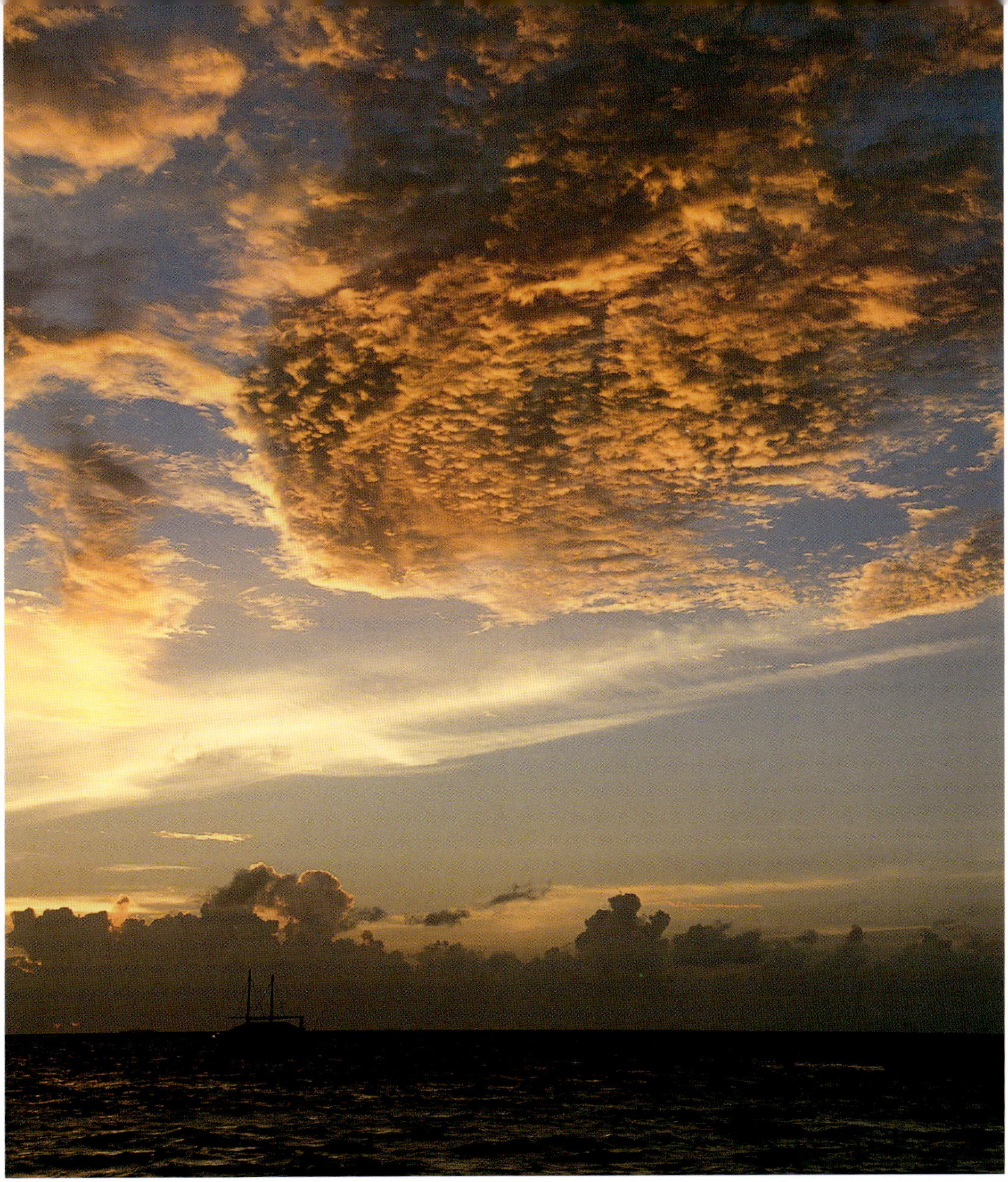

ⓘ

Les Maldives disposent d'un large éventail d'opérateurs et d'hébergements pour satisfaire tous les budgets. Seasons in Style offre des séjours sur-mesure à Dhoni Mighili. Si vous voulez vivre une autre expérience inoubliable, la compagnie qui gère Dhoni Mighili a ouvert le premier spa sous-marin à Huvafen Fushi, dans l'Atoll Malé Nord, à 30 minutes en vedette de l'aéroport international de Malé, la capitale des Maldives. Vous pourrez y recevoir des soins tout en observant l'incroyable vie subaquatique.

Shopping au souk
Marrakech, Maroc

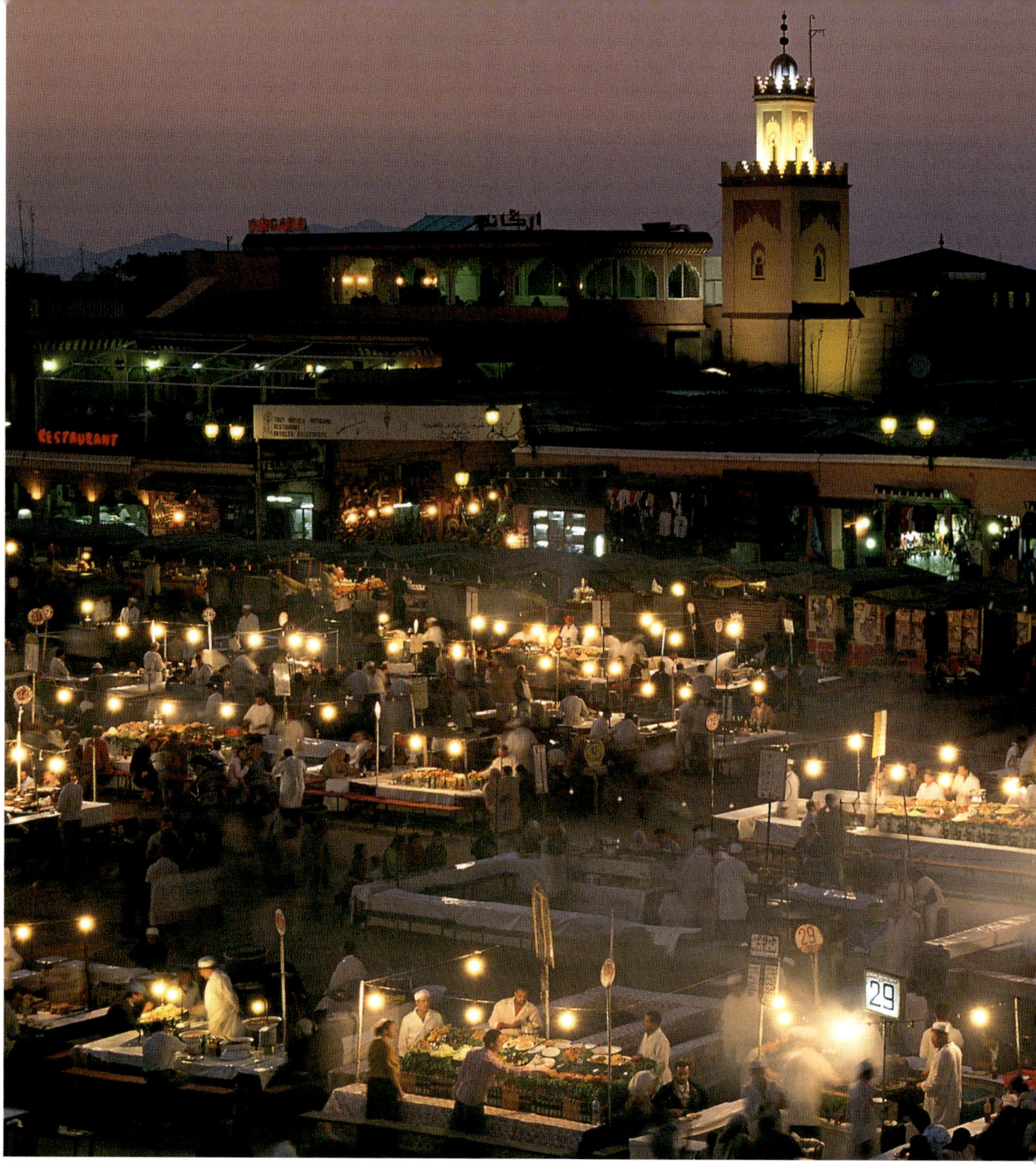

Les couleurs vives de son souk animé, les murs rouges de sa médina, le parfum mêlé d'une centaine d'épices et les bruits des conteurs, cracheurs de feu et charmeurs de serpents, font de Marrakech l'endroit le plus exotique au monde pour la chasse aux bonnes affaires.

La ville fut pendant des siècles un carrefour commercial réputé. Les Arabes et Berbères, nomades et habitants des montagnes voisines de l'Atlas, convergeaient vers sa tumultueuse place centrale, Jamaâ El Fna,

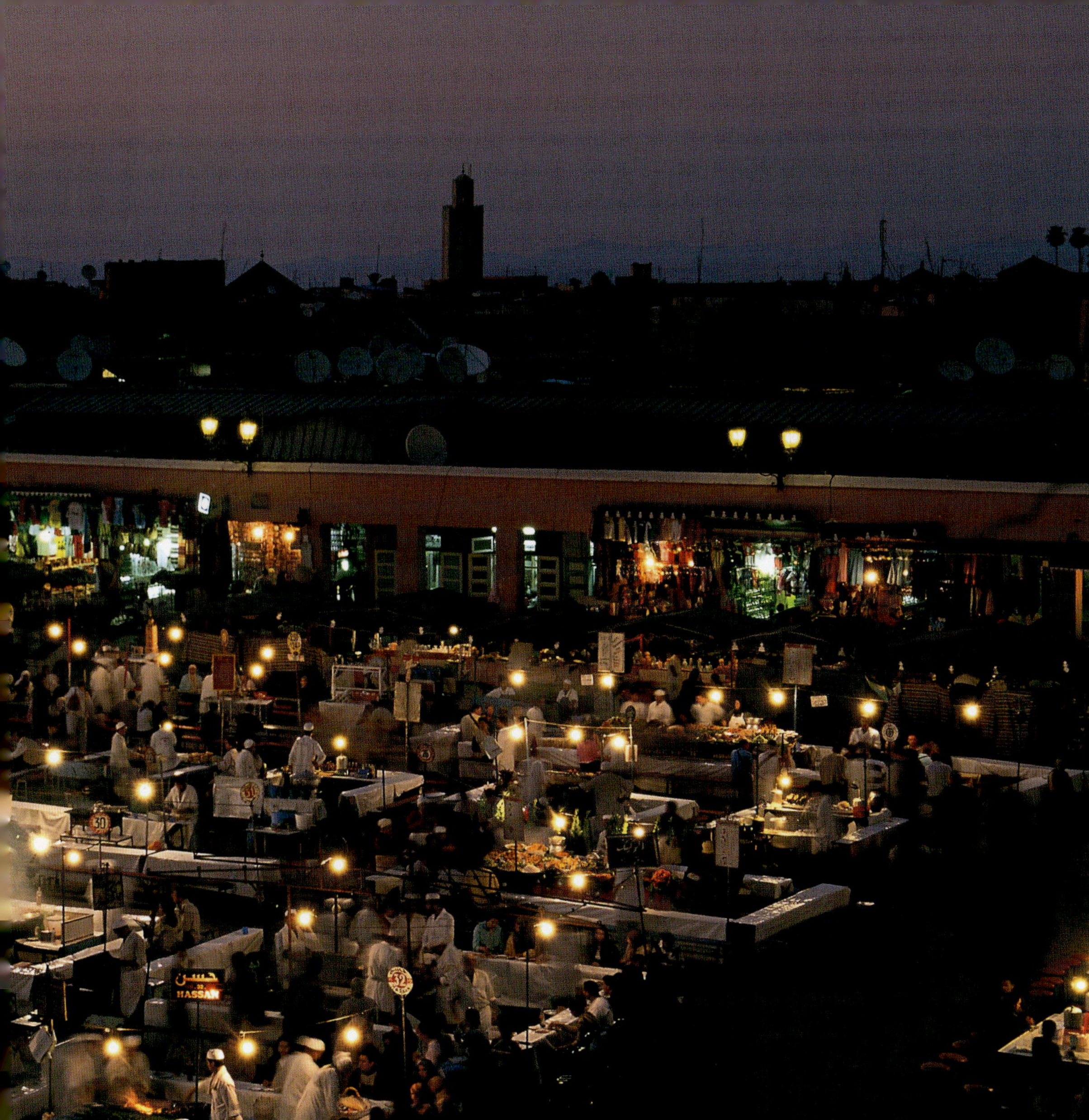

Au coucher du soleil, la fête commence sur la place Jamaâ El Fna

tandis que des marchands de Tombouctou, de l'Égypte et d'Europe venaient faire commerce de coton, or, argent, esclaves ou épices. Aujourd'hui, peu de choses semblent avoir changé et le shopping reste une raison en elle-même de visiter la médina, ou vieux quartier, de Marrakech.

Un dédale de ruelles s'étend vers le nord au-delà de Jamaâ El Fna jusqu'au cœur du souk. Des rangées serrées d'étals de la taille d'un placard s'alignent de chaque côté et d'aimables commerçants se disputent votre attention. Alors que, comme les colporteurs de la ville, ils avaient la réputation d'être de redoutables vendeurs, les choses ont changé. Avec l'introduction de policiers en civil, acheter des objets d'arts ou de l'artisanat est devenu bien plus reposant.

Il est presque certain que vous finirez par vous perdre dans les ruelles étroites et ombragées du souk où le ciel est peuplé de tapis suspendus, d'objets de ferronneries ou de cuir. Avec tous ses étals entassés proposant une gamme de produits allant de la babouche traditionnelle aux lanternes en fer forgé, vous vous laisserez certainement emporter

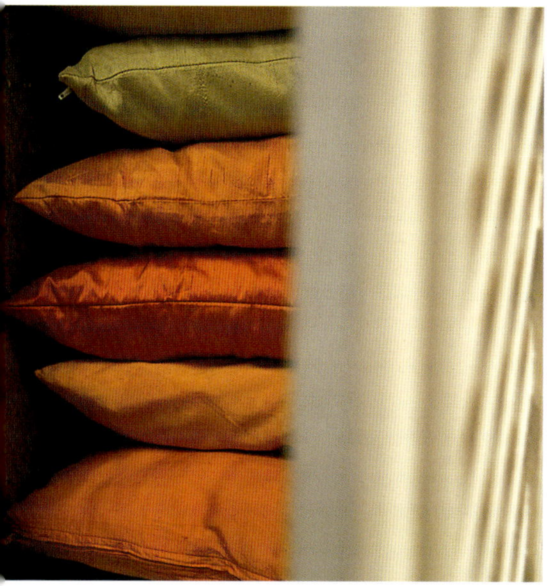

Des coussins de soie à Dar Les Cigognes

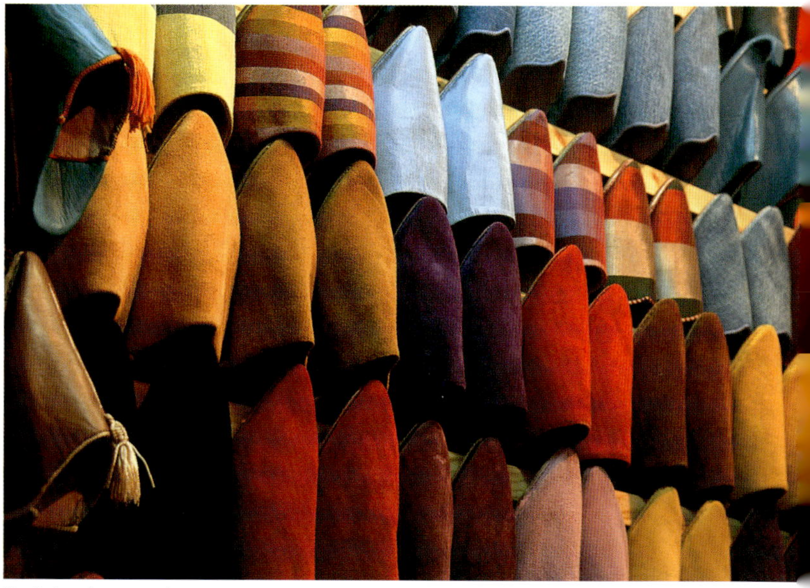

Des babouches au souk

et perdrez le sens de l'orientation. Le prochain croisement vous ramènera peut-être à un point familier.

L'endroit à ne pas manquer est la place Rahba Kedima, au-delà de la rue Semaine, dans la partie nord-est du souk, où les herboristes concoctent des potions et lotions pour soigner toutes sortes d'affections ou de maladies. Vous pourrez y trouver des scorpions, des sangsues dans des bocaux et même des caméléons séchés pour des usages médicinaux. Vous choisirez peut-être un sobre mais efficace massage du cou et des épaules.

Lorsque la bousculade et la chaleur du souk viennent à bout de votre soif d'achats, repliez-vous à Jamaâ El Fna. Ses multiples cafés ombragés vous offriront le rafraîchissement d'un thé à la menthe ou bien d'un jus frais des oranges qui débordent des chariots alentours.

C'est au coucher du soleil que la place prend réellement vie, lorsque se pressent en masse musiciens, vendeurs d'eau aux costumes colorés, danseurs, scribes qui écrivent des lettres, dentistes qui arrachent des dents et tatoueurs au henné. Et peu après la tombée de la nuit, ce sont

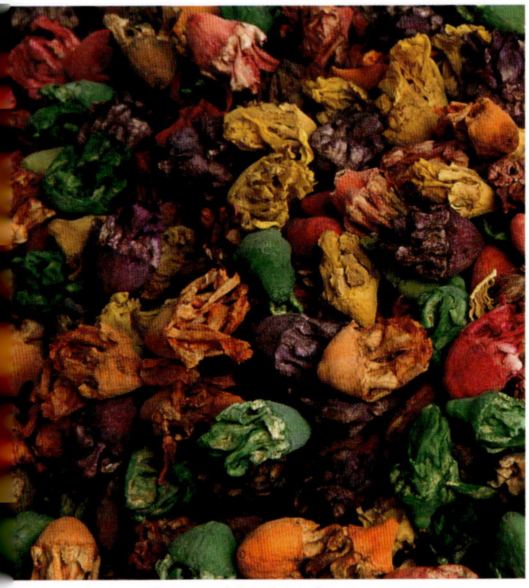

Pot-pourri dans le souk

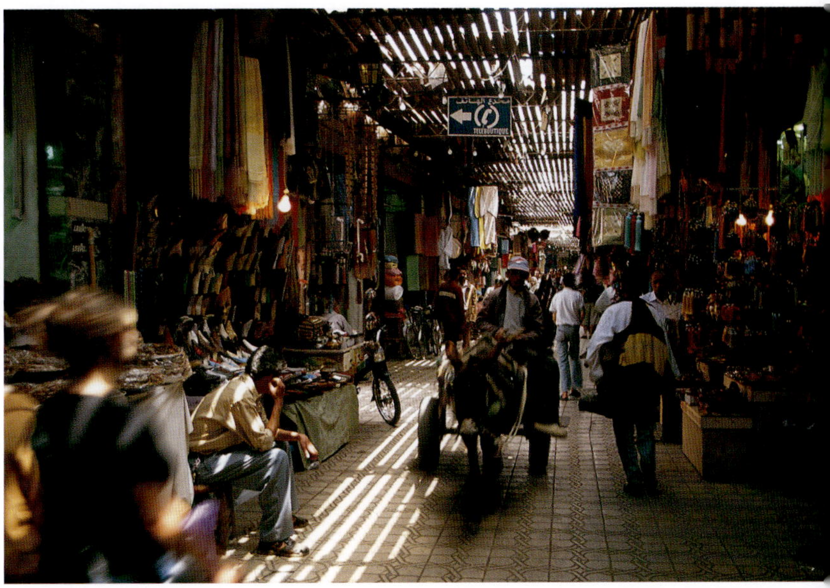

Le souk de Marrakech déborde de vie

les restaurants de plein air qui volent la vedette. Des rangées ordonnées de bancs, des rubans de lumière scintillantes, des tables recouvertes de nappes et d'assiettes pleines de salades, de couscous et de brochettes d'agneau, apparaissent en un instant et une légère fumée et un parfum envoûtant emplissent l'air.

Le bruit sourd des tambours et le geignement des instruments des charmeurs de serpents, les vendeurs de rue vantant leurs marchandises, le chuintement des flammes et le cliquettement tandis que les escargots sont cuits dans leurs coquilles, forment un mélange enivrant.

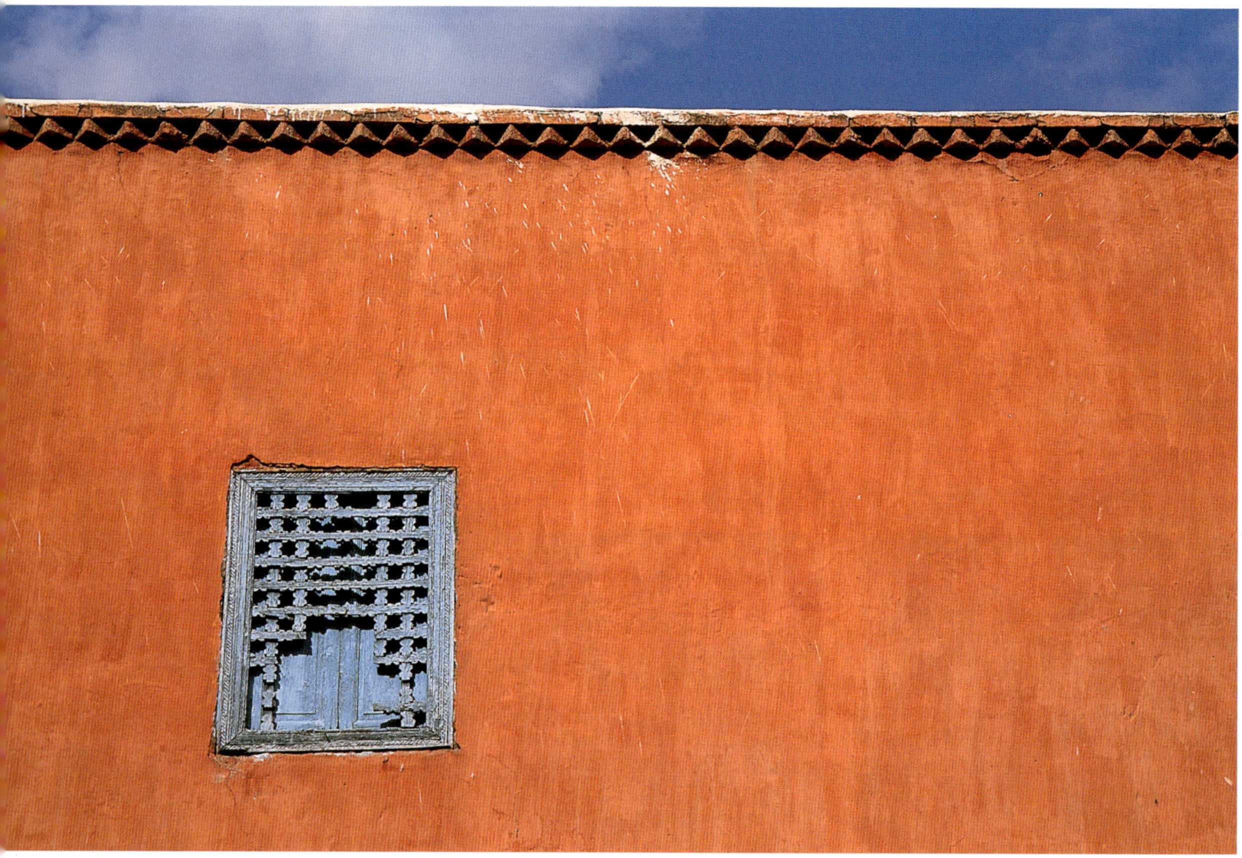

Les murs rouges traditionnels de la médina

Toit crénelé à Dar Les Cigognes

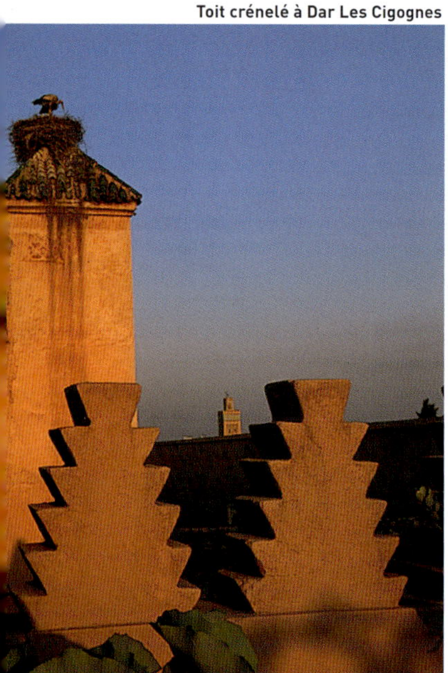

Même si Jamaâ El Fna signifie en fait « assemblée des morts », elle déborde de vie chaque soir.

Pour une vision plus décontractée des événements, optez pour le Café Glacier qui offre une vue panoramique à la fois sur la place et la mosquée Koutoubia, l'autre centre d'intérêt de la médina.

Si vous voulez échapper totalement au remue-ménage, vous pourrez trouver du réconfort dans l'un des *riads* de la ville – des habitats traditionnels dotés d'une cour centrale – dont beaucoup ont été transformés en hôtels-boutiques de luxe ces dernières années. Ils sont généralement dissimulés derrière d'épaisses et solides portes en bois qui ne laissent rien présager de ces retraites cachées aux allures de galeries d'art. Toutes les chambres sont disposées autour de la cour et les fenêtres donnent donc sur ce sanctuaire de fraîcheur. Pénétrer dans un riad, c'est découvrir un havre loin du chaos, du bruit et de la bousculade de la ville, où vous pourrez vous détendre.

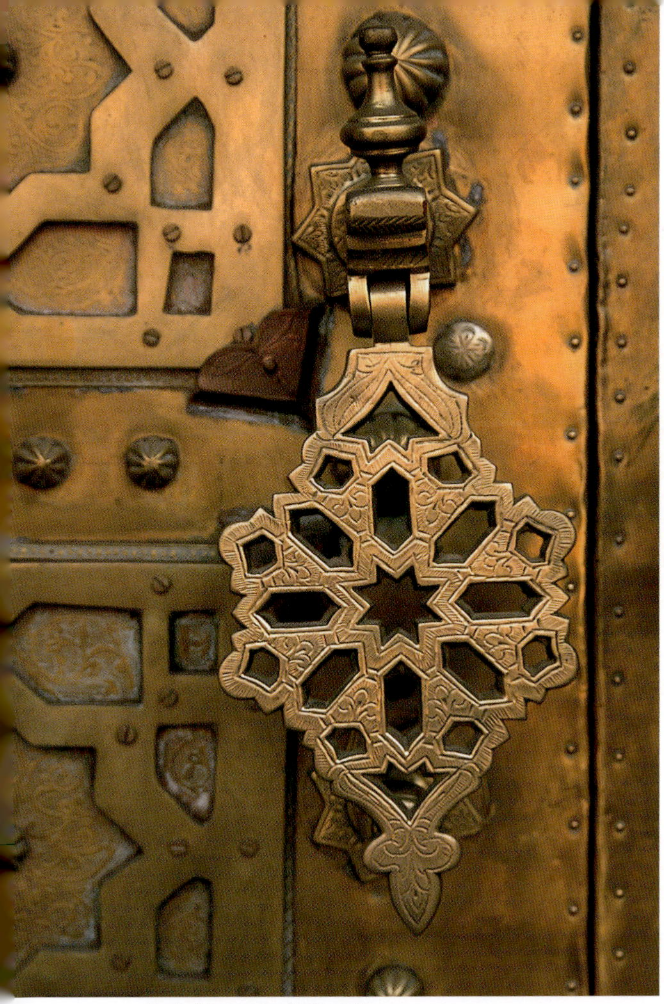

Porte d'une mosquée du souk

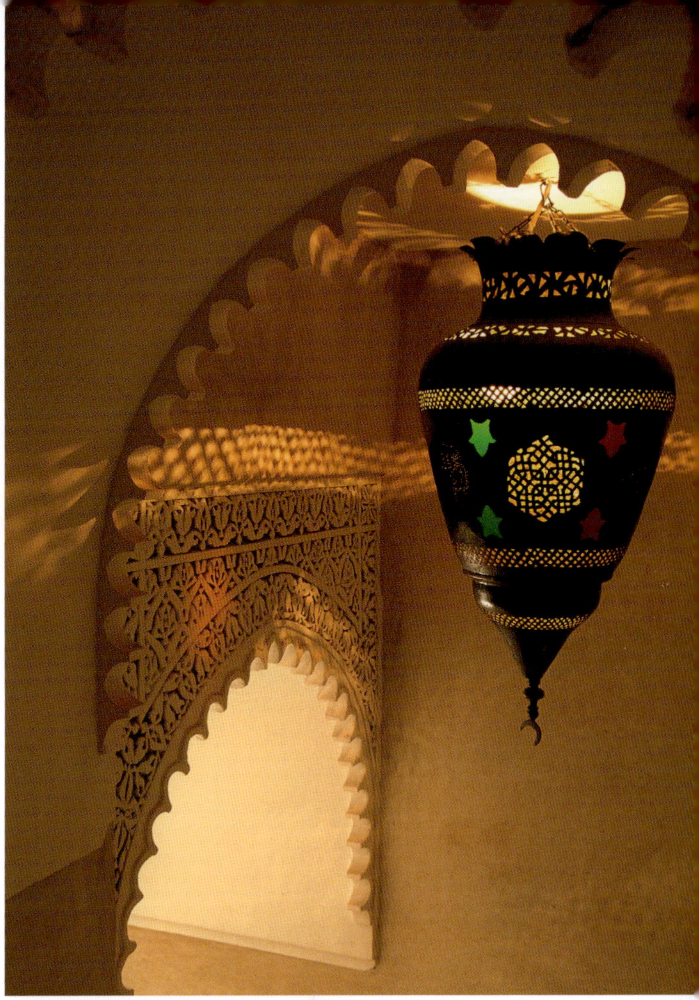

Plafond décoré et lanterne à Dar Les Cigognes

ⓘ

Plusieurs compagnies aériennes, dont Royal Air Maroc, desservent quotidiennement Marrakech. Dar Les Cigognes, situé en face du Palais Royal et du palais El Badi, est l'un des riads de luxe de la ville. Maison d'un marchand du XVIIe siècle, il a été soigneusement restauré et les chambres possèdent toutes leur décoration unique. On y trouve notamment la fastueuse chambre Sahara avec une fresque murale représentant le désert ou la chambre Harem avec son mobilier rouge et or. Dar Les Cigognes tire son nom des oiseaux qui nichent sur ses remparts (*dar* signifie « maison » en arabe). Des guides aident les visiteurs à trouver leur chemin parmi les multiples allées du souk.

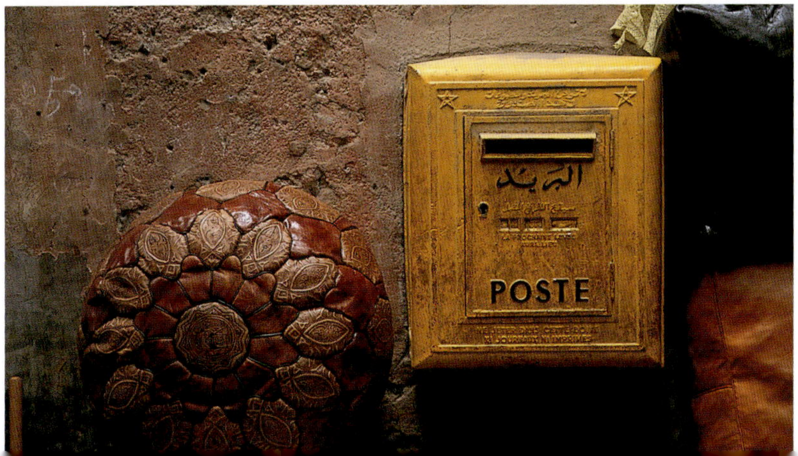

Boîte aux lettres et repose-pieds en cuir, au souk

Page ci-contre :
Des zèbres s'abritent sous un arbre
isolé au milieu des plaines herbeuses

Suivre les milliers de gnous qui traversent les immenses plaines du Serengeti, est une opportunité formidable d'assister à l'une des dernières grandes migrations animales au monde. Nulle part ailleurs vous ne verrez une telle concentration de ces animaux, mais également de zèbres et de gazelles de Thomson qui se joignent à ce périple de 1 450 kilomètres. Environ 1,8 million de gnous, constamment en mouvement, affluent vers le Serengeti dans une quête interminable de bons pâturages.

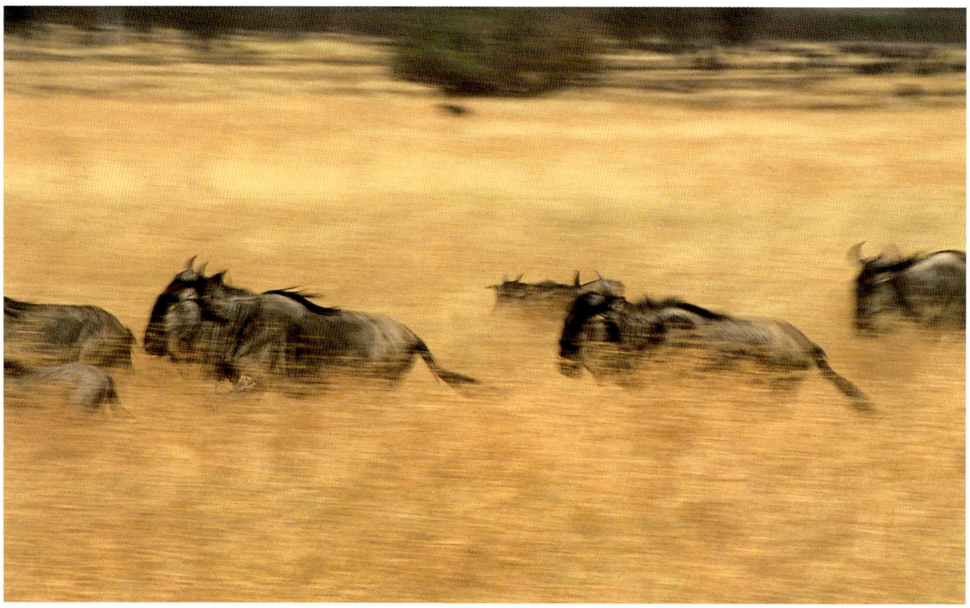

Des gnous courent à la recherche d'eau

Situé sur un haut plateau intérieur, le parc national du Serengeti fut fondé en 1951 et devint trente ans plus tard Patrimoine Mondial et Réserve de Biosphère de l'Unesco. Couvrant près de 15 000 km^2, c'est le premier et le plus grand parc national tanzanien. En plus de la migration, vous y découvrirez une immense variété d'animaux dont les « cinq vedettes » du safari (lion, éléphant, buffle, léopard et rhinocéros) que l'on trouve tous dans le Serengeti.

Vous pourrez vivre ce voyage épique en toute sécurité à bord d'un 4x4 spécialement conçu pour le repérage. Le savoir local et les échanges

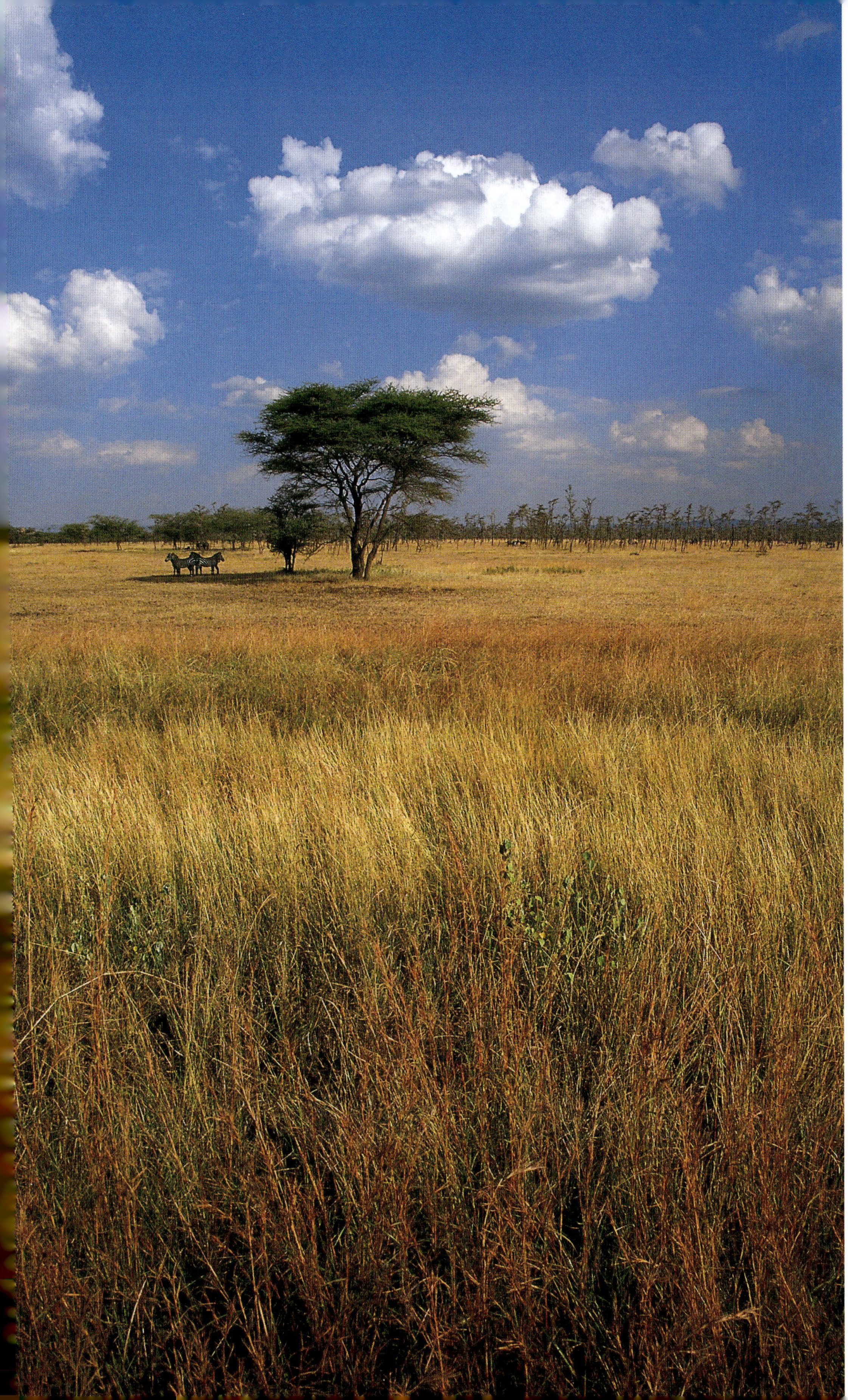

À la poursuite des gnous

Serengeti, Tanzanie

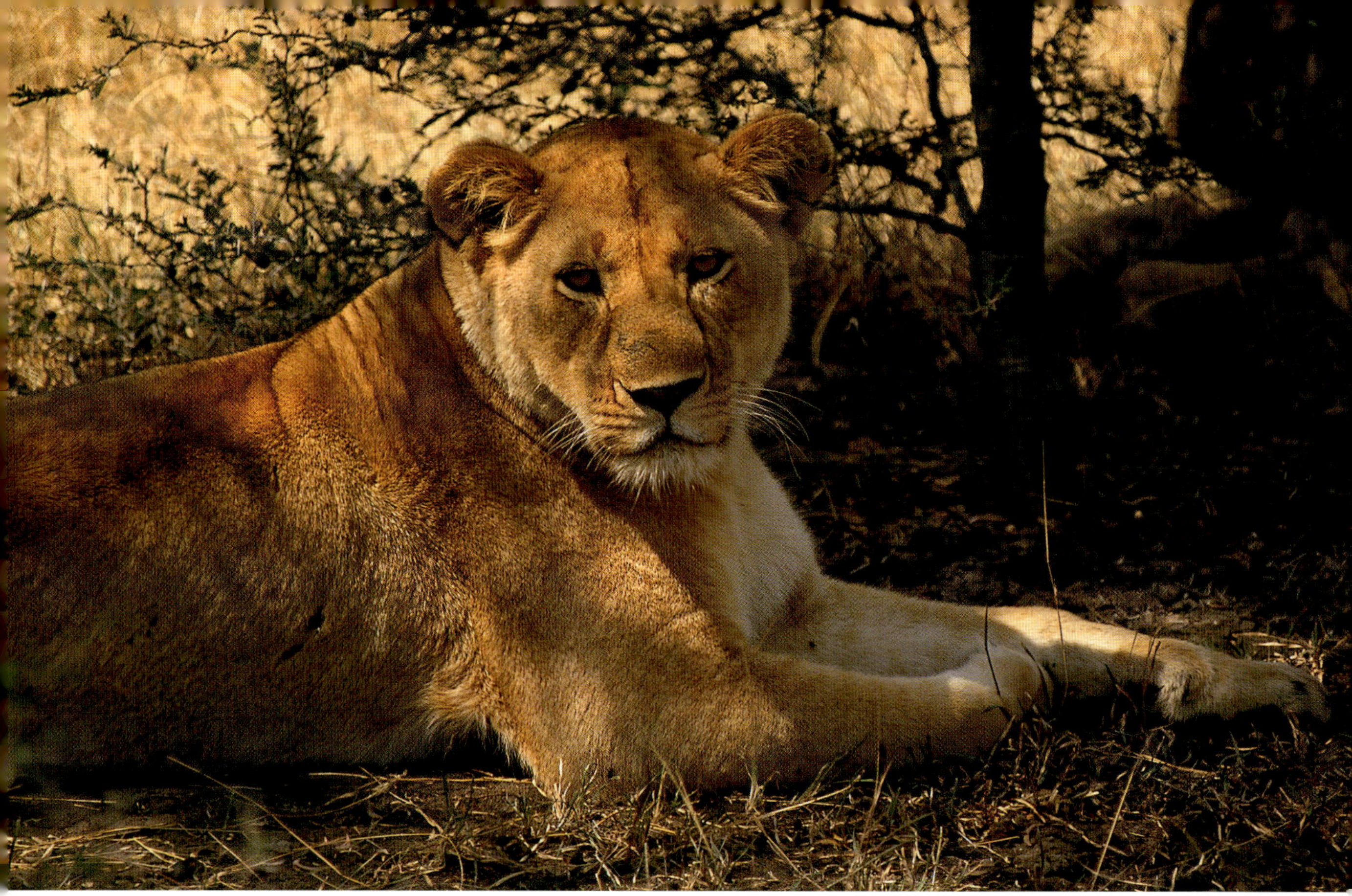

Les lions se mettent souvent à l'ombre durant les heures les plus chaudes

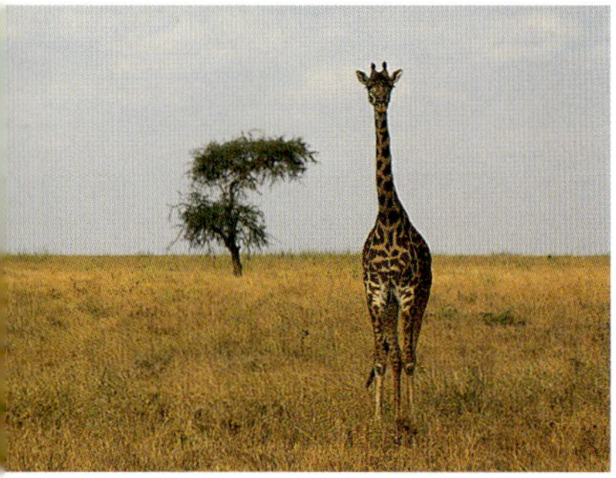

Les girafes parcourent les vastes plaines

entre les guides et les conducteurs sont excellents, et les mouvements des animaux soigneusement surveillés, ce qui augmente les chances de les croiser lors de leur migration. Lorsqu'on a le bonheur d'y assister, celle-ci peut vous tenir en haleine pendant des heures.

Les gnous courant en rangs serrés à travers les hautes herbes dorées créent un écran de poussière d'où montent et descendent leurs têtes et leurs queues qui fouettent l'air. Les mâles se battent pour marquer leur domination au début de la migration et rassembler autant de femelles que possible avec lesquelles s'accoupler. Tandis que le troupeau se déplace, on distingue de petits groupes de gnous dominants qui mènent jusqu'à deux cent femelles, leur mugissement grave caractéristique résonnant au-dessus du battement de centaines de sabots.

La migration débute à une date différente chaque année en fonction de l'arrivée de la pluie. Les troupeaux commencent généralement à quitter les plaines herbeuses du sud pour se diriger vers les terres boisées du nord en mai, lorsque les réserves en eau diminuent. Ils croisent en chemin la rivière Grumeti et traversent le couloir occidental pour arriver enfin à la Réserve Nationale du Masaï Mara aux alentours de juin. Tout au long de ce périple, ils subissent des attaques de lions, hyènes, chacals et guépards. Durant l'inévitable et dangereuse traversée de la rivière, des dizaines de milliers de gnous périssent dans les mâchoires des crocodiles, tandis que d'autres, pris de panique, se noient tout simplement. Le voyage de retour, tout aussi périlleux, commence en novembre, ramenant les femelles aux prairies du sud pour mettre bas.

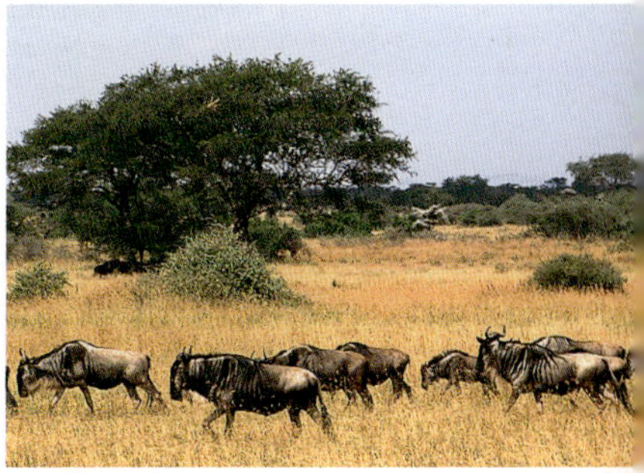

Des gnous

Les buffles massifs, avec leurs cornes intimidantes et leurs regards menaçants sont aussi de la partie. On peut apercevoir des troupeaux de girafes qui vagabondent sur la plaine, étirant leur long cou pour grignoter les acacias, tandis que des familles de babouins

Les zèbres sont souvent tournés dans des directions opposées afin de mieux guetter le danger

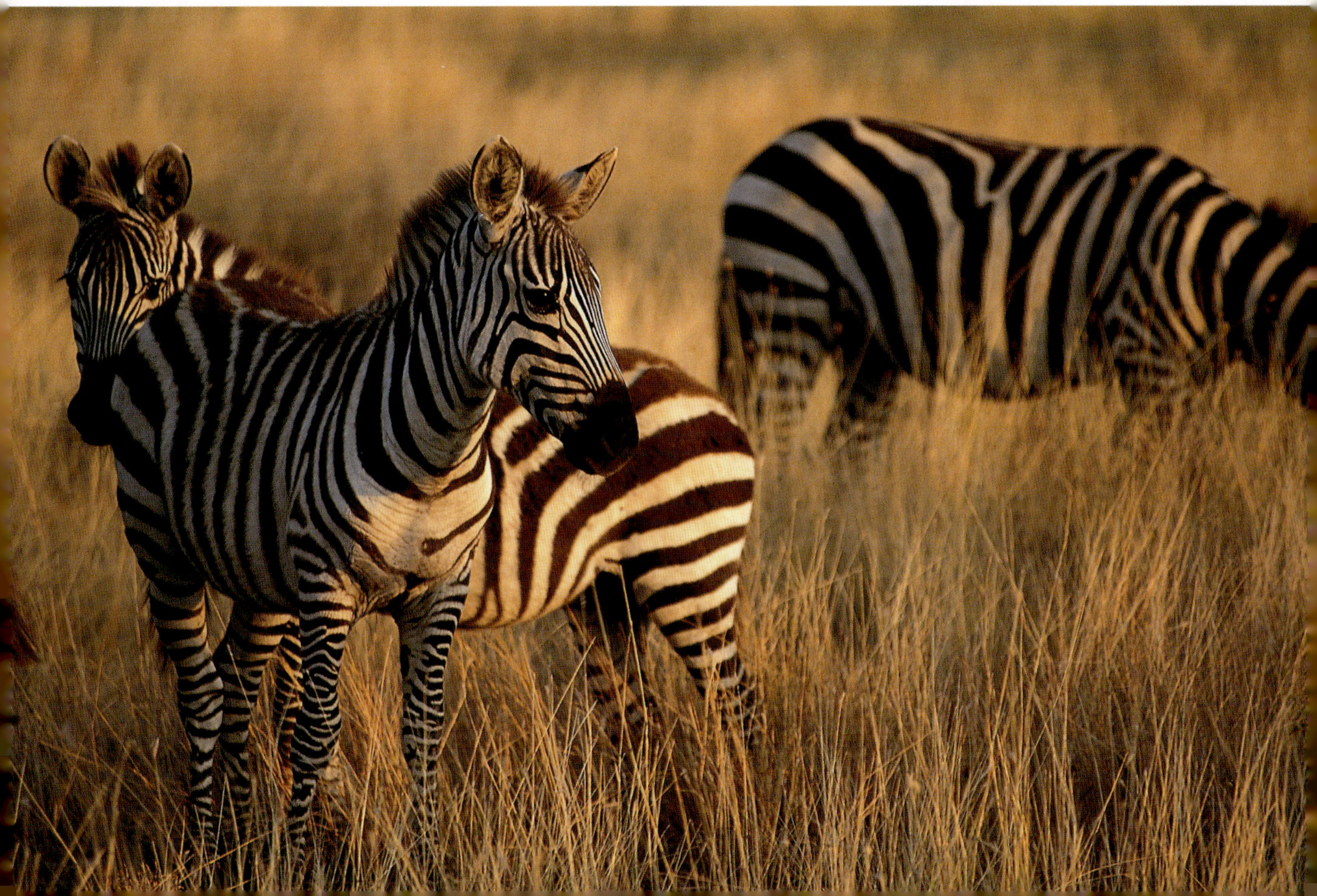

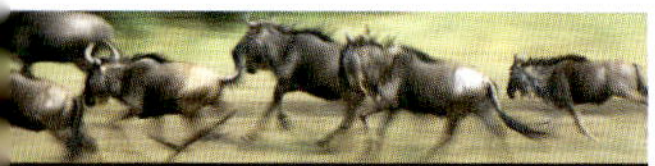

Des éléphants dérangent un vautour

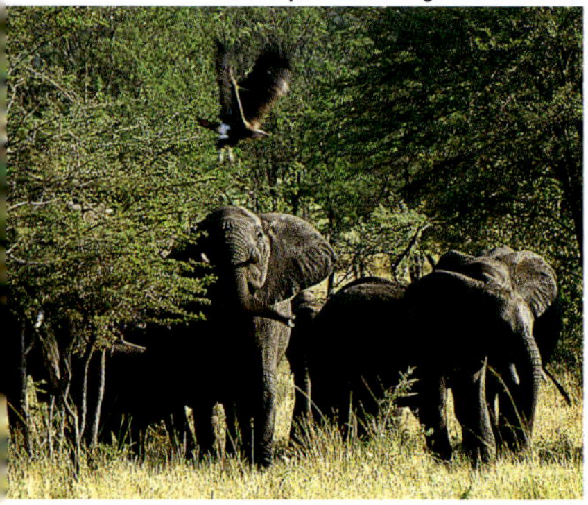

joueurs font des culbutes et miment des combats. Célèbre également pour ses lions, le Serengeti est l'un des meilleurs endroits pour approcher la force indomptée de ces félins. Vous pouvez en voir lézarder au soleil ou se nourrir après la chasse. La nuit, vous risquez même d'entendre un mâle solitaire rugir près de votre campement. Et le spectacle ne s'arrête pas là. Vous entreverrez peut-être des éléphants qui foulent les zones boisées en barrissant sur tous ceux qui leur bloquent la route, des hippopotames qui se vautrent dans des

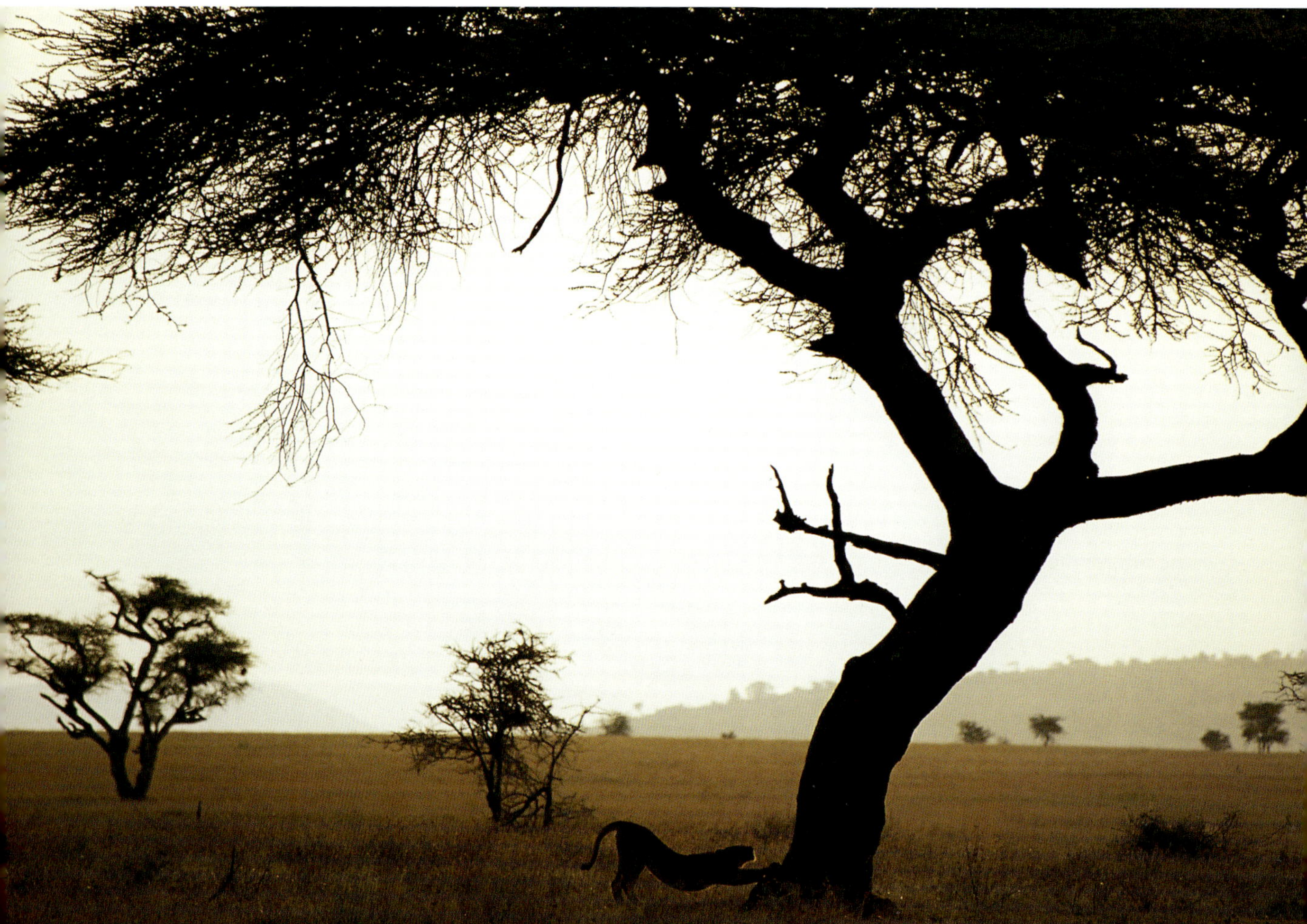

Un lion s'étire sous un acacia au crépuscule

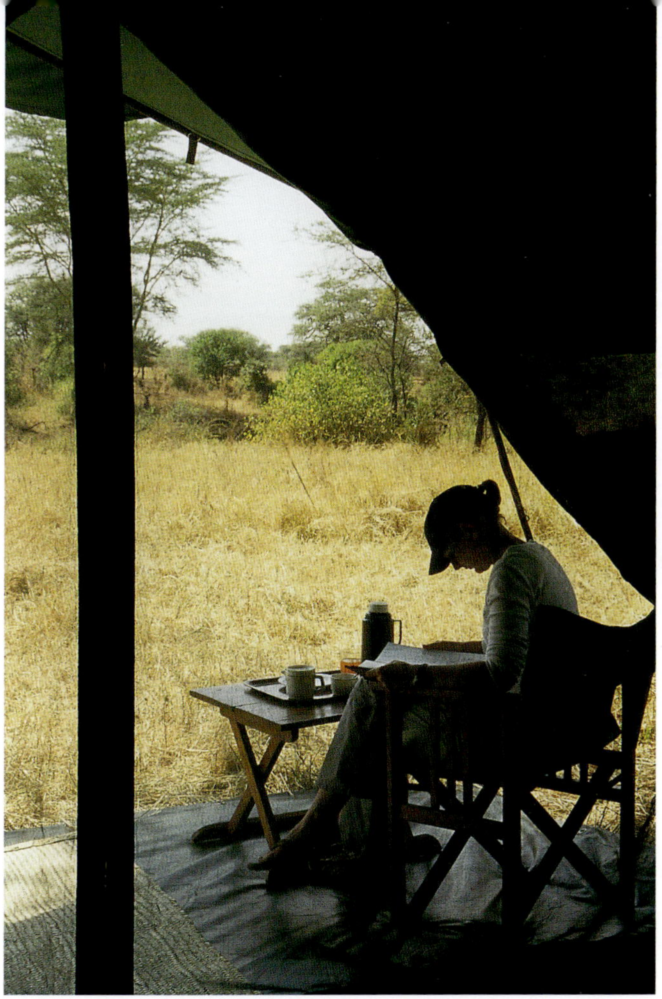

Détente dans un campement de luxe

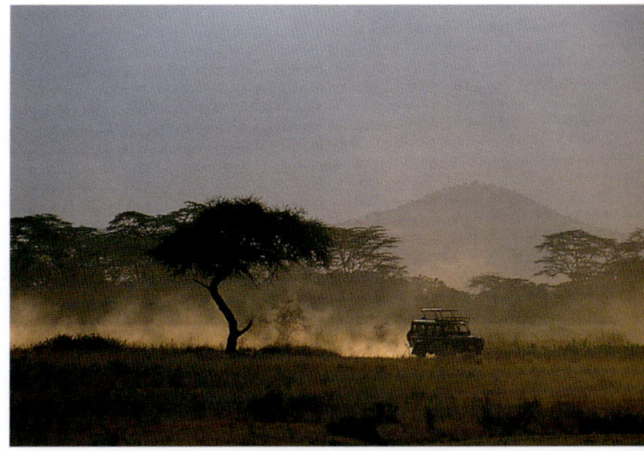

Les tours en 4x4 de l'après-midi sont très demandés

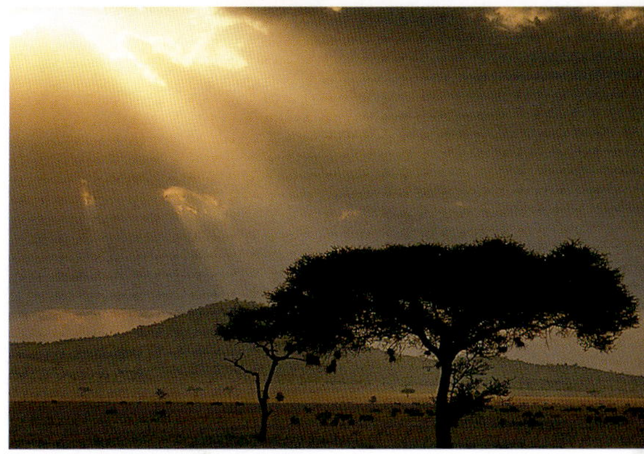

marres de boue gardées par des crocs discrets ou encore un insaisissable léopard qui se faufile à l'ombre d'un acacia.

En plus de la visite en 4x4 dans le parc, vous pourrez découvrir les plaines infinies en montgolfière. En flottant dans les airs, avec seulement le bruit intermittent du brûleur, vous profiterez de la meilleure vue panoramique. Vous risquez de ressentir une secousse au moment où la nacelle en osier touchera le sol, mais vous serez certainement plus préoccupé par ce qui vous guette peut-être derrière les hautes herbes.

ⓘ

De multiples tour-opérateurs proposent des safaris dans le parc national du Serengeti afin de satisfaire la plupart des budgets. Abercrombie & Kent organise des safaris de luxe en campement de tentes qui suivent la migration. Ces séjours exigent souvent un réveil matinal afin d'observer les animaux à l'aube avant de retourner au campement pour le petit-déjeuner. En fin d'après-midi, les animaux qui s'étaient mis à l'abri de la chaleur de la mi-journée, tels que les lions et les guépards, réapparaissent.

Le Palace on Wheels
Rajasthan, Inde

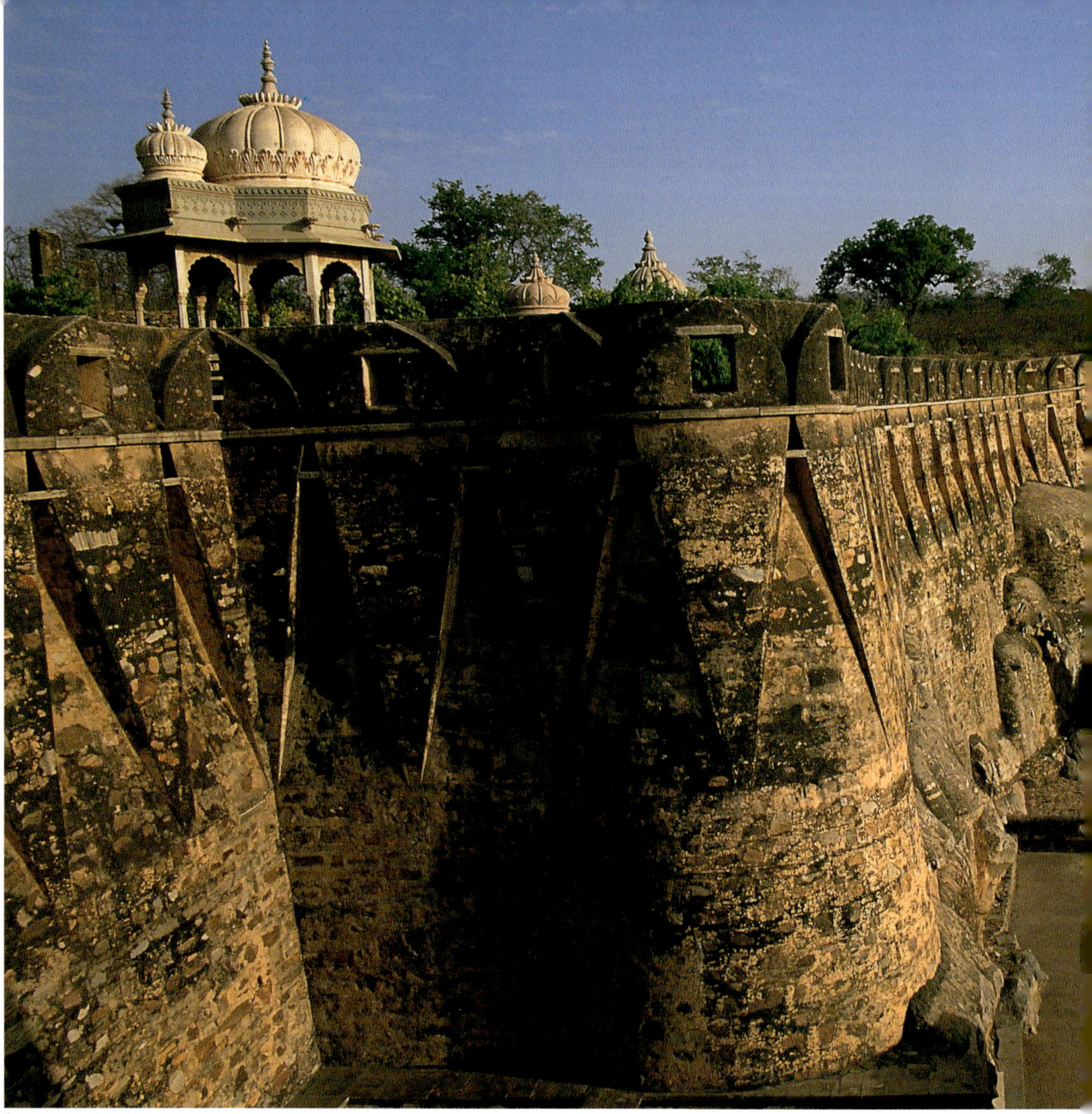

À Chittorgarh, le fort construit par les Râjputs couvre plus de 279 hectares

Le Rajasthan est la région des palais décorés des maharajas et des forts en sommet de colline, des déserts vides et des vibrantes cités. Si vous n'avez que peu de jours pour le découvrir, le meilleur moyen est d'embarquer à bord de l'unique train de luxe : le Palace on Wheels.

Situé au nord-est de l'Inde avec le Pakistan à l'ouest, le Gujarat au sud et le Penjab et le Haryana au nord, le Rajasthan abrite les Râjputs, une classe dirigeante qui détint le pouvoir pendant plus de 1 000 ans jusqu'à l'indépendance indienne, en 1947. Ils suivaient sans déroger un code comme celui des chevaliers européens du Moyen Âge et leur bravoure et sens de l'honneur sont légendaires. Ils préféraient mourir plutôt que de

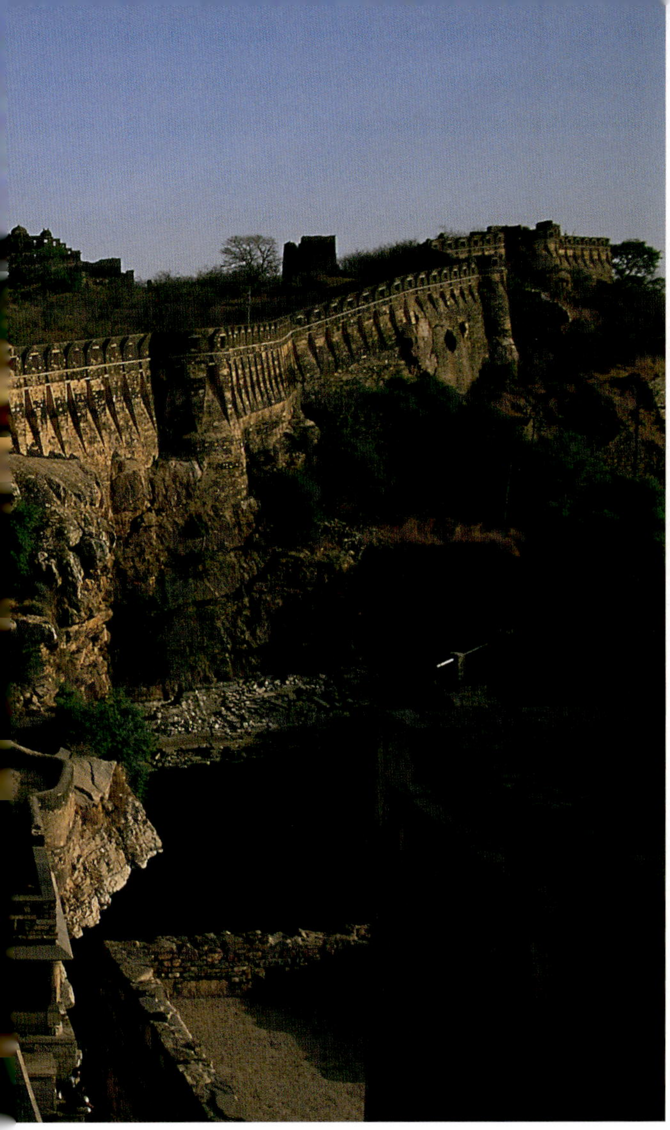

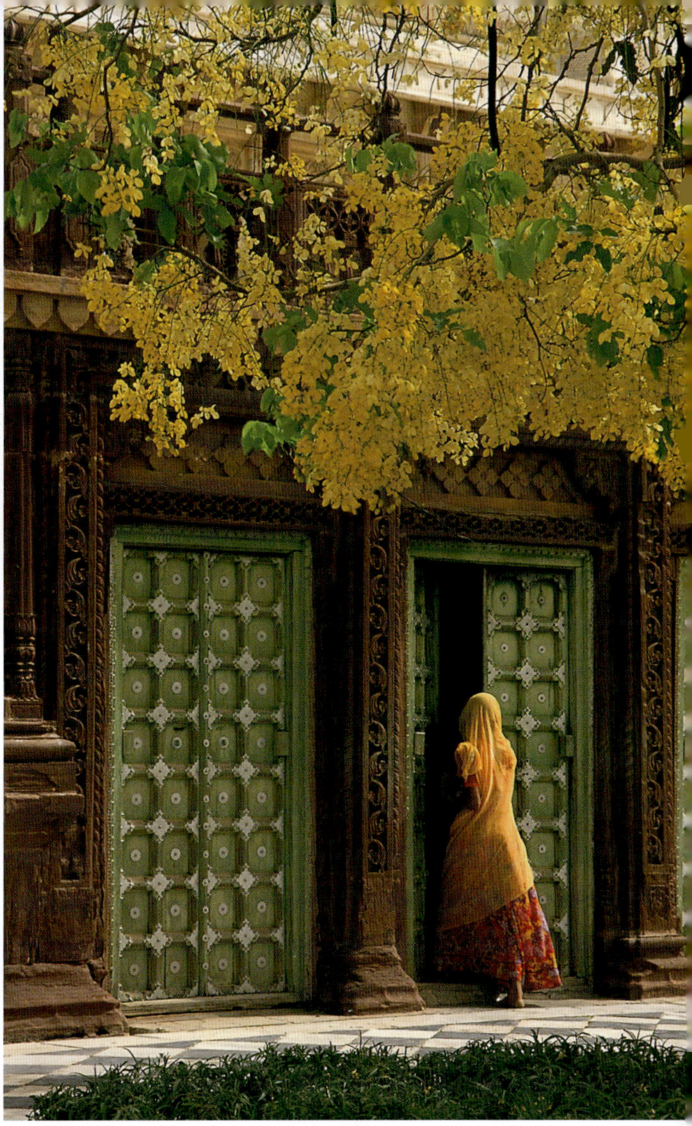

Une femme pénétrant dans le Jaswant Thada, à Jodhpur

se rendre à l'ennemi et, par trois fois, aux XIVe et XVIe siècles, alors que la ville de Chittorgarh était assiégée, les femmes pratiquèrent le suicide collectif *(jauhar)*, se jetant dans les flammes avant que les hommes ne se couvrent de leurs cendres pour aller affronter l'ennemi et la destruction.

Lorsque vous montez à bord du Palace on Wheels à la gare de Delhi Cant, vous faites un bond en arrière vers l'époque où les maharajas empruntaient le train. Des *khidmatgers* (serviteurs) aux élégants atours (turbans d'un rouge profond et ceintures de soies), vous accueillent avant de prendre vos bagages, de disparaître et réapparaître comme par magie avec des boissons fraîches. Si cela ne suffit pas à vous faire sentir roi, on s'adressera à vous en tant que maharaja ou maharani.

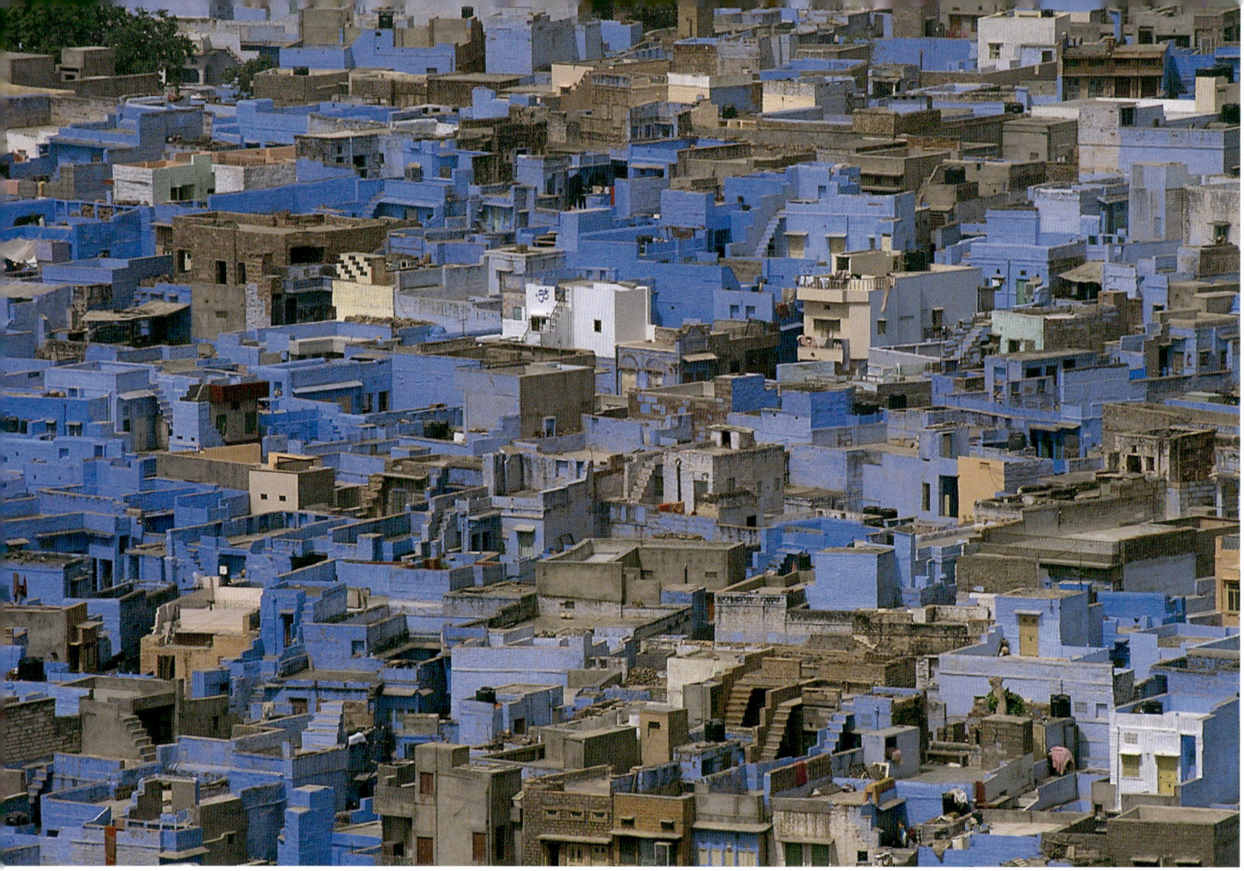

La ville de Jodhpur, avec ses murs bleus, vue depuis le fort

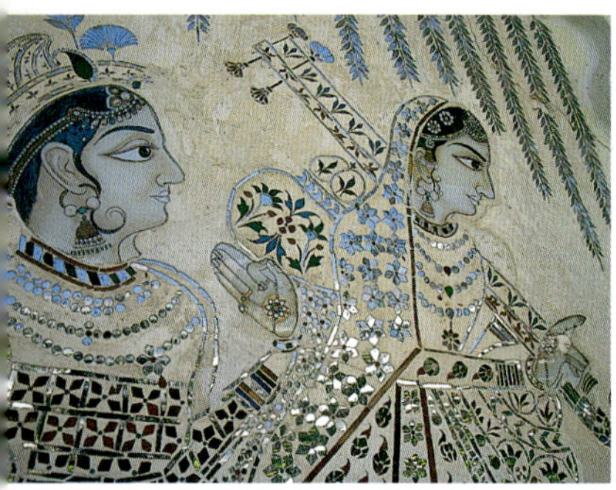

Mosaïques de verre à l'hôtel Lake Palace, à Udaipur

Les wagons actuels sont des répliques et non ceux d'origine, mais les maharajas y reconnaîtraient les matériaux et styles des meubles d'antan : dans chaque compartiment, des dessus de lit en velours brodés d'or et de rouge, et dans les couloirs et salons, des dessins traditionnels à l'encre de Chine, représentant la vie de la cour.

Alors que la banlieue de Delhi laisse place aux paysages ruraux avec les paysans travaillant la terre, les vaches sacrées déambulant dans la poussière et les villages foisonnant d'activité, vous pouvez vous installer confortablement au bar pour savourer un gin tonic. Le train continue son parcours pendant votre sommeil, se dirigeant vers le sud-ouest et son premier arrêt : Jaipur, la trépidante capitale d'état où les chameaux, les vaches et les omniprésentes voitures d'ambassadeurs se fraient un passage à travers les rues animées.

Alors que vous entrez dans la « Ville Rose », la vieille ville fortifiée, vous devrez être vigilant pour éviter les conducteurs de pousse-pousse et les commerçants vantant leurs marchandises. Le Hawa Mahal (« palais des vents »), avec ses quatre étages, est l'un des exemples les plus réussis des monuments en grès rose de la ville.

Non loin de là, ce qui ressemble à un parc de sculptures est en fait l'observatoire Jantar Mantar, comprenant une étrange collection de gigantesques appareils utilisés encore aujourd'hui pour les calculs astronomiques. Mais le plus grand intérêt d'une visite de Jaipur se trouve à une courte distance hors de la ville, au Fort d'Amber qui, perché sur son promontoire rocheux, vous donnera un premier aperçu de la vie de maharaja.

Si vous poursuivez vers l'ouest, vous arriverez au coeur du désert de Thar et à la « Cité d'Or », Jaisalmer. Jaillissant du paysage nu, l'immense masse de cette forteresse de grès qui se pare de reflets dorés au soleil couchant, semble presque irréelle tandis qu'elle domine la ville en contrebas. On la compare souvent à un château de sable géant avec ses fortifications s'ouvrant sur un dédale de rues et de ruelles. Vous trouve-

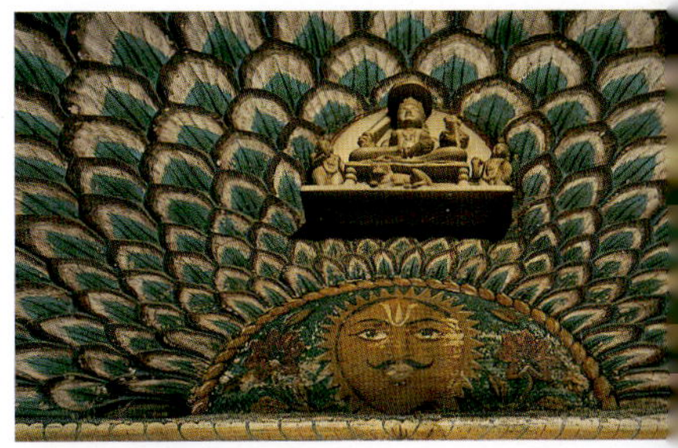

Porte du palais de Jaipur, ornée de motifs de plumes de paon

Des *havelis* à Jaisalmer

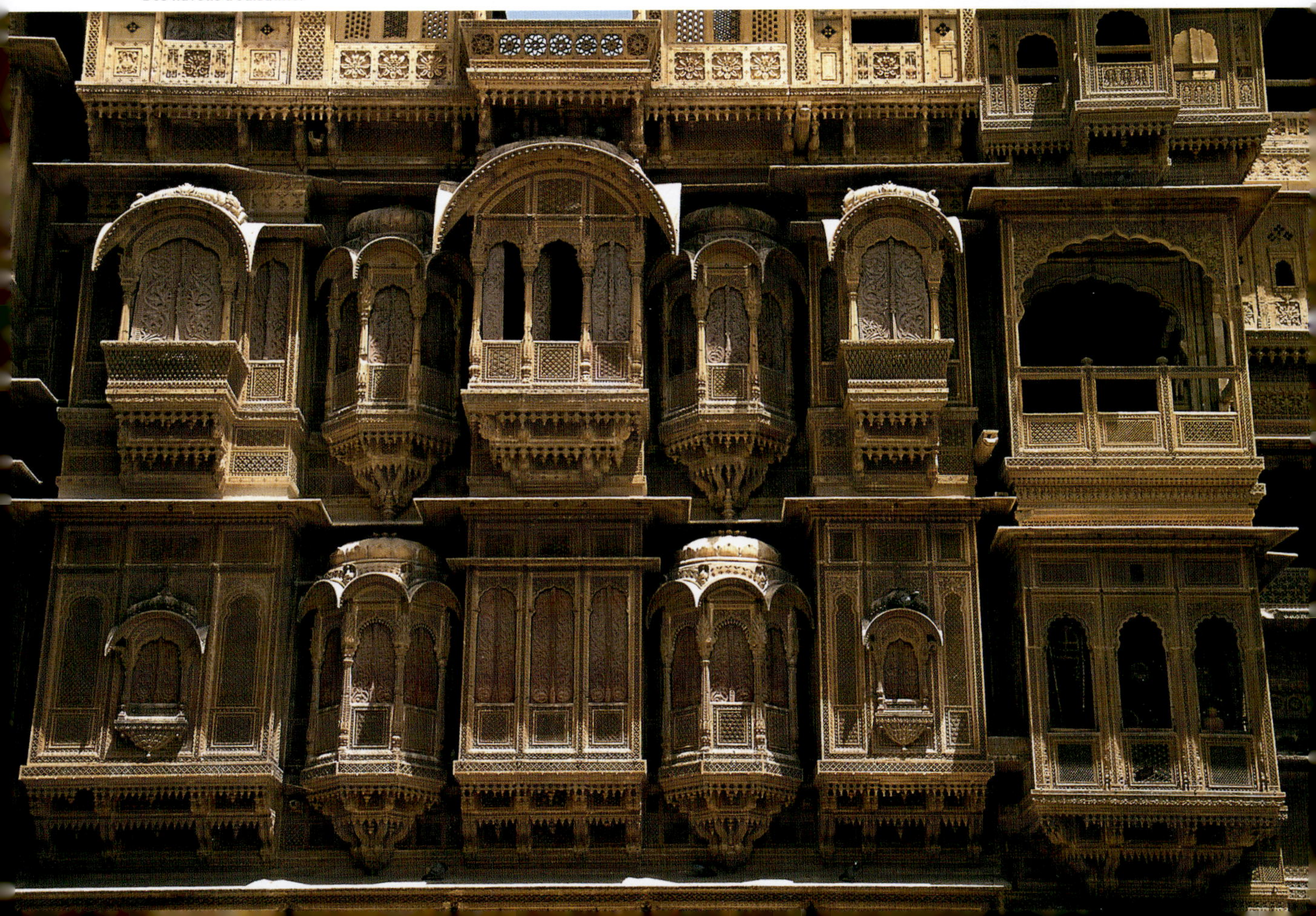

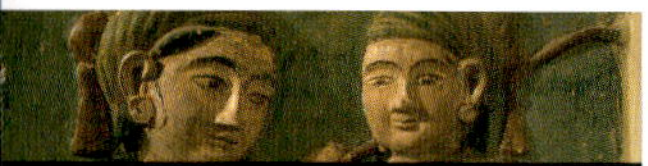

rez dans la ville des superbes *havelis*, les maisons richement décorées des marchants du Rajasthan.

Pour découvrir la vie dans les plaines désolées alentour, quittez le Palace on Wheels pour un « vaisseau du désert » et explorez les houleuses dunes de sable de Sam, à un peu plus de 40 kilomètres de Jaisalmer, à dos de chameau. Leur démarche chaloupée, alors que vous êtes assis sur une selle en travers de leur bosse, demandera peut-être un temps d'adaptation.

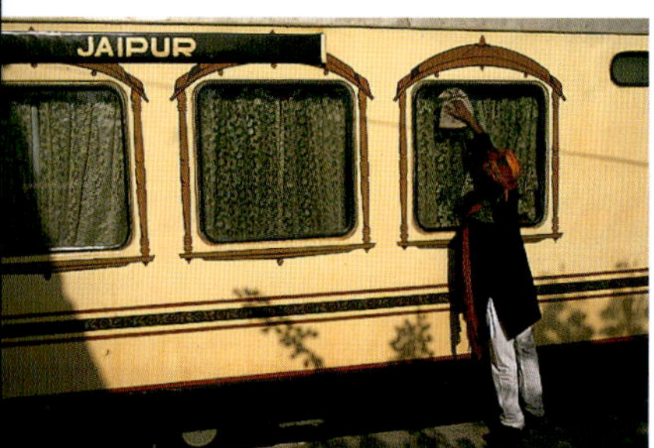

Vers l'ouest, la couleur refait son apparition à Jodhpur, où naquirent les fameux pantalons d'équitation. Connue comme la « Ville Bleue », elle est ponctuée d'une mosaïque de portes couleur bleuet qui signalent les maisons de membres de la caste des prêtres : les brahmanes. Le remarquable fort de Mehrangarh s'étale sur la colline dominant la ville.

Le parc national de Ranthambhor contraste fortement avec la cité. Ses tigres sont célèbres dans le monde entier – il est considéré comme le meilleur endroit d'Inde pour admirer ces puissants félins – et vous pour-

Vue de la ville d'Udaipur depuis l'hôtel Lake Palace

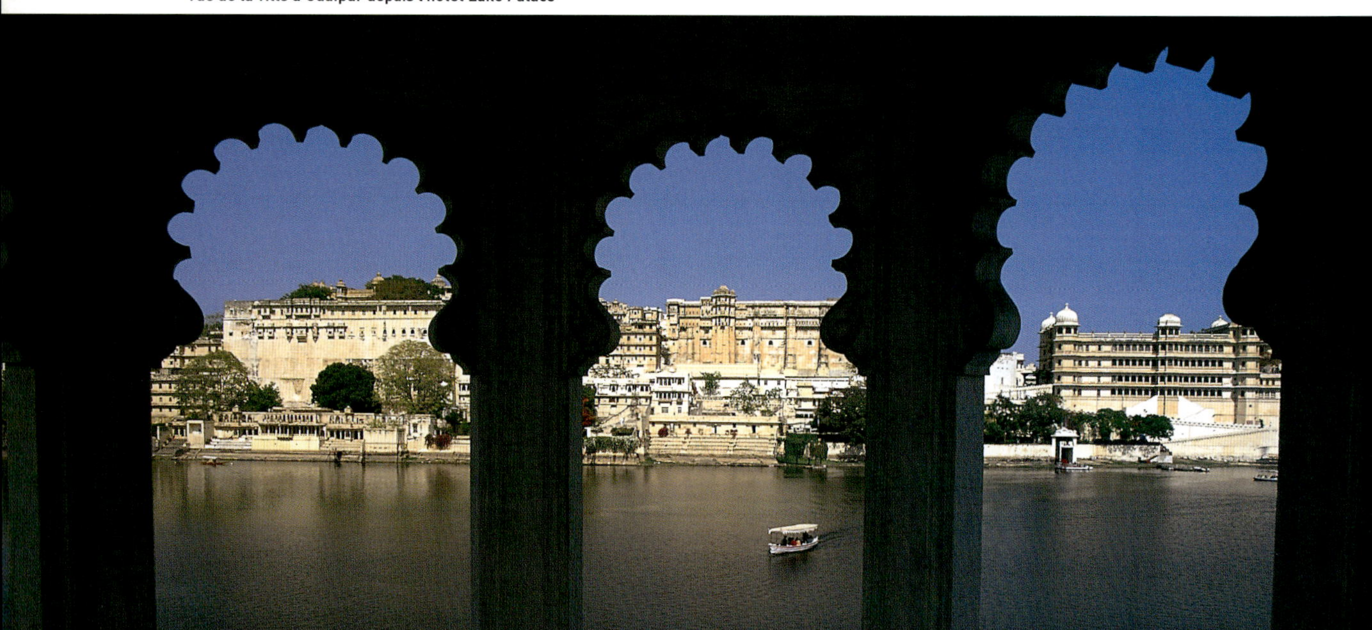

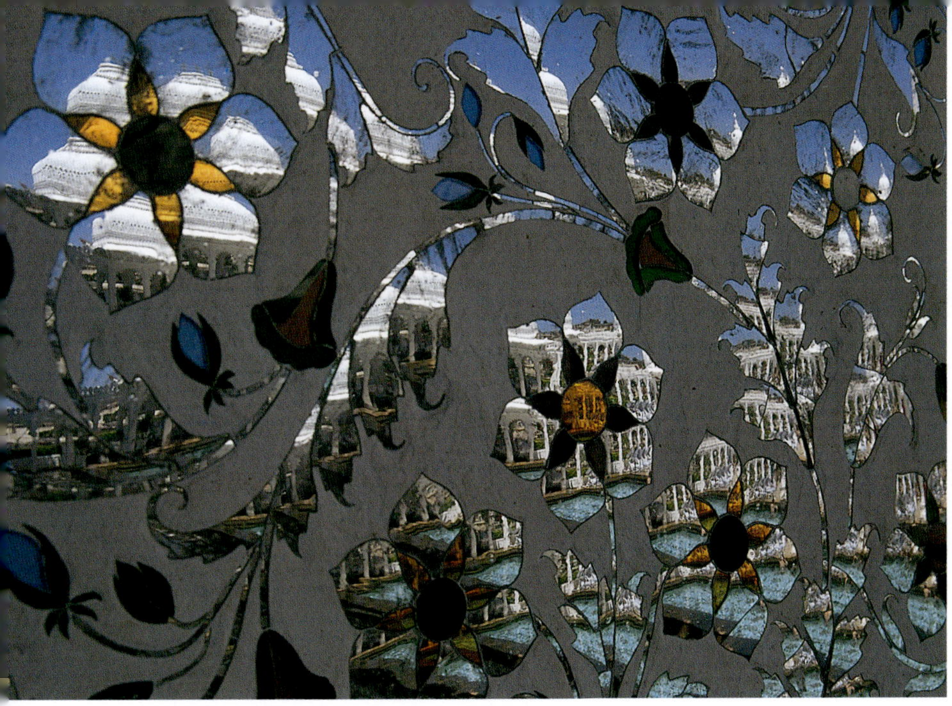
Mosaïques de verre à l'hôtel Lake Palace, à Udaipur

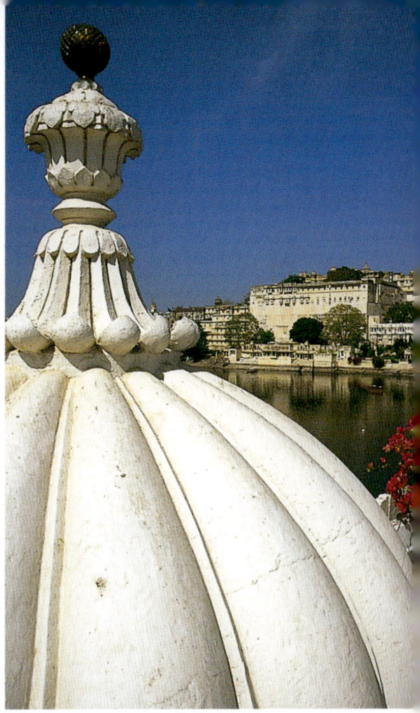
Udaipur depuis le toit de l'hôtel Lake Palace

rez partir à leur recherche à bord d'un 4x4, avec un guide. Quoi de plus fascinant que de voir l'animal au pelage rayé surgir des broussailles.

Les couleurs du lendemain sont différentes. Ce sont celles des émouvants jardins ornementaux et des coussins de la terrasse du célèbre hôtel Lake Palace, sur l'île Jag Nivas. Elle est située dans le lac Pichola, au cœur de la charmante ville d'Udaipur, la « Venise de l'Orient ».

Pendant le voyage retour vers Delhi, vous avez le temps d'aller jusqu'à Âgrâ pour découvrir le plus romantique des monuments indiens, le Taj Mahal. Ce mausolée de marbre blanc, l'une des Merveilles du monde, fut construit par l'empereur mongol Shâh Jahân en symbole de son éternel amour pour sa femme qui mourut en couches.

S'il existe mille façons de découvrir le Rajasthan, la meilleure pour vous immerger dans la richesse de sa culture est de voyager dans votre propre palace roulant.

ⓘ

Vous pouvez vous adresser à plusieurs compagnies pour réserver à bord du Palace on Wheels, dont Trans Indus, un spécialiste de l'Asie. Le train est souvent complet des mois à l'avance alors soyez prévoyants. Même si le voyage complet dure une semaine, vous pouvez choisir n'importe quelle étape individuellement et ne passer qu'une nuit à bord. La plupart des visites requièrent de la marche : tâchez d'éviter les mois les plus chauds (d'avril à juin), où les températures peuvent atteindre 45°.

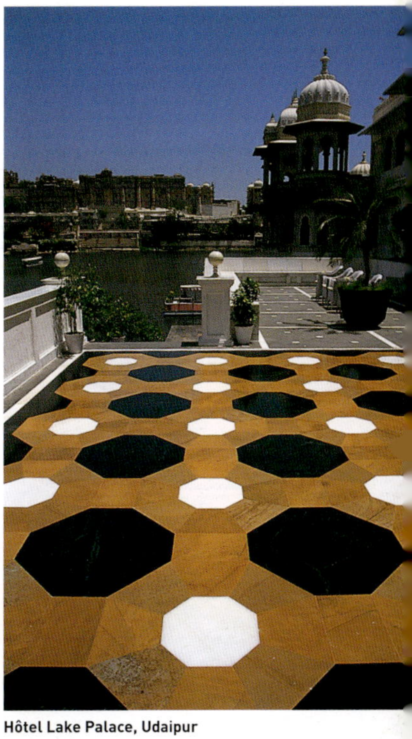
Hôtel Lake Palace, Udaipur

Trekking dans le Torres del Paine

Patagonie, Chili

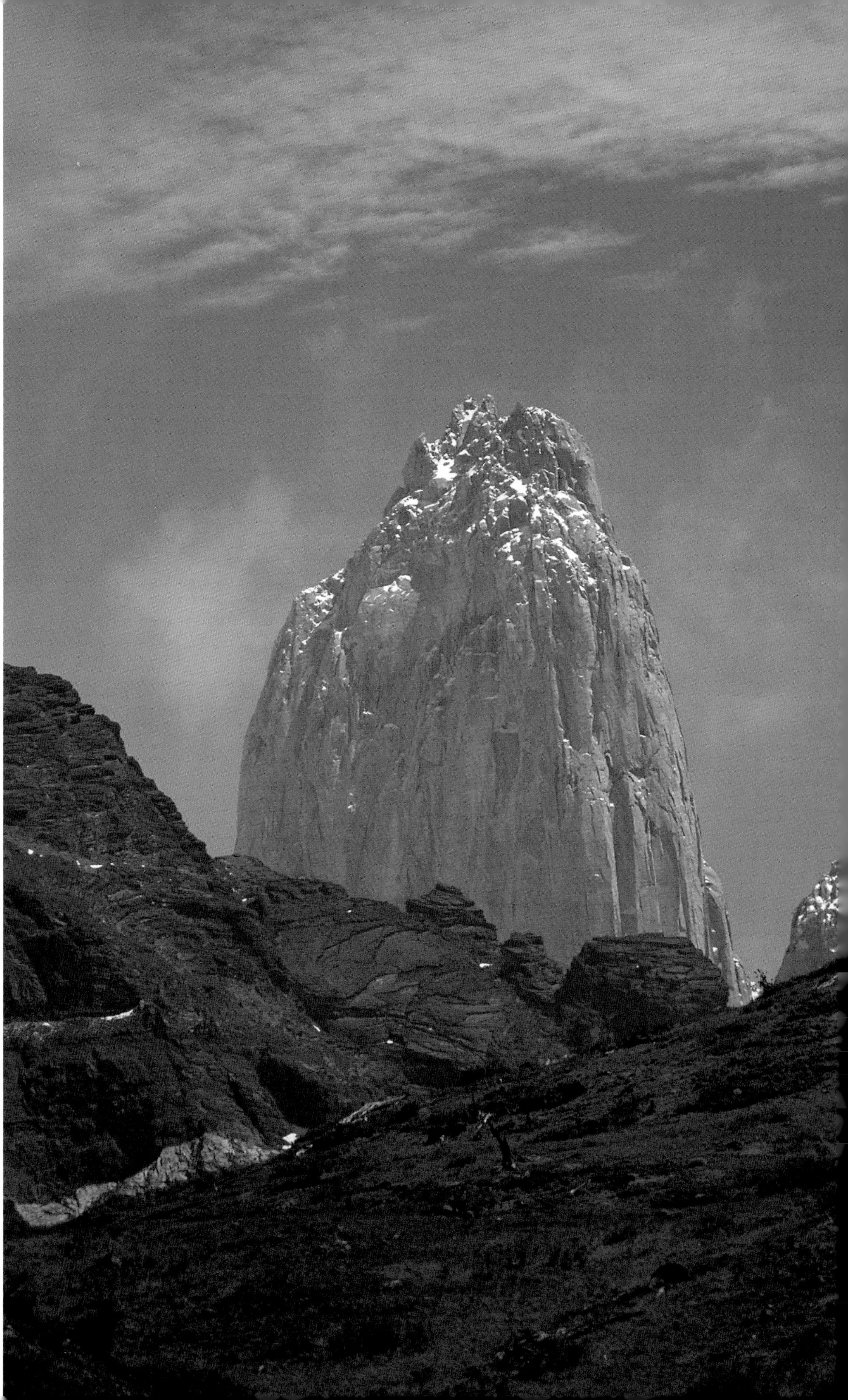

Page ci-contre :
Les Torres, cimes impressionnantes qui ont donné leur nom au parc

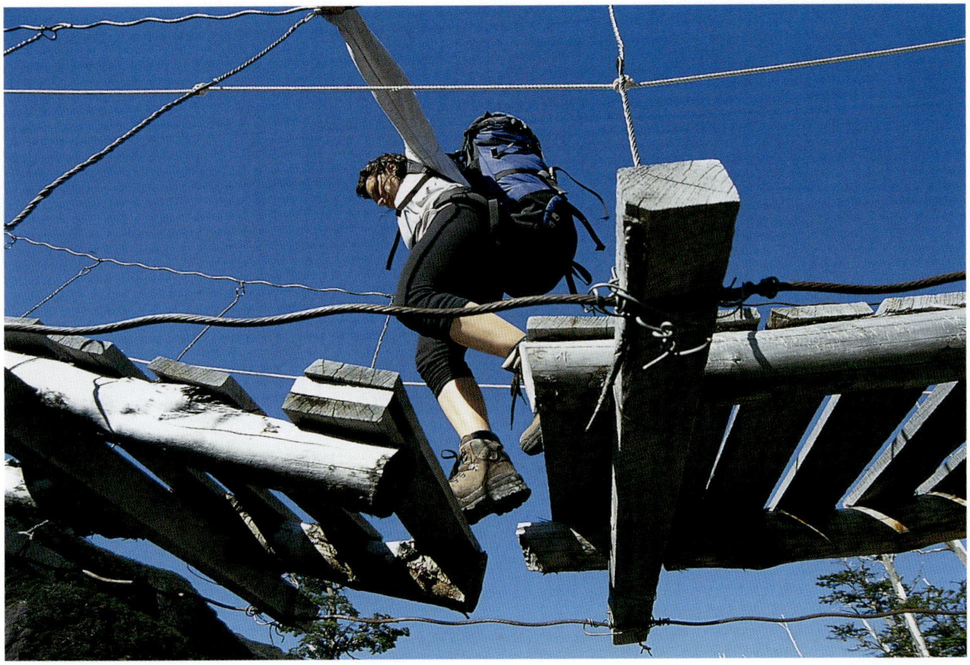

Passerelle sur le Paine Circuit

Les pics de granit rouge en dents de scie qui éraflent le ciel du parc national Torres del Paine sont les symboles de la Patagonie, l'un des endroits les plus sauvages de la planète. Isolé, imprévisible et attirant, ce parc possède un réseau de sentiers presque sans égal. Il comprend des lacs azurs et jade jonchés d'icebergs, des rivières et des cascades d'eau vive et le plus grand glacier de l'hémisphère sud après l'Antarctique. Peu surprenant alors que Torres del Paine soit souvent considéré comme le plus spectaculaire des parcs nationaux.

On gagne habituellement cette Réserve de Biosphère de l'Unesco, qui couvre près de 240 000 hectares, par car ou bac depuis le petit village de Puerto Natales. À environ 500 kilomètres au sud de Puerto Montt, la porte de la Patagonie chilienne, Natales se trouve sur les rives du spectaculaire Seno Ultima Esperanza. Des nuages aux formes étranges et des menaces d'orage aux incroyables couchers de soleil, cette vaste étendue d'eau balayée par les vents vaut le coup d'œil à elle seule.

Si vous avez le temps, le meilleur moyen de rejoindre Puerto Natales est de prendre le bac à Puerto Montt. Il se fraye un chemin parmi les centaines d'îles qui bordent la côte sud-ouest du Chili, où l'on croise fréquemment icebergs et baleines, en empruntant le

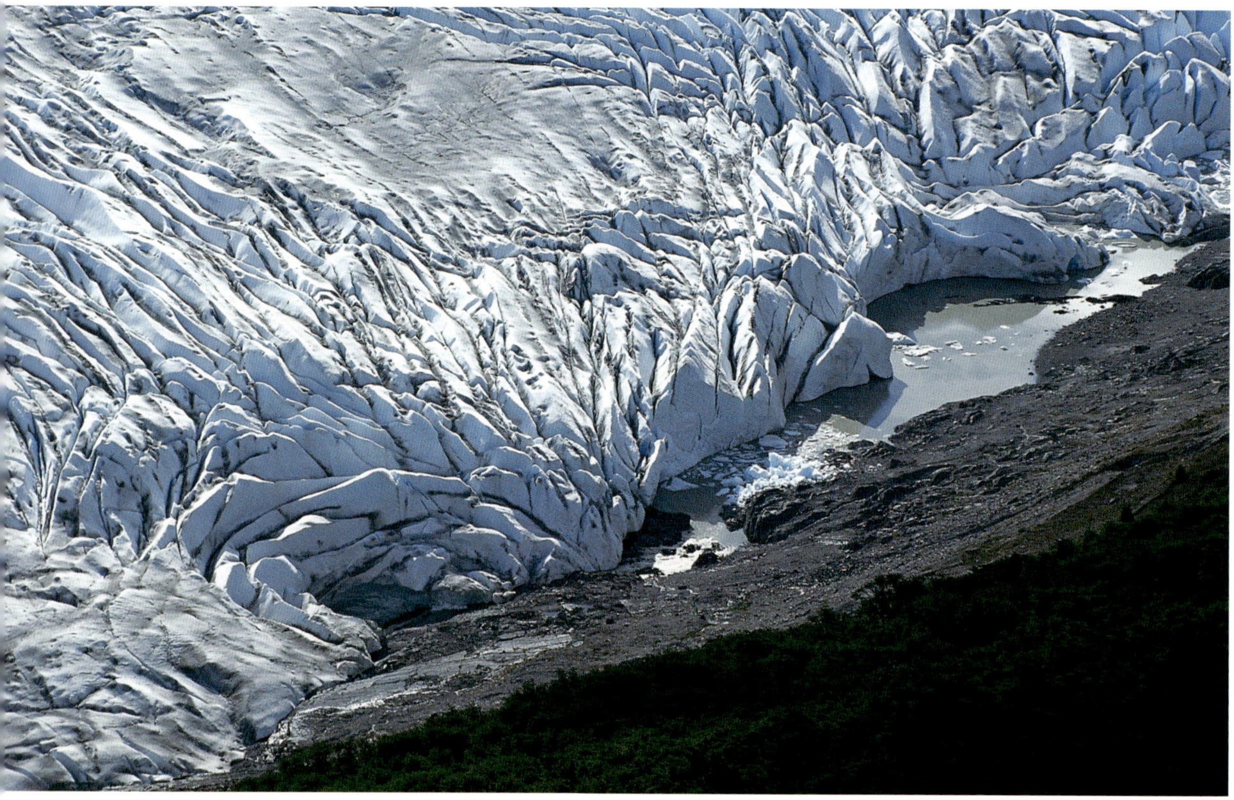

La surface crevassée du glacier Grey

même chemin que le *Beagle* de Charles Darwin. Ce trajet de quatre jours est une formidable approche de la Patagonie et, comparée à toute autre croisière, une vraie affaire.

Depuis Natales, quatre heures de car vous conduiront sur les 112 kilomètres de pistes de terre jusqu'à l'entrée du parc, vous laissant le temps de comprendre l'adjectif « reculé » tandis que vous traversez ces régions inhabitées. Une fois à Torres del Paine, les randonneurs les plus expérimentés partent pour le Paine Circuit, un sentier épique – mais rectiligne – de six à huit jours qui mérite bien une petite préparation physique. Même si les autres circuits (comme celui, immanquable, des pics, ou *Torres*, qui donnent leur nom au parc) sont splendides, celui-ci est indubitablement le meilleur choix,

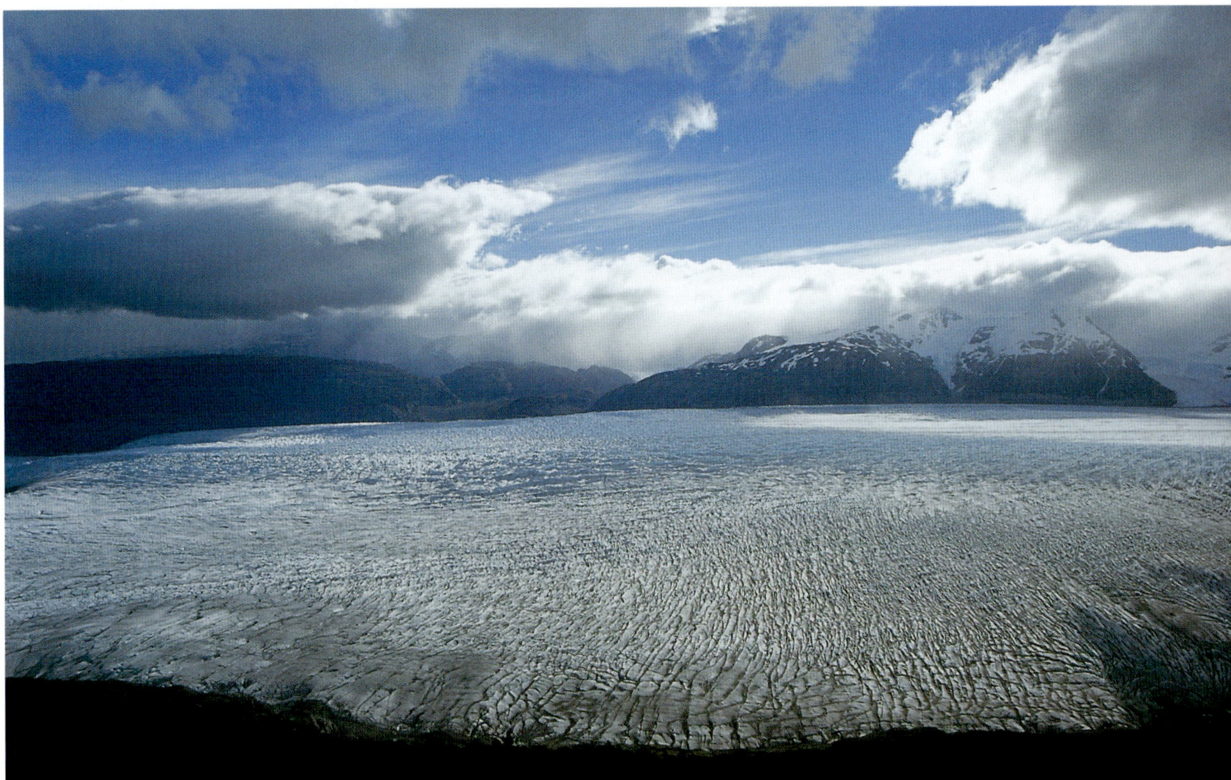

Le glacier Grey fait partie de la grande banquise du sud de la Patagonie

si l'on en a le temps et la capacité. Vous pourrez toujours caser celui des *Torres*, d'un ou deux jours, avant ou après. Si vous recherchez la solitude, évitez de vous lancer sur les chemins les deux premiers jours qui suivent l'arrivée du bac et de sa cargaison de randonneurs impatients.

Si la météo le permet, ce circuit de 100 kilomètres vous conduit au

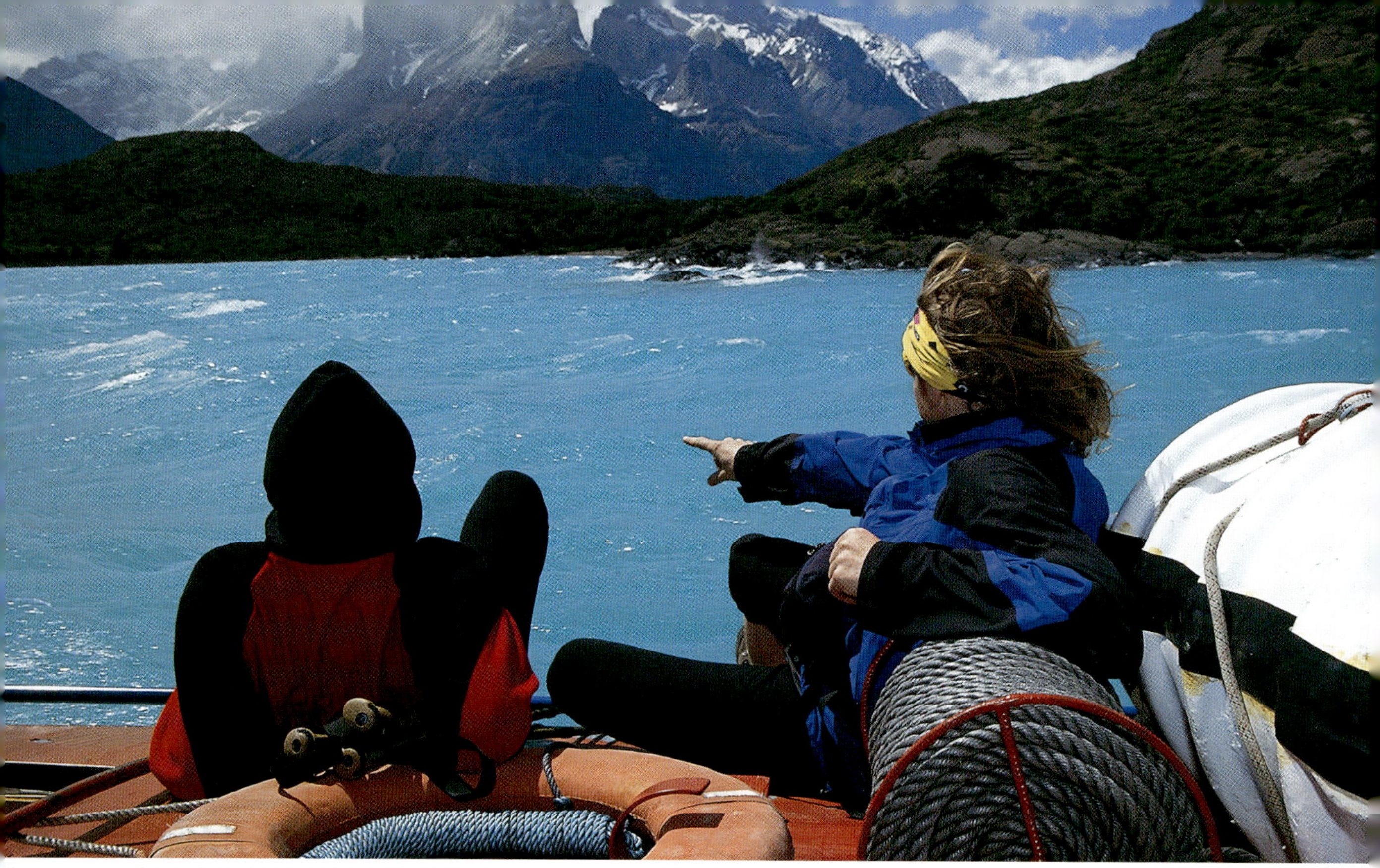

Les randonneurs peuvent traverser le lac Grey pour une vue sur le massif du Paine

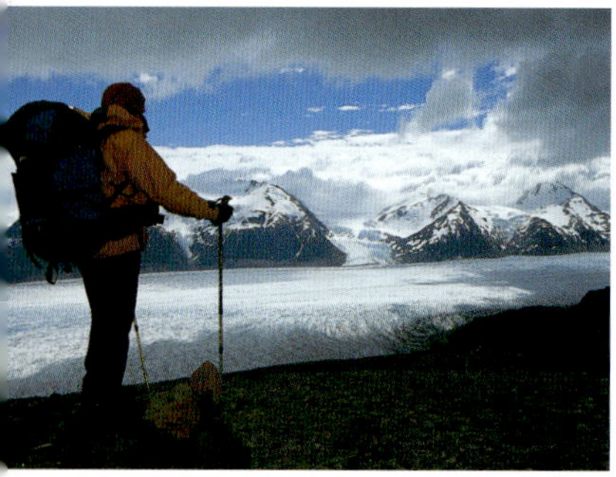

Vue sur le glacier Grey

massif du Paine. Mieux vaut le parcourir dans le sens inverse des aiguilles d'une montre car ainsi le paysage est de plus en plus beau et la difficulté croit progressivement. En chemin, vous longerez de splendides lacs tels le Dickson, entouré de ses sommets enneigés. D'autres, comme le Laguna Siete Perros (« lac des sept chiens »), aux nombreux icebergs, contraste nettement avec les épaisses forêts qui recouvrent la moitié inférieure du massif.

Plusieurs cols sont délicats à franchir et certains débouchent sur de raides descentes offrant peu de répit aux jambes fatiguées, mais les paysages sont toujours ensorcelants. Toutes les souffrances et douleurs disparaissent lorsque vous contemplez l'immense vallée crevassée du glacier Grey. Ce vestige de la grande banquise du sud patagonien qui recouvrait autrefois toute la région, est âgé d'environ 1500 ans et rejette régulièrement de gros morceaux de glace dans le lac Grey, point de chute du circuit.

Pour ceux qui recherchent une touche de luxe, l'Hosteria Grey, sur les rives du lac, est un hébergement excellent, où le double vitrage protège du vent et où l'on retrouve les prestations classiques d'un hôtel. Même si nous ne saurions vous recommander d'y passer tout votre séjour, c'est une récompense idéale en fin de randonnée. Si vous découvrez la séduisante nature de Torres del Paine, elle vous poursuivra toute votre vie.

ⓘ

Le Paine Circuit implique de dormir dans des refuges, qui doivent souvent être réservés à l'avance, ou de camper. Si vous souhaitez loger à l'Hosteria Grey, vous devrez également réserver très tôt. Le meilleur moment pour vous rendre dans le parc, mais également le plus fréquenté, s'étend de décembre à mars. Blue Green Adventures propose toute une gamme de randonnées à pied, en vélo ou à cheval. Le sud de la Patagonie est le « dernier arrêt avant l'Antarctique », vous devez donc vous attendre à – et vous équipez pour – du gros temps durant votre séjour. Il se peut que vous y échappiez mais, dans le cas contraire, mieux vaut avoir tout prévu. Le vent, particulièrement, peut être féroce.

En exploration autour du lac Dickson

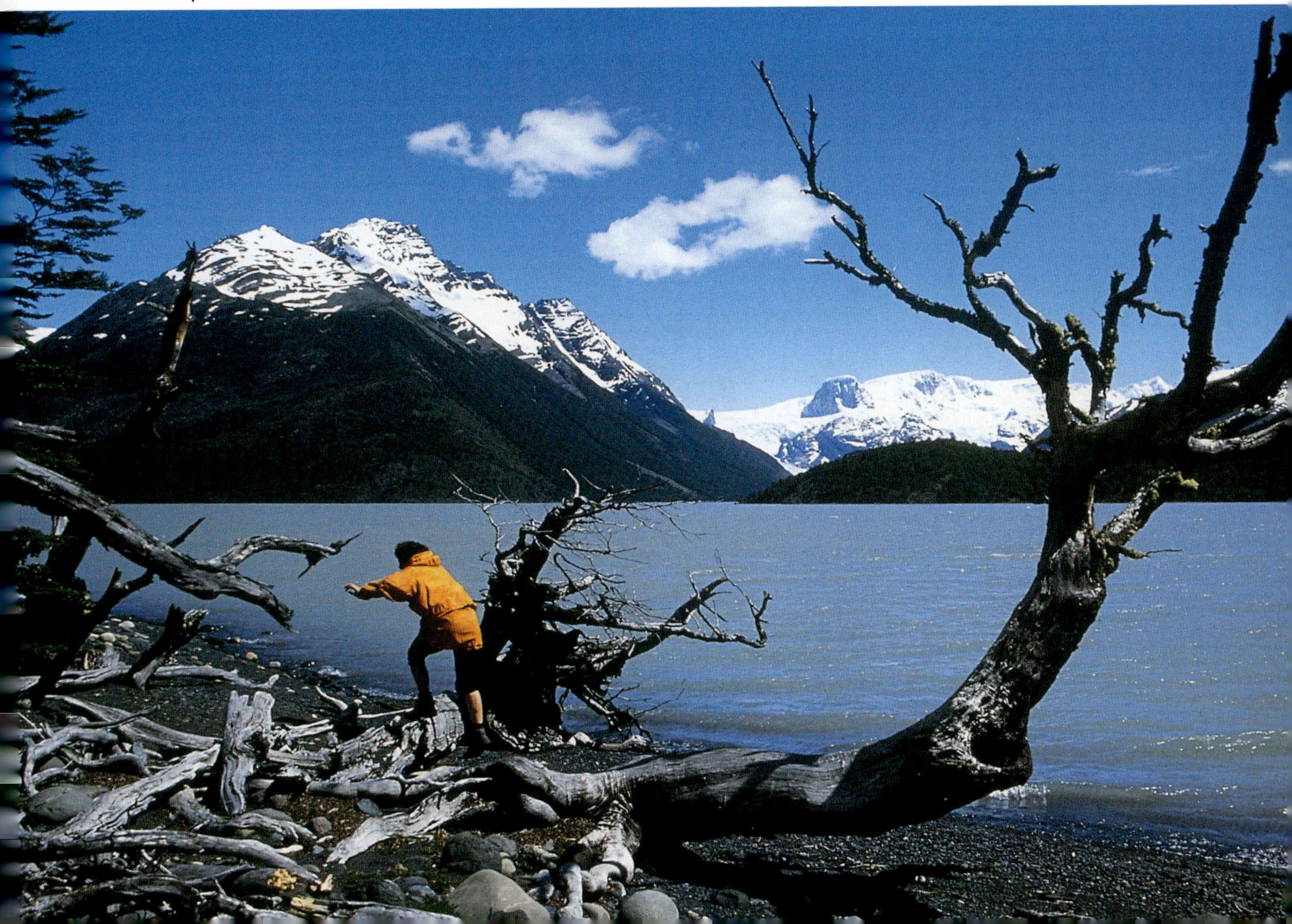

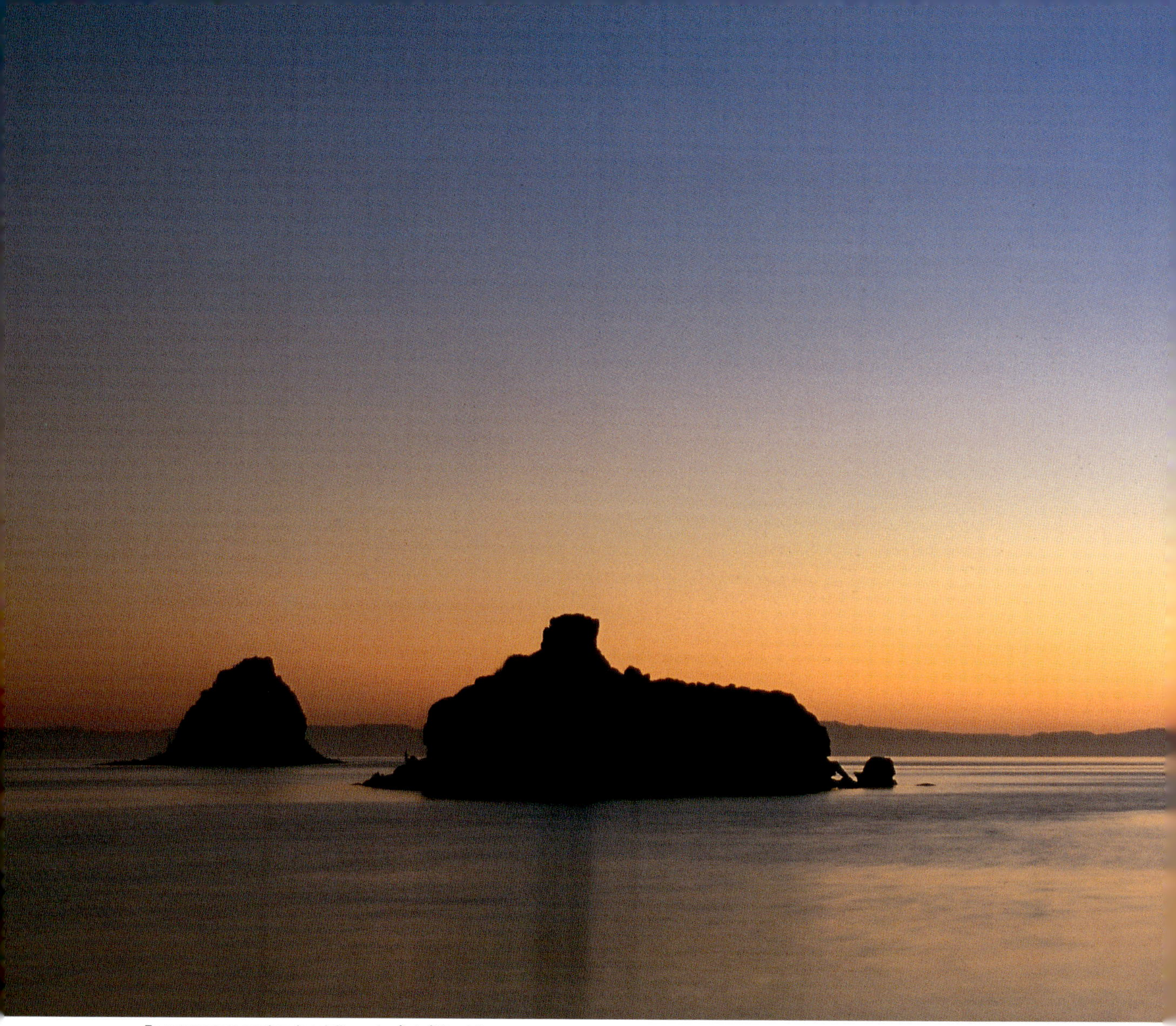

En pagayant au coucher du soleil vers les îlots à Candeloro

Avec ses montagnes désertes constellées de cactus qui plongent dans de tranquilles baies turquoise, ses raies manta qui glissent dans l'eau et ses orques en migration, l'île inhabitée d'Espíritu Santo est l'endroits idéal pour pratiquer le kayak de mer. Longue de moins de 32 kilomètres, elle est reliée par un étroit isthme à sa voisine du nord, l'Isla Partida. Ces îles sont nichées dans la miroitante mer de Cortez qui sépare la partie principale du Mexique de la Basse-Californie. Avec ses eaux tièdes et un ensoleillement quasiment garanti d'octobre à mai, vous serez prêt à vous mouiller pour apprendre l'esquimautage.

Faire du kayak en Basse-Californie

Espíritu Santo, Mexique

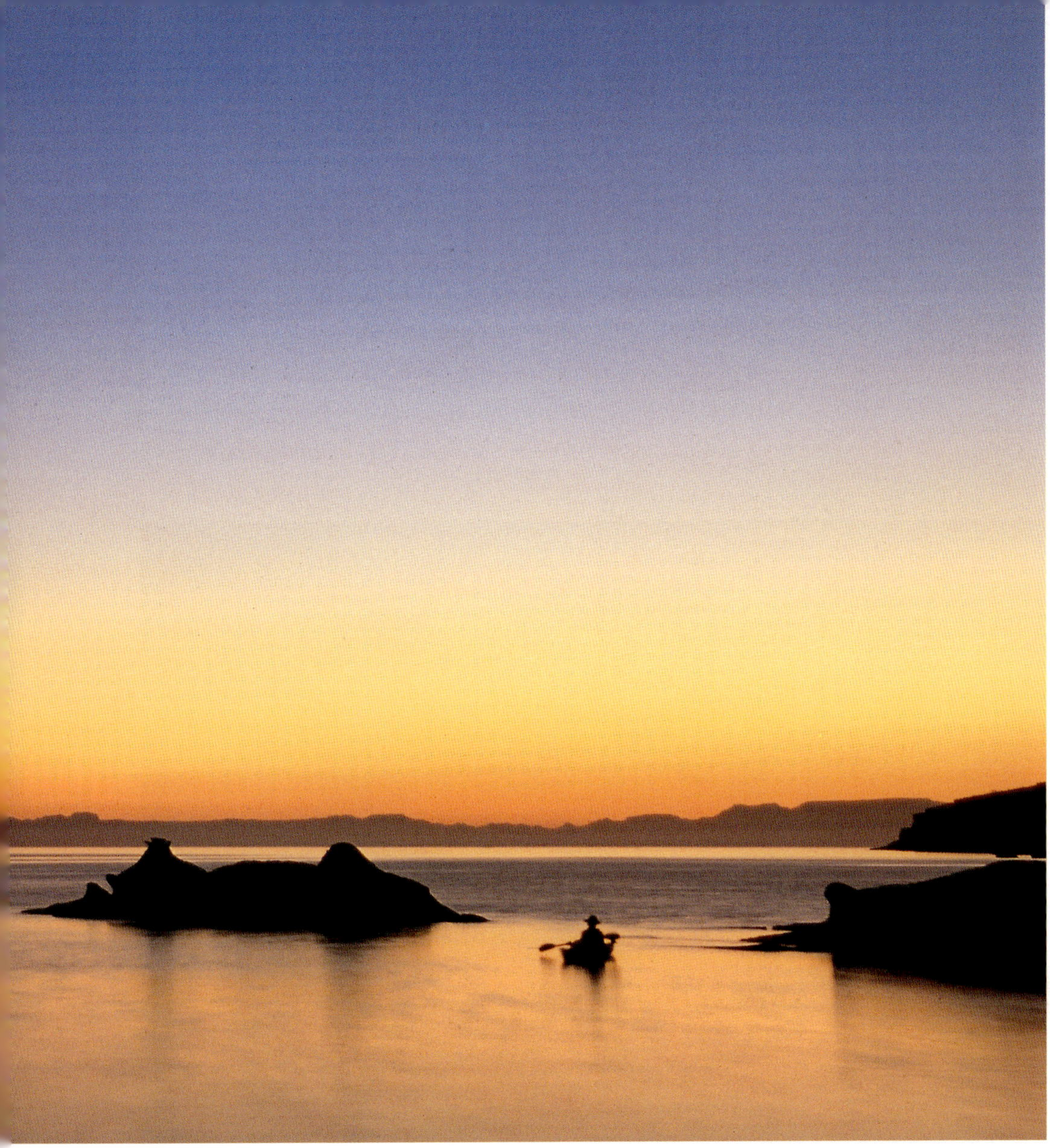

Kayak au couchant à Espíritu Santo

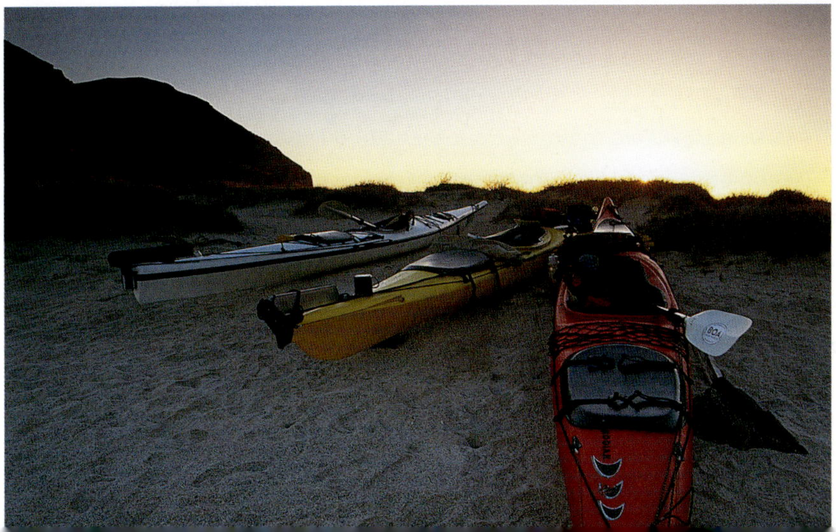

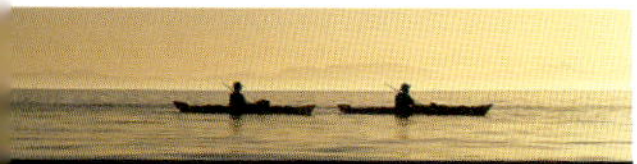

À seulement 24 kilomètres au nord de la ville côtière de La Paz, Espíritu Santo, île volcanique, s'est séparée du continent il y a sept millions d'années, après un tremblement de terre dévastateur le long de la faille de San Andreas. Même si elle est reliée sous l'eau au continent, sa nature est aussi sauvage que si elle se trouvait à des kilomètres de tout.

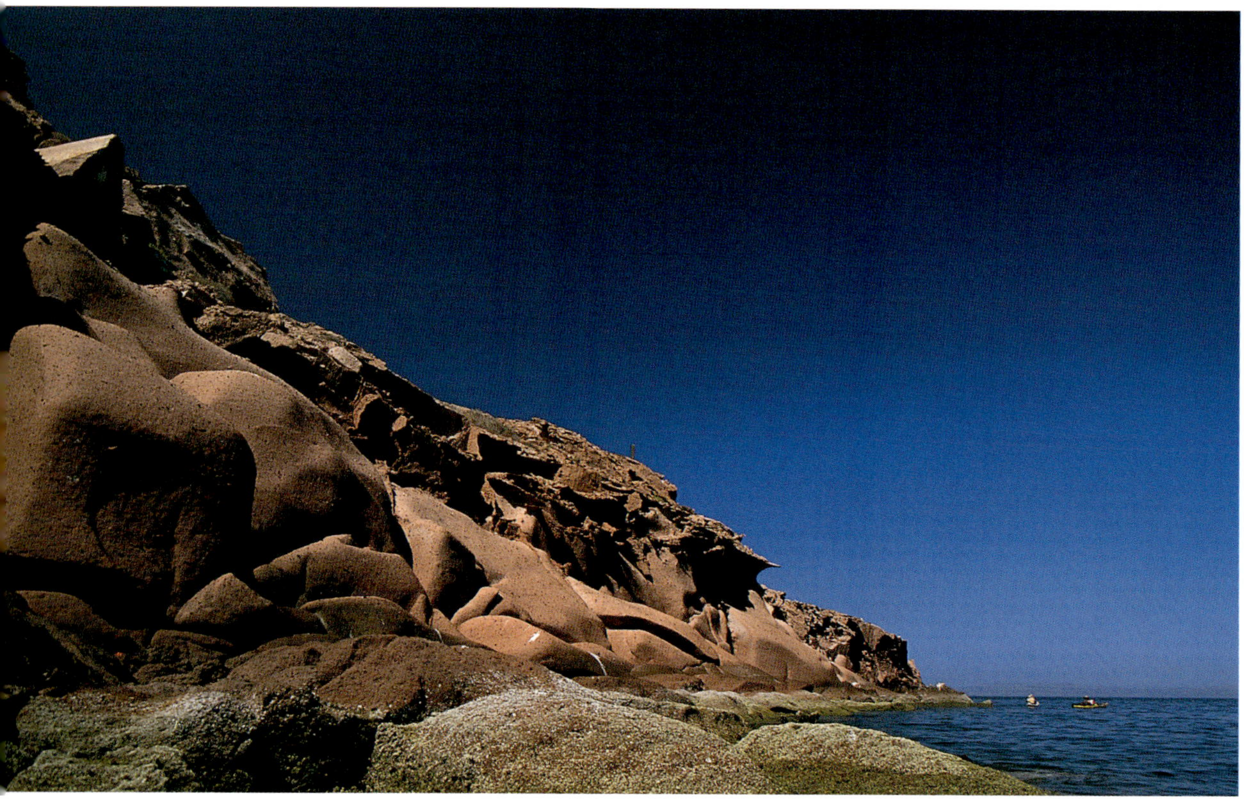

En pagayant près des roches volcaniques multicolores près de Candeloro

Un voyage vers Espíritu Santo débute par une traversée sur le ravitailleur, une yole motorisée sur laquelle on charge kayaks, provisions et équipements. Si vous optez pour une formule tout compris, tout cela reste à bord, ce qui vous évite de transporter une tente ou de la nourriture dans votre kayak.

On commence souvent à pagayer à Los Islotes, deux îlots rocheux au nord d'Isla Partida, saupoudrés de ce que les guides locaux appellent par euphémisme de la « neige mexicaine », en fait le guano âcre des oiseaux locaux. Cependant, c'est la colonie d'otaries, comptant non moins de 300 membres, et la possibilité de vous retrouver nez à tuba avec elles alors que vous nagez en leur compagnie, qui est véritablement intéressante.

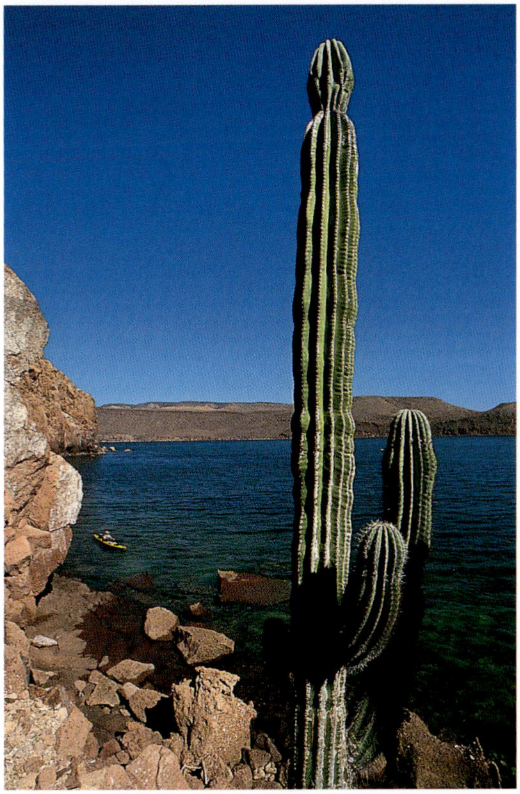

On trouve des cactus dans toute l'île

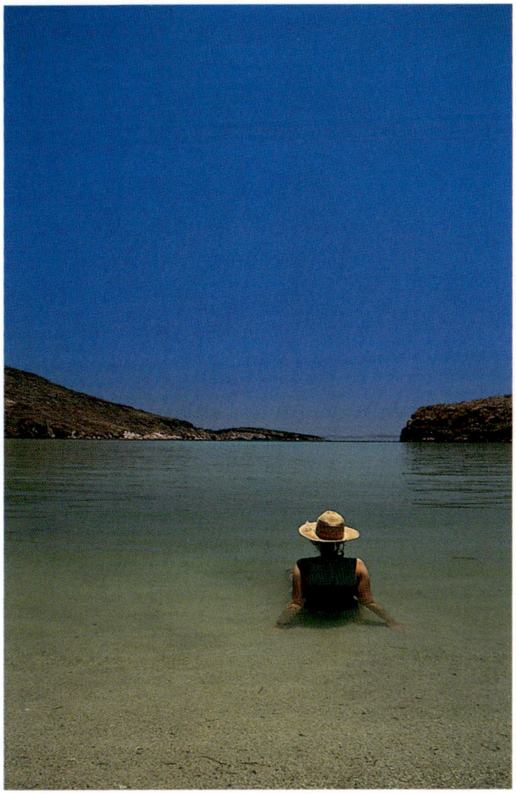

Baignade rafraîchissante à Espíritu Santo

Espíritu Santo n'est pas habitée mais elle déborde pourtant de vie, aussi bien au-dessus qu'en dessous de ses eaux cristallines. Penchez-vous sur le côté de votre kayak pour repérer l'une des 500 espèces différentes de poissons tropicaux colorés, comme le tétrodon avec ses grosses lèvres et ses rayures inégales ou le poisson ange à barre blanche avec sa petite queue jaune et son corps bleu iridescent et vous aurez peut-être envie de jeter l'ancre, d'enfiler masque et palmes et plonger de votre kayak.

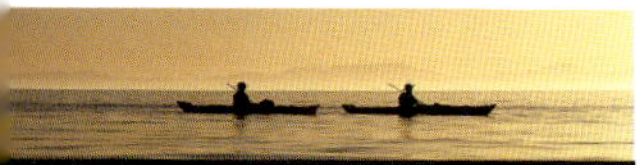

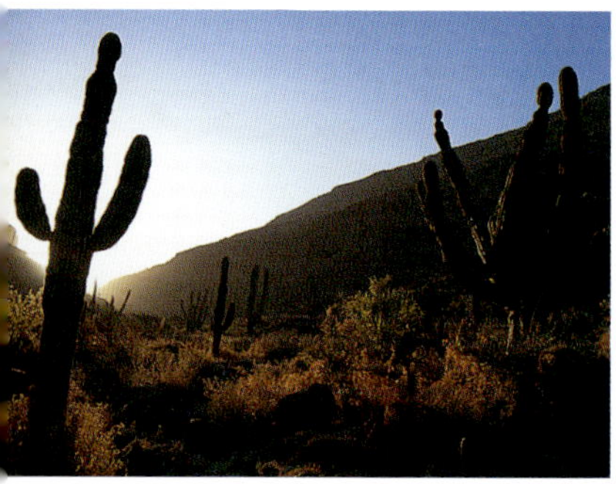

Des cactus au coucher du soleil à Espíritu Santo

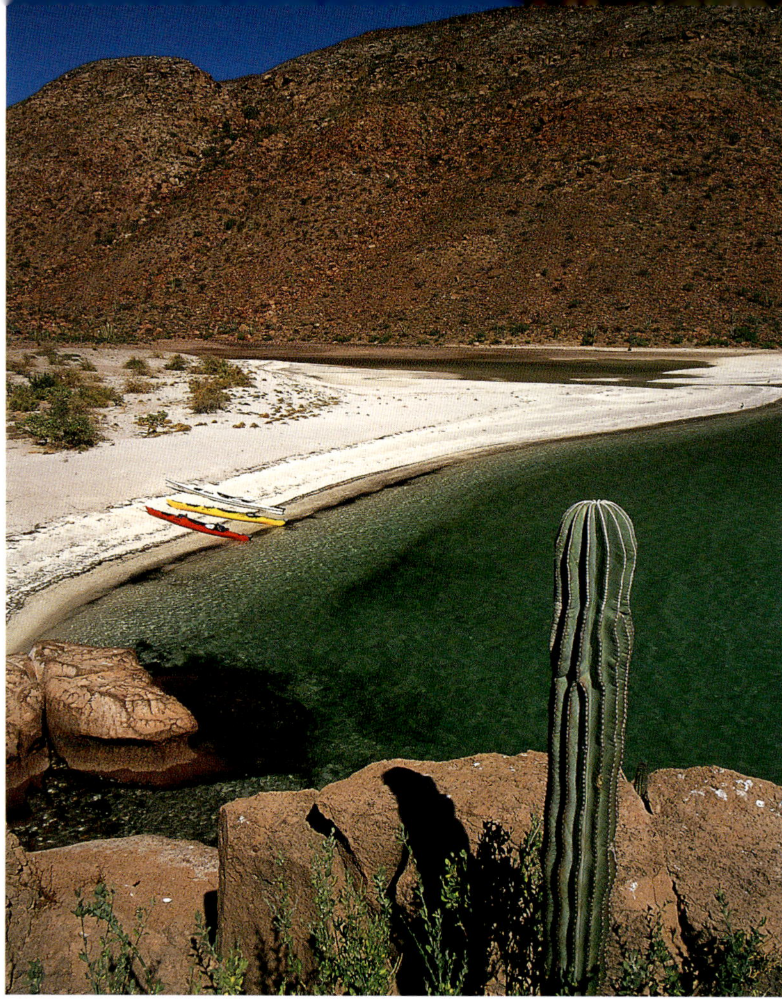

La baie depuis la grotte des Indiens Pericus

Avec un peu de chance, vous rencontrerez des animaux marins plus imposants : un tiers des baleines et des dauphins du monde vivent dans la mer de Cortez. La période de janvier à mars est la meilleure pour observer les migrations de baleines grises et de baleines à bosse, tandis qu'avril et mai permettent d'apercevoir les baleines bleues, les cachalots ou les rorquals. Plus faciles à observer, à n'importe quelle période de l'année, les colonies de reproduction d'otaries ou les étranges tortues de mer. Plus haut dans le ciel glissent, plongent et planent les oiseaux marins, comme les frégates avec leur queue fourchue. Les pélicans bruns fondent sur leur proies. Lorsqu'ils ne pêchent pas, ils montent généralement la garde sur les rochers.

Un vrai régal vous attend à Candeloro, plus au sud, où vous camperez. Cette plage, la plus belle de l'île, est adossée à des falaises rouges. Une crête découpée sépare la baie et une langue rocheuse, couronnée de cactus *Pachycereus pringlei*, mène jusqu'à l'eau.

Si vous continuer à longer la côte en pagayant vers Palaya Ballena, une grimpette le long de la paroi escarpée vous conduira jusqu'à une grotte vieille de 5000 ans, utilisée autrefois comme abri par les Indiens Pericus, une tribu semi-nomade qui vécut sur l'île. Ils la parcouraient, plongeaient à la recherche de clams ou de coquilles Saint-Jacques et utilisaient des bâtons taillés pour pêcher.

Que ce soit le silence d'une plage déserte au clair de lune ou la lueur paisible du couchant sur le doux clapotis des vagues, vous savourerez des expériences que vous n'imaginiez même pas tandis que vous pagaierez autour d'Espíritu Santo. La seule chose dont vous aurez besoin, c'est la force de ramer.

Baja Outdoor Activities propose une variété de séjours à Espíritu Santo. Parmi eux, un tour complet de l'île en neuf jours ou de courtes escapades de quatre jours/trois nuits. Dans les formules tout compris, la nourriture est fournie et l'équipement chargé sur un ravitailleur. Vous pouvez sinon opter pour transporter votre propre matériel. Les deux formules sont encadrées par des guides qualifiés et expérimentés.

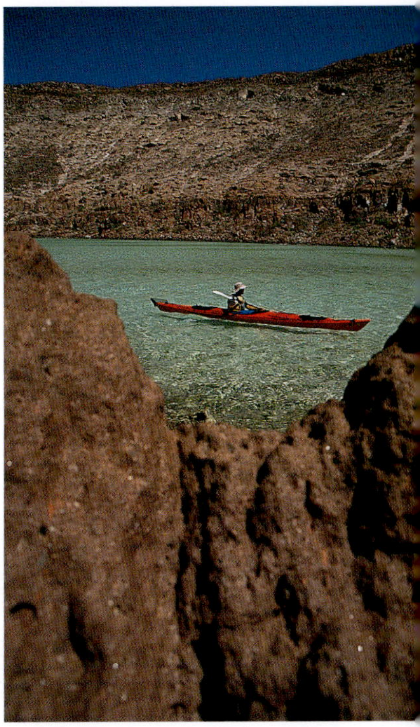

En kayak près des roches volcaniques rouges

En pagayant vers Playa Ballena

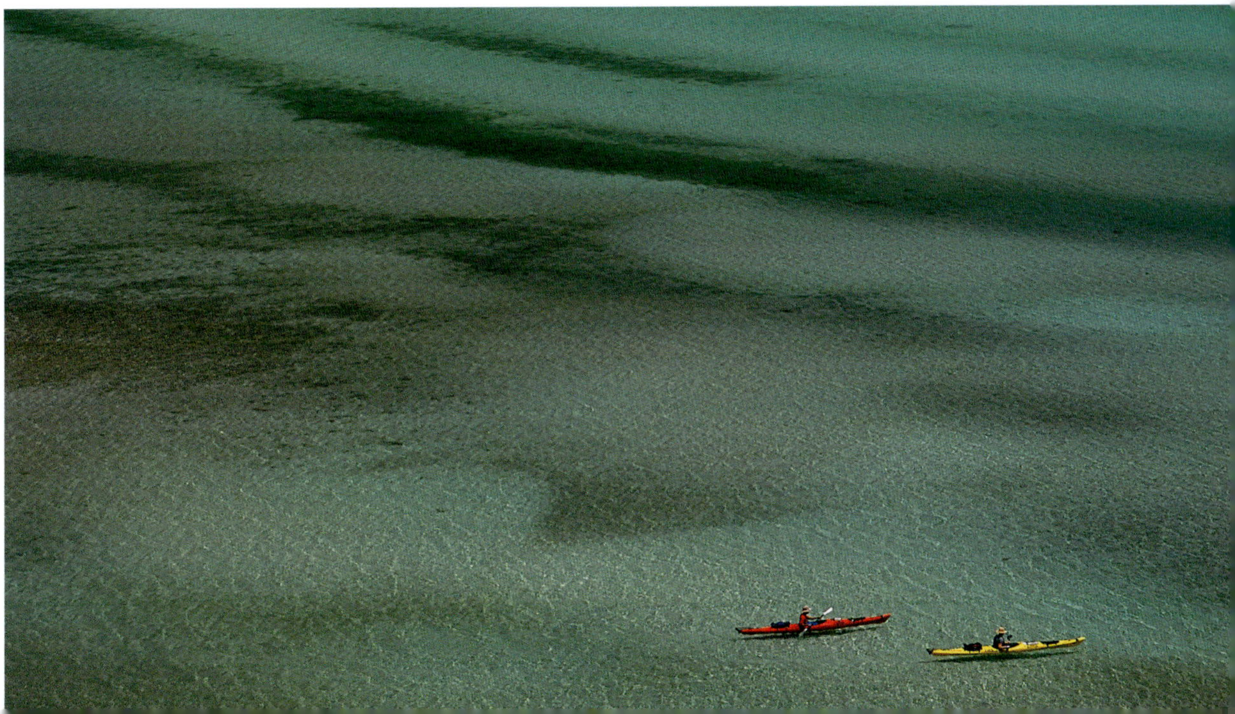

Page ci-contre :
Kochi est célèbre pour ses filets de pêche chinois

Croisière en bateau de riz
Kerala, Inde

Voguer paresseusement sur les marigots (les fameux *backwaters*) du Kerala dans un bateau de riz luxueusement aménagé, longeant palmeraies, vastes rizières et petits villages, est certainement le moyen le plus relaxant de découvrir cette région unique de l'Inde.

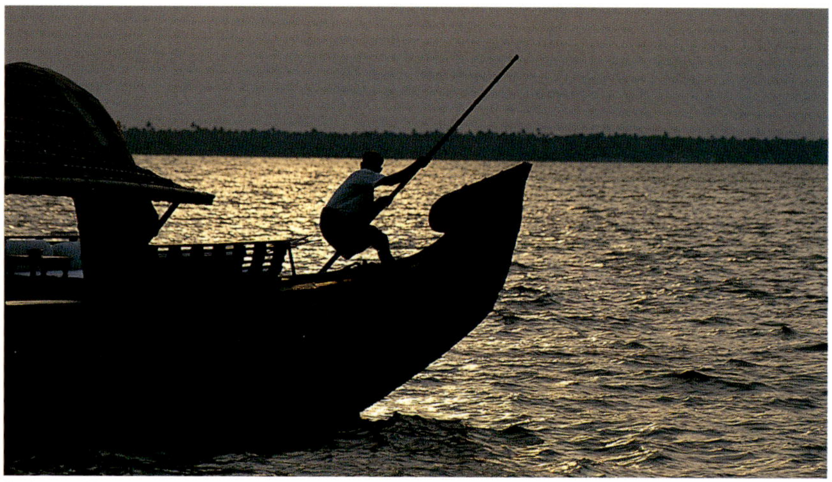

Un *kettuvallam* au soleil couchant

L'État du Kerala, une bande de terre à la végétation luxuriante qui borde la mer d'Oman, s'étend sur 550 kilomètres le long de la côte sud-ouest de l'Inde. Derrière des plages idylliques et des baies sableuses se cachent les *backwaters*, un réseau complexe de canaux, lagons et lacs qui vous emmène au cœur du « bol de riz » de l'État.

Selon la légende, ce dernier fut créé par Parasurama, sixième incarnation de Vishnou, qui voulait une terre vierge où pratiquer le yoga. Il lança une hache dans la mer qui se retira pour former ce labyrinthe de voies d'eau. À bord d'un *kettuvallam*, la barque de riz keralaise utilisée pour transporter la céréale depuis les champs avoisinants, vous glisserez à travers un paysage qui a à peine changé au cours des siècles. Les enfants s'éclaboussent, les femmes lavent leur linge et les paysans cultivent les mêmes terres riches que leurs ancêtres. Partout, vous êtes accueillis par des visages souriants.

D'étroits canaux, parmi des forêts épaisses, vous conduisent au

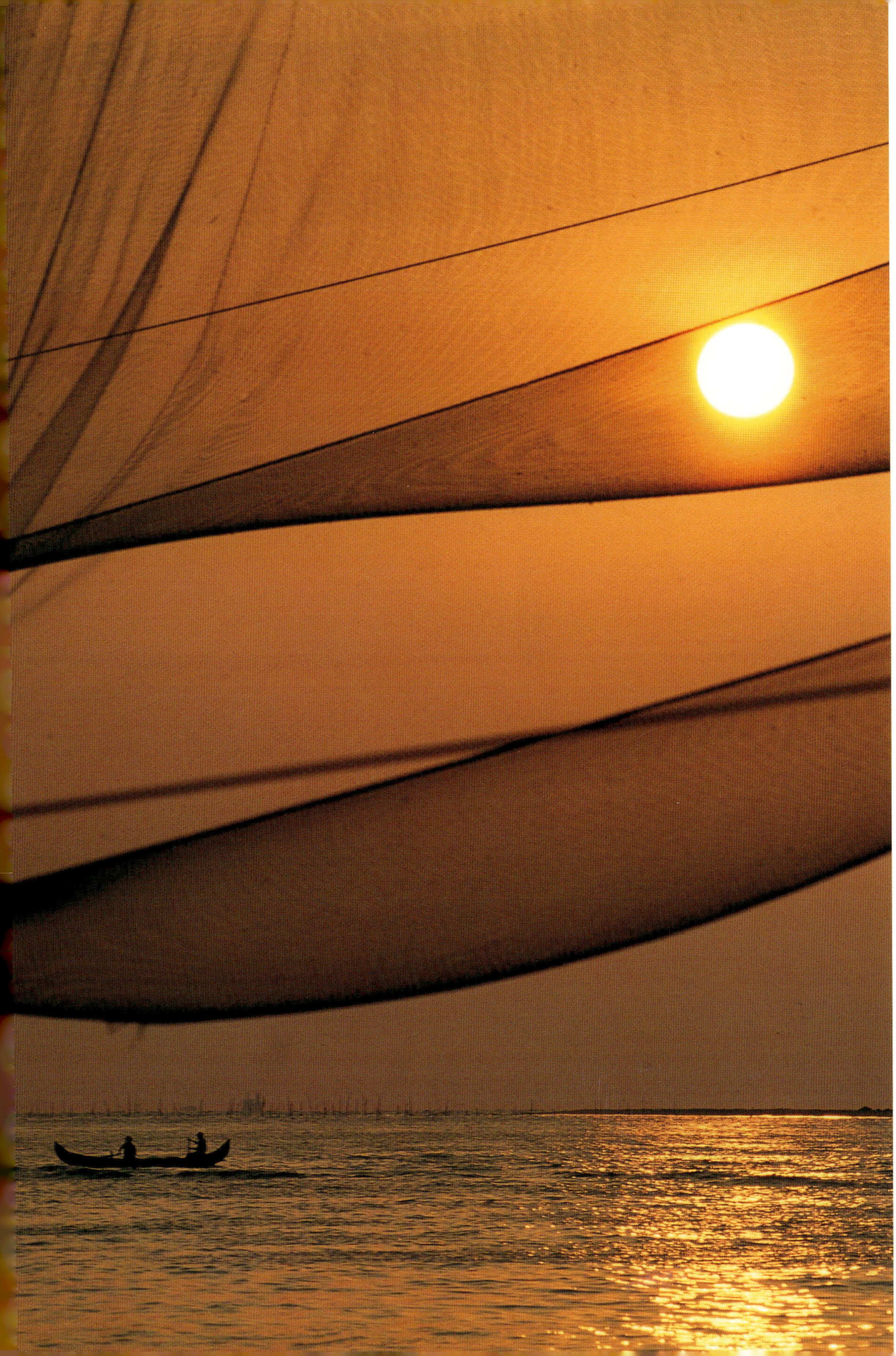

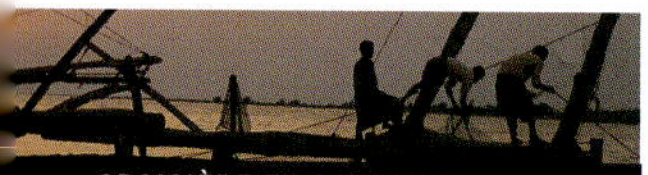

Vembanad, le plus grand lac d'eau douce du pays. Les plantations de cacao, coco et mangues flanquent les petits villages de terre crue, églises, mosquées et temples hindous colorés. Ça et là, des branches encore plus étroites, à peine assez larges pour y circuler en pirogue, s'enfoncent plus loin dans ce complexe dédale.

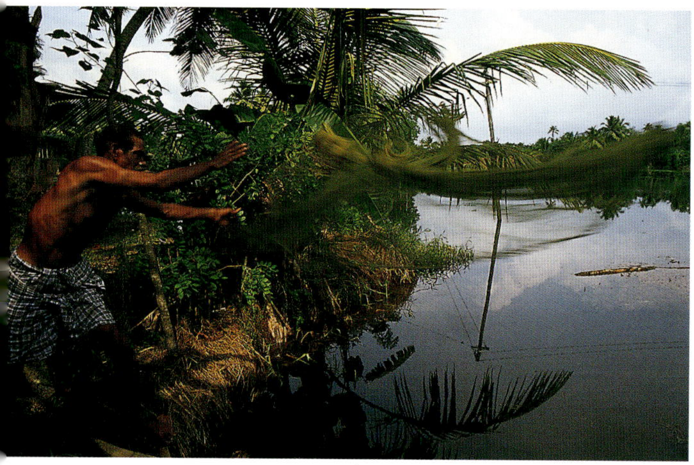

Pêche traditionnelle près de Kainady Homestay

Vous pourrez vous étendre sur les coussins du pont avant de votre *kettuvallam*, parfait poste d'observation. Plus en arrière, un toit de palmes arrondi offre un abri ombragé qui conduit vers les chambres et la cuisine. Tandis que vous naviguez sur les voies d'eau paisibles, une délicieuse odeur de poisson frais assaisonné d'un mélange d'épices locales, préparé par l'équipage, sera probablement la seule chose qui pourra vous faire bouger.

La célèbre zone des marigots, appelé Kuttanas, s'étend sur 75 kilomètres depuis Kollam, au sud, jusqu'à Kochi, au nord. C'est dans cette ville que vous commencerez à ressentir l'enthousiasme du Kerala, une région qui attire depuis 2 000 ans les visiteurs en quête d'épices et de bois de santal.

Les Romains et les Phéniciens connaissaient déjà ces côtes, ainsi que les Arabes et les Chinois, bien avant qu'elles ne soient découvertes par Vasco de Gama, en 1498. Ces influences diverses sont toujours perceptibles dans les sons et images de la ville. Déambulez sur la côte nord de Fort Kochi (la partie ancienne de la cité) tôt le matin et vous verrez des pêcheurs locaux remonter d'anciens filets chinois des eaux poissonneuses. Le soir, assistez à une représentation de Kathakali, une forme d'art que l'on ne rencontre que dans cet État et qui mêle danse, récit et mime. Sinon, essayez de vous détendre grâce à l'Ayurveda, une médecine holistique que l'on trouve dans toute l'Inde mais tout particulièrement au Kerala.

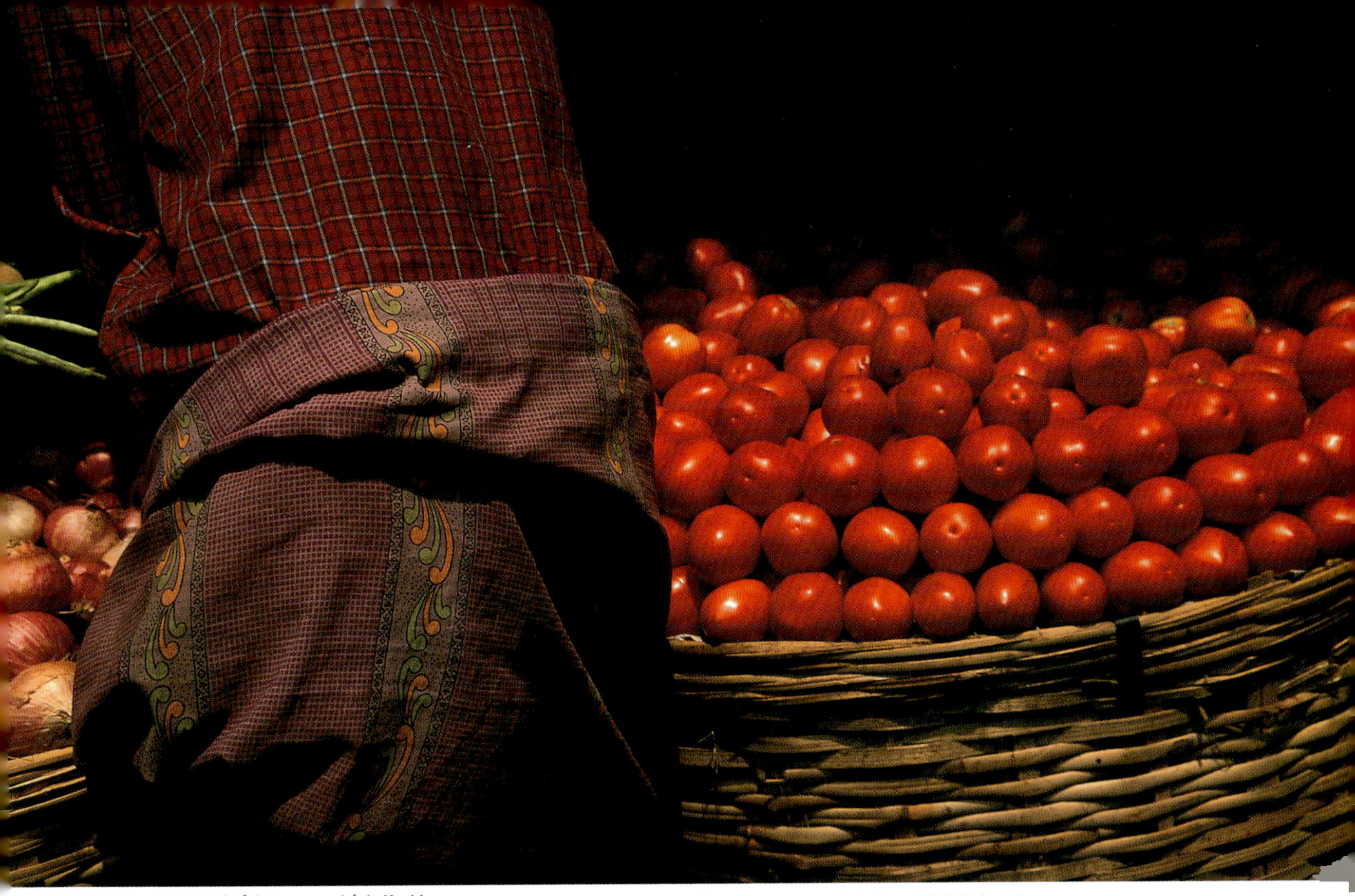

Tomates fraîches au marché de Kochi

Un bateau de riz aménagé pour les croisières sur les *backwaters*

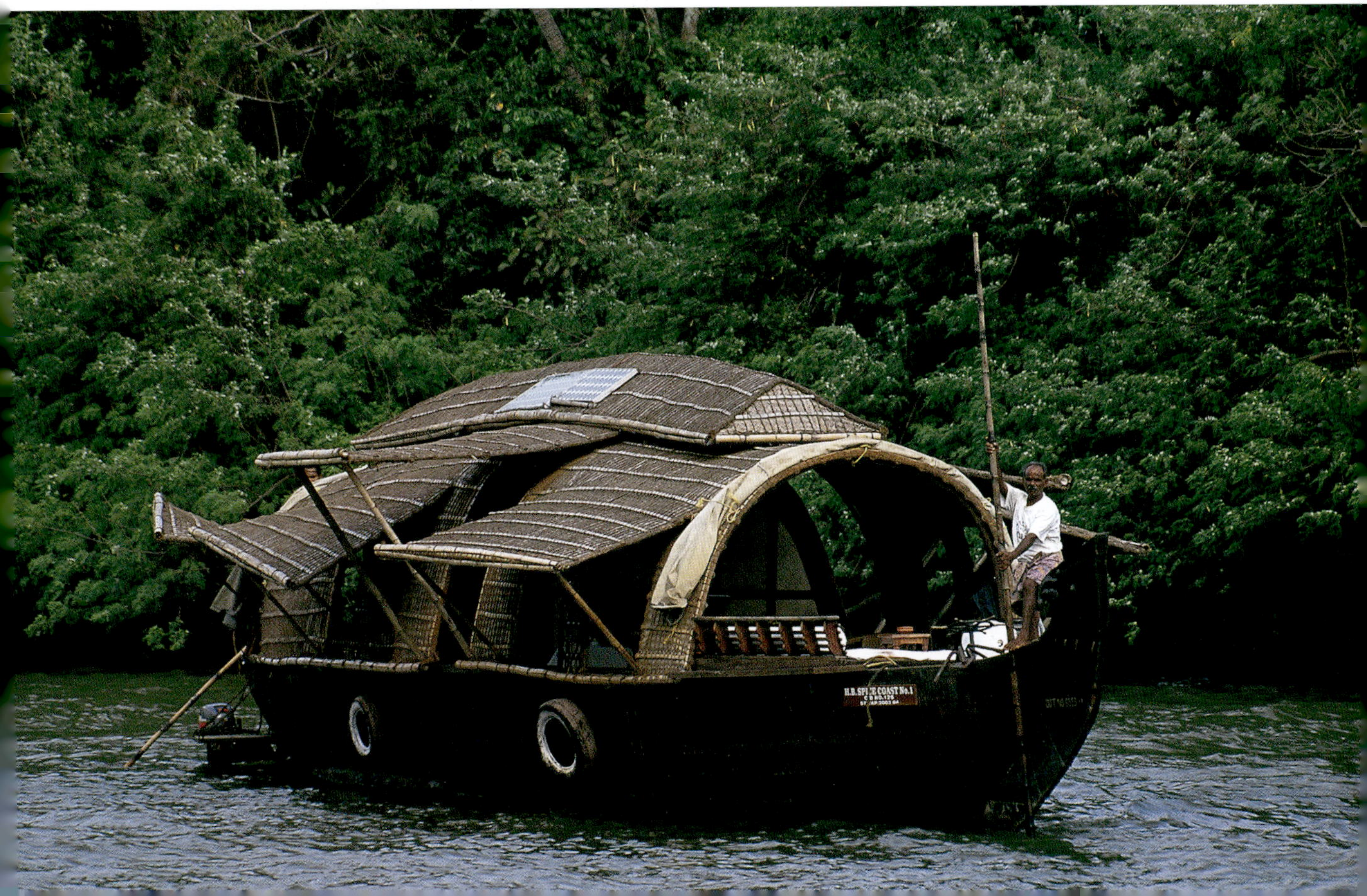

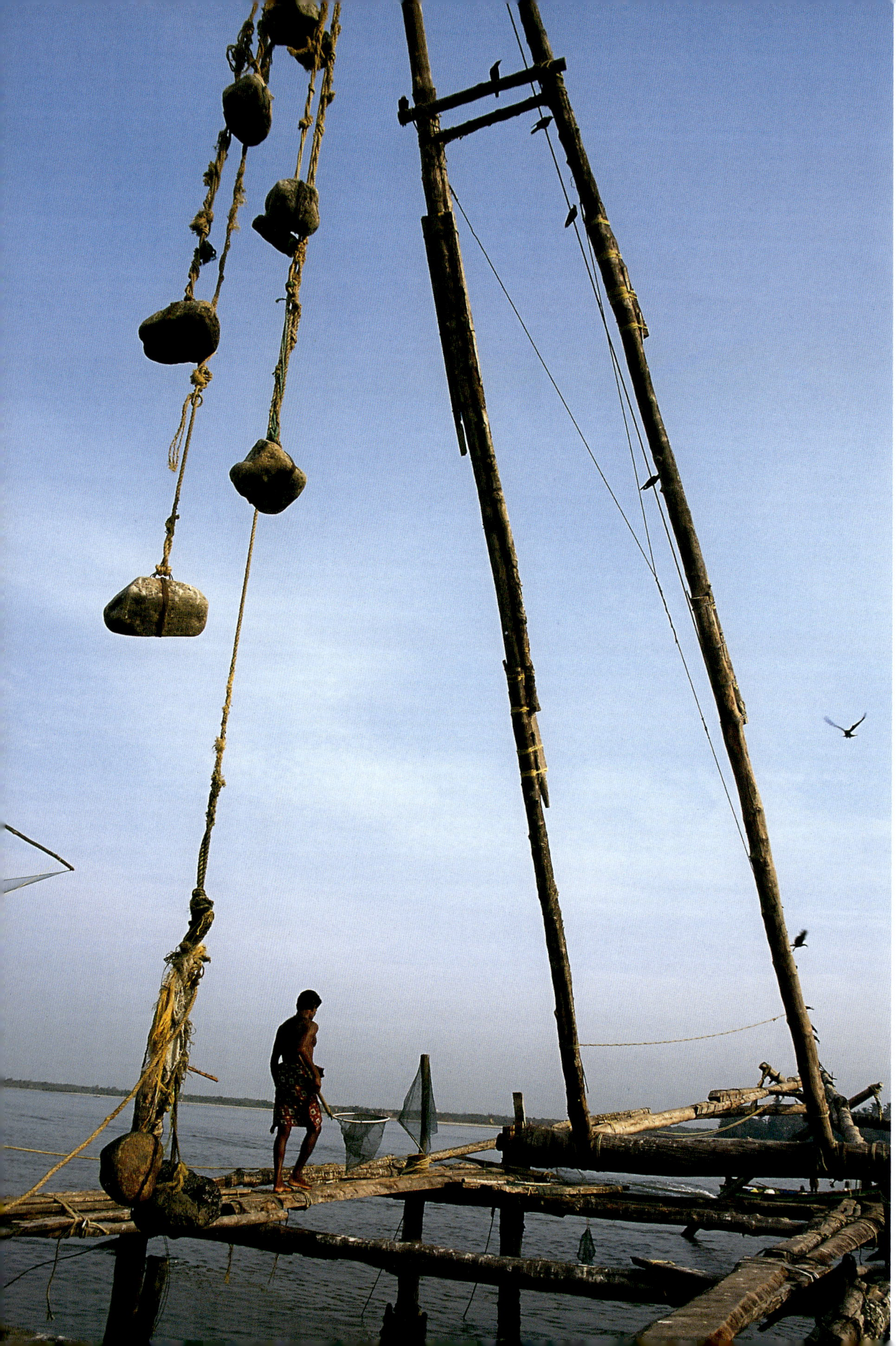

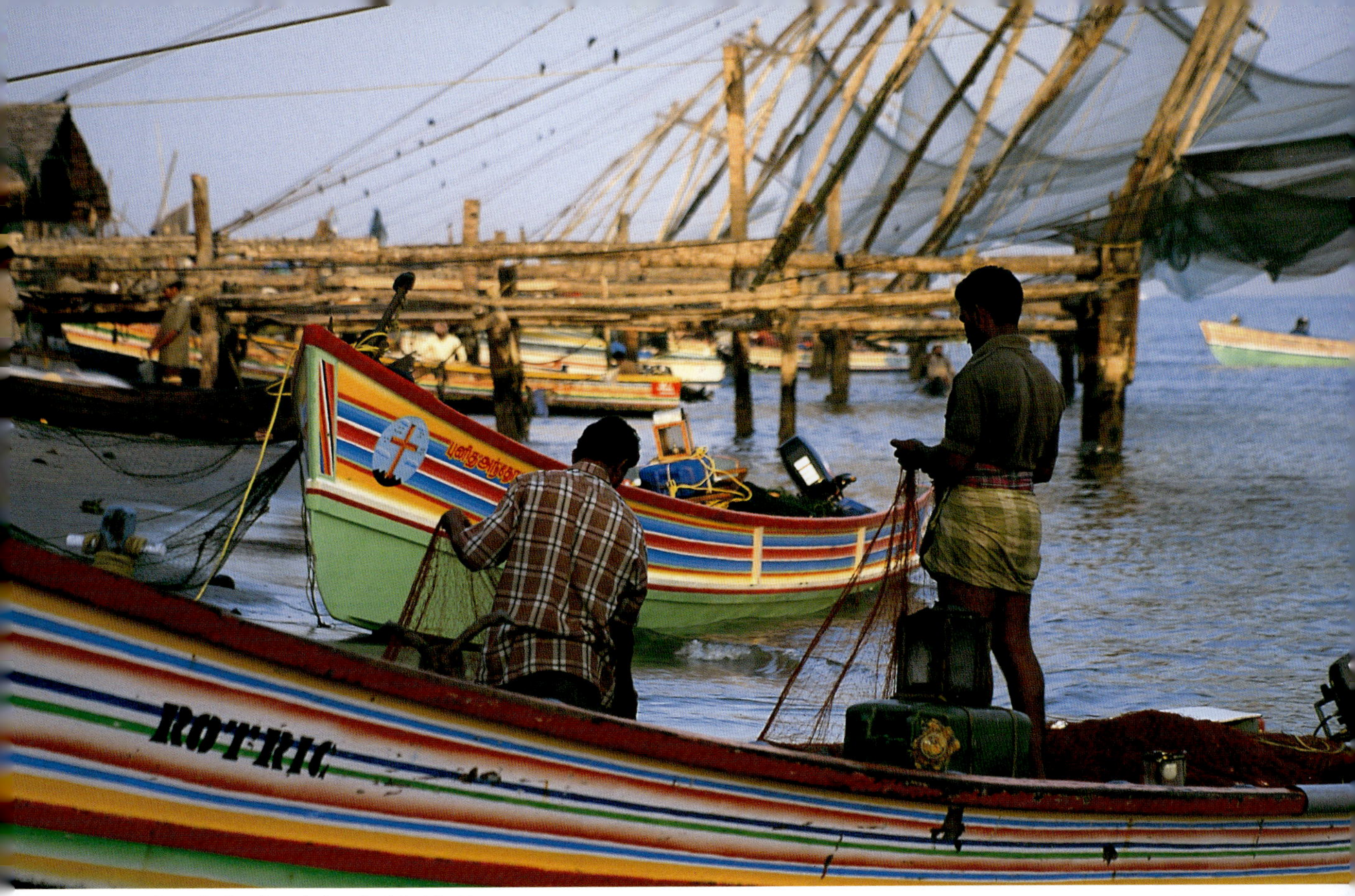

Le matin, le poisson frais arrive à Fort Kochi

Si vous avez le temps de découvrir un contraste supplémentaire, cela vaut la peine de quitter les eaux chaudes des marigots pour la fraîche région montagneuse de Munnar et ses plantations de thé. À environ 130 kilomètres de Kochi, c'est le centre keralais de cette culture. Les flancs des montagnes sont couverts d'un manteau vert où les travailleurs cueillent les feuilles à la main.

Que vous profitiez de l'air des montagnes ou glissiez sur les eaux du Kerala, votre rythme de vie ralentira immédiatement dans cette tranquille région verdoyante de l'Inde.

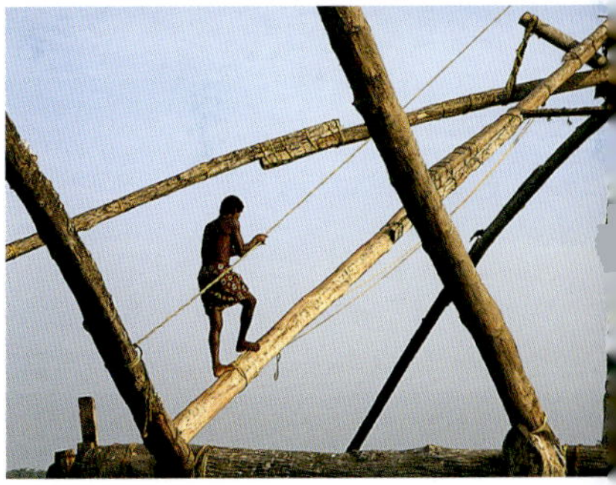

Pêcheur grimpant à un filet chinois

ⓘ

Parmi d'autres compagnies, Trans Indus, un tour-opérateur spécialisé, organise des séjours sur mesure qui permettent d'explorer parfaitement le Kerala, y compris naviguer en bateau de riz sur les *backwaters* et résider dans une plantation de thé. Kainady Heritage Homestay vous offre des séjours en fermes traditionnelles afin de découvrir la vie des familles dans les marigots. Situées près des villes de Kottayam et Alappuzha sur la rivière Manimala, vous pourrez ainsi découvrir plus amplement les *backwaters* en bateau ou canoë ou pratiquer la pêche ou l'ornithologie, ainsi que visiter des temples et églises.

Page ci-contre :
Les filets de pêche chinois de Kochi sont contrebalancés par de grosses pierres

Skier dans la vallée Blanche
Chamonix, France

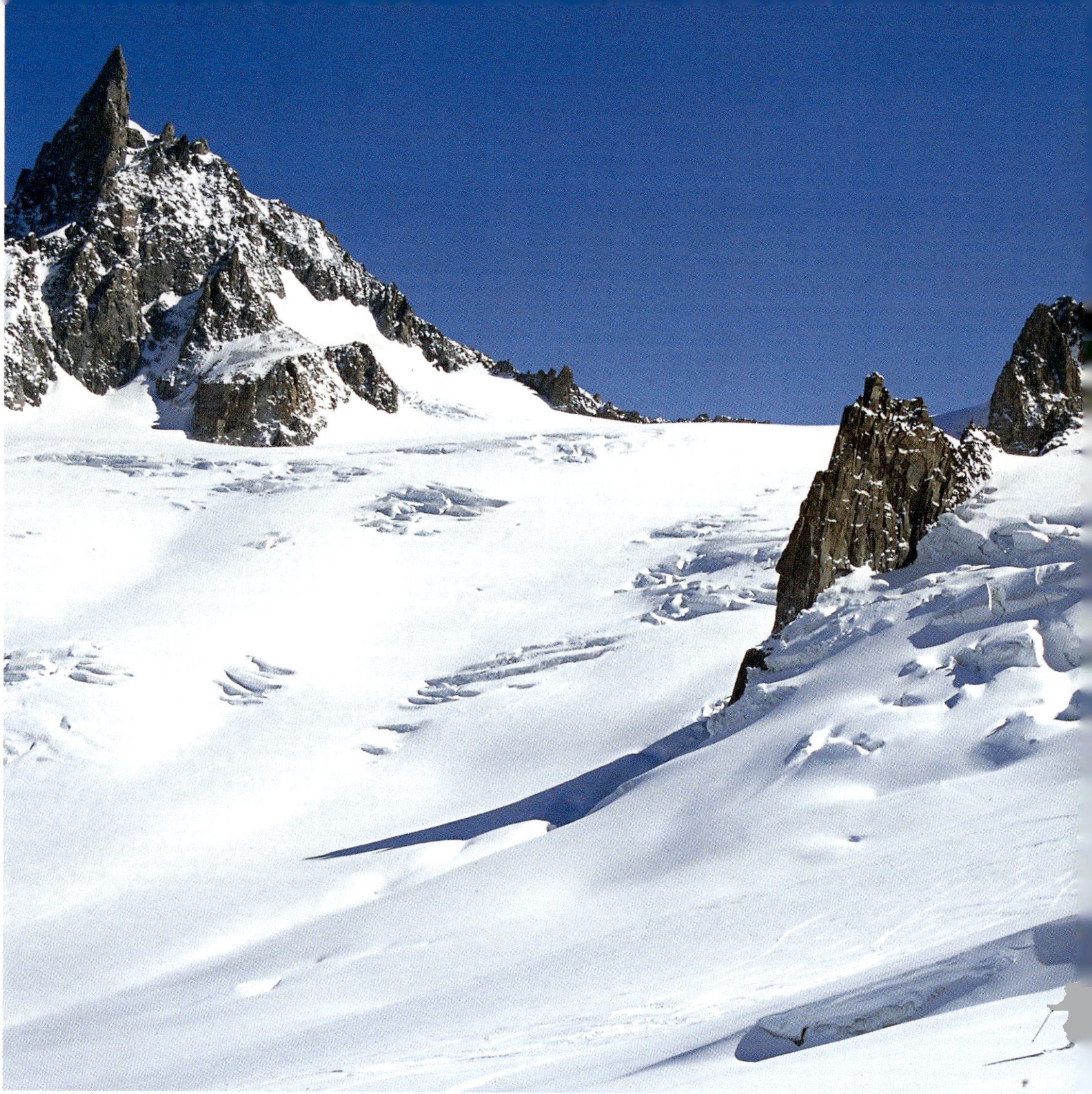

Dissimulée dans les hautes montagnes des Alpes françaises, au-dessus de Chamonix, la vallée Blanche est la plus longue descente de ski hors-piste et offre un accès unique à des paysages glacés couverts de neige. Des sommets alpins isolés, dont le Mont Blanc, des glaciers tels que la mer de Glace et de la poudreuse sans limite attendent les skieurs avec un minimum de pratique. Vous y vivrez une expérience absolument inédite.

De Chamonix, en contrebas, pénétrer l'imposante chaîne de montagne qui s'élève loin vers le ciel semblerait presque impossible,

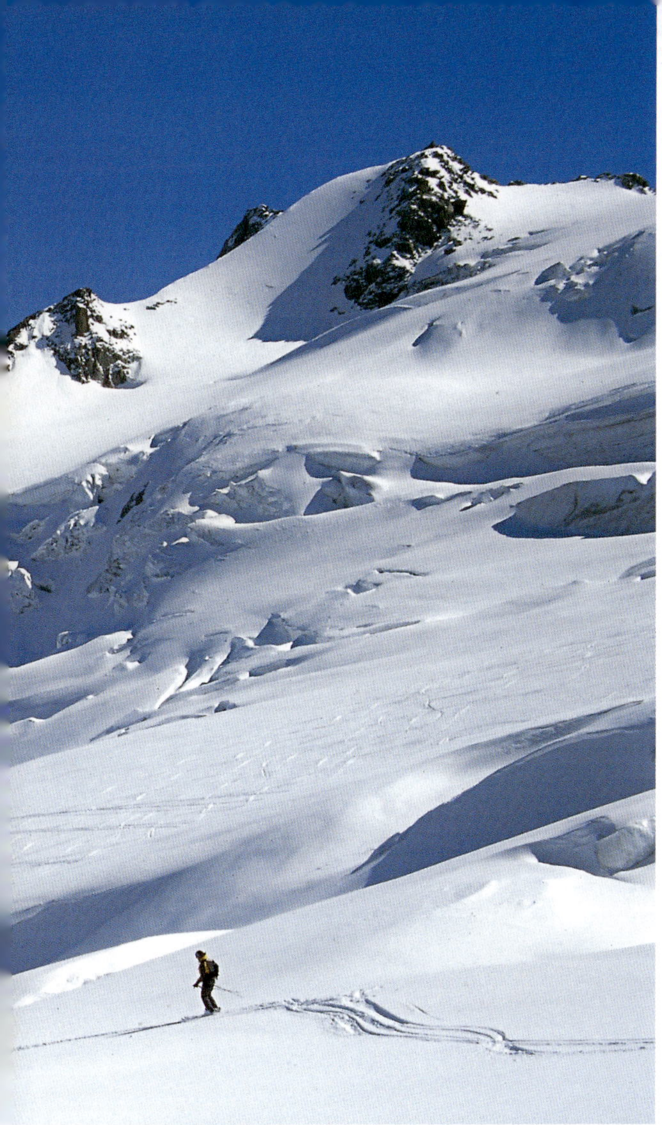

Ski sur le Glacier du Géant

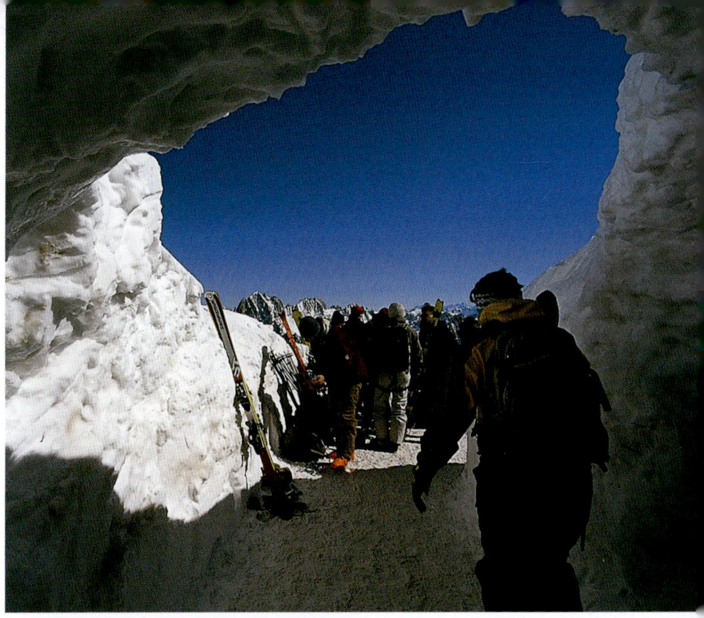

À la sortie du tunnel de glace de l'Aiguille du Midi

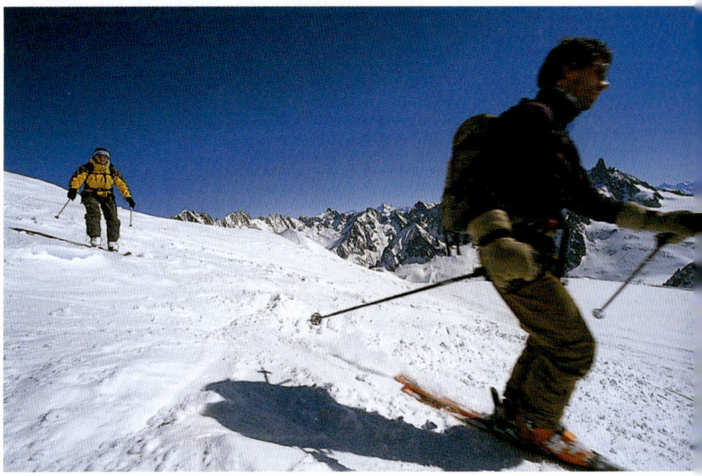

alors imaginez la traverser à ski sur 22 kilomètres ! Depuis la vallée, à 1 100 mètres d'altitude, les pics peuvent paraître très éloignés. Cependant, le plus haut téléphérique au monde vous y transporte directement sans effort.

Si vous aimez la hauteur, cette expérience est inoubliable, même si vous n'avez aucune intention de skier. Depuis le deuxième arrêt, vous empruntez le plus long trajet direct en télécabine, franchissant une paroi rocheuse incroyablement abrupte. En un peu plus de cinq minutes, vous vous retrouvez dans l'air raréfié du pic nord de l'Aiguille du Midi, à 3 802 mètres. Prenez l'ascenseur pour la plate-forme d'observation à 3 842 mètres pour un premier aperçu de ce

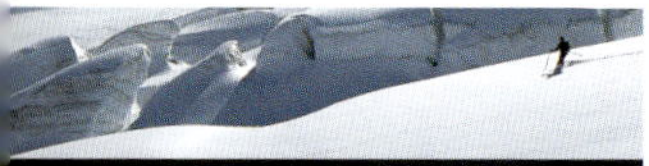

qui vous attend. Les sentiers de ski s'entrecroisent dans la sublime vallée enneigée qui se détache face aux valeurs sûres de l'alpinisme, comme les Grandes Jorasses ou le Cervin, dans le lointain, à la frontière italo-suisse.

Lorsque vous allez de ce point au démarrage de la descente, vous réalisez que ce n'est pas une simple journée sur les pistes. Des guides spécialisés placent leurs clients en files ordonnées, les harnachent de baudriers puis les attachent soigneusement à la corde de sécurité. En sortant d'un tunnel de glace vous débouchez sur une arrête aiguisée, une crête que vous devrez descendre prudemment. Le sentier est incliné à 30°, des cordes étant fixées de chaque côté pour servir de main-courante. Ce n'est pas aussi traître que ça en a l'air, mais avec une plongée de 2 700 mètres jusqu'à Chamonix d'un

Regard plongeant sur le Glacier du Géant

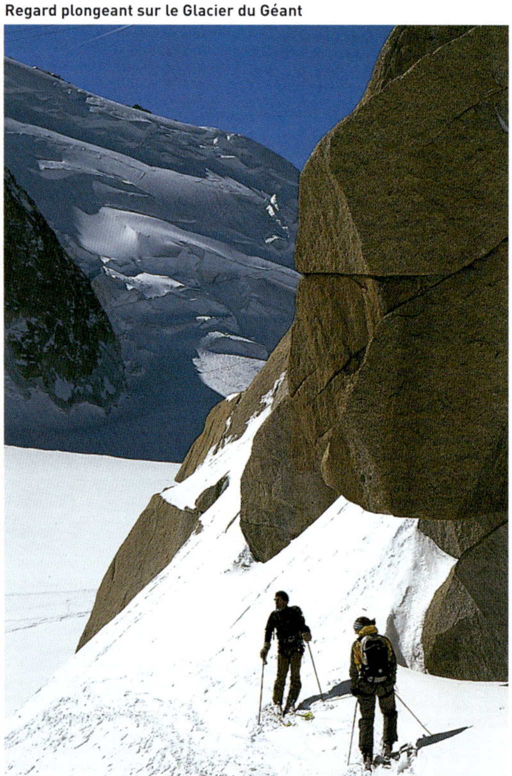

Des skieurs sur le Glacier du Géant

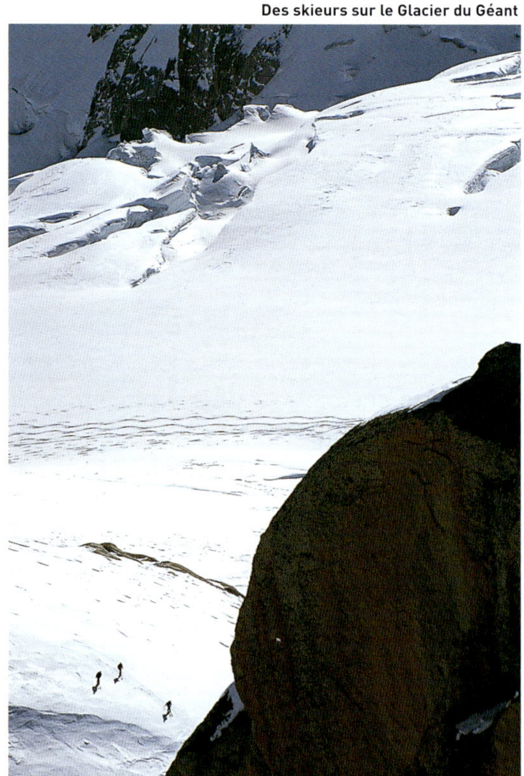

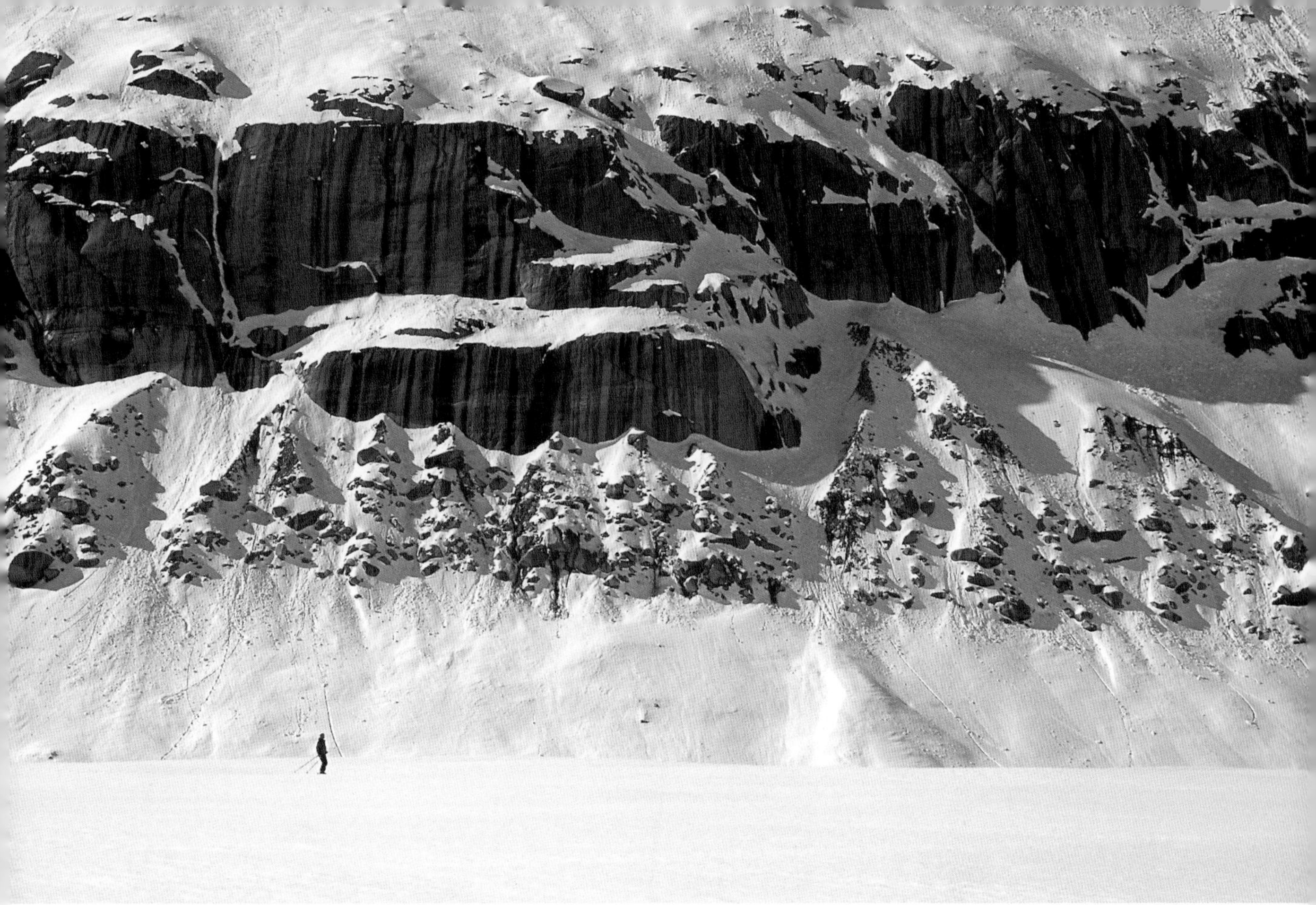

Passage facile près du fond de la vallée Blanche

côté et une pente à 50° de l'autre, le trajet peut donner quelques frayeurs avec des chaussures de ski aux pieds.

Après cela, choisissez la Vraie Vallée Blanche et zigzaguez en douceur à travers le Glacier du Géant. Cette première descente s'arrête aux Séracs du Géant, une zone de blocs brisés, de crevasses et de grottes glacées. Le passage se rétrécit alors et vous devez choisir un chemin parmi un étrange paysage gelé. Pour le franchir en toute sécurité, gardez la tête froide et louez les services d'un guide. Ce monde bleu et turquoise vous conduit finalement au Refuge du Requin, à 2 516 mètres d'altitude, qui tire son nom du sommet en forme d'aileron derrière le restaurant.

Sous le refuge, un sérac couvert de glace doit être franchi pour atteindre la Salle à Manger. Cette large zone au-dessus du Glacier du Tacul porte ce nom curieux car elle représente le point de pique-nique idéal sous les imposants pics des Grandes Jorasses. Pour les skieurs ou snowboarders inattentifs, elle peut être un véritable

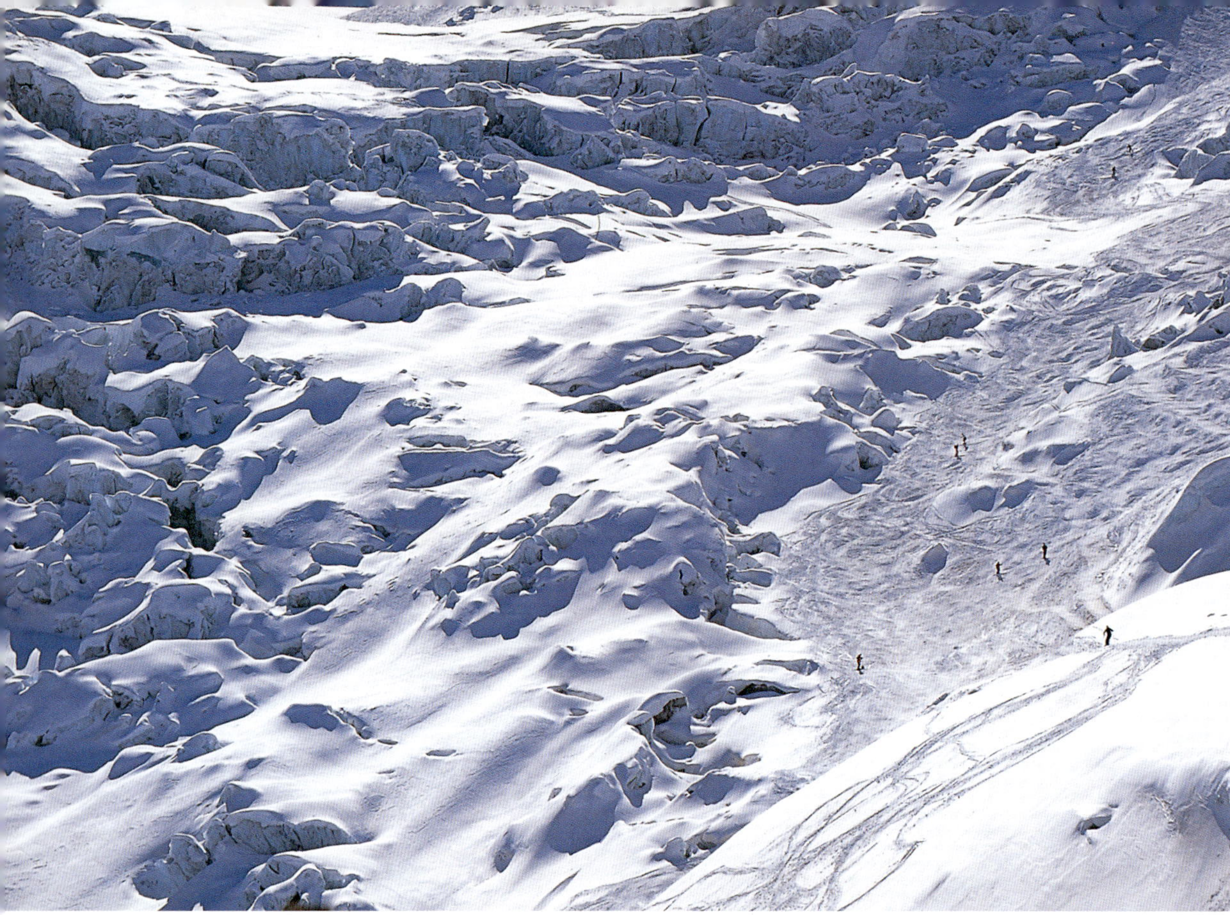

Le champ de crevasses au-dessus de la Salle à Manger

À ski sous l'Aiguille du Midi

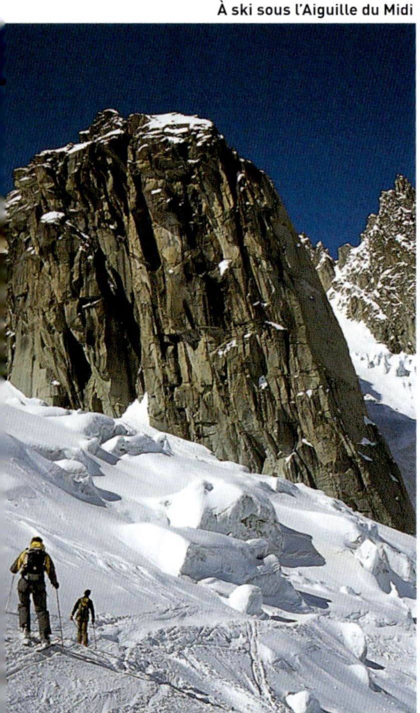

champ de mines où ce sont les crevasses qui ne font qu'une bouchée de vous.

La mer de Glace, une gigantesque étendue rampante d'environ 240 mètres d'épaisseur, second plus grand glacier des Alpes, s'étire sur 7 kilomètres, en pente douce vers Montenvers. Après une descente régulière, vous grimpez une volée de marches assez raides au-dessus de grottes gelées jusqu'à un téléphérique qui vous emmène à une voie ferrée panoramique. Le trajet du retour vers Chamonix vous laisse amplement le temps de réaliser qu'après avoir skié la plus longue descente hors-piste au monde, le ski sur les pistes ne vous semblera plus jamais pareil.

ⓘ

De nombreux choix s'offrent à vous pour aller skier à Chamonix proposant des forfaits qui incluent l'hébergement au Red Mountain Lodge Chalet, au cœur de la ville, et des descentes sur-mesure de la vallée Blanche.

Page ci-contre :
Traversée de la poudreuse

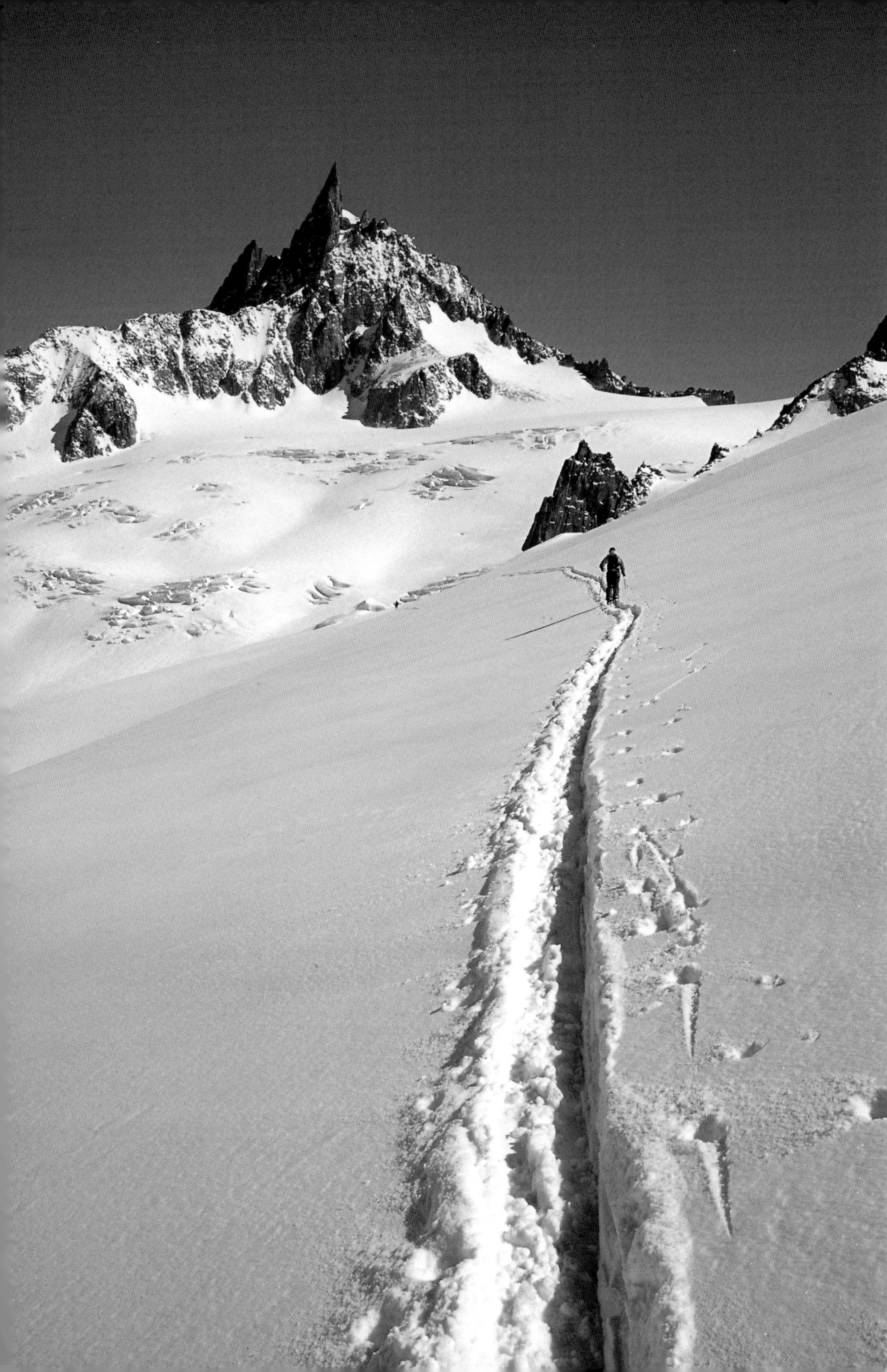

En vélo dans les rizières

De Hanoi à Saigon, Viêt Nam

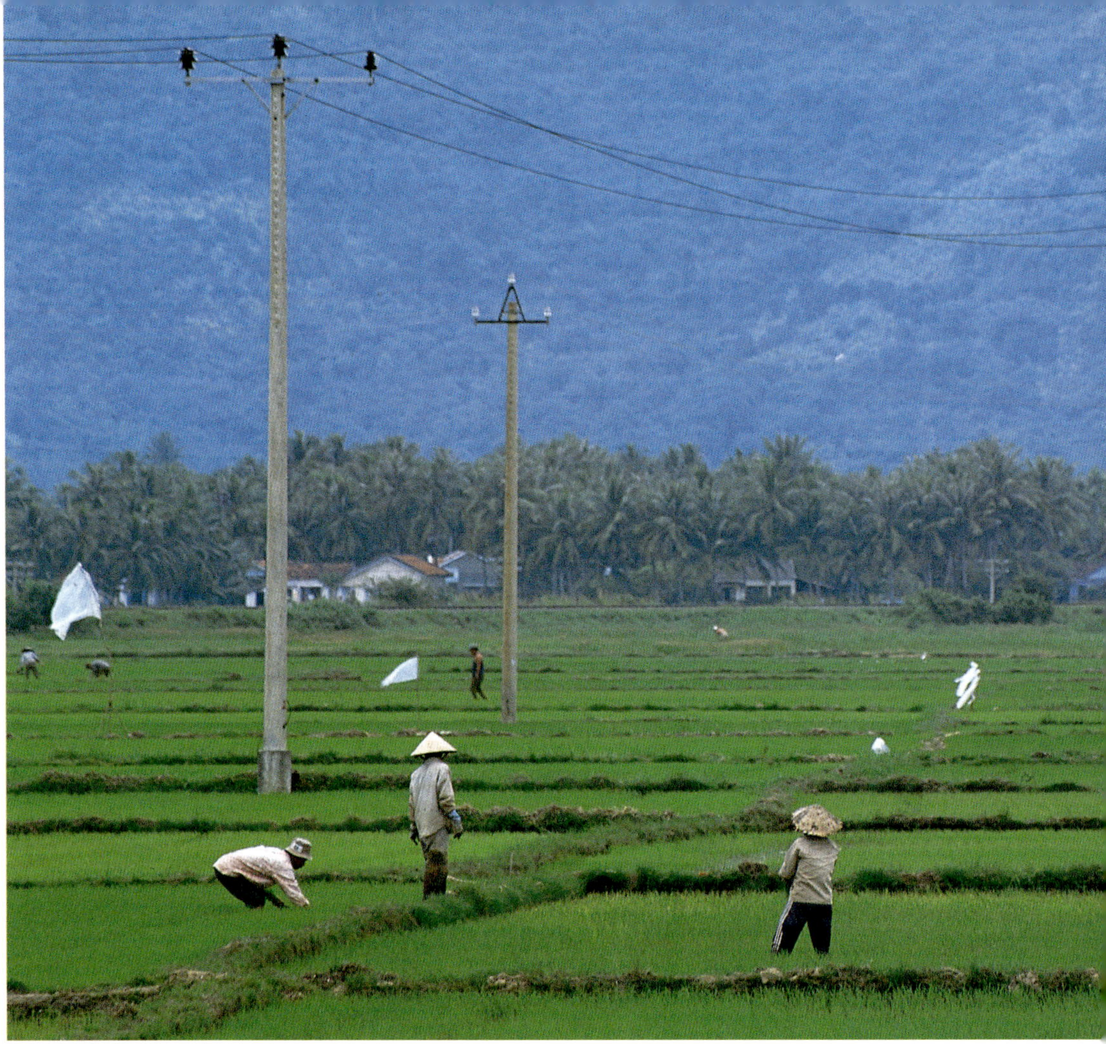

Le Viêt Nam est le meilleur endroit d'Asie du Sud-Est pour se déplacer à vélo : des rizières à perte de vue, des hauts plateaux fertiles et une côte époustouflante le long de la mer de Chine du Sud. Ajoutez-y sa fascinante histoire lors de la période communiste sous le commandement d'Ho Chi Minh, ou « Oncle Ho », comme il est surnommé et le chemin de Hanoi à Saigon vous marquera à vie.

Partout où vous roulerez vous serez accueillis par des Vietnamiens souriants, qui vous salueront de la main et de la voix. Rien ne semble faire plus plaisir aux cyclistes locaux que de vous compter parmi leurs rangs pour quelques temps et rien n'est plus inoubliable que leurs visages radieux sous leurs chapeaux de paille coniques caractéristiques. C'est le meilleur du cyclisme.

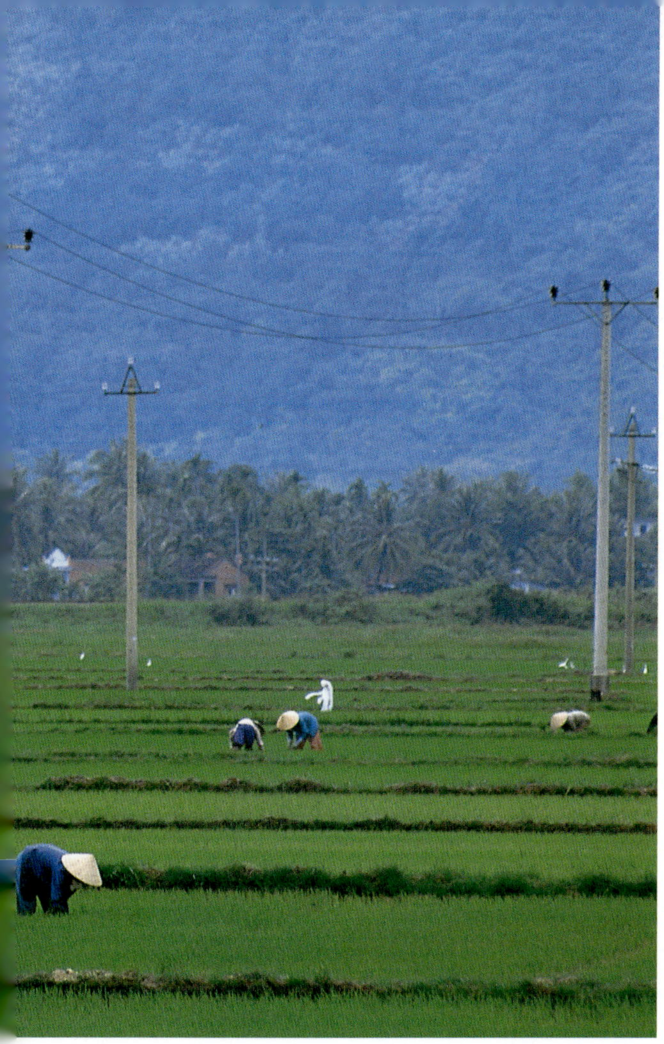

Des paysans plantent du riz le long de la route vers Nha Trang

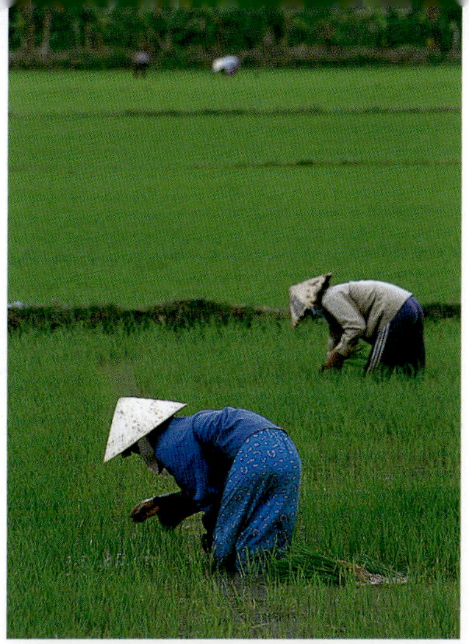

En plantant du riz près de Nha Trang

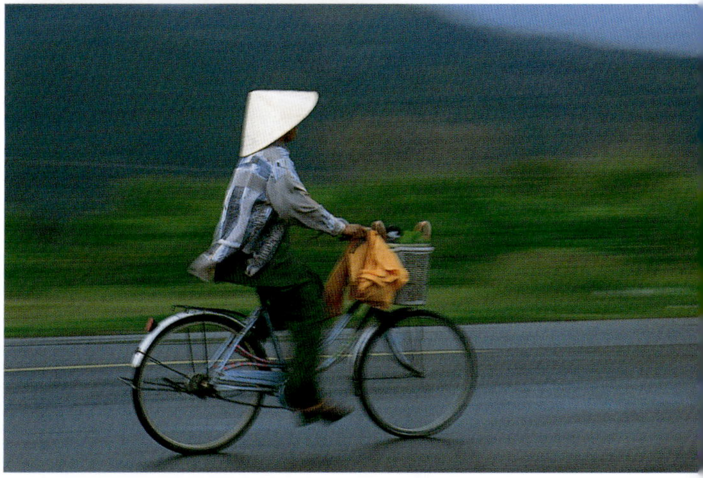

Cycliste vietnamien sur la route de Hué

Le trajet entier de Hanoi à Saigon prendrait plusieurs semaines, même pour un cycliste entraîné. La meilleure option est de choisir un tour-opérateur qui vous propose certaines étapes en car, afin de pouvoir pédaler sur les plus beaux passages tout en parcourant la distance en moins de deux semaines. On démarre habituellement de la vieille ville impériale de Hué, à treize heures de train de Hanoi.

Capitale du pays sous la dynastie Nguyen (1802-1945), Hué a conservé nombre de ses palais et pagodes d'origine. Se faufiler parmi les nuées de mobylettes et de vélos qui peuplent les rues et vrombissent autour de vous aux feux rouges peut être un peu perturbant au début, mais une fois que vous aurez pris le rythme, vous pourrez vous détendre et admirer toute cette activité humaine. Votre premier arrêt, la tombe de l'empereur Tu Duc, qui régna de 1847 à

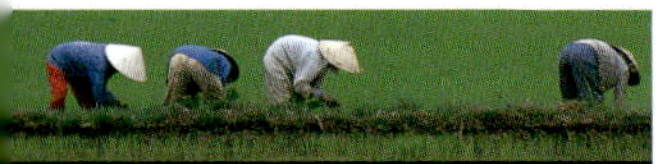

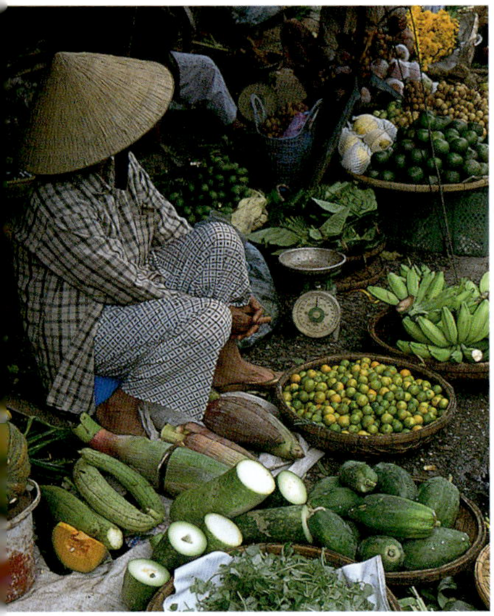
Marché de Hoi An

1883, est à trente minutes dans les faubourgs de la ville, dans une tranquille zone boisée au bord du lac Luu Khiem, couvert de lotus.

L'autoroute 1 vous mène plus au sud. Elle est bordée de rizières aux infinies nuances de vert, où les travailleurs avec leurs chapeaux se penchent gracieusement pour enfoncer en cadence les plants de riz dans la terre inondée. L'étape cycliste suivante est l'ancien port de Hoi An, mélange captivant de cultures et d'influences apportées au fil des siècles par les échanges commerciaux avec le Japon, la Chine, la France ou les Pays-Bas. Une balade le long de la rue Tran Phu vous fera découvrir des salles aux décors chinois colorés, des maisons de marchands et de minuscules échoppes où vous pourrez acheter de l'artisanat, des lanternes en papier ou de la soie.

Impossible de visiter le pays sans y découvrir l'impact de la

Étal de marché à Dalat, la région où on produit le plus de légumes

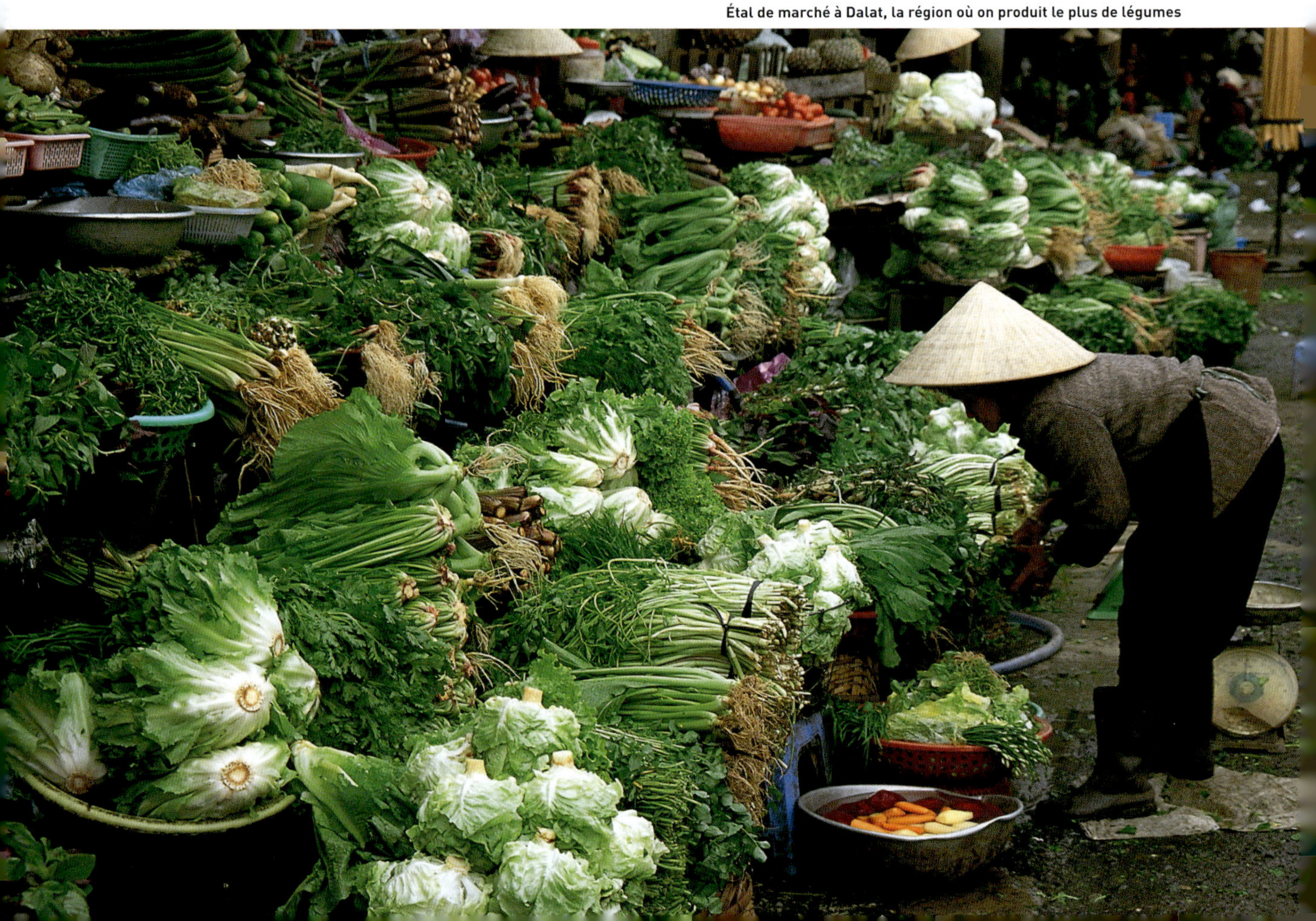

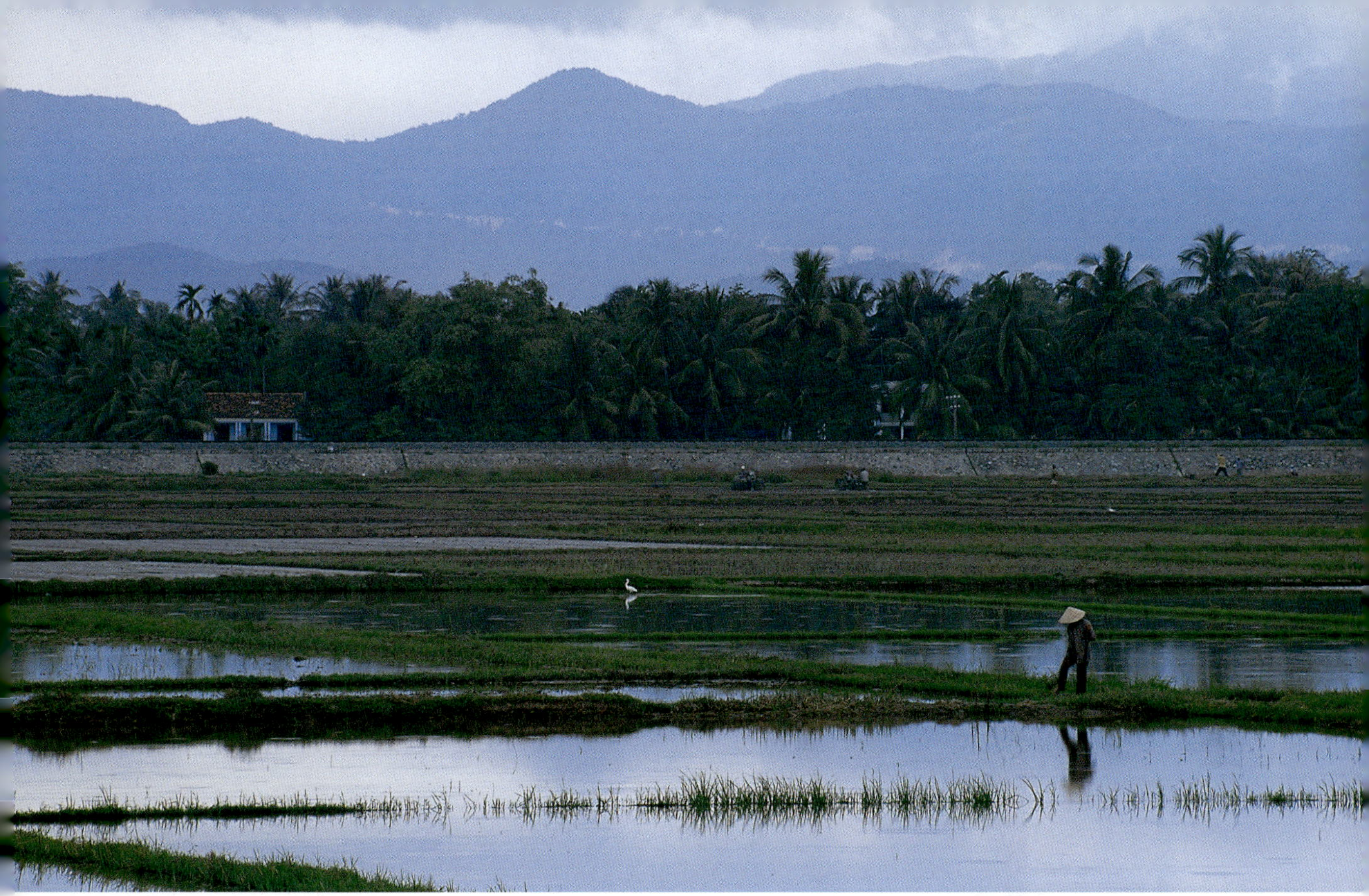

Les rizières inondées sur la route de Nha Trang

guerre du Viêt Nam (1965-75). Un détour de 24 kilomètres sur votre trajet vers le sud en direction de Quang Ngai vous emmènera au village de My Lai, siège d'un massacre tristement célèbre où des soldats américains tuèrent 504 civils. À son mémorial sont exposées des photographies à vous glacer les sangs, prises le jour de la tuerie.

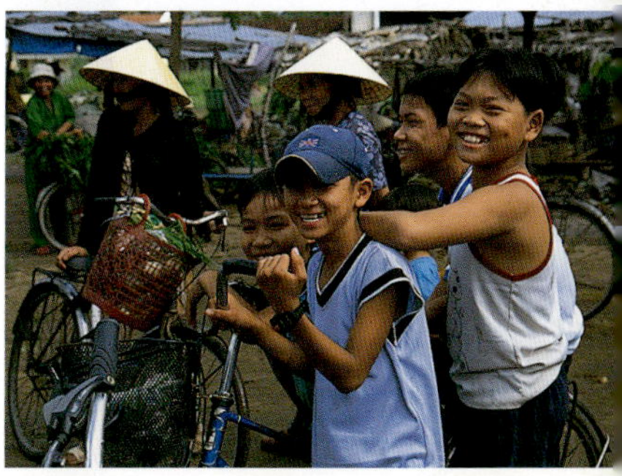

Des enfants près du col An Khe

Depuis Quang Ngai, la meilleure route est en montée. L'autoroute 19 lance un sacré défi aux cyclistes : l'ascension est rude pour franchir le col d'An Khe, pénétrer les montagnes de Truong Son et atteindre les hauts plateaux de Pleiku et Buon Ma Thuot. Ici, plus de rizières mais d'immenses plantations de café et de thé et de petits groupes de familles qui font pousser tout ce qui porte un nom. La vie y est simple et les reliefs du parcours représentent un changement bienvenu – quoique un peu physique – par rapport aux plaines côtières.

Vient ensuite une portion vertigineuse le long d'une route serpentante qui finit par plonger jusqu'à Nha Trang, sur la côte. C'est la station balnéaire du Viêt Nam, avec son boulevard et sa plage que l'on verrait aussi bien aux États-Unis, mais qui possèdent un certain

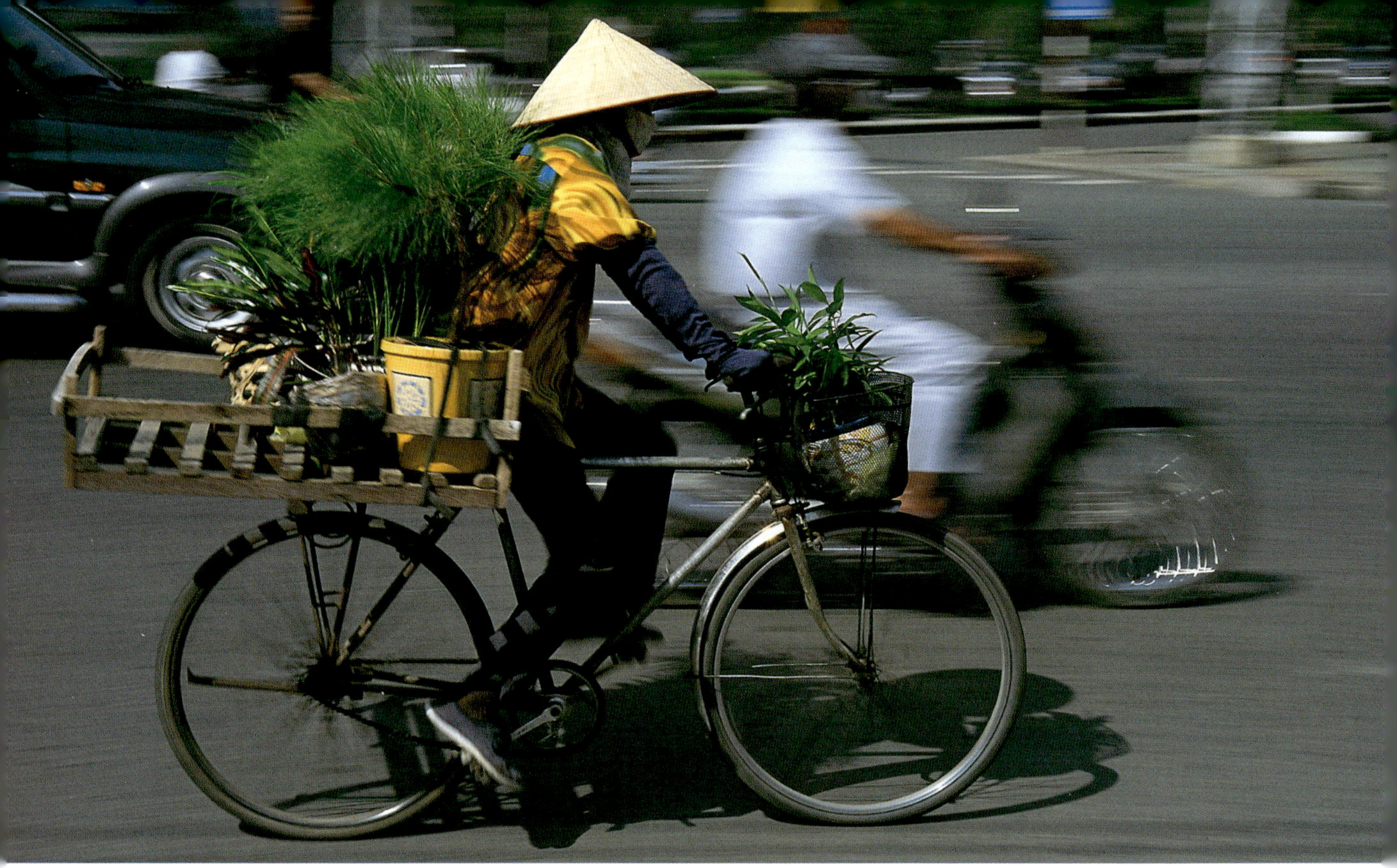

Les cyclistes transportent d'énormes charges, même dans les rues encombrées de Saigon

Des femmes transportent du bois de chauffage à travers Hoi An

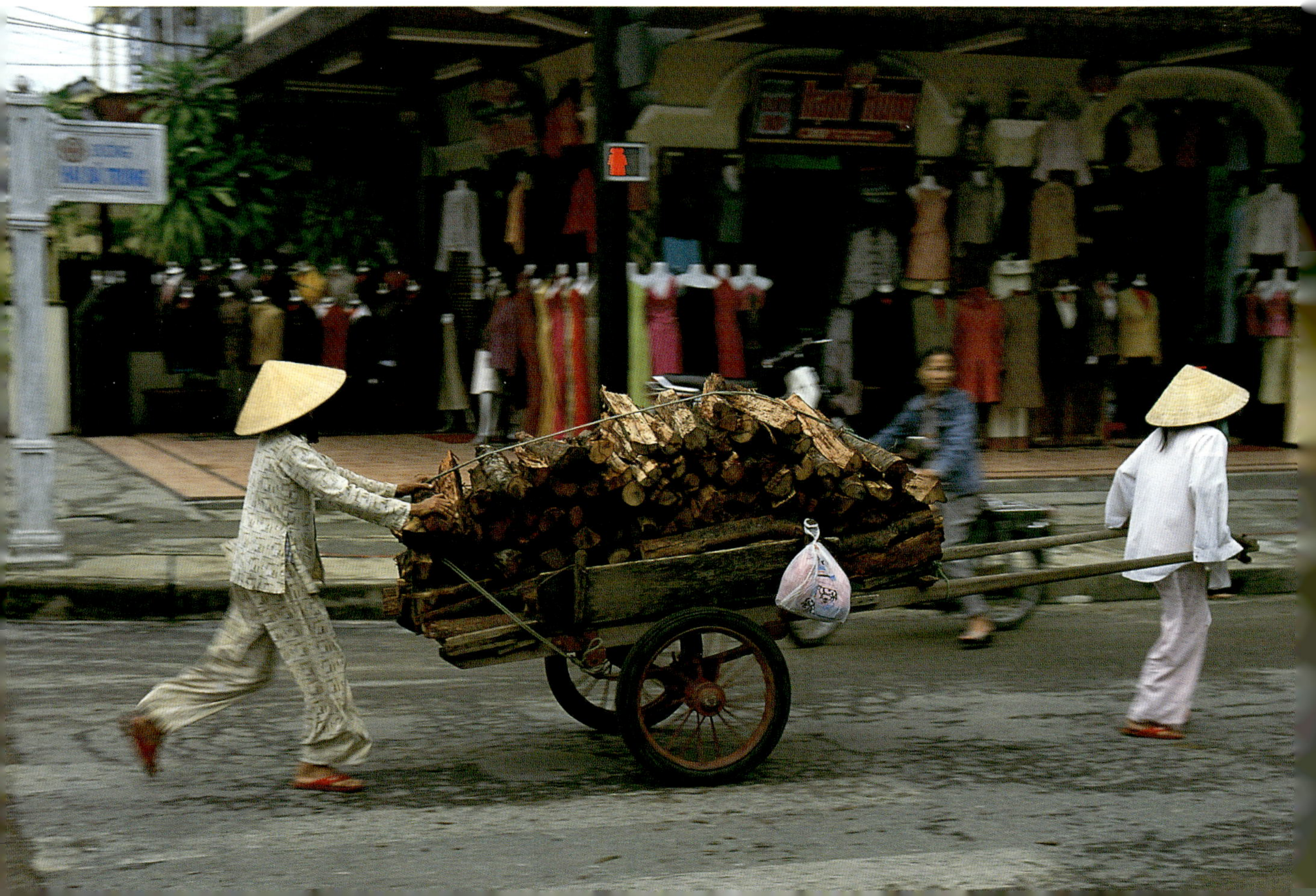

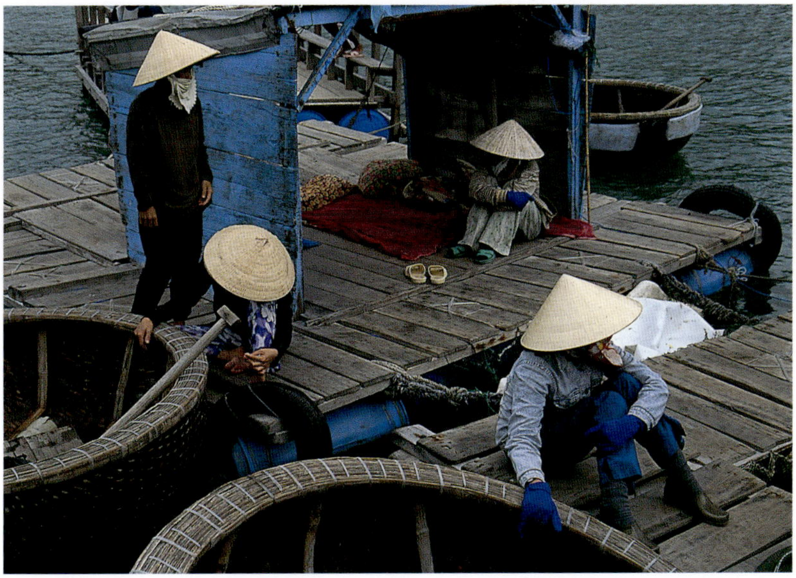

Coracle traditionnel au large de Nha Trang

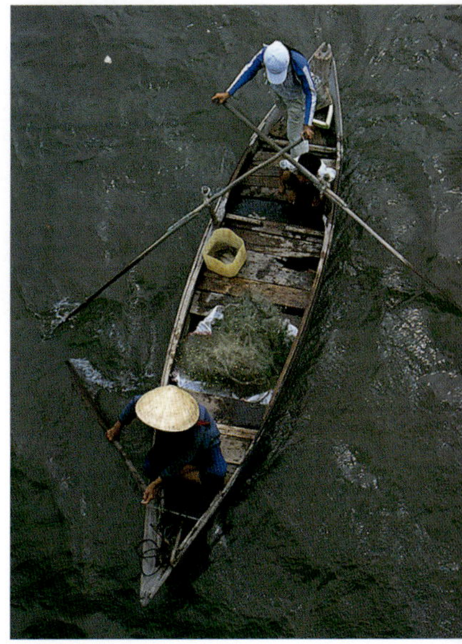

En ramant jusqu'au marché

charme. Il s'y trouve plusieurs temples impressionnants datant de la civilisation Champa qui régna sur la côte vietnamienne de 200 à 1720. Avant de rejoindre Saigon, une dernière grimpette vers les hauts plateaux vous conduit à Dalat, ancienne ville française. Attention : la longue route qui y mène est une côte intimidante, le car est donc la meilleure option quand vous avez déjà parcouru près de 100 kilomètres dans les plaines, de Nha Trang à Phan Rang, le carrefour vers Dalat.

Saigon est un véritable joyau pour clore le parcours, l'une des villes les plus dynamiques d'Asie du Sud-Est. Elle fut officiellement rebaptisée Ho Chi Minh Ville en 1975. Elle est tumultueuse, industrieuse, cultivée et élégante : l'endroit rêvé pour fêter vos exploits dans un bar.

ⓘ

Évitez la période de la mousson, à moins que vous n'aimiez pédaler en poncho, et choisissez donc de partir entre novembre et mars. World Expeditions propose des séjours à vélo de deux semaines entièrement organisés, avec hébergement et guides locaux polyglottes. La nourriture vietnamienne, et tout particulièrement les fruits de mer, est exceptionnelle. Hanoi et Saigon possèdent toutes deux un aéroport international. À Saigon, ne manquez pas les tunnels de Cu Chi où vécurent et se cachèrent les Vietcongs durant la guerre du Viêt Nam.

Le Festival du Sahara
Douz, Tunisie

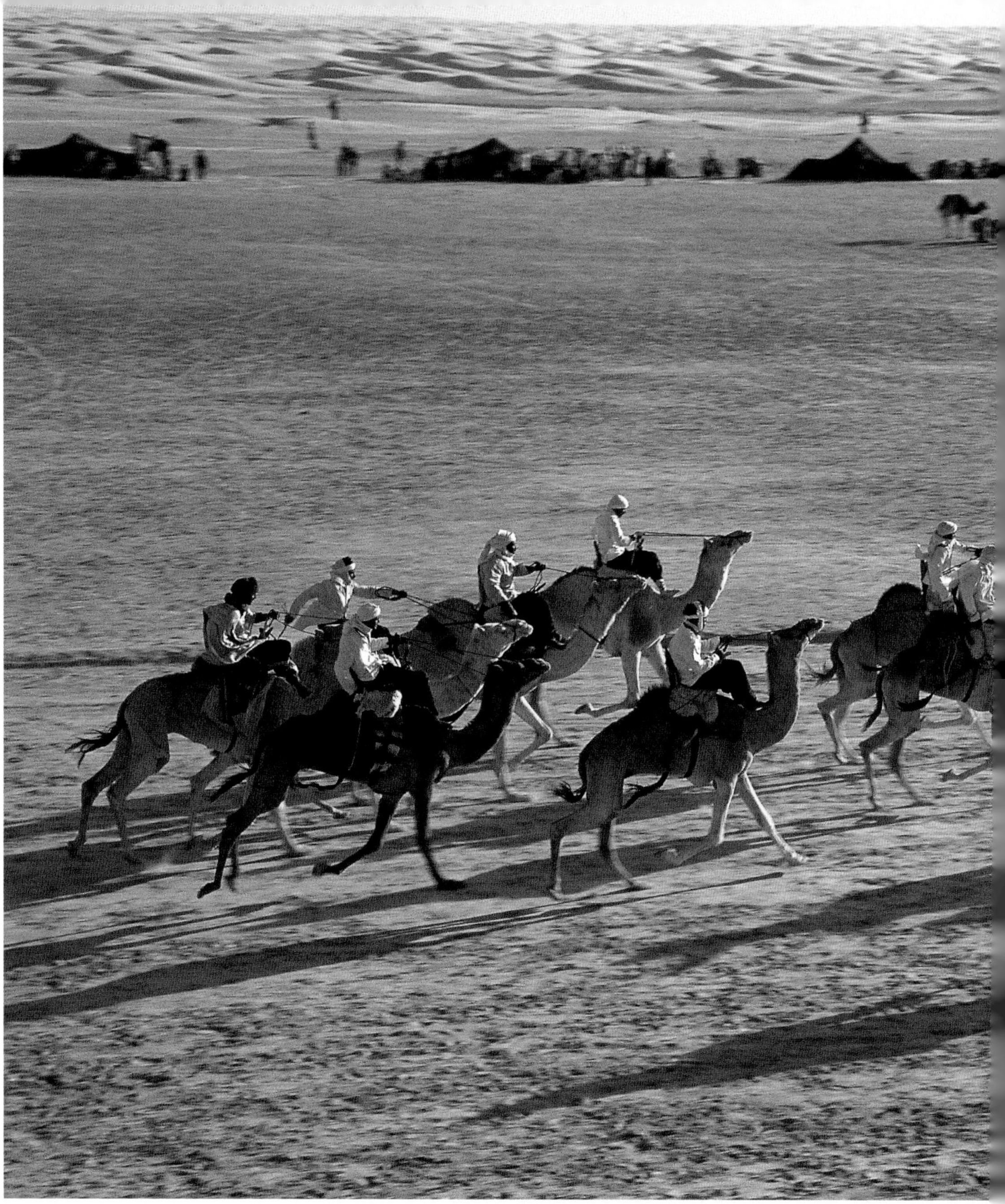

Lorsque les nomades bédouins et leurs caravanes de chameaux convergent vers l'oasis de Douz pour le spectaculaire Festival du Sahara, le sable semble lancer des étincelles. L'évènement est encore assez peu connu en dehors de la Tunisie et, avec ses courses de chameaux, concours de poésie, jeux tribaux et musiques traditionnelles, ce rassemblement est le meilleur rendez-vous du désert.

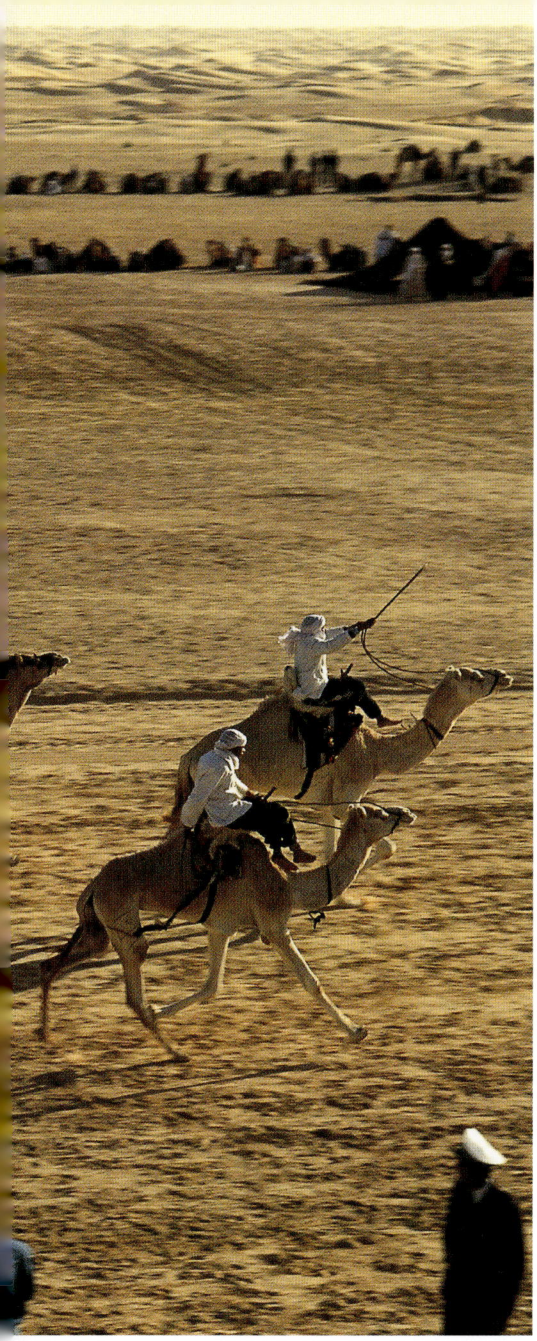

Les chameaux méharis courent vers l'arrivée

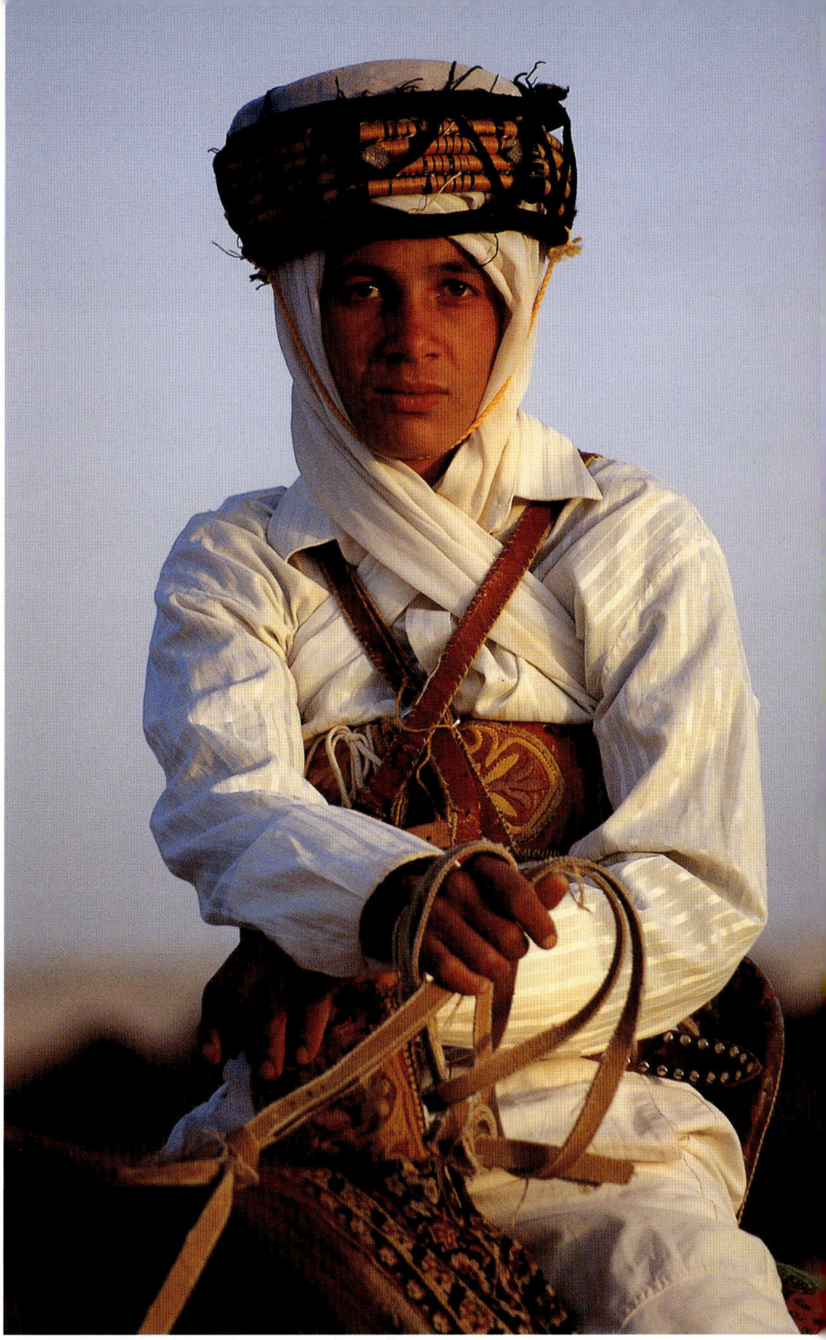

Jeune cavalier bédouin

Douz semble flotter parmi les dunes miroitantes et infinies du Grand Erg oriental et du lac des mirages, l'immense Chott-El-Jerid, dans le centre de la Tunisie. Les 50 kilomètres de cette étendue d'une blancheur aveuglante, évoquent l'Antarctique et vous serez a peu près certains d'avoir épuisé votre réserve de superlatifs avant même d'atteindre l'oasis.

La ville est le centre d'activité sociale et commerciale pour cinq

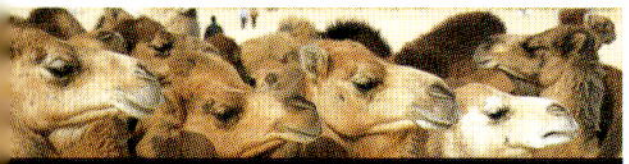

groupes bédouins. La tribu de Mrazig, forte de 15 000 hommes, exerce son emprise. Au printemps et en été, beaucoup de nomades continuent à déplacer leurs moutons ou leurs chèvres au sud vers Ksar Ghilane pour les faire paître dans les plaines du Nefzaoua. En hiver, ils reviennent à Douz pour récolter les dattes, et c'est ce regroupement saisonnier qui a donné naissance au festival (personne ne sait exactement

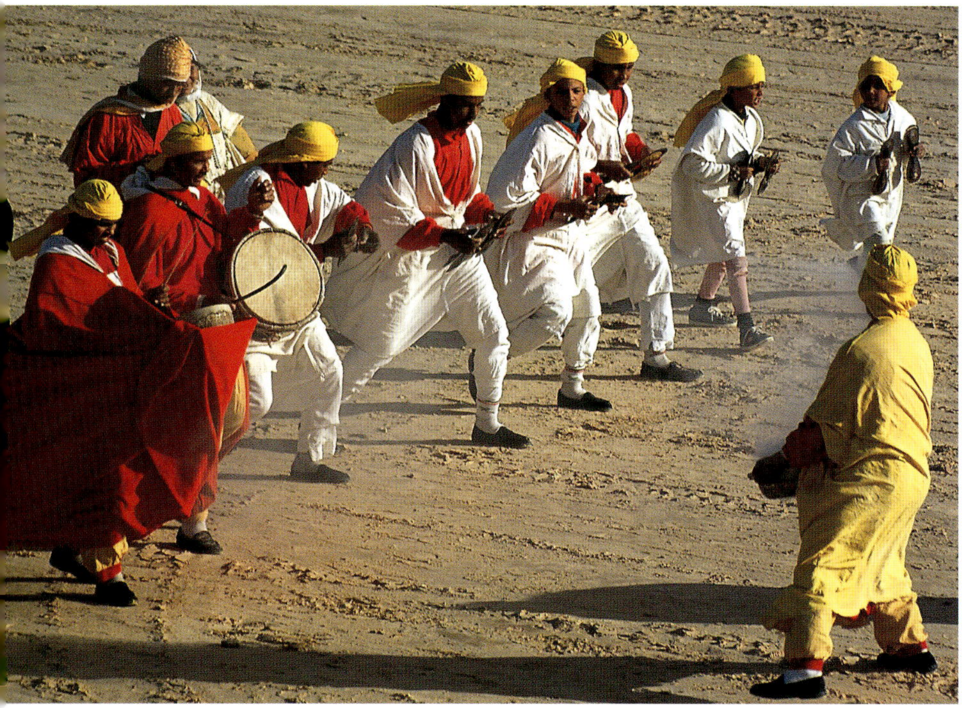

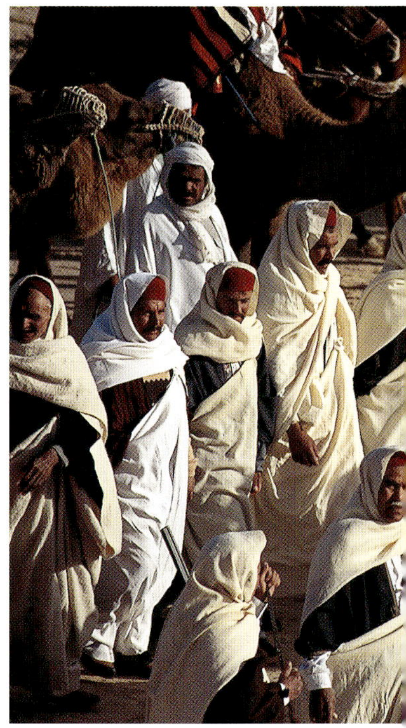

Les musiciens viennent de toute la Tunisie

quand il vit le jour, même s'il fut officialisé il y a trente-cinq ans). C'était l'occasion pour les tribus de mesurer leur habilité aux jeux et à cheval, un temps pour fêter la musique et la poésie et une opportunité pour les jeunes de se marier – une tradition qui a encore cours.

La vie de bédouin a toujours été un équilibre délicat entre survie dans le désert et exubérance des oasis, une relation qui se reflète dans le lieu du festival : le stade H'Niche. Cet ouvrage ouvert, construit à la bordure même de la ville, est maintenu en place d'un côté par des palmiers, pour se dissoudre en douceur de l'autre parmi les dunes balayées par le vent.

La foule remplissant le stade, le festival prend vie avec le battement des tambours et les *zokra*, dont les sonorités perçantes rappellent des flûtes. Les musiciens, dans leur tunique blanche flottante et leur gilet rouge vif, leur fez surmonté de longs pompons noirs, tournoient comme

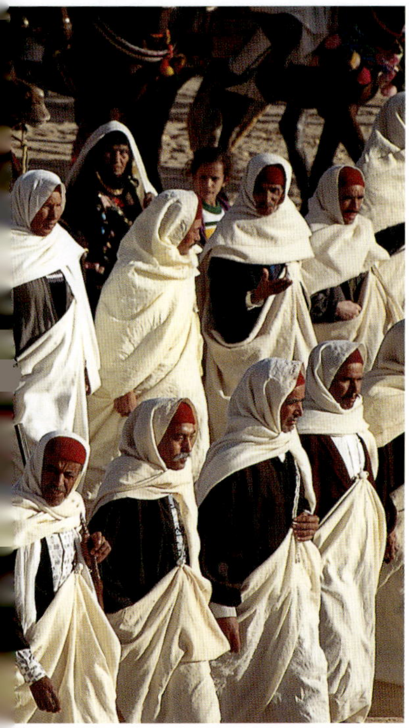

Les anciens défilent pour l'ouverture du festival

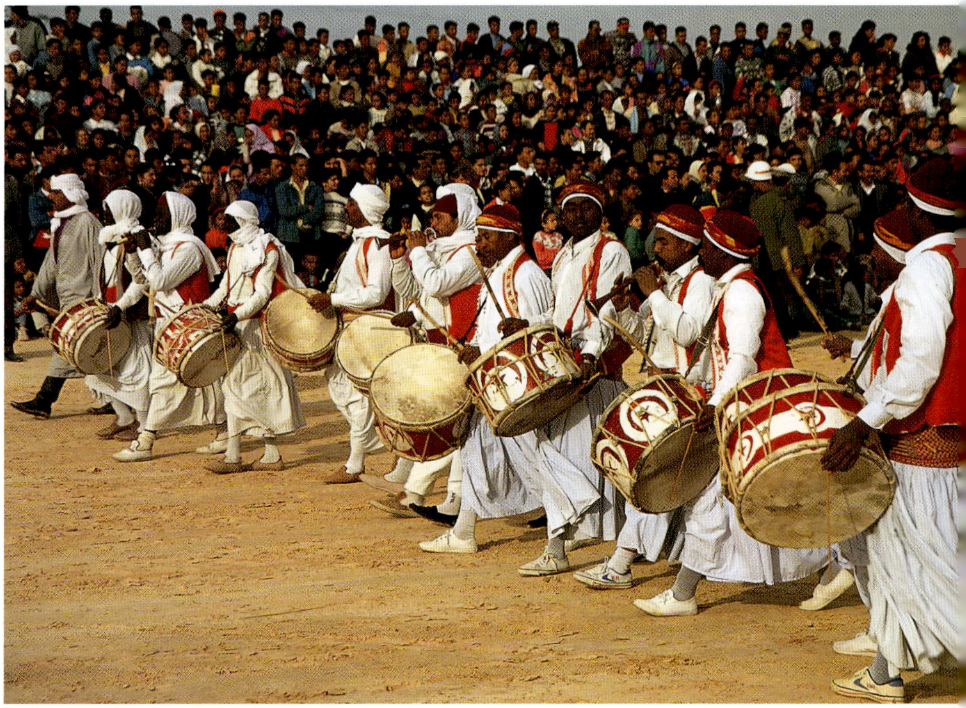

Les tambours et les *zokra* rythment le festival

des toupies, s'enfonçant presque dans le sol. Rangée après rangée, les bédouins tirent d'assourdissantes salves de fusil dans le sable tandis que les cavaliers derrière eux peinent à contrôler leurs fougueuses montures.

L'événement le plus prestigieux est la course de chameaux. Avec plus de 2 000 euros en jeu, la victoire est convoitée. Dans cette version chaloupée du 800 mètres olympique, les chameaux méharis à la robe crème, véritables sprinters du désert, faits pour devancer les caravanes

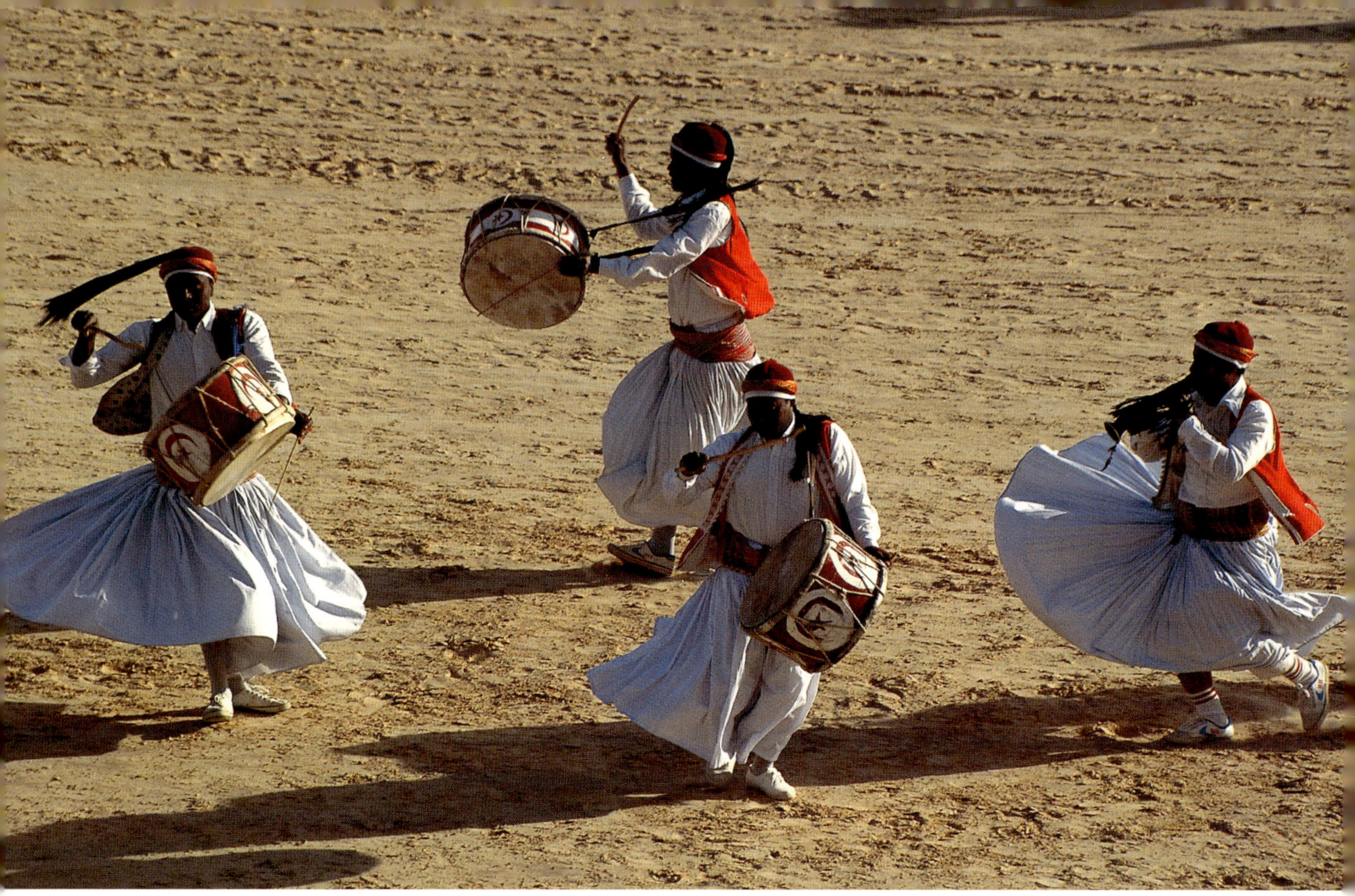

Les danseurs tournoient durant le défilé d'ouverture du festival

à la recherche de pâturages, s'élancent en rangs serrés. Après diverses éliminatoires, la finale se déroule le quatrième et dernier jour, et se compose de deux tours de circuit épuisants. L'appât du gain est tel que des bagarres éclatent parfois parmi les jockeys.

Entre les épreuves sportives est jouée une pièce traditionnelle avec les dunes du Sahara pour scène. Elle conte l'histoire d'un courageux guerrier bédouin, Mandour, qui tombe amoureux d'une jeune femme d'une tribu rivale. S'ensuivent troubles et conflits jusqu'à ce que... non, ne racontons pas la fin. La « danse des cheveux » vaut également le coup d'œil. Des dizaines de filles voilées, habillées de couleurs chatoyantes, s'agenouillent et font tournoyer leurs longs cheveux en grands arcs sifflants au son d'une musique hypnotisante, jusqu'à s'effondrer.

En plus de la finale de la course de chameaux, le quatrième jour a également lieu la course de lévriers berbères et une compétition de hockey sur sable, les équipes utilisant des bâtons de berger en guise de crosses. Cependant, le plus spectaculaire reste les cavaliers acrobatiques qui, lancés en plein galop, bondissent au bas puis de nouveau sur le cheval tels des gymnastes. Une procession enfiévrée clôt habituellement le festival et, en quelques heures, le site se vide. Les tentes de laine noire sont démontées, les ustensiles de cuisine en terre cuite sont emballés et le train de chameaux est préparé.

Tandis que les bédouins naviguent à travers l'océan de sable vers un horizon sans but, il semble que leur voyage de retour durera éternellement. Leur horloge interne les ramènera sans nul doute l'année prochaine mais leur départ précipité suggère peut-être que leur cœur appartient plus au désert qu'à l'oasis.

ⓘ

Le festival se tient fin novembre ou début décembre, la date précise change tous les ans. Douz est surpeuplée durant les festivités, alors réservez à l'avance. Les premiers et derniers jours du festival sont généralement les plus spectaculaires et animés.

Les cavaliers bédouins sont l'une des attractions phare

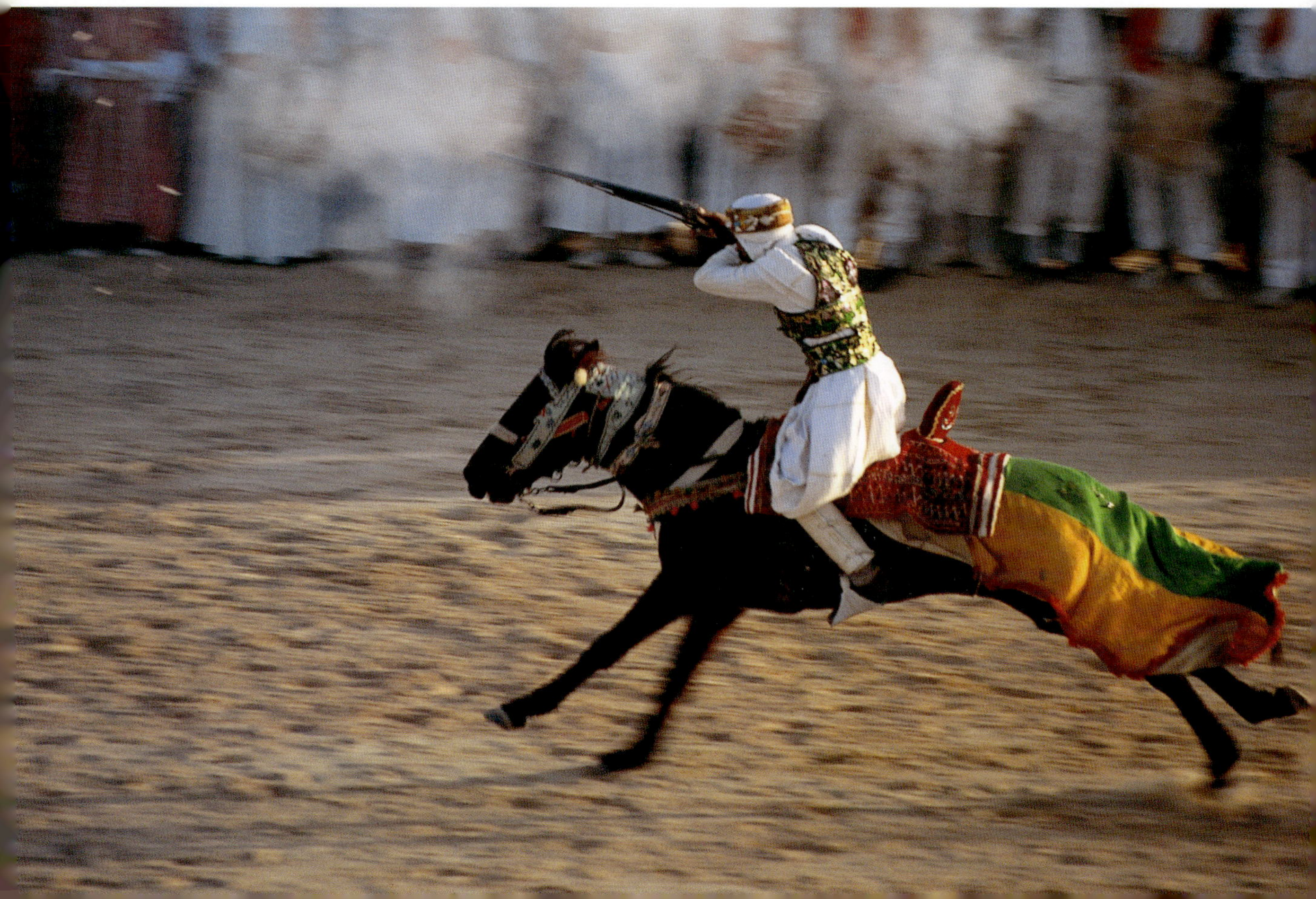

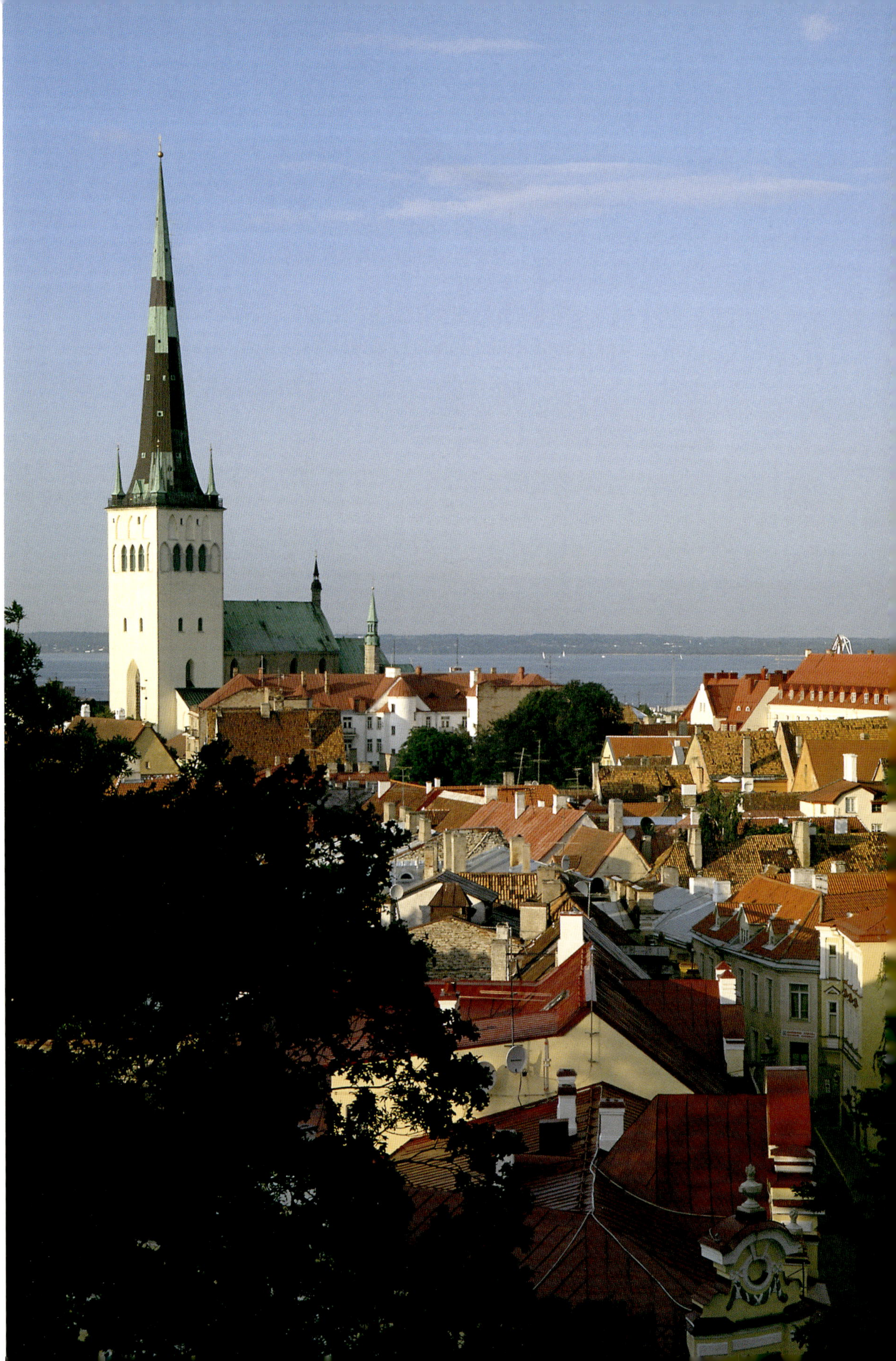

Page ci-contre :
Tallinn et l'église Saint-Olaf depuis la colline de Toompea

Découvrir une ville médiévale
Tallinn, Estonie

Située sur les côtes de la Baltique telle une ville de contes de fées, Tallinn est à la pointe de la renaissance des anciens États soviétiques baltes qui explorent et fêtent leur indépendance. Plus ancienne capitale du nord de l'Europe, cette ville colorée a su se préserver des méfaits de la modernité et la découvrir à pied ou à vélo est un inoubliable voyage au Moyen Âge.

L'Estonie se libéra de l'URSS en 1991. À peine treize ans plus tard, en mai 2004, elle était acceptée dans l'Union européenne, achevant sa transformation en un État fort et indépendant. Palpitante et excitante, Tallinn est l'image même de cette nouvelle ère. Le meilleur endroit pour découvrir la fierté farouche que les Estoniens éprouvent pour leur terre est le vieux centre médiéval magnifiquement préservé, au cœur de la ville.

Des bâtiments avec des tourelles et des toits de tuiles rouges s'alignent dans le dédale de ruelles de ce site classé Patrimoine Mondial de l'Unesco, protégé par des murs d'enceinte et des tours de

Étals de marché sur la place de l'Hôtel de Ville

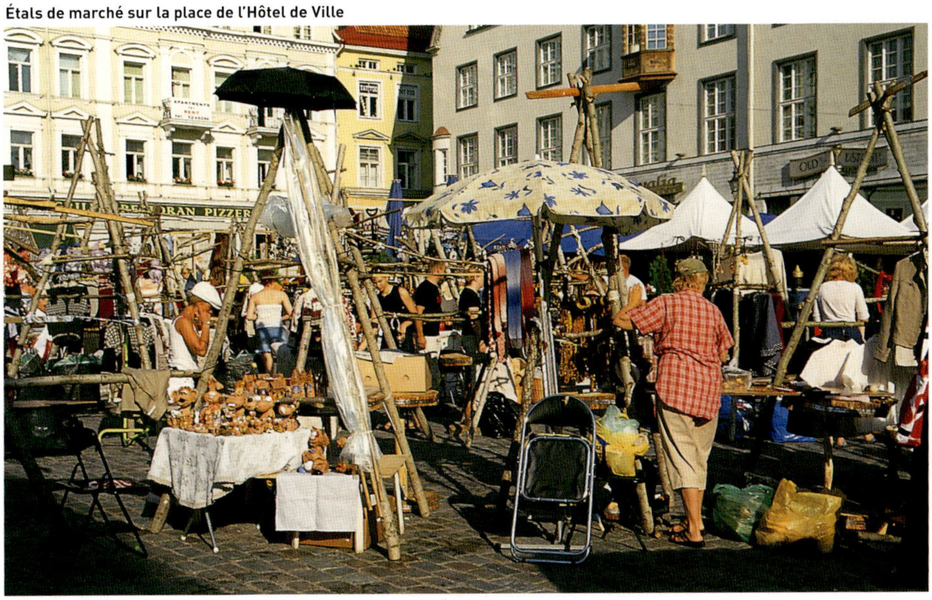

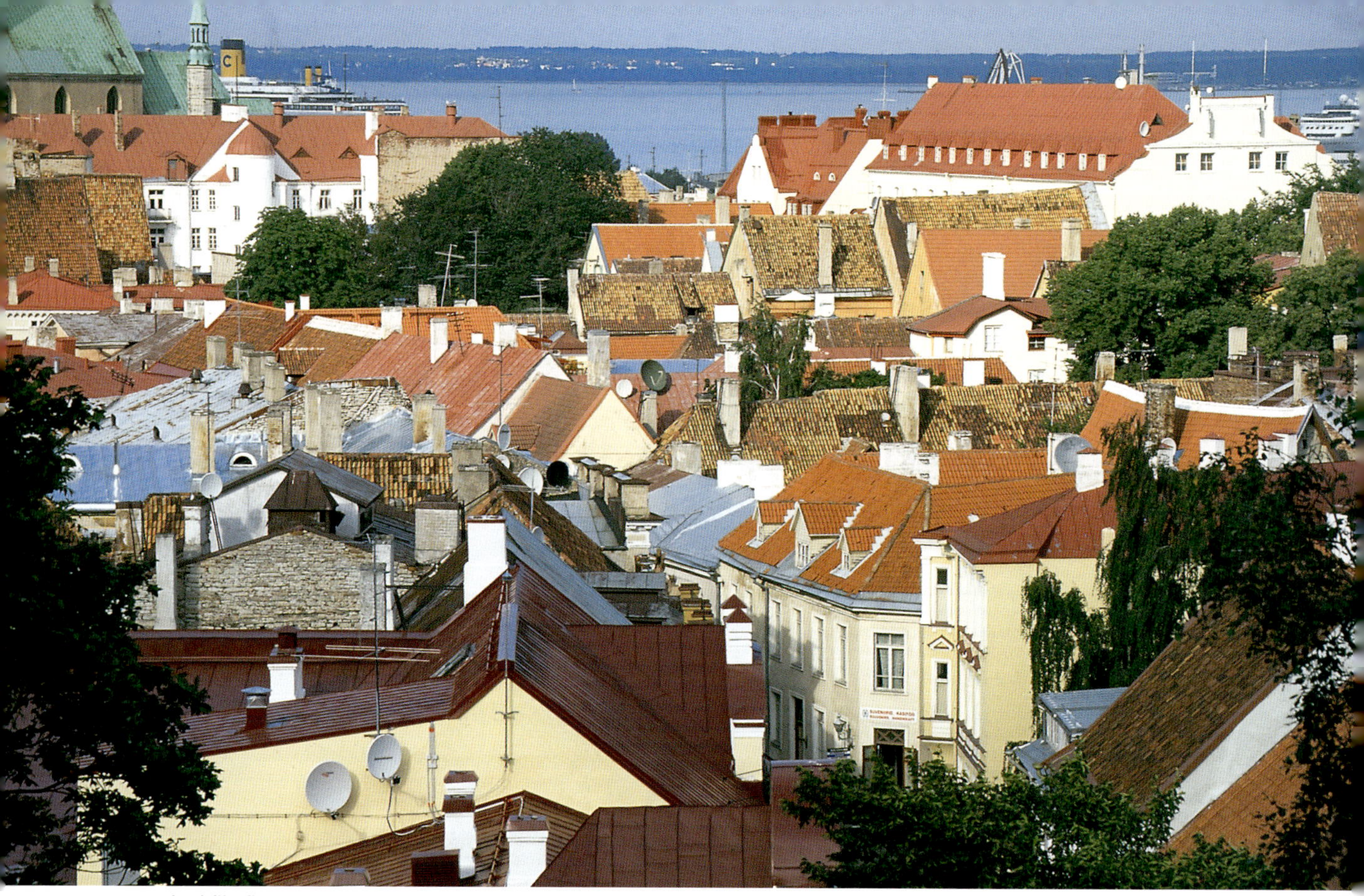

La vieille ville est pleine de maisons aux toits de tuiles rouges

guet remarquablement bien conservés. Grâce en grande partie à ces défenses – il reste encore 26 tours – la ville a subi peu de dégâts au cours de son histoire et offre un ensemble de maisons d'origine, de bâtiments d'État et d'églises médiévales. L'immense église gothique Saint-Olaf (159 m) était autrefois le plus haut monument d'Europe du Nord et sa flèche verte caractéristique domine toujours la ville.

Faites du shopping sur la place de l'Hôtel de Ville, où se déroulaient autrefois les foires, les réunions politiques et même les exécutions. De nos jours, vous pouvez partir à la chasse aux bonnes affaires dans les stands de bois traditionnels ou vous asseoir à l'un des innombrables cafés pleins de vie pour regarder de jeunes Estoniens dans leurs vêtements à la dernière mode. Durant l'été, le Moyen Âge reprend vie sur la place, pendant l'exubérant festival du centre historique. Et ne manquez pas l'impressionnant Hôtel de Ville lui-même, qui date du début du XIIIe siècle.

Pour une perspective différente sur Tallinn et sa situation sur la mer Baltique, grimpez sur les remparts de la forteresse de la colline de Toompea, qui surplombe la ville et vous offre l'impressionnante cathédrale Alexandre-Nevski, construite en 1900 par le dernier tsar russe Nicolas II. Si vous attendez à proximité, vous résonnerez au son des onze cloches de la tour centrale qui tintent à la volée pour annoncer le début de l'office. Plus loin sur la colline, plusieurs observatoires offrent des panoramas à couper le souffle sur les toits ou la Baltique.

En redescendant vers la ville basse, le sentier contourne l'imposante tour à canons Kiek in de Kök. Avec ses 17 mètres de circonférence et des murs si épais qu'il faudrait certainement des centaines d'années pour les abattre, elle dégage une impression de méfiance impénétrable. La Tour de la Fille, utilisée autrefois comme prison pour les prostituées, mérite également l'attention.

Aucune visite de Tallinn ne serait complète sans un petit tour sur la côte, qui vous permettra également de découvrir des monuments

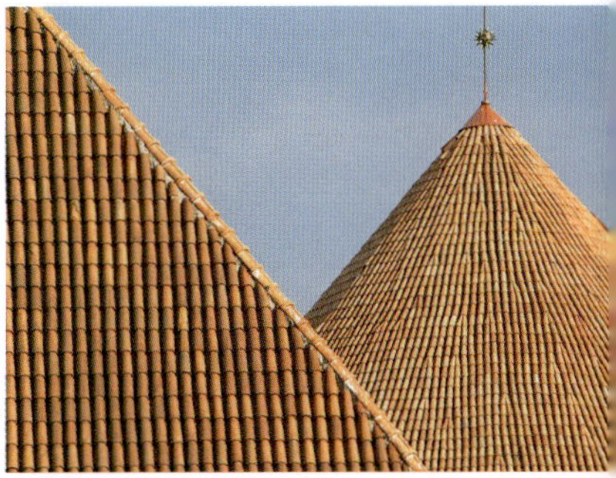

Tours des remparts de la ville

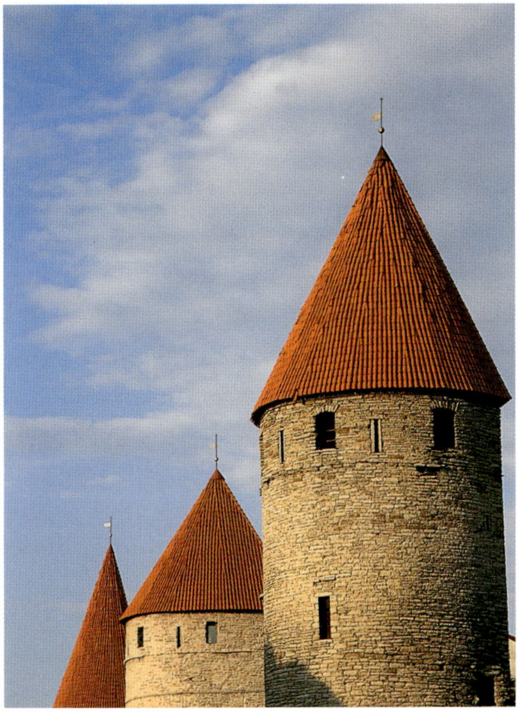

La vieille ville depuis la colline de Toompea

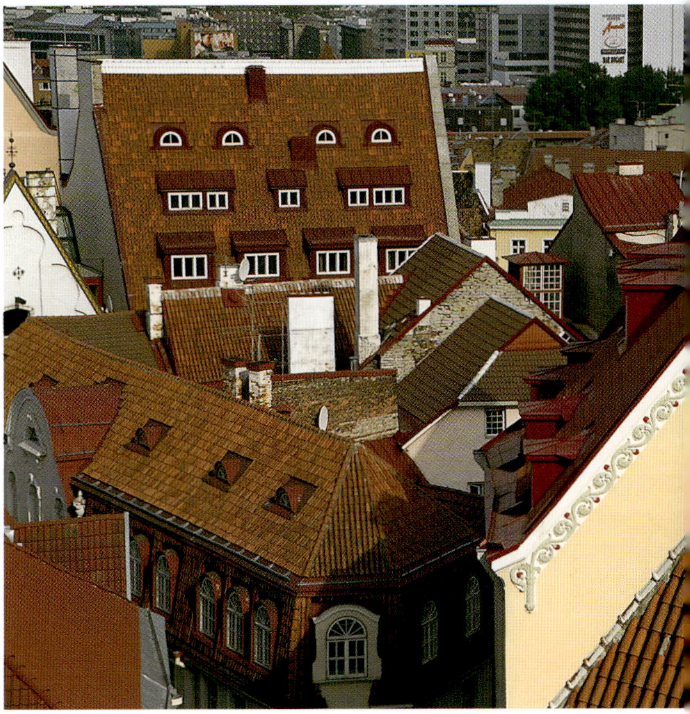

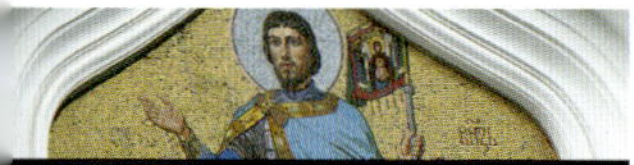

Page ci-contre :
La cathédrale Alexandre-Nevski

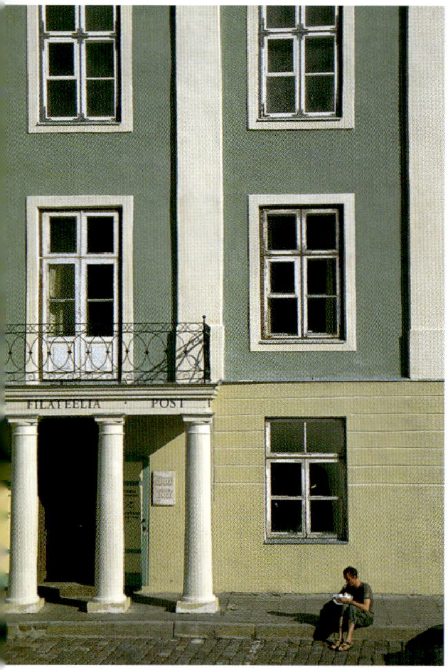

La poste de Tallinn, très colorée

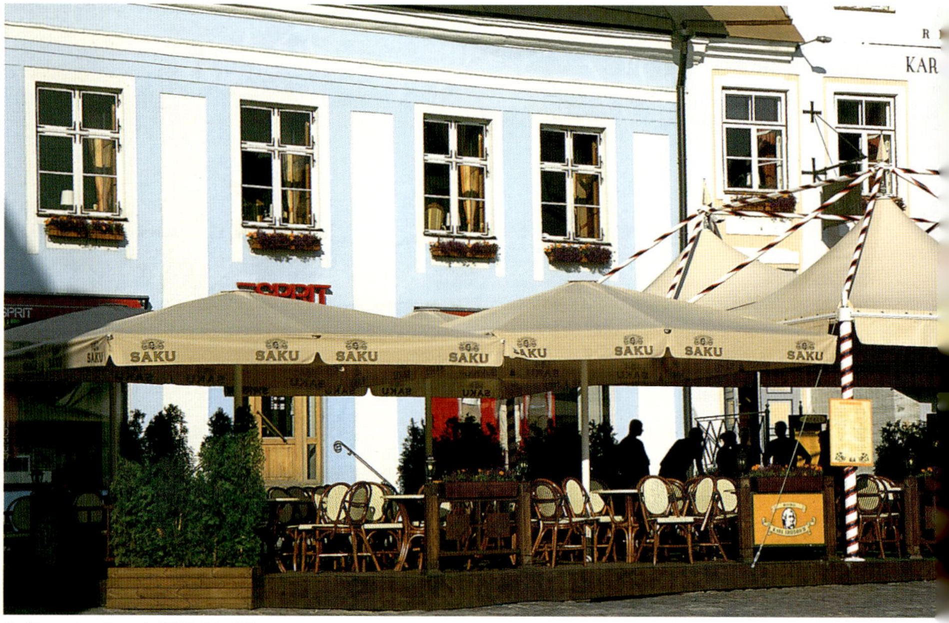

Cafés sur la place de l'Hôtel de Ville

de l'époque soviétique et de la Seconde Guerre mondiale. Le meilleur moyen de vous y rendre est la bicyclette. En dehors de la colline de Toompea, le terrain de la ville et ses alentours est plat et cela vous demandera donc peu d'efforts. Vous pourrez facilement louer un vélo de manière indépendante, mais en faisant appel à un guide de chez City Bike, vous éviterez les artères principales et pédalerez à travers de vastes parcs et devant des palais, comme celui de Kadriorg, qui appartenait aux tsars. Et lorsque vous parviendrez aux tranquilles eaux bleues de la Baltique, vous sentirez peut-être l'infatigable esprit de défiance estonien lécher la grève.

ⓘ

Plusieurs compagnies desservent Tallinn. Estonia Air propose des tarifs très intéressants depuis la plupart des grandes villes européennes, ce qui a considérablement augmenté la fréquentation touristique, même pour un week-end. Pour rendre votre séjour encore plus agréable, réservez dans l'une des boutiques-hôtels de la ville, comme le Three Sisters Hotel, qui sont d'anciennes maisons de marchands reconverties. City Bike est ouvert l'été et permet soit la simple location d'un vélo, soit un choix d'excursions guidées.

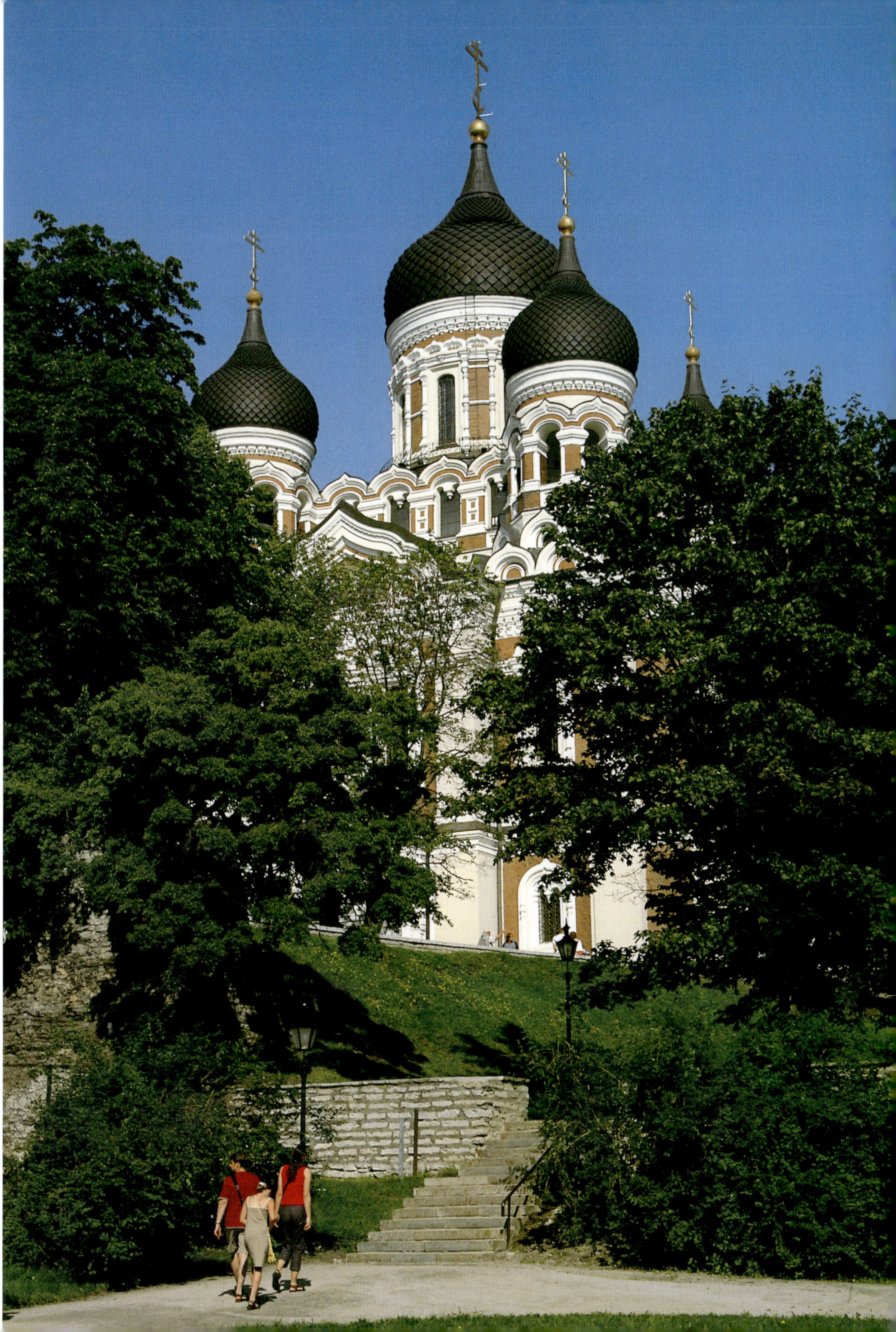

À la recherche de la perle noire

Tahiti, Polynésie française

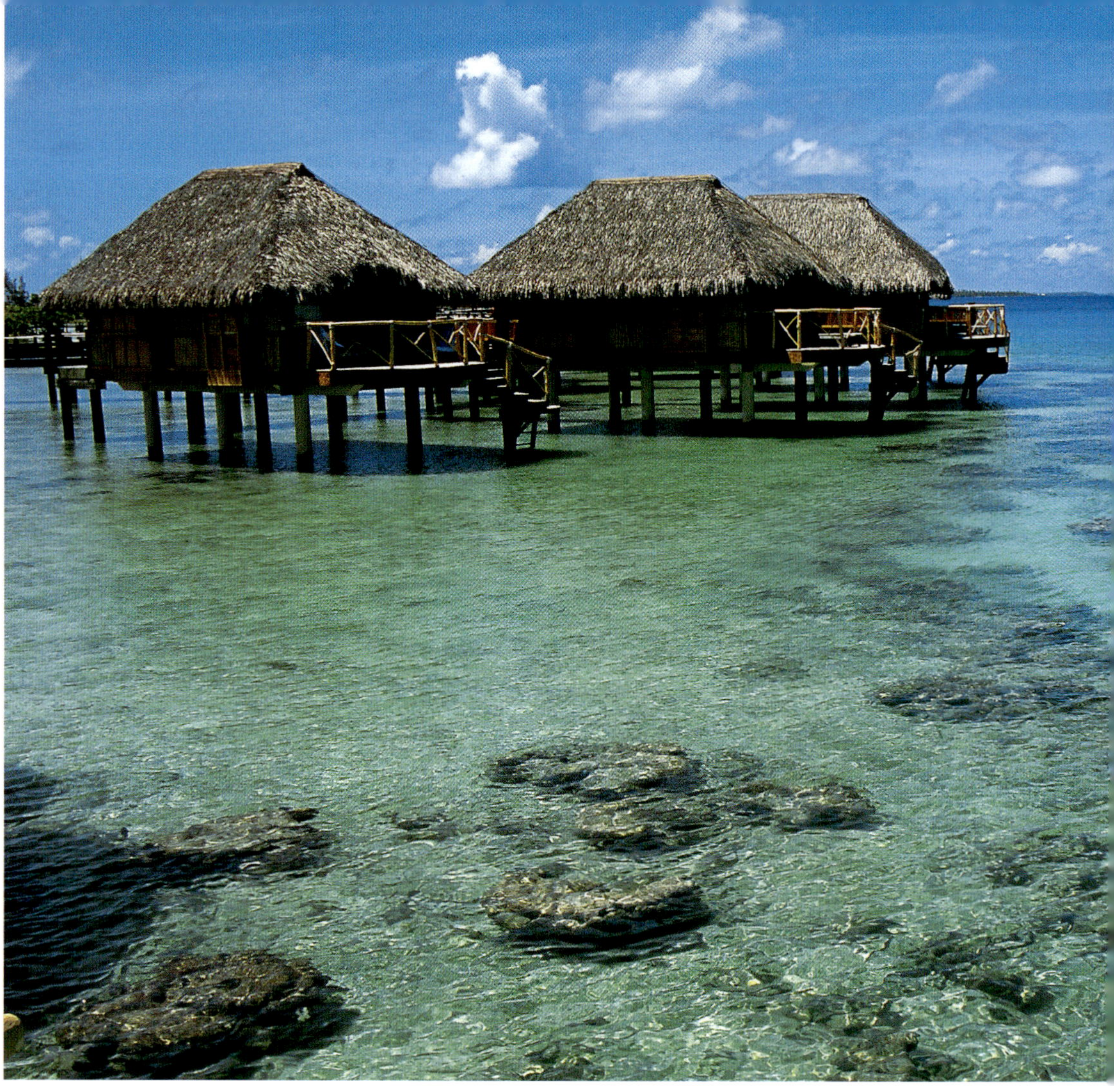

La recherche de la perle noire parfaite, joyau de la bijouterie de la Polynésie française, est un voyage à travers un paradis aux eaux cristallines où jeta l'ancre le tristement célèbre *Bounty*. Son équipage y découvrit des plages bordées de palmiers, un perpétuel beau temps et de la nourriture exotique, et se mutina alors qu'on voulait le forcer à repartir. Aujourd'hui, peu de choses ont changé, mais les visiteurs peuvent désormais acquérir leur propre trésor.

Premier produit d'exportation de Tahiti, les perles noires sont cultivées plutôt que formées naturellement et demandent environ cinq ans de préparation. On les dit noires, mais en y regardant de plus près, elles sont en fait irisées, avec des nuances vertes et violettes.

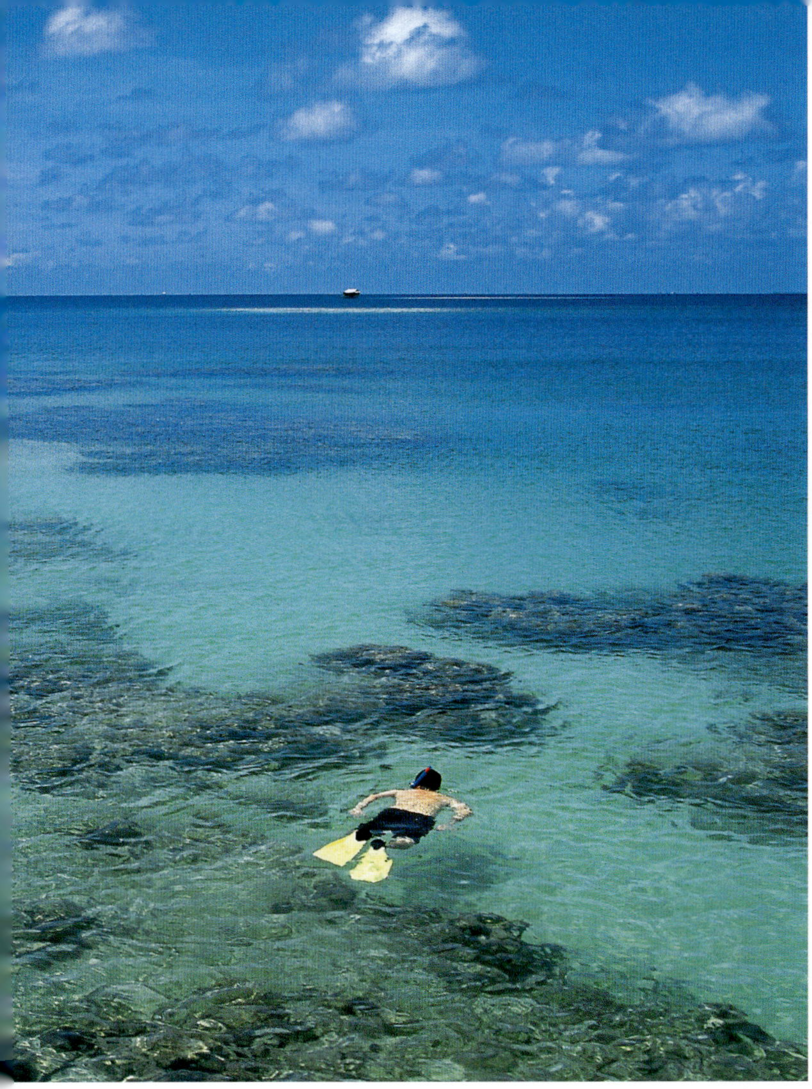

Plongée avec tuba depuis les bungalows sur pilotis à Manihi

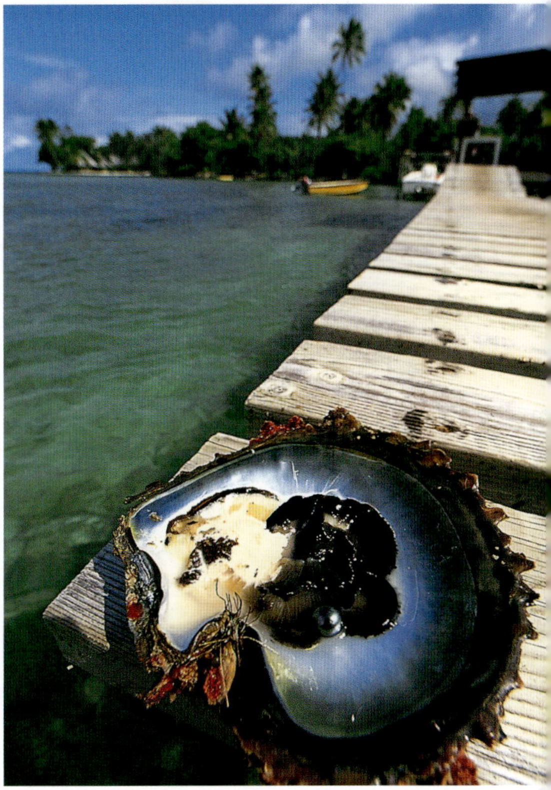

Perle noire dans sa coquille à Tahaa

C'est cette variété de couleurs qui les rend uniques et si recherchées. La quête de la perle parfaite – il n'y en a pas deux pareilles – peut vous entraîner sur 35 îles différentes et 83 atolls dispersés parmi les vastes eaux bleues du Pacifique Sud.

Manihi, une zone préservée dans l'archipel des Tuamotu, située à deux heures de vol au nord-est de Tahiti, est la retraite idéale. Cette chaîne d'îles qui entoure un lagon de 60 kilomètres de long et 30 kilomètres de large, est le paradis de sable blanc et de palmiers tels que vous en rêvez. Elle se prétend également lieu de naissance de la fameuse perle noire : c'est là que la première ferme cultivant l'espèce d'huître que l'on ne trouve qu'en Polynésie française fut créée, en 1965. Manihi est aujourd'hui surnommée « l'île aux perles ».

Le plaisir de la chasse aux perles est bien plus intense qu'une simple visite chez un bijoutier de luxe. Saisir comment les perles se forment offre une plongée dans une culture forgée par la mer. L'expérience mérite un peu d'exploration et les trajets sur de petits avions ou bateaux vers les îles perlières sont autant d'aventures.

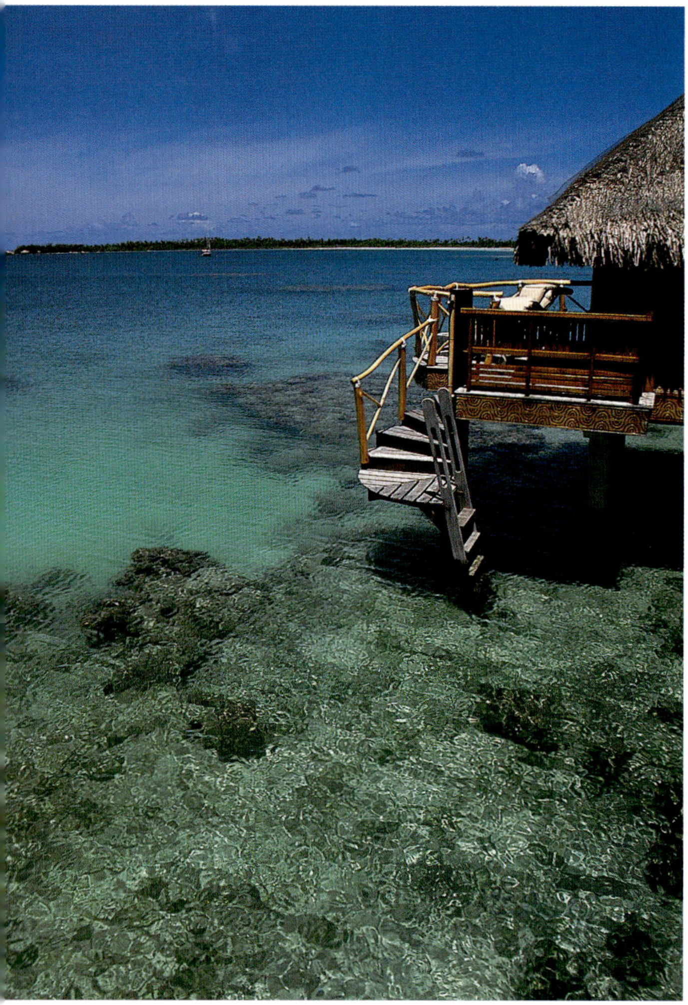

Bungalow sur pilotis à Manihi

Manihi n'y fait pas exception. Vue des airs, elle ressemble presque à un délicat collier de perles posé sur un coussin d'un bleu-violet profond. Alors que s'amorce la descente et que la terre prend forme vous commencez à distinguer de petites grappes de bungalows sur pilotis nichés dans le lagon : l'endroit parfait pour se relaxer.

L'arrivée à Manihi sera des plus inhabituelles. Les bâtiments de l'aéroport furent balayés par un cyclone en 1996 et il n'y a rien au bar de la piste d'atterrissage, un petit abri en bois avec un toit de palme servant à donner de l'ombre aux passagers qui attendent leur vol. On vous accueillera avec un collier de fleurs et vous prendrez place à bord d'un buggy de golf pour être conduit à votre hébergement sur une voie bordée de cocotiers. Et encore mieux, il n'y pas de tapis à bagages.

Manihi compte la plus grande concentration de fermes perlières de Polynésie française : il y en a plus de 60, consacrées au processus long et minutieux de culture de la meilleure perle possible. Visiter une exploitation vous permet de voir le travail nécessaire rien que pour une seule d'entre elles. Un nucléus est inséré dans le sac perlier de l'huître et un morceau du manteau d'une autre huître greffé dessus. Ce procédé n'aboutit pas toujours. Les fermiers considèrent que seulement 30 % des huîtres produiront une perle et uniquement 10 % de ces dernières correspondront aux critères nécessaires à la vente. Sur 25 000 huîtres, seules 3 % donneront des perles suffisamment rondes, ce qui augmentera considérablement leur valeur.

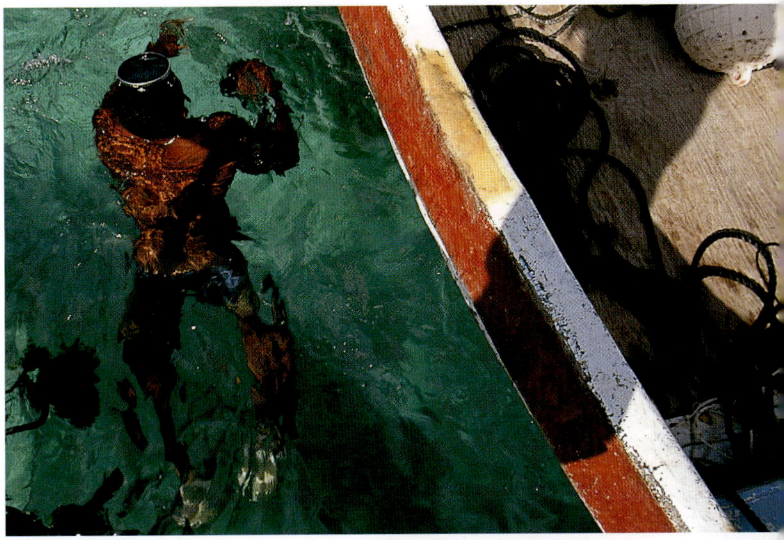

Pêcheur de perles à Manihi

Si vous voulez vivre une quête encore plus aventureuse, dirigez-vous vers l'île luxuriante de Tahaa, au nord-est de Tahiti, surnommée l'« île vanille ». Vous pourrez explorer les fermes à bord d'une pirogue traditionnelle. Elles sont très fréquentes en Polynésie et sont même utilisées pour le room service de certains complexes hôteliers pour apporter le petit-déjeuner directement aux portes des bungalows sur pilotis.

Dans un cadre naturel d'une telle beauté, l'envie d'acheter pourrait se faire irrésistible et rendre votre chasse aux perles plus coûteuse que prévu.

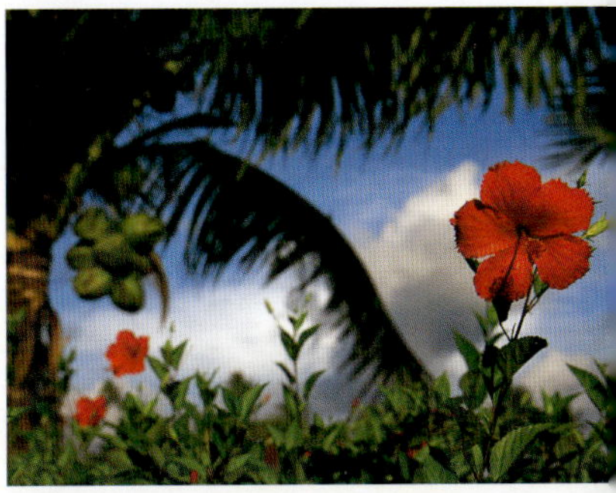

Fleur de frangipanier à Tahaa

ⓘ

On peut facilement explorer les îles de Polynésie française en avion. Cependant, les appareils sont petits et le poids des bagages doit donc être limité, pensez à voyager léger pour éviter tout problème. L'alimentation est assez onéreuse, particulièrement sur les petites îles qui sont ravitaillées par les airs. Plusieurs compagnies desservent Papeete, sur l'île de Tahiti.

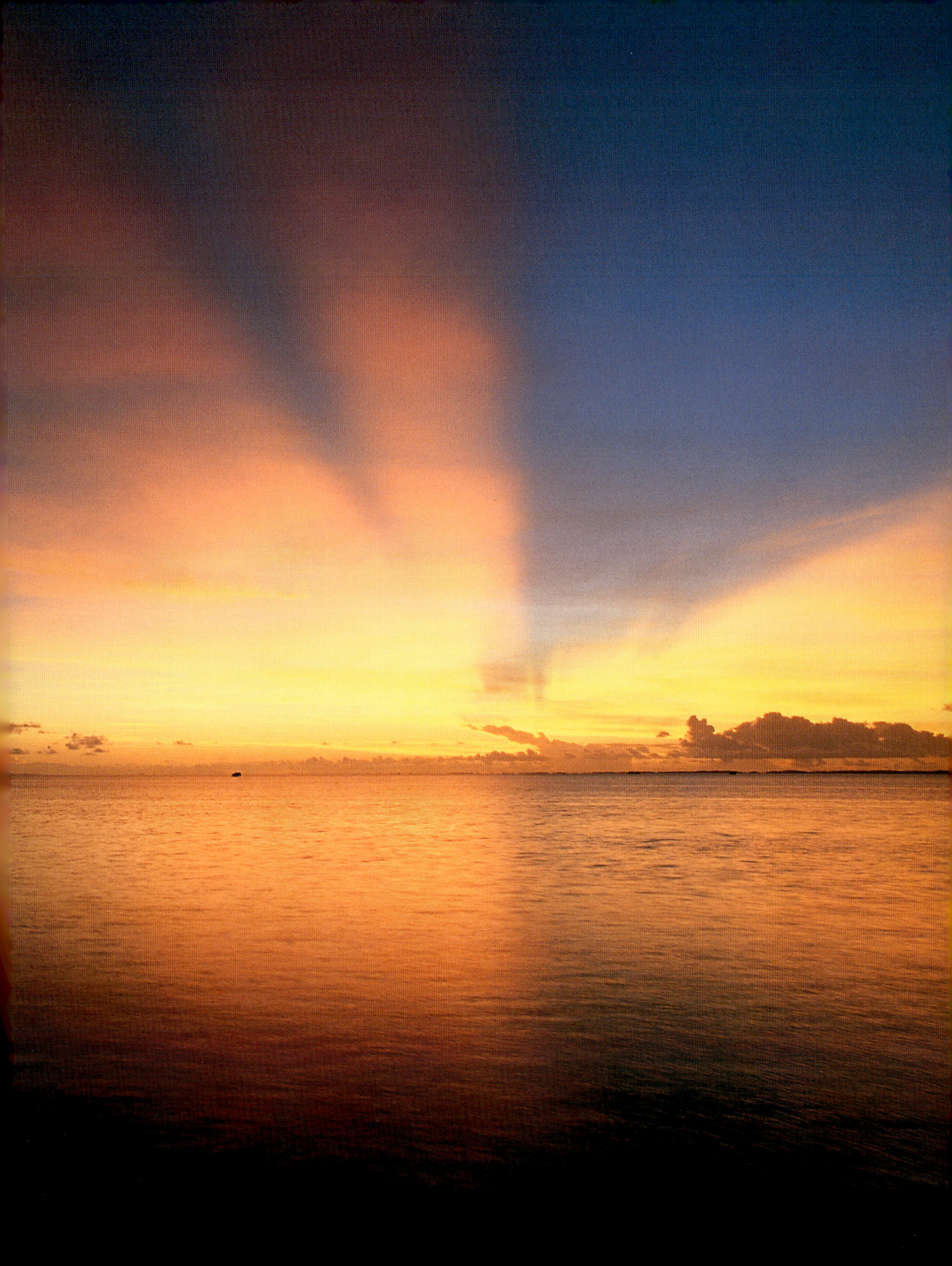

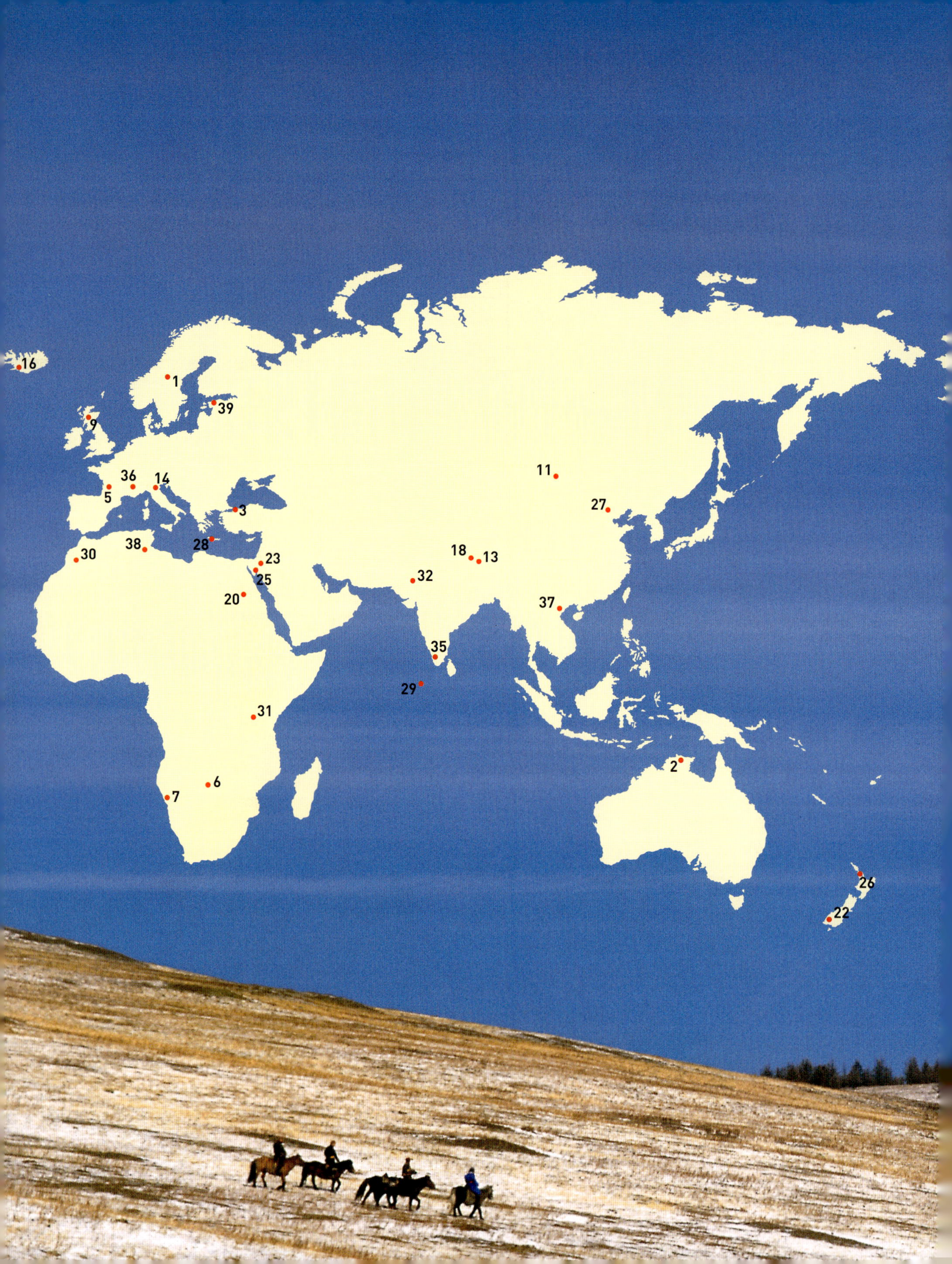
16
1
39
9
36
14
5
3
11
27
38
28
30
23
25
20
18
13
32
37
35
29
31
6
7
2
26
22

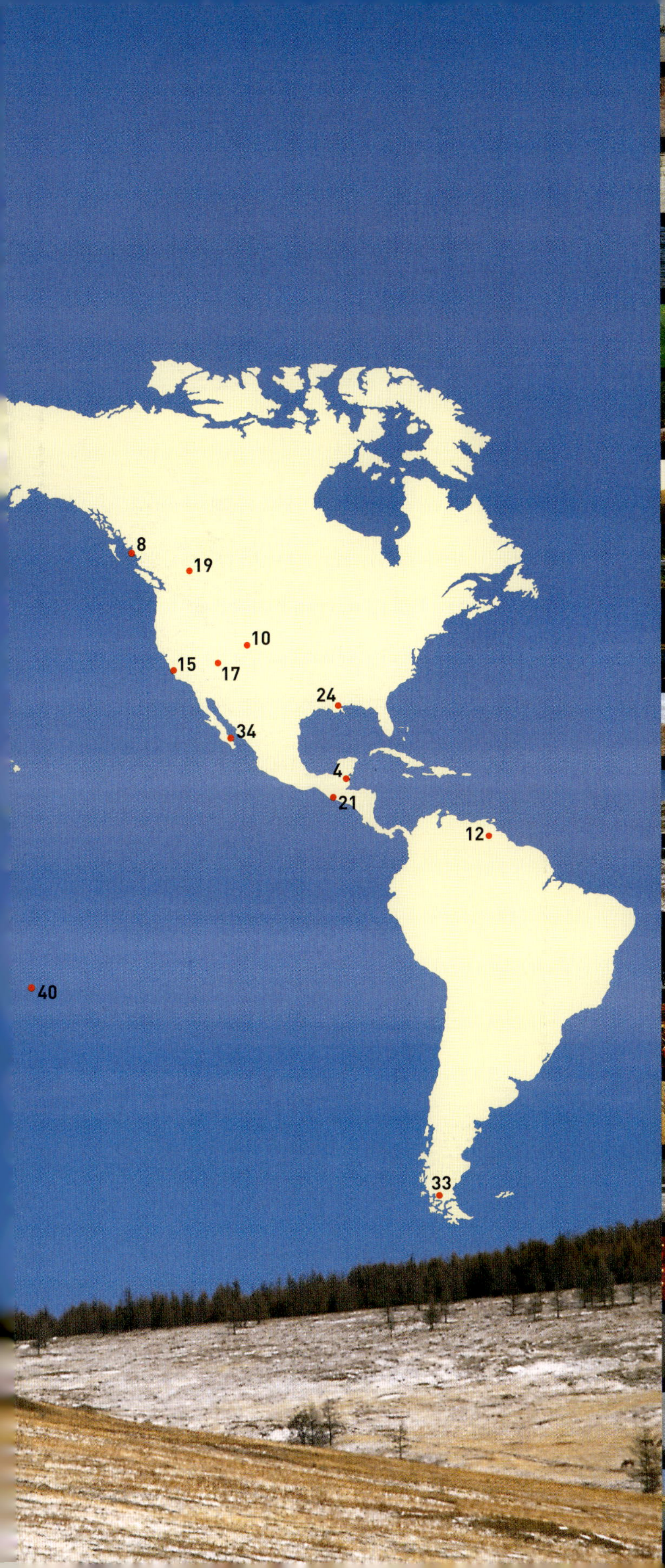

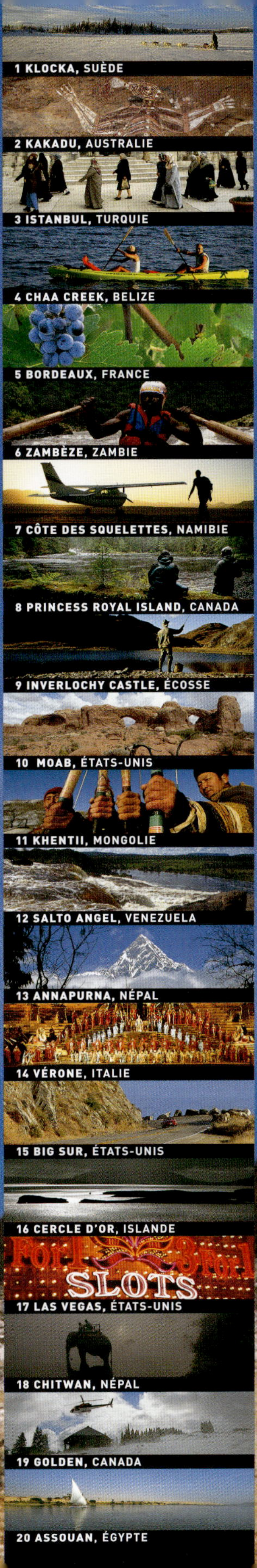

1 KLOCKA, SUÈDE

2 KAKADU, AUSTRALIE

3 ISTANBUL, TURQUIE

4 CHAA CREEK, BELIZE

5 BORDEAUX, FRANCE

6 ZAMBÈZE, ZAMBIE

7 CÔTE DES SQUELETTES, NAMIBIE

8 PRINCESS ROYAL ISLAND, CANADA

9 INVERLOCHY CASTLE, ÉCOSSE

10 MOAB, ÉTATS-UNIS

11 KHENTII, MONGOLIE

12 SALTO ANGEL, VENEZUELA

13 ANNAPURNA, NÉPAL

14 VÉRONE, ITALIE

15 BIG SUR, ÉTATS-UNIS

16 CERCLE D'OR, ISLANDE

17 LAS VEGAS, ÉTATS-UNIS

18 CHITWAN, NÉPAL

19 GOLDEN, CANADA

20 ASSOUAN, ÉGYPTE

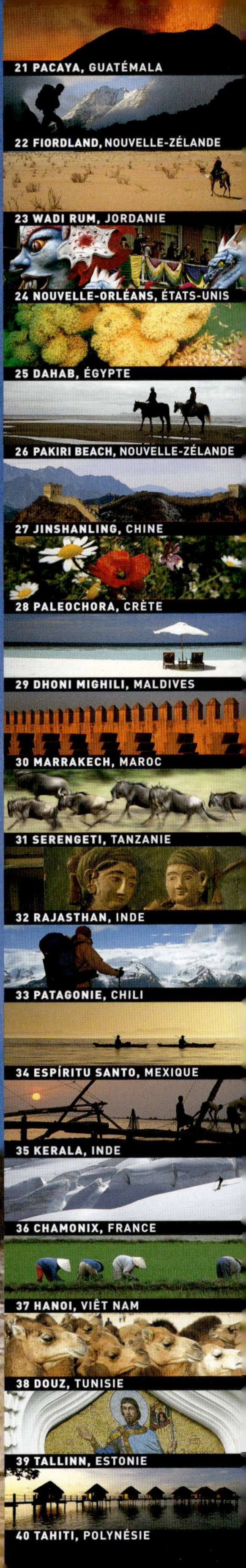

21 PACAYA, GUATÉMALA

22 FIORDLAND, NOUVELLE-ZÉLANDE

23 WADI RUM, JORDANIE

24 NOUVELLE-ORLÉANS, ÉTATS-UNIS

25 DAHAB, ÉGYPTE

26 PAKIRI BEACH, NOUVELLE-ZÉLANDE

27 JINSHANLING, CHINE

28 PALEOCHORA, CRÈTE

29 DHONI MIGHILI, MALDIVES

30 MARRAKECH, MAROC

31 SERENGETI, TANZANIE

32 RAJASTHAN, INDE

33 PATAGONIE, CHILI

34 ESPÍRITU SANTO, MEXIQUE

35 KERALA, INDE

36 CHAMONIX, FRANCE

37 HANOI, VIÊT NAM

38 DOUZ, TUNISIE

39 TALLINN, ESTONIE

40 TAHITI, POLYNÉSIE

Sites Internet

Compagnies aériennes

Air China
www.air-china.co.uk

Air Namibia
www.airnamibia.com.na

Air New Zealand
www.airnewzealand.com

Alitalia
www.alitalia.com

British Airways
www.ba.com

Egypt Air
www.egyptair.com.eg

Estonian Air
www.estonianair.com

Iceland Air
www.icelandair.co.uk

Qantas
www.qantas.com

Royal Air Maroc
www.royalairmaroc.com

Royal Jordanian Airlines
www.rja.com.jo

Scandinavian Airlines
www.sas.se

Turkish Airlines
www.turkishairlines.com

Promenade en chiens de traîneau, Suède

Klocka Fjällgård
www.klockafjallgard.com
Tél. : +46 647 16050

Swedish Tourist Board
www.visit-sweden.com

Rêve aborigène, Australie

Australia Tourism Commission
www.australia.com

Odyssey Safaris
www.odysaf.com.au

« La ligne de partage des eaux », Turquie

Turkish Tourism Board
www.gototurkey.co.uk

Forêts pluviales et récifs, Belize

The Lodge at Chaa Creek
www.chaacreek.com
Tél. : +501 824 2037

Turtle Inn
www.turtleinn.com
Tél. : +501 824 4912

Abercrombie & Kent
www.abercrombiekent.co.uk
Tél. : +44 0845 0700610

Belize Tourism Board
www.belizetourism.org

Châteaux et dégustations, France

Arblaster & Clarke
www.arblasterandclarke.com
Tél. : +44 01730 893344

French Tourist Office
www.francetourism.com

Descente en rafting, Zambie

Sun International
www.suninternational.com
Tél. : +27 11 7807878

Batoka Sky Microlight Flights
www.batokasky.com

Zambia Tourist Board
www.zambiatourism.com

Safari aérien, Namibie

Skeleton Coast Safaris
www.skeletoncoastsafaris.com
Tél. : +264 061 224248

Namibian Tourism
www.namibiatourism.com.na

Hotel Pension Onganga, Windhoek
www.onganga.com

Wilderness Safaris
www.wilderness-safaris.com

Sur les traces de l'Ours Esprit, Canada

Canadian Affair
www.canadian-affair.com
Tél. : +44 020 7616 9185

Tourism British Columbia
www.hellobc.com

Klemtu Tourism
www.klemtutourism.com
Tél. : +1 250 8392346

Pacific Coastal Airlines
www.pacific-coastal.com

Pêche à la mouche et whisky, Écosse

Inverlochy Castle
www.inverlochycastlehotel.com
Tél. : +44 01397 702177

Scottish Tourist Board
www.visitscotland.com

Une randonnée parmi les arches, États-Unis

Utah Travel Council
www.utah.com

Bowen Motel
www.bowenmotel.com

Vivre comme un guerrier, Mongolie

Nomads Tours and Expeditions
www.nomadstours.com
Tél. : +976 11 328146

High & Wild
www.highandwild.co.uk

Mongolia Tourism Board
www.mongoliatourism.gov.mn

Voyage dans le « Monde perdu », Venezuela

Geodyssey
www.geodyssey.co.uk

Aventure himalayenne, Népal

Specialist Trekking
www.specialisttrekking.co.uk
Tél. : +44 01228 562305

Nepal Tourism Board
www.welcomenepal.com

Vovi l'*Aïda*, Italie

Arena di Verona
www.arena.it

Ente Nazionale per il Turismo
www.enit.it

Hotel Accademia
www.accademiavr.it

Road trip californien, États-Unis

Big Sur Chamber of Commerce
www.bigsurcalifornia.org

California Travel and Tourism Commission
www.visitcalifornia.com

Nager dans les eaux thermales, Islande

Iceland Tourist Board
www.icetourist.is

Hotel Björk, Reykjavik
www.keahotels.is

Hotel Selfoss, Selfoss
www.icehotel.is

Fastes et jeux d'argent, États-Unis

Nevada Commission on Tourism
www.travelnevada.com

À dos d'éléphant, Népal

Specialist Trekking
www.specialisttrekking.co.uk
Tél. : +44 01228 562305

Gaida Wildlife Camp
www.visitnepal.com/gaida

En hélicoptère dans les Rocheuses, Canada

Purcell Lodge
www.placeslesstravelled.com
Tél. : +1 250 3442639

Canadian Affair
www.canadian-affair.com
Tél. : +44 020 7616 9185

Tourism British Columbia
www.hellobc.com

Canadian Helicopters
www.canadianhelicopters.com

En felouque sur le Nil, Égypte

Experience Egypt
www.experience-egypt.com
Tél. : +202 3028364

Escalader un volcan, Guatémala

Guatemala Tourist Board
www.mayaspirit.com.gt

Parcourir le Milford Track, Nouvelle-Zélande

Ultimate Hikes
www.ultimatehikes.co.nz
Tél. : +64 3 4411138

Real Journeys
www.realjourneys.co.nz
Tél. : +64 3 249 7416

Tourism New Zealand
www.newzealand.com

Dairy Guest House, Queenstown
www.thedairy.co.nz

Air Fiordland
www.airfiordland.com

Randonnée à dos de chameau, Jordanie

Jordanian Tourism Board
www.see-jordan.com

Desert Explorer
www.desertexplorer.net
Tél. : +962 3 202626

Fêter Mardi gras, États-Unis

New Orleans Convention and Visitor Bureau
www.neworleanscvb.com

Pontchartrain Hotel
www.pontchartrainhotel.com

Krewe of Mid-City
www.kreweofmid-city.org

Mardi Gras
www.mardigras.com

Plongée en mer Rouge, Égypte

Experience Egypt
www.experience-egypt.com
Tél. : +202 3028364

Plages et chevaux blancs, Nouvelle-Zélande

Tourism New Zealand
www.newzealand.com

Pakiri Beach Horse Riding
www.pakiri.co.nz
Tél. : +64 9 4226275

Budget Rent-A-Car
www.budget.co.nz

Parcourir la Muraille, Chine

China National Tourist Office
www.cnto.org

À la découverte des fleurs sauvages, Crète

Freelance Holidays
www.freelance-holidays.co.uk
Tél. : +44 0870 4422658

Greece National Tourist Organization
www.gnto.gr

À la recherche du paradis, Maldives

Dhoni Mighili
www.dhonimighili.com
www.senspas.com
Tél. : +960 450751

Seasons in Style
www.seasonsinstyle.co.uk
Tél. : +44 0151 3420505

Maldivian Air Taxi
www.mataxi.com

Shopping au souk, Maroc

Dar Les Cigognes
www.lescigognes.com

À la poursuite des gnous, Tanzanie

Abercrombie & Kent
www.abercrombiekent.co.uk
Tél. : +44 0845 0700610

Serengeti Balloon Safaris
www.balloonsafaris.com

Le Palace on Wheels, Inde

Trans Indus
www.transindus.com
Tél. : +44 020 8566 2729

Palace on Wheels
www.palaceonwheels.net

India Tourism
www.tourismofindia.com

Trekking dans le Torres del Paine, Chili

Blue Green Adventures
www.bluegreenadventures.com
Tél. : +56 61 412911

Faire du kayak en Basse-Californie, Mexique

Baja Outdoor Activities
www.kayakinbaja.com
Tél. : +52 612 1255636

Mexico Tourism Board
www.visitmexico.com

El Ángel Azul Posada, La Paz
www.elangelazul.com

Sheraton Centro Historico Hotel, Mexico City
www.sheraton.com

Croisière en bateau de riz, Inde

Trans Indus
www.transindus.com
Tél. : +44 020 8566 2729

India Tourism
www.tourismofindia.com

Brunton Boatyard
www.cghearth.com

Coconut Lagoon
www.cghearth.com

Windermere Estate, Munnar
www.windermeremunnar.com

Skier dans la vallée Blanche, France

Neilson
www.neilson.co.uk
Tél. : +44 0870 3333356

Chamonix Tourist Office
www.chamonix.com

En vélo dans les rizières, Viêt Nam

World Expeditions
www.worldexpeditions.co.uk
Tél. : +44 020 8870 2600

Vietnam National Administration of Tourism
www.vietnamtourism.com

Le Festival du Sahara, Tunisie

Tunisia National Tourist Office
www.tourismtunisia.com

Découvrir une ville médiévale, Estonie

Estonia Tourist Board
www.visitestonia.com

Three Sisters Hotel
www.threesistershotel.com

À la recherche de la perle noire, Polynésie française

Tahiti Tourism Board
www.tahiti-tourisme.pf

Manihi Beach Pearl Resort
www.pearlresorts.com

Tahaa Marina Iti
Tél. : +689 656101

Ce livre est dédié à la mémoire du père de Steve, Don Watkins : un voyageur passionné et toujours souriant, capable comme personne de conseiller, d'encourager et de soutenir.

Remerciements
Un remerciement spécial à Nicky Ross, Christopher Tinker, Anthea Bull et David Cottingham ; Bobby Birchall de DW Design et Tessa Clark pour le soutien, le professionnalisme et l'enthousiasme dont ils ont fait preuve.

Nous souhaiterions remercier les personnes suivantes pour nous avoir aidé, soutenu et encouragé dans la réalisation de ce projet : Phil Nelson de la Surf-Lines, Emily Grubb, Lalla Dutt et Martin Petts de la GBG Associates, Neil Rogers, Amrit Singh, Vivek Angra, Sinna, Paul et Anne Leeson, Josie Heising, Mick et Lucy Fleming, Charles Metcalfe, Andre Schoeman, Evan Loveless, Chris Aldilidge, Bat Bayar, Walaa Ezz El Din, Omar Masarweh, David Symes, Sarah Hopkins, Gilian Monahan, Gerard Braud, Chris Ladd, Jeff Collman, Ian Cheshire, Carter, Asma Rasheed, Elvis Barnabas, Ben et Alejandra Gillam, Manuel Rodriguez, Gordon Steer, Charlie Holmes, Vietnam Tour 04, Alex Nicolson, Peter et Heather Smith.

Titre original :
Unforgettable things to do before you die

Publié pour la première fois par BBC Books, une marque d'Ebury Publishing. A Random House Group Company.

En couverture :
Le désert de la Namibie (© Steve Watkins)

Couverture :
Pene Parker

Traduction de l'anglais :
Orsola Gelpi

Directeur de projet :
Nicky Ross

Directeur de publication : Christopher Thinker

Secrétaire d'édition :
Tessa Clark

Maquette :
Bobby Birchall (DW Design)

Crédits photographiques :
Toutes les photographies sont protégées par le copyright des auteurs, Steve Watkins et Clare Jones, excepté celles-ci : p. 55 (à droite), 156-157 © Oxford Scientific/photolibrary.com ; p. 108 © Bob Krist/CORBIS.

Imprimé en Italie

ISBN 978-88-7301-699-1